档案文献·乙

国民参政会纪实（上）

1938—1948 武汉·重庆·南京

重庆市政协文史资料研究委员会
中共重庆市委党校 编

主　　编：孟广涵
副 主 编：周永林　周勇　刘景修

重庆出版集团 重庆出版社

图书在版编目(CIP)数据

国民参政会纪实 / 重庆市政协文史资料研究委员会，中共重庆市委党校编. —重庆：重庆出版社，2016.1
ISBN 978-7-229-10788-8

Ⅰ.①国… Ⅱ.①重… ②重… Ⅲ.①国民参政会—史料 Ⅳ.①D693.74

中国版本图书馆 CIP 数据核字(2015)第 296466 号

国民参政会纪实
GUOMIN CANZHENGHUI JISHI

重庆市政协文史资料研究委员会 编
中 共 重 庆 市 委 党 校

出 版 人：罗小卫
责任编辑：苏晓岚
责任校对：刘 艳 何建云
装帧设计：重庆出版集团艺术设计有限公司·陈 永 吴庆渝

重庆出版集团
重庆出版社 出版

重庆市南岸区南滨路162号1幢 邮政编码:400061 http://www.cqph.com
重庆出版集团艺术设计有限公司制版
自贡兴华印务有限公司印刷
重庆出版集团图书发行有限公司发行
E-MAIL:fxchu@cqph.com 邮购电话:023-61520646
全国新华书店经销

开本:787mm×1092mm 1/16 印张:66.5 字数:950千
2016年1月第1版 2016年1月第1次印刷
ISBN 978-7-229-10788-8
定价:133.00元

如有印装质量问题,请向本集团图书发行有限公司调换:023-61520678

版权所有 侵权必究

国民参政会纪实

陆定一题

为《国民参政会纪实》题

团结抗战
争取民主

许德珩
一九八四年冬月

回顾国民参政会历史,有利于实现第三次国共合作,完成祖国统一大业。

史良
一九八四年十月

总结历史经验
促进祖国统一

胡子昂
一九八〇年十一月

以史为镜

一九八四年十月
梁漱溟

国民参政会第一届第一次会议开幕前夕,中共参政员毛泽东等七人对于国民参政会的意见(1938年7月5日汉口《新华日报》)

国民参政会第一届第一次会议会场正门（汉口两仪路上海大戏院）

国民参政会第一届第一次会议开幕（1938年7月7日汉口《新华日报》）

国民参政会第一届第一次会议开幕式主席台□
(左二议长汪兆铭,右二副议长张伯苓,左三国民政府军事委员会委员长蒋中正)

国民政府主席林森在国民参政会上致词

国民参政会第一届第二次会议开幕（1938年10月28日重庆《新华日报》）

国民参政会第一届第三次会议开幕（1938年2月20日重庆《新华日报》）

国民参政会第一届第四次会议开幕前夕，中共参政员毛泽东等七人对参政会工作和时局的意见（1939年9月9日重庆《新华日报》）

国民参政会第一届第四次会议开幕（1939年9月18日《新华日报》）

国民参政会第一届第四次会议会场(重庆大学理学院礼堂)

国民参政会第一届第四次会议全体参政员合影
(1939年9月18日重庆)

国民参政会第一届第五次会议开幕（1940年4月2日重庆《新华日报》）

1940年4月3日重庆《新华日报》社论

中共参政员秦邦宪(左二)、林伯渠(右三)、邓颖超(左三)由西安飞抵重庆出席国民参政会第一届第五次会议(1940年4月4日)

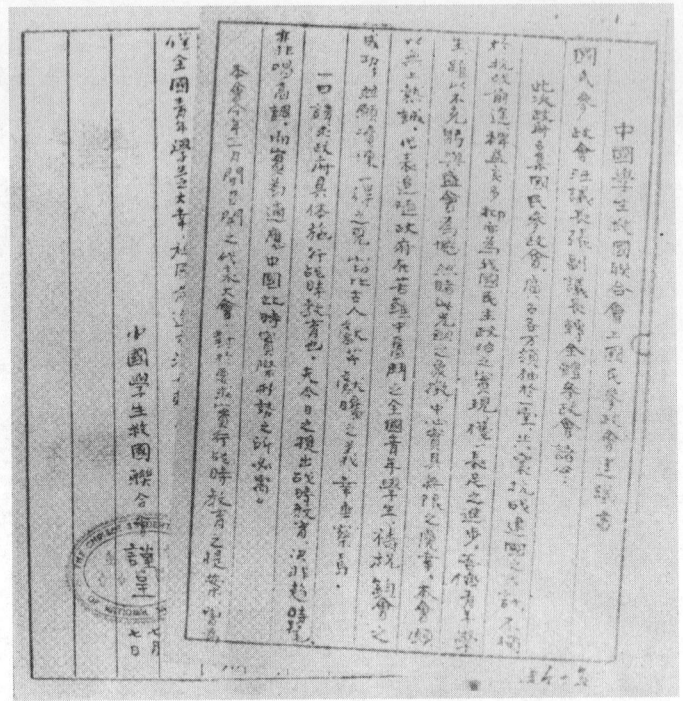

1937年7月
中国留学生救国
联合会的建议书

国民参政会秘书处编印的大会记录

国民党参政会第二届第一次会议在重庆召开
（1941年3月1日，重庆浮图关国民大会堂）

国民政府国防最高委员会委员长蒋中正在二届一次国民参政会上发表演说
（1941年3月6日）

为抗议国民党制造"皖南事变",中共七参政员拒绝出席二届一次国民参政会,延安《新中华报》发表社论

(1941年3月16日)

重庆《新华日报》增刊发表中共七参政员不出席二届一次国民参政会文献

(1941年3月10日)

淮南先生:

延安有一半中央复电，并称：

先生之事:

(一)提议参政会延期半个月开会;

(二)在此半个月内解决十二点;

(三)在此期间与各方见及一切拒绝;

(四)请派飞机运周先生及冲同来延开会以便讨论;

先生所提方见，专此奉达。即颂

助安！

周恩来 拜启

廿八年二月廿八日

为中共参政员不出席二届一次国民参政会，周恩来致国民党联络代表张冲(淮南)函
(1941年2月28日)
(重庆红岩革命纪念馆供稿)

邹韬奋抗议国民党当局迫害进步文化事业，查封生活书店，愤而辞去国民党参政员职务，致国民参政会主席团函

（1941年2月24日）

第三届国民参政会在重庆召开

第三届国民参政会会场

延安《解放日报》社论《评国民党十一中全会及三届二次国民参政会》（1943年10月3日）

国民党利用三届二次国民参政会反共，共产党参政员退席抗议（1943年9月21日）

黄炎培等六参政员飞赴延安,与中国共产党商谈国共团结,共建国内和平问题。图为抵达延安机场合影

(1945年7月1日,右起:毛泽东、黄炎培、褚辅成、章伯钧、冷遹、傅斯年、左舜生、朱德、周恩来、王若飞)

(重庆红岩革命纪念馆供稿)

毛泽东在延安机场与黄炎培交谈
（1945年7月1日）

中国共产党为抗议国民党包办国民大会，决定不参加第四届国民参政会
（1945年6月17日延安《解放日报》）

毛泽东在延安机场与冷遹握手
（1945年7月1日）

国民参政会第四届第三次会议在南京召开
(1947年5月20日,南京林森路国民大会堂)

新华社社论《破车不能再开——评第四届第三次国民参政会》
(1947年6月7日《人民日报》)

第二、三、四届国民参政会会议记录和报告

国民参政会结束
(1948年3月28日)

《中国抗战大后方历史文化丛书》

编纂委员会

总 主 编：章开沅
副总主编：周　勇

编　　委：（以姓氏笔画为序）
山田辰雄　日本庆应义塾大学教授
马 振 犊　中国第二历史档案馆副馆长、研究馆员
王 川 平　重庆中国三峡博物馆名誉馆长、研究员
王 建 朗　中国社科院近代史研究所副所长、研究员
方 德 万　英国剑桥大学东亚研究中心主任、教授
巴 斯 蒂　法国国家科学研究中心教授
西村成雄　日本放送大学教授
朱 汉 国　北京师范大学历史学院教授
任　　竞　重庆图书馆馆长、研究馆员
任 贵 祥　中共中央党史研究室研究员、《中共党史研究》主编
齐 世 荣　首都师范大学历史学院教授
刘 庭 华　中国人民解放军军事科学院研究员
汤 重 南　中国社科院世界历史研究所研究员
步　　平　中国社科院近代史研究所所长、研究员
何　　理　中国抗日战争史学会会长、国防大学教授
麦 金 农　美国亚利桑那州立大学教授

玛玛耶娃	俄罗斯科学院东方研究所教授
陆大钺	重庆市档案馆原馆长、中国档案学会常务理事
李红岩	中国社会科学杂志社研究员、《历史研究》副主编
李忠杰	中共中央党史研究室副主任、研究员
李学通	中国社会科学院近代史研究所研究员、《近代史资料》主编
杨天石	中国社科院学部委员、近代史研究所研究员
杨天宏	四川大学历史文化学院教授
杨奎松	华东师范大学历史系教授
杨瑞广	中共中央文献研究室研究员
吴景平	复旦大学历史系教授
汪朝光	中国社科院近代史研究所副所长、研究员
张国祚	国家社科基金规划办公室原主任、教授
张宪文	南京大学中华民国史研究中心主任、教授
张海鹏	中国史学会会长、中国社科院学部委员、近代史研究所研究员
陈晋	中共中央文献研究室副主任、研究员
陈廷湘	四川大学历史文化学院教授
陈兴芜	重庆出版集团总编辑、编审
陈谦平	南京大学中华民国史研究中心副主任、教授
陈鹏仁	台湾中正文教基金会董事长、中国文化大学教授
邵铭煌	中国国民党文化传播委员会党史馆主任
罗小卫	重庆出版集团董事长、编审
周永林	重庆市政协原副秘书长、重庆市地方史研究会名誉会长
金冲及	中共中央文献研究室原常务副主任、研究员
荣维木	《抗日战争研究》主编、中国社科院近代史研究所研究员
徐勇	北京大学历史系教授
徐秀丽	《近代史研究》主编、中国社科院近代史研究所研究员
郭德宏	中国现代史学会会长、中共中央党校教授
章百家	中共中央党史研究室副主任、研究员
彭南生	华中师范大学历史文化学院教授

傅高义　美国哈佛大学费正清东亚研究中心前主任、教授
温贤美　四川省社科院研究员
谢本书　云南民族大学人文学院教授
简笙簧　台湾国史馆纂修
廖心文　中共中央文献研究室研究员
熊宗仁　贵州省社科院研究员
潘　洵　西南大学历史文化学院教授
魏宏运　南开大学历史学院教授

编辑部成员（按姓氏笔画为序）

朱高建　刘志平　别必亮　何　林　黄晓冬　曾海龙

总　序

章开沅

我对四川、对重庆常怀感恩之心，那里是我的第二故乡。因为从1937年冬到1946年夏前后将近9年的时间里，我在重庆江津国立九中学习5年，在铜梁201师603团当兵一年半，其间曾在川江木船上打工，最远到过今天四川的泸州，而启程与陆上栖息地则是重庆的朝天门码头。

回想在那国破家亡之际，是当地老百姓满腔热情接纳了我们这批流离失所的小难民，他们把最尊贵的宗祠建筑提供给我们作为校舍，他们从来没有与沦陷区学生争夺升学机会，并且把最优秀的教学骨干稳定在国立中学。这是多么宽阔的胸怀，多么真挚的爱心！2006年暮春，我在57年后重访江津德感坝国立九中旧址，附近居民闻风聚集，纷纷前来看望我这个"安徽学生"（当年民间昵称），执手畅叙半个世纪以前往事情缘。我也是在川江的水、巴蜀的粮和四川、重庆老百姓大爱的哺育下长大的啊！这是我终生难忘的回忆。

当然，这八九年更为重要的回忆是抗战，抗战是这个历史时期出现频率最高的词语。抗战涵盖一切，渗透到社会生活的各个层面。记得在重庆大轰炸最频繁的那些岁月，连许多餐馆都不失"川味幽默"，推出一道"炸弹汤"，即榨菜鸡蛋汤。……历史是记忆组成的，个人的记忆汇聚成为群体的记忆，群体的记忆汇聚成为民族的乃至人类的记忆。记忆不仅由文字语言承载，也保存于各种有形的与无形的、物质的与非物质的文化遗产之中。历史学者应该是文化遗产的守望者，但这绝非是历史学者单独承担的责任，而应是全社会的共同责任。因此，我对《中国抗战大后方历史文化丛书》编纂出版寄予厚望。

抗日战争是整个中华民族（包括海外侨胞与华人）反抗日本侵略的正义战争。自从19世纪30年代以来，中国历次反侵略战争都是政府主导的片面战争，由于反动统治者的软弱媚外，不敢也不能充分发动广大人民群众，所以每次都惨遭失败的结局。只有1937年到1945年的抗日战争，由于在抗日民族统一战线的旗帜下，长期内战的国共两大政党终于经由反复协商达成第二次合作，这才能够实现史无前例的全民抗战，既有正面战场的坚守严拒，又有敌后抗日根据地的英勇杀敌，经过长达8年艰苦卓绝的壮烈抗争，终于赢得近代中国第一次胜利的民族解放战争。我完全同意《中国抗战大后方历史文化丛书》的评价："抗日战争的胜利成为了中华民族由衰败走向振兴的重大转折点，为国家的独立，民族的解放奠定了基础。"

中国的抗战，不仅是反抗日本侵华战争，而且还是世界反法西斯战争的重要组成部分。

日本明治维新以后，在"脱亚入欧"方针的误导下，逐步走上军国主义侵略道路，而首当其冲的便是中国。经过甲午战争，日本首先占领中国的台湾省，随后又于1931年根据其既定国策，侵占中国东北三省，野心勃勃地以"满蒙"为政治军事基地妄图灭亡中国，独霸亚洲，并且与德、意法西斯共同征服世界。日本是法西斯国家中最早在亚洲发起大规模侵略战争的国家，而中国则是最早投入反法西斯战争的先驱。及至1935年日本军国主义通过政变正式成为法西斯国家，两年以后更疯狂发动全面侵华战争。由于日本已经与德、意法西斯建立"柏林—罗马—东京"轴心，所以中国的全面抗战实际上揭开了世界反法西斯战争（第二次世界大战）的序幕，并且曾经是亚洲主战场的唯一主力军。正如1938年7月中共中央《致西班牙人民电》所说："我们与你们都是站在全世界反法西斯的最前线上。"即使在"二战"全面爆发以后，反法西斯战争延展形成东西两大战场，中国依然是亚洲的主要战场，依然是长期有效抗击日本侵略的主力军之一，并且为世界反法西斯战争的胜利做出极其重要的贡献。2002年夏天，我在巴黎凯旋门正好碰见"二战"老兵举行盛大游行庆祝法国光复。经过接待人员介绍，他们知道我也曾在1944年志愿从军，便热情邀请我与他们合影，因为大家都曾是反法西斯的战士。我虽感光荣，但却受之有愧，因为作为现役军人，未能决胜于疆场，日本就宣布投降了。但是法国老兵非常尊重中国，这是由于他们曾经投降并且亡国，而中国则始终坚持英勇抗战，主要是依靠自己的力量赢得最后胜利。尽管都是"二战"的主要战胜国，毕竟分量与地位有所区别，我们千万不可低估自己的抗战。

重庆在抗战期间是中国的战时首都，也是中共中央南方局与第二次国共合作的所在地，"二战"全面爆发以后更成为世界反法西斯战争远东指挥中心，因而具有多方面的重要贡献与历史地位。然而由于大家都能理解的原因，对于抗战期间重庆与大后方的历史研究长期存在许多不足之处，至少是难以客观公正地反映当时完整的社会历史原貌。现在经由重庆学术界倡议，并且与全国各地学者密切合作，同时还有日本、美国、英国、法国、俄罗斯等外国学者的关怀与支持，共同编辑出版《中国抗战大后方历史文化丛书》，堪称学术研究与图书出版的盛事壮举。我为此感到极大欣慰，并且期望有更多中外学者投入此项大型文化工程，以求无愧于当年的历史辉煌，也无愧于后世对于我们这代人的期盼。

在民族自卫战争期间，作为现役军人而未能亲赴战场，是我的终生遗憾，因此一直不好意思说曾经是抗战老兵。然而，我毕竟是这段历史的参与者、亲历者、见证者，仍愿追随众多中外才俊之士，为《中国抗战大后方历史文化丛书》的编纂略尽绵薄并乐观其成。如果说当年守土有责未能如愿，而晚年却能躬逢抗战修史大成，岂非塞翁失马，未必非福？

2010年已经是抗战胜利65周年，我仍然难忘1945年8月15日山城狂欢之夜，数十万人涌上街头，那鞭炮焰火，那欢声笑语，还有许多人心头默诵的杜老夫子那首著名的诗："剑外忽传收蓟北，初闻涕泪满衣裳！却看妻子愁何在？漫卷诗书喜欲狂。白日放歌须纵酒，青春作伴好还乡。即从巴峡穿巫峡，便下襄阳向洛阳。"

即以此为序。

庚寅盛暑于实斋

（章开沅，著名历史学家、教育家，现任华中师范大学东西方文化交流研究中心主任）

序

周 勇

"中国人民抗日战争的胜利,成为中华民族走向复兴的历史转折点。"[1]

"这一伟大胜利,彻底粉碎了日本军国主义殖民奴役中国的图谋,洗刷了近代以来中国抗击外来侵略屡战屡败的民族耻辱;重新确立了我国在世界上的大国地位,中国人民赢得了世界爱好和平人民的尊敬;开辟了中华民族伟大复兴的光明前景,开启了古老中国凤凰涅槃、浴火重生的新征程。这一伟大胜利,也是中国人民为世界反法西斯战争胜利、维护世界和平作出的重大贡献。"[2]

抗日战争时期,重庆是中国的战时首都、中共中央南方局所在地,是以国共合作为基础的抗日民族统一战线的重要政治舞台,是世界反法西斯战争东方战场统帅部所在地,为中国人民抗日战争和世界反法西斯战争的胜利作出了巨大的历史贡献。以重庆为中心的中国西部地区,是中国抗战的大后方,大后方人民在浴血奋战的抗战历史中,创造出独具特色的抗战历史文化。抗战大后方历史文化发展的主导力量,是中国共产党倡导和推动建立的以国共合作为基础的抗日民族统一战线。

为纪念中国人民抗日战争暨世界反法西斯战争胜利60周年,2008年以来,在中共重庆市委的领导下,重庆市实施了"重庆中国抗战大后方历史文化研究和建设工程"。在此背景下,我们根据以重庆为中心的抗战大后方历史特点,专门设计以抗战时期国共合作为题的重大研究项目,获得了中宣部的批准立项。历时八年,我们承担并开展了国家交给我们的"第二次国共合作及其经验研究",取得了一系列新进展、新成果。纳入《中国抗战大后方历史文

---

[1] 胡锦涛:《在纪念抗日战争胜利60周年大会上的讲话》(2005年9月3日),《人民日报》2005年9月4日。

[2]《习近平在中共中央政治局第二十五次集体学习时强调,让历史说话用史实发言,深入开展中国人民抗日战争研究》(2015年7月30日),《人民日报》2015年7月31日。

化丛书》的"第二次国共合作及其经验研究系列"就是这些成果的集中体现。

时值上述成果完成并即将出版之际,中共中央政治局于2015年7月30日就中国人民抗日战争的回顾和思考,进行了第二十五次集体学习。中共中央总书记习近平在主持时强调:长期以来,对中国人民抗日战争的研究,取得了许多重要成果;"同时,同中国人民抗日战争的历史地位和历史意义相比,同这场战争对中华民族和世界的影响相比,我们的抗战研究还远远不够,要继续进行深入系统地研究。""要坚持用唯物史观来认识和记述历史,把历史结论建立在翔实准确的史料支撑和深入细致的研究分析的基础之上。"为此他要求"要加强国家层面的统筹协调,按照'总体研究要深、专题研究要细'的原则,制订中长期规划和具体工作方案,确定研究重点和主攻方向。"[1]

这一重要讲话是对中国人民抗日战争研究的顶层设计,意味着抗战研究将作为中国近现代历史学科的"显学"而成为常态,进入重点推进的新阶段。

在本课题结题的时候,这一讲话既是对既往研究的充分肯定,更是对未来深入研究的方向引领。

一、项目体系

大家看到的"第二次国共合作及其经验研究系列"是国家哲学社会科学基金特别委托项目"第二次国共合作及其经验研究——以中共中央南方局和抗战大后方为中心"(项目批准号:09@ZH012,简称"特别委托项目")的最终成果。

这一项目的申报始于2008年重庆市酝酿"重庆中国抗战大后方历史文化研究和建设工程"之际,得到了中央领导同志和中央宣传部、中央文献研究室、中央党史研究室、国家新闻出版总署、军事科学院等单位的大力支持。这一项目由重庆市委宣传部和西南大学联合申报,以周勇教授为首席专家,由中共重庆市委抗战大后方历史文化工作协调小组及其办公室牵头,整合国内及全市研究力量,协同实施。

---

[1]《习近平在中共中央政治局第二十五次集体学习时强调,让历史说话用史实发言,深入开展中国人民抗日战争研究》(2015年7月30日),《人民日报》2015年7月31日。

在此背景下,这一课题所涉及的一批重要的研究及工作项目被列为"特别委托项目"的子课题,有的被重庆市哲学社会科学规划领导小组办公室列为重庆市社科规划的重大项目,形成了以"第二次国共合作"为核心主题,以"特别委托项目"为中心,以重庆社科项目为延伸,以全国范围研究力量为骨干,强调基础研究与应用研究相结合、历史研究与史料搜集相结合、学术研究与应用研究相结合,主次分明、层次清晰的立体式项目结构,以达成研究力量多元、优势互补的研究体系。从而很好地发挥了中央和地方的学术引擎"双驱动"作用,呈现相互支撑、协同创新、成果互补的良好局面,为完成这一国家社科规划重大项目打下了坚实基础。

这些项目主要有:

2009年:"第二次国共合作的形成与发展研究"(中央党史研究室李蓉主持,批准号:2009-ZDZX02)、"第二次国共合作国际国内环境研究"(西南大学张国镛主持,批准号:2009-ZDZX01)、"第二次国共合作政策与策略研究"(重庆市委党校胡大牛主持,批准号:2009-ZDZX03)、"第二次国共合作模式与机制研究"(西南大学潘洵、鲁克亮主持,批准号:2009-ZDZX04)、"第二次国共合作的分歧、冲突与谈判研究"(西南大学张守广、谭刚主持,批准号:2009-ZDZX05)、"第二次国共合作的成效与影响研究"(西南大学刘志英、杨如安主持,批准号:2009-ZDZX06)、"第二次国共合作破裂以来的国共关系的演变研究"(北京大学牛军主持,批准号:2009-ZDZX07)、"第二次国共合作的历史经验及其对当前发展两岸关系的指导意义研究"(重庆市委宣传部苟欣文主持,批准号:2009-ZDZX08)。

2010年:"抗战大后方与周恩来研究"(中央文献研究室廖心文主持,批准号:2010-ZDZX03)、"抗战时期国共合作档案文献资料汇编"(西南大学潘洵主持,批准号:2010-ZDZX11)、"重庆谈判档案文献汇编"(重庆中国抗战大后方研究中心刘志平主持,批准号:2010-ZDZX12)、"国民参政会档案文献资料汇编"(重庆中国抗战大后方研究中心黄晓东主持,批准号:2010-ZDZX13)、"政治协商会议档案文献资料汇编"(重庆中国抗战大后方研究中心何林主持,批准号:2010-ZDZX14)"中共南方局党史资料汇编"(重庆市委党史研究室徐塞声主持,批准号:2010-ZDZX10)。

2011年:"董必武与抗战大后方研究"(西南政法大学俞荣根主持,批准号:2011-ZDZX01)、"红岩千秋——南方局口述历史资料集"(重庆中国抗战大后方研究中心刘志平主持,批准号:2011-ZDZX02)。

2012年:"西部12省区市抗战大后方党史系列研究"(重庆市抗战大后方历史文化研究会周勇主持,批准号:2012-ZDZX02)。

2013年:"中共南方局与抗战大后方社会研究"(西南大学陈跃主持,批准号:2013-ZDZX02)、"中国共产党抗战大后方文献选编"(重庆红岩联线管理中心朱军、刘志平主持,批准号:2013-ZDZX05)、"抗战大后方八路军办事处档案文献汇编"(重庆红岩联线管理中心朱军、吴绍阶主持,批准号:2013-ZDZX06)、"中国抗战时期中间党派档案文献选编"(重庆市政协学习与文史委员会杨力主持,批准号:2013-ZDZX07)、"中国共产党抗战大后方活动研究"(重庆工商大学洪富忠主持,批准号:2013-ZDZX10)、"抗战时期中国共产党在重庆的舆论话语权研究"(重庆大学张瑾主持,批准号:2013-ZDZX28)。

2014年:"中国共产党抗战大后方文献研究"(西南大学中国抗战大后方研究中心刘志平主持,批准号:2014-ZDZX06)、"抗战时期美国与中共关系档案资料汇编"(西南大学张凤英主持,批准号:2014-ZDZX19)。

二、研究的意义和价值

立项研究"第二次国共合作及其经验",旨在深化考证研究,增进历史认同,解决遗留问题,构筑政治互信,探索合作新路。

自20世纪20年代以来,中国共产党和中国国民党就是中国政治舞台上影响中国近代历史进程的两大政党。虽然两大政党在政治纲领、政治信仰方面存在重大差异,但却有过两次比较成功的合作,对国家进步、民族复兴产生了重要的推动作用。令人遗憾的是,抗日战争结束以后,国共两党发生了严重的政治对抗,乃至兵戎相见,这种状况一直延续至今。

中共中央提出:"两岸应该本着建设性态度,积极面向未来,共同努力,创造条件,通过平等协商逐步解决两岸关系中历史遗留的问题和发展过程中产生的新问题。"①

在新的历史条件下,中共中央进一步提出,要"让历史说话,用史实发言,深入开展中国人民抗日战争研究";特别提出,要"推动海峡两岸学术界共享史料、共写史书,共同捍卫民族尊严和荣誉"②。为此,史学工作者应当恪守"一个中国"原则,尊重历史,求同存异,追求最大共识,增进政治互信,为推动两岸和平统一作出贡献。

因此,今天我们研究第二次国共合作的意义和价值就在于:

(一)有利于充分认识中国共产党是领导中国人民争取民族独立和人民解放的坚强核心和全民族抗战的中流砥柱,充分认识中国共产党在抗战大后方的卓越历史地位和巨大作用,深刻反映中国共产党倡导和推动建立的以国共合作为基础的抗日民族统一战线的形成和发展历程,继承和弘扬红岩精神

抗战时期,中国共产党领导的革命斗争,逐渐形成了两条战线、两个战场。一个是敌后抗日根据地的武装斗争,一个是中国共产党倡导和推进建立的抗日民族统一战线。特别是以重庆为中心的大后方,国际国内形势风云激荡,政治斗争纷繁复杂。中共中央南方局在党中央的正确领导下,始终高举抗日和民主的旗帜,坚持国共合作,牢牢把握抗日民族统一战线的领导权,正确处理统一战线中的阶级关系,凝聚民族力量,推动全民抗战,既为抗战胜利作出了重要贡献,又为民主党派阵营的形成和新中国建立后的中国共产党领导的多党合作政治格局的开创,奠定了坚实的基础。同时,在党中央领导下,以周恩来同志为代表的南方局老一辈无产阶级革命家,培育了以崇高思想境界、坚定理想信念、巨大人格力量和浩然革命正气为本质的红岩精神,体现了中国共产党精神风范中的核心价值。红岩精神同井冈山精神、长征精神、延安精神一样,都是中国共产党人和中华民族的宝贵精神财富。深入研究第二次国共合作及其经验,就是要加强对中国共产党在抗战大后方的地位和作用

---

① 胡锦涛在纪念《告台湾同胞书》发表30周年座谈会上的讲话(2008年12月31日),《人民日报》2009年1月1日第1版。

②《习近平在中共中央政治局第二十五次集体学习时强调,让历史说话用史实发言,深入开展中国人民抗日战争研究》(2015年7月30日),《人民日报》2015年7月31日。

的研究,梳理中国共产党倡导和推进建立的抗日民族统一战线的发生、发展历史轨迹,厘清各民主党派成长历史和经验教训,深入研究抗日民族统一战线形成的机制和方法。大力弘扬红岩精神,有利于在新的历史时期进一步坚持中国共产党的领导,坚持和完善中国共产党领导的多党合作和政治协商制度,增强民族凝聚力,加强民族大团结,为实现中华民族的伟大复兴提供强大的精神动力。

(二)有利于充分认识第二次国共合作的重大意义和深远影响,增强新时期发展国共关系和两岸关系的责任感和自觉性

1931年九一八事变后,面对空前严重的民族危机和国内日益高涨的抗日浪潮,中国共产党和中国国民党及时调整政策,以民族利益为重,捐弃前嫌,求同存异,毅然再次合作,共赴国难,实现了中华民族的空前团结,并最终取得了近百年来第一次民族解放战争的完全胜利,开启了中华民族走向复兴的伟大转折。通过对大陆、台湾及其他地区和国家保存资料的参照对比、梳理考证和重新解读,进一步研究抗战时期国共两党艰难曲折的合作历程,还原第二次国共合作的历史真实;系统论证第二次国共合作取得的重大成果及其对抗日战争的伟大胜利、对中华民族走向复兴的伟大转折、对国共两党的发展所产生的深远影响;总结梳理抗战结束后,两党政治对立、国家分裂对民族复兴和国家利益造成的严重伤害,将有利于我们充分认识国共两党"合则对国家有利,分则必伤民族元气"的经验教训,进一步增强新时期发展国共关系和两岸关系的责任感和自觉性。

(三)有助于化解歧见,增加互信,解决历史遗留问题,为实现祖国和平统一排除历史认知障碍

抗战时期第二次国共合作的历史,既是国共两党求同存异、相忍为国的集中体现,也是两党智慧较量和实力斗争的充分展示。第二次国共合作取得了抗战的胜利,推动了民族的复兴,同时也对国共两党产生了重要的影响。中国共产党通过与国民党的合作、与广大中间党派的合作,努力争取实现抗日和民主两大目标,获得了空前的发展,建立了一系列根据地,拥有了强大军队,党员人数剧增,赢得了广大人民群众的支持,成为全国性大党,为中国人

民抗日战争暨世界反法西斯战争的胜利作出了重大贡献,初步得到国际社会的了解,也为新中国政治制度奠定了重要的基础。中国国民党通过合作抗日,取得了中国历史上成功抵御外敌入侵、胜利还都的"不曾有的先例"(冯友兰语)。然而,长期以来,国民党和台湾方面并不认同国共合作,甚至完全不提"国共合作",其中重要原因,就是把国民党在大陆的失败完全归咎于国民党在抗战时期所谓的"容共政策",认为在两次国共合作中,国民党都吃尽苦头,终以中华民国退出中国大陆为代价,因此决不能再搞"国共合作"。这种对国共合作历史及经验教训的认识误区,实际上已成为国民党和台湾当局的一个历史包袱,也是阻碍当前发展两党和两岸关系的制约因素。因此,深化对第二次国共合作历史的研究,以科学的历史观正确认识第二次国共合作的历史、成果、影响及经验教训,有助于增进国共两党、海峡两岸的历史认同,逐步解决两岸关系中的历史遗留问题,构筑两岸政治互信的基石,从而排除祖国和平统一的历史认知障碍。

(四)有助于借鉴历史经验,在新的形势下积极探索发展两岸、两党关系的新内容、新形式与新机制

经过30多年的改革开放,中国的面貌发生了历史性变化,中国同世界的关系也发生了历史性变化。随着国家综合国力的整体增强,中华文化走向世界,中国的国际地位和影响力正在进一步提升,两党交流合作、两岸共谋发展迎来了新的国内和国际环境。两岸关系历经风雨坎坷,随着国民党在台湾执政地位的重新确立,台湾局势发生积极变化,两岸关系也迎来难得的历史发展机遇。历史研究的终极目的不仅是知晓过去,更是理解现在,指引未来。抗战时期以国共合作为核心的党际合作、朝野合作,最终表现为团结御侮、民族复兴,表现了中华民族生生不息的顽强生命力,尤其突出地表现了中华民族持久坚韧的民族凝聚力。研究第二次国共合作的历史,就是为发展两党关系和两岸关系提供历史的借鉴。这有助于站在新的历史起点上,探索基于民族凝聚力、建立党际政治互信与政治合作的制度性框架,乃至于更深入、更广泛层次的合作策略、合作模式与合作机制(如基于一个国家之下的不同政权、不同政党之间的合作),探索发展两党关系和两岸关系的新内容、新形式、新

模式,有助于促进结束两党、两岸的政治对立,实现祖国的早日统一。

(五)有助于深化对中国近代史、抗日战争史、中华民族复兴史、国共两党关系史、民主党派史的研究,进一步从学理和法理上遏制"台独",促进祖国统一

正确的历史经验教训建立在科学的理论指导和最基本的史实研究基础之上。没有客观、深入和系统的研究,不可能实事求是地弄清楚长期影响着两党感情的种种历史矛盾和冲突的来龙去脉。仅仅满足于早已设定的政治结论,既不利于学术研究,也不可能正确地总结历史上的经验教训。深入研究第二次国共合作的历史,要坚持中国化马克思主义的指导,要注重现实关怀,坚持学术标准,在还原历史的真实上狠下功夫;需要在已有学术研究成果的基础上,立足新形势,拓宽新领域,挖掘新史料,构建新体系,提出新思考;在历史研究中再攀学术高峰,从而深化对中国近代史、抗日战争史、中华民族复兴史、国共两党关系史、中国民主党派史的认识。更为重要的是,抗战历史文化研究,特别是第二次国共合作历史研究的基本前提是"一个中国"原则。因此,研究国共合作的历史就是对"一个中国"的论证,是对"一个中国"原则的坚持。因此,基于科学和理性基础上的研究,就是从学理和法理方面遏制"台独",这是海峡两岸学界对促进祖国统一最实在的贡献。

三、国内外对第二次国共合作研究现状述评

(一)国内(含台湾地区)研究现状

自20世纪80年代以来,中国史学界对国共两党关系史的研究日益深入,硕果累累。其中对第二次国共合作的研究,成绩尤为显著。

发表的论文,据不完全统计,截至目前为止,以"第二次国共合作"为主题在CNKI学术期刊网上进行检索,有研究论文1200余篇,其主要侧重在共产国际和第二次国共合作、第二次国共合作形成的历史过程和涉及的人物、对抗日战争胜利所起的巨大作用和意义、第二次国共合作期间国共两党的历次谈判、第二次国共合作为什么没能实行党内合作、抗日战争时期中共是否取得合法地位、第二次国共合作期间两党关系发生根本变化的标志、第二次国

共合作破裂主要标志和过程、西安事变,等等。另外,中国中共党史学会选编的纪念抗日战争胜利40周年论文集《抗日民族统一战线与第二次国共合作》(中国文史出版社,1987年版)、第一至第五届全国国共两党关系史学术讨论会论文集等,均收入大量有关第二次国共合作的论文。

出版的资料集,主要有:中共党史资料征集委员会编辑的《第二次国共合作的形成》(中共党史资料出版社,1989年版);中央统战部、中央档案馆编辑的《中共中央抗日民族统一战线文件选编(上、中、下)》(档案出版社,1985年版);重庆市政协文史资料委员会、重庆市委党校、红岩革命纪念馆合编的《抗战时期国共合作纪实(上、下)》(重庆出版社,1992年版);中共湖北省委党史资料征集编研委员会、中共武汉市委党史资料征集编研委员会编的《抗战初期中共中央长江局》(湖北人民出版社,1991年版);南方局党史资料征集小组编的《南方局党史资料(1—6)》(重庆出版社,1986—1990年版);重庆市政协文史资料研究委员会编的《国民参政会纪实(上、下、续)》(重庆出版社,1985、1987年版);中共重庆市委党史工作委员会、重庆市政协文史资料研究委员会、红岩革命纪念馆合编的《重庆谈判纪实》(重庆出版社,1983年版);中共重庆市委党史研究室、重庆市政协文史资料委员会、红岩革命纪念馆合编的《重庆谈判纪实增订本》(重庆出版社,1993年版);重庆市政协文史资料研究委员会、重庆市委党校合编的《政治协商会议纪实》(重庆出版社,1989年版);中共代表团梅园新村纪念馆编辑的《国共谈判文献资料选辑(1945.8—1947.4)》(江苏人民出版社,1980年版);中央档案馆编辑的《中共中央文件选集》(内部本第10—13册,中央党校出版社,1985—1987年版);中央档案馆编辑的《中共中央文件选集》(公开本第11—16册,中央党校出版社,1991—1992年版);中央文献研究室和中共南京市委编辑的《周恩来1946年谈判文选》(中央文献出版社,1996年版),以及中共中央文献研究室、中央档案馆合编的《建党以来重要文献选编(1921—1949)》(其中涉及1931—1945年抗战时期的共15册,即第8—22册,中央文献出版社,2011年版)。另有西安事变资料多种,皖南事变资料多种。

出版的专著主要有:张梅玲的《干戈化玉帛——第二次国共合作的形成》

(中国广播电视出版社，1991年版)，郝晏华的《从秘密谈判到共赴国难——国共两党第二次合作形成探微》(北京燕山出版社，1992年版)，杨奎松的《失去的机会？战时国共谈判实录》(广西师范大学出版社，1992年版)，李良志《度尽劫波兄弟在——战时国共关系》(广西师范大学出版社，1993年版)，黄修荣《抗战时期国共关系纪事(1931—1945)》(中共党史出版社，1995年版)和《国共关系70年纪实》(重庆出版社，1994年版)等。

此外，国共关系史、国共合作史以及中共党史、中国国民党党史著作中均有大量篇幅论述第二次国共合作问题。此方面的著作主要有：林家有的《国共合作史》(重庆出版社，1987年版)》，王功安、毛磊主编的《国共两党关系史》(武汉出版社，1988年版)，杨世兰等主编的《国共合作史稿》(河南出版社，1988年版)，张广信的《国共关系史略》(陕西教育出版社，1989年版)，唐培吉等的《两次国共合作史稿》(浙江人民出版社，1989年版)，苏仲波、杨振亚主编的《国共两党关系史》(江苏人民出版社，1990年版)，李良志、王顺生的《国共合作历史与展望》(福建人民出版社，1990年版)，秦野风等的《国共合作的过去与未来》(黑龙江教育出版社，1991年版)，王功安、毛磊主编的《国共两党关系通史》(武汉大学出版社，1991年版)，马齐彬主编的《国共两党关系史》(中共中央党校出版社，1995年版)，范小方、毛磊的《国共谈判史纲》(武汉出版社，1996年版)，杨奎松的《国民党的"联共"与"反共"》(社会科学文献出版社，2008年版)等。

从20世纪80年代后期到90年代前期，国共合作研究曾一度形成高潮，发表了大量的研究论文和学术专著，也涌现出了李良志的《度尽劫波兄弟在——战时国共关系》，杨奎松的《失去的机会？战时国共谈判实录》，王功安、毛磊的《国共两党关系通史》和马齐彬的《国共两党关系史》等质量较高的著述。90年代中期以后，出现了杨奎松的《国民党的"联共"与"反共"》，这部著作使用了国共双方大量可靠、翔实资料，论述严密，多有创见，被称为研究国共关系的"开先河之作"。

但总体而言，抗战期间国共关系研究无论在史料史实方面，还是在观点创新方面,取得突破性进展的研究成果并不多,①尤其是对国民党方面的研究相当欠缺,而低水平重复的现象大量存在,研究的视野还有待超越,研究的领域还有待拓宽,研究的史料还有待发掘,专题研究还有待深入。特别是作为第二次国共合作主要机构的中共中央南方局和重要活动舞台的抗战大后方,一直没有受到研究者的重视,这不能不说是第二次国共合作研究的重大缺陷。

台湾地区和国民党方面长期否认国共合作,1956年蒋介石撰写《苏俄在中国》,总结失败的原因、教训,认为"对共党谈判和共军收编,乃是政策和战略上的一个根本错误"。无论是国民党还是民进党,都把国民党丢掉中国大陆归因于所谓的国民党"容共政策"。陈永发的《中国共产革命七十年》(台北联经出版事业公司,1998年版)、张玉法的《中华民国史稿》(台北联经出版事业公司,2001年修订版)和《中国现代史》(东华书局,2001年增订版),都有较大的篇幅论述国共在抗日战争中的联合与斗争,但仍然仅仅是从国民党的立场来分析国共关系,具有相当的片面性。

(二)国外研究现状

国外涉及第二次国共合作研究的著述不多。日本学者波多野善大开风气之先,对国共合作进行了专题研究,并形成了一部专著《国共合作》(罗可群译,广东档案史料丛刊增刊,1982年版),这也是目前所见国外最早的一部直接研究第二次国共合作历史的学术著作。日本山田辰雄(齐福霖译)的《中国对国民党史的研究——以国共合作为中心的重新探讨》也对国共合作进行了探讨。奥夫钦尼科夫的《中国抗日民族统一战线的形成和发展》(莫斯科,1985年版)是苏联学者论述国共合作的代表性作品,但过分强调苏联和共产国际的作用。美国方面有范力沛的《敌与友:中共党史中的统一战线》(斯坦福大学出版社,1976年版),比较系统地论述了中共党史中的统一战线问题。而涉及国共关系,尤其是在中美关系中涉及国共关系的论述很多,包括易劳逸的《毁灭的种子:战争和革命中的中国(1937—1949)》(斯坦福大学出版社,1948年版)、齐锡生的《抗战期间的国民党中国:军事失利与政治崩溃(1937—

---

① 参见杨奎松:《抗战期间国共关系研究50年》,载《抗日战争研究》,1999年第3期。

1945）》(密歇根大学出版社,1982年版)、迈克尔·沙勒的《美国十字军在中国（1938—1945）》、《马歇尔使华》(美国,1976年版)、苏姗娜·佩伯的《中国的内战：政治斗争(1945—1949)》(《剑桥中国史》第13卷,剑桥大学出版社,1986年版)、赫伯特·菲斯的《中国的纠葛——从珍珠港事变到马歇尔使华美国在中国的努力》(普林斯顿大学出版社,1953年版)、肯尼思·休梅克的《美国人与中国共产党人》(康奈尔大学出版社,1971年版)、约翰·斯图尔特·谢伟思的《美亚文件与中美关系史上的若干问题》(加州大学伯克利中国研究中心,1971年版)、约瑟夫·W.埃谢里的《在中国失掉的机会—美国前外交官约翰·W.谢伟思第二次世界大战时期的报告》(纽约,1974年版)、巴巴拉·W.塔奇曼的《史迪威与美国在华经验(1941—1945)》(麦克米伦公司,1978年版)等。英国有关第二次国共合作的著述包括嘉韦的《第二次统一战线的起源：共产国际和中国共产党》，论述了共产国际对中国共产党统一战线提出的影响；沈奎功的《中国共产主义者的强大道路：抗日民族统一战线(1935—1945)》，论述了中国共产党抗日民族统一战线的形成和发展过程；方德万的《中国的民族主义和战争》也对国共合作抗日有所涉及。国外研究也在美、苏等国对国共关系影响的研究方面取得了不少的成果。但总体而言，国外对国共合作的研究，由于受到意识形态、史料等多方面的影响，专题性的研究不多，也不深入。

综上所述，中外学术界对第二次国共合作已经进行了大量研究，取得了重要的成就。但是，还有大量的空白需要填补，还有许多问题需要深入，还有相当的史料需要发掘，尤其是对代表中共与国民党交往，具体实施第二次国共合作的中共中央南方局的研究，总体还相对薄弱；对国共合作舞台的大后方的研究，还处在起步阶段。因此还有相当大的空间可以施展，这是当今学人，尤其是作为第二次国共合作重要政治舞台的抗战大后方和国共合作主要机构的中共中央南方局所在地的研究机构和研究学者必须担任的历史责任。

四、项目的总体框架

本项目的基本理念是"中国立场，国际视野，学术标准，一流水平，进入西方主流社会，服务全国大局"。即：坚持国家民族立场，超越国共两党视野，站在前人研究的基础之上,以中共中央南方局与抗战大后方为中心,立足新形势,拓宽新领域,挖掘新史料,构建新体系,提出新思考,分专题深入研究第二次国共合作的国际国内环境、政策与策略、形成与发展、模式与机制、分歧与谈判、成就与影响,系统总结分析第二次国共合作的历史经验和对当前发展两岸关系的现实指导意义,服务于推动两岸关系和平发展、实现中华民族伟大复兴的大局。为此我们努力:

尊重历史事实。即从客观历史实际出发,在史料搜集、挖掘和考订上狠下功夫,通过史料的发掘来还原历史的真实。一方面要发掘和运用国共双方现存而尚未很好使用的历史档案;另一方面也要用好已经公开但利用不够的档案文献,特别是中共中央南方局档案和《新华日报》《群众周刊》等大量反映国共合作的文献资料。必须立足让史实说话。

拓宽研究领域,加强对过去较少关注或忽视的第二次国共合作的政策与策略、模式与机制、成就与影响的研究(如成就方面过去较多关注政治层面、文化层面,而对经济层面、社会层面、外交层面关注不多),特别是过去比较忽略、比较肤浅的对国民党及其政策的研究;注重构建研究框架,从纵向的发展历程研究转入横向的专题性研究。

关注历史与现实的结合。史学的任务不仅是回顾、复原历史,还要通过历史研究展望未来,探索历史发展的规律,为推进社会进步服务。

以中共中央南方局和抗战大后方为中心进行研究。中共中央南方局是抗日战争时期和解放战争初期中共中央派驻国民政府统治中心重庆的代表机关,在第二次国共合作中扮演了极其重要的角色,而抗战大后方是第二次国共合作最重要的活动舞台。以中共中央南方局和抗战大后方为中心进行研究,有助于深化对第二次国共合作诸多方面的认识。

项目研究的整体布局为三个部分:

(一)从八个方面对项目主题进行整体的深入研究

第二次国共合作国际国内环境研究;

第二次国共合作的形成与发展研究;

第二次国共合作政策与策略研究;

第二次国共合作的模式与机制研究；

第二次国共合作的分歧、冲突与谈判研究；

第二次国共合作的成果与影响研究；

第二次国共合作破裂以来国共关系的演变；

第二次国共合作的历史经验及其对当前发展两岸关系的指导意义。

以上内容是本项目研究的核心，也是本项目的代表性成果。

(二)对项目涉及的历史进行多侧面专题研究

中国共产党抗战大后方活动研究；

抗战大后方各省市党史研究；

中共南方局与抗战大后方社会研究；

抗战大后方与周恩来研究；

抗战大后方与董必武研究；

抗战时期中国共产党在重庆的舆论话语权研究。

以上内容围绕项目主题展开，是对主题所涉及的若干重大领域的挖掘，是从点和线上形成对主项目研究的深化。

(三)史料的搜集与整理

中国共产党抗战大后方文献；

中共中央南方局历史文献；

抗战大后方八路军办事处档案文献；

抗战时期国共合作档案文献资料；

国民参政会档案文献资料；

中共南方局口述历史资料；

重庆谈判档案文献；

政治协商会议档案文献资料；

中国抗战时期中间党派档案文献。

以上内容是本项目研究的特色，是整个学术研究创新的基础，也是主项目得以深化的前提。

五、项目研究的基本内容

(一)核心研究的基本内容

核心研究由八个子课题构成

子课题之一:第二次国共合作国际国内环境研究

学术界至今尚未对该问题进行过全面系统的研究,若有也只是研究某一具体问题,没有就第二次国共合作整体系统的国际国内环境进行研究。因此我们认为,对第二次国共合作环境进行系统研究是一次新的学术尝试,本课题以求全面准确把握第二次国共合作的"生态环境"、环境表征和历史使然,为第二次国共合作的历史走向找出合乎历史逻辑的解释。这对第二次国共合作的研究是一个创新。

本子课题是整个课题研究的基础。我们力求深入系统地对第二次国共合作形成、运行和发展的外部环境和内部环境进行研究,为整个课题研究提供客观依据;同时也极大地拓宽了整个课题研究的领域,丰富和深化对整个课题的研究广度和厚度。作者把这种环境分为国际环境、国内环境、党际环境三个方面,从三个层次展开,即纵向研究影响第二次国共合作形成、发展过程中的国内外环境变化,并探究二者之间的关系;横向研究国共合作阶段决策的国内外环境及其对国共之间的影响;对比研究国共两党合作过程中各自受国内外环境变化的关系,探寻其中的规律,总结经验。

——第二次国共合作的国际环境。主要包括:一是德意日法西斯的侵略尤其是日本帝国主义对中国的侵略,这是促成第二次国共合作最主要的外部因素;二是英美等西方资本主义国家始终从自身战略利益权衡得失,在这一外部环境的影响下,国共合作始终充满变数;三是苏联为维护其自身利益,支援中国抗战和支持国共合作,牵制日本和中苏之间的博弈,支持建立广泛的反法西斯统一战线等。尽管美英和德意日进行过某种交易,甚至牺牲中国的一些利益,但根本上还是支持国共合作的,这是从积极方面促成国共合作的外部环境。

——第二次国共合作的国内环境。首先是政治环境,包括第一次国共合作的影响、各中间党派的诉求、地方实力派力量、社会贤达以及汪伪势力等因素和力量对第二次国共合作的影响。其次是经济环境。经济是基础,它对政治决策有影响作用。主要研究国共两党合作中的经济联系,以及这种经济联系对政治合作的影响。三是军事环境。两党军事力量的对比和消长,是影响第二次国共合作的重要条件。当共产党力量比较强势时,蒋介石国民党就要想方设法加以围剿;当共产党军事力量变弱时,蒋介石国民党同意改编;当双方军事斗争的矛头指向日本帝国主义侵略时,国共两党合作显得比较友好;当共产党军事力量再次发展后,蒋介石国民党又采取了军事摩擦,削弱共产党军事力量;当共产党军事力量再次减弱时,蒋介石国民党又伸出了橄榄枝,国共两党关系出现了微妙变化;当共产党力量再次强大时,国民党再也按捺不住了,于是有了后来的军事斗争,直到全面内战。四是文化环境。

——第二次国共合作的党际环境。主要是国民党、共产党、中间党派三个方面的相互影响。对于国民党来讲,作为执政党,自然要考虑处于反对党地位的共产党内外政策的变化。所以,共产党态度及政策的变化,必然会影响到国民党对共产党的态度等,从而成为一种外部环境;对于共产党来讲,处于执政地位的国民党内外政策的变化,也会影响到共产党对国民党态度的变化等,也会成为共产党制定政策和策略的外部环境;对于中间党派来说,他们虽然也处于在野地位,但他们是一支不可忽视的政治力量,或多或少能够影响国民党、共产党的政策和策略,也成为国民党、共产党的外部环境。特别需要指出的是,有时候,国民党的不同派别、共产党内部的不同意见,都可能成为一种影响决策的因素。

子课题之二:第二次国共合作的形成与发展研究

本子课题的基本任务是从历史的角度对国共第二次合作的发生、发展到结束的全过程进行系统的史实考察,给读者以第二次国共合作的完整印象,对其他子项目的研究提供史实支撑,同时形成国共第二次合作史的完整框架。

对第二次国共合作的历史,学界已经形成了一大批成果。但还没有出版将第二次国共合作作为独立的对象进行系统而全面研究且分量轻重的学术著作。特别是随着新的大量可靠、翔实的历史档案的披露和许多重要人物的日记、回忆录的公开,重新对第二次国共合作的形成与发展进行系统全面的史实梳理和深化研究就尤为迫切。

本子课题的研究着重于：与时俱进,站在21世纪的高度审视历史事件；实事求是,重视史料的掌握与运用；站上巨人的肩膀,在史学界已经取得成果的基础上前行；观水观澜,把握历史进程的关键环节。因此,在认真吸收与整合前人研究成果的基础上,重点利用中共南方局与抗战大后方等新史料,就第二次国共合作的接洽与会晤、推进与发展、合作与摩擦、破裂与对立重新进行了深入细致的梳理和研究,详细叙述了国共从分到联,再从联到分的过程,力争客观真实地描述国共两党领导人既为民族独立,也为主义、事业的坚持与妥协,最终以民族利益为重,捐弃前嫌,共赴国难,实现第二次合作并最终取得伟大的抗日战争的胜利。

在此基础上,作者形成了两个基本判断：一是国共第二次合作的历史,起于1935年中国共产党发表《八一宣言》,终于1947年3月8日中国共产党中央级人员吴玉章撤离重庆。二是国共第二次合作全过程的基本线索由八个关键环节构成,即：中共提出《八一宣言》和国民党响应——西安事变实际上结束了国共的内战——《国共合作宣言》的公开发表使中共实际上有了合法的名分——国民党五届六中全会和晋西事变所标志着的变化——林彪代毛泽东同蒋介石会谈和国民党五届十中全会表明两党关系的改善——抗战胜利后国共在新的基础上继续合作——国民党进攻中原解放区是由政治解决到军事解决的转折——中共代表团撤离是合作渠道的完全断绝。

基于以上基本判断,作者把第二次国共合作的进程分为七个阶段：1.酝酿阶段：起于《八一宣言》发表,终于西安事变之前；2.形成阶段：起于西安事变和平解决,终于《关于国共合作宣言》发表；3.展开阶段：起于国共合作宣言发表之后,终于国民党五届六中全会和晋西事变之前；4.波折阶段：起于1939年11月国民党五届六中全会和晋西事变,终于1942年10月林彪代毛泽东同蒋介石会谈之前；5.持续阶段：起于1942年10月林彪代毛泽东同蒋介石会谈,终于抗战胜利；6.继续阶段：起于重庆谈判,终于1946年6月国民党政府军进攻中原解放区之前；7.终结阶段：起于1946年6月国民党政府军进攻中原解放区,终于1947年3月中共代表团撤出南京、上海、重庆。

子课题之三:第二次国共合作政策与策略研究

在以往的研究中,对第二次国共合作的政策与策略缺乏系统与深入的研究。本子课题围绕国共第二次合作的政策和策略展开,通过回顾和总结第二次国共合作进程中的国共两党关于合作的相关政策和策略的演变,分析其演变的主客观条件和相应的机制,力求全面深入并系统地梳理、准确理解把握合作双方在政策和策略上的演变过程和基本规律,进而为后面的几个子课题研究提供更加充分的客观依据。本子课题是整个研究课题中的创新点之一。

中共的政策和策略是旗帜鲜明的。作者将其概括为:以抗日民族统一战线包括抗日、民主两大根本任务,以在各方面工作中发展进步势力、争取中间势力、孤立反共顽固势力的战略任务为总政策,以区别对待各种政治势力而采取的又联合又斗争、以斗争求团结为总策略。以总政策和总策略指导而形成并体现为"三三制"政权、减租减息和交租交息、提高与普及民众文化和民族自尊心、大力发展中共武装力量等,以形成包括政治、经济、文化、军事等具体政策的分层级的政策和策略体系。其基本的运作程序是:总政策指导各方面战略任务,形成带有方向目标性的方针性政策和为实现方针性政策而采取的总策略。方针性政策和总策略决定各项目标的具体政策。其简化的程序是:总政策→总策略(方针性政策)→具体政策。可以说,毛泽东在政策、策略混用的纷繁表述中,厘清了政策和策略的分野与程序体系结构,具体指导了当时政策策略的策划和运用,为后世留下大量生动具体的"案例"。共产党的国共合作政策和策略,从总的方面讲,更多地注意在坚持抗战、动员群众、"发展壮大"方面着力,这是一笔厚重的思想财富,值得好好研究。

国民党绝口不提其政策策略规定,但其政策策略事实上却是客观存在的。国民党在抗战中的总政策是以"三民主义暨总理遗教"为"最高准绳","在本党及蒋委员长领导之下","全国人民捐弃成见,破除畛域,集中意志,统一行动",以"求抗战必胜,建国必成"的战略总目标;具体政策,如政治方面是组织国民参政会、实现县自治、改善各级政治机构、整饬纲纪、严惩贪官污吏。虽说从表现上并不涉及中共和各抗战小党派,但其"捐弃成见"就是要求中共等党派必须归属国民党当局在思想上、政治上的统一领导,即"溶共"等政策和策略内涵已包含其中。因此,其总政策可概括为抗战、反共、统一,而其策略包含在总政策中,又通过具体政策体现反映出来。由此可以推知,在反共总政策与推进参政会这类具体政策之间,有一套具体政策和策略在起作用。从反共目标和结果的关系看,从基本历史事实即政策实践的结果看,这套策略就只能是容共、溶共、限共等。所以,国民党政策规定的方式、程序仍然是:总政策→策略(方针或指导性政策)→具体政策。可以看出,国民党的国共合作政策和策略,从总的方面来讲,更多地是从依靠政府、"内部控制"的方面着力,缺乏动员群众等方面的思路。

在实践中,第二次国共合作只是发表政治宣言,有工作平台(国民参政会),但没有具体约束机制的合作方式,只能根据国共各自政策和策略采取"遇事协商"[①]的方式开展活动了。

纵观抗战时期的国共关系,其合作所依据的政策和策略,是国共两党各自拟订的;两党的"合作"政策目标,除抗战外,很多重大问题上是南辕北辙的,所以后来摩擦不断;正因为有了抗战这一共同点,才使合作得以形成并延续到最终。所以,研究第二次国共合作的政策和策略,基本内容就只能是以国共历史过程为经,以不同阶段的形势演变为纬,着力展现抗战中国的基本政策和策略及其演变和作用。

子课题之四:第二次国共合作的模式与机制研究

从模式与机制的角度去研究第二次国共合作,也是过去学术研究中较少关注或忽视的。本子课题从这一新的视角,全面回顾了第二次国共合作的模式和机制,即:1.第二次国共合作模式的磋商与确立。包括两党的初步合作模式、两党关于正式合作模式的反复磋商和两党合作模式的初步形成。2.第二次国共合作的活动平台。包括抗战初期的国防参议会、《新华日报》与《群众周刊》、国民参政会、军委会政治部第三厅与文化工作委员会,以及抗战胜利后召开的政治协商会议。3.第二次国共合作的联络机制。包括国防会议

[①] 周恩来在中共六届六中全会上的发言记录,1938年9月30日。转引自金冲及主编的《周恩来传(1898—1949)》,人民出版社、中央文献出版社1989年版,第396页。

及战区的划分、八路军(新四军)驻各地办事处(通讯处)和军事委员会驻延安联络参谋等。4.第二次国共合作的协商机制。包括政治谈判和军事谈判等。

在此基础上,作者分析了第二次国共合作确立后的两党合作模式和机制,探索第二次国共合作时期的两党合作模式和机制的产生、发展与破裂的演变历程与轨迹。本子课题是整个研究课题中的创新点之一。

子课题之五:第二次国共合作的分歧、冲突与谈判研究

目前学界虽对第二次国共合作的分歧有所注意与研究,但对国共政治分歧、军事冲突和国共谈判的研究相对不足。本子课题通过对抗战时期第二次国共合作的分歧、冲突与谈判进行全面系统研究,全面深入分析国共合作的特殊性和复杂性,努力加深和拓宽第二次国共合作研究的深度和广度。可以说,这是一个"问题阈"研究。

抗战时期,国共两党在政治、军事方面存在分歧和冲突,两党遇事协商谈判,两党甚至分分合合,这是第二次国共合作的常态和特点。

双方的分歧、冲突和谈判,主要围绕军队、政权、政党这三个基本问题展开。

双方的基本分歧在于:蒋介石、中国国民党及国民政府,在政治和理论上,完全缺乏关于国共合作及抗日民族统一战线的观念,并对于抗日民族统一战线形势及格局下的国共关系作出了不切实际的错误认知。这种错误认知,导致蒋介石、中国国民党及国民政府在抗战时期乃至于战后一系列重大军政处置上的严重失误,使国共两党在以抗战和建国为现实目标的第二次国共合作中冲突不断,险象环生。这种矛盾、冲突愈演愈烈的状况,既不利于战时团结抗日,也不利于战后合作建国,并导致最后两党关系的破裂。

双方的冲突表现在政治、军事、思想文化等各个方面:政治上,国民党方面掌握着中央政权,在政治上长期占据有利地位。国民党以中央政府名义,强调军令政令统一和训政体制,要求中共交出军队,取消根据地政权。国民党拒绝从法律上承认中共合法地位,长期以"文化团体"对待中共。军事上,国民党不断制造摩擦、冲突,并对陕甘宁边区实行封锁;思想文化上,强调三民主义,认为共产主义不适合中国国情等。中共方面,强调其作为政党的独

立性,并在团结、民主、抗战、建国的旗帜下,要求国民政府允许其扩编军队并补充饷弹,承认根据地民选政权,承认中共及一切抗日党派的合法地位,战时合作抗战,抗后合作建国;要求国民党实行真正民主,最后提出"联合政府"的政权主张,否认国民党一党专政的合法性。中共强调,现阶段当然信奉三民主义,但将来还是要致力于共产主义的事业。

双方的谈判大致上分为战时和战后两个阶段:第一次和第二次谈判围绕防区及中共军队的扩编、边区政权的范围等具体问题展开,第三、四、五次围绕"联合政府"问题展开,第六次重庆谈判围绕"和平建国"问题展开,第七次围绕和平民主及政协会议展开。双方主张在谈判中呈现渐行渐远的总体趋势。

国共双方的分歧、冲突和谈判,为中国近代以来艰难演进的现代化进程开拓出了相对宽阔的发展空间。政治上,民主观念得到广泛传播并深入人心,并在抗战胜利后诞生出政治协商会议这样崭新的政治协商形式。军事上,敌后游击战从普通的战术形式演变为军事战略,并成功开辟出由中国共产党领导的敌后战场,创建了一系列敌后根据地,根据地、游击区和深入敌占区的武工队形成了人民战争的汪洋大海,使侵略者深深陷入无边的泥淖而不能自拔。中华民族的解放事业也由此迎来了云开日出的万道霞光,并最终迎来了抗战的胜利,民族伟大复兴的转折点终于到来。

子课题之六:第二次国共合作的成果与影响研究

在以往的研究中,对第二次国共合作所取得的成就,较多关注政治与文化层面,而对经济、社会、外交层面关注相对较弱。本子课题在吸收前人研究成果的基础上,对以国共合作为基础,国内各党派、各民族实现了空前的民族团结,在政治、军事、经济、文化、外交等众多领域开展的合作与取得的成就进行系统梳理与深入研究,重点加强对以往研究薄弱的国共在经济、外交领域中的合作进行探讨,进而分析国共合作分别对国共双方所产生的不同影响。本子课题是整个研究课题中的创新点之一。

第二次国共合作在政治上的成效主要表现在:第二次国共合作的实现,成为抗日民族统一战线的基础,尤其是克服了合作抗日历程中,曾反复出现的不利于团结抗日大局的各种投降、分裂、倒退的危机,坚持了抗日、团结、进步的大局,赢得了抗战的最终胜利。

在军事上的合作成效主要表现在:国共合作建立后,两党坚持持久战以空间换时间,两个战场相辅为用,两党在战略方针、战役战斗、军事训练等方面上形成了多层面的战时军事合作关系,最终取得了对日作战的胜利。

在经济上的合作成效主要表现在:国共合作的建立,使国共两党停止了军事对抗,国民党解除了对共产党所辖区域的经济封锁,结束了国统区和根据地在此之前长时期的经济隔绝状况,缓和了封锁与反封锁的尖锐斗争,开始了有限度的经济领域的合作,为全民族抗战提供了基本的物质基础。

在外交上的合作成效主要表现在:国共合作的建立,使得国共捐弃前嫌,共同倡导、推动了世界反法西斯统一战线的建立;极大拓展了民间外交的空间,国共合作背景之下的民间外交成为国家总体外交的重要组成部分;不平等条约的废除与国家地位的提高,使得中国不断增强和提升着自己在世界的影响力和国际地位;国共还携手参与了建立联合国等涉及战后国际秩序安排的重要外交行动,最终迎来了中华民族由衰败到复兴的伟大转折。

在文化上的合作成效主要表现在:国共合作的建立,使一切不愿做亡国奴的文化工作者都联合起来,组成了我国近代文化史上最广泛、最持久的抗日文化统一战线。即便是在相持阶段到来后,国民党对内对外政策策略发生改变,对抗战进步文化实行专制主义和高压政策的时候,共产党始终坚持"相忍为国"的大局意识和"又联合又斗争","以斗争求团结"的策略原则,国民党也最终坚持了民族大义并作出了一些妥协,从而使国共合作"摩而不裂"。因此,在国共合作的大背景下,抗日进步文化运动始终占据主导地位,从而为取得抗日战争的最后胜利作出了独特而重大的贡献。

子课题之七:第二次国共合作破裂以来国共关系的演变

本子课题主要研究第二次国共合作破裂后,国共两党政策、策略的变化,两党、两岸之间的接触和交往及其演变,分析不同历史时期国共关系变化的内外因素,探讨国共关系的未来发展走向。研究第二次国共关系破裂后国共关系的演变,是理解和通往国共两党、两岸未来关系的桥梁和纽带。

本子课题着重研究:1.第二次国共合作破裂后国共双方的激烈对抗,包括内战的爆发、北平谈判和国民党政权的覆灭。2.海峡两岸对峙局面的形成,包括美国插手台湾事务、第三次国共合作的提出、国共两党的秘密接触。3.国共关系的缓和与两党交流的重启,"一国两制"构想的提出与隔岸政治对话,九二共识与"汪辜会谈"。4."台独"与反"台独"的斗争,"台独"的起源,台湾的"民主化"与台独的发展,民进党执政与台独势力的猖獗。5.国共关系的新篇章,两岸经贸关系的发展,国共两党党际交流的重新建立,国民党在台湾的再度执政。

本子课题的成果将以研究报告的方式呈现。

子课题之八:第二次国共合作的经验及其对当前发展两岸关系的指导意义

本子课题的研究主要基于2008年3月台湾局势发生积极变化,两岸关系迎来难得历史机遇的新形势。

本子课题在全面总结与借鉴第二次国共合作给我们留下的宝贵历史经验的基础上,认真探讨其对当前发展两岸关系的指导意义,积极推动两岸关系的良性发展,通过共同努力,切实做到共创双赢,促进祖国统一的早日实现。

在新时期,研究和总结抗战时期第二次国共合作的历史经验,将有利于我们对海峡两岸关系的认识,对推进祖国早日实现和平统一具有积极的现实意义。主要是:

统一的民族观念是推动国共两党合作的社会基础;

有利的国际国内形势是实现国共合作的外在环境;

共同的认识目标(即"九二共识")是促成国共两党合作的政治前提;

正确的策略方针是达成国共两党合作的关键所在;

适当的合作机制是建立国共两党合作的正确途径;

必要的妥协和让步是实现国共两党合作的重要条件。

(二)专题研究的基本内容

1.中国共产党抗战大后方活动研究。本课题侧重于对中共在大后方的作用进行研究,进而提出了中共在大后方地位和作用的观点。作者认为,中国共产党在大后方发挥了彪炳史册的重大作用,大后方既是中国抵御日寇入侵的最后战略基地,也是抗日民族统一战线政策的实践地,也是抗战期间中共实现自己的政治抱负最重要的活动舞台之一。为此,中共努力宣传坚持抗战、反对投降的政治理念,相忍为国,维系国共合作,为抗战胜利奠定政治基础;团结一切可以团结的力量,努力争取中间势力,为抗战胜利壮大进步力量;推动抗战文化发展,为抗战胜利凝聚精神力量;开展民间外交,推动建立国际反法西斯统一战线,为抗战胜利营造有利中国的国际环境。从中共在大后方的历史作用及其发挥作用的主要方式来看,中共在大后方主要是通过立场宣告、以方向引领为主的政治指导方式发挥作用,而成为大后方政治方向的引领者和指导者。

2.抗战大后方各省市党史研究。本课题主要研究包括中国共产党第七次全国代表大会大后方代表团和中国共产党在抗战大后方地区各省市党的活动。中国共产党第七次全国代表大会设置了大后方代表团,这是党中央对以周恩来为书记的南方局在大后方八年工作的充分肯定,也客观地反映中国共产党在南方地区领导抗战而不懈奋斗的历程。我们依据这批档案史料,对大后方代表团的面貌进行了呈现。同时,本课题对中共在大后方重庆、四川、云南、贵州、广西、陕西、甘肃、宁夏、青海、新疆等省市的活动进行了全面系统的梳理和反映。两大部分共同构成了中国共产党在抗战大后方的历史全貌。

3.抗战大后方与周恩来研究。研究周恩来的论著不少,但迄今为止,还没有一部全面反映周恩来在抗战大后方的著作,这个课题立项研究是一个创新。课题将以现有研究成果为基础,大量补充在周恩来传记、年谱中没有使用的档案史料,力图全面、真实地反映周恩来在以重庆为中心的抗战大后方的革命斗争生涯和建立统一战线的丰功伟绩,同时,也将涉及这一时期他在延安等方面的活动。本课题以周恩来为主,对其他领袖人物及其所涉及的方方面面也将适当反映,使读者看到的是活跃在抗日民族统一战线大舞台上的周恩来,是中国共产党和各抗日党派群体中的周恩来,而不仅仅是单独的周恩来个人。全书将以纪实体的风格,适当配置历史照片,力求图文并茂。这将是一部以丰富的档案史料为显著特色的著作,也是一部迄今为止最为权威地,反映周恩来在抗日战争时期的历史著作。

4. 抗战大后方与董必武研究。董必武是中共南方局仅次于周恩来的主要领导人。当时,周恩来常奔走于重庆与延安之间,以军委会政治部副主任名义巡视战区,还去莫斯科治病等,南方局就由董必武主持工作。迄今为止,没有一部全面反映董必武在抗战大后方的著作,更缺乏撰写这部著作所需要的基础性历史资料。因此,本课题首要的任务就是搜集抗战时期董必武在重庆撰写的著述、诗文、电稿、信函等,其次是搜集已经发表的有关董必武在抗战时期的生平、思想的回忆和研究文章。在此基础上,再对董必武在抗战大后方的历史活动进行深入系统的研究。

5. 抗战时期中国共产党在重庆的舆论话语权研究。重庆是国共合作的主阵地,舆论话语权是考察第二次国共合作的重要领域。中国共产党在重庆的新闻传播活动,对国共关系、战时中国时局、全民族的抗日战争、中美关系均产生了深远的影响,也是第二次国共合作的"晴雨表"。本课题在充分吸取前人研究成果的基础上,运用传播学、舆论学、历史学、政治学、社会心理学等多学科的理论和方法,运用丰富的中外文第一手历史文献,以抗战大后方中心城市重庆及其周边区域为空间,以国民政府移驻重庆时期为研究历史时段,全面系统地探讨在这一时空下,中国共产党在重庆的舆论话语权变迁及其重大意义。研究认为,国共关系是考察中国共产党在重庆时期舆论话语权的重要历史语境。国共两党对于战时合作关系的认识差异,直接影响着两党新闻宣传喉舌的话语权的走向,也必将面临大众对于其话语的接受度。中共一开始就明确了从国家民族高度看待与国民党的关系。抗日民族统一战线的建立,为中共进入大后方和在重庆建立起自己的舆论阵地创造了条件。在与各党派各方面交流和宣传中,中共的政策主张得到了前所未有的认同和支持,重庆为中共发出自己的声音提供了巨大的话语空间。

(三)史料搜集与整理的基本内容

1. 中国共产党抗战大后方文献搜集整理。抗日战争时期,中国共产党对大后方工作发了一系列重要的主张、指示,形成了丰富的关于大后方工作的文献。但是，迄今为止，还没有一部这样的文献选编。我们编纂中国共产党抗战大后方文献，就是要以此梳理中国共产党关于抗日民族统一战线的理论与实践，梳理中国共产党关于第二次国共合作的理论、路线、方针、政策，梳理中国共产党在大后方建设坚强的党组织的成功经验，从而充分认识中国共产党是领导中国人民争取民族独立和人民解放的坚强核心和全民族抗战的中流砥柱，充分认识中国共产党在抗战大后方的卓越地位和巨大作用，充分认识中国共产党倡导和推动建立的以国共合作为基础的抗日民族统一战线的艰难历程和宝贵经验，充分认识中国共产党在大后方培育和形成的红岩精神，是中国共产党和中华民族的宝贵精神财富。收入的文稿，起自1931年9月，截至1945年9月，包括中共中央及中央有关领导机构作出的关于抗战大后方工作的决定、指示，毛泽东等中共中央领导人、中共中央有关机构负责同志关于抗战大后方工作的报告、讲话、谈话、电报、书信、题词等，全面系统地反映中国共产党关于抗战大后方工作的指导思想和方针政策。

2. 中共中央南方局历史资料搜集整理。南方局党史资料的收集整理，已经进行了30年。重庆出版社1990年出版的《南方局党史资料》（六卷本）是其代表作。囿于当时的条件，由中央档案馆保存的档案史料相当部分并没有收入。后来，这部分档案文献由原中共中央党史资料征集委员会南方局党史资料征集小组移交给了中共重庆市委，保存在重庆市委党史研究室。近年来，根据中共中央关于加强南方局历史资料研究编写工作的指示精神，我们将这部分档案进行了全面系统的整理，历时六年。我们将这部分档案与此前出版的《南方局党史资料》合并起来重新编辑，成为目前关于中共中央南方局历史最为完整系统的文献资料，为研究第二次国共合作提供了翔实的史料。这些年来，南方局老同志撰写了一批回忆录，弥补了档案文献之不足；近年来我们对南方局老同志的子女进行了系统的采访，形成了一批珍贵的口述史资料，这些也将结集出版。

3. 第二次国共合作历史资料搜集整理。这些年来，我们按照第二次国共合作的发生、发展、曲折、直到最后破裂的历程，做出了四题八卷、500万字的全景式专题资料著作，计分《抗战时期国共合作纪实》《重庆谈判纪实》《政治协商会议纪实》和《国民参政会纪实》。编者本着"实事求是"原则,按照历史发展顺序,以事件本末为中心,采取融大陆、台湾国共两党,中、美两国政府档案、报刊资料,以及当事人的回忆文章为一体的纪实性体例编成。本书的编辑始于20世纪80年代。30年来,关于这段历史的资料又有了进一步的公开披露。编者寻访于中国大陆和美英俄日荷等国及台湾地区,将所得史料补充于其中,从而极大地丰富了这部史料,也将深化对第二次国共合作的研究。

4. 抗战时期中间党派档案文献搜集整理。中间党派是在抗日战争这一民族危亡的时期产生、发展起来的国共两党以外的政党和派别,以民族资产阶级、小资产阶级为其社会基础,以知识分子为主体,有独立的政治主张或利益诉求。在面对外族入侵,中华民族面临生死存亡之际,各中间党派站在救亡图存、爱国民主的立场,坚持团结抗日,积极提出各自的抗战、民主、团结的主张,开展抗日救国和民主宪政活动,对推动全民族抗战,为取得抗战最后胜利作出了重大贡献。中间势力有很大的力量,往往可以成为中共和国民党顽固派斗争时决定胜负的因素。因此,中国共产党总结出"发展进步势力,争取中间势力,孤立顽固势力"这一巩固和发展统一战线基本经验。我们组织搜集了反映中国抗战大后方各中间党派主要政治主张的文献资料。这些党派主要是组成中国民主政团同盟的几个党派,如中华民族解放行动委员会(第三党,中国农工民主党前身)、中国青年党、中国国家社会党、全国各界救国联合会和中国人民救国会、中华职业教育社、中国乡村建设协会,以及其前身统一建国同志会和改组后的中国民主同盟,等等。这些史料的搜集整理,有利于梳理中间党派与国共两党关系的演变及中国各主要中间党派的发展变化脉络;有利于清晰地呈现中国各党派对中国发展道路的判断、比较和选择;有利于厘清抗战后中国走上中共领导的多党合作与人民民主国家发展道路的深厚历史根源;有利于坚持和完善中国共产党领导的多党合作和政治协商制度;有利于借鉴历史经验,促进祖国和平统一;也有利于深化对中国近代史、抗日战争史、中华民族复兴史、各主要中间党派和各民主党派历史的研究。

六、项目的主要创新点和特色

（一）登高行远，站在国家民族立场审视两党合作的历史

历史学研究必须忠于历史。抗日战争已经结束70年了，我们今天面临着海峡两岸和平发展的国内环境和开放的国际环境。在这个环境中进行学术工作，对于忠于历史有了更好的条件，是我们这一代史学工作者的幸运。因此，使我们有可能在抗战研究中，转变"国共对立"的战场思维范式，而树立"国家民族利益和国家民族立场"的文化思维范式。如此，便能秉持国家民族的立场，增强中华民族的情怀，顺应历史潮流，把握发展趋势，在这样的高度上去研究历史，评价历史，才能洞察时事，超越创新，建功民族，成就自己。

为此，我们先后两次组团到台湾考察搜集抗战历史资料和学术交流，我们在重庆和台北与国民党高层，特别是中国国民党主席马英九、名誉主席吴伯雄和副主席林丰正、吴敦义，以及国民党文化传播委员会党史馆等就合作开展抗战历史研究深入交换意见，了解双方对历史的认知，从而也对一些问题有了新的认识，甚至共识。也便有了2009年8月13日，中共重庆市委宣传部和中国国民党党史馆签署《关于抗战文化交流备忘录》。这是60年来中国国民党党史馆与中国共产党有关组织就抗战历史文化研究交流合作达成的第一份文件。

就在本系列图书即将出版的时候，2015年7月30日，中共中央政治局就中国人民抗日战争的回顾和思考进行第二十五次集体学习。中共中央总书记习近平在主持学习时强调，深入开展中国人民抗日战争研究，必须坚持正确历史观、加强规划和力量整合、加强史料搜集和整理、加强舆论宣传工作，让历史说话，用史实发言，着力研究和深入阐释中国人民抗日战争的伟大意义、中国人民抗日战争在世界反法西斯战争中的重要地位、中国共产党的中流砥柱作用是中国人民抗日战争胜利的关键等重大问题。特别是他提出，"要推动海峡两岸史学界共享史料、共写史书，共同捍卫民族尊严和荣誉。"这"三共"的前提就是共同的立场，这就是"国家民族利益与国家民族立场"。习近平总书记的讲话，是对我们这些年秉持"国家民族利益和国家民族立场"进行抗战历史研究的肯定,也对我们进一步研究指出了明确的方向。尽管这件事情是需要付出极大努力的。

(二)放眼世界,以全球的视野观察两党合作的历史

我曾经提出过"重庆史也是中国史、世界史"的观点,即要有全球视野和全局思维,才能在重庆史研究上有所作为。在这个项目中,我们提出以中共中央南方局和大后方为中心。南方局是中共设在重庆的党的秘密机构,负责处理国共关系,维系统一战线大局并领导南方各省党的工作;大后方是抗战时期以重庆为中心的西部广大地区,重庆是中国国家政权意义上的政治、军事、经济、文化和外交的中心,更由于中国与西方大国结盟,使中国各党各派与世界发生着密切的联系。这在中共党史和抗战史上,都是具有全局意义的,也因为如此,中国抗战史、中共党史和国共合作历史与世界反法西斯战争史紧密相连。但既往的研究,有就事论事的情况,有知其然而不知其所以然的情况,把一个全局的历史,搞成了一部地方历史;把全球背景下的角逐,搞成了纯粹是国共两党的争斗。其实,中国的抗日战争,并不只是中日之间的事情,而是亚洲的事,是世界的事。同理,国共合作的进程并不简单地是国民党和共产党的事,而是中国的事,也是世界的事。

因此,在这个项目中,我们努力把发生在重庆和大后方的历史事件,放在国内和国际的环境中去考察,努力以重庆和大后方为研究对象,去研究中国和世界的历史。这就要求研究者努力培养宏观、开阔的国际视野和中国胸怀,即以世界的眼光看中国,用中国的视角看世界。洞悉世界,而不囿于中国一域,更不能画地为牢。这种视角的转变,是学术得以创新的一大途径。

我们整体上作了对国共合作环境的研究,努力从国际视野的角度去研究国共关系,这使我们收获了许多新成果,比如,美军观察组进驻延安是第二次世界大战时期美国国家战略的重要组成部分。这是太平洋战争爆发以后,围绕赢得东方战场的胜利这个核心问题,美国为了自己的国家利益,与中国(包括国民党、共产党及各派政治力量)、英国和苏联等国角逐的产物,是中国为了自己的国家利益,包括国民党和共产党为了自身的利益,与美国、苏联力量角逐的产物,从而成为中国抗日战争与世界反法西斯战争发生直接联系的军

事行动,成为第二次世界大战东方战场的重大事件,更成为中国共产党融入世界反法西斯战争的重要标志和与美国关系史上的里程碑。

(三)纵横观察,从多角度深入剖析两党合作的历史

第二次国共合作是中国近现代史、抗日战争史和中共党史上的老课题,已经取得了相当丰硕的学术成果;但也感觉视野单一,还需努力扩大,以加深对这段历史的认识。我们这一轮的研究,就是努力站在前人的肩上,从整体上对"第二次国共合作"再作一次系统的研究,收获更多的新成果。主要包括三方面的努力:一是在整体设计上,如前所述,对第二次国共合作作全球视野的俯瞰;二是把第二次国共合作作为一个独立的对象,进行系统而全面的研究,我们的定位是"第二次国共合作及其经验研究",既注重本体,又注重经验总结,落脚点是为现实服务;三是设计了一批新的角度,对第二次国共合作进行系统的研究,主要是国际国内环境、国共合作历史进程、政策与策略、模式与机制、分歧冲突与谈判、成果与影响这六个方面,努力对第二次国共合作进行纵向的梳理和横向的展开,从而构成了当下对这一历史现象的许多新认识。

(四)突破狭隘,在与境外交流中努力实现国共合作史料的丰富性

目前,中国抗战大后方的历史资料分散保存于中国大陆、台湾地区和战时盟国(美国、英国、俄罗斯),以及日本国内。多年以来,影响第二次国共合作研究水平提升的一个重要原因是资料的偏狭;随着国门的逐渐打开,随着台湾地区对大陆的开放,随着时间的远去,大批档案得以开放,不少史料陆续披露,更随着思想的解放和实事求是的研究态度的进一步确立,再加之数字技术的兴起,加快了档案文献的数字化,以及互联网的互联互通,我们完全有可能从崭新的视野去研究国共合作的历史。

这就需要整合力量和资源,建立一个与此相适应的史料搜集整理体系,为此,我们设计了"抗战大后方海外档案史料征集暨青年学者培养计划",组织专家学者到美国、英国、俄罗斯、荷兰、日本和台湾地区搜集史料,至于零星的学者访问和资料搜集活动,已成常态;同时,将征集到的档案史料进行系统编辑出版,惠及学界,滋养研究,也成为我们的学术追求。

这项工作得到了国家新闻出版部门的支持,2009年国家新闻出版总署批准了重庆申报的"中国抗战大后方历史文化丛书"为国家出版重点项目。本课题首席专家周勇教授为负责人,以档案文献、学术专著、通俗读物、电子出版物等为主要形态,以反映中国抗战大后方历史文化为核心内容,以中国大陆、台湾地区和海外保存的档案文献合集出版为特色。其中关于国共合作的内容占三分之一以上,主要有《抗战时期国共合作纪实》《中国共产党关于抗战大后方工作文献选编》《中共中央南方局历史文献汇编》《国民参政会纪实》《重庆谈判纪实》《政治协商会议纪实》《中国抗战大后方中间党派文献资料选编》《中国共产党抗战大后方历史》《国共合作重庆谈判图史》《抗战时期中国共产党在重庆的舆论话语权研究》,等等。这些图书的出版为我们的研究,乃至国内外的学者研究第二次国共合作提供了准确的全面的史料基础。

(五)中流砥柱,以中共中央南方局为视角深化两党合作历史研究,彰显中国共产党在大后方的地位和作用

几十年来,中外学术界对于以延安为中心的抗日根据地的研究,已经取得了巨大的进步和相当的共识。但是,对于中国共产党在大后方和沦陷区的研究则比较浅表和零碎,使独具特色的中国共产党在抗战大后方的历史淹没于抗日战争史的宏大叙述之中,忽视了中共在大后方独特的历史作用和贡献。以至于在有的人看来,"大后方"就等于国民党,研究"大后方"就等于研究国民党。这固然与"非白即黑"的落后惯性思维有关,也与没有研究清楚身在大后方的中国共产党、大后方的抗日民族统一战线、大后方的中间党派等丰富的历史有关,也与提升历史认知的丰富性、复杂性有关。当我们承担了国家哲学社会科学特别委托项目"第二次国共合作及其经验研究——以中共中央南方局和抗战大后方为中心"后,感到很有必要专门对中国共产党在大后方的历史进行必要的梳理和深入的研究,以更加清晰、完整地认识这段历史,更加深刻地彰显中国共产党对抗日战争与世界反法西斯战争作出的巨大贡献,更加准确地定位中共在抗日战争中的地位作用。

我们认为,"大后方"既是抗日战争时期各派政治势力普遍使用的概念,也是中国共产党话语体系中的基本概念。中国抗战大后方是在中国共产党

倡导建立的抗日民族统一战线旗帜下,国共两党合作抗战的重要政治舞台。中国共产党是中国抗日战争的政治指导者[①]、抗日民族统一战线的倡导者和推动者,是抗日战争的中流砥柱。中共在抗战大后方的政治、经济、文化、军事、外交等方面同样发挥了重要作用。

可喜的是,我们的努力已经在国内外学术界产生了积极的反响,我们撰写的《抗战时期毛泽东对大后方的政治指导——兼论毛泽东与第二次国共合作的关系》入选2013年"全国党史界毛泽东同志诞辰120周年学术研讨会"[②];著名汉学家、荷兰莱顿大学教授彭轲(F.N.Pieke)也将研究的视野转向中共中央南方局,与我们合作研究中共的统一战线历史及其影响。

(六)全局俯瞰,以抗战大后方为中心拓展研究的视野与途径

由于深化研究"第二次国共合作"的需要,"抗战大后方"概念第一次出现在国家哲学社会科学规划项目之中。这是学术的突破,更是思想的解放。因此,我们对"大后方"的基本问题进行了系统的研究。

我们认为,1937年中国人民抗日战争全面爆发以后,中国的政治版图逐渐呈现出一分为三的态势,即以延安为中心的抗日根据地,以上海为中心的沦陷区,以重庆为中心、由中国国民党统治的中国西部地区,这是中国抗战的大后方。

我们认为,推动和加强对中国抗战大后方历史文化的研究,这是深化中

[①] 关于"中国共产党是中国抗日战争的政治指导者"的表述,是作者基于历史与现实的考量第一次提出来的。源于延安革命纪念馆基本陈列对延安在抗日战争中的地位作用的表述。经过全国爱国主义教育基地"一号工程"的建设,2009年,延安革命纪念馆新馆建成并开放,其基本陈列调整为六个部分:一、红军长征的落脚点;二、抗日战争的政治指导中心;三、新民主主义的模范试验区;四、延安精神的发祥地;五、毛泽东思想在全党指导地位的确立;六、夺取全国胜利的出发点。其中将延安定位于"抗日战争的政治指导中心"是关键。据报道,这一陈列大纲和陈列方案,先后经过中共中央文献研究室、中共中央党史研究室、中国人民解放军军事科学院、中国国家博物馆、中国人民军事博物馆的充分论证、反复修改。时任中共中央政治局常委李长春等中央领导同志亲临视察,作出重要指示。2006年5月,中共中央宣传部审批通过了陈列大纲和方案(见2009年8月25日延安日报:《认真践行科学发展观 精心打造时代精品工程——全国爱国主义教育示范基地"一号工程"延安革命史陈列布展纪实》)。延安是"抗日战争的政治指导中心",这是中央对延安及中共在抗日战争中的历史地位的新表述,表现了实事求是的思想路线和国家民族的宽广襟怀,使这一研究达到了新境界。这也反映了包括作者在内的学界的心声,故作上述表述。

[②] 参见《全国党史界毛泽东同志诞辰120周年学术研讨会论文集》,中央党史出版社2014年版。

国抗战史、第二次世界大战史研究的一个新途径。可以更加深刻地认识和准确把握抗日民族统一战线的进程,揭示近代中国政治发展的大趋势;研究中国抗战大后方的历史,可以还原二战真相,进一步揭露日本侵华的战争罪行;可以还原中国战时首都的面貌,从而全面准确地认识和把握这段历史;可以全面展现中国战场的全貌,更加准确地反映中国在世界反法西斯战争中的作用和作出的巨大贡献。[①]

为此,从1999年起,以本项目核心团队为基础,我们联合中国社科院近代史所、哈佛大学、牛津大学、剑桥大学、日本和台湾学术机构,连续在重庆举办了相关的国际、两岸学术研讨会,将"中日战争共同研究"这个国际性研究平台的中国举办地定在重庆,从而吸引了世界的目光,把过去零星的学术研究,形成了整体而固定的研究群落,而且后继有人。在此基础上,我们对中国抗战大后方研究的基本问题进行了研究。[②]这是一次顶层设计,也标志着"中国抗战大后方研究板块"正式形成,并被认为"重庆所做的大后方方面的研究是实事求是的","这是一件功德无量的事。"[③]

本项目最终成果的陆续发表,意味着项目研究的结束。但是,对于第二次国共合作研究而言,则意味着新的阶段的开始。

[①] 周勇:《抗日战争研究视角、方法与途径的探讨——以大后方研究为例》,《抗日战争研究》2012年第3期。

[②] 周勇:《关于抗战大后方研究的几个基本问题》,《重庆大学学报》(哲学社会科学版)2015年第6期。

[③] 杨天石:《重庆做了件功德无量的事》,《重庆日报》2013年9月15日。

前　言

国民参政会是抗日战争时期国共合作的产物,在抗日战争史上占有重要地位。它于1938年在武汉成立,随后迁往重庆,1948年在南京结束。成立之初,由于国共两党和其他党派与无党派人士的努力,国民参政会对于团结全国人民,发扬抗日民主,推动全面抗战,起了积极作用。随着形势的发展,国民党转向消极抗日,积极反共,利用国民参政会混淆社会视听,制造反共摩擦。中国共产党坚持抗战,反对投降;坚持团结,反对分裂;坚持进步,反对倒退,在国民参政会上同国民党顽固势力进行了针锋相对的斗争,团结争取了广大中间势力,使抗日民族统一战线的主张,得到更加广泛的支持和拥护。抗战胜利后,国民党反动派阴谋发动内战,国民参政会亦成为其推行反共政策,鼓动内战,粉饰独裁的御用工具。但是,反对内战,反对独裁的民主人士,利用国民参政会的合法讲坛,继续同国民党反动派进行斗争。随着全面内战的爆发,国民参政会日益不得人心,只好草草收场。

为了纪念抗日战争胜利四十周年,总结国共合作的历史经验,重庆市政协文史资料研究委员会和中共重庆市委党校,在各方面的大力支持和帮助下,编辑整理了《国民参政会纪实》,由重庆出版社出版,这是一件十分值得称道和非常有意义的事情。编者搜集了大量珍贵的档案文献、报刊资料、有关文章,以及文物照片,遵循"存真求实"的原则,采用纪实体例,以时间为顺序,以事实为依据,全面、系统地反映了国民参政会产生、发展和演变的历史过程,记录了国共两党以及其他党派在国民参政会中的相互关系,具有相当高的史料价值。

我祝贺《国民参政会纪实》的出版,我相信,它对于推动中共党史、抗日战争史、中华民国史的研究,促进第三次国共合作,完成祖国统一大业,都将起到积极的作用。

许德珩

1984 年 11 月

编辑说明

　　国民参政会是第二次国共合作的产物,是中国现代史特别是抗日战争史上,具有相当影响的重要政治事件。为了从侧面反映抗日战争的进程,阐明国共关系上"合则两利,分则两损"的历史事实,推动抗日战争史的研究,促进第三次国共合作,和对广大群众进行爱国主义教育,重庆市政协文史资料研究委员会、中共重庆市委党校,在南方局党史资料征集小组的支持和帮助下,编辑《国民参政会纪实》一书,由重庆出版社出版,以纪念抗日战争胜利四十周年。

　　国民参政会于1938年在武汉成立,后迁重庆,1948年在南京结束,历时十年,召开过四届十三次会议。本书坚持历史唯物主义观点,坚持实事求是原则,以时间为顺序,以事实为依据,以历史发展为主要线索,全面反映国民参政会的产生、发展和演变过程,分为上下两卷,分册印行。

　　上卷,收录1938年3月至1940年4月国民参政会成立和第一届第一次会议至第五次会议的有关资料;

　　下卷,收录1941年3月至1948年3月国民参政会第二届第一次会议至第二次会议,第三届第一次会议至第三次会议,第四届第一次会议至第三次会议,和国民参政会结束的有关资料。

　　为了在内容上保持系统、完整,力求真实、准确,本书所选资料基本上原文照录,只对其中少数过于重复和与主题无关部分,在不损伤原文精神的前提下,略加删节合并,或者重新标题。文内遇到有缺漏损坏,字迹不清,用□号代替;明显的衍文错字,由编者分别订正。

　　本书承全国人大常委会副委员长许德珩作序,全国政协副主席陆定一题签,全国人大常委会副委员长许德珩、史良,全国政协副主席胡子昂、全国政协常委梁漱溟题词,在此表示衷心感谢。

本书在编辑过程中,自始至终得到中共中央党史资料征集委员会副主任、南方局党史资料征集小组副组长童小鹏的具体指导;承蒙全国政协秘书长彭友今、文史资料研究委员会副主任黄森、中国社会科学院近代史研究所研究员尚明轩、孙思白,四川大学副校长、历史系教授隗瀛涛,南开大学图书馆馆长、图书馆学系教授来新夏,中国人民大学党史系副教授刘炼等同志,或者提出宝贵意见,或者提供珍贵史料,在此表示深切感谢。

本书在资料搜集过程中,得到北京图书馆、中国科学院图书馆、中国社会科学院近代史研究所图书馆、中国革命博物馆、中国第二历史档案馆、重庆红岩革命纪念馆、重庆图书馆、南京图书馆、南开大学图书馆、四川大学图书馆、重庆大学图书馆、西南师范学院图书馆、中共四川省委第二党校图书馆、重庆北碚图书馆等单位大力支持,在此一一表示感谢。

重庆出版社在工作任务繁重的情况下,为争取本书的早日出版做了大量工作,在此谨致谢忱。

国民参政会从成立到结束经历时间较长,涉及方面很广。内容曲折复杂,由于我们水平有限,经验缺乏,资料搜集难免缺漏,材料取如有不当,尚祈历史学界专家学者和各方贤达,不吝指教。尤其期望海峡对岸的学术界人士,共同合作,互相切磋,使本书更臻完善,为祖国统一略尽绵薄,为子孙后代留下一部完整史料,那就更是无任感荷了。

编者
1984 年 11 月

目 录

总　序 …………………………………………… 章开沅 1
序 ……………………………………………………… 周　勇 1

前　言 …………………………………………… 许德珩 1
编辑说明 ……………………………………………………… 1

国共合作成立后的迫切任务 …………………………… 毛泽东 1
关于抗日民族统一战线的问题 ………………………… 周恩来 1

一　中国共产党、中国国民党抗日救国的主张 …………………… 1
　　1. 中国共产党抗日救国十大纲领 ………………………………… 1
　　2. 中国共产党中央委员会对中国国民党临时全国代表大会的提议 … 3
　　3. 中国国民党抗战建国纲领 ……………………………………… 5

二　国民参政会之组建 ………………………………………………… 8
　　1. 国防参议会——国民参政会的胚胎 …………………… 邹韬奋 8
　　2. 设国民参政会案 ………………………………………………… 10
　　3. 国民参政会组织条例案 ………………………………………… 10
　　4. 国民参政会组织条例 …………………………………………… 11
　　　　附：国民参政会组织条例第三条修正全文 …………………… 13
　　　　　　国民参政会组织条例第九条修正全文 …………………… 13

5. 国民参政会议事规则 …………………………………………… 14
　　附：关于议事规则之解释 ……………………………………… 17
6. 国民参政会秘书处组织规则 …………………………………… 17
7. 国民参政会全体审查委员会规则 ……………………………… 19
8. 国民参政会驻会委员会规则 …………………………………… 20

三 国民参政会第一届第一次会议 …………………………………… 22

（一）国民参政会正副议长暨参政员名单 ………………………… 22

1. 国民政府文官处关于汪兆铭、张伯苓任国民参政会正副议长公函
　………………………………………………………………………… 22
2. 第一届国民参政会参政员名单 ………………………………… 23
　　附："来宾"中的各党派人物 ……………………… 邹韬奋 25

（二）精诚团结　共赴国难——各界对国民参政会的希望和要求 …… 27

1. 议长汪兆铭发表谈话 …………………………………………… 27
2. 副议长张伯苓发表谈话 ………………………………………… 28
3. 我们对于国民参政会的意见 ……………………………………
　…… 毛泽东　陈绍禹　秦邦宪　林祖涵　吴玉章　董必武　邓颖超 29
4. 致国民参政会电 ………………………………………… 毛泽东 31
5. 论女参政员的责任 ……………………………………… 邓颖超 32
6. 参政员邓飞黄、范予遂、陈博生、陶希圣发表谈话 ………… 34
7. 参政员曾琦、左舜生发表谈话 ………………………………… 36
8. 参政员张君劢、罗隆基、梁实秋发表谈话 …………………… 36
9. 参政员章伯钧发表谈话 ………………………………………… 37
10. 参政员沈钧儒、史良、王造时、张申府发表谈话 …………… 38
11. 我对于参政会的希望 …………………………………… 邹韬奋 40
12. 参政员黄炎培、江恒源、冷御秋（遹）发表谈话 …………… 42
13. 参政员梁漱溟、晏阳初发表谈话 ……………………………… 43
14. 参政员杜重远、王卓然发表谈话 ……………………………… 44

15. 参政员刘薰静、王云五、胡文虎、褚辅成、张季鸾发表谈话 ……… 45
16. 对国民参政会的希望 …………………………… 宋庆龄 46
17. 谈国民参政会 …………………………………… 郭沫若 47
18. 论国民参政会的职权和组织 ………… 汉口《新华日报》社论 48
19. 对国民参政员的希望 ………………… 汉口《新华日报》社论 49
20. 人民对于参政会的希望和责任 ……… 汉口《新华日报》社论 51
21. 祝国民参政会成功 …………………… 汉口《新华日报》社论 53
22. 推进民主与坚持抗战——敬献国民参政会诸公
　　　　　　　　　　　　　　　　　　　　《群众》周刊社论 55
23. 参政会定期召集 ……………………… 汉口《中央日报》社论 56
24. 为参政员诸公进一言 ………………… 汉口《扫荡报》社论 57
25. 国民参政会之意义 …………………… 上海《申报》社论 59
26. 国民参政会的诞生 …………………… 汉口《大公报》社评 61
27. 国家新生命再建之枢机 ……………… 汉口《武汉日报》社论 62
28. 争取三期抗战胜利与国民参政会 …… 重庆《新蜀报》社论 64
29. 国民参政会成功之路 ………………… 重庆《新民报》时论 65
30. 预祝国民参政会成功 ………………… 重庆《国民公报》社论 66
31. 关于国民参政会 ……………………… 成都《新中国日报》社论 68
32. 工人对国参会的期望 …………………………… 陈　岳 69
33. 中国学生救国联合会上国民参政会建议书 ………………… 71
34. 湖南常德监犯致国民参政会信 ……………………………… 73

(三) 第一届第一次会议在汉口召开 ………………………………… 75

1. 议长汪兆铭开幕词 …………………………………………… 76
2. 国民政府主席林森致词 ……………………………………… 79
3. 国民政府军事委员会委员长蒋中正致词 …………………… 81
4. 副议长张伯苓致词 …………………………………………… 83
5. 参政员代表张一麟答词 ……………………………………… 84
6. 会议日志 ……………………………………………………… 85

7. 第一届第一次会议闭幕 ………………………………………… 89
8. 议长汪兆铭闭幕词纪要 ………………………………………… 90
9. 副议长张伯苓休会词纪要 ……………………………………… 90
10. 参政员吴贻芳致词纪要 ………………………………………… 90
11. 休会期间驻会委员会委员名单 ………………………………… 91

(四) 大会宣言　拥护《抗战建国纲领》 …………………………… 91
1. 大会宣言 ………………………………………………………… 91
2. 重要提案目录 …………………………………………………… 95
3. 关于《拥护国民政府实施〈抗战建国纲领〉提案》的说明 … 陈绍禹 96
4. 拥护《抗战建国纲领》决议案 ………………………………… 98

(五) 建立民主政治基础　实行全民全面抗战 ……………………… 99
1. 和衷共济　齐赴国难——国民参政会重大收获……… 中央社述评 99
2. 参政会的成就 ………………………… 汉口《中央日报》社论 100
3. 国民参政会之责任 …………………………… 《中央周刊》短评 102
4. 国民参政会第一次大会的成功 ……… 汉口《新华日报》社论 103
5. 实施《抗战建国纲领》……………… 汉口《新华日报》社论 106
6. 改善政治机构与政治动员 …………… 汉口《新华日报》社论 108
7. 建立地方民意机关 …………………… 汉口《新华日报》社论 110
8. 国民参政会 …………………………… 延安《新中华报》评论 112
9. 敬祝国民参政会会议的成功 ………………《解放》周刊时评 112
10. 给敌人一个答复！ …………………… 汉口《大公报》社评 114
11. 国民参政会休会 ……………………… 汉口《武汉日报》社论 116
12. 国民参政会议决拥护《抗战建国纲领》…… 重庆《新蜀报》社论 117
13. 参政会休会以后 ……………………… 重庆《新民报》社评 118
14. 如何发挥民力？ ……………………… 重庆《时事新报》社论 119
15. 拥护国民参政会宣言 ………………… 重庆《国民公报》社论 121
16. 国民参政会第一期集会闭幕 ……… 成都《新中国日报》社论 122
17. 国民参政会之观感 ………………………………………… 林祖涵 123

18. 参政会第一届大会的总结 ·· 邹韬奋 130
19. 所希望于国民参政会驻会委员者 ································ 沈钧儒 133
20. 参政会旁听散记 ·· 企　程 135
21. 联合抗日的伟大力量 ···································· 苏联《真理报》述评 137

四　国民参政会第一届第二次会议 ·· 138

（一）国民政府外交部负责人关于召开国民参政会第一届第二次会议的谈话 ··· 138

（二）团结抗战　警惕妥协 ·· 139

1. 各党派参政员发表谈话 ································ 全民通讯社特稿 139
2. 国民参政会第二次大会的展望 ································ 董必武 141
3. 国民参政会第二次大会——敬陈同会诸君子 ············ 黄炎培 142
4. 参政员邓颖超、史良、刘蘅静在重庆妇女界欢迎会上的演说
 ·· 重庆《新华日报》特写 144
5. 希望于第二次参政会者 ······················ 重庆《新华日报》社论 146
6. 对于国民参政会第二次大会的希望 ············ 《解放》周刊时评 148
7. 参政会第二届大会的重大使命 ···················· 《全民抗战》社论 150
8. 参政会第二次大会 ······························ 重庆《中央日报》社论 151
9. 现阶段参政会之工作 ······························ 重庆《新民报》社评 152
10. 加紧团结——勖国民参政会 ···················· 重庆《时事新报》社评 154
11. 重庆各青年团体对于第二次国民参政会的建议 ············ 155
12. 上海各团体的建议 ·· 161
13. 上海市金融界致国民参政会电 ································ 161

（三）第一届第二次会议在重庆召开 ······································ 162

1. 议长汪兆铭开会词 ·· 162
2. 国民政府主席林森训词 ·· 164
3. 国民政府军事委员会委员长蒋中正训词 ······················· 165
4. 副议长张伯苓致词 ·· 167

5. 会议日志 …………………………………………………… 169
6. 第一届第二次会议闭幕 …………………………………… 172
7. 议长汪兆铭休会词 ………………………………………… 173
8. 副议长张伯苓致词 ………………………………………… 176
9. 参政员张一麟答词 ………………………………………… 176
10. 休会期间驻会委员会委员名单 …………………………… 177

(四) 严惩汉奸国贼　坚持抗战到底——会议重要议案 ………… 177
1. 重要提案目录 ……………………………………………… 177
2. 拥护蒋委员长和国民政府,加紧民族团结,坚持持久战,争取最后胜利
　 案 … 陈绍禹　秦邦宪　林祖涵　吴玉章　董必武　邓颖超等提 182
3. 拥护蒋委员长持久抗战宣言案 ………………… 胡景伊等提 183
4. 为抗战到底,宜由本会决议宣言,请政府明令公布,以防反间而
　 定人心案 ………………………………………… 张一麟等提 183
5. 官吏谈和平以汉奸论罪案 ………………………… 陈嘉庚提 184
　　附:"来宾"放炮 ………………………………… 邹韬奋 184
6. 拥护蒋委员长决议案 ……………………………………… 185
7. 关于克服困难,渡过难关,持久抗战,争取胜利问题案
　 ………………………………………………… 陈绍禹等提 186
8. 加强国民外交,推动欧美友邦人士,敦促各该国政府,对日寇
　 侵略者实施经济制裁案 ………………………… 吴玉章等提 189
9. 严惩汉奸傀儡民族叛徒,以打击日寇以华制华之诡计,而促
　 进抗战胜利案 …………………………………… 林祖涵等提 190
10. 请撤销图书杂志原稿审查办法,以充分反映舆论及保障出版
　　自由案 ………………………………………… 邹韬奋等提 191
　　附:忙得一场空 ………………………………… 邹韬奋 193

(五) 克服困难　共济时艰 …………………………………………… 195
1. 最严重阶段中参政会的任务 ………… 重庆《中央日报》社论 195
2. 向国民参政会第二次大会致敬 ……… 重庆《中央日报》社论 197

3. "中华民国万岁万万岁一样" ……………… 重庆《中央日报》社论 198
4. 第二届国民参政会议的总结 ……………… 重庆《新华日报》社论 200
5. 对基本国策不容许含糊！……………… 重庆《新华日报》社论 203
6. 克服困难，渡过难关 ……………… 重庆《新华日报》社论 205
7. 论国民参政会对于坚持持久战的任务 ……………… 华西园 207
8. 参政会第二届大会的检讨 ……………… 邹韬奋 209

五 国民参政会第一届第三次会议 …………………………… 214

（一）蒋中正任国民参政会议长 …………………………… 214
1. 国民政府文官处关于蒋中正任国民参政会议长的通知 ……… 214
2. 在渝参政员欢迎蒋议长电 ……………………………… 214
3. 国民参政会副议长张伯苓欢迎蒋议长电 ……………… 215
   附：汪兆铭投敌"艳电" ……………………………… 215

（二）谴责汪逆叛国实施各项决议 ……………………… 217
1. 应该检讨决议案的实施如何 ……………………… 邹韬奋 217
2. 对于第三届参政会的希望（节录）……………… 于炳然 218
3. 第三届国民参政会该怎样 ……………………… 黄炎培 219
4. 所望于国民参政会第三届会议者 ……………… 周鲠生 221
5. 汪精卫叛国 ……………………… 重庆《新华日报》社论 222
6. 应该重申抗战国策保障人权等方针 ……… 重庆《新华日报》社论 224
7. 全国人民对于国民参政会第三次会议的希望
   ……………………………………………《解放》周刊评论 225

（三）第一届第三次会议开幕 ……………………… 226
1. 议长蒋中正开幕词 ……………………………… 226
2. 国民政府主席林森致词 ……………………………… 231
3. 参政员胡元倓欢迎蒋议长词 ……………………… 232
4. 国民政府考试院院长戴传贤祝词 ……………………… 233
5. 会议日志 ……………………………… 233

6. 第一届第三次会议闭幕 ·· 236

7. 议长蒋中正闭幕词 ·· 236

8. 参政员张一麟演词 ·· 242

9. 休会期间驻会委员会委员名单 ·· 243

(四)开展国民精神总动员组织川康建设期成会
———会议报告和议案 ··· 244

1. 提案目录 ··· 244

2. 国民精神总动员纲领 ··· 248

3. 请举行国民抗敌公约宣誓运动案 ···················· 陶百川等提 261

4. 拟组织国民参政会川康建设期成会并组成川康建设访视团案
··· 蒋中正提 262

　附：国民参政会川康建设期成会及视察团组织大要 ········· 263

5. 拥护政府抗战国策决议案 ··· 264

6. 加强民权主义的实施发扬民气以利抗战案 ········ 董必武等提 264

7. 请确立民主法治制度以奠定建国基础案 ············ 周览等提 266

(五)评国民精神总动员 ··· 268

1. 国民精神总动员 ························· 重庆《中央日报》社论 268

2. 两点意见 ·································· 重庆《中央日报》社论 270

3. 国民精神总动员的政治方向 ······························· 毛泽东 272

4. 国民参政会第三届大会 ················· 重庆《新华日报》社论 276

5. 民主政治问题 ···························· 重庆《新华日报》社论 277

6. 国民参政会第三次大会 ················· 重庆《大公报》社评 279

7. 军事第一！胜利第一！ ················· 重庆《时事新报》社评 281

8. 增强精神抵抗力 ························· 重庆《新蜀报》社论 282

9. 发挥"精神抵抗力" ······················ 重庆《新民报》社评 284

10. 参政会之决议及实践 ··················· 重庆《国民公报》社论 285

六 国民参政会第一届第四次会议 ……287
（一）反对妥协投降加强党派合作 ……287
1. 我们对于过去参政会工作和目前时局的意见 ……
　… 毛泽东　陈绍禹　秦邦宪　林祖涵　吴玉章　董必武　邓颖超 287
2. 中国新形势与国民参政会 …… 邹韬奋 293
3. 参政员董必武、吴玉章发表谈话 …… 295
4. 参政员李璜发表谈话 …… 297
5. 参政员章伯钧发表谈话 …… 297
6. 参政员陶行知、史良、张申府发表谈话 …… 298
7. 参政员黄炎培、江恒源发表谈话 …… 300
8. 参政员王卓然发表谈话 …… 302
9. 参政员张澜、褚辅成、张一麟发表谈话 …… 303
10. 迎接第四次国民参政会 …… 重庆《新华日报》社论 305
11. 四届参政会的历史任务 …… 钱俊瑞 307
12. 所望于第四届国民参政会者 …… 于炳然 308
13. 工人们的呼声 …… 310
14. 青年群众的愿望 …… 311
15. 重庆妇女团体的意见 …… 312

（二）第一届第四次会议开幕 …… 312
1. 议长蒋中正开幕词 …… 313
2. 国民政府主席林森训词 …… 317
3. 副议长张伯苓演词 …… 317
4. 参政员张一麟演词 …… 319
5. 会议日志 …… 320
6. 第一届第四次会议闭幕 …… 323
7. 议长蒋中正闭幕词 …… 323
8. 休会期间驻会委员会委员名单 …… 327

（三）声讨汪逆实施宪政——会议重要议案 …………………………… 327

1. 提案目录 …………………………………………………………… 327
2. 声讨汪逆兆铭电 …………………………………………………… 332
3. 请政府明令保障各抗日党派合法地位案 ………… 陈绍禹等提 332
4. 请政府遵照中国国民党第五次全国代表大会决议案定期召集
   国民大会制定宪法开始宪政案 ………………………… 孔庚等提 334
5. 请结束党治立施宪政以安定人心发扬民力而利抗战案
   …………………………………………………………… 左舜生等提 334
6. 改革政治以应付非常局面案 …………………………… 张君劢等提 335
7. 为加强精诚团结以增强抗战力量而保证最后胜利案
   …………………………………………………………… 王造时等提 337
8. 建议集中人才办法案 …………………………………… 张申府等提 338
9. 召集国民大会实行宪政决议案 ……………………………………… 339
   附：关于宪政提案的一场舌战 ………………………… 邹韬奋 340

（四）实行民主　各抒己见 …………………………………………… 342

1. 今日之宪政问题 ………………………… 重庆《中央日报》社论 342
2. 抗战时期的宪政 ………………………… 重庆《中央日报》社论 344
3. 新民主主义的宪政 ……………………………………… 毛泽东 346
4. 实行民主政治是必要的 ………………… 重庆《新华日报》社论 352
5. 坚持团结抗战力求进步 ………………… 重庆《新华日报》社论 353
6. 拥护第四届国民参政会的正确决议 …… 延安《新中华报》社论 355
7. 实行宪政之时 …………………………… 重庆《大公报》社评 357
8. 能抗战的民众就必能实行宪政 ………… 香港《大公报》社评 358
9. 恭读蒋议长开幕词以后 ………………… 重庆《时事新报》社评 359
10. 四届参政会的收获 …………………… 重庆《新蜀报》社论 360
11. 参政会第四次大会的成绩和意义 …………………… 陈绍禹 361
12. 国民参政会第四届大会的贡献 ……………………… 邹韬奋 371

七 国民参政会第一届第五次会议 ………………………………… 373

（一）粉碎敌伪阴谋　积极促成宪政 ……………………………… 373

1. 在第五次参政会的前面 ………………… 重庆《新华日报》社论 373
2. 必要加速向民主宪政之途猛进 ………… 香港《大公报》社评 376
3. 所望于本届参政会者 …………………… 重庆《新蜀报》社论 376
4. 对参政会的期望 ………………………… 重庆《国民公报》社论 378
5. 参政会第五届大会 ……………………… 重庆《益世报》社论 379

（二）第一届第五次会议开幕 ……………………………………… 380

1. 议长蒋中正开幕词 …………………………………………… 381
2. 国民政府主席林森训词 ……………………………………… 388
3. 副议长张伯苓演词 …………………………………………… 388
4. 参政员梁上栋演词 …………………………………………… 388
5. 会议日志 ……………………………………………………… 391
6. 第一届第五次会议闭幕 ……………………………………… 393
7. 议长蒋中正闭幕词 …………………………………………… 393
8. 副议长张伯苓演词 …………………………………………… 400
9. 参政员庄西言演词 …………………………………………… 401
10. 休会期间驻会委员会委员名单 ……………………………… 403

（三）大会通电声讨南京伪组织 …………………………………… 403

1. 提案目录 ……………………………………………………… 403
2. 声讨汪逆兆铭南京伪组织通电 ……………………………… 408
3. 消灭三种不应有之现象以加强抗战建国案 ………… 黄炎培等提 409
4. 保障讲学自由以便学术开展而促社会进步案 ……… 张申府等提 412

（四）加强团结　制止摩擦 ……………………………………… 413

1. 冬季攻势开始以来晋冀鲁各省所发生之不幸事件——何应钦在国民参政会第五次会议上的军事报告 ……………………………… 413
   　附：何应钦对参政员董必武、梁漱溟询问的答复 …………… 419
2. 毛泽东等参政员为华北视察团事致参政会秘书处电 ………… 422

3. 朱彭总副司令等通电全国反对枪口对内进攻边区 …………… 424
4. 八路军致林主席、蒋委员长、国民参政会诸参政员等电 ……… 425
5. 参政员邓颖超、许德珩、陶行知、莫德惠、陈嘉庚、张一麟、仇鳌、刘王立明、晏阳初、宋渊源、梁上栋就加强团结,停止摩擦发表谈话 …… 428

(五)第一届参政会结束 各界发表意见 ……………………… 430
1. 祝参政会第五次大会 ………………… 重庆《中央日报》社论 430
2. 祝国民参政会第五次大会 …………… 重庆《扫荡报》社论 432
3. 参政会闭幕 …………………………… 重庆《中央日报》社论 433
4. 读蒋议长参政会开幕词以后 ………… 重庆《新华日报》社论 435
5. 如何满足民众的热望 ………………… 重庆《新华日报》社论 437
6. 第五届国民参政会的成绩及全国今后努力的方向
………………………………………… 延安《新中华报》社论 440
7. 国民参政会的贡献 …………………… 重庆《大公报》社评 442
8. 第二次的三年抗战计划 ……………… 重庆《时事新报》社评 443
9. 国民参政会之收获 …………………… 重庆《国民公报》社论 445
10. 参政会闭幕后的感想 ………………… 重庆《益世报》社论 446

八、国民参政会第二届第一次会议 ……………………………… 449
(一)国民政府修正《国民参政会组织条例》……………………… 449
1. 《国民参政会组织条例》第八条修正全文 …………………… 449
2. 国民参政会组织条例 …………………………………………… 449
3. 国民参政会议事规则 …………………………………………… 452
4. 国民参政会秘书处组织规则 …………………………………… 455
(二)第二届国民参政会主席团、参政员名单……………………… 457
1. 第二届国民参政会主席团名单 ………………………………… 457
2. 第二届国民参政会参政员名单 ………………………………… 457
(三)"皖南事变"发生,抗战局势面临严重危机 ………………… 462
1. 中国共产党中央革命军事委员会发言人对新华社记者的谈话 … 462

附:新四军皖南部队惨被围歼真相 …………………………………… 466
  2. 宋庆龄、柳亚子、何香凝、彭泽民上蒋介石书 ……………………… 473
  3. 陈嘉庚参政员致国民参政会转国民政府电 …………………………… 475
  4. 邹韬奋参政员致国民参政会辞职电 …………………………………… 476
  5. 上海各界民众团体呼吁团结快邮代电 ………………………………… 477
  6. 国际舆论呼吁中国团结抗战 …………………………………………… 478

(四)第二届第一次会议开幕 …………………………………………… 479
  1. 临时主席张伯苓开幕词 ………………………………………………… 480
  2. 国民政府主席林森训词 ………………………………………………… 481
  3. 国防最高委员会委员长蒋中正演词 …………………………………… 483
  4. 参政员周道刚致词 ……………………………………………………… 490
  5. 会议日志 ………………………………………………………………… 492
  6. 第二届第一次会议闭幕 ………………………………………………… 495
  7. 国防最高委员会委员长蒋中正演词 …………………………………… 496
  8. 参政员莫德惠致词 ……………………………………………………… 498
  9. 提案目录 ………………………………………………………………… 499
  10. 会议宣言 ……………………………………………………………… 507
  11. 休会期间驻会委员会委员名单 ……………………………………… 511

(五)中共参政员不出席会议 …………………………………………… 511
  1. 毛泽东等七参政员致参政会秘书处删电 …………………………… 511
  2. 周恩来致张冲公函 …………………………………………………… 512
  3. 董必武、邓颖超参政员致国民参政会公函 ………………………… 512
  附:临时解决办法十二条 ………………………………………………… 512
  4. 周恩来、董必武、邓颖超致各党派领导人书 ……………………… 513
  5. 国民参政会秘书处致毛泽东等七参政员鱼电 ……………………… 514
  6. 毛泽东等七参政员复国民参政会秘书处齐电 ……………………… 514
  7. 最近军事政治压迫事件 ……………………………… 重庆《新华日报》综述 516
  8. 就中共参政员不出席本次参政会问题向大会的报告 … 王世杰 519

9. 政府对中共参政员不出席参政会问题的态度
　　——1941年3月6日在国民参政会上的演说 ………… 蒋中正　521
10. 拥护我党七参政员拒绝出席本次参政会
　　…………………………………………… 延安《新中华报》社论　526
11. 七参政员事件 ………………………… 重庆《中央日报》社论　529
12. 国家至上 ……………………………… 重庆《扫荡报》社论　532
13. 所望于中共者 ………………………… 重庆《时事新报》社评　534
14. 关于共产党问题 ……………………… 重庆《大公报》社评　535
15. 从"不同"到"和谐" …………………… 重庆《新民报》社评　538
16. 以国家民族为重 ……………………… 重庆《国民公报》社论　539
17. 一个合理的临时动议 ………………… 重庆《益世报》社论　541
18. 中共中央1941年3月政治情报 ……………………………　543

(六)会议观感　546
1. 二届参政会的责任 …………………… 重庆《中央日报》社论　546
2. 国民必须军事化,建设必须国防化 …… 重庆《中央日报》社论　548
3. 国民参政会闭幕 ……………………… 重庆《中央日报》社论　550
4. 国民参政会之后全国上下应有的努力 … 重庆《时事新报》社评　551
5. 抗战必争最后胜利,建国必达国防安全 …… 重庆《大公报》社评　553
6. 参政会开会 …………………………… 重庆《新民报》社评　555
7. 国民参政会开幕 ……………………… 重庆《国民公报》社论　556
8. 健全自身 ……………………………… 成都《新中国日报》社论　557
9. 本届参政会的观感 …………………………………… 黄炎培　559

九、国民参政会第二届第二次会议 ……………………………　561
(一)第二届第二次会议开幕 …………………………………　561
1. 主席团主席蒋中正开幕词 ……………………………　561
2. 国民政府主席林森训词 ………………………………　569
3. 参政员张一麐演词 ……………………………………　572

4. 会议日志 …………………………………………………… 573
5. 第二届第二次会议闭幕 ……………………………………… 576
6. 主席团主席蒋中正闭幕词 …………………………………… 576
7. 参政员谭赞演词 ……………………………………………… 579
8. 休会期间驻会委员会委员名单 ……………………………… 581

（二）促进民治，加强抗战力量——会议重要议案 …………… 581
1. 提案目录 ……………………………………………………… 581
2. 促进民治与加强抗战力量案 …………………… 大会主席团提 588
3. 请政府迅速对于言论与研究加强积极领导，修正消极限制以
   通民隐而利抗战案 ………………………………… 沈钧儒等提 589
4. 如何减除民众痛苦 加强抗建心力案 …………… 黄炎培等提 592

（三）团结一致 抗战到底 …………………………………………… 596
1. 本届参政会的任务 …………………… 重庆《中央日报》社论 596
2. 民主宪政与抗建 ……………………… 重庆《中央日报》社论 599
3. 参政会别记（节录） …………………………… 《中央周刊》述评 601
4. 善处当前时机 ………………………… 重庆《新华日报》社论 603
5. 团结一致，抗战到底 ………………… 重庆《新华日报》短评 604
6. 回顾二届二次参政会 ………………… 重庆《新华日报》述评 605
7. 促进民治 ……………………………… 重庆《大公报》社评 609
8. 参政会的重大收获 …………………… 重庆《国民公报》社论 611
9. 参政会应有的课题 …………………… 重庆《新民报》社评 612
10. 对于国民参政会之期望 ……………… 成都《新中国日报》社论 613
11. 国民参政会开幕 ……………………… 昆明《云南日报》社论 614
12. 促进民治，加强抗战力量 …………………………… 吴克坚 616
13. 希望参政员特别致力者 …………………………… 陈豹隐 620
14. 民治与青年 ………………………………………… 黄炎培 621

十、国民参政会第三届第一次会议 … 623

(一)国民政府修订《国民参政会组织条例》 … 623
1. 国民参政会组织条例 … 623
2. 各省市应出参政员名额表 … 626
3. 国民参政会组织条例第十一条修正全文 … 626

(二)第三届国民参政会主席团、参政员名单 … 626
1. 第三届国民参政会主席团名单 … 626
2. 第三届国民参政会参政员名单 … 627

(三)坚苦笃实　自强自立 … 631
1. 坚苦笃实,自强自立 …… 重庆《新华日报》社论 631
2. 彻底团结,表里一致 …… 重庆《新华日报》社论 632
3. 本届参政会的使命 …… 重庆《中央日报》《扫荡报》社论 634
4. 期望于本届国民参政会者 …… 重庆《大公报》社评 635
5. 我们对于第三届国民参政会的希望 … 成都《新中国日报》社论 637
6. 对本届参政会的希望 …… 重庆《时事新报》社评 640
7. 贡献给国民参政员 …… 重庆《国民公报》社论 641
8. "坚苦笃实!" …… 重庆《新民报》社评 643
9. 如何革新政治风尚 …… 少　峰 643

(四)第三届第一次会议开幕 … 648
1. 临时主席张伯苓开幕词 … 648
2. 国民政府主席林森训词 … 650
3. 国民政府军事委员会委员长蒋中正致词 … 651
4. 参政员张难先致词 … 659
5. 会议日志 … 661
6. 第三届第一次会议闭幕 … 663
7. 主席团主席蒋中正闭幕词 … 664
8. 参政员范锐致词 … 667
9. 休会期间驻会委员会委员名单 … 668

（五）加强物价管制

　　——会议重要议案 …………………………………………… 668

　1. 提案目录 ………………………………………………… 668

　2. 关于实施"加强管制物价方案"的报告 ………… 蒋中正 682

　　附：加强管制物价方案 ……………………………………… 686

　　附：对《关于实施〈加强管制物价方案〉报告》的决议 …… 690

　3. 大会关于管制平抑物价各项建议的决议 ……………… 691

（六）发展经济　坚持抗战 ……………………………………… 694

　1. 措理物价问题的一些条件 ……………… 重庆《新华日报》社论 694

　2. 为经济第一设想 ………………………… 重庆《大公报》社评 696

　3. "经济第一" …………………………… 成都《新中国日报》社论 698

　4. 贯彻战时法令，实施战时经济政策 …… 重庆《国民公报》社论 700

十一、国民参政会第三届第二次会议 …………………………… 702

（一）坚持团结抗战　反对发动内战 …………………………… 702

　1. 朱德总司令致电蒋委员长等呼吁团结避免内战 ……………… 702

　2. 质问国民党 ………………………………………… 毛泽东 703

　3. 对中国共产党问题之指示

　　——在中国国民党第五届十一中全会上的讲话 …… 蒋中正 708

　4. 中国国民党第五届中央执行委员会第十一次全体会议关于

　　中国共产党破坏抗战危害国家案件总报告的决议 …………… 709

（二）改革政治制度　实行民主宪政 …………………………… 710

　1. 对三届二次国民参政会的期望 ………… 重庆《新华日报》社论 710

　2. 所望于此次参政会者 …………………… 重庆《中央日报》社论 711

　3. 促进宪政培养民主

　　——这次参政会的一大任务 …………… 重庆《大公报》社评 713

　4. 国民参政会开幕献词 …………………… 重庆《时事新报》社评 715

　5. 期待于参政会二三事 …………………… 重庆《新民报》社评 717

（三）第三届第二次会议开幕 ·········· 719
1. 主席团主席莫德惠开幕词 ·········· 719
2. 国民政府主席蒋中正训词 ·········· 721
3. 参政员褚辅成致词 ·········· 725
4. 会议日志 ·········· 726
5. 第三届第二次会议闭幕 ·········· 728
6. 主席团主席张伯苓闭幕词 ·········· 729
7. 参政员王云五致词 ·········· 730
8. 休会期间驻会委员会委员名单 ·········· 732

（四）国民党利用参政会反共 共产党参政员退席
——会议重要议案 ·········· 732
1. 提案目录 ·········· 732
2. 设立宪政实施筹备会和经济建设期成会两机构案
·········· 大会主席团提 742
3. 对于国民政府军事委员会军事报告的决议（摘要）·········· 743
4. 国民党利用参政会反共，共产党参政员退席
·········· 延安《解放日报》述评 743

（五）评三届二次参政会 ·········· 744
1. 评国民党十一中全会和三届二次国民参政会
·········· 延安《解放日报》社论 744
2. 参政会闭幕以后 ·········· 重庆《中央日报》社论 754
3. 可喜的民主风度 ·········· 重庆《大公报》社评 756
4. 本次参政会之意义 ·········· 重庆《国民公报》社论 757
5. 参政会重大收获 ·········· 重庆《新民报》社评 758
6. 从这次参政会看政治前途 ·········· 重庆《国讯》社评 759

十二、国民参政会第三届第三次会议 ·········· 761
（一）要求民主 广开言路 ·········· 761

1. 今日之国民参政会 …………… 重庆《新华日报》社论 761
2. 国民参政会这时开会 …………… 重庆《大公报》社评 763
3. 国民参政会开幕 …………… 重庆《国民公报》社论 764
4. 希望于国民参政会者 …………… 重庆《时事新报》社评 767
5. 对参政会的希望 …………… 重庆《新民报》社评 768
6. 参政员张澜、褚辅成、黄炎培发表谈话 ………………… 769
7. 参政员李璜、左舜生发表谈话 ……………………… 770
8. 参政员张君劢发表谈话 ……………………………… 770

(二)第三届第三次会议开幕 …………………………… 771
1. 主席团主席张伯苓开幕词 …………………………… 771
2. 国民政府主席蒋中正训词 …………………………… 773
3. 参政员林虎致词 ……………………………………… 779
4. 会议日志 ……………………………………………… 780
5. 第三届第三次会议闭幕 ……………………………… 783
6. 主席团主席莫德惠闭幕词 …………………………… 783
7. 参政员胡健中致词 …………………………………… 785
8. 休会期间驻会委员会委员名单 ……………………… 787

(三)国共两党代表报告谈判经过
——会议报告和重要议案 ………………………… 788
1. 目录提要 ……………………………………………… 788
2. 关于国共谈判的报告 ………………………… 林祖涵 798
3. 关于国共谈判的报告 ………………………… 张治中 803
4. 对国共谈判的意见 …………………………… 王云五 815
5. 对国共谈判的意见 …………………………… 胡　霖 817
6. 关于组织延安视察团的决议 ………………………… 819
7. 一年来军事外交政治及经济等情形(节录)
——在国民参政会第三届第三次会议上的报告 ……… 蒋中正 819
附:对"一年来军事外交及政治经济等情形"报告的决议 ………… 820

(四)成立联合政府　挽救时局危机 …………………………… 821
1. 欲挽救目前时局的危机必须改组政府及统帅部
　　——延安权威人士评国共谈判 ………………………… 821
2. 中共问题之公开　民主统一的进步 ……… 重庆《大公报》社评 824
3. 一个基本的认识
　　——为国共谈判进一言 ………………… 重庆《国民公报》社论 827
4. 中共问题解决瞻望 ……………………… 重庆《时事新报》社评 829
5. 国共问题之前瞻 ………………………… 重庆《新民报》社评 831
6. 评此次国民参政会 ……………………… 延安《解放日报》社论 832
7. 国民参政会上政府各部报告掩盖错误参政会严厉抨击
　　……………………………………………… 延安《解放日报》述评 835
8. 读者的话 …………………………………… 重庆《新华日报》短评 837
9. 挽救危局，准备反攻 ……………………… 重庆《群众》周刊社论 838
10. 参政会划时代的成就 …………………… 重庆《中央日报》社论 840
11. 参政会的伟大成就 ……………………… 重庆《新民报》社评 841
12. 几点意见 ……………………………………………… 纪　魏 842
13. 对参政会的意见 ……………………………………… 金　喔 843

十三、国民参政会第四届第一次会议 ………………………… 845
(一)国民政府修订《国民参政会组织条例》 …………………… 845
1. 国民参政会组织条例 …………………………………… 845
2. 《国民参政会议事规则》第十七条修正全文 …………… 848
(二)第四届国民参政会主席团、参政员名单 …………………… 849
1. 第四届国民参政会主席团名单 ………………………… 849
2. 第四届国民参政会参政员名单 ………………………… 849
(三)国民党"六大"通过关于中共问题的决议 ………………… 853
中国国民党第六次全国代表大会关于中共问题的决议 ……… 853
(四)中共中央声明不参加第四届国民参政会 ………………… 854

1. 中共中央负责人声明不参加第四届国民参政会 ……… 854
2. 褚辅成等七参政员致电毛泽东、周恩来 ……… 855
3. 毛泽东、周恩来电复褚辅成等七参政员 ……… 855
4. 褚辅成等六参政员抵延 ……… 856
5. 中共中央举行盛大晚会欢迎褚辅成等六参政员 ……… 856
6. 延安会谈纪要 ……… 858
7. 褚辅成等六参政员离延返渝 ……… 858
8. 六参政员赴延安 ……… 重庆《大公报》社评 859

(五)第四届第一次会议开幕 ……… 861
1. 主席团主席张伯苓开幕词 ……… 861
2. 国民政府主席蒋中正致词 ……… 863
3. 参政员周炳琳致词 ……… 867
4. 会议日志 ……… 869
5. 第四届第一次会议闭幕 ……… 871
6. 主席团主席莫德惠闭幕词 ……… 871
7. 参政员仇鳌致词 ……… 873
8. 休会期间驻会委员会委员名单 ……… 874

(六)关于国民大会问题
——声明、评论和重要议案 ……… 875
1. 关于不参加国民大会问题讨论的书面声明
……… 黄炎培 冷遹 江恒源 875
2. 章伯钧发表谈话主张停开国大,立即召开政治会议 ……… 875
3. 请先实现民主措施从缓召集国民大会以保团结统一而利抗战
建国案 ……… 左舜生等提 876
附:左舜生等对提案的说明 ……… 878
4. 召集国民大会以前应先召集一预备性质之会议案
……… 邵从恩等提 880
5. 请政府展期召开国民大会案 ……… 王又庸等提 882

6. 请明令召开国民大会实施宪政以奠民主政治基础案
　　　　　　　　　　　　　　　　　　　　……………… 李鸿文等提 883
7. 对于国民大会问题审查意见的声明 ……………… 钱端升　周炳琳 883
8. 关于国民大会问题的决议 ……………………………………………… 884
9. 关于国民大会问题的提案目录 ………………………………………… 885
10. 如期召开国民大会 ………………………… 重庆《中央日报》社论 886
11. 国民大会的准备工作 ……………………… 重庆《时事新报》社评 888

（七）中共评蒋介石在参政会上的演说 ……………………………………… 890
1. 赫尔利蒋介石的双簧似将破产
　　——评蒋介石参政会演说 ………………… 延安《解放日报》述评 890
2. 内战危险空前严重，国民参政会的决定绝不会改变这一形势，
　　唯有三个条件可以制止内战 ……………………… 新华社记者评论 892

十四、国民参政会第四届第二次会议 …………………………………… 896

（一）国民党推翻政协决议　共产党重申不参加会议 …………………… 896
1. 中国国民党六届二中全会对于政协会议报告的决议 ……………… 896
2. 关于国民党六届二中全会的谈话 ………………………… 周恩来 898
3. 董必武声明中共参政员决不参加本届参政会 ………………………… 902

（二）第四届第二次会议开幕 ………………………………………………… 903
1. 主席团主席莫德惠开幕词 ……………………………………………… 903
2. 国民政府主席蒋中正致词 ……………………………………………… 905
3. 参政员何基鸿致词 ……………………………………………………… 909
4. 会议日志 ………………………………………………………………… 910
5. 第四届第二次会议闭幕 ………………………………………………… 911
6. 主席团主席江庸闭幕词 ………………………………………………… 912
7. 参政员陈裕光致词 ……………………………………………………… 912
8. 休会期间驻会委员会委员名单 ………………………………………… 914

（三）关于停止军事冲突实现政协决议问题
——会议报告重要议案 ………………………………………… 915
1. 对国民参政会第四届第二次会议的政治报告 ………… 蒋中正 915
2. 关于政治协商会议情况的报告(节录) ………………… 邵力子 922
3. 国民参政会对于政治协商会议情况报告的决议 ………………… 922
4. 关于停止军事冲突等问题的报告(节录) ……………… 张　群 924
5. 国民参政会关于停止军事冲突、恢复交通暨军队整编及统编中共军队方案报告的决议 ………………………………… 927
6. 有关政治协商会议和停止军事冲突问题的提案目录 …… 928

（四）评参政会四届二次会议 ………………………………… 928
1. 国民党企图通过参政会阴谋推翻政协决议 ……… 新华社评论 928
2. 驳蒋介石 ………………………………… 延安《解放日报》社论 929
3. 参政会大会闭幕 ………………………… 重庆《中央日报》社论 936
4. 参政会闭幕 ……………………………… 重庆《国民公报》社论 937
5. 略论参政会的提案 ……………………… 重庆《时事新报》社评 939

十五、国民参政会第四届第三次会议 …………………………… 941

（一）第四届第三次会议在南京开幕 ………………………… 941
1. 主席团主席张伯苓开幕词 ……………………………………… 942
2. 国民政府主席蒋中正致词 ……………………………………… 943
3. 会议日志 ………………………………………………………… 946
4. 第四届第三次会议闭幕 ………………………………………… 947
5. 主席团主席林虎闭幕词 ………………………………………… 947
6. 参政员邹树文致词 ……………………………………………… 948
7. 休会期间驻会委员会委员名单 ………………………………… 949

（二）关于和平问题
——会议报告、讲话和重要议案 …………………………… 949
1. 在招待全体参政员宴会上的讲话 ……………………… 蒋中正 949

2. 国民政府行政院对参政会第四届第三次会议的政治报告(节录)
　　　…………………………………………………… 张　群　951

　　附:蒋中正的侍天字第七十号密令 ……………………… 954

3. 停止内战、实现和平
　　——在参政会第四届第三次会议全体审查会上的讲话
　　　…………………………………………………… 许德珩　956

4. 有关和平问题的提案目录 ………………………………… 957

(三)破车不能再开 …………………………………………… 959

1. 破车不能再开
　　——评第四届第三次国民参政会 ………… 新华社社论　959

2. 争取和平,安定秩序 ……………… 重庆《中央日报》社论　962

3. "朝""野"两方人士争取和平的意见 …… 重庆《国民公报》述评　964

4. 和平运动的前车之鉴 …………… 重庆《时事新报》社论　966

十六、国民参政会结束 …………………………………… 968

1. 国民政府关于召开第一届国民大会的命令 ……………… 968

2. 国民政府关于延长第四届国民参政会参政员任期的命令 ……… 968

3. 国民参政会结束主席团茶会惜别 ………………………… 968

　　附:国民政府主席蒋中正演说词 ………………………… 969

国共合作成立后的迫切任务

（1937年9月29日）

毛泽东

还在一九三三年，中国共产党就发表了在停止进攻红军、给民众以自由和武装民众三个条件之下，准备同任何国民党部队订立抗日协定的宣言。那是因为在一九三一年"九一八"事变发生后，中国人民的首要任务已经是反对日本帝国主义进攻中国了。但是我们的目的没有达到。

一九三五年八月，中国共产党和中国红军号召各党各派和全国同胞组织抗日联军和国防政府，共同反对日本帝国主义。同年十二月，中国共产党通过了同民族资产阶级组织抗日民族统一战线的决议。一九三六年五月，红军又发表了要求南京政府停止内战一致抗日的通电。同年八月，中国共产党中央委员会又对国民党中央委员会送了一封信，要求国民党实行停战，并组织两党的统一战线，共同反对日本帝国主义。同年九月，共产党又作了在中国建立统一的民主共和国的决议。不但发了这些宣言、通电、书信和决议，而且派遣了自己的代表，多次和国民党方面进行谈判，然而还是没有结果。直至西安事变发生，在一九三六年年底，中国共产党的全权代表才同国民党的主要负责人取得了当时政治上的一个重要的共同点，即是两党停止内战，并实现了西安事变的和平解决。这是中国历史上的一件大事，从此建立了两党重新合作的一个必要的前提。

今年二月十日，当国民党三中全会的前夜，中国共产党中央为了具体地建立两党合作，乃以一个系统的建议电告该会。在这个电报内，要求国民党向共产党保证停止内战，实行民主自由，召开国民大会，迅速准备抗日和改良人民生活等五项；共产党也向国民党保证取消两个政权敌对，红军改变名称，在革命根据地实行新民主制度和停止没收地主的土地等四项。这也是一个重要的政治步骤，因为如果没有这一步骤，则两党合作的建立势将推迟，而这对于迅速准备抗日是完全不利的。

自此以后，两党的谈判接近了一步。关于两党共同的政治纲领问题，要求开放民众运动和释放政治犯问题，红军改名问题等，共产党方面都提出了更具体的建议。虽然共同纲领的颁布，民众运动的开放，革命根据地的新制度的承认等事，至今还没有实现；然而红军改名为国民革命军第八路军（抗日战线的战斗序列，又称第十八集团军）的命令，已在平津失守约一个月之后颁布了。还在七月十五日就已交付了国民党的中国共产党中央为宣布两党合作成立的宣言，以及当时约定随之发表的蒋介石氏承认中国共产党的合法地位的谈话，虽延搁太久，未免可惜，也于九月二十二日和二十三日，正当前线紧张之际，经过国民党的中央通讯社，先后发表了。共产党的这个宣言和蒋介石氏的这个谈话，宣布了两党合作的成立，对于两党联合救国的伟大事业，建立了必要的基础。共产党的宣言，不但将成为两党团结的方针，而且将成为全国人民大团结的根本方针。蒋氏的谈话，承认了共产党在全国的合法地位，指出了团结救国的必要，这是很好的；但是还没有抛弃国民党的自大精神，还没有必要的自我批评，这是我们所不能满意的。但是不论如何，两党的统一战线是宣告成立了。这在中国革命史上开辟了一个新纪元。这将给予中国革命以广大的深刻的影响，将对于打倒日本帝国主义发生决定的作用。

中国的革命，自从一九二四年开始，就由国共两党的情况起着决定的作用。由于两党在一定纲领上的合作，发动了一九二四年至一九二七年的革命。孙中山先生致力国民革命凡四十年还未能完成的革命事业，在仅仅两三年之内，获得了巨大的成就，这就是广东革命根据地的创立和北伐战争的胜利。这是两党结成了统一战线的结果。然而由于一部分人对于革命主义未能坚持，正当革命走到将次完成之际，破裂了两党的统一战线，招致了革命的失败，外患乃得乘机而入。这是两党统一战线破裂了的结果。现在两党重新结成的统一战线，形成了中国革命的一个新时期。尽管还有某些人还不明了这个统一战线的历史任务及其伟大的前途，还在认为结成这个统一战线不过是一个不得已的敷衍的临时的办法，然而历史的车轮将经过这个统一战线，把中国革命带到一个崭新的阶段上去。中国是否能由如此深重的民族危机和社会危机中解放出来，将决定于这个统一战线的发展状况。新的有利的证据已经表现出来了。第一个证据，是还在中国共产党开始提出统一战线政策的时候，就立即得到了全国人民的赞同。人心的向背，于此可见。第二个证据，是西安事变和平解决，两党实行停战以后，立即引起了国内各党各派各界各军进入了前所未有的团结状况。虽然这个团结对于抗日的需要说来还是异常不够的，特别是政府和人民之间的团结问题至今在基本上还没有解决。第三个证据，这是最为显著的，就是全国性抗日战争的发动。这个抗战，就目前的情况说来，我们是不能满意的，因为它虽然是全国性的，却还限制于政府和军队的抗战。我们早已指出，这样的抗战是不能战胜日本帝国主义的。虽然如此，但是确实已经发动了百年以来未曾有过的全国范围的对外抗战，没有国内和平和两党合作这是做不到的。如果说当两党统一战线破裂的时候，日寇可以不费一弹而得东北四省，那末，当两党统一战线重新建立了的今日，日寇就非经过血战的代价不能得到中国的土地。第四个证据，就是对国际的影响。全世界工农民众和共产党，都拥护中国共产党提出的抗日统一战线的主张。国共合作成立后，各国人民，特别是苏联，将更积极地援助中国。中苏已签订了互不侵犯条约，今后两国关系有更进一步的希望。根据上述的这些证据，我们可以判断，统一战线的发展，将使中国走向一个光明的伟大的前途，就是日本帝国主义的打倒和中国统一的民主共和国的建立。

然而这样伟大的任务，不是停止在现在状况的统一战线所能完成的。两党的统一战线还需要发展。因为现在成立的统一战线，还不是一个充实的坚固的统一战线。

抗日民族统一战线是否只限于国共两个党的呢？不是的，它是全民族的统一战线，两个党仅是这个统一战线中的一部分。抗日民族统一战线是各党各派各界各军的统一战线，是工农兵学商一切爱国同胞的统一战线。现在的统一战线事实上还停止在两个党的范围之内，广大的工人、农民、兵士、城市小资产阶级及其他许多爱国同胞还没有被唤起，还没有被发动，还没有组织起来和武装起来。这是目前的最严重的情形。它的严重性，就是影响到前线不能打胜仗。华北以至江浙前线的严重危机，现在已经不能掩饰，也无须掩饰了，问题是怎样挽救这个危机。挽救危机的唯一道路，就是实行孙中山先生的遗嘱，即"唤起民众"四个字。孙先生临终时的这个遗嘱，说他是积四十年的经验，深知必须这样做，才能达到革命的目的。究竟根据什么理由一定不肯实行这个遗嘱？究竟根据什么理由在如此危急存亡的关头还不下决心实行这个遗嘱？谁也明白，统制、镇压，是和"唤起民众"的原则相违背的。单纯的政府和军队的抗战，是决然不能战胜日本帝国主义的。我们还在今年五月间，就对于这个问题大声疾呼地警告过当权的国民党，指出了没有民众起来抗战，就会蹈袭阿比西尼亚的覆辙。不但中国共产党人，各地的许多先进同胞以及国民党的许多贤明的党员，都曾指出了这一点。可是统制政策依然没有改变。其结果就是政府和人民隔离，军队和人民隔离，军队中指挥员和战斗员隔离。统一战线没有民众充实起来，前线危机就无可避免地只会增大，不会缩小。

今天的抗日统一战线，还没有一个为两党所共同承认和正式公布的政治纲领，去代替国民党的统制政策。现在国民党对待民众的一套，还是十年来的一套，从政府机构，军队制度，民众政策，到财政、经济、教育等项政策，大体上都还是十年来的一套，没有起变化。起了变化的东西是有的，并且是很大的，这就是停止内战，一致抗日。两党的内战停止了，全国的抗日战争起来了，这是从西安事变以来中国政局的极大的变化。然而上述的一套则至今没有变化，这叫做没有变化的东西和变化了的东西不相适应。过去的一套仅适用于对外妥协和对内镇压革命，现在还是用了这一套去对付日本帝国主义的进攻，所以处处不适合，各种弱点都暴露出来。不干抗日战争则已，既然要干了，并且已经干起来了，又已经暴露出严重的危机了，还不肯改换一套新的干法，前途的危险是不堪设想的。抗日需要一个充实的统一战线，这就要把全国人民都动员起来加入到统一战线中去。抗日需要一个坚固的统一战线，这就需要一个共同纲领。共同纲领是这个统一战线的行动方针，同时也就是这个统一战线的一种约束,它像一条绳索,把各党各派各界各军一切加入统一战线的团体和个人都紧紧地约束起来。这才能说得上坚固的团结。我们反对旧的那一套约束,因为它不适应于民族革命战争。我们欢迎建立一套新的约束代替旧的,这就是颁布共同纲领,建立革命秩序。必须如此,才能适应抗日战争。

共同纲领是什么呢?这就是孙中山先生的三民主义和共产党在八月二十五日提出的抗日救国十大纲领。

中国共产党在公布国共合作的宣言上说:"孙中山先生的三民主义为中国今日之必需,本党愿为其彻底实现而奋斗。"若干人们对于共产党愿意实行国民党的三民主义觉得奇怪,如像上海的诸青来,就是在上海的刊物上提出这种疑问的一个。他们以为共产主义和三民主义是不能并存的。这是一种形式主义的观察。共产主义是在革命发展的将来阶段实行的,共产主义者在现在阶段并不梦想实行共产主义,而是要实行历史规定的民族革命主义和民主革命主义,这是共产党提出抗日民族统一战线和统一的民主共和国的根本理由。说到三民主义,还在十年前两党的第一次统一战线时,共产党和国民党就已经经过国民党第一次全国代表大会而共同决定加以实行,并且已经在一九二四年至一九二七年,经过每一个忠实的共产党人和每一个忠实的国民党人的手,在全国很大的地区中实行过了。不幸在一九二七年统一战线破裂,从此产生了国民党方面十年来反对实行三民主义的局面。然而在共产党方面,十年来所实行的一切政策,根本上仍然是符合于孙中山先生的三民主义和三大政策的革命精神的。共产党没有一天不在反对帝国主义,这就是彻底的民族主义;工农民主专政制度也不是别的,就是彻底的民权主义;土地革命则是彻底的民生主义。为什么共产党现在又申明取消工农民主专政和停止没收地主的土地呢?这个理由我们也早已说明了,不是这种制度和办法根本要不得,而是日本帝国主义的武装侵略引起了国内阶级关系的变化,使联合全民族各阶层反对日本帝国主义成了必需,而且有了可能。不但在中国,而且在世界范围内,为了共同反对法西斯,建立反法西斯的统一战线也有了必需和可能。所以,我们主张在中国建立民族的和民主的统一战线。我们用以代替工农民主专政的各阶层联合的民主共和国的主张，是在这种基础之上提出的。实行"耕者有其田"的土地革命，正是孙中山先生曾经提出过的政策；我们今天停止实行这个政策，是为了团结更多的人去反对日本帝国主义，而不是说中国不要解决土地问题。关于这种政策改变的客观原因和时间性，我们曾经毫不含糊地说明了自己的观点。正是因为中国共产党根据马克思主义的原则，一贯地坚持了并发展了第一次国共统一战线的共同纲领即革命的三民主义，所以共产党能于强寇压境民族危急之际，及时地提出民族民主的统一战线这种唯一能够挽救危亡的政策，并且不疲倦地实行之。现在的问题，不是共产党信仰不信仰实行不实行革命的三民主义的问题，反而是国民党信仰不信仰实行不实行革命的三民主义的问题。现在的任务，是在全国范围内恢复孙中山先生的三民主义的革命精神，据以定出一定的政纲和政策，并真正而不二心地、切实而不敷衍地、迅速而不推延地实行起来，这在中国共产党方面真是日夜馨香祷祝之的。为此，共产党在卢沟桥事变之后，提出了抗日救国的十大纲领。这个十大纲领，符合于马克思主义，也符合于真正革命的三民主义。这是现阶段中国革命即抗日民族革命战争中的初步的纲领，只有实行了它，才能挽救中国。一切和这个纲领相抵触的东西，如果还要继续下去，就会要受到历史的惩罚。

这个纲领之在全国范围内实行，不得到国民党同意是不可能的，因为国民党现在还是中国的最大的握有统治权的政党。我们相信，那些贤明的国民党人会有一天同意这个纲领的。因为如果不同意的话，三民主义就始终是一句空话，孙中山先生的革命精神就不能恢复，日本帝国主义就不能战胜，中国人民的亡国奴境遇就无可避免。真正贤明的国民党人是决不愿意这样的，全国人民也决不会眼看着尽当亡国奴。而况蒋介石先生在其九月二十三日的谈话中已经指出："余以为吾人革命信赞者，不在个人之意气与私见，而为三民主义之实现。在存亡危急之秋，更不应计较过去之一切，而当与全国国民彻底更始，力谋团结，以保国家之生命与生存。"这是很对的。现在的急务在谋三民主义的实现，放弃个人和小集团的私见，改变过去的老一套，立即实行符合于三民主义的革命纲领，彻底地与民更始。这是今天的唯一的道路。再要推延，就会悔之无及了。

然而要实行三民主义和十大纲领，需要实行的工具，这就提出了改造政府和改造军队的问题。现在的政府还是国民党一党专政的政府，不是民族民主的统一战线的政府。三民主义和十大纲领的实行，没有一个民族民主的统一战线的政府是不可能的。现在国民党军队的制度还是老制度，要用这种制度的军队去战胜日本帝国主义是不可能的。现在的军队都在执行抗战的任务，我们对于所有这样的军队，特别是在前线抗战的军队，都是具有钦敬之忱的。然而国民党军队的制度不适宜于执行彻底战胜日寇的任务，不适宜于顺利地执行三民主义和革命纲领，必须加以改变，这在三个月来的抗战教训中已经证明了。改变的原则就是实行官兵一致、军民一致。现在国民党军队的制度是基本上违反这两个原则的。广大的将士虽有忠勇之心，但束缚于旧制度，无法发挥其积极性，因此旧制度应该迅速地开始改造。不是说把仗停下来改造了制度再打，一面打仗一面就可以改变制度。中心任务是改变军队的政治精神和政治工作。模范的前例，就是在北伐战争时代的国民革命军，那是大体上官兵一致、军民一致的军队，恢复那时的精神是完全必要的。中国应学习西班牙战争的教训，西班牙共和国的军队是从极困难的境遇中创造出来的。中国的条件优于西班牙，但是缺乏一个充实的坚固的统一战线，缺乏一个能执行全部革命纲领的统一战线的政府，又缺乏大量的新制度的军队。中国应该补救这些缺点。中国共产党领导的红军，在今天，对于整个抗日战争，还只能起先锋队的作用，还不能在全国范围内起决定的作用，但是它的一些政治上、军事上、组织上的优点是足供全国友军采择的。这个军队也不是一开始就像现在的情形，它也曾经过许多的改造工作，主要地是肃清了军队内部的封建主义，实行了官兵一致和军民一致的原则。这个经验，可以供全国友军的借鉴。

当权的国民党的抗日同志们，我们和你们在今天一道负着救亡图存的责任。你们已经和我们建立起抗日统一战线了，这是很好的。你们实行了对日抗战，这也是很好的。但是我们不同意你们继续其他的老政策。我们应该把统一战线发展充实起来，把民众加进去。应该把它巩固起来，实行一个共同纲领。应该决心改变政治的制度和军队的制度。一个新政府的出现是完全必要的,有了这样一个政府,才能执行革命的纲领,也才能在全国范围内着手改造军队。我们的这个建议是时代的要求。这个要求,你们党中也有许多人感觉到,现在是实行的时候了。孙中山先生曾经下决心改造政治制度和军事制度,因而奠定了一九二四年到一九二七年的革命的基础。实行同样改造的责任,今天是落在你们的肩上了。一切忠诚爱国的国民党人当不以我们的建议为不切需要。我们坚决相信,这个建议是符合于客观的需要的。

我们民族已处在存亡绝续的关头,国共两党亲密地团结起来啊!全国一切不愿当亡国奴的同胞在国共两党团结的基础之上亲密地团结起来啊!实行一切必要的改革来战胜一切困难,这是今日中国革命的迫切任务。完成了这个任务,就一定能够打倒日本帝国主义。只要我们努力,我们的前途是光明的。

(原载《毛泽东选集》第二卷,人民出版社,1991年6月第2版,第333—343页)

关于抗日民族统一战线的问题[①]

周恩来

自从我们党提出抗日民族统一战线的主张,到去年提出联合政府的主张,有了发展,实际上是一个东西。联合政府就是抗日民族统一战线在政权上的最高形式。国民党对于我们的主张,不管是抗日民族统一战线也好,民主共和国也好,联合政府也好,总是反对的。因为他是站在极少数人的利益的立场上,反对我们代表的极大多数中国人民的利益。毛泽东同志在《论联合政府》的政治报告中告诉我们,这是两条路线的斗争。一方面是国民党政府压迫中国人民实行消极抗战的路线,另一方面是中国人民觉醒起来团结起来实行人民战争的路线。我们知道,抗日民族统一战线的酝酿时间很长,差不多"九一八"以后就逐渐向着这个方向发展。从"九一八"到现在,可以分成五个阶段。第一个阶段,是从"九一八"到西安事变;第二个阶段,是从西安事变到"七七"事变;第三个阶段,是从"七七"事变到武汉撤退;第四个阶段,是从一九三九年国民党五中全会到去年国民参政会开会;最后一个阶段,是从我们联合政府口号的提出一直继续到现在。在这五个阶段中,国共两党在全国抗日与民主的问题上,长期地存在着原则的分歧和严重的斗争。

第一个阶段,从"九一八"到西安事变,有五年多时间。国共两方面斗争的中心,是抵抗日本侵略还是不抵抗日本侵略。我们这方面,在全国人民面前所提出的,是要求停止内战,一致抗日。而国民党当局,在全国人民面前所

[①] 这是周恩来同志在中国共产党第七次全国代表大会上的发言《论统一战线》的第一部分。

提出、所坚持的,是"攘外必先安内",实际上就是内战的方针。"九一八"以后,我们向全国国民党的军队提议,在停止进攻、给予人民以自由权利和武装人民三个条件之下,订立停战协定,以便一致抗日。毛泽东同志在报告中已经写了。我们的号召得到了若干国民党军队的响应。例如察北同盟军、福建人民政府和十九路军,以后的东北军、十七路军,都响应我们,跟我们合作。其他一些地方系的军队虽然不是完全同意我们的口号,也和我们有某些合作。就连国民党中央系的军队,在江西打我们时,也有主张开到华北去抗日的。但是那时国民党蒋介石怎样对付呢?对于我们,是不断的"围剿",更加猖狂的内战。对于那些和我们合作的友军,是进攻他们,解散他们,消灭他们。对于自己的嫡系军队,他发过这样一个命令,"侈言抗日者,杀无赦"。就是谁敢多说抗日的话,就杀了他。以后,一九三五年华北事变发生了,我们的红军主力北上了,我们就提出了抗日民族统一战线的口号和民主共和国的主张,并且在一九三六年给国民党的信中,提议召集国防会议,发动抗战,召集民选的国民大会,实现民主共和国。在行动上,我们东渡黄河抗日,响应那时华北的"一二九"运动,掀起了全国的救亡运动。这时候国民党当局却调了大兵到山西阻拦我们抗日,目的是想把我们消灭在西北地方。在西安事变时,我曾经问蒋介石:"我们要求停止内战,为什么不停止?"他说:"我等你们到西北来。"我说:"我们已经到西北一年多了。"他就没有话说了。他的意思很清楚,是要在西北消灭我们。所以在西安事变前,还有山城堡的一仗。东边也堵,西边也堵,就是要消灭我们。对于全国的救亡运动,他是极力地压迫,最后发生七君子入狱的事。所以那时毛泽东同志写的我们党给国民党的信里说:"爱国有罪,冤狱遍于国中;卖国有赏,汉奸弹冠相庆。"虽然这样,但是因为我们不断地要求,全国人民不断地呼吁停止内战,一致抗日,所以国民党先派了两个代表到瓦窑堡来谈判,以后我们就派了代表潘汉年同志去跟他们谈判。国民党蒋介石对谈判的想法是怎样呢?那时他是把我们当投诚看待,想收编我们,直到西安事变以前,还是这样的想法,要把我们的军队顶多编三千人到五千人。至于对国民党军队中很多愿意抗日的军队,特别是东北军,就压迫他们。蒋介石对张学良将军曾经说过这样的话:"你的责任就是剿共,不许到绥远抗战。若要不然,就把你换掉。"以后召集西安会议,陈诚来了,蒋鼎文也来了,是准备以蒋鼎文代替张学良的。这样就逼出来一个西安事变。对西安事变,我们党坚持了和平解决的方针,取得了张学良、杨虎城将军的同意,把蒋介石放回去。蒋介石本人当时具体的诺言是什么呢?就是"决不打内战了,我一定要抗日"。但是张学良送他到南京以后,他就把张学良扣起来,把杨虎城送出洋。这样一来,就激动了东北军、十七路军,几乎把和平破坏。而且他又拿军队来压迫,派特务挑拨,闹出了杀王以哲的事情。从此可见,西安事变和平解决以后,他的内战思想还没有死,并且一直没有死过。现在还可以说一件事,宋子文也是当时谈判的所谓和平使者,那时他答应在蒋介石出去以后,负责改组南京政府。结果这话一直到今天,已经有八年,仍没有兑现。去年我在重庆见他时,说过这样一句讽刺话,我说:"西安事变时你答应的诺言,我还没有给你宣布过。"事实证明他一直没有兑现。所以在这第一个阶段,虽然内战是停止了,和平是取得了,但这是逼出来的。这就是我们党中央、毛泽东同志的方针:逼蒋抗日。但蒋介石内战之心并没有死。

第二个阶段,从西安事变到"七七"抗战,大概有半年多时间。两方面争论的中心,是真正准备抗战,还是空谈准备抗战。当时我们党在给国民党三中全会的电报中,毛泽东同志在党的苏区代表会议的报告中,都是这样说:要真正地实行民主自由,真正地准备抗战。要真正准备抗战就要有民主。我们的中心口号是以民主来推动抗战。国民党当时的方针是什么呢?是"根绝赤祸",拖延抗战。就是要把共产党的活动消灭、根绝,就是在准备抗战的借口下把抗战拖下去。这是当时蒋介石的思想。

我们来看事实。在一九三七年二月,我们给国民党三中全会的电报上,提出了四项诺言、五项要求。四项诺言大意是,答应改编我们的军队,把我们的苏区改为民主的边区,停止武装暴动推翻国民党政权,停止没收地主土地的政策。五项要求大意是,要求国民党停止内战,给人民自由和释放政治犯,召集各党派会议,真正实行抗战的准备,改善民生。而国民党的回答是什么呢?就是来一个"根绝赤祸"的决议案。那决议有四条:取消红军,取消苏维埃政权,停止赤化宣传,停止阶级斗争。这个东西是双关的,因为红军改了名称,也可以说是取消红军,但红军还存在;苏区改了名称,也可以说是取消苏区,但苏区还存在。所谓停止阶级斗争,停止赤化宣传,就是不许我们在国民党统治区有政治活动。那时候一方面和平了,一方面又埋伏了文章。这个文章一直埋伏到现在,还是要取消我们的军队和政权。那时候国民党内也发生了一部分人跟我们合作的运动。这一部分人,孙科、冯玉祥等也在内,提出了恢复孙中山先生三大政策的决议案,但是没有被通过。那时我们曾经主张召开民选的国民大会,成立民主的政府。毛泽东同志在五月代表会上做了报告,我奉中央命令也写了一篇文章,国内国外的民主分子都很赞成。但是国民党的回答是什么呢?搞包办的国民大会代表选举。现在准备召开的国大的祸根,就是那时候种下的。那时我们主张召开各党派会议,但国民党来了个庐山谈话会,不是大家坐下来开圆桌会议,一道商量,而是以国民党作主人,请大家谈话一番。这个谈话会的方式,一直到上次王世杰同我谈判时,还想采用,提议组织什么政治咨询会,结果还是谈话会。不过庐山谈话会的时候,共产党没有份,我同林伯渠、博古同志三个人不露面,是秘密的,现在他们提议的办法,是给个"公开",我看就是差了这一点。我们同国民党的谈判一次在西安,一次在杭州西湖,两次在庐山进行。谈判的对象是顾祝同、蒋介石等人。谈判的内容是要他们承认我们的军队,承认我们的边区,承认各党派的合法地位,组织各党派的联盟,就是统一战线。国民党蒋介石的回答是什么呢?他只准我们编三个师(四万五千人),一直到现在还是这样,而且无论如何不给建立统帅部,他要直接指挥。对边区呢?开始承认了,但是抗战以后又推翻了。蒋介石有一次对朱总司令说:"你抗战了还要边区!"他想给个总司令的名义,就可以取消边区。结果平型关打了一个胜仗,他又承认了,那是在行政院第三百三十三次会议通过的。到南方撤退,他又把这个决议束之高阁,直到现在还没有承认。对我们的党,就更荒唐了。我们要求各党派的合法地位,建立各党派的联盟,但他在庐山第一次谈话会上居然敢说:"请毛先生、朱先生出洋。"你看,他竟会这样想!我们这样好好地同他谈判,他却以送杨虎城出洋的办法来对付我们。关于发表国共合作的宣言问题,在第二次庐山谈话会上,我们带去起草好的宣言,他要动手改两句,那时候我们还客气,同意他修改了两点。但修改了他也不发表,总想把共产党合法这一点抹杀掉。要不是"八一三"打响了,就不会允许我们建立八路军总指挥部和十八集团军总司令部的组织。朱总司令和我同叶剑英参谋长到南京,开始蒋介石还没有决定给八路军的名义,但是到上海打响了,他从庐山跑回来,觉得这是全面战争了,才发表了八路军的番号,紧跟着又发表了十八集团军的番号,要我们的军队去打仗。后来宣言也发表了,但蒋介石又发表了一个谈话,一方面是承认我们,可是另一方面,还是说要取消红军,取消苏区。他说我们是一个派,不承认我们是一个党,强调要集中在国民党领导之下,还是以阿Q的精神来对付我们。

这些经历证明,我们的主张把全国人民振奋起来了。西安事变的和平解决,推动了全国抗战。这样,抗战是逼成了,谈判也算逼成了,统一战线也算逼成了。同时又证明,只有人民有力量才能逼成。而且还证明,蒋介石的反共思想是不变的。

第三个阶段,从"七七"抗战到武汉撤退,大概有一年半时间。这个时期斗争的中心,是全面抗战还是片面抗战。我们党的口号,是持久战争、人民战争,就是全面的抗战、全民族的抗战。而国民党方面呢?他们是要速决战,只许政府抗战,不许人民起来,以此来对抗我们的持久战争、人民战争的方针。首先是"八一三"后发生的对出兵问题的争论。我们党中央、毛泽东同志的方针,是要分批出兵,不要一下子开出去。我们主要是到华北开展独立自主的山地游击战争,去创造华北战场,作持久战的准备,这样才能取得胜利。而国民党要求我们一次开出去,并只指定五台山东北边的小块地方(如涞源、蔚县)为我们的防区,企图在那个山屹崂里叫日本人把我们包围消灭。

在全国范围内,党中央和毛泽东同志的方针是坚持持久战。而国民党呢?是幻想速胜。他们觉得,只要打几个胜仗,就可以引起国际的干涉。最大的希望是苏联出兵,次之就是英美在上海干涉。所以他们就打阵地战,把一二百万军队都调到上海,拿去拼,牺牲极大。在南京快丢失之前,蒋介石曾打电报给斯大林说:啊呀!我这个地方已经不能苟安了,请你赶快出兵吧!他还要求同苏联缔结军事协定。事实上,苏联已经帮助了中国的抗战,帮助了军火、飞机,还和中国签订了一个互不侵犯协定,在政治上给以帮助。蒋介石实行阵地战的结果,把主力拼掉了很多,所以在南京撤退的时候曾一度动摇过,想议和,不过没有搞成,因为日本的条件很苛刻,主要的还是全国的抗战高潮已经起来了,他不敢投降。由于国共双方采取这样不同的方针和做法,结果我们在华北就创造了游击战场、根据地,而他就失掉了华北和华中的大块土地,一直到武汉撤退,在许多次的阵地战中,损伤了很大的兵力。这是战略方面不同的意见。当然那个时候在武汉,我们自己也有错误。就是说,当时在武汉做领导工作的同志,我也在内,着重在相信国民党的力量可以打胜仗,而轻视发展我们自己的力量;在战争上强调运动战,轻视游击战。所以在武汉时期,我们在长江流域的工作,没有能像华北一样,利用国民党军队撤退的时候,到农村去,发动农民,广泛发展游击战争。在武汉谈判当中,我们还是继续坚持各党派联盟的主张,就是建立统一战线组织,制订共同纲领,改革那时的政治机构。而国民党方面呢?他们提出一个政党、一个主义、一个领袖的口号,想把我们吸收到国民党里头去,加以溶化。他们那时叫"溶共政策",好像要拿水把我们化了。国民党是水做的林黛玉,但是我们没有做贾宝玉,化不了。另外,他们提议,只要你们加进来就好了。我们说,组织一个联合的同盟是可以的,你们是一份,我们也是一份,各有独立的组织。我们进到国民党里面去,要保持我们共产党的独立的组织,也可以像大革命时期第一次国共合作一样。但蒋介石又不干,他说,党外不能有党。我们说,你那个党内就有派,党外有党有什么关系!他说,你们可以进党来作共产派,不要在外面。他就是想把我们溶化,当然用这个办法是谈不通的。他组织三青团,我们也主张共同参加,发展青年运动,但蒋介石也不干,他就是要拿三青团把一切青年组织都取消,统一到他那里,不许有别的党派在里面活动。这当然也就谈不通。他对我们在敌后的政策,就是让我们到敌后打敌人,削弱我们。正如朱德同志那天说的,国民党在华北很快地就退走了,不能不让我们去。所以武汉时期,他答应要我们到华北、山东去发展游击战争。徐向前同志带一一五师到山东去,还得到了他的同意。但是他看到我们的游击战争有发展,人民力量有发展,建立了根据地,就害怕,所以紧跟着就派鹿钟麟、张荫梧带兵同我们磨擦。我们在政治上主张要改革政治,成立民意机关。他那个时候,一方面搞参政会,另方面还是一党专政,参政会只是一个"作客的机关",并且还解散了一些人民团体。

在这个阶段我们可以看出,国民党蒋介石速胜论失败了,依赖外国参战也落空了,投机不成,投降又不敢。他被八路军的力量、人民的力量逼得不能不走向持久战,不能不在政治上表示一点进步。但他的投机性、反动性还是继续保留的。

第四个阶段,从一九三九年国民党五中全会一直到去年参政会国共两党公开谈判为止,时间整整有六年之久。我们党跟国民党争论的中心,也就是像我们党一九三九年"七七"宣言上所说的,我们是坚持抗战、团结、进步,而国民党则是要妥协、分裂、倒退。这种斗争到现在还继续进行着。我们在这六年当中,主张积极抗战,求进步,靠自己。我们一方面要求国民党能够这样做;另方面我们在敌后做出了成绩,创造了十九个解放区,发展了很多的军队,证明了我们的办法是对的,这样才支持了国民党的正面战场,推动了全国的民主运动。可是国民党在这六年中怎么样呢?是相反的,也就是我们常说的消极抗战,积极反共。毛泽东同志在这个会议的报告中,也分析了他们依靠外国帮助,等待胜利,勾结敌人伪军来制造内战的这一套。正因为这样,所以在这六年中,就有三次反共高潮,进行过三次谈判。

关于这两个"三",也可以说一说。开头有一个帽子,就是国民党的五中全会。五中全会是一九三九年一月武汉撤退以后开的。我们党在那个时候去了一个电报,态度是要求进步,反对汪精卫投降,主张严整抗战阵容,刷新政治,改革政府。但是国民党五中全会的回答是,来一个《限制异党活动办法》,会上原则通过,会后国民党蒋介石又对我们军队,对边区,对共产党,对人民的活动等等,订了许多限制的办法。总起来就是:首先,抗战只有一个领导,军令政令必须统一。一直到现在还是这样主张。第二,取消"特殊化",反对所谓"封建割据",对边区要包围要封锁。这也是一直搞到现在的。第三,不许再叫八路军,只能叫十八集团军。这是什么意思呢?八路军是平时的军队编制,就是说平常的时候也是有的,而十八集团军是抗战时期的军队编制,既然是战时编制,那么战后就可以取消了!文章在此。但是华北的老百姓回答了他:还是八路军这个名字便当,十八集团军字多不好念。蒋介石订这一条就是他准备取消八路军的一个步骤。以后他就不断地把队伍开到华北,跟我们磨擦。先后有朱怀冰、石友三、高树勋、汤恩伯这些人。并且还要取消我们的办事处,只许西安和重庆的办事处存在,其他的都要取消。因此,平江惨案发生了,竹沟惨案发生了,广东韶关办事处、桂林办事处也取消了。这些都是那个时期的事情。第四,不许国民党区域有共产党的组织。所以以后发现了共产党的秘密组织就破坏。不许有秘密的人民运动,而且不许宣传。所以《新华日报》常常被检查、扣留,党中央和毛泽东同志的许多文章不许登。一九三九年国民党五中全会这个方针,一直贯彻了七个年头。我们说国民党消极抗战,积极反共,就是从那个时候开始的。当然,根子是从历史上来的。

有了这个帽子,底下就有了三次反共高潮。第一次,朱德同志已经说了,是从打边区、取消我们的办事处和制造平江惨案开始。最主要的是在华北,从新军事变一直到朱怀冰和我们磨擦。以后蒋介石打不下去了,失败了。朱德同志说得很对,蒋介石就是怕一个东西,怕力量。你有力量把他那个东西消灭得干干净净,他就没有说的。朱怀冰被消灭完了,蒋介石从来没有提过这个事情。他只好捏住鼻子叫卫立煌和朱总司令谈判,划漳河为界。第一次反共高潮过去了,就来了个第一次谈判。我们的方针是有理、有利、有节。我们打了胜仗不骄傲,还是和他谈判。我们是相忍为国。那次是我出去谈判的。我们和他一谈判,他就想讨一点便宜。那时谈判有四件事:党的合法,边区的承认,军队的增加,还有作战地区的划分。中心是在第四条。他就是想把我们赶到黄河以北,不要新四军在长江以南。那个时候有几个"北":山东是鲁北,山西是晋北,还有一个黄河以北。他是想把我们都往北送,这真是"投畀有北"。那我们就不干,所以发生了严重的争论。他毫无让步。我们作了一点让步,答应皖南部队退到长江以北,也是一个"北",叫做江北。但是他还不干,来了一个何白《皓电》,要我们到黄河以北,也是一个"北"。他坚持《中央提示案》,因此引起了第二次反共高潮。这是一九四〇年冬天开始,是从苏北战争埋伏下来的。苏北战争是他的阴谋,他原来想先从苏北下手,后打皖南。因为苏北我们的力量小，而他有韩德勤、李守维两个军在那里。他们企图北面一压，南面一打，我们就只有"喝水"了！哪晓得他搞错了，因为苏北有刘少奇同志的领导，改正了项英同志的错误。陈毅同志领导军队，执行了中央的正确方针，来了一个"退避三舍"。他打来了我们就先退。后来在黄桥来了个反击，消灭了他们两个师。蒋介石捏住鼻子没有说话，但他是要复仇的。在苏北战争结束后，王懋功就到顾祝同那里去，布置皖南事变，但是表面上他还想麻痹你一下。那时候我在重庆。十二月二十五日圣诞节那一天，就是当年西安事变后蒋介石被放回去的那个日子，他忽然请我去他那里，大谈我们是患难朋友，大灌米汤。我看米汤不好喝，引起我的警惕，赶紧打电报给毛泽东同志，说这里面有文章。果然不过十天，他就动手包围皖南的部队，来了第二次反共高潮。因为当时皖南领导部队的同志犯了错误，所以受了损失。他就更加蛮横起来，宣布取消新四军的番号。但是我们党在毛泽东同志领导下来了一个回击，他不承认我们承认。从此新四军变成只受共产党领导、指挥的军队，不受蒋介石领导了，于是就麻雀满天飞，从十万人发展到三十万人，从三个省的地区发展到现在七八个省。这就是第二次反共高潮。等到第二届参政会的斗争取得胜利，第二次反共高潮就结束了。从第二次反共高潮到第二次谈判，中间隔的时间很长，因为这时候正是一个复杂时期，有日苏协定，德苏战争，太平洋战争，以及新疆问题。第二次谈判是在一九四二年的下半年，但事前也有些小的接触。日苏协定订立以后，紧跟着有中条山战役，蒋介石怕中条山守不住，希望我们配合，但主要是试探我们还打不打日本，当然这完全是他的糊涂想法。我们表示配合作战，但是蒋介石又怕我们，不要我们过漳河之线，要限制我们作战，这就很难配合。他在中条山，我们在漳河北怎么样打呢？同时他又不给我们下作战命令，要我们自己打。我们要一点补充，他说，只要打，我不会辜负你们的。我们打了，他又取消诺言，食言而肥。这是一次接触。后来，太平洋战争前夜，中国的情势很紧张，日本和美国有妥协的可能，这时要开参政会，他又表示要举国一致。我们为了阻止日美妥协，表示在抗日问题上还是和他一致，所以参加了参政会。那时候有一个条件，就是要把叶挺将军放出来（皖南事变中叶挺将军很勇敢，站在最前线和国民党斗争)。蒋介石答应了这个条件,并由张群担保。我们要求参政会以前就放出来,他不干。我们也打个折扣,那时候董必武同志和邓颖超同志都在重庆,两个人就只出席一个人,他来这一手,我们也来这一手。参政会开了,他仍不放。根据最近的消息,叶挺将军被蒋介石搞到重庆戴笠的特务机关里去了。世界上最不守信义的莫过于蒋介石。这是这个时期小的交涉。到一九四二年下半年谈判以前,蒋介石还想来一套手法,因为那时候新疆问题解决了,有点得意忘形,他说:"我到西安去请毛泽东先生出来谈一谈。"后来林彪师长去进行第二次谈判。当时我们还是希望在抗战中能找到一个团结的办法,所以在一九四二年党的"七七"宣言中表示出团结的态度。蒋介石以为我们有点可以让步的样子,提出的条件更苛刻,坚持我们的军队不能多编,仍是八个师,军队编了以后党才能合法,边区要改为行政区,作战地区还要向北移动。这个谈判拖了很久,实际上是他不想解决问题。他是想继续投机,希望那时候有一个日苏战争,一旦日苏打起来,就把我们赶到北边去,实行他原来的计划,所以他就要拖。我和林彪去见张治中,他公开说"还不是拖"!这里头又有文章,结果拖出来一本《中国之命运》,拖出来一个第三次反共高潮。那个时候正遇上共产国际解散,蒋介石以为我们党内会有争论,于是就投这个机,来了一个取消中国共产党,而且还来了一个包围边区,打我们的心脏。第一次反共高潮打华北,第二次反共高潮打华中,第三次反共高潮打西北。我们揭露了他,全国人民都同情我们。在国际舆论上,不管苏联也好,英美也好,都反对中国的内战。所以就把蒋介石的第三次反共高潮压下去了。国民党十一中全会以后,蒋介石在国民参政会上又表示愿意政治解决,可是来了个八字由头,说我们"破坏抗战、危害国家"。第三次反共高潮过去了,我们表示,如果他愿意政治解决,我们总是可以谈的。所以去年林伯渠同志又出去进行第三次谈判。这次谈判正值宪政运动之期,我们就表示要实行民主和宪政,提出了政治问题三条,具体问题先是十七条,以后改为九条,其他的八条改为口头的,这样正式文件共有十二条。从西安谈到重庆,一直谈了差不多半年,还得不到结果。蒋介石就来了第二次《中央提示案》,集中起来就是要我们做三件事:第一,十个师以外的队伍全部限期取消。第二,规定要十个师集中到那里就必须到那里。第三,敌后解放区所有的政府一律都交给流亡重庆的省政府接收。这样的条件我们当然不能接受,谈判就在林伯渠同志在国民参政会报告后告一个段落。

从这三次反共高潮和三次国共谈判中可以看出来,国民党继续反共和内战的方针,在第四个阶段中特别明显,所以谈判时他们充满着反共思想,反共高潮时就打起来了,这就是内战。虽然这样,文章还没有了结,还有新文章:不是再来第四次反共高潮,就是再来第四次谈判。结果,不是反共高潮而是继续谈判。这个谈判不仅有第三方面的民主人士参加,而且有外国人参加;同时,谈判又是公开的。这是和过去谈判不同之点,是一个新的阶段。

第五个阶段,从我们联合政府口号的提出到现在。这个谈判有一个中心,就是我们提出成立民主的联合政府,而国民党要继续一党专制的政府。这是一个斗争,就是毛泽东同志报告里说的两条路线的斗争。我们的方针是,立即召开党派会议,成立临时的联合政府,战后召集国民大会成立正式的联合政府。国民党的方针是,不放弃一党专政,包办国民大会,继续一党专制。半年来斗争更加尖锐。这样的斗争更振奋了全国的民主运动,更使成立联合政府的主张为国际国内民主人士所拥护,所同情。正因为这样,所以谈判也就继续下去,于是有了赫尔利到延安以及我的两次出去。赫尔利在延安和我们签订了五条协定,同意我党毛泽东同志所提的联合政府的方针。这五条内容主要是:为共同打败日本强盗建设新中国,要在联合政府之下统一起来;要成立各党各派无党无派的联合政府,要成立代表所有抗战力量的联合统帅部;要给人民自由,要实行民主的改革;要承认所有抗日的力量,装备所有抗日的力量,统一所有抗日的力量(用联合政府来统一);承认所有党派的合法地位。这样五条不仅我们提出,而且美国大使赫尔利也是签了字的。这五条他承认了,所以我到了重庆,就是为实现这个方针——联合政府的方针。但是蒋介石又拒绝了。我回延安以后,赫尔利又继续邀请,我就又出去一次,提出为实现联合政府,办法可以采取一个准备的步骤,先开一个各党各派的会议,就是国民党、共产党、民主同盟三方面和无党无派分子的代表人物的会议,来讨论如何改组国民政府成为联合政府,如何起草共同纲领,如何废止一党专政。这一次谈判国民党蒋介石还是不同意,反而叫嚷什么"你们要联合政府就是要推翻政府,开党派会议就是分赃会议"。完全把我们的主张抹杀了。他还是要继续原来的方针。从《根绝赤祸案》到《限制异党活动办法》,历来的主张,就是要我们把军权、政权交出来。这从蒋介石今年三月一日的演说上就可以完全看出来,要我们把军队和敌后的政府都移交给他。他给我们什么呢?不是联合政府。他能够给我们的,就是参加政府去作客。这个客我们作了八年,我们还稀罕作这个客?要把军权、政权交出去,当然是绝对做不到的事。但是蒋介石还是要你这样做,他说可以给共产党合法,但那是把我们手脚捆起来的合法,手脚捆起来还有什么合法!当然很清楚地可以看到,这样的主张后面还有一手,就是三月一日宣布的要在今年十一月十二日召开国民大会,但这还是八年以前国民党包办选举的国民大会。他名义上要还政于民,实际上是要经过召开一党包办的国民大会,通过一党专制的宪法,来承认国民党专制的合法。假使谁出来反对,他就说你是分裂,他就要统一你,你不受他统一,他就要讨伐你,这就是他所准备的全国规模的内战。他这条方针完全是和我们对立的。今天除了抗战这点上还可说是相同之外,至于如何抗战,完全是两套。我们是要胜利——彻底的胜利,要民主——新民主主义的民主,要团结——民主的团结,不但要国内的团结而且要国际的团结。国民党是另外一套,不是要彻底的胜利而是企图妥协投降,将来能用日本的资本和武器来打内战,把伪军收编过来打内战,不是要民主而是要维持独裁,不是要团结而是要分裂,在国际上是挑拨离间,企图英美帮助来一个"斯科比",国民党就是这一条路线。

  从"九一八"以来的国共关系发展到今天,一般地是停止了大规模的内战,发动了抗战,这是统一战线的成功。我们创造和扩大了解放区,振奋了中国人民,推动了中国的民主运动。但是,就是在抗战之下还是有局部的内战,还是充满了反共、反人民、反民主的行动,这是国民党所实行的。这个对立斗争现在还是继续着。我们一方面反对这种反动的消极抗战的路线,另方面还是留有余地,不关谈判之门。三次反共高潮三次谈判,三次谈判后又继续谈判。谈判是为了胜利,为了民主,为了团结,这样的谈判才有作用,否则那真是谈话会了,那就不会有结果。这是长期以来抗日民族统一战线的经过情形。

(原载《周恩来选集》上卷,第190—207页)

一　中国共产党、中国国民党抗日救国的主张

1. 中国共产党抗日救国十大纲领

（1938年8月25日中国共产党中央政治局扩大会议通过）

一、打倒日本帝国主义：

对日绝交，驱逐日本官吏，逮捕日本侦探，没收日本在华财产，否认对日债务，废除与日本签订的条约，收回一切日本租界。

为保卫华北和沿海各地而血战到底。

为收复平津和东北而血战到底。

驱逐日本帝国主义出中国。

反对任何的动摇妥协。

二、全国军事的总动员：

动员全国陆海空军，实行全国抗战。

反对单纯防御的消极的作战方针，采取独立自主的积极的作战方针。

设立经常的国防会议，讨论和决定国防计划和作战方针。

武装人民，发展抗日的游击战争，配合主力军作战。

改革军队的政治工作，使指挥员和战斗员团结一致。

军队和人民团结一致,发扬军队的积极性。

援助东北抗日联军,破坏敌人的后方。

实现一切抗战军队的平等待遇。

建立全国各地军区,动员全民族参战,以便逐步从雇佣兵役制转变为义务兵役制。

三、全国人民的总动员：

全国人民除汉奸外,都有抗日救国的言论、出版、集会、结社和武装抗敌的自由。

废除一切束缚人民爱国运动的旧法令,颁布革命的新法令。

释放一切爱国的革命的政治犯,开放党禁。

全中国人民动员起来,武装起来,参加抗战,实行有力出力,有钱出钱,有枪出枪,有知识出知识。

动员蒙民、回民及其他少数民族,在民族自决和自治的原则下,共同抗日。

四、改革政治机构：

召集真正人民代表的国民大会,通过真正的民主宪法,决定抗日救国方针,选举国防政府。

国防政府必须吸收各党各派和人民团体中的革命分子,驱逐亲日分子。

国防政府采取民主集中制,它是民主的,又是集中的。

国防政府执行抗日救国的革命政策。

实行地方自治,铲除贪官污吏,建立廉洁政府。

五、抗日的外交政策：

在不丧失领土主权的范围内,和一切反对日本侵略主义的国家订立反侵略的同盟及抗日的军事互助协定。

拥护国际和平阵线,反对德日意侵略阵线。

联合朝鲜和日本国内的工农人民反对日本帝国主义。

六、战时的财政经济政策：

财政政策以有钱出钱和没收汉奸财产作抗日经费为原则。经济政策是：

整顿和扩大国防生产,发展农村经济,保证战时生产品的自给。提倡国货,改良土产。禁绝日货,取缔奸商,反对投机操纵。

七、改良人民生活:

改良工人、职员、教员和抗日军人的待遇。

优待抗日军人的家属。

废除苛捐杂税。

减租减息。

救济失业。

调节粮食。

赈济灾荒。

八、抗日的教育政策:

改变教育的旧制度、旧课程,实行以抗日救国为目标的新制度、新课程。

九、肃清汉奸卖国贼亲日派,巩固后方。

十、抗日的民族团结:

在国共两党合作的基础上,建立全国各党各派各界各军的抗日民族统一战线,领导抗日战争,精诚团结,共赴国难。

(原载《毛泽东选集》合订本第326—328页)

2. 中国共产党中央委员会对中国国民党临时全国代表大会的提议

(1938年3月1日)

蒋先生转国民党临时全国代表大会全体代表同志们!

当大敌当前,河山破碎之时,我们黄帝子孙,首先是我国共两党同志,能更加亲密携手,共御外侮,在前线共同牺牲,奋勇杀敌,在后方共同奋斗,努力救国,这不仅证实我中华民族的伟大,而且显示我中华民族的复兴。当目前日寇深入和全国民众的抗战积极进行之际,加紧巩固和扩大我四万万五千万同胞的抗日民族统一战线,首先是巩固和扩大国共两党及一切抗日党派的合作,加强政府与民众间的互助,已成为国共两党同志和全体我国同胞的一致热望。贵党适于此时召开临时全国代表大会,想对于如何推进贵党本身工作,如何加强国内的团结,以及如何发扬民意去争取抗战胜利问题,与救国建国大计等问题,必有所讨论。本党谨以兄弟之谊,对上述各问题向贵党临时全国代表大会提供意见,以供参考。

一、关于巩固和扩大各党派的团结等问题。只许一党合法存在,同时不承认其他党派合法并存的办法,既为事实所不许,取消现存一切党派而合并为一党组织的办法,亦为事实所不能解决。一切问题的解决办法,应遵照中山先生的精神,建立一种包括各党派共同去参加的某种形式的民族革命联盟,即由各党派、各团体拟定一统一战线纲领,作为各方宣传鼓动共同遵守的方针;同时由各方代表组成一由上而下的(即中央与地方)统一战线组织,以规划抗日救国的大计,和调解各党派、各团体间的关系。而参加此联盟之各党派,仍保存其政治上和组织上的独立性。统一战线纲领的内容,敝党愿与贵党及各方代表共同商讨和拟定,其发表方式,或由各党派、各团体共同署名发表,或由贵党用蒋先生名义发表,然后由各党派、各团体宣传拥护和遵守,均无不可。统一战线组织形成的方式,采取各党派、各团体选派代表组织各级组织的方式,或恢复民国十三年至十六年第一次国共合作的方式,或拟定其他的办法和方式,只要与团结抗战有利,敝党均愿与诸同志共同计划和执行。

二、关于健全民意机关问题。为增强政府与人民间的互信和互助,为增加抗战救国的效能,健全民意机关的建立已经成为刻不容缓的当务之急。民意机关的形式,或为更扩大的国防参议会,或为其他形式均无不可,最主要的在于此机关要真能包括各抗日党派、各军队、各有威信的群众团体的代表,即包括真能代表四万万五千万同胞公意的人才;同时此机关要真有不仅建议和对政府咨询的作用,而且能有商量国是和计划内政外交的权力。

三、关于动员和组织民众问题。被压迫民族的民族自卫战争的胜利,不仅需要政府和军队的最大努力,而且需要广大民众的全体动员和积极参加,这是古今中外再三考验过的真理。我国对日抗战虽已继续八个月之久,但民众动员和组织的不够,已成为前方将士和全体同胞所迫切感到的弱点。贵党为中国第一大政党,在政府和军队中均居于领导地位,对于抗战中这一最严重的弱点,当能积极设法加以补救。关于此问题,敝党敬向贵党提议将工、农、军、商、学各界,根据其职业地位而组织各种职业联合团体,即将已有组织的群众团体,加以健全和充实,将还无组织的民众,组织在各种群众团体以内去;同时根据地域原则,在各地方组织统一的各界群众团体的领导机关,在全国范围内成立统一的全国性的领导机关。青年、妇女、文化界等应根据其切身利益和特殊需要,而组织成各种统一的群众团体,以便真正实行有钱出钱,有力出力的原则,以便真正达到全国人力、物力、财力总动员的目的。当然所有群众团体及其领导机关,均应向政府机关登记,并采取政府及党部的领导。敝党愿尽力赞助贵党在抗日救国大前提下,造成统一的群众运动和统一的群众组织。

以上各项提议,敬请贵党中央委员会和临时全国代表大会,列入贵党临时全国代表大会提案,作为研究和讨论参考。此外敝党拟派代表团出席贵党临时全国代表大会,同时预请贵党选派代表团,将来出席敝党第七次全国代表大会,以示两党同志兄弟的友爱团结。贵党临时全国代表大会决议,当能促成全国精诚团结和争取抗战胜利的伟业,敝党中央委员会谨代表敝党全体同志,庆祝贵党临时全国代表大会在抗日救国事业中的伟大成功!

中国共产党中央委员会

(原载《六大以来》,人民出版社)

3. 中国国民党抗战建国纲领

(中国国民党临时全国代表大会通过,1938年3月)

甲　总则

一、确定三民主义暨总理遗教,为一般抗战行动及建国之最高准绳。

二、全国抗战力量,应在本党及蒋委员长领导之下,集中全力,奋励迈进。

乙　外交

三、本独立自主之精神,联合世界上同情我之国家及民族,为世界之和平与正义,共同奋斗。

四、对于国际和平机构,及保障国际和平之公约,尽力维护,并充实其权威。

五、联合一切反对日本帝国主义侵略之势力,制止日本侵略,树立并保障东亚之永久和平。

六、对于世界各国现存之友谊,当益求增进,以扩大对我之同情。

七、否认及取消日本在中国领土内以武力造成之一切伪政治组织及其对外对内之行为。

丙　军事

八、加紧军队之政治训练,使全国官兵明了抗战建国之意义,一致为国效命。

九、训练全国壮丁,充实民众武力,补充抗战部队,对于华侨回国效力疆场者,则按照其技能,施以特殊训练,使之保卫祖国。

十、指导及援助各地武装人民,在各战区司令长官指挥之下,与正式军队配合作战,以充分发挥保卫乡土捍卫外侮之效能,并在敌后方发动普遍的游击战,以破坏及牵制敌人之兵力。

十一、抚慰伤亡官兵,安置残废,并优待抗战人员之家属以增高士气,而为全国动员之鼓励。

丁　政治

十二、组织国民参政会,团结全国力量,集中全国之思虑与识见,以利国策之决定与推行。

十三、实行以县为单位,改善并健全民众之自卫组织,施以训练,加强其能力,并加速完成地方自治条件,以巩固抗战中之政治的社会的基础,并为宪法上实施之准备。

十四、改善各级政治机构,使之简单化合理化,并增高行政效率以适合战时需要。

十五、整饬纲纪,责成各级官吏忠勇奋斗,为国牺牲,并严守纪律,服从命令,为民众倡导。其有不忠职守,贻误抗战者,以军法处治。

十六、严惩贪官污吏,并没收其财产。

戊　经济

十七、经济建设,以军事为中心,同时注意改善人民生活。本此目的,以实行计划经济,奖励海内外人民投资,扩大战时生产。

十八、以全力发展农村经济,奖励合作,并开垦荒地,疏通水利。

十九、开发矿产,树立重工业的基础,鼓励轻工业的经营,并发展各地之手工业。

二十、推行战时税制,彻底改革财务行政。

二十一、统制银行业务,从而调整工商业之活动。

二十二、巩固法币,统制外汇,整理进出口货,以安定金融。

二十三、整理交通系统,举办水陆空联运,增筑铁路公路,加辟航线。

二十四、严禁奸商垄断居奇,投机操纵,实施物品平价制度。

己　民运

二十五、发动全国民众,组织农工商学各职业团体,改善而充实之,使有钱者出钱,有力者出力,为争取民族生存之抗战而动员。

二十六、在抗战期间,于不违反三民主义最高原则及法令范围内,对于言论出版集会结社,当与以合法之充分保障。

二十七、救济战区难民及失业民众,施以组织及训练,以加强抗战力量。

二十八、加强民众之国家意识,使能辅助政府,肃清反动。对于汉奸,严行惩办,并依法没收其财产。

庚　教育

二十九、改订教育制度及教材,推行战时教程,注重于国民道德之修养,提高科学的研究,与扩充其设备。

三十、训练各种专门技术人员,与以适当之分配,以应抗战需要。

三十一、训练青年,俾能服务于战区及农村。

三十二、训练妇女,俾能服务于社会事业,以增加抗战力量。

（原载《抗战建国纲领及临全代会宣言》,生活书店）

二　国民参政会之组建

1. 国防参议会[①]——国民参政会的胚胎

邹韬奋

在"八一三"全面抗战爆发后的最紧张的时期,国民政府即于同年同月(八月底)集合全国各党派的领袖们组织国防参议会,这表示民主政治和抗战国策一开始就结着不解缘,而这种不解缘,实根据于事实上的需要,实根据于民主政治与切实执行抗战国策的密切关系。

当然,国防参议会的本身实远够不上民主政治的这个美名,但是这件事实之所以值得我们提起,一则因为这是抗战与民主分不开的明证,二则因为它是国民参政会的胚胎,究竟是民主在抗战期间开始发展的小小萌芽。

这个国防参议会最初为十五人,后来屡次扩充,增加至二十余人,都是用当时国防最高会议主席蒋委员长的名义聘请而来的。国防参议会的主席即由国防最高会议主席兼任,但因蒋委员长一日万机,在实际上很难兼顾,所以会议常由当时的国防最高会议副主席(汪精卫)主持,由甘乃光担任秘书长,

---

[①] 国防参议会于1937年8月17日召开第一次会议。1938年6月17日,国民政府公布国民参政会参政员名单。同日,国防参议会举行第六十四次会议后,宣告结束。除国立北京大学校长蒋梦麟和中共代表周恩来外,所有参加国防参议会的各方人士均任国民参政会参政员。

每次会议由秘书长召集,每周开会一次或两次。每次会议时,由政府派主管长官出席报告,国防参议会亦得要求政府派人报告某项事件。政府得将提案交该会讨论,惟所有决议须交国防最高会议通过后才付实行。参政员得于会议时用书面或口头提出建议,并得向政府提出询问,要求解答。

这个国防参议会,在组织及职权上,可谓简单之极。据说当时根本没有什么文字上的规定,没有什么组织条例,亦没有什么办事细则,职权也没有什么一定的规定。至少有几位曾经参加过当时国防参议会的朋友告诉我,说他们从没有看见过什么条例或章则,连全体参议员的名单也未曾见过。所谓听取报告、建议及询问等等,只是想当然耳,也都没有一定的规定。由该会讨论决议提案,转送政府之后,国防最高会议是否采用,采用后实行的状况如何,也没有规定应有怎样向该会报告的手续,只是由代理主席汪精卫把大家的意见口头转达给政府当局,有时也把政府当局的意见口头转达给该会同人,如此而已。所以有些热心的参议员,常就所曾经决议过的提案,屡次提出向代理主席追问,来给他不少的麻烦。据说每次开会时,总有两三个有关当时重要问题的提案提出来讨论一番,其中最重要的要算政府交议的《国民总动员大纲》,但是该案经该会决议之后,久久未见有何动静,某参议员因关心此事的实行,曾向代理主席提出追问,他答复不得要领,又第二次向他提出追问,他又答复不得要领,又第三次向他提出追问,他又答复不得要领。当时也被政府派去参加国防参议会的某巨公曾对人讥笑这位参议员真是不懂事的书生,这样不惮烦地一而再再而三地追问着,实行怎样怎样干什么?

除了最重要的《国民总动员大纲》这一提案外,还有一件趣闻,有某参议员提出一个有关农村的提案,代理主席认为农村的"农"字含有阶级斗争的意味,极力反对,一定要把农村改为乡村,才算风平浪静,把这提案通过。中国人民有百分之八十以上还是农民,依上面所说的这个意思,大概都只有改称为乡民,便可"姜太公在此百无禁忌"了。

但是要说回来,国防参议会的组织和职权虽这样简陋,但究竟是抗战开始后民主政治发展史中的一页,而且在当时只是被作为咨询机关,如把民意机关相较,诚然要一无是处。不过检查当时参议员的姓名,却可看出,除国民党参加外,有中国共产党(未到)、青年党、国社党、第三党、救国会派、职教派、村治派、教授派等,含有团结各党派来参加抗战大计,共同为国努力的意思,这一点的作用虽并未得到充分的发挥,但仍然是值得重视的。

国防参议会本身尽管薄弱,但是,它无论如何是抗战期间,团结与民主的巨流中的产物,指示着这个巨流的动向。

(原载邹韬奋:《抗战以来》,香港华商报出版部。本文原名《参政会的胚胎》,现在标题是编者加的)

2. 设国民参政会案

(中国国民党临时全国代表大会通过,1938年4月)

决议:在非常时期应设一国民参政会,其职权与组织方法,交中央执行委员会详细讨论,妥订法规。

(原载《最近本党历次大会重要决议案》,中央训练团编)

3. 国民参政会组织条例案

(中国国民党第五届中央执行委员会第四次
全体会议通过,1938年4月)

临时全国代表大会交下中央执行委员会提国民参政会组织法大要案,胡代表健中等提组织非常时期国民参政会案,及潘委员公展等提国民参政会会员产生法案,合并讨论。

决议:

一、《国民参政会组织条例》修正通过,仍交常务委员会整理文字。

二、各省市应出参政员名额表,交常务委员会。

(附注)此件经整理后呈奉总裁核定。

(原载《最近本党历次重要决议案》,中央训练团)

4.国民参政会组织条例

(国民政府1938年4月公布)

第一条 国民政府在抗战期间,为集思广益,团结全国力量起见,特设国民参政会。

第二条 凡具有中华民国国籍之男子或女子,年满三十岁暨第三条所列(甲)(乙)(丙)(丁)四项资格之一者,得为国民参政会参政员。

第三条 国民参正会置参政员,总额一百五十名,其分配如左:

(甲)由曾在各省市(指行政院直辖市而言)公私机关或团体服务三年以上,著有信望之人员中,共选任八十八名,各省市所出参政员名额,依照附表之所定,并以有各该省市籍贯者为原则。

(乙)由曾在蒙古、西藏地方公私机关或团体服务,著有信望或熟谙各该地方政治社会情形,信望久著之人员中,选任六名。(蒙古四名、西藏二名)

(丙)由曾在海外侨民居留地工作三年以上,著有信望或熟谙侨民生活情形,信望久著之人员中,选任六名。

(丁)由曾在各重要文化团体活经济团体服务三年以上,著有信望或努力国事信望久著之人员中,选任五十名。

第四条 国民参政会参政员之选任,依次列程序行之。

(一)候选人之推荐:

前条(甲)项参政员之候选人,由各省市政府及各省市党部联席会议,按其本省市应出参政员名额,加倍提出,国防最高会议亦得提出同额候选人。在敌军完全占领之省市,前条(甲)项参政员候选人,由国防最高会议按照各该省市应出名额,加倍提出。前条(乙)、(丙)两项参政员候选人,由蒙藏委员会、侨务委员会按照应出参政员名额加倍提出。前条(丁)项参政员候选人,由国防最高会议按照应出参政员名额加倍提出。

(二)候选人资格之审查:

前条(甲)(乙)(丙)(丁)各项参政员候选人,经推出后,由国防最高会议汇送中国国民党中央执行委员会,提付国民参政会参政员资格审议会审议,审议会审议完毕时,以其结果报告中国国民党中央执行委员会。

国民参政会参政员资格审议会，置委员九人，其人选由中国国民党中央执行委员会指定。

(三)参政员之选定：

中国国民党中央执行委员会于接受国民参政会参政员资格审议会报告后，按照前条(甲)(乙)(丙)(丁)各项应出参政员名额，提出中国国民党中央执行委员会会议决定之。

第五条　在抗战期间，政府对内对外之施政方针，于实施前，应提交国民参政会决议。

前项决议案经国防最高会议通过后，依其性质交主管机关制定法律，或颁布命令行之。

遇有紧急特殊情形，国防最高会议主席得依国防最高会议组织条例，以命令为便宜之措施，不受本条第一、二项之限制。

第六条　国民参政会得提出建议案于政府。

第七条　国民参政会有听取政府施政报告暨向政府提出询问案之权。

第八条　国民参政员之任期为一年，国民政府认为有必要时，得延长一年。

第九条　国民参政会每三个月开会一次，会期为十日，国民政府认为有必要时，得召开临时会或延长其会期。

国民参政会休会期间，设置国民参政会驻会委员会，由参政员互选十五人至二十五人组成之，其任务以听取政府各种报告及决议案之实施经过为限。

第十条　国民参政会有该会参政员总额三分之一以上之出席，即得开议。

第十一条　中央各院部会长官得出席于国民参政会会议，但不参加其表决。

第十二条　现任官吏不得为国民参政会参政员。

第十三条　国民参政会置议长、副议长各一人，由中国国民党中央执行委员会选任之。

第十四条　本条例未尽事宜,由国民政府另以命令定之。

第十五条　本条例自公布日施行。

各省市应出参政员名额表:江苏、浙江、安徽、江西、湖北、湖南、四川、河北、山东、河南、广东,以上各出四人;山西、陕西、福建、广西、云南、贵州,以上各出三人;甘肃、察哈尔、绥远、辽宁、吉林、新疆、南京市、上海市、北平市,以上各出二人;青海、西康、宁夏、黑龙江、热河、天津市、青岛市、西京市,以上各出一人。

（原载《国民参政会》,国民政府行政院新闻局）

附:国民参政会组织条例第三条修正全文

（国民政府1938年6月16日公布）

第三条　国民参政会置参政员总额二百名,其分配如下:

甲、由曾在各省市(指行政院直辖市而言)公私机关或团体服务三年以上著有声望人员中,共遴选八十八名;各省市所出参政员名额依照附表之所定,并以有各该省市籍贯者为原则。

乙、由曾在蒙古西藏地方公私机关或团体服务,著有信望或谙熟各该地方政治社会情形,信望久著之人员中,遴选六名(蒙古四名、西藏二名)。

丙、由曾在海外侨民居留地工作三年以上,著有信望或谙熟侨民生活情形,信望久著之人员中,遴选六名。

丁、由曾在重要文化团体或经济团体服务三年以上,著有信望,或努力国事,信望久著之人员中,遴选一百名。

（原载1938年6月17日汉口《新华日报》）

国民参政会组织条例第九条修正全文

（国民政府1939年4月28日公布）

第九条　国民参政会每六个月开会一次,会期为十日。国民政府认为有必要时的召开临时会或延长其会期。

国民参政会休会期间,设置国民参政会驻会委员会,由参政员互选十五人至二十五人组织之。其任务以听取政府各种报告及决议案之实施经过为限。

（原载《国民参政会公报》渝字第148号，国民政府文官处印铸局编）

5. 国民参政会议事规则

（国民政府1938年7月1日公布）

第一章　总则

第一条　本规则依据国民参政会组织条例第十四条之规定制定之。

第二条　国民参政会开会时，由主席恭读总理遗嘱，全体肃立。

第三条　国民参政会开会时，以议长为主席，如议长因故缺席由副议长代理之。

第四条　国民参政会会议时，有参政员过半数之出席，始得开议；有出席参政员过半数之赞成，始得议决。

第五条　国民参政会之会议公开之，但有必要时，得由主席宣告改开秘密会。

第六条　国民参政会之开会、休会及散会由主席宣告之。

第七条　参政员在会场之席，依次抽签定之。

第八条　参政员在会场内得自由发表言论，不受会外之干涉，但在会场外发表其笔记或言论者，受一般法律之限制。

第九条　国民参政会之文件议案，由秘书长呈经议长核定后发表之，凡未依前项程序核定发表之文件议案，参政员负有保守秘密之义务。

第十条　国民参政会开会时，秘书长及副秘书长应列席，并配置秘书及其他人员，办理会场事务。

第二章　委员会

第十一条　国民参政会为审查议案，设置左列委员会，分别审查各项议案：

一、第一审查委员会　审查关于军事及国防之议案；

二、第二审查委员会　审查关于外交及国际事项之议案；

三、第三审查委员会　审查关于内政事项之议案；

四、第四审查委员会　审查关于财政经济事项之议案；

五、第五审查委员会　审查关于教育文化等事项之议案。

第十二条　国民参政会得设特种委员会草拟或审查特种事项之议案。

第十三条　第十一条及十二条之委员会名额人选及召集人，由议长提交会议通过之。

第十四条　各委员会审议结果，应以书面报告于议长，由议长分别提出于会议。

第十五条　各委员会之秘书人员由秘书长配置之，秘书长及副秘书长得出席于各委员会，但不参加表决。

第三章　提案及讨论

第十六条　凡与抗战建国有关之事项，均得提出为议案，但其内容不得抵触三民主义。

第十七条　参政员之提案应详具理由，并由参政员二十人之连署提出之。

第十八条　提案得由主席迳付会议讨论，或先交审查会审查，连同审查报告提付会议讨论。

政府交议事项，适用前项规定。

第十九条　参政员得以书面提出临时动议，但须有参政员四十人之连署临时动议，由主席于议事日程所列各案议毕时，迳付会议讨论；但时间不容许时，得由主席提付下次会议讨论。

第二十条　讨论之进行，依议事日程所定之顺序，但依主席之决定或会议之决议得变更之。

第二十一条　参政员对于议事日程所列之议题欲发言时，应先将其席次姓名以书面通知秘书长。

未依前项程序通知者，须俟先已通知发言者发言完毕后，报告席次，经主席许可，始得发言。

第二十二条　凡关于提案之说明或质疑或答复，其发言均以十五分钟为限;讨论者之发言以五分钟为限。但发言前取得主席之特许者,得以主席特许之时间为度,违反前项限制者,主席得终止其发言。

第二十三条　参政员每人就一个议题之发言除经主席特许者外,以一次为限。

第二十四条　凡对于议案之修正应以书面提出,并须有参政员十人以上之连署。

第二十五条　会议时,讨论结果,如有数种意见,其表决之顺序,由主席定之。

第二十六条　凡表决由主席酌量以举手起立或投票行之,必要时得举行反证表决。

第二十七条　会议时,无论何人对于他人之发言,不得以侮蔑式之声音举动,表示反对。

第四章　报告与询问

第二十八条　政府施政报告,由主管机关长官以书面或口头为之。

第二十九条　政府之施政报告,得主席之决定或参政员二十人之要求,加入议事日程移付讨论。

第三十条　参政员对于政府有询问时,须有参政员五人之连署,以书面向主席提出,主席通知主管机关长官,定期答复。

参政员对于政府之施政报告如有疑义,得于主管机关报告后,经主席许可,为简单之口头询问。

第三十一条　参政员之询问事项,除因国家利益有不便宣答之重大理由者外,主管机关长官,应为书面或口头之答复。

第五章　纪律

第三十二条　参政员全体有共同维护会场秩序之责任。

第三十三条　参政员于会议中有违背本规则妨碍会场秩序者,主席得警告或制止之,其情节重大者依主席之决定或会议之议决,组织惩戒委员会为惩戒之审议,惩戒之方式分为(一)谴责;(二)责令道歉;(三)停止一定时日之出席。

第三十四条　惩戒委员会审议结果,应提会议表决之。

第六章　附则

第三十五条　本规则无特别规定者,适用民权初步之条理。

第三十六条　本规则如有未尽事宜,得由国民参政会议决修正送请国民政府公布之。

第三十七条　本规则自国民政府公布之日施行。

（原载《国民参政会第一次大会纪要》,抗战文献刊行社编）

附:关于议事规则之解释

（国民参政会第一届第一次会议1938年7月7日通过）

一　议案审查委员会之法定人数,议事规则未有规定,为使议案审查进行无碍起见,规定下列五项:

（一）审查会集会时,不因出席审查之参政员未过半数而延会。

（二）审查会之议决,以出席人之多数为之;但有必要时,召集人应酌将少数人之意见报告大会。

（三）审查会得因提案人之请求,或召集人之决定,请提案中第一列名人出席说明。

（四）审查会会议时,政府主管机关得派员列席发言,但不参加表决。

（五）审查案之内容,涉及两组或两组以上之审查范围者,得由关系审查会召集人商酌开联席审查会。

二　关于议事规则第十九条"临时动议"之解释:凡与本会职权无关之临时提议,不得视为"临时动议"。此类性质之提议,以迳向议长或秘书处商洽,不提出大会为宜。

（原载《国民参政会第三次大会记录》,国民参政会秘书处编印）

6.国民参政会秘书处组织规则

（国民政府1938年7月1日公布）

第一条　国民参政会设秘书处（以下简称本处）,承议长之命,处理本会事务。

第二条　本处置秘书长一人，由国民政府特派之，掌理本处事务，并监督指挥所属各职员。

本处置副秘书长一人，由国民政府特派之，襄助秘书长掌理本处事务。秘书长因故缺席时，由副秘书长代理之。

第三条　本处置秘书三人至五人，由议长派充之，承秘书长之命，分掌特定事务。

第四条　本处设左列各组：

文书组　议事组　总务组　警卫组

各组得因其事务之性质分设数科。

第五条　各组设主任一人，得由秘书兼任，主管各组事务。

各科设科长一人，总干事、干事、助理，各若干人，分掌各科事务。

各组主任由议长选派，余由秘书长选派之。

第六条　文书组掌左列事项：

一、关于文电之收发、撰拟、缮校、编译及保管等事项。

二、关于典守印信事项。

第七条　议事组掌左列事项：

一、关于编制议事日程及会议记录事项。

二、关于各种议案关系文件之编集事项。

三、关于提案决议及审查报告整理之协助事项。

四、关于会议及各委员会开会之准备及通知等事项。

五、关于参政员出席缺席表决计数及其他协助议事日程进行中一切事项。

六、关于新闻之发表暨新闻记者之接洽事项。

第八条　总务组掌左列事项：

一、关于本会预算决算之编制事项。

二、关于款项出纳事项。

三、关于一切布置事项。

四、关于物品购置及保管事项。

五、关于各项出席列席旁听等证章之制发等事项。

六、关于参政员报到之登记事项。

七、关于印刷事项。

八、不属于其他各组之事项。

第九条　警卫组掌左列事项：

一、会场所在地及交通线之警戒事项。

二、会场出入之警戒事项。

三、防空消防等事项。

四、其他关于本会一切警卫事项。

第十条　本处得酌置雇员。

第十一条　本处职员除必须常行驻会工作者外，以向各机关调用为原则。

第十二条　在国民参政会开会期间，议长认为有必要时，得遴用额外人员，襄理本处特种事务，但以向各机关调用者为限。

第十三条　警卫士兵由本会会场所在地警察机关或卫戍机关调拨。

第十四条　本处办事细则由本处定之。

第十五条　本规则自公布日施行。

（原载《国民参政会第一次大会纪要》，抗战文献社编）

7.国民参政会全体审查委员会规则

（国民参政会第一届第二次会议通过，1938年10月30日）

一、本会对于特别重要议案，得组织全体审查委员会，以全体参政员为审查委员。

二、全体审查委员会以议长为主席，必要时，得由议长另行指定主席。

三、凡议案经参政员依议事规程提议，并经大会通过，或经议长认为必要时，得移付全体审查委员会审查，由议长决定日时召开之。

在大会讨论进行中，如经议长提议，并经大会通过，或经参政员依法提出临时动议并经大会通过,亦得临时停止大会,迳行改开全体审查委员会。

四、全体审查委员会开会,不受大会法定出席人数之限制。

五、全体审查委员会开会时,各参政员对每一议题之发言,不得过二次,每次不得过十分钟。但取得主席特别许可者,不在此限。

六、提案人之说明,除取得主席特许者外,以二十分钟为限。其答辩之次数,经主席许可,得多于二次。

政府代表报告,或说明,其时间由主席酌定,预告代表。

七、全体审查委员会之决议,以出席者之多数为之。有必要时,主席应并将少数之意见附带报告于大会。

（原载《国民参政会第三次大会纪录》,国民参政会秘书处编）

8. 国民参政会驻会委员会规则

（第一次大会休会期间驻会委员会通过,1938年9月9日）

第一条　本规则,依据国民参政会组织条例第九条第二项之规定,订定之。

第二条　驻会委员会之任务如左：

一、听取政府各种报告；

二、听取国民参政会决议案之实施经过。

第三条　驻会委员会开会,应先期通知政府,俾便派员出席报告。

第四条　驻会委员会,对于特种问题,经议长之许可,得请政府派员出席报告。

第五条　驻会委员会,为研究政府报告,应为左列之分组：

一、军事国防组；

二、外交组；

三、财政经济组；

四、内政及教育文化组。

驻会委员会,为研究便利计,得向政府机关征求必要资料。

第六条　前条分组,由驻会委员自认之,每人得兼二组。

每组至少须有五人。

每组互推一人为召集人。

议长认为有必要时,对于各组人选,仍得酌量分配。

第七条　驻会委员会会议,以驻会委员过半数之出席行之。

会议时,以议长为主席。议长因事缺席时,由副议长代理之。

第八条　驻会委员会会议,每周一次。有必要时,得由议长召集临时会议。

第九条　会议仪式,遵照国民参政会议事规则第二条之规定。

第十条　国民参政会议事规则第二十五条、二十六条、二十七条、三十五条之规定,于会议时均适用之。

第十一条　驻会委员,如因故不能出席会议,须以书面申明理由,向议长请假。

第十二条　驻会委员,概不得以驻会委员会名义对外发表文字。

第十三条　驻会委员,对于国民参政会议事规则第八条、第九条之规定,均应遵守。

第十四条　本规则经驻会委员会议决后,送请政府备案。

（原载《国民参政会第三次大会纪录》,国民参政会秘书处编）

三　国民参政会第一届第一次会议

（1938年7月6日—7月15日）

（一）国民参政会正副议长暨参政员名单

1. 国民政府文官处关于汪兆铭、张伯苓任国民参政会正副议长公函

（1938年6月21日）

迳启者：

中央执行委员会二十七年六月十七日鄂感字第三五三号函，为本会第八十一次常会决议，选任汪兆铭为国民参政会议长，张伯苓为副议长，函达查照。

此致

中央执行委员会秘书处

国民参政会汪议长

国民参政会张副议长

（原载《国民政府公报》渝字第59号，国民政府文官处印铸局编）

2. 第一届国民参政会参政员名单

（国民政府1938年6月17日公布）

甲、依照《国民参政会组织条例》第三条(甲)项遴选者

江苏省　张一麟　顾子扬　冷　遹　江恒源
浙江省　褚辅成　陈其业　陈希豪　周炳琳
安徽省　常恒芳　光　升　梅光迪　陶行知
江西省　李中襄　王造时　王冠英　王又庸
湖北省　孔　庚　喻育之　黄建中　陈　时
湖南省　胡元倓　仇　鳌　许孝炎　杨端六
四川省　邵从恩　谢　健　张　澜　胡景伊
河北省　耿　毅　王葆真　张伯谨　王启江
山东省　王近信　孟庆棠　王仲裕　张竹溪
河南省　杜秀升　胡石青　王幼侨　马乘风
广东省　伍智梅(女)　黄元彬　李仙根　杨子毅
山西省　李鸿文　韩克温　梁上栋
陕西省　茹欲立　李元鼎　郭英夫
福建省　胡兆祥　秦望山　宋渊源
广西省　林　虎　黄同仇　陈锡珖
云南省　李培炎　陇体要　罗　衡(女)
贵州省　王亚明　黄宇人　吴绪华
甘肃省　喇世俊　骆力学
新疆省　张元夫　麦斯武德
绥远省　潘秀仁　荣　照
察哈尔省　席振铎　马　亮
辽宁省　孙佩苍　张振鹭
吉林省　莫德惠　王家桢
南京市　陈裕光　卢　前

上海市　王志莘　陶百川

北平市　陶孟和　陈石泉

青海省　李　洽

西康省　姚仲良

宁夏省　周士观

西京市　田毅安

黑龙江省　于明洲

热河省　谭文彬

天津市　张彭春

青岛市　杨振声

乙、依照《国民参政会组织条例》第三条(乙)项遴选者

蒙古　仓吉周威古　荣　祥　何永信　李永新

西藏　喜饶嘉措　丁杰呼图克图

丙、依照《国民参政会组织条例》第三条(丙)项遴选者

海外侨民　庄西言　陈守明　李尚铭　张振帆　李清泉　周　崧

丁、依照《国民参政会组织条例》第三条(丁)项遴选者：

张君劢　甘介侯　黄炎培　颜惠庆　蒋方震　施肇基　张东荪　沈钧儒

徐　谦　胡　适　陶希圣　左舜生　毛泽东　杨庚陶　晏阳初　李　璜

曾　琦　张伯苓　傅斯年　罗文干　马君武　梁濑溟　张耀曾　胡高虎

陈嘉庚　陈经畬　陶　玄(女)　史　良(女)　张申府　胡健中　邓飞黄

郭任生　秦邦宪　陆鼎揆　王世颖　陈辉德　钱端升　邹韬奋

吴贻芸(女)　陆费伯鸿　徐柏园　钱永铭　刘百闵　陈绍禹　杭立武

罗家衡　罗隆基　程希孟　卢　铸　刘叔模　董必武　余家菊　陈启天

王立明(女)　成舍我　林祖涵　范　锐　章士钊　彭允彝　朱之洪

吴玉章　喻维华(女)　梁实秋　范予遂　李圣五　刘蘅静(女)　徐傅霖

韦卓民　钟荣光　章伯钧　谭平山　常乃真　张奚若　张炽章　杜重远

高惜冰　齐世英　王卓然　刘　哲　于　斌　张肖梅(女)　周星棠

张忠绂　居励今　周　览　侯树彤　傅　侗　陈豹隐　任鸿隽　颜任光

张剑鸣　钱公来　郑震宇　奚　伦　许德珩　邓颖超(女)

（原载《国民参政会第一次大会纪要》，抗战文献刊行社编）

附："来宾"中的各党派人物

邹韬奋

如把国民参政会看作国民党大规模"请客"的话，在"来宾"（指国民参政会参政员——编者注）中，除了在实际上占着多数的"陪客"（指国民参政会中的国民党参政员——编者注）和若干无党派的客人之外，还有其他各党派的人物值得一谈。

中共有七位"客人"被请，即毛泽东、陈绍禹、秦邦宪、董必武、吴玉章、林祖涵、邓颖超诸先生。听说中共向有著名的"四老"，在这次"请客"中就被请到了四分之三，即董老、吴老、林老（还有一老是徐特立）。林老须发尽白如雪，但是面色红润，步履如飞……这几位老人在政治上的斗争精神（指在参政会议场上的表现），实不让青年人，加上记者上次所提及的几位"老当益壮"的老前辈，中国老辈在世界上应执牛耳！邓先生为周恩来先生的夫人，国语流利清晰，声如金石，坚锐明快，起立演说时，无论座位远近，字字打入每一个人的耳鼓。她是"女宾"中最令人注意的一位。中共"来宾"中最尖锐的健将当然要推陈绍禹、秦邦宪二位。陈先生以"王明"著名，秦先生以"博古"著名，他们都只是三十一二岁的壮年人，灵敏坚毅，精锐深刻。毛先生未曾到过，记者也未曾见过，所以只得从略了。

其次青年党被请的有曾琦、左舜生、李璜、余家菊、陈启天、常乃真诸先生。余、陈、常都是教育家。讲到青年党的代表人物，一般常称"曾左李"，这的确是一件凑巧的趣事。曾公善诗文，雍容雅度，沉着持重，对国事常能平心静气，把住症结而下恰当公平的结论。左公原为著名的历史教授，风行一时的《醒狮报》的文坛健将，每论政治问题，慷慨激昂，怒发冲冠。他是一位极富有正义的朋友。李公是深沉的一流人物，思虑周到，不露声色，有人说李公有一肚子的谋略，而在表面上丝毫不露圭角。青年党的三杰，确有他们的特色。

国社党被请的有张君劢、罗隆基、胡石青、徐傅霖、梁实秋诸先生。张先生是在中国学术界及文坛上的一位老将,因为他和他的朋友们在中国建立的政党是称国家社会党和德国的老希的政党,在名称上很容易混淆,但是如因此认为张君劢等于希特勒,那却是大错而特错!罗先生是国社党的少壮派,他是政治活动中一个有力的人物,能说能写,有勇气、有精神。此外该党中人物的徐傅霖老先生,他的勇敢,他的艰苦奋斗的精神,都是值得我们钦佩的。他现在努力办《国家社会报》,是在极艰苦的情况下为推进民主政治而奋斗着。

第三党,本来叫做民族解放行动委员会,其所以叫第三党,也许最初是指国共两党以外的一党。该党在第一届参政会中被请的只有唯一的一位,那就是章伯钧。他对于改善政治是很积极的,对于促进党派的团结他也曾费了不少的工夫。

其次要谈到救国会派的各位"来宾"。这方面有沈钧儒、陶行知、王造时、史良、张申府诸先生,还有一个"敬陪末座"的记者。沈先生为国贤劳的精神,左舜生先生所常赞叹的"忧国忧民的沈先生",尚不足形容其万一。每个流亡青年来看他诉苦,他往往倾囊相助。王造时先生是我们朋友中最和平中正的一位。史良先生或女士,还是如同以前同样的积极和奋发,她对男女平等提倡尤力。陶行知先生是我国最有艰苦奋斗精神的教育家,他的精神始终年轻,他的爱重青年如同沈先生一样。张申府先生是以前北大的名教授,为华北救国会重要领导之一,他对于罗素哲学有特殊深刻的研究,在参政会中也是一位知无不言言无不尽的"来宾"。

职教派是指中华职业教育社以及和该社接近的诸先生们。该社被请的有黄炎培、江恒源及冷御秋诸先生。黄先生是提倡职业教育最有力的一位老教育家,在各党派的朋友们聚会商量国事时,黄先生常能以他的精密的有理由的思考,发表他自己的卓见,并对各人的意见作准确扼要的结论,他是我们的"结论专家"。他老先生正义感勃发的时候,行动的胆量也不小。他爱护国家,厚待朋友,操守纯洁,凡是与此老有过接触的朋友,没有不深深感到的。江恒源先生也是我们所最敬重的一位教育家,他在思想上客观虚心,对事负责,对朋友恳挚,对国家民族是热烈的爱护者。冷御秋先生是军事专家,是江苏士绅中的前辈,与黄、江诸先生交谊笃厚,对中国政治有远见,他不但对于军事方面有真知灼见,而且对于政治方面也有公正而深切的见解。

村治派被请的有梁漱溟先生(晏阳初先生也是提倡村治最力的一人。但是他对政治的兴趣似乎比较淡薄,而且和梁先生也不是在一起的)。梁先生在五四运动时代,曾以其名著《东西文化及其哲学》一书一鸣惊人的,后来又曾在山东实行村治,他思虑深湛,态度沉着,自信力很强。

以前所谈过的党派,多少是有群众性的,即在他们的后面有群众,讲到所谓教授派,这一点是没有的。参政会中有十几位大学教授,他们因为平日往返比较接近,对于政治多多少少有一些共同点或共同兴趣,于是在开会期间,每有他们的小组聚会,交换关于各种问题的意见,在提案中互为声援,形成教授派的力量。这一派的人物有罗隆基、罗文干、陶孟和、周炳琳、傅斯年、张奚若、杨振声、钱端升、任鸿隽诸先生。

谈到东北派的"来宾",这一派的最主要的主张当然是"打回老家去"。这一派的人物有莫德惠、杜重远、王家桢、王卓然诸先生等。

(根据邹韬奋:《抗战以来》一书《"来宾"中的各党派人物》《并请"来宾"中的党派人物》《三谈"来宾"中的党派人物》综合整理,香港华商报出版部)

(二)精诚团结　共赴国难
——各界对国民参政会的希望和要求

1. 议长汪兆铭发表谈话

《国民参政会组织条例》,自中央执行委员会决议,国民政府公布之后,即由国防最高会议,按照第三条及第四条第一项之规定,提请中央执行委员会指定委员加入组织资格审议会,详细审议,制成名单,呈请总裁核定,于昨(十六)日依第四条第三项之规定,提由中央执行委员会会议决定。于是全国所期望之国民参政会，遂以产生。此为抗战建国期间最关重要一事也。

自去岁八月抗战开始以来，国防最高会议，依据组织条例第九条之规定，组织国防参议会，当时参议员之名额为二十四人，每周开会二次。对于各种抗战建国大计，悉心讨论，贡献殊多。此次设置参政会，原有参议员二十四人，均依第三条丁项之规定选任为参政员。鄙人自国防参议会成立以来，与诸君相聚至今，对诸君此次继续被选，引为欣慰。

国民参政会职权，在组织条例中，已有明文规定。名额原定一百五十人，总裁鉴于人才众多，非此名额所得容纳，特增加丁项名额为一百名，总额为二百名。其为国求贤之诚，世所共见。从此群策群力，一德一心，于抗战建国前途，收效必更大也。

此次各方推荐人才甚多，虽经增加名额，仍有遗才之感。所冀当选诸君，有以副海内喁喁之望，鄙人与张伯苓先生，同被议长重任，尤懔懔于负荷之不易。所幸张伯苓先生，老成硕望，遇事得所商说，当相与奋勉，以期无负"集思广益，团结全国力量之本旨"。

（中央社讯，原载 1938 年 6 月 17 日汉口《中央日报》）

2. 副议长张伯苓发表谈话

鄙人今晨闻报，始悉中央选任鄙人为国民参政会副议长。按参政会之目的，乃政府在抗战期间为集思广益，团结全国力量，争取最后胜利。其职能得提出建议案于政府，听取政府施政报告，暨向政府提出询问案之权。故就其职责言之，非普通代议机关可比，责任重大而不繁难。盖现在全国意见，均趋一致，讨论时当无意见分歧之现象。今阅公布被选之参政员名单，实代表全国各方面。个人认为，参政会讨论之事虽不多，而其意义则极重大，更希望参政会开会后，代表全国意见为政府之一大助力，替政府负担责任。盖中国今日之局势，非全国共同一致奋斗，不足以挽救危亡。如川江木船上滩之艰难，端赖舟子共同努力推拉，方能平安渡过。非服从一个领袖之主张，不能挽狂澜于既倒。如川江木船下滩之凶险，端赖舵师之把舵，始免倾覆之虞。故鄙人希望开会之后，团结全国力量，在领袖领导之下，努力抗战建国。七月一日开会时，鄙人决赴会出席，协助汪先生完成参政会之任务。

（中央社重庆6月17日电，原载1938年6月18日汉口《新华日报》）

3. 我们对于国民参政会的意见

毛泽东　陈绍禹　秦邦宪　林祖涵　吴玉章　董必武　邓颖超

国民参政会将于日内开会。我们七个中国共产党员被选任为参政员，中国共产党中央委员会已正式决定我们七人接受政府聘请加入国民参政会。因此，许多新闻记者，参政会同人，各地共产党同志及各方友好纷纷垂询我们对于国民参政会的意见，特共同发表如左之申明。

在目前抗战剧烈的环境中，国民参政会之召开，显然表示着我国政治生活向着民主制度的一个进步，显然表示着我国各党派、各民族、各阶层、各地域的团结统一的一个进展。虽然在其产生的方法上，在其职权的规定上，国民参政会还不是尽如人意的全权的人民代表机关；但是，并不因此而失掉国民参政会在今天的作用与意义——进一步团结全国各种力量为抗战救国而努力的作用，企图使全国政治生活走向真正民主化的初步开端的意义。所以，我们——共产党人除继续地努力于促进普选的、全权的人民代表机关在将来能得以建立外，还将以最积极、最热忱、最诚挚的态度去参加国民参政会的工作。同时，并认为，积极的参加国民参政会的工作，也就是增强保卫武汉及第三期抗战力量的一部分重要工作，也就是促成人民全权代表机关在将来建立的一部分基础。我们代表着中国共产党参加国民参政会，诚恳地愿意在参政会内与国民党和其他各党派以及无党派关系国民参政员同志们亲密的携手和共同的努力，以期能友好和睦地商讨和决定一切有利于抗战必胜、建国必成的具体办法与实施方案，以便能够有效地打击与战胜日寇，并奠定使中华民国走向独立、自由、幸福的新国家的基础。

为达到战胜日寇建立独立、自由、幸福的新国家，那末，首先在军事上必须求得前线作战部队战斗力之加强，敌人占领区域中人民游击战争之大规模的发展及有现代化武装之坚强部队的创立；在政治上，必须改善政治机构，促进省、县、区民意机关的建立，普遍地发动和组织广大民众积极参战；在经济上，必须加紧创建国防工业，调整战时财政金融，提高工、农业生产，而同时采取各种有效办法来保障与改善人民生活。而一切军事、政治、经济的改进均有赖于抗日民族统一战线之继续巩固与扩大。凡此诸项，均于中国共产党数年来之文件宣言（如一九三五年《八一宣言》，去年九月发布之《抗日救国十大纲领》，去年十二月《中共中央对时局宣言》，及本党各领导同志及同人等之言论主张）中反复详述，想已为国人所周知。我们在积极参加国民参政会的工作中，当忠诚地执行本党中央的一切指示，继续地为实现本党抗战时期的各项主张而努力。

国民参政会首届会议开会之际，敌人的铁蹄已走进了中州原野，江淮河汉之间，也迷漫着敌人的炮火，皖赣两湖受着敌骑的威胁，武汉成为敌人急切窥觎的目标，因之，我们认为最急迫的问题莫过于如何保卫武汉与取得第三期抗战的胜利。

目前我们认为最紧急而有待于迅速提出方案以求解决的，大约有下列各问题：怎样动员军力、人力、财力、物力来保卫我们的军事、政治、经济、交通中心的大武汉及有效地进行第三期抗战；如何改革目前流弊百出的征兵制度，而代之以广大的政治动员之征募办法，以期我国军队有充足的民族意识坚定的战士源源补充，同时使创立新军的事业得以迅速而有效地进行；如何采取具体的方法使真能达到"有钱者出钱"的目的；如何保证最低限度人民生活之改善，以期使有力者可以出力；如何普遍的发动民众组织民众，同时，在抗战和民主的一般原则下来统一民众运动和民众组织；如何确保人民言论、集会、出版、结社之自由及保证各抗战党派之合法权利；如何能够真正有效的训练青年，使他们能够担当抗战建国的干部的责任，以期克服现在许多青年训练班令青年失望的现状；如何改善各级政治机构，首先是县及其以下的各层机构，如何认真地进行地方自治等等。所有这一切都是全国人民的迫切要求和为争取抗战胜利的必要设施。我们将在参政会内与各方意见相同之人士共同陈述意见和提供议案。

在敌寇猖狂的今日，我前方将士正为维持中华民族的生存独立而浴血的奋战着。在伟大壮烈的民族战场上，我们成千累万的将士，不分党派，不分界限,互相帮助,一心一德的把枪口向着敌人,把自己的热血光荣地汇流在一起。我们相信:在国民参政会的议场中,将与我们民族解放战争的战场上一样,所有的参政员绝不会有"在朝党"和"在野党"之分歧,绝不会有党派门户之偏见争执;相反地,将会不分党派,不分地区,泯除一切隔阂,而共同一致地将自己的努力用以帮助抗战最后胜利的争取。因为:国民党临时代表大会所颁布的《抗战建国纲领》,不仅本党认为其战时施政方针与本党在抗战时期的纲领在基本方向上是一致的,而且其他党派亦曾表示赞同。国民政府及其坚持长期抗战争取国家民族最后胜利之国策,亦为全国人士所一致拥护。在这样基础上,我们相信:国民参政会的工作,当可预期于和睦友谊的空气中获得成功。

最后,我们——共产党员的参政员,并不因为国民参政会之未经人民普选而丝毫推诿在全中国人民面前的应有责任。我们深切了解:国民参政员是人民的公仆,是人民的使者,是人民的代表,我们将忠实地遵循人民的训示和人民的意志而努力工作,我们将确定地为中国人民的意志、愿望和要求的实现而奋斗。我们确信:巩固民族团结,驱逐日寇出境,是中国人民今天最迫切的要求。我们将不倦怠,不畏难,坚定忠诚地为着完满地实现这个最迫切要求而在国民参政会内及会外去努力奋斗。我们希望着全国人民无论个人或团体给我们以训示,给我们以帮助,如果我们有错失,更希望给我们以批评指责。我们希望我们及全体参政员在全国人民的援助督促鼓励及批评之下,能完成国民参政会及每个参政员所负担的神圣的民意机关和人民的代表的职责。

(原载 1938 年 7 月 5 日汉口《新华日报》)

4. 致国民参政会电

毛泽东

国民参政会
汪议长精卫先生
张副议长伯苓先生

暨全体参政员先生勋鉴：

当此抗战周年，全国上下精诚团结，再接再厉，誓驱强寇，而敌人进攻，亦正有加无已之际，国民参政会恰于此时开幕，民意攸宣，国人同庆。

泽东备员一席，因齿病及琐务羁身，未能亲聆诸公崇论宏议，就管见所及，凡有利于抗战建国诸大端，已托其他同志，并案详陈，效其绵薄。

寇深祸亟，神州有陆沉之忧；民众发舒，大难有转旋之望。转旋之术多端，窃谓以三言为最切：一曰，坚持抗战；二曰，坚持统一战线；三曰，坚持持久战。诚能循是猛进，勿馁勿辍，则胜利属我，决然无疑。值兹本会开幕之日，谨电驰陈，并向诸兄致民族革命敬礼！

毛泽东　微

（原载 1938 年 7 月 7 日汉口《新华日报》）

5. 论女参政员的责任

邓颖超

正当着抗日战争进行到第三期，正当着保卫中国的政治军事中心——武汉之迫切任务，已经放到我们双肩的紧急关头，国民参政会的召集，实具有重大的意义。因此，每一参政员所负的责任，亦是庄严重大的。关于一般参政员的责任，在近日各报所发表的很多位参政员的意见中，曾经提到。在此，不需重赘，我现仅提出女参政员的责任问题。

这次参政会中女参政员的人数，只占百分之五（可惜有一位女参政员喻维华女士被刺身死），但却开我国妇女参政的新纪录，而负荷着双重的责任：不仅担负着一般参政员的责任，而且担负着对于妇女大众的特殊责任。故特提出这一问题的意见，一方面献给各位女参政员，献给全国各界人士与各界妇女同胞，请加以指教，以便另方面，作为我个人出席参政会与努力完成参政员责任的准备。

我很愧歉，这次被选为参政员，虽然是由政府的选定，而未经人民选举，但是，我不仅遵照决定出席参政会去努力工作，我更愿意而且应该和需要在全国各界妇女同胞的帮助与督促下，以便在参政会中，更好的进行工作与更努力的完成责任。

我们女参政员的责任是什么？

第一，我们不仅要代表全国人民的意见转达政府,尤其要注意与做到,替最受压迫、最受痛苦的各界妇女大众说话,成为妇女大众的喉舌,把她们对于政府抗战建国施政方针与实施状况的意见,把她们遭受万恶残暴野蛮的日寇蹂躏、摧残、污辱、压迫、流离逃亡的惨状,把她们爱国者有志而在封建压迫和束缚之下有志难伸的苦闷,把她们在抗战一年中英勇奋斗、壮烈牺牲、工作的贡献及关系与爱护民族国家的热忱,……都要反映给参政会与全国人士面前。

第二,这次参政会期很短促,自然,只能讨论与提出"重"而"急"的问题,因此,在提出的各种提案,应注意到关系到妇女的部分。同时,由于中国妇女所处的特殊地位,在抗战中有极大作用,亦还需要提出一个专门关于动员各界妇女大众参加抗战建国的方案。这个方案提出的立场,决不应该站在狭义的男女两性的对立观点出发,而是应该包括在整个动员民众参加抗战建国伟大事业中的一部分的观点出发。这说明动员妇女的任务,绝不是单纯妇女的责任,而是民众总动员的一部分,且是重要的一部分。这个方案之提出,在原则上,决不是重复许多说过的与已经做过的妇女工作,而是应提出最主要迫切的问题,提出全国妇女大众在抗战期间,目前对政府最迫切的要求与希望,以及政府可能与应能给予妇女大众的帮助与领导。提案的具体内容,希望在大家讨论后,再提出。

第三,妇女参政员要时时关怀着妇女大众的问题,要亲切的和妇女大众建立经常的关系,要谦虚、诚挚、仔细的聆听各界妇女大众的意见。不仅在参政会开会以前,在开会期间,应充分利用各种机会接近各界妇女同胞,征询意见,即是在闭会之后,亦应将会中讨论与决议案向各妇女团体与妇女大众作报告与解释,在两届会议期间,更要与广大妇女群众建立经常的联系。

这次参政员虽非由人民选出,但是我们应该而且必要经过文字的、口头的,以及各种接近民众的机会与场合,给人民以初步民主政治的解释,进行民主政治生活的初步训练,告诉与号召全国人民对参政员有监督权。特别是妇女大众,更应帮助与监督女参政员的行动与工作,只有在广大人民的帮助与监督之下,才能完满的尽责。

我们所处的位置,绝不是作官,而是全国人民的公仆,因此,应该尊重全国人民与各界女同胞的意见。希望全国的男女主人翁,多多给我们以训示!

第四,包括着各党派、各界与从各地来的当选的九位女参政员,在抗战与民族的最高利益之下,在参政会中,应该是一致团结,而且要把推进团结的力量与作用,慎重、和睦、诚恳、大公无私与全体参政员共商国事,以树妇女参政员的模范,以开妇女参政的光明大道。只有这样,才不负政府以及全国人民尤其是妇女大众对我们的希望与要求!

(原载 1938 年 7 月 2 日汉口《新华日报》)

6. 参政员邓飞黄、范予遂、陈博生、陶希圣发表谈话

邓飞黄 参政会的人选,虽然不由民选而由政府推定,但战时举行普选不易,也只能采取这样一个变通办法。况且,人选包罗各党各派,他们代表着社会各阶层,因此也就相当的代表民意。这次参政会只是走向民主制度的一个发端,希望将来能逐渐发展,产生出一个真正的民意机关来,参政会的权限不及一般国家的议会那么大,它的决议案须经国防最高会议通过。我觉得这也是战时的权宜办法。在抗战期内,负全国军政之责的最高领袖保有最后决定之权,这对于抗战是有利的。至于抗战胜利以后,国民大会想来一定要开,那时当可出现权力较大的议会一类的东西。关于提案,不必很多,好在抗战建国的方案,在《抗战建国纲领》中已规定得很完美。我认为,可由各参政员联名发表一个拥护这纲领的宣言,以督促政府的实行。其他最好由各党各派共同商量后,提纲挈领地提出几个重要的提案,以补《抗战建国纲领》之不足。各参政员当尽量发表意见,以补政府见闻之不及,即政府已见到的,亦可督促其实行。这对于政府有很多的帮助。

范予遂 国民参政会是一种特殊的组织,是形式上没经过民选,故不能说是民意机关。然而在实际上,因为政府网罗了各党派和各界的人士,故又是一种代表民意的机关。如果通过参政会能切实地做到传达民众的意见

和政府能采纳民众意见，才能满足民众对参政会的期望，使民众对民主政治发生信仰，同时才能完成民主制度的基础。所以，一方面要希望参政员努力做好，一方面希望政府要负责领导好。

陶希圣　国民参政会不是民选的议会，但这个会是战时民主制度及战后民主政治发达的基础。个人因之抱有极大的希望。不过，这个会主要的任务在议决政府施政方针，并不是论文竞赛的场所，所以不准备作成宣传论文式的提案。国民参政会的同人，不独对政府应有切实有效的贡献，并应当在客观上求对外的良好表现，表现中华民国的统一与民族主义精神。统一并不是简单的附和盲从，所以会内一定有争论。只要大家在《抗战建国纲领》之下，一切争论只有得到更大的进步。论文竞赛、宣传竞争是最大的毛病。如果大家只做这个，必失去国民的同情。我们要切实、有效、科学，我们反对宗教式的传教、符咒式的画符。

陈博生　在目前抗战阶段中，国民参政会的成立，具有异常重大的意义，敌人一贯造谣挑拨，说我们国内是如何的分裂与不统一。可是这次国民参政会里面，网罗国内各党各派及社会上有资望的人物，这象征抗战中的中国，是向着"团结"、"统一"的光明大道迈进。这，无异拿铁一般的事实，打击了敌人的造谣与离间，同时更告诉世界上爱好和平的国家，我们国内不分党派不分阶级的空前团结，亿万人的决心，早已凝成一团。其次，我们还感到在抗战中，我们民众力量还出的未够，民众协助政府抗战，尚嫌不足。这次国民参政会的成立，一定可使民众与政府，作更进一步的联系，民众必将更踊跃协助政府抗战，以争取抗战的胜利。不论从国际和国内的影响上讲，都具有划时代的意义。

国民参政会的成立，不仅仅在抗战的时候有极大的影响，而且在抗战后也有非常重大的意义。因为这次参政会的人选，虽还不是民选，但网罗人物的范围比较的广泛，而且的确是足以代表全国民意与孚众望的。这表示中国正在向着民主政治的大道前进，替将来的宪政，树立了有力的基础！深望在这次会议中，大家充分显示出巩固团结的精神，共谋民族解放之成功！

（摘自1938年6月26日汉口《新华日报》，《国民参政论坛》1938年第一、二期）

7. 参政员曾琦、左舜生发表谈话

曾　琦　将国防参议会扩大为国民参政会,显现了民主的曙光。参政会虽然不是纯粹的民意机关,但至少是准民意机关。这是由一党专政进到各党并存合作的表现,是很重要的。甚望朝野各方面,大家郑重其事,很好地运用这个机构,开诚协商,互谅互信,这便可以增加团结。各党各派,务求亲睦团结,多了解,多接触。但这个接触,不是私的,而是公的。大家应在会场中,尽量发表意见,哪怕意见是反对的,也可以辩论,真理是越辩越真的。政治的解决,与其决于枪杆,不如决于票数,与其决于疆场,不如决于议场。一部分人因为过去会议争执和吵闹,而怀疑到民主,这是应该纠正的。希望对此多做解释工作,同时希望参政员诸公,给以事实的答复。

左舜生　自民国成立以来,民主政治迄未见实现。目前国民参政会,是民主政治的发端,所以很希望它能得很圆满的结果。参政会的决议,要做到扼要可行;政府方面更要秉持其挽救国难为诚意,对参政会决议,虚怀接受,迅速实行,切勿再形成过去"国难会议"那样空谈无补的会议。从严格的法律立场来看,国民参政会还不能当作民意机关,故今后要使民主政治实现,尤其是地方自治早日实现,应该给人民以民主的自由,同时,要相信人民有能力处理地方的事情。

（摘自1938年6月26日、27日汉口《新华日报》）

8. 参政员张君劢、罗隆基、梁实秋发表谈话

张君劢　我和其他参政员的意见都是大同小异,再没有什么特殊的意见。我个人也没有什么提案。本来,按照参政会条例,应当是政府来提提案,参政员个人的提案也不过是帮助政府提一些提案而已。因此,在开会的时候,我希望政府能多多地提出提案,供大家在会上讨论和商酌。至于这次参政会,能不能由此树立中国民主制度的基础,这要看政府怎样去做。

罗隆基　参政会在人选方面,我们不能说完全满足人民之意,但这是北伐以来,破天荒的一种新设施。社会各方面都有人士参加,这可以说是中国完成民主政治过程中的一大进步。我希望国民参政会的权限能够更提高一

些,使许多参政员能够真正贡献出许多有利抗战的意见,以供政府采用。倘若这次会议与以往的国难会议、国民大会无异,开会期间仅仅听听政府方面各种报告,那是没有什么大意义的。关于地方的民意机关,最近政府还没有积极办法发表。为了使民主政治的日渐开展,各级地方民意机关是急需产生的,所以,这次国民参政会应该谈到这个问题。民主政治要从下层做起,要在各乡镇都有民众自己的组织,能够讨论地方上民众切身的事务,做到"大家的事,大家负责",这是一方面;另一方面便是上层的政治、中央的政治,国民代表真正有机会能贡献意见,政府能诚恳接受意见。

梁实秋 我有两点意见。第一,参政员是由各方推选政府遴派出来的,当然还不能说真正能代表民意,但由代表自己说,这二百人又嫌少了一些。虽然如此,这二百人均是由各不同的地方来的,而且均系社会上有声望的人物,对于民间痛苦,定可传达于政府,使有相当的改善。第二,参政会不应当仅仅开过一次大会就完事,顶好能把没有重要职务需要离开的会员留在会内,经常的研究并讨论国家一切重要的事情。因为政府一切措施,人民多不能彻底明白其真相,就是政府各部门也难互相了解。这与整个政治的改革和进步有很大的妨碍。所以,我希望一部分参政员经常留在会内,把政治的财政的以及其他重要问题,大部分甚至全部交给他们研究讨论,以便将来能够做到较好的建设。

(摘自1938年6月24日、26日,7月3日汉口《新华日报》)

9. 参政员章伯钧发表谈话

国民参政会之召集,正如国民党宣言所宣示,为集中智力增加抗战力量,故可称为战时民意机关,人选也相当满意。国民参政会之产生,乃抗战后政治上之收获,使孙中山先生之民权主义与最近国人所要求之民主政治得以或可逐渐实现。自然,要做到从半民意机关发展并过渡到完全民主政治的实现,还需要全国民众继续努力;同时,希望政府方面能够进一步接受全国民众意见。尤其希望在国民参政会集会时,使各议员有充分时间发表意见,并有充分发表自由。议员与政府代表说话时均应绝对负责,更须有充分实践精神。目前所召集之国民参政会完全为一种新形式,亦抗战即革命这一特征之出现,世界各国尚无先例。此项国民参政会之召集,不仅表现国内更进一步之团结,使政府党与在野党之间,以及各党派之间的相互关系,得以改善和确定,且可正告敌人:中国将继续抗战到底,争得最后胜利,以击破敌人新的引诱阴谋。至于对大会之提案,则本人以为大家意见既大致相同,即可采用共同提案方式,以便能更集中意见,发挥参政会更大之效能。

(原载1938年6月25日汉口《新华日报》)

10. 参政员沈钧儒、史良、王造时、张申府发表谈话

沈钧儒 我对于参政员的人选尚觉满意,可以说各方的人士、全国的老成硕望已经有不少包容在内,还能符合国民党临时代表大会宣言中所说的集合全国有志之士以共同救国的那句话。

有人说,参政会不经过选举产生,不能完全代表民意,而其权力没有议会大,不过是一个建议机关,这似乎不值得重视。但是,我觉得多少还能反映人民的意见,所以还有它重大的意义的。

我对于它的希望,很简单的有二点:一,希望各方面的参政员尽量贡献意见,提出切实可行的关于政治、军事、经济的救国方案。不要重蹈过去议会的覆辙,闹党派意见。为民族和国家的利益,牺牲小我,紧紧团结起来。二,希望政府当局对参政会的决议案尽量采纳,切实执行,打破过去决而不行行而不彻的积弊。

至于对参政会的提案,现在还在准备考虑中,还没有什么可以发表的。会中规程,亦是一问题,希望不要把发言的时间和自由,限制太严。

史 良 这次参政会的代表,虽由政府选派和决定,但其中有各党各派的代表,且又来自各省各地,所以一方面表示出各党各派的团结,一方面也更能代表各方面的民意。参政会的代表约二百多人,其中妇女占二十分之一。数量虽不算多,较之以前是大有进步。而妇女能积极参政,实为前所未有。提案不在数量多,而在使之简单化、具体化。主要能见诸实行。妇女方面的提案,尚须与其他女参政员商酌,大体上有下列各项:妇女须能受普遍的军事

及政治的训练,得到良好的保育,以及希望各级政府机关能尽量吸收妇女工作人员,使妇女能参加抗战及建国工作等。按照参政会条例的规定,参政会的议案须经全国最高国防委员会通过后方能实行,希望当局对于这一点更有明确具体的规定,使之进行迅速而更能得到民意的表现。

王造时　我认为,参政会除了可以集思广益外,还有五点作用:

一、作为政府与民众间沟通意志的机构,使下情可以上达,而政府的政策也可以借此传达到群众。

二、团结各党各派,使各党各派的人借此可以畅快地交换意见,化除隔阂。

三、作为集中人才与养成政治家的场所,使有政治才能的人可以在这里受政治生活的磨练,把握着全国的局势,认清楚国策的所在,全赖机构的运用,而养成处理国家大事的才能。这样,政府可以发现真正的人才,而真有才能的人也有了掌握政治的机会。

四、对外可以表示我们这次抗战是一致的,各党各派都是拥护政府抗战的。

五、是走向民主政治的枢纽。中国要真正成为民主宪政的国家,当然需要相当的时间,相当的准备,这一次参政会正可作为一个过渡阶段。

我认为,可以充分利用询问权,借以明了政府的施政及各种施政的实况。只要政府尊重参政会的意见,参政会又能郑重其实有的权力,效果是很大的。

张申府　国民参政会的召集,至少表示了三种意义:一、全国一致团结的一个更坚强的表示;二、对于民权主义或民主政治的完成更走近了一步,三、政府越来越采纳民意,使得国家更往前进展了一步。固然有些方面的见解,认为这个会够不上民意机关,但许多方面却认为它是一个战时的临时民意机关。究竟能不能成为一个相当的民意机关,这一方面要看会内的人怎样工作,一方面也要看全国人民怎样看待它。我相信二百人都是能够知道民意的,也都是能够代表民意的。民意本来并不难知,问题还是政府能不能采纳实行。关于参政会的权限,有人认为应该扩大。我以为既然已规定了议决权、建议权、询问权三项,第一步最要紧的还在能够把这三项加以充分的运用。既然大家来参政，大家只有切实地参一参。

（摘自1938年6月25日、7月6日汉口《新华日报》）

11. 我对于参政会的希望

邹韬奋

中国是非常的时期，国民参政会是在这非常时期所产生的非常的民意机关。这民意机关，和欧美各国的所谓议会，显然有两个最大的差异：第一个差异是各国议会里的议员是由民选而来，我们这次的参政员是由政府选请而来的。第二个差异是在各国议院里有在朝党和在野党之分，各党有各党的目标，往往互相非难，象在英国的众议院里，在野党索性老实称为"反对党"（他们叫 Opposition）。而我们这次的参政会却是由各党各派、各区域、各民族，及无党无派的国民，在政府领导之下，为抗战建国的共同的目标而努力。

但是说国民参政会不同于各国的所谓议会则可，如说因为有了这样的差异，国民参政会便绝对不能成为民意机关则不可。为什么呢？这次参政会的参政员虽不是民选，但就政府所发表的参政员的人选看来，一般地说，政府对于民意代表这一点确有着相当的注意。自国民参政会的召集和人选发表以来，一般舆论也以民意机关属望于国民参政会。在这种情形之下，各参政员虽不是由民选而来，不是直接受人民的付托，但却应该以民意代表自任，却应该把国民参政会视为民意机关，应该努力使国民参政会在实际上成为民意机关。

要使国民参政会在实际上能够成为民意机关，最重要的一点，是参政员要时刻注意在行使职权的时候，须尽量反映大多数民众的迫切要求，须尽量反映在抗战建国时期中的大多数民众的迫切要求。无论在行使决议权，或行使建议权，或行使询问权的时候，都应该时刻不忘大多数的民众，都要努力反映大多数民众的意志。各参政员虽不是由民众自由选择出来，但是一般民众却以民意机关来看待国民参政会，国民参政会在民众间已成为一个"十目所视，十手所指"的机构，能否克尽它的任务，民众是不会忽略过去的，民众也不应该忽略过去的。

当然,国民参政会只是一个代表民意发言的机关,执行之权却在政府,所以国民参政会在实际上能得到怎样程度的效果,要看国民参政会和政府的共同努力达到怎样的程度。倘若"决而不行,行而不彻",那末,这个会就是多余的!政府既决定召集国民参政会,在第三期抗战这样紧急时期召集国民参政会,我们相信它能够本着集思广益的宗旨,重视国民参政会的任务。

在这样共同努力的情况之下,国民参政会未尝不能做到真正的民意机关,这完全要看我们怎样干,完全要看我们要怎样干。

这是我对于国民参政会的看法,也可以说是对于国民参政会的希望。

其次,我想提出讨论的是关于参政员的提案问题。

自国民参政会的召集发表以后,一般社会人士所特别注意的大概集中于两个问题:一个是国民参政会在实际上究竟能够得到什么效果?还有一个是各参政员将提出些什么议案?关于前一个问题,记者在上节里已经贡献了一些浅见,现在想研究第二个问题。

参政员的职权原有三种,即决议、建议和询问,这在上面已经说过。这三种职权都是同样的重要。提案只是属于建议权的部分。也许一般人对于能够反映民众迫切要求的建议希望特别殷切,所以对这一点似乎特别注意,每见人遇着一个参政员,在问话中往往总少不了"你将要提出什么议案?"

当然,做参议员的并不一定人人都须提出议案,而且也不是必须提出议案才算有贡献,因为他对于政府所提出的"对内对外之重要施政方针",在决议的时候,可以贡献重要的意见;对于政府施政实况提出询问的时候,参政员也可以贡献重要的意见。此外,如有其他参政员提出和自己主张相同的议案,便可以联署赞助,不一定要由自己提出;在讨论其他参政员所提出的议案的时候,也可以贡献重要的意见。但是自己觉得有提出议案的必要的时候,当然应该无所用其踌躇地向大会提出来,以备大家的"公决"。

我对于这次国民参政会的提案,有几点意见贡献如下:

一、这次会期只有十天,时期很短,我们要好好地利用这个短促的时间,特别集中于与抗战最有重要关系的几个特别重要的议案,最能反映大多数民众在抗战期中最迫切要求的几个议案。这几个最重要的议案,当然是为整个国家民族争取抗战最后胜利的议案,是最大多数,甚至是全体参政员所共同主张的议案,应由最大多数的参政员共同提出或联署,不分党派区域的共同提出!

二、在短促的时期中,提案如果太多了,反而要减少效率,所以能合并的议案应尽量合并,尽可能化多数为少数。

三、各参政员在会外多多交换意见,多多发现共同点,多多讨论不同的意见,这样可以使共同的议案因合并而减少,在会内的辩论时间亦可因有事前研究而减少,使大家得多余下时间和精力用在更重要的事情上。

四、各界同胞对参政员当尽量贡献意见,充实他们的提案内容,同时各参政员也应该自动地多多征求会外专家和特殊工作者的意见充实自己的提案内容。

我自己这次很惭愧地也被列入参政员的名单,曾经承蒙朋友和读者们由口头或用书信问我将提出什么议案。我觉得每个参政员除对于整个的议程都应该注意外,也尽可能就他平日的工作范围所见到的特殊事项,认为有提出价值的,向大会提出。我一向是服务于舆论界和文化界中的,所以想根据平日所特殊感到的,提出三个议案:(一)保障民众团体以卫护民力案;(二)具体规定检查书报标准并统一执行案;(三)改善青年训练以解除青年苦闷而培植救国干部案。第一案是反映民众运动的一个迫切的要求;第二案是反映文化事业的一个迫切的要求;第三案是反映多数青年的一个迫切的要求。

我很深刻地感觉到自己能力的薄弱,但是我应该积极努力,尽我所能尽的小小力量。

二十七,七、三汉口

(原载《全民抗战》1938 年第一号)

12. 参政员黄炎培、江恒源、冷御秋(遹)发表谈话

黄炎培 这一次来出席参政会的,都抱有民族国家利益高于一切的观念,当然都能公忠谋国。不过,我希望大家要使整个参政会有所成就,而不要谋某一集团的功名。对外,我们要为保卫领土国权而争;对内,却当只知进

取,不求有功,只求整个国家的进步。抱着"成功不为自我"的态度,大家要抛弃相互猜忌的观念。因为一有猜忌,就不免相磨相擦,乃至相骂相争了。关于提案,我觉得应当先听取政府当局的报告,向政府询问施政情形以后,再凭平日观察所得,提出应兴应革之点来以供政府采纳,否则所提出的议案也许政府正在办理或已办过而行不通的,则似乎不必多此一举。

江恒源 参政会主要的目的是使大家精诚团结。希望各党各系的参政员能本此精神,商量出一个切实的救国方案来。当然,我们不能说这次参政会将有怎样惊人的成就,把希望提得过高,但也不能小视它的意义,无疑地,它将有很大的影响。关于提案,可以不必过多,希望大家集中精神在几个重要问题上。议场上的讨论,希望也能集中,不要多作无谓的辩论,以节省时间与精神。好在大家都来帮助政府抗战,当不致有过去国会中争吵的那种现象。我准备提出关于占领区域问题和教育青年的提案。此外,怎样把国民党临代会通过的《抗战建国纲领》实施起来,也值得讨论一下。总而言之,最要紧的是一个"诚"字,只要大家开诚相见,这次参政会一定有良好的成绩。

冷御秋 各方面对参政会的意见已发表得很多,可以说,大概一致。而时局严重,各位参政员当然会担负起他们应负的责任来,所以,这次参政会的前途一定很光明。在军事上应改进之点当然还有,但主要的还是在政治。谁都知道,这次抗战要靠民众的力量,但要发动民众必须政治清明。我认为,在后方要完成地方自治,在战区要实现政治的动员,在沦陷区域要加紧政治工作。希望参政会能在这方面拟出一个具体的方案来。

(摘自1938年7月3日、4日汉口《新华日报》)

13. 参政员梁漱溟、晏阳初发表谈话

梁漱溟 国防参议会是得到一点成绩的,主要是在通过政府的许多外交方面的决定,收到和社会相通的效果。国民参政会虽然搜罗的人不够,但这是团结的一种表现。如果能善为应用,是可以发生相当效力的。参政会应避免无谓的口头争论,有所提议应事前商妥,各党各派的代表应常常聚餐畅谈,

从内部求得彼此情意相通。开发民众运动问题,应从头讨论。对民众团体的存在问题与言论出版的自由问题,也应当讨论。

晏阳初 我国以农立国,参政会的背景就是四万万的国民,实质上农村大众占三万万六千万。此次抗战,前方浴血吞弹的战士,何莫非来自田间的壮丁?后方服工役送壶浆的苦力,又何莫非汗血交流的田夫?公债、外汇、生产,亦莫非由农民供给。然而说来也很痛心,我们过去对于广大的农民,未曾认真做过工夫,从来不去启发或培养他们,任听这无限宝藏荒芜衰萎,把最基层的教育看做不急之务,基层的政治整个的虚空无物,今日战祸绵延,农民出力出钱,实可告无罪于国家。中山先生临终时,拳拳于"国民会议"的召开。这回参政会为初步实践建国方略的宏规,写出新中国民主政治史第一页。参政会应是广大农民喉舌与灵魂,殆无疑问,我们一方面要代表农民作政府后盾,同时要翊赞政府,效速的付应这广大民众的呼声,尽量抒展他们雄浑力量,开发他们无限宝藏,充分给以运用,让他们自幼地写成中国民族自觉、民权自治、民生自享的光荣历史。所以参政会的召集,不但是投向敌人一颗致命的爆烈弹,而且象征着中华民族新国家奠基典礼!

(摘自《国民参政论坛》1938年第二期,1938年6月25日汉口《新华日报》)

14. 参政员杜重远、王卓然发表谈话

杜重远 国民参政会是一个政府与人民沟通的机关。其使命应该把政府的旨意传达给人民,人民的痛苦转达于政府。这一个会是一个各党各派团结的团体。所以应该站在整个国家民族的立场上,摒除私见,各尽所长,加强抗战的力量。更具体一点说,就是中国最优越于敌人的是人数众多,所以我们必须把这绝大多数人民的力量集中起来,发挥到对外抗战上去;就是如何去组织民众,训练民众,发动民众;同时在抗战过程中,建立起新文化、新经济、新政治的基础,以完成建设新中华民国的使命。

王卓然 我认为,二百位参政员,不论远近都要来出席,并且联名发表一共同的宣言,拥护抗战建国纲领,拥护政府抗战到底的政策,以表示我国内部

的团结一致。我建议,政治上要改革地方行政机构,解除民间的疾苦;在经济上要实施对粮食以及其他消费品的统制——当然,同时要避免可能发生的弊端。

(摘自1938年6月24日、7月6日汉口《新华日报》)

15. 参政员刘蘅静、王云五、胡文虎、褚辅成、张季鸾发表谈话

刘蘅静 参政会是由训政时期过渡到宪政时期的代表民意机关。虽然参政员的产生,并非由人民选举,不能算是人民的代表,不过参政会里面召集了各方面的人才,政府能够从这里采集各方面的意见,同时政府一切政治设施,也可由此更容易使人民了解。参政会可说是政府与人民中间的桥梁,它使政府与人民之间,得到更密切的联结。所以参政会的产生,可以表现出中国政治的进步。参政员中有十个女子,占全数百分之五,以女子占全民众百分之五十的比率来比较,未免觉得太少,不过女子有权参与政治,在中国还是第一次。就政府选定参政员还没有忽略了女子人才这一点看来,也不能不说是中国政治进步的表象。在目前,我们需要的是精诚团结,共同努力抗战建国工作,一切行动,应以民族利益高于一切为原则,不能有丝毫自私的意见存乎其间。我们只要能本着牺牲小我,顾全大我的精神,共同努力,参政会一定能够对国家民族有伟大的贡献。

王云五 我向来是主张本位救国的,所以是近十几年来,专就自己主持的出版事业努力,认为直接有益于社会,便是间接为国家致力,因此,对于政治不愿直接参与。假使平时被选为参政员,我必定辞谢不就。目前却不然了。国家到了这个严重的时期,全国人民的智能、资力和生命,都有随时受国家征发的义务。我这次被选任参政员,正如一个壮丁被征入伍。新入伍的壮丁只能说:"我当努力尽职!"新选任的参政员——尤其是向鲜与闻政治的一个参政员——也只好如此说法。查《国民参政会组织条例》第一条,说明国民参政会设立的宗旨在集思广益,团结全国力量,所以我认为一个参政员的尽职,至少当符合三个条件。其一,对于各种议案或提案,必须详加思考然后发表或提出,勿徒为个人出风头的议论;其二,对于任何建议或主张,必须谋有

益于国计民生;其三,对于他人或他方面的议论或措施,纵加批评或反对,必须持尊重的态度,俾借此达到团结,不要因此而转致分裂。换句话说,就是把"思"、"益"、"结"三个字都彻底做到,或者才算尽职。

胡文虎 这次政府召开国民参政会,充分表现了各党各派团结一致的精神,是很值得庆幸的。

褚辅成 我预备提出两个提案,一个是关于改善征兵办法的。因为我国民众知识程度和政治水平的低下,大都缺乏民族意识和国家观念,所以在实施征兵制度的时候发生了流弊。而过去所行的募兵制,则因为应运而来的不是真正为了从军,而只是为了谋生,所以大都没有什么政治认识和抗战的决心。我所提议的征兵办法是从各县的自卫队中挑选,各县的自卫队都经过相当的政治和军事的训练,一定能供给很多的优秀的战士的。不过这连带到乡村自治问题。我主张乡村里的保甲长完全要选,完成乡村自治制度,征兵制度才能有所改进。其他一个提案正在考虑,还没有具体的拟定。

张季鸾 国民参政会是根据其组织条例而产生的。关于它的职权问题,条例上曾经规定"在抗战期间,政府对内对外之重要施政方针,于施行前,提交国民参政会决议"。参政会应该按照规定,使用这种职权,大家尽职,合作实行。我希望多听听大家的意见,希望各代表多发表一些专门而具体的意见——《抗战建国纲领》中列举了各种问题,并作了原则的规定,现在的问题是在方法上如何实践起来。民国以来,我几次被推为参政一类职务,都却而未就。这次参加国民参政会,是因为国难严重,义不容辞。

(摘自1938年6月25日、29日,7月5日、11日汉口《新华日报》)

16. 对国民参政会的希望

宋庆龄

从全国代表大会(即国民党临时全国代表大会——编者注)以后,所谓抗战的政治动员,已有建国纲领之公布,问题已不在政治纲领内容之争论,而在如何实际执行与迅速实现纲领所定各点。临全代表大会迄今已有三个月,执行程度不能不令人发生焦急之感。

目前,参政会开幕在即,人选虽未能个个由民选产生,然不乏深知民间疾苦,为人民利益代表之辈。盼我中枢政府,不仅听取彼等意见,贵能迅速执行彼等所提有利于民族国家及保障抗战胜利之提案!进而能改变参政会之职权,不仅为一中枢政府之咨询机关,而为民主政治国会职权之实。中国政治前途,当另有一番新气象也!

(摘自宋庆龄《抗战的一周年》,原载1938年7月7日汉口《新华日报》,标题是编者加的)

17. 谈国民参政会

郭沫若

国民政府根据《抗战建国纲领》,于四月十二日颁布的《国民参政会组织条例》,在我国抗战形势与政治发展的现阶段上,具有重大意义。因此,它得到了全国舆论界的拥护。

国民参政会只有一百五十名参政员,比之现代各国的国会议员,似乎较少。但参政员人数的多少,是无关紧要的,只要它普遍的代表着全国民众,普遍的反映着民众的意识,它就是百分之百的民意机关。从《国民参政会组织条例》来看,全国各省市、各文化团体、各经济团体,以及蒙古西藏,都有声望卓著的代表参加,可知国民参政会确是普遍的代表着民意的。国民参政会的职权,是一方面备政府咨询,另一方面向政府提出建议,它执行着战时民意机关所应有的权能,全国的民意就可经过这个途径反映出来,这就可把政府和民众融化为一体。民意越是反映得普遍和迅速,政府与民众的团结便越加坚固,全国民众越加拥护政府,政府越加容易调动民众的力量。这就是说,越加容易增强抗战的力量。

(原载1938年4月19日汉口《新华日报》)

18. 论国民参政会的职权和组织

汉口《新华日报》社论

自全国抗战起后，相当民意机关的建立，已成为全国一致的呼声。

本报三月二十八日的社论，也曾对于建立相当民意机关的问题，提出两项具体原则，即是：（一）这一民意机关，要真能包括抗日各党派各军队各有威信的群众团体代表；（二）这一民意机关，要真有商讨国事和谋划内政外交的权力。

现在国民党临时全国代表大会，已通过组织民意机关的原则，国民政府更宣布了国民参政会的组织条例。对国民参政会，在原则上，我们应当承认：这是相当民意机关的初步形成，但尚不是普通民主国家的代议机关。很显然的，在抗战初期，我们还不可能一下子便建立一个民选的代议机关，但"为增强抗战力量，增强政府与民众间的互相信任，相互帮助，使中央政府的法令和旨意能够正确的迅速下达和执行，使人民的呼声和建议，能够及时地反应"，战时的相当民意机关的建立，是十分恰当和需要的。现在国民政府公布的国民参政会，既是战时的相当民意机关，我们便要求国民参政会，真正能实行他的相当民意机关的职权和组织。

第一，在职权上，组织条例已规定"在抗战期间，政府对内对外之重要施政方针，于实施前，应提交国民参政会决议"。我们提议，这一重要施政方针的范围，应包括到通过全民族统一战线的施政纲领（我们欢迎以国民党临时全国代表大会所通过的《抗战建国纲领》为基础），制定各种实施《抗战建国纲领》的具体法令，以显示民意机关的重要作用。组织条例又规定：前项决定需经过国防最高会议的通过，如有紧急特殊情形，国防最高会议主席，得便宜实施。我们认为国防最高会议，系战时最高权力机关，国防最高会议的责任，在保证国民参政会的每一决议都能适合与适应战时的需要，国防最高会议主席的责任，在保证国民参政会的每一决议并不妨碍国防最高会议战时的紧急处置，而不应束缚国民参政会的职权。这样，国民参政会的决议，才能有实际的意义，才不致成为具文和空论。

第二，在组织上，国民参政会的人选，限于各省、蒙藏、华侨及各重要文化团体、经济团体及努力国事的人的代表,我们认为在成分与人选上,尚有加强之必要:(一)各省的成分,希望能够注意多推选政治、军事、经济各方面有为的人才,和若干优秀的青年分子;(二)宁夏、青海二省,希望注意多推回民的代表;(三)在特选的五十人中,希望确定各党派、各文化经济团体的人数比例,并由其自己推选;(四)希望在原定一百五十人内,或一百五十名外,留出一定数目的名额,准备在全国各职业团体总的组织成立后,分别选出其所代表工农商学及自由职业各界全体的代表,以充实这一民意机关,以实现孙中山先生当日所主张召集国民会议的组织原则。

第三,在参政会本身的工作上,我们认为民意机关应有最低限度的几个原则,必须确定:(一)所有参政员,在会议中,有自由发表意见和自由讨论的权利;(二)参政员在会议中的言论,除涉及军事秘密范围者外,有权向外公开,报章上并应与之发表;(三)参政员在会议中的言论,不论其是非,会外人不得实行任何制裁,(四)参政员有权向各地实行调查和访问;(五)开会时民众团体代表及新闻记者得列席旁听。

以上一切建议,希望政府在推选与召集国民参政会中予以采纳,以彻底实现战时的民意机关,以树立国民参政的真实基础,这样,就更能保障长期抗战的坚持与最后胜利的到来。

（原载1938年4月18日汉口《新华日报》）

19. 对国民参政员的希望

汉口《新华日报》社论

国民参政会的名单已经公布,并决定于七月一日召集会议。从这次公布的名单看来,有从各省区地方来的,有从各党各派各文化团体民众团体来的,有从蒙藏和侨胞中来的。虽然这次的国民参政员都不是由人民选举的,从参政员的成分上来说,或可成为战时的相当民意机关。

当然要使这次国民参政会能够成为代表民意的机关,需要两方面的努力:一方面需要政府给予国民参政会真正有代表民意的各种权利;一方面需要参政员真正能负担起代表民意的责任。关于前一方面,本报曾有各种社论和论文,今不重述。关于后一方面,当着参政会快要召集之时,爱将我们对全体参政员的希望,略为申述：

第一,我国抗战已经到了如此紧急的关头,国民参政会的召集,首先就是帮助政府解决争取抗战胜利的问题,用什么方法才可达到保证抗战的胜利。我们现在已处在这样的紧急关头："民族和国家的命运,现在不仅仅是由领袖决定的,而首先和主要的是由千百万人民来决定的"（斯大林）。全中国的人民无时无地不在热烈地关心民族和国家的命运,同时他们也有许多的对于保证争取抗战胜利的建议与方案,希望我们的参政员在踏进国民参政会的大门之时,就应当把全国人民对于争取抗战胜利的宝贵意见带进去,而且要做到使人民的这些宝贵的意见,能够包括到抗战期间政府对内对外之重要施政方针里面去。因为这并不是完全不可能做到的,依据《国民参政会组织条例》第五条规定："在抗战期间,政府对内对外政策之重要施政方针,于实施前,应提交国民参政会决议。"

第二,由于过去中国毫无任何相当的民意机关,因为政府与民间的桥梁没有,民间的呼声和疾苦不能经过这种民意机关来反映和传达,这次国民参政员有来自各省各地的,有来自各党各派的,有来自各民众团体的,有来自各阶层的,有来自少数民族的,有来自海外侨胞的。因此,希望国民参政员踏进国民参政会议的大门之时,应当把民间的呼声和疾苦反映和传达到政府中,而且依据民间的呼声和疾苦,作成一定的建议,使民间的呼声和疾苦能够达到一定的结果。

第三,要能够完成上面这两个任务,最重要的就是希望全体参政员能够认真的对待国民参政会开会的准备,收集全国人民,各地各省,各党各派,各人民阶层和各民众团体的意见,准备对于每个具体问题的具体建议和方案。要使这次国民参政会当着是为民族为国家和为人民做事,准备自己的提案,准备自己的意见,以便在参政会开会时,能够用书面的口头的发表出来。

第四,中国不但是一个没有议会制度的国家,而且连相当的民意机关也没有,今天国民参政会的召集,当然是表现中国政治上的一个进步。正因为中国过去没有议会制度,因此人民对于议会的工作当然缺乏经验。我们希望参政员能够在这次参政会中发挥民主制度的工作精神,学习得民主制度的工作经验。参政会应有一定的民主工作法规,参政员应当研究孙中山先生的《民权初步》,使参政会能够造成很好的工作环境。

现在离开会议的时间已经很近,每个参政员的身上负担很重要的任务。当着民族和国家处此危机的时候,日寇已践踏我中原,每个参政员跑到参政会去,当然不是为着做官,而是为着救国,因此,每个参政员应当真正代表民意,应当放胆地代表民意说话,对于人民的正确意见应使政府采纳,同时对于在政府中不称职的官吏,参政会应提出询问并达到撤换这些不称职的官吏的目的。是否能够使国民参政会达到全国人民的希望,这个责任就落在全体参政员的身上,为着使参政会符合于全国人民的希望,我们首先对全体参政员有这些希望。

(原载1938年6月23日汉口《新华日报》)

20. 人民对于参政会的希望和责任

汉口《新华日报》社论

国民参政会的名单公布以后,各地国民参政员正在陆续集中赴会,许多国民参政员对于参政会发表了各种可宝贵的意见。现在会期已经迫近,全国人民甚至国际人士,正在万目睽睽注意这一问题。

这完全不是偶然的。因为,(一)从历史上说,我国过去毫未有过任何相当的民意机关,现在这种机关的建立,可使政府与民众间关系,更加接近合作。(二)从现在情况说,我国抗战正进到严重的紧急关头,国民参政会的召集,可能而且应该在争取抗战胜利问题上起着重要作用。(三)从抗战与建国的过程上说,完成民主制度的确立,正是我国人民数千年来喁喁之望。因此,对于或可成为战时的相当民意机关的国民参政会,自然抱着极大的热爱和希望。

本报在六月二十三日社论中已指出:"要使这次国民参政会能够完成代表民意的机关,需要两方面的努力:一方面需要政府给与国民参政会真正有代表民意的各种权利;一方面需要参政员真正能负起代表民意的责任。"现在,我们要补充的是,要使这次国民参政会能够成为代表民意的机关,还需要全国千百万人民及各种群众组织,对这次国民参政会的召集,予以极大的注意和积极的帮助。

为什么需要全国人民和各种群众组织,对参政会的召集,予以极大的注意和帮助呢?这是因为,国民参政会这个组织,顾名思义,它应该是全国国民本身参政的机关,它的代表的产生,虽然现在还不是民选而是由政府指定的,但它的工作是否能够真正代表民意,首先和主要地依据民众自身把人民对自身和国家的意见反映出来,交给参政员带到参政会里去,带到参政会决议案中去,带到政府执行机关里去,而使民间的呼声和疾苦,得到参政员传达和努力,得到合理的解决。

第二,国民参政员是代表国民参与政事,国民参政员的名额有限,它的力量也有限。它之所以被人重视和可能发生伟大的力量,这不仅在参政员本身,而主要在参政员背后和周围,有千百万群众围绕着他们,千百万群众呼出参政员在议场上一样的呼声,千百万群众提出参政员在议场上一样的要求,这样,少数参政员在议场上的活动,就是多数千百万人民在议场外的活动,而使它们互相配合起来。

第三,国民参政员是代表民意的,他们能否真正代表民意,这不仅需要广大人民对他们以帮助和声援,同时还需要广大人民对他们以勉励和监督,甚至不承认和撤回自己的代表,所以人民对代表自己参与政事的人员,又应尽监督之责。

基于上述原因,人民对于参政会所负的责任,是很重大的,一切对于参政会抱着冷淡、旁观、失望的态度,都是不应该的。客观的环境和人民的意志,要求广大人民和各种群众组织,对这次参政会的召集,表示自己的积极性和创造性,要求:

(一)各种群众组织,在参政会开会前,应该召集自己的群众大会、全体会员代表大会或执行委员会议,征求和讨论大多数民众对参政会的提案,迅速把这种提案,整理出来,交给参政员在会议中提出讨论。

(二)广大人民和群众组织,应该动员起来,发动和组织对参政会的帮助工作,和参政员取得密切的联系,用口头、书面、会议等形式帮助参政员完全了解民间的呼声和疾苦,使参政员与人民打成一片,使人民、参政员与政府打成一片。

(三)进行最广泛的宣传,在各种群众刊物上和群众会议上,公开登载和讨论参政会的意见和提案,经过广泛的口头和文字宣传,深入到大多数国民心目中去,而成为千百万人民所了解和力求其实现的意见和提案。

当着抗战处在最严重最紧急关头的现在,全国人民应当清楚地认识和了解,"民族和国家的命运,现在不仅仅是由领袖决定的,而首先和主要的是由千百万人民来决定的!"(斯大林)

(原载1938年6月29日汉口《新华日报》)

21. 祝国民参政会成功

汉口《新华日报》社论

抗战爆发,迅已一年。国民参政会适于此神圣的民族自卫战争周年纪念左右,举行首届会议,实具有重大意义。我们热烈地庆祝抗战建国的伟大节日,我们诚恳地期望国民参政会的完满成功。

国民参政会的成立,是抗战时期中我国政治生活中有重大意义的事实。在为民族的独立生存的血战中,在抵抗敌人疯狂侵略的苦斗中,我们的民族的各种力量是愈益亲密与愈益坚固地团结起来了,我们的政治制度亦开始向民主制度的大道前进了。一年的血战已经在我们面前开辟着光辉的独立自由幸福的新中国的前途,而国民参政会的召开,更兴奋着全国人民对于这个光辉的前途的坚信!国民参政会,虽然不是全权的人民代表机关,但是它网罗着各党派、各省区、各民族的代表及许多无党派关系的热心国是的硕望,它负有讨论和议决抗战时期政府对内对外一切重要施政方针之权,以及建议询问等权力,所以,不能不是在战时条件下的相当的民意机关。正因为国民参政会有战时民意机关之作用,因之,全国人民,殷殷瞩望参政会能够完成其代表人民意志的神圣职责,而奠定今后政治生活向民主制度发展的基础。

在抗战异常紧张的今天,全国人民的思虑和目光,首先集中在如何坚持抗战,争取其最后胜利的问题上,急切地期待国民参政会在这一最关切的问题上能够圆满地表达出全国人民的意志和情绪,能够规定出全国人民共同努力之道路共同遵守之准绳。尤其是目前第三期抗战开始,敌人急剧地觊觎武汉的时候,全国人民希望着国民参政会能够解决具体的保卫武汉争取第三期抗战胜利的方案,建议政府,协助政府,动员军民财物,为着前线上的胜利而奋斗。

其次,在如何推进民主政治的发展上,全国人民瞩望着国民参政会能够详细地讨论和决议关于保障人民出版言论集会结社之自由的问题,保障各个抗战党派合法存在的问题。因为,这个问题直接地关系着抗日民族统一战线的巩固和发展,直接地关系着全国人民的动员和组织,直接地关系着抗战胜利的争取。

关于在军事上、政治上、经济上、民众运动上各种应兴应革的事情,如创立新军,如改善征兵制度,如变革保甲制度,如改善青年训练,如动员和组织民众,如何改善人民生活,如何动员妇女参加战时工作等等,旬日以来,参政员诸先生均有许多意见,亟望这些意见,能够在参政会议中获得决定,以消除各种阻碍,而使抗战建国的纲领,能够迅速确切地实施。

全国人民热望着国民参政会,热望着它能够像我们英勇的前线将士一样,不分党派,不分界限,共同一致地向敌人射击,热望着它能够圆满地代表着全国人民一致团结,共同御侮的精神。不仅如此,我们并诚恳热烈地希望着国民参政会能够对于国家民族有积极的贡献,对抗战建国有具体有效的办法与方针,对保卫武汉有缜密周详的步骤!

固然,参政会对于国家大计,只有讨论和决议权,而并无执行权,但参政员同志们必须尽其应尽的责任,见得到,说得出,使参政会在短短的开会期间得到预期的效果。

祖国危急了,战局十分紧张,在这个环境中开会的国民参政会,当能以战斗的热情,完成其神圣的民意机关的职责!我们如此期待并预祝参政会之成功。

(原载1938年7月6日汉口《新华日报》)

22. 推进民主与坚持抗战——敬献国民参政会诸公

《群众》周刊社论

全国翘首企望的国民参政会已于抗战建国周年纪念的前夕正式开幕,目下还正在会议进程之中,我们如果针对着目前日寇正沿大江南北,集中主力进攻武汉的紧急形势,当益感国民参政会意义与责任之重大。

国民参政会产生于抗战之中,而且到抗战一年之后,才正式召开,这说明了国民参政会本身的产生即是一个艰苦的斗争过程。以前国民政府曾有数次召开国民代表大会的决定,然而结果不能实现;抗战开始以来,全国人民虽有民意机关之要求,然而因各种情形未能马上实现,这实是抗战中的莫大损失。抗战一周年来,由于民众运动发动的不够,同时阻挠民众运动的现象还不断发生,遂至在抗战中吃了许多不必要的苦头,受了许多不必要的损失。数十万烈士用血和肉教训了我们一年基本弱点在那里。因此在目前的环境下,才有国民参政会之正式召开。这个参政会虽然还不是全权的人民代表机关,但是它相当网罗了各党派各省区各民族的代表及许多无党派关系的热心国是的硕望,它负有讨论和决议抗战时期政府对内对外一切重要施政方针之权,以及建议询问等权力;虽然它的产生没有经过人民的选举,然而它究不失为战时相当的民意机关。它本是抗战的产物,而同时又可能推进抗战。

同时这个国民参政会又是中国政治开始趋向民主的标志。国民参政会开幕之前及以后,各地民众对国民参政会之热诚期待与纷纷建议,就可以证明需要民意机关之严重迫切。

国民参政会的意义既如此重大,民众的期望又如此殷切,而目前又正当战局特别紧急的形势之下召开会议,因此我们希望参政会诸公必须积极做到民众代表的地步,更希望参政员诸公能够握住目前时局的中心环节,一切建议和讨论都能集中在这个中心环节的周围,以便能够握住这个中心环节,而推动整个抗战的前进。目前的中心环节是什么?就整个战局说,很明显是保卫大武汉的问题,而保卫大武汉的问题中则是动员民众参加抗战的问题。不可讳言的,目前大家对时局正抱着无言的苦闷,时局这样危急,而处于主动地位的民众动员工作还不能顺利的展开,甚至原有的民众团体还在遭受停止活动的厄运。这种危急万分的局面需要千百万人民的努力来挽救,尤需要参政员诸公能够看清时局的中心症结,加以合理的解决和推动,使推进民主与坚持抗战能够相互发展,以达抗战必胜建国必成之伟大目的。

(原载《群众》周刊1938年二卷五期)

23. 参政会定期召集

汉口《中央日报》社论

中央常务会议第八十一次会议,决定本年七月一日,召开国民参政会,参政员名单亦于前月公布。汪副总裁对中央社记者谈话,目此为抗战期间最关重要之一事。爰更申数义,以告中外。

五十年来,本党总理领导革命,以建国为己任。五十年中,本党革命之最高理论,为三民主义,革命建国之目的为全民福利,革命建国之动力在全体民众。五十年来,本党在政治经济各方面所采之政策,虽因时而殊,因地而异,而其最高目标则为全民谋幸福,乃历万古而不变。一年以来,本党领导全国,从事于抗战建国之大业,抗战为建国过程中之一阶段,建国又为完成革命目的之一方式。革命过程中,本党之基本理想,改为全民,革命过程中一切表露之政策,均可由此以求其真际。国民参政会者,本党政治理论部分之表现,集过去现在各种部分表现之集体,益可明征本党革命之性质,预测其成功之把握。

在各国革命历史上,革命演化之结果,有情势嬗变,卒至面目悉改者。推其故,革命必有破坏,破坏必生纷扰,纷挽既极,人心厌乱,领导者定力不坚,内外情势乘之,卒使局势尽反旧辙,变本而加厉焉。此种循回,不惟使革命之牺牲为浪费,且使因革命而产生之反动,其乱国殃民,为祸益烈。法国大革命后之一阶段,其显例也。本党自十三年改组,十七年北伐完成;十年以来,国民会议开会于前,国难会议继之;最近六年中,中央民意机关之筹备,不遗余力。去年抗战开始,国民大会不克如期开会,国防最高会议依据组织条例第九条之规定,组织国防参议会;本年临全大会开会,复决定召集国民参政会。本党五十年革命过程中,在野所信仰所宣示,在朝之信仰宣示如故,平时所期许与保证者,非常时奉行贯彻益力。五十年来,三民主义之进展,只有向前,绝无停滞,外祸之烈,至于今日,而民意机关之召集,益加急进行。本党不负国家,不负人民,于此益信。

国民参政会之职权,根据组织条例第五条、第六条、第七条之规定,可得三点,(一)在抗战期间,决议政府对内对外之重要施政方针,一经国防会议通过后,依其性质交主管机关制定法律或颁布命令行之。(二)提出建议案于政府。(三)听取政府施政报告及向政府提出询问案。由此诸点观之,国民参政会之性质,并非政治上之咨询机关,亦非法律上之技术机关,实为反映民意决定国家大政方针之代表机关。凡过去社会对于政府施政方针未尽了解之处,皆可由疏导宣泄,无所隐蔽,所谓集中意志,统一行动之效,于是可见。

抗战建国,为今日民族当前唯一大事,足以抗战必胜,建国必成之前提,又必集全国之才力智慧以共成之。此次国民参政会参政员之人选,其标准可注意者:(一)现任官吏不得当选。(二)第三条丁项名额,由总裁决定增加五十名。全国人民,可精详考究全部名单而分析之。本党网罗贤俊,征纳耆宿,使全国志士,得以尽量贡献其抱负,充分宣达人民之意志,用意深远,无微不至。抗战今犹在急剧进展之中,丧师失地之耻,流离伤亡之惨,皆足激扬我敌忾之心,俾达最后之胜利。政府对于战地同胞,哀矜怜悯,正具无限之同情,救济抚辑,尤将尽力之所至。此战地流亡之同胞,鉴于政府此次召集参政会之本意,尤当鉴谅而益加拥护者焉。

参政会之召集,在抗战进行最急剧之段落中,世界民意之产生,环境险恶,莫过于今之参政会,责任重大,莫过于今日之参政会。全体参政员皆一国之英贤,汪副总裁以党国之重望,为国士之模楷,领袖群贤,公忠报国,建国前途之休明,将于是而知之。

(原载1938年6月18日汉口《中央日报》)

24. 为参政员诸公进一言

汉口《扫荡报》社论

政府为集中全国人士聪明才智,共同应付国难起见,特召集国民参政会。

参政会之组织,业经报章披露,此处亦无须吾人多所介绍。今所欲为参政员诸公及国人告者,即今后参政员之工作问题,谨不揣冒昧,约分为二点陈述于后:

其一,国难严重到如斯地步,政权需要统一,力量需要集中,步伐需要整齐,已为全国人士一致之呼声。此次政府召集参政会,即为先求全国人士意志之集中,精神之团结,俾得由此使已统一之政权,更加统一,已集中之力量,更加集中,已整齐之步伐,更加整齐。明乎此,则参政员今后之旨趣与责任,可以思过半矣。质言之,即参政会今后之旨趣与责任,在乎强固统一,集中力量,整齐步伐,以使抗战必胜,建国必成。因之,今后参政员在参政会商讨国是,策划国是,建议国政,批评国政时,必须本上述旨趣进行,决不可稍有违背。

其二,吾人以为参政员诸公欲达成上述使命,必须首先做到以下各项:(一)不发高论,不出难题。凡商讨一问题,必须先从各方面观察,不可就一隅着眼或立论。例如讨论军事时,必须先就军事之全般,作一总检讨,如人力物力财力、外交环境、政略与军略之配合……,皆须加以精密之估计与筹划,然后制成方案,交政府执行此项方案。一方面,须符合事实,一方面,须适应需要,如此,政府方能按部就班,切实施行。非然者,若参政员之所建议,所批判、策划,完全不合事实需要,一味凭其理想,加以臆测、杜撰、虚构,是即谓之发高论,出难题。为使读者明白斯意起见,更举一浅鲜之例证于下。譬如人民生活,需要改良,在平时自为政府应有之责任;即在战时,政府亦应在可能范围内,加以统筹,俾得充实抗战力量。可是此项可能之统筹,必须以不妨碍军事需要为原则。若因改良人民之生活,而使军事受到一种打击,甚至使军事失败,则行见人民生活尚未改良,而国家已酿成分崩离析之惨祸。如此,则不仅改良人民生活之计划与建议,完全为泡影,即今后国家民族之生命,亦将永陷于万劫不复回之境。若是者,不独近于发高论,出难题,且亦违背参政之本旨。参政员诸公类皆国内知名之士,涉世既久,阅历亦深,对于此层,谅已有深刻之认识,毋俟吾人之喋喋。(二)服从多数,抛弃成见。在会场发言或提案时,自可按照《民权初步》,发抒己见。可是每逢一问题讨论完毕,已经多数通过时,则姑无论其所通过者,是否与我所提出之意见约略相左或完全相左,我便须立即放弃其主张,虚怀服从多数。如此方足以收集中意志,群策群力之效。(三)内外一致,表里如一。所谓内外一致,表里如一者,即参政员诸公,在会场内由心坎中所发出之言论,与在会场外由行动上所表现之事实,须完全一致是也。参政员诸公,类皆由各省各界所拔选之代表,其主张与言论,自然能代表某一界或某一集团,譬如参政员中之由商界拔选者,在会场曾自主张或闻人主张加紧动员物力财力,则在会场外便当用尽种种方法,使政府之捐输令、征发令,得彻底施行,以应抗战建国之需要。又如参政员中,有不少直接或间接掌握舆论,主持刊物者,若在会场上有精神动员,或加强人民对政府向心力之主张与议案,则此辈参政员诸公,便须在会场外竭力利用其报纸与刊物,以从事于精神动员与加强人民对政府向心之鼓吹。更如参政员诸公中亦有代表政党或某一集团者,若在会场内有关于人民言论行动,不可妨碍国家行政统一及抗战建国需要之种种主张与议案,则此辈参政员诸公,便应在会场外,从事实上指挥其党员与群众,绝对不可有妨碍国家行政统一及抗战建国需要之言论与行动。盖必如此,然后参政会之议案,方能彻底实施,必如此,然后参政会之使命,方能彻底完成,此皆为显而易见之理,恕不多所举例。

总之,政府召集参政会之目的在乎救国家,救民族,而参政员之所以毅然决然应召以参政者,亦在乎救国家救民族。趣旨既同,主张与意见,亦自然不难一致。所谓公信既立,互信自生。尚望诸公本虚怀若谷之态度,政府持纳谏如流之宗旨,以奠定国家民族千万年不朽之基!

(原载1938年7月1日汉口《扫荡报》)

25. 国民参政会之意义

上海《申报》社论

吾人以为,政府设置该会与乎国民所期待于该会者,不外下列数端。第一,现代战争,必须齐一国民意志,集结国民力量,方能抵抗大敌,争取胜利,已为妇孺皆喻之至理。我国于昨夏仓卒应战,政府与国民皆埋头于应付战事，无暇兼筹并顾。最近半年，举国感觉抗战建国，应同时并进。抗战不忘建国，建国必须抗战。故国民党临时全国大会，首先议决召集国民参政会，在战时既可集中全国之识见与思虑，以谋争取最后之胜利；在战后亦可树立民主政治之基础。故国民参政会不独应战时之需要而生，亦欲以奠民主制度之础石也。第二，国家在战时所迫切需要者，为全国国民对于战争之关键有深刻之认识，与最大之决心。必须每个国民皆能了解，今兹之战，乃我国家存亡、民族生死所系，人人尽其所有之财力、智力、体力、物力，贡献国家，抱定彻底牺牲之精神，始能踏进敌人阵中，摧毁其赖以力虐之武力。溯自抗战以来，举国民众所表现之决心，固极坚决，所贡献之牺牲，亦甚伟大。但应付今后长期之战局，需要更坚决之决心，与更伟大之牺牲。为达此目的，自当集思广益，务使国民真意得以尽量上达于政府，以为决定国策之参考，而政府政策亦得彻底下达于民众，以求普遍真诚之拥护。如是，始能上下互许，朝野一致，以完成抗战必胜，建国必成之艰巨工作。第三，国民参政会虽与普通议会性质未尽相同，但其根本精神，则毫无二致。因在战时，一切国政均由国民参政会决定施行，大有缓不济急之虑，故国民参政会所负责任，首在审议政府所交议之事项，及其自身所认为应当建议者。而此类事项，亦以直接与抗战建国有关者为限。因每三月开会一次，而每次期间，亦仅一周，是以除重大事项外，实无审议余裕。唯每次会议果能对于最重要事项，皆有适合时势之审议与建议，则其所贡献于国家者，至为伟大。盖国家在战时所请求国民透切认识与理解者，亦唯有最重要事项而已。

  吾人若明了国民参政会之意义与作用，则膺参政员之选者，亦当具有三种意识而来者，方不辱此荣誉之使命。第一，参政员须了解国民参政会，乃为协助政府，完成抗战建国使命而来，则国民参政会首当代表举国国民，诚恳拥护政府及坚持抗战到底之决心。国民对于任何牺牲，皆所愿受。不但表现全国精诚团结，且表现以所团结之力量，足以达成最后胜利之目的。第二，国民在战时必须牺牲，参政员既代表国民而来，则亦当具牺牲决心。有牺牲决心，意志始能坚定，当国家遭遇最大危机之时，国民意志之坚定，诚为最重要条件。第三，国民参政会乃代表国民与政府共负救国建国责任，故每个参政员必须立誓站在国民立场,与国家共存亡。毁家既非所计,利害更非所顾。只求有利于国,个人牺牲,在所弗计。不激不随,不欺不伪,以纯洁之心,冷静之脑,理性之断,果敢之气,求尽其所应尽之义务,则参政员可以无负于国家矣。

(原载 1938 年 6 月 19 日上海《申报》)

26. 国民参政会的诞生

汉口《大公报》社评

"国民政府在抗战期间,为集思广益团结全国力量起见,特设国民参政会。"

"在抗战期间,政府对内对外之重要施政方针,于实施前,应提交国民参政会决议。……"

"国民参政会得提出建议案于政府。"

以上是《国民参政会组织条例》最重要的几条,已充分说明国民参政会的性质及其职权。这个条例自本年四月十二日国民政府命令公布,政府对于此会之产生及人选之推定,非常慎重,至前日人选名单发表,并决定于本年七月一日正式召集,国民参政会乃宣告诞生。

参政员原定为一百五十名,政府为尽量容纳社会上优秀人士起见,特增至二百名。这个参政员名单,实包括汉满蒙回藏各民族、各党派、宗教、侨胞的代表,及全国各界的重镇。从国民参政会的性质及参政员的人选来看,国民参政会的诞生至少有以下几种意义:(一)在艰难而长期的抗战中,中国的政治一步步走上健全进步的程途。(二)告诉全世界的友人,中国国家是统一的,中华民族是团结的。(三)向我们的敌人(日本军阀)示威,它的武力无用,中国越打越强;它的挑拨离间无用,中华民族越结越坚。凡是中国人,不分种族,不分党派,不分阶级,不分老幼男女,都在抗战建国的中心领导之下,一致从事神圣的民族解放战争。日本军阀所能利用玩弄的,只是少数而又少数的汉奸。那是中华民族的渣滓,早就应该被抗战洪流淘洗以去了。这三点意义都非常的重大,就是说,以我们本身的健全进步,博取友人的重视,进而粉碎敌人。

其次,对国民参政会的本身,也愿一述我们的认识。

第一,此会之运用,不但可以巩固抗战时期的团结,且足表示战后政治的归趋。我们以为,此会是发挥民权主义的精神,而树将来宪政的基础,也就是民主政治的道路。我们对于国民参政会的认识是严肃的,在我们没有选政基础之前,抗战要求我们的国家统一,政治团结,此会是最适时最有力的表现。时代的使命,在期待着国民参政会对抗战建国的贡献,我们首先愿祝此会善尽其使命。

第二,政府召集此会的目的,在组织条例中说得很清楚,是"集思广益团结全国力量",在精神上则是发挥民权主义,建树民主政治。政府这种精神,无疑的,已博得全国的拥护,增进国家的统一团结,并将加强抗战的力量。政府召集此会曾经过重大决意及精密思考,今后亦必坚决期待此会之协赞并尊重其意见。我们如此估量,相信政府的决意必然如此。

第三,国民参政员皆一时之选,在使命上是协赞政府抗战建国,在职权上有讨论并决议政府对内对外之重要施政方针及对政府建议之权。因是,参政员诸君须要各本自己的理智学识,竭诚行使其职权。对政府的措施,要真能批评,要真能拥护,批评不要瞻徇,拥护不要虚伪,一切光明诚坦,才能发挥民权主义的真精神。这一点,非常重要。参政员要自知国民的代表,不要以为是政府请来的客,以严肃的热诚,执行神圣的使命。

在艰难的长期抗战中,此会之诞生,乃象征我们国家进一步的团结,我们要把握住这团结精神,以争取抗战的胜利。

(原载1938年6月18日汉口《大公报》)

27. 国家新生命再建之枢机

汉口《武汉日报》社论

西哲有言:"战争者,国民之最好教育也"。我们若干弱点,无疑的,已在这一次对倭战中暴露出来。此种弱点,也无疑的,是过去统一基础不巩固,党政机构不健全的反映,而迫切的需要再建和改进,以满足抗战建国的要求,充实国家民族的活力。我们在抗战最趋激烈的今日,对如何建立国家新生命问题,感想尤为深刻。因为战争所教育我们的代价,不是时间与学费,而是几十万人民的生命,数百县膏腴的土地,无量数妇女的惨遭蹂躏,与老幼的饥饿流离。我们从这种创巨痛深所换来的教育,实是我们的国宝。现在这种国宝,已经由国家最高权力机关——临时全国代表大会,于本年三月集议的时候,把全国各方的烦闷呼声一一从实际上体验出来,作成具体的决议,交由中央执行。这便是三民主义青年团的组织,与国民参政会的行将召集是。

……

至关于国民参政会者,在筹备的三个月期间,国人已一致的确认其意义之重大,因为中央组织参政会之目的,在团结全国力量,集中全国之思想与识见,以利国策之决定与推行。现时参政员之名单,中央已于昨日公布,并经选任汪副总裁为正议长,南开大学校长张伯苓为副议长。汪先生党国前辈,张先生老成硕望,而各参政员,亦均为一时才俊之选,诚如汪副总裁所言:"从此群策群力,一德一心,于抗战建国前途,收效必更大也。"我们确认,在抗战初期,国内尚不免有若干摩擦之事实,此中关键,并不在于人事方面,而实由于政治机构不完全合于战时体系之缺陷所致。遂使各方意见,无由集中,于是因事实上之无法相与折衷,遂形成见解上彼此的见仁见智。战争既是国民的最好教育,而这种教育的影响,又最为深刻,自不容我们徘徊瞻顾,并应马上求得解决。于是国民参政会遂应时组织,是其先天上已具有重大之意义矣。

我们对于中央组织筹备与选贤任能的经过,实至表同情。行见国民参政会成立以后,必能如《抗战建国纲领》所昭示者:"团结全国力量,集中全国之思虑与识见,以利国策之决定与推行也。"此实与三民主义青年团之组织,同为国家新生命再建之枢机。

我们鉴于国势的危殆,以为非从内政上充实革命的活力,即无以救亡图存。今因三民主义青年团之组织,与国民参政会之行将召集,实为充实革命的活力,基此活力迈进,抗战必胜建国必成,爰以国家新生命再建之枢机为题,以为国人告。

(原载 1938 年 6 月 18 日汉口《武汉日报》)

28. 争取三期抗战胜利与国民参政会

重庆《新蜀报》社论

就目前战局看，豫东虽因黄河决堤而暂时稳定，但敌人又有以全力将进攻重心移于皖西与长江的倾向，一切表现敌人仍积极布置他对武汉进攻的形势。就这形势看来，徐海战争时就为人所提出的"保卫大武汉"，在这时是应当事实的提出了。

事实上，目前我们确立在一个困难的关头，许多战时应当办到的，到现在还仍感不足。主要的如可决定目前战场形势的安徽、河南二省的民众动员，这就感觉到大部失败。这一切都告诉我们，军事之成败是不能与政治分开的，并且是靠政治取决的。因此，在目前不禁使人痛切地感到增强政治条件的重要。

在这情形下，政府召集了国民参政会，这不能不说是非常适应目前的形势的，同时也可说是我国十年来政治上的大进步。为了对这新会议的希望，以及希望这表现我国政治进步的会议，能更有益于我们的抗战，特对它写出下列数点希望来：

一、希望能再扩大国民参政会在政治上的机能。照《国民参政会组织条例》的规定，参政会的职权本身，只不过是一个咨询建议机关，其最后一切决定权，还在最高的国防会议。这民意机关的机能，我们希望由这点做起，慢慢能把他成为有力的真真的民意机关，以免将来政府苦心召集的会，会弄来无政可参，那就无补于国家前途以及目前抗战的形势了。

二、希望能树立各级的国民参政会。我国以农立国，在政治上自来无一般先进的工业国家组织精密。在抗战中，这迟顿与无效率的现象，是不应当让它存在的。这唯一有力的挽救方法，就只有从上到下，树立起各级的民意机关来，使县有县的民意机关，市有市的民意机关，省有省的民意机关，并多使有才能有毅力具有近代头脑的人参加这机关。这样一来，不独集思广益，可加增前后方政治、建设的进步，同时也可以把中央政令，常常一到边远区域，引不起预期作用的现象加以铲除。

三、希望目前的国民参政会，应努力为民意机关的表率。就目前二百名参政员中,有国民党的前辈,及各党派领袖、各界名流。对救国一点说,真可说是各方的志士,全国的精英。我们希望这各方豪杰聚于一堂,能真真地以国家为重,大家同心协力,作出目前国家需要的各种计划来。互相模范,互相帮助,务使这十年来未见的政府民意机关,能真有贡献于国家,尤其是目前的抗战时代。若能如此,那么一方面不独未负国家的重托,国民的厚望,也算没辜负国民一分子的责任。

因了目前军事,想到目前政治,因了目前政治,不觉得用无限希望期待着这不久开幕的"国民参政会",我们希望这时代的民意机关成立的会议,能真真有贡献于我们目前的政治,而迅速地替我们作成那足够争取三期抗战胜利必要的一切条件来。

(原载 1938 年 6 月 20 日重庆《新蜀报》)

29. 国民参政会成功之路

重庆《新民报》时论

国民参政会的成立,在我国政治史上是一件值得大书特书的事实。因此,我们可以想象参政员诸先生踏入民主政治路上的时候,一定会感到己身责任的严重。我们仅站在老百姓的立场,贡献一点小的意见。

首先,希望树立一个战时民主政治的模范。世界议会政治已日趋没落,过去中国的民主政治,更一塌糊涂。这次,中央并不假装痴聋,去办,办不好的选举。而一秉大公,选出许多各党各派代表人才。在中国没有资本主义民主政治基础的"寡头资产集团",又没有完成社会主义的地方民主组织的国家,这样的产生代表,是最良好的方法,宜乎,各党各派一致赞同,欣然出席。政治上的贤明措置,这是首先值得称颂的。据各方面的表示,都希望一致团结,忠诚谋国。共产党的代表吴玉章说:"希望大家抛弃小我,处处以国家民族远大处设想。而且切切实实地做,树立民主政治的基础。"一点也不错,大家再不可为私人或小集团而斗争。尤其不可随便唱高调,投合社会不成熟的心理,轻于主张,应该切实地体谅政府的困难,协助政策的推行,加紧人民与人民,政府与人民的合作,把民主政治初步的基础树立起来。先把参政会做成一个民主的模范。还有,大家非常耽心各级民意机关,因此,一谈到国民参政会,似乎少不了来一套各级民意机关急应成立的牢骚。其实,战时民主,本来不易健全,在民主国家,已成通例。中国素来没有民主政治的基础,一下子,完全理想化,由下到上,一切民主起来,我们当然欢迎之不暇,可是事实上可能吗?大家说,民众没有动员,同时却又期待民众立刻实施民主政治的选举,多少是一种"乌托邦"的思想。抗战建国实际工作上,空想真的用不着。还是不如先把国民参政会"切切实实的做",好好地树立一个模范,再慢慢一步一步前进不迟!

其次,说到各党各派问题。当然应该密切合作。假定怕空叫无益,最好的方法,即是大家抱定《抗战建国纲领》。就指导原理上说,不要他求;就实施方法上说,也不要他求。一切统一于《抗战建国纲领》之下,不仅不致惹起各党各派的摩擦,而且无党无派的人们也可以相与结合,共同一致。大家要知道,抗战不胜建国不成,任何党派胜到天上去,也是掉下来,没有底止。抗战胜利,建国成功,再失败也可以看到三民主义的光辉,和锦绣山河的完整,也才有资格不当亡国奴。此点如果明白,大家必定可以努力地把《抗战建国纲领》实现起来,大家在伟大的领袖之下,共同打倒敌人,完成民族的独立。那时候,才能在三民主义大旗光辉之下大书特书"最后胜利是我们的!"

(原载1938年7月2日重庆《新民报》)

30. 预祝国民参政会成功

重庆《国民公报》社论

大家期望的国民参政会,前天中央已决议定七月一日召集,参政员名单及正副议长,亦已通过,即送国府公布。这是抗战期中一件大事,其意义甚重大,因为这是中国在抗战建国中的宪政基础。

按国民参政会的产生,因在抗战期中,国民代表大会不能召集,所以临时全代大会以后,五届四中全会曾根据临时全代大会的决议案,决定召集国民参政会。四月十日公布组织条例。其目的:政府在抗战期中,集思广益,团结抗战力量。其职权:得提出建议案于政府,听取施政报告暨向政府提出询问案。故就参政会的职权论,其责任很重大,而是在抗战期中召集,实非普通民意机关可得而比。就选出参政员名单言之,虽选出方法因值非常时期,不由人民选举,然全国各方面的人才,大都当选,具见政府为国求贤的苦心了。汪精卫先生以党国柱石而任议长,张伯苓先生以老成硕望而任副议长,将来参政会的收获,当可创一民意机关之新纪元,奠定中国宪政之基础了。

但是,我们对于参政会,需先了解其意义,因为参政会非普通代议机关可比。全国各方面对于国是意见,在"抗战第一,民族第一,拥护唯一政府,信仰唯一主义,服从唯一领袖"的大原则之下,绝不能有丝毫参差的私见。现在全国意见,已经一致,然而政府还要召集此会者,因为要团结全国力量,推行国策,争取抗战最后胜利。所以我们根据此点,不但希望全国民众应有彻底认识,而且希望当选参政员诸君,更须认识其责任之重大。参政员诸君的思虑与识见,在平时素为民众所敬仰,应如何善尽职责,忠实地贡献于国家?现届开会之期,只有十多天了,希望诸君要知道自己责任太重大了。当此国家民族存亡之秋,诸君既膺选重任,政府所切望于诸君者,以及民众所期望于诸君者,乃是集中大家的识见,团结大家的力量来共同负责,共同奋斗。倘若发表一些不切实际,无补时艰的议论,或者恃清流之雅望,徒唱一些高调,增加许多无谓的纠纷,这不仅不能帮助政府,在无形之中,反而削弱抗战力量了!

到了今天,已不是高谈抗战理论的时机了,乃是大家要拿出自己的思虑与识见,切切实实地贡献给政府,帮助政府,替政府分担一些责任,戮力支持长期抗战,争取最后胜利。

我们预期,在这第三期抗战当中,参政会能够真正代表全国各方面意见,换句话说,能够代表全国民意,集中全国一切识见,团结全国一切力量,一方面作政府的坚强助力,另一方面替政府分担责任,那么,也不至于失了抗战期中召集此会之意义了!

我们谨此预祝参政会完成抗战建国的伟大任务!

(原载 1938 年 6 月 18 日重庆《国民公报》)

31. 关于国民参政会

成都《新中国日报》社论

国民参政会参政员名单,昨日已由国民政府正式公布,列名其间的人们,大抵都是平日为国努力不息,直接间接把国家的责任放在自己肩上的人,这次虽然负了这样一个名义,实际上却不曾增加了他们的任何担负。可是话虽如此,过去这般人虽也曾为国家卖过不少的气力,但大多数究竟只是以一个纯粹国民资格行之,现在既由政府找来当了一名参政员,则今后对于国家的命运问题,即不能完全脱离干系,必如何才能使自己的贡献确实能够生效,必如何才能使参政会的使命确实能够完成,这却是大家在精神上新添的一重重负。

我们分析这二百名参政员的名单,除国民党党员及无党籍者占绝对多数以外,如共产党、青年党、国社党的党员,合三党计之,亦不过全数的十分之一! 就数量论,可以说是微乎其微。一般关心这个会议的国民,大可不必忧虑在这里会发生什么党团作用。尤其在我们国家主义者看来,今日唯一的问题,只是国家的生死问题,我们惟一的论点,只是国家的利害得失,我们当用严肃的态度,冷静的头脑,为国家觅取可行的有效的途径。至于党的存在,本来只是为的国家,并不是国家为党而有,这是我们自来一贯的信念,也是我们对其他一切有党籍的人们一个诚恳的期待。假如到了这样一个危急的关头,大家仍不为国家设想,为国家说话,一切是非利害的准则,仍不能脱去党的臭味,这是难保不引起一般国民的厌恶的。

政府这次之所以设置参政会,其用意原在集思广益,巩固团结,便利抗战。条例上规定的职权,能决议,能建议,也可谓相当隆重。但是过去政府内的会议,有所谓"会而不议,议而不决,决而不行"的讥评。即在九一八后,一·二八中的国难会议,亦复是草草点题,不生实效。今日时势变异,已往的覆辙想当不至重演。而参政会本身,要当周详审慎,不高不低,凡所决议,务求扼要,务求可行。政府也当秉持其挽救国难的诚意,对于参政会的决议,用坚强的意志以贯彻之;对于参政会的建议,用虚怀若谷的态度以接受之。万不可照例以"斟酌施行"或"交付参考"等字样,搁在档案室,便百事百了。

一般国民不要认为列名参政会,便等于得了一官半职。只是某某等个人政海中的升沉。须知参政员在法律上虽然不是国民的代表,而在精神上,则确是国民的代表。参政员能否克尽其职,于国家的祸福,民族的前途,都有密切的关系。所以国民对于参政员,应当尽量监督,尽量扶助。对于国事有所见到,应当尽量提供,参政员当可尽其居间于政府与人民间之责任。国民必须认识参政员的群体机能,不应从纯个人的观点,去体会参政员的得失。

在参政员名单中,既包罗政治上各色的人物,其中有许多,在过去本来是互相对立的。十余年来,彼此用毫不留情的铁腕,互相对击,今日得聚首一堂,多半是彼此虎口中的余生,历史上的恩怨,本来是不免的。一旦相见,且须就国事作详尽的研讨,彼此果将用何种态度以相临呢?在我们看来,国家危急至此,一切是非功罪盖甚难言,似乎大家都应有一种深刻的反省。

总之,参政会既已成立,便天然应当完成其任务,参政会欲完成其任务,有系于各参政员之本身者,有系于各参政员相互之间者,亦有系于参政员以外之各方者。中国人欲证明其尚有推行民主政治之可能,则有关各方,至少当使参政会在国民眼中不再留一度不良的印象!

(原载1938年6月23日成都《新中国日报》)

32. 工人对国参会的期望

陈 岳

这些时来,报纸上非常的热闹,天天登载着参政会诸先生对时局宝贵的意见,及对国民参政会的愿望,饱听之余,使我们这批油头垢面的在业工人,精神上感到万分的振奋与欣慰!但为了使这种民国以来破天荒的盛举,更有声有色,及结果更圆满起见,认为有为我们——工人——对行将开会的国民参政会表示意见的必要!

我们的意见是:一、希望这次大会对改善人民生活的国策,制定一具体实行的方法。

中国工人生活之悲惨,已是不容否认的铁的事实。生活悲惨,是会阻碍工人热烈参加救亡,这也是社会一致公认的真理。因此我们对《抗战建国纲领》中的改善人民生活的决定,不但竭诚拥护,而且还深佩见识之远大!但不容讳言的,直到现在为止,纲领还是同事实脱节,事实还是同纲领不符。这固然是有种种的原因,但,没有一个具体实行这一国策的方法,却是最大原因之一!

为了使工人自动地努力生产,自觉地改良生产技术;为了加强工人与政府的团结;为了冰释工人"日本来了,生活也不过如此"的错误心理与危险现象,这一国策的具体化,我们认为实为当前急务之一!

因此,我们除了要求政府切实执行外,还热烈的希望这次大会对这个问题热烈的讨论,并在热烈的讨论中,得出实行这一国策具体的方法来!

二、希望这次大会对武装武汉工人,保卫大武汉的紧急问题有一个决定。

敌人正在猛扑马当,武汉是危急了。有钱的同胞,可以向后转;可是我们这批工人(纱厂工人、码头工人、洋车夫等,合计有一二十万),这批苦人,一日两餐粗茶淡饭都很艰难,哪里还有闲钱让我们上四川,哪里还有法币送我们至湖南呢?我们就是不愿意同武汉共存亡,可是环境逼迫我们不得不共存亡了。但我们都是手无寸铁的老粗,不能做衣穿的一根根散纱。日寇来了,无问题的,我们是他理想中的肥羊,他们会拿着一根根的绳子,将我们一个个的套起来,牵去掘战壕,当运输队,替他们冲锋的。这绝不是我们故意捏造,或危言耸听,而是实在的情形。南京、上海、太原惨痛的事实,不是明而又白的告诉了我们吗?这惨痛的事实,不是在沦陷区域或战区,继续的不断的演出了吗?我们每天打开报纸,这惨痛的事实,不是天天都给我们看到吗?

为了减少无谓的牺牲,为了免除我们被日本帝国主义屠杀的命运,为了加强保卫大武汉的力量,我们除了大声急呼地希望政府把我们武装起来,组织起来外,并希望这一伟大而紧急的问题,能列入参政会的议事日程中,热烈的讨论起来。在参政会开幕的时候,我们除了看到各种精彩绝伦的决议外,还能看到进行这一巨大工程的一清二白的步骤来!

我们有的是黝黑的胸膛,有的是粗壮的胳膊,相信只要我们的生活有相当的保障,受着合理而得法的训练,在保卫大武汉的战斗中,定能以最英勇的姿态,同日本帝国主义相周旋!在保卫大武汉的史册中,定能占着辉煌的一页!

这是我们对这次参政会的期望,我们热忱的期望着这次大会能给我们满意的答复!

真正的民意是真理,相信这次会议对工人衷心的愿望不至于不闻不问吧!?

(原载1938年6月29日汉口《新华日报》)

33. 中国学生救国联合会上国民参政会建议书

国民参政会

汪议长

张副议长转

全体参政员诸公:

此次政府召集国民参政会,广召各方领袖于一堂,共襄抗战建国之大计,不独于抗战前途,裨益良多,抑亦为我国民主政治之实现,获一长足之进步。吾侪青年学生,虽以不克躬与盛会为憾,而睹此光明之象征,中心实具无限之庆幸。本会愿以无上之热忱,代表追随政府在苦难中奋斗之全国青年学生,祷祝钧会之成功,并愿渎陈一得之见,窃比古人献芹献曝之义,幸垂鉴焉。

一曰请求政府具体施行战时教育也。夫今日之提出战时教育,决不是趋时髦,亦不是唱高调,而实为适应中国此时实际形势之所必需。

本会今年三月间召开之代表大会,对于要求实行战时教育之提案,曾为本会会员十六个省份,七十三个青年学生团体一致之主张。最近《教育通讯》十三四期载有周尚先生《战时安全教育》一文,亦即为具体讨论今日教育应重视适应战时状态之重要文字。特周尚先生此文所讨论者,仅为消极防卫身体遭受战时之意外损害,而我辈则深觉尚须进一步教育全国青年,使每人均能成为抗战中最有力量之实际斗士。此种教育理想之追求与尝试,由于实际形势之逼迫,已有部分学校自动采行,如山西太原之战域中学,在暴日压境无可雍容弦歌之时,不得不合组师生游击队,一面游击,一面教学。徐州撤退以后,豫东学校多迁至豫西,各校师生,均随带步枪刀剑以自卫,彼等课程之内容,遂亦不得与平时大有出入。窃以为今日河南、山西之情形,明日或有重演于他省之可能。个别的临时应付,终非上策。至希政府及教育当局能早为之计,根据《抗战建国纲领》第九条"改订教育制度及教材,推行战时教程"之规定,正确颁行战时教育具体施行方案。第一对于拘泥模袭他国制度而于我国不易施行之教育制度,应行酌量改革,或予以稍富弹性之规定,俾能适应战时环境,因地制宜,因材施教。第二对于各级学校课程,应重加厘订,务使尽能适合抗战建国之需要,并有一贯之体系,力避教学方面之混乱与浪费。

二曰请求政府统筹全局救济失学失业青年学生也。对于救济战区失业失学青年,政府本早有登记安插办法,且成效昭著,众所其知。但救济之容量太少而需要安插者实占多数。盖青年因战事之影响而致失学失业者,初不限于战区,而战区失学失业之救济,复因种种限制,而不能普遍。最近国立东北中学招考新生两个班,报名者数以千计,均为流落无告之东北四省及敌人占领区域之青年,然因名额之限制,录取者必居少数,茫茫前途,此不幸之一群行将托身何地?殊令人不忍想象。而全国青年如此徬徨于歧途者,更不知凡几!用敢请求政府对于救济之办法,更能深谋远虑,推广其范围,减少其限制,救济失学失业青年问题,俾比较能得根本而普遍的解决。今日多培养一分青年力量,明日国家好能多得数倍以上之收获,幸衮衮诸公共鉴之。

三曰请求政府辅助青年学生组织国际代表团,经常驻留各国进行国际宣传也。今日早非闭关自守时代,中国不能遗世而独立,对外之联络与合作,实有万分重要之意义。现政府方面,有正式使节驻留各国,进行国际间一切交涉事宜;惟在民众尤其是青年学生方面,与国外之联系殊嫌薄弱。在青年学生方面,过去唯本会曾先后派遣代表陆璀女士出席一九三六年在日内瓦召开之世界学联代表大会,并在欧美各国努力进行抗日救国宣传,在国际间获有很高之声誉,在工作上获有相当之成就。然终感力量犹不集中,阵容尚欠整顿,需待加强与充实之处甚多,此则有待政府之协助者也。

此次经本会邀请来华之世界学联代表团,为同情我抗战,协助我宣传,尚不辞万里跋涉,亲冒战火之险;而我国之青年,尤应有健全之国际代表团,亲至海外各国,向世界人士宣扬抗战之旨意,广播我真正之民意,以争取更多国际之同情与援助。至青年代表团之产生,应以民主选举为原则,第一须能真正了解国内青年活动情形,代表国内青年学生之要求;第二须能取得国际青年界之信任与重视,俾工作可收事半功倍之效。甚望此事能在参政会中得一妥善之方案,贡之政府,使之实现。

四曰请求政府颁布一明确的群众团体登记条例也。《抗战建国纲领》二十六条:"在抗战期间,于不违反三民主义最高原则及法令范围内,对于言论出版集会结社,当与以合法之充分保障。"然自《抗战建国纲领》公布以还,三月于兹,迄未闻有热心救亡之群众团体,曾得正式请准登记。如本会自在军委会政治部领导之下召开代表大会以来,所有会员单位,均为各地民众合法团体,所有各种工作,均系请示政府而后施行,然犹迄未获得正式核准登记,此固不仅影响本会工作及民众运动之开展,抑亦损及《抗战建国纲领》之尊严。此风不宜继长,无待言喻。为此本会郑重提出,请参政会诸公提起政府之注意:对于群众团体之甄别取舍,应有明确固定之标准,敏捷处决之办法。如其违反三民主义之最高原则,或抵触政府之法令也,则断然取缔之;如其在工作有成绩,对抗战有贡献也,则宜明令"予以合法之充分保障",庶无背乎《抗战建国纲领》之原则。

第三期抗战方在开始,民族之前途犹多磨难。上述四点,不仅为本会之建议,实亦为危难中全国学生之迫切呼吁。钧会上负政府托付之重,下载人民热望之殷,兴亡之责,依荷至深,幸能垂纳愚忱,俾之施行,则不仅全国青年学生之大幸,祖国前途亦深利赖焉。

中国学生救国联合会

(原载1938年7月11日汉口《新华日报》)

34. 湖南常德监犯致国民参政会信

主笔先生:

我们这一群里面,有工人,有农民,有军人,有知识分子,有妇女,过去的职业虽然不同,年龄上也有差异,但是我们保卫祖国,反抗暴日的心,却是整个的一颗。我们要求国民参政大会,促成政府大赦,或用其他方法,来完成全国在监人犯实际参加抗敌的志愿。

以下是我们的理由：

一、糜费国库。依据常德县监狱在监人犯的原因来观察，十分之八是为了经济的原因才触犯国家的刑章的。这样的一个小小县监狱就有一百七八十人被羁押着，这还是仅就监狱来说，至于诉讼上尚未终审，羁押在看守所以及县政府里等待判决的人数还不计算在内。如果全数统计起来，恐怕不下四百人。一个县的单位是四百人，全国统计一下，为数岂止一百余万人。每一个人，每一个月所耗费的所谓囚粮是国币三元，以一百万人来计算，耗费的数目就要三百余万元。此外，还要加上办公费、公务人员的俸给，那末，耗费国库的数目，就实在可观了。

二、废弃人力。我们的年龄十分之九都在壮年。政府如果施行大赦，调令全国人犯，一律使服合于能力的军役，这样，不但是节省三百余万元的每月支出，移作充实军需，也可以使后方的应该被征抽的农民工商业者壮丁，继续着后方的生产事业。

上述两点是理由的荦荦大者，其次有一件事实的教训，也足以引为理由。有许多现在已经被敌人占领的区域，当未沦陷以前，在监人犯都被禁闭着，不加以组织，不加以训练，一旦战局紧张，束手等待着敌人轰炸，幸而没有遇难，仍是难免敌人临境以后的兽性屠杀。纵使能够脱离死神的巨掌，身体得以恢复自由，但是家乡已经成为废墟，四顾茫茫，何处容身？虽心想在祖国的国徽下呼吸一日自由空气已不可能。这些人都是中华儿女，都是抵御敌人的人力，被废弃了，被牺牲了，真是可惜啊！

先生！我们写这封信给你，请求你替我们这一群全国在监人犯，在国民参政大会开会的时候，在舆论上予以赞助，促使政府大赦，或用其他方法，使全国在监人犯尽能置身抗战工作。这，并不是希求恢复我们个人的身体自由，恰恰相反，我们意识到个人的自由需要国家的自由来保障。我们知道：古今中外，历史上绝没有国家失去了自由独立，而人民能够保持其真正的自由的。先生！我们爱护国家，国家也需要我们来共同保卫，我们因为无门诉苦要求参加抗战的愿望，并且没有方法实现这愿望，所以敬以十二万分恳切的心拌和着热泪与鲜血,向先生呼吁！希望先生给我们有力的赞助！

　　　　　　　　　　　　　　　　　　　　　　　　　　　致敬

敬礼！

　　　　　　　　　　湖南常德县监狱在监人犯全体同启

　　　　（原载 1938 年 7 月 10 日汉口《新华日报》）

（三）第一届第一次会议在汉口召开

　　国民参政会第一期集会,昨(六)日上午举行开幕典礼。

　　出席者有汪议长兆铭、张副议长伯苓、王秘书长世杰、彭副秘书长学沛、参政员张一麐、江恒源等一百三十余人。各院部会长官到军事委员会蒋委员长、冯副委员长、白副总参谋长、行政院长孔祥熙、司法院长居正、监察院长于右任、行政院副院长张群、军政部长何应钦、内政部长何健、外交部长王宠惠、经济部长翁文灏、交通部长张嘉璈、教育部长陈立夫、钱主任大钧、国防最高会议秘书长叶楚伧、中央党部秘书长朱家骅、行政院秘书长魏道明、立法院秘书长梁寒操、中宣部副部长董显光、行政院政务处长蒋廷黻、财政次长邹可林、赈务委员会委员长许世英、侨务委员会委员长陈树人；驻意大使刘文岛、驻德大使陈介；中央委员邵力子、陈璧君、陈公博、林云陔、蒋作宾、褚民谊、林翼中、傅汝霖、陈绍宽、麦焕章、李文范、张道藩、方治、黄季陆、潘公展、张冲、吴忠信、甘乃光、马超俊等。外宾由外交部派员招待入场,计到英大使卡尔、美大使詹森、瑞典公使倍克飞力斯、法代办劳德士、法使馆参赞介奇毕高、意大使馆代表毕杰地、比大使馆秘书樊东坡及中外记者、参政会秘书处职员共千余人。

　　各参政员、各军政长官及来宾,皆准时陆续入场。场中彼此见面,握手言欢,态度之真挚,情绪之热烈,实属罕见。

汪议长、张副议长、蒋委员长、孔院长、于院长、居院长，相继登主席台就位。先由王秘书长报告：截至六日晨止，报到已有一百四十九人出席大会，九时前计到一百三十六人。报告毕，当即宣布开会。由汪议长主席，进行开幕仪式：（一）全体肃立；（二）奏乐；（三）唱国歌；（四）向党国旗及总理遗像行最敬礼；（五）议长恭读总理遗嘱；（六）为抗战阵亡将士及死难同胞肃立默念三分钟。旋由汪议长致开会词，彭副秘书长学沛宣读国府林主席惠词，蒋委员长致词，张副议长致词，参政员代表张一麐致答词。最后奏乐，礼成散会。

（中央社讯，原载 1938 年 7 月 7 日汉口《中央日报》）

1. 议长汪兆铭开幕词

国民参政会在抗战期间开会，在全面抗战已经一年的时候开会，实在使我们有无限的感慨与无限的兴奋。

回忆去年这时候，因卢沟桥事变发生，使全国人民知道国家民族的生死存亡已临于最后关头，地无分南北，人无分老幼，莫不一致努力，以展开全面的抗战。一年以来，破碎的山河，没有一处不染满了我们同胞的血痕！今年三月二十九日，中国国民党开临时全国代表大会，据军政当局的报告，武装同胞死伤之数已达五十多万，如今又过了三个多月了，在这三个多月中，最剧烈的，有鲁南之战，以及苏、皖、晋、豫各处之战，武装同胞死伤的数目，还没有详确的统计，但也可以推想而知！这些为全面抗战而流的武装同志之血，为的是争取国家民族之生存独立与自由平等。至于非武装的同胞，在沦陷区域内，在战区内，死于飞机之轰炸，大炮之轰击，机关枪之扫射，步枪之射击，刺刀之刺杀，其数目一时不易统计；即在后方区域一样的也日日在飞机轰炸之下不断的流血。最近两三旬，广州市民所受之惨痛，不是人类历史上所应有的。至于一般同胞，以其血汗所得，贡献国家，充作战时经费，一点一滴，流出无余，以及因生产工具之被破坏，工商业区域及农村之被蹂躏，财产之被掠夺，以致生计断绝，无所资以为生活，辗转死于沟壑之中者，其数目一时尤其不易统计。这些为全面抗战而流的一般同胞之血，无论为有形的，为无形的，都无非为的是争取国家民族之生存独立与自由平等。

国民参政会同人开会之际,想起一切武装同胞、非武装同胞的血,从前流着,现在流着,未来还要流着。国民参政会同人,一息尚存,深以后死为愧!惟有准备着将自己的心血,以及身上的血,与全体同胞流在一起。

血是要有代价的,这代价是什么呢?是国家民族之生存独立与自由平等!我们为要争取国家民族之生存独立与自由平等,不惜流出血来作为代价,等到代价付足之日,便是国家民族获得生存独立与自由平等之时。

《抗战建国纲领》便是根据以上的理由而产生的,有了《抗战建国纲领》,我们的血方才不致白流!因为照着《抗战建国纲领》去做,抗战必胜,建国必成,这便是一股国民所流之血所得的代价。

国民参政会便是根据于以上的理由而产生的,《抗战建国纲领》第十二条:"组织国民参政机关,团结全国力量,集中全国之思虑与识见,以利国策之决定与推行。"这是说明国民参政会的目的及其效用,我们能依据国民参政会的组织条例,充分发挥其效能,协助政府以从事于《抗战建国纲领》之实施,以达到抗战必胜、建国必成的最大目的。国家为的是不使一般国民的血白流出来,而务必取得所应得的代价。

我们知道国民参政员里头,对于政治上之见解未必是尽同的,这里头有中国国民党党员,有无党派色彩而保持着自由思想,独立评论的人,还有其他党派,但是自从国难发生以来,精诚团结,日益加紧,及至全面抗战开始,朱德、彭德怀先生就职第八路军副总指挥时候,曾经郑重宣言,愿为三民主义的彻底实现而奋斗。及至《抗战建国纲领》颁布以后,张君劢先生等及左舜生先生等对于第二十六条的规定表示热烈的同意,全国言论于此也无异辞。本来各国在对外作战期间,国内各党派,没有不相约为政治的休战,中国处于被侵略的地位,对外作战为的是抵抗侵略,以争取国家民族之生存独立与自由平等。在这国家民族的生死存亡已临于最后关头的时候,大家惟有同心合力,以必死之决心,作不断之奋斗,一切蠲弃成见,破除畛域,集中意志,统一行动,在这重大的意义的面前,简直不成问题,我们确实相信,我们的精诚团结,比起所谓政治的休战,只有更深一层,更进一步。我们知道,抗战与建国,是同时并行,非抗战不能建国,非建国不能抗战。我们尤须知道,抗战建国,是一件事，不是两件事：就它捍御外患的行动来说，谓之抗战，就它健全本身使之不断的增加力量来说，谓之建国，所以抗战建国，其实是一件事。政治制度是建国的重大工作之一。中国的政治制度，自总理成立兴中会以来，其目的即在构成民权主义的政治制度，自此以迄于同盟会及中国国民党，始终努力，未曾间断。于此，有须注意的，中国国民党所期待之民主政治，不是已有的一部白纸黑字之宪法为已足，欲求宪法实际有效，必须有民众的力量来做基础，而民众的力量，又须先之以解除压迫，继之以训练能力，方才能即于健全。数十年来，中国外则受强邻的侵略，内则受封建残余势力的束缚，欲求民主政治之实现，必有一个强有力的中央政府，集中全国民众的力量，加以训练，为之领导，必须如此，然后对外才能抵御侵略，以求得独立，对内才能解除束缚，以求得统一，必须如此，民主政治才能有实现的希望。总理所说"政府有能，人民有权"，即是此意。建国大纲在宪政时期之前，认为必须经过训政时期之阶段，亦即是此意。所以中国国民党临时全国代表大会宣言，再三说明，"自由"与"统一"，"民主"与"集权"不独相冲突，而且相辅相成，不可偏废。中国今日，真是到了五千年历史绝续的关头，四万万民众生死的歧路，在此伟大而艰难的抗战中，非"政府有能"不能应付时局，非"民众有权"不能使政府集中全国的心力物力，以供抗战建国之用，统一不但不是妨害自由，正是自由的保障，集权不但不是妨害民主，正是民主的必具条件。

去岁十一月十二日本来是召集国民大会的日子，将由国民大会制定宪法而颁布之，并决定施行日期。自从全面抗战开始，国民大会代表之选举与召集，已成为不可能，而且当对外作战之际，即在通常的民主国家，亦必由已成之国会授予非常时期之大权于政府，使得临机应变，处置一切。所以国民大会之召集，乃由国民政府以明令延期，同时将非常时期之大权，授予军事委员会蒋委员长，俾得领导全国，从事于抗战建国之工作。抗战建国，需要民众力量，尤其需要将这些民众力量集中起来，施以训练，加以领导，上头所说"自由"与"统一"，"民主"与"集权"，已经有所申述，这在建国的过程中，已为重要；在抗战期间的建国过程中，更为重要。国民参政会的最大努力，便在如何担负起这重要的使命。在抗战期间，团结民众，使抗战力量，不断加强，同时在抗战期间,为民主政治奠定了稳固的基础,使抗战结束以后,中国可以从容的进入于宪政时期,于建国之事业,其裨益也是极大的。

因此之故,国民参政会开会之际,惟有根据着组织条例所授予之职权,与议事规则所规定之程序,同心戮力,以求《抗战建国纲领》之实施。我们不但在方案上要有所贡献,并且在实行上要有所匡益,例如我们将在会议里头把民间所见所闻,以及心中所想,传达于政府;同时也把政府所怀抱所期望,传达于民间,我们并且要将全国精诚团结的意志,与切实沉着的精神,宣示于世界,并且对于侵略者及其所制造出来的傀儡指出全国在此艰难困苦中不折不挠的气概。这些意志,这些精神,这些气概,都是充分表示着,我们全国,不会屈服,不会灭亡,并且正向着抗战必胜建国必成的大路而迈步前进。国民参政会在抗战期间开会,在全面抗战已经一年的时候开会,兄弟不才,忝随同人之后,深信凡我同人,必能共体此意,为此民主政治初步基础之国民参政会,造成空前未有之记录。

(原载《国民参政会文献汇编》,民团周刊社编1938年8月出版)

2. 国民政府主席林森致词

国民政府在抗战期间,为集思广益,团结全国力量起见,特设立国民参政会,于本日举行开幕典礼,集全国才智之士于一堂,共相研讨,对于今后如何完成抗战建国之任务与使命,必能深思熟虑,各抒所见,以伟大之贡献,作国是之南针,本席深为国家民族前途庆幸,特致数语,以资共勉:

一、中国现正从事于四千余年未有之民族抗战,抗战而胜,即可跻国家民族于自由平等之域,恢复历史上固有之光荣;抗战而败,则具有四千余年光荣历史之中国,将从此失去自由之权,全国四万万五千万同胞将悉陷入万劫不复之境!是以吾人欲维护中华民国之独立,保持中华民族之生存,惟有举国一致,万众一心,在三民主义最高原则之下,努力奋斗,抵抗到底!效总理百折不挠之大无畏精神,沉着应战,以争取国家之最后胜利。古人有云:"天下兴亡,匹夫有责。"诸君职司参政,对于国家民族之救亡图存,尤属责无旁贷!自兹以后,应如何群策群力,使全国之意志益趋统一,团结益臻巩固,一切智力、财力、物力,毋作无谓之浪费,毋为不当之消耗,俾能荟萃集中,贡献于国家民族,以充实抗战之力量,增加抗战之效能,冀在最近期间,能达到抗战胜利之目的!此为政府与全国人民所希望于诸君者一也。

二、现代之所谓战争,为科学之战争,为整个国力之战争。故战争之胜负,不仅系于前线之武力,而全国之科学、文化、经济、教育,均与前线作战有不可分离之关系。欧战时,德国拥有世界上最精良之陆军与武器,而卒不免于溃败,其最大之症结,即在经济条件,不能适应前方之需要,故有谓后方之一粒小麦,亦足以影响前方作战之功效。可见后方之建设及生产,与前线作战之关系,至为巨大。是以本党临时全国代表大会,有鉴于斯,特制定《抗战建国纲领》,指示国人应一面抗战,一面建国。——盖在此非常时期,非抗战不能抵御敌人之侵略,非建国不能充实抗战之力量,故抗战与建国,应同时前进,并行不悖。抗战为扫除建国之障碍,而建国为充实抗战之力量,庶几抗战胜利之日,即为建国完成之时,此后应如何群策群力兼筹并顾,实现《抗战建国纲领》,完成抗战建国使命,此为政府与全国人民所希望于诸君者二也。

三、国民参政会为抗战时期之人民参政机关,其最大使命,为集思广益,团结全国力量,其最大目的,在完成抗战建国之任务,与欧美政党政治之议会,还不相同。——盖中国所遭遇之空前危机,已届最后关头,整个国家整个民族之生死存亡,如千均之系于一发,惟有合全国四万万五千万人之整个力量,与敌人长期奋斗抗战到底,始能转危为安,为国家民族争取最后胜利,挽救国家民族于垂亡,是否覆巢之下,决无完卵,世界断无祖国之下,而能讲自由平等谈共有共享者。故聪明俊杰之士,应各抛弃成见,为整个国家整个民族之生存而牺牲。群策群力,集中全国之信仰,统一全国之步骤,使全国四万万五千万人,悉在三民主义最高原则之下,团结一致,共同奋斗,以达抗战必胜,建国必成之目的,俾完成国民参政会之伟大任务!此为政府与全国人民所希望于诸君者三也。

要之,国民参政会产生于国家之非常时期,应以非常之精神与毅力,肩荷非常之职责,以为国家民族建立非常之事功,借救国家民族之危亡,而跻国家民族于自由平等之域,俾在中华民族奋斗史上,创造一页光荣之纪录,用副政府与全国人民之热望,国家幸甚,民族幸甚。

（原载《国民参政会文献汇编》,民团周刊社编1938年8月出版）

3.国民政府军事委员会委员长蒋中正致词

各位先生：

今天国民参政会举行开幕典礼,中正躬逢其盛,很觉荣幸！当此寇军深入,强敌压境之时,国民参政会诸君,能集合一堂,在此时开会,这在民国历史上实有最重大的意义。尤其是在抗战建国的进程中,参政会的工作,更占有极重要的地位。趁今天大会开幕的机会,兄弟有几点意思要贡献给各位：

现在我们抗战已经一周年了,以前一般人士对于这次抗战有许多批评,大抵以为过去我们只作到军事的动员,而没有鼓励全国政治的力量,使全国民众动员来参加抗战,这是在国内常听到的一类说法。现在参政会成立,各位先生都是全国各地方、各团体所信任敬佩的领导者,今后一定可以给全国民众和前方将士以更大的鼓舞和安慰,以加强抗战的力量和必胜的信心。在国外方面,尤其是我们的敌人日本帝国主义者,他们还是以为中国现在只有一部分军事力量在抵抗他的进攻,其余社会上政治上,都是和从前一样,还是彼此不相团结,完全说不上发动现在时代国家的整个战争。所以他们敢来侵略我们,压迫我们,认定这次战争,他们一定可以打败中国,并吞中国。但是自从我们发动全面抗战以来,他这种亡我国家,灭我种族的阴谋,已完全被我们揭穿,无法得逞。尤其是我们国民参政会在今天开幕,这一个集中全国各阶级各团体最有道德、最有学问经验的贤才,聚会一堂,竭其智力,从行动上表示举国一致,协助政府抗战的事实,更足给侵略的敌寇以极严重的打击！因为敌人之所敢于轻视我国,企图吞灭我们国家,其最大的理由,还不在军事方面,而是他看得我们国家内部不团结,政治不统一,没有形成现代国家的基础。所以他敢于拿小部分的武力,就以为可以战败我们。在未开战以前,就敌人的目光来看,以为中国军队实不堪其一击。但是现在的事实,我们不仅在军事上能够抵抗,并已能够逐渐消灭侵略的敌寇;而且在政治上已表现我们全国一致抗战的组织和行动,使敌人不得不重新认识我全国国民的力量,

已团结集中于政府指挥之下,来排除侵略,这实在是给予敌寇以致命的打击。(鼓掌)

由此我们也就可以知道此次国民参政会,成立最重大的意义和唯一的目的,就是要集中全民族的力量,对侵略的势力,作殊死的斗争,以求得抗战的胜利和建国的成功。我们要达到这个目的,必须切实完成下面两个基本的任务:

第一,就是我们国民参政会在这国家血战求存的时候开幕,实在是为应时势迫切的需要而产生。在此特殊的非常时期,负有特殊的非常的重大的责任!可以说:这个国民参政会,实在是抗战建国的国民参政会。——我们是为抗战而来开会,是为建国而来开会。我们集会开议和一切工作,一定要助成抗战的胜利,促进建国的成功。我们必须以一致有效的努力,尽量发挥我们的力量,来达此目的。而我们要达此目的,第一个必须完成的任务就是要加强团结,巩固统一!能团结统一,虽是一个弱小的国家,亦可以抵抗外来最大的仇敌;否则就是怎么大的国家,亦将被敌人侵略,甚至灭亡。所以我们在这抗战建国时期,万事莫急于加强团结,巩固统一。希望各位先生,尽心尽力,团结全国的精神,统一全国的意志,合全国四万万人之心为一心,合四万万人之体为一体,集结整个国家全部的力量,来迅速完成抗战建国的大业。各位以后无论提案讨论决议,必须以积极达成这个任务为唯一目标。

第二,要建立民主政治的基础。刚才议长说过:我们国民参政会,不是一个临时的会议,而要乘此抗战时期,借参政会各位先生的努力,为国家建立一个永久的、真正的民主政治的基础。我们要如何才能够建立具有真正民主政治的基础呢?首先就希望各位能树立民主政治的楷模!民主是什么?民主就是自由。所谓自由,要以不侵犯他人的自由,不侵犯他人的权限,更要严守纪律,必须以法律来保障自由,为实行自由的根据,这种自由,方能成为真正的自由,方能成为真正的民主。尤其在此整个民族存亡绝续之交,我们真正的民主自由,决不是讲个人或少数人的自由,而是要牺牲我们个人和少数人的自由,以求得整个国家民族的自由。可以说,我们要求得自由,更是要认清国家与个人地位所在,和时代环境的需要,使法律有效,抗战有利,以建立我们民主的政治的楷模，奠定整个民族自由的基础。也必须有真正的自由和真正的民主，才能完成这次国民参政会的使命。民国成立已二十七年，回忆这二十七年的历史，我们国家虽亦曾有议会，但还没有成功为真正民主宪政的国家；而且因为过去发生种种的流弊，反致国家于纷乱衰弱，所以到现在就要受敌人如此侵略压迫的耻辱！我们国民参政会当然不是议会，但要以从前议会的民主政治失败为戒，以期树立一个真正的民主政治的基础，这也是贵会建国的一个重要的责任。我们今后要建立民主的基础，首先就要由各位参政员先生以身作则：教导一般国民，必使人人能守本分，负责任，更要重纪律，能为整个国家效力，以求得抗战最后的胜利。

总之，我们国民参政会今后要担当起抗战建国的任务，能达到抗战胜利和建国成功的目的，必须认定国家至上，民族至上，无论提案讨论决议以及我们个人一切言论行动，都要以国家民族为唯一前提，以求得抗战胜利为第一要务。希望各位本着精诚团结共赴国难的宗旨，齐一其心志，团结其精神，事事开诚布公，使会议的一切决议，必求适应抗战建国的需要，以完成贵会所负时代最重大的使命，并祝国民参政会成功。

（原载《国民参政会文献汇编》，民团周刊社编1938年8月出版）

4. 副议长张伯苓致词

国民参政会于今日开幕，伯苓学识浅陋，承选派为参政员后，蒙任充副议长。过去四十年均系从事教育，对政治初无经验之人，谬膺重任，深惧弗胜！当本人在渝见报载政府发表参政员名单，其中包括各党各派代表及各界知名之士，亦有过去与政府政策及意见不无异同之点，以致发生误会者，深恐各方意见仍多，未必悉能融洽。乃到汉以后，见诸先生集中意志，精诚团结，共同致力于抗战建国，诚如蒋委员长所云："要全国一致积极的从事抗战建国，以争取最后胜利。"证诸诸先生态度之诚挚，精神之热烈，深信本会前途，必能达到光明与圆满之目的！此则伯苓所引为欣慰者也。此次参政会之召集，足以表现我国历史上空前之统一。诸先生来自各地，希望代表民众公意，尽量向政府贡献意见，为今后树立民主政治之开端。在会期中，诸先生悉力研究抗战建国之大计；在闭会后，诸先生又须亲莅战区，协同抗战军民从事于激励将士，动员民众等重要工作。职责方殷，尤赖努力！总之，本会使命，系为求达到抗战建国之成功，同人自应切实负此艰巨，以赤心为国，拥护中央，拥护领袖之一致精神，以鼓励全国民气，发动全国民力，再接再厉，愈战愈强！此则所愿与同人共勉之，即所可告慰于国人者也。

（原载《国民参政会文献汇编》，民团周刊社编 1938 年 8 月出版）

5. 参政员代表张一麟答词

今天是国民参政会开幕的一天，又是对日抗战第一天——七七纪念的前夕。同人平日处此非常时期严重的局势，亦即本匹夫有责的意义，各就各位，群策群力，对我主持抗战的政府、为国效死的前方将士、与出血汗的后方民众，冀为万一之助。况今者，政府根据全国公意，有国民参政会之召集，同人于千里万里之旅程，水陆飞航之劳顿，敢不本剑及履及的精神来会出席。汪议长、林主席、蒋委员长致词，所以策勉同人既闻之矣。今愿就数日来同人之所讨议采集纲要，简举其辞，直陈如次：

一、暴日处心积虑，积十年之准备，加之以谋我，得寸进尺，实逼处此，意在全部覆灭我中华。到今日况既让无可让，忍无可忍！政府为求延续我国家和民族的生命，万不得已出而抗战。我全国人民，誓当捐弃一切，团结各党各派各地各界之心思才力，凝成整个的力量，树立我抗战政府有力的后盾。

二、自抗战开始以来，我前方将士，有不爱惜其宝贵的生命，前仆后继，为壮烈的牺牲；我各地民众，有钱者出钱，有力者出力，无老幼，无男女，为欲保全他们的人格和国格，绝而不恤！此即人心不死最显明的表示，亦即国族不亡最有力的征兆。同人誓当本此精神，以谋筑成更坚强的精神壁垒，来发挥吾更有效的抗暴的威力。不肯屈辱求生，宁破坏其身家，甚至捐弃其生命，以达我国族生存的最大目标！

三、我中华自共和定国以来，不幸而遭逢多难。过去廿余年间，凡我立国的必要条件，与共和国家必要的基本组织，或因多故而未遂，或速度尚在中途，猝遭打击。同人以为，立国必要的条件是统一，共和国家必要的基本组织是民权。我国参议会在政府与民众亦既以代表民意之重大责任期勉吾同人,我同人敢不慷慨地起来,凡所建议或献或替,定当一一凭吾良知,认为有合于全民公共意旨,俾我虚怀求治的政府,获得采取真正民意的途径。因而构成全国上下一心一德,以完成一方抗战一方建国的重大使命。凡此皆为吾同人念念不忘之公共意见,因此敢率直要求政府,凡吾同人所建议,设于事实有所异同,各必说明实况,苟其认为有当,必一一见诸施行,庶政府之诚意召集,与同人之热忱参加,获得。总之,凡我中华民国国民休戚共之,存亡共之,耿耿此心,质诸天日。孟子云:"生于忧患,死于安乐"。韩信云:"置诸死地而后生,置诸亡地而后存"。同人更当发挥此全民敌忾精神,拥护政府,实现抗战建国的国策!又吾人当思之,孔子射于瞿相之圃,曰:"败军之将,亡国之大夫勿入"。岳飞云:"文人不爱钱,武人不惜死,天下自太平矣"。念此古言,意义深长!同人愿偕我政府诸公和全国民众自勉并互勉,以争取抗战必胜建国必成!

(原载《国民参政会文献汇编》,民团周刊社编1938年8月出版)

6. 会议日志

国民参政会第一届第一次会于7月6日上午在汉口两仪路上海大戏院开幕。

下午,举行第一次大会。议长汪兆铭、副议长张伯苓及参政员一百二十人出席了会议。出席会议的还有国民政府行政院长孔祥熙、司法院长居正、监察院长于右任、行政院副院长张群、军政部长何应钦、外交部长王宠惠、内政部长何键、教育部长陈立夫、经济部长翁文灏、交通部长张嘉璈、侨务委员会委员长陈树人、行政院秘书长魏道明等。

会议宣读了国民政府主席林森等给大会的贺电,听取了秘书处会务报告,行政院长张群的政治报告,军政部长何应钦的军事报告。

会议讨论通过了议长汪兆铭关于电慰国民政府军事委员会委员长蒋中正和前方将士的提议;讨论通过了各审查委员会委员人选。

7月7日 上午,举行第二次大会。议长汪兆铭、副议长张伯苓及参政员一百四十五人出席了会议。出席会议的还有国民政府监察院长于右任、司法院长居正、外交部长王宠惠、经济部长翁文灏、内政部长何键、海军总司令陈绍宽等。

会议宣读了第一次大会记录；听取了秘书处会务报告；内政部长何键的内政报告；外交部长王宠惠的外交报告；议长汪兆铭的关于议事规则解释的报告。

会议讨论通过了参政员吴贻芳、史良、伍智梅、邓颖超、刘蘅静、陶玄、张肖梅等，为纪念"七七"抗战一周年，各参政员一律献金，以资提倡的临时动议。

十二时，全体与会人员，为纪念全国抗战阵亡将士及死难同胞，静默三分钟。

下午，举行第三次大会。议长汪兆铭、副议长张伯苓及参政员一百四十三人出席了会议。出席会议的还有国民政府行政院长孔祥熙、教育部长陈立夫、外交部长王宠惠等。

会议宣读了英国援华运动总会给大会的贺电。会议听取了教育部长陈立夫的教育报告。行政院长兼财政部长孔祥熙作财政报告，并答复参政员提出的询问事项。

会议讨论通过了议长汪兆铭关于成立宣言起草委员会的提议，推举张炽章、吴玉章、胡健中、张君劢、曾琦、黄炎培、周炳琳、陶希圣、陈裕光为宣言起草委员会委员，张炽章为召集人。

7月8日 上午，举行第四次大会。议长汪兆铭、副议长张伯苓及参政员一百四十四人出席了会议。出席会议的还有国民政府行政院长孔祥熙、司法院长居正、交通部长张嘉璈、经济部长翁文灏等。

会议宣读了国民参政会向国民政府主席林森的致敬电；听取了秘书处会务报告；交通部长张嘉璈的交通报告；经济部长翁文灏作经济报告，并答复参政员提出的询问事项。

下午，各审查委员会举行会议，讨论政府报告，审查参政员提案。

7月9日 继续举行各审查委员会会议。

7月10日　上午,举行第五次大会。副议长张伯苓及参政员一百五十一人出席了会议。出席会议的还有国民政府监察院长于右任、司法院长居正、交通部长张嘉璈、经济部长翁文灏等。

会议宣读了华侨抗敌动员总会、广州学生抗敌联合会等、广州市妇女会等、四川抗战建国协进会等、广州市市郊农会、广州市律师公会等、广东文化界抗敌协会等、广西各界抗敌后援会、津浦铁路工会理事会、广东各界纪念抗战建国及追悼阵亡将士死难同胞大会、越南南圻中华总商会、洛阳各界抗敌建国周年大会发来的贺电。听取了秘书处会务报告;听取了政府各部对参政员所提询问事项的书面答复;副议长张伯苓宣布讨论审查报告的注意事项。

会议讨论通过了第一审查委员会关于《拥护政府长期抗战国策案》(胡景伊等二十一人提)的决议,第三审查委员会关于《调整民众团体以发挥民力案》(邹韬奋等二十八人提)、《具体规定检查书报标准并统一执行案》(邹韬奋等二十七人提)的决议,第四审查委员会关于《在内地建立工矿基础,增加生产,以充实国力案》(政府交议)、《建设内地农业以促进后方生产充实抗战力量案》(政府交议)的决议。

下午,继续举行各审查委员会会议。

7月11日　上午,举行第六次大会。议长汪兆铭、副议长张伯苓及参政员一百五十二人出席了会议。出席会议的还有国民政府行政院长孔祥熙、监察院长于右任、司法院长居正、经济部长翁文灏、内政部长何键、政治部长陈诚、国民党中央政治委员会秘书长张群,中央委员邵力子、马超俊、肖同兹等。

会议听取了秘书处会务报告;经济部、财政部答复了参政员对财政、经济问题的询问;政治部长陈诚作关于民众组织训练问题的报告。

会议讨论通过了《节约运动大纲》(政府交议,由国民党中央政治委员会秘书长张群作了说明),并汇集各参政员修正意见,提送政府采纳施行。

下午,继续举行各审查委员会会议。

7月12日　上午,举行第七次大会。议长汪兆铭、副议长张伯苓及参政员一百五十三人出席了会议。出席会议的还有国民政府行政院长孔祥熙,监察院长于右任,司法院长居正,内政部长何键,经济部长翁文灏,交通部长张嘉璈,国民党中央委员会秘书长朱家骅、中央委员邵力子、钱大钧、马超俊、肖同兹等。

会议听取了秘书处会务报告;监察院长于右任作监察工作报告,并答复了参政员提出的询问事项。

会议并案讨论了郑震宇、陈绍禹、王家桢等;关于拥护《抗战建国纲领》的三个提案。中国共产党代表陈绍禹、中国青年党代表曾琦、蒙古新疆代表等相继发言,表示拥护。最后形成《拥护抗战建国纲领决议案》,全场起立,鼓掌通过。

会议讨论通过了第二审查委员会关于《请本会推派参政员五人至七人前往欧美各国从事访问案》(杭立武等二十一人提)的决议,以及对政府外交报告的补充意见,第四审查委员会关于有关提案的五项决议。

下午,继续举行各审查委员会会议。

7月13日　上午,举行第八次大会。议长汪兆铭、副议长张伯苓及参政员一百五十六人出席了会议。出席会议的还有国民政府行政院长孔祥熙、监察院长于右任、司法院长居正、军事委员会副委员长冯玉祥、经济部长翁文灏、外交部长王宠惠、内政部长何键、教育部长陈立夫、国民党中央委员会秘书长朱家骅、中央委员陈公博、邵力子等。

会议听取了秘书处会务报告。议长宣布参政员张振帆、胡文虎响应"七七"献金运动,各献一万元。交通部书面答复余家菊关于交通工作的询问。行政院副院长张群口头答复张申府等关于抗战建国具体计划的询问。

会议讨论通过了第一、第二审查委员会对若干重要军事外交问题的决议。

下午,第一、第三审查委员会继续举行会议。

7月14日　上午,举行第九次大会。议长汪兆铭、副议长张伯苓及参政员一百四十五人出席了会议。出席会议的还有国民政府行政院长孔祥熙、监察院长于右任、司法院长居正、经济部长翁文灏、外交部长王宠惠、内政部长何键、教育部长陈立夫、国民党中央委员会秘书长朱家骅、中央委员陈公博、邵力子等。

会议听取了秘书处会务报告。交通部、财政部、监察院、考试院书面答复了参政员提出的询问事项。

会议并案讨论通过了政府交议和褚辅成、孔庚、王幼侨等关于改善各级行政机构的四个提案、政府交议和曾琦、王造时、许德珩、程希孟等提出的关于设立省县市地方民意机构的五个提案,并对此提出了审查意见。会议还讨论通过了吴玉章、李中襄、傅斯年、喻育之、潘秀仁等关于改善保甲制度、救济难民、战时教育的提案。

下午,继续大会讨论提案;通过了驻会委员会委员选举办法。

7月15日 上午,举行第十次大会。议长汪兆铭、副议长张伯苓及参政员一百四十五人出席了会议。大会选举了驻会委员会委员;讨论了大会宣言草案,提出了修正意见。

下午,国民参政会第一届第一次会议休会。

(根据汉口《中央日报》《国民参政论坛》第二期、《国民参政会第一届大会纪要》综合整理)

7. 第一届第一次会议闭幕

国民参政会第一期集会,十五日下午举行休会典礼。

出席汪议长兆铭、张副议长伯苓、王秘书长世杰、彭副秘书长学沛、参政员张炽章、吴绪华、于明洲等一百四十六人;各院部会长官到有孔院长祥熙、于院长右任、居院长正、张副院长群、中央秘书长朱家骅、翁部长文灏、何部长应钦、何部长键、张部长嘉璈、王部长宠惠、谢部长冠生、陈部长立夫、张副部长道藩、邹次长琳、徐次长堪、驻意大使刘文岛、陈总司令绍宽、钱主任大钧,及中委陈公博、李文范、邵力子、马超俊、甘乃光、陈璧君、肖同兹、林翼中、张冲、苗培成、傅汝霖、麦焕章、潘公展、蒋作宾、曾仲鸣、段锡朋、姚大海、肖吉珊、黄季陆、梅公任,及各界来宾及新闻记者,共千余人。

旋由汪议长致休会词,后由张副议长致词,并由张副议长提请女参政员中年最长之吴贻芳女士代表致词。最后奏乐,礼成摄影散会。

(中央社讯,原载1938年7月16日汉口《中央日报》)

8. 议长汪兆铭闭幕词纪要

国民参政会举行了十天会议，其所议决，对于时代，有重大关系：

一、中国国民党临时全代大会，于四月初颁布《抗战建国纲领》，请求全国人士，捐弃成见，破除畛域，集中意志，统一行动，以共负责任。此次国民参政会，郑重议决，全部接受《抗战建国纲领》，拥护政府，拥护最高统帅，期一一见诸实行。这种共同趋向，共同担负的真实意义，在时代上极有关系。

二、在敌人制造傀儡，蒙蔽世界，摇撼人心的时候，国民参政会宣言，将其阴毒诡计明白宣布，以正视听，关系也很重要。

三、在敌人扬言进攻武汉的时候，国民参政会以最大决心，赞助政府，抗战到底，实在负起时代的责任。

以上三者，皆可充分表现团结力量的真正价值。其他各议决案，于抗战建国前途，亦有同样重要。本人认为，此次国民参政会，已树立了初步的民主政治规模，并祝其日益发达，奠定三民主义的基础，抗战建国纲领完全实现，中华民国从此得到自由平等。

（原载《国民参政会文献汇编》，民团周刊社编，1938年8月出版）

9. 副议长张伯苓休会词纪要

会议中精诚团结，意志之统一，实使人感奋。人家说我民族弱点，是在自私。从此次会议所表现之精神来看，实已反证此言之误。我们休会后，应将此次大会的精神"诚"字，普遍传达到全国民众，来做团结的基础，勖勉全国民众，共同努力，一致拥护政府，拥护抗战建国纲领，拥护最高领袖与敌奋斗，以求国家民族之独立。

（原载《国民参政会文献汇编》，民团周刊社编，1938年8月出版）

10. 参政员吴贻芳致词纪要

这次国民参政会集会的意义，可分集思广益与团结力量两点：集思广益，要树立民主政治基础；团结力量，是充实抗战建国的工作。在十天开会期间，各参政员所提许多议案，统统是站在国民立场上供献意见，可以说，在集思广益,树立民主政治基础方面,有相当成功。今后希望在"团结"二字上加"持久"二字,就是要能够持久团结力量,要在抗战期间,养成民主政治习惯,永久团结,使民族永久生存,国运日臻强盛。

(原载《国民参政会文献汇编》,民团周刊社编,1938年8月出版)

11. 休会期间驻会委员会委员名单

张君劢　左舜生　曾　琦　张炽章　胡石青　董必武　陶希圣
孔　庚　胡　适　刘百闵　罗方震　秦邦宪　傅斯年　刘蘅静
邓飞黄　范予遂　许孝炎　马　亮　梁漱溟　刘叔模　郭英夫
李永新　罗隆基　沈钧儒　陈绍禹

(原载《国民参政会第一次大会纪要》,抗战文献刊行社编,1938年7月出版)

(四)大会宣言　拥护《抗战建国纲领》

1. 大会宣言

国民参政会成立于抗战周年之日,同人等深知在此国家民族兴亡荣辱之交,惟有整个民族,精诚团结,坚苦奋斗。故于本月十二日以全场一致郑重决议,拥护本年四月中国国民党临时全国代表大会所制定之《抗战建国纲领》,作为国民政府抗战时期施政方针,共同在最高统帅蒋委员长领导之下,努力奋斗以取得最后之胜利,而达到建国之成功。兹当本会第一次大会休会之日,更本全体公意,作下列之宣言:

我中国民族立国东亚,自古以和平为国是,民国以来,遵奉孙中山先生之三民主义,期以自由平等之中国,与世界各国共保和平。不料邻邦日本,竟以征服中国为国策,以武力侵略为手段。九一八之变,占我东北四省,撕毁公约,拒绝调解,否认国联调查报告书,使我虽欲委曲退让、和平解决而不可得。迨塘沽停战后,我政府忍辱负重,仍以和平外交,冀其转圜,全国各界,亦勉抑悲愤,服从政府之指导。乃日本军阀,更变本加厉,蚕食冀察等省,卢沟桥案之起,证明敌阀用心,必欲步步并吞,使我完全丧失立国自存之凭借而后快!我政府至此,始万不得已,决定为生存自卫而抗战。去年七月,蒋委员长在庐山之演词,即代表政府与全体国民最后之决心,永远守之弗渝者也。我中华民国,本为统一完整之国家,国民政府实全国国民共戴之政府。自九一八以来,国难严重,不但一般无党派之国民,更坚其拥护统一之心,即各党各派亦咸舍小异而趋大同,翊赞统一,共同救国。一年以来,我全体将士忠勇赴战,壮烈牺牲;我全体国民,包含边疆各民族,无分党派宗教职业,一致决心,忍受艰苦,奋斗到底。盖中国于敌寇凭陵之日,反得发扬其整个民族之爱国意识与牺牲精神。故日本军阀,虽恃其海陆空之暴力猛烈进攻,而决不能屈中国民族自卫之意志。

同人等膺选来会,集议经旬,本深知全民之公意,更熟察时势之要求,除决议及建议各案,提送国防最高会议依法处理外,谨再披沥悃诚,宣告中外:

其一,中国民族从不敌视日本人民,至今依然。中国抗战之目的,纯为自卫,中国必须恢复其领土主权行政完整,此乃任何国家立国自存之最小限度立场。中国全体国民,誓以一切牺牲达此目的。惟根据一年来之事实,不得不向全世界主持正义之各国人民与良知未泯之日本人民,切实宣述日本军阀万恶之罪状。当战事发动之始,敌阀犹诡称对中国无侵并之野心,且不与中国民众为敌。乃交战经年,万恶毕露,凡所占领之地,莫不残戮我人民,淫杀我妇女,焚掠我城市乡村,夺据我公私产业。且一年以来,敌机轰炸,任意逞凶,老弱妇孺,日死千百,学校医院,并成焦土。综其凶行,不但志在消灭我国家之独立,并将毁灭我一切文化,夺取我一切资源,使中国民族永远沦于无羞耻、无智识、无生活的奴隶地位而后快,本会兹特代表我全体国民庄严宣布:中国民族必以坚强不屈之意志,动员其一切物力人力,为自卫,为人道,与此穷凶极恶之侵略者,长期抗战,以达到最后胜利之日为止。

其二,中国在过去一年中,得到世界公论之热烈的同情与援助,此乃我全体国民所感谢不忘者。中国对世界本有其一贯的理想方针,即中国民族,遵奉孙中山先生遗教,相信欲求中国之自由平等,必须唤起民众,及联合世界上以平等待我之民族,共同奋斗。自去年抗战开始以来,世界多数国家之政府,与其最大多数之人民,莫不同情中国而谴责日本。在政府方面者,如美国与国联会员国政府当局之仗义执言;在人民方面者,如国际反侵略大会与各国人民团体之援华反日。使我国民得精神之安慰,信正义之不孤。本会兹敢郑重声明:我四万万五千万之中国国民,必永远拥护国际和平组织及一切国际和平公约,必永远赞助世界人士为增进国际和平人类进步之一切努力。同时则希望各友邦政府及人民,熟察世界和平不可分之事实,而各自实践其对于和平公约与人道上之责任,今后更继续的并扩大的同情中国,援助中国,而以一切可行之方法,孤立日本。此不但为正义计,且亦为利害谋!日阀有征服世界之野心,中国则为世界和平而奋斗,此各友邦朝野所深悉,应不待同人等之渎陈。

其三,更有特别声明者,敌阀于北平及南京,擅设傀儡组织,又称不以国民政府为对手,并诋毁蒋委员长不遗余力。同时,则以中国行将赤化之说,肆意宣传。凡其颠倒是非,造谣煽惑之用心,无非欲欺蒙世界,以达其并吞中国之目的。本会同人,兹据事宣布:南京傀儡组织,乃敌阀之俘囚,吾族之败类,虽僭称政府,而无任何政权,仅供敌阀名义上之利用,决无言论行动之自由,此在国际法上,且远逊于丧失独立后之被保护国之地位,夫中华民国独立自由之国家也!神圣不可侵犯之统治大权,既以国民公意,讬之国民政府,而蒋委员长则我国家之最高统帅,而全国军民所公认为代表我国家意志之领袖也!今敌阀否认我政府,仇视我领袖,大兵进攻,百端摧毁,一面扬言,将与其自设之伪组织提携,此徒证明其决心并吞中国,完全消灭中国独立!一言蔽之,否认国民政府,即否认中国国家;而仇视我蒋委员长,即为仇视全中国民族之国家意识,而欲我全国军民投降屈服,甘为亡国之民而后快也。至于赤化之谣,亦属不攻自破。中国今日全国一致,各党各派,在《抗战建国纲领》基本方针之下,共同奋斗。纲领俱在,事实甚明,敌阀亦非不知,特为便利其侵略之计,不惜昧良造谣,以冀蒙蔽世界于万一耳。

以上三端,彰吾族之决心,布敌阀之罪状,盖将以增加世界公论之认识,而根本消灭敌阀在文明世界隐蔽煽惑之一切阴谋。然于此更有向我全国同胞掬诚相告者:九一八至今,敌阀对中国之蹂躏,乃吾民族之奇耻巨痛。今南北沦陷区域之同胞,方忍垢含羞,日祷祝国军之胜利;而我前线军民之浴血抗战者,方前仆后继,英勇牺牲,此诚存亡荣辱,成败利钝之紧要关头。熟察大势,敌阀在军事上、经济上、外交上,日陷穷途,覆亡可待,然其暴力犹在,正图最后一逞。故我全体国民,惟有继续并加强一年来之奋斗精神,更绝对认清国家民族之利益所在,以统一与团结为一切行动之准绳。在军事上,更森严军令,砥砺技能,凡我将士,更恪尽任务,视死如归;凡我壮丁,俱踊跃从军,以为后继,务须继续求建军之完成,并发动沦陷区域之一切军事组织,以疲困及歼灭敌人;在政治上,须本抗战建国纲领,力求庶政之革新,树立民主政治之基础。目前施政中心,尤在救济,并组织难民与失业失学者,使之贡献于抗战;在经济上,则务须厉行节约运动及劝募公债运动,一面集中一切智力资财,增进生产,加速建设,务期巩固金融,开发资源,以求军需之自给,并为民生之保障。凡此诸端,仅举概要,皆长期抗战之所必需,惟有全体国民一致努力,方可奏效。

夫国难之险,险于覆舟;应战之急,急于救火。凡我同胞,安危相关,生死与共,唯有尽一切努力,忍一切牺牲,以求贯彻抗战之唯一目的。本会同人,乘此休会之日,特声明今后愿与全国军民共同誓约,拥护国民政府,拥护最高统帅,拥护抗战建国纲领,一一见诸实行。并乘此机会,代表国民,致谢蒋委员长及全体将士之劳苦,敬礼一切为国牺牲之英灵,奉慰伤病残废之战士。其次,致谢在前方后方忠诚尽听(职)有功抗战之一切公务员工,与服务各项抗战工作及参加自卫游击之各界男女老少同胞。再次,致谢海外全体侨胞,关怀祖国,援助抗战之热心,与中外慈善团体,或个人对于救济事业之努力。同时,代表国民再郑重致谢及友邦政府及人民,对中国民族抗战之同情与援助。此外,同人等更代表全体同胞,慰问一切遭难流亡同胞,及阵亡将士家族。而最后声明,凡为抗战建国之个人牺牲,皆为换取民族万代之自由及人类之福利,代价无穷,光荣不朽!至于抚恤善后一切事宜,国民誓共同永远负其全责。同人等谨以至悲至苦之心怀，宣布至大至刚之公意，中外共鉴，生死弗渝！谨此宣言。

（原载《国民参政会文献汇编》，民团周刊社编）

2. 重要提案目录

拥护政府长期抗战国策	胡景伊等
调整民众团体发挥民力案	邹韬奋等
具体规定检查书报标准并统一执行案	邹韬奋等
在内地建立工矿基础，增加生产，以充实国力案	政府交议
建设内地农业，以促进后方生产，充实抗战力量案	政府交议
节约运动大纲	政府交议
精诚团结，拥护抗战建国纲领案	郑震宇等
拥护国民政府，实施抗战建国纲领案	陈绍禹等
拥护抗战建国纲领案	王家桢等
本会推派参政员五至七人前往欧美各国从事访问案	杭立武等
改善各级行政案	政府交议
从速实行下级自治，以发动民众当兵自愿案	褚辅成等
改善地方政治机构，加速完成地方自治案	孔　庚等
修正区长任用法令，取消回避本籍之限制案	王幼侨等
拟设省县参议会，推进行政完成自治案	政府交议
克期成立省县市参政会案	曾　琦等
设立省以下各级民意机关案	王造时等
拟请从速设立省县及县以下民意机关案	许德珩等
设立各级地方民意机关建设案	程希孟等
改善保甲制度树立自治基础案	李中襄等
改善县区政治机构与保甲办法案	吴玉章等
请政府加重救济难民之工作案	傅斯年等
移送难民垦荒，以裕国力而增加生产案	喻育之等

利用难民垦荒西北以固边防案	潘秀仁等
战时各级教育实施方案	政府交议
召开战时农村会议,并于政府中设置常设机关建议书	梁漱溟等

（摘自《大会十日志》，原载《国民参政会论坛》，1938年第二期）

3. 关于《拥护国民政府实施〈抗战建国纲领〉提案》的说明

陈绍禹

主席！各位参政员先生！

本席对于本席等六十八人所提《拥护国民政府实施〈抗战建国纲领〉》一案，谨作下列三点的说明：

第一点，本席所提本议案的意义。我们国民参政会开会的时候，正是武汉危急和第三期抗战开始的时候，正是我们抗战处在更困难更艰苦的时候，正是中华民族处在生死存亡的非常时代。即就我们现在开会的一刹那间来说，如果我们默想一下，就可恍然看到：我们数十万前线英勇将士正在烈日下与敌人血斗；我们沦陷区的千百万亲爱同胞正在受敌蹂躏；我们沦陷区的成千累万的母姑姊妹妻女正在受敌侮辱！在这样非常时期开会的国民参政会，很显然有两种不同的人对参政会抱着两种相反的希望：全国同胞和全世界一切爱好和平及同情中国民族自卫抗战的朋友们，希望参政会的工作更增强抗日各党派及全中华民族的团结；日本法西斯军阀及其走狗汉奸亲日派分子们，希望参政会的工作引起中国抗日力量的分裂，尤其希望我国国民党和共产党两大政党之间的摩擦和分裂。在参政会还未开会之前，日寇广播电台便散布国共两党在参政会中一定分裂的"预言"。本席以共产党员资格提出拥护国民政府实施《抗战建国纲领》的议案，同时，连署的人达六十七人之多，其中包括参加参政会的各党各派和无党无派的知名人士和领导人物，突破本会一切议案连署人数量和范围的纪录；而这一提案又深得全体参政员同志的拥护，这就在实际上证明：参政会工作的结果，中华民族力量的团结，不仅一点不会减弱，而且更加强固；国民党与共产党之间不仅不会增加摩擦或引起分裂，而且更加亲密团结，更加友爱合作！（热烈鼓掌）这也就是实际上满足全国同胞和国际友人的希望,同时,使我们穷凶险狠的敌人大失所望! 这也就是在实际上使我局抗战建国的力量大大地增强!

第二点,本席等这一提案的基本内容。本席等在提案第一条上面便明白写着:"拥护国民政府及其依据民国二十七年四月国民党临时全国代表大会通过的《抗战建国纲领》所采取的抗战期间的对内对外重要施政方针。"同时,在我们提案上写明,国民政府须在最短期内根据《抗战建国纲领》所规定的外交、政治、军事、经济、民众运动及教育各项原则,制定详明具体的实施办法,公布全国。此外,本席等在提案中并号召全国军民,应在蒋委员长领导之下,积极帮助政府,为实现全部《抗战建国纲领》而努力奋斗。本席等认为,虽然国民政府的工作还有许多不能令人满意之点,但最近一年以来国民政府及其对内对外之基本施政方针是值得拥护的。什么是国民政府最近一年的对内对外基本施政方针呢? 对内是使各党各派及无党无派的民族力量均为抗日救国而团结;对外是实行对日抗战。这种对内对外的重要施政方针,我想,每个参政员、每个中国同胞,都是拥护的。至于国民政府今后应依据《抗战建国纲领》而规定其对内对外的施政方针,我想,每个参政员,每个中国同胞,都是拥护的。为什么呢? 因为,《抗战建国纲领》所规定的主要外交方针,为联合一切反对日本帝国主义侵略之势力。《抗战建国纲领》所规定的主要军事方针,为增强军民的战斗力。《抗战建国纲领》所规定的主要政治方针,为推进民主政治,改善行政机构和严惩贪污及不尽职守之官吏。《抗战建国纲领》所规定的主要经济方针,为实行以军事为中心而同时注意改善人民生活的经济建设。《抗战建国纲领》所规定的主要民众运动方针,为给予人民以抗战时期民主自由和组织农工商学各界民众,使有钱者出钱,有力者出力,为争取民族生存之抗战而动员。《抗战建国纲领》所规定的主要教育方针,为增加抗战力量和适应社会需要。实现《抗战建国纲领》,首先就是要抗战到底,取得国家民族的最后胜利,换句话说,首先就是为的要驱逐日本帝国主义出中国,恢复我国全部领土主权的完整。正因为要如此,所以国民政府今后依据《抗战建国纲领》而规定其对内对外的施政方针,应当而且一定能得到参政会和人民的拥护。

第三点,《抗战建国纲领》与其他党派的纲领关系问题。我们拥护国民党的《抗战建国纲领》作为国民政府在抗战时期对内对外基本施政方针,绝不会牵涉到其他党派的纲领问题。本席可以告诉共产党的朋友们及一切有党派关系的同志们,请不要对本提案有任何误会。因为我们提出拥护国民政府实施《抗战建国纲领》的议案,绝没有丝毫干预到其他党派纲领问题的企图。我可以正式代表中国共产党说:中国共产党真诚拥护《抗战建国纲领》,认为其基本方针与本党在抗战时期的政策方针是共同的,并愿努力帮助国民党和国民政府实施《抗战建国纲领》。但同时,中国共产党毫不掩饰的说,中国共产党还有它自己的整个为共产主义而奋斗的纲领。

最后,本席可以再郑重地说一遍,本席等《拥护国民政府实施〈抗战建国纲领〉案》的一致提出和全体通过,是表示我国抗日民族统一战线的更加巩固和扩大,是表示我国民族力量的更加团结和统一,是对我们的敌人的阴谋诡计以强有力的答复和打击,是对我国同胞和国际友人以抗战到底争取最后胜利又一个坚强信念。国民参政会全体参政员的精诚团结,可以反映出我四万万五千万同胞团结得像一个人一样,为"抗战必胜,建国必成"的伟大神圣事业而共同努力奋斗!(大鼓掌)

(原载《解放》周刊 1938 年,第八十四期)

4. 拥护《抗战建国纲领》决议案

(1938 年 7 月 12 日大会通过)

(一)郑震宇等二十八人提,《精诚团结拥护〈抗战建国纲领〉案》。

(二)陈绍禹等六十七人提,《拥护国民政府实施〈抗战建国纲领〉案》。

(三)王家桢等二十一人提,《拥护〈抗战建国纲领〉案》。

以上三案,并案讨论,除由提案人分别说明外,陈参政员绍禹代表中国共产党表示,热烈拥护政府抗战建国之政策,以中华民族整个力量,摧毁暴敌阵线;曾参政员琦亦代表中国青年党表示绝对实现精诚团结,以打破敌人挑拨离间之虚伪宣传;此外,如蒙古新疆等代表亦诚恳表示拥护之赤诚。全场爱国情绪为近年集会中所罕见。最后,议长以三案合并另行起草一决议文付表决,全体一致,起立通过,掌声雷动,历数分钟不止,此为国民参政会最有意义最有重要性之表示。

决议文原文如左:

国民参政会成立于抗战周年之日,目击全国军民,浴血苦战,壮烈牺牲,忠愤满腔,如焚如裂,深感吾民族存亡,系于目前之奋斗,成则俱生,败则俱亡。吾整个民族,不分党派,不分职业,惟有精诚团结,坚苦奋斗,一面抗战,一面建国,始能免沦于奴隶灭亡之境,而跻于自由平等之域。爰郑重决议,拥护民国二十七年四月中国国民党临时全国代表大会所通过之《抗战建国纲领》。切望国民政府制定实施办法,督促各级政府,切实施行。同人当随全国国民之后,依据此项纲领,在最高统帅蒋委员长领导之下努力奋斗,以取得抗战最后之胜利,而达到建国之成功。

(原载《国民参政论坛》,1938年第二期)

(五)建立民主政治基础　实行全民全面抗战

1. 和衷共济　齐赴国难——国民参政会重大收获

中央社述评

国民参政会第一次集会,前后开会十日,在此旬日之中,于十五日休会,政府所交议之重要议案,共一百十六件。本月六日上午行开幕礼后,下午即开始听取政府之施政报告。大会共开十次。五种审查委员会,自八日起逐日开会,少者五次,多者六次,审查会中,以第三第四两审查会议案为最多。此次国民参政会与历来我国各种集会精神,迥然不同,兹姑举其数点而言。

第一,此次参政会共二百人,总计到会者共一百六十二人,此种共赴国难之精神,诚为难能可贵。

第二,其未出席之参政员,三十七人,皆有函电请假,足见对于职务之重视。

第三,此次会议每个参政员,本精诚团结之旨,为共赴国难之举,对于一切议案,下理性之判断。

第四,此次参政会所决议之重要案件,关系国家大计,抗战前途者甚多,惜事属机密,未能发表。所有言者,则为全场一致所通过之拥护《抗战建国纲领》,最后休会之宣言,均为历史的文献,以宣示我全国国民之钢的意志。

第五,此次参政会无论大会或审查会开会时间,皆极准确。

第六,此次政府各院部在参政会之实施报告,甚为诚恳详尽。

第七,汪议长处理议场,整理议案,意见公正,态度和蔼。

第八,此次参政员皆非为利而来,故所得公费,以各种方式献给国家。

以上八点,使一般感觉我国民主政治之前途,有必能成功之希望,同时抗战必胜,建国必成之信念,更为坚牢矣。

（原载1938年7月16日汉口《中央日报》）

2. 参政会的成就

汉口《中央日报》社论

国民参政会,在抗战一周年后召集。抗战建国的重责,一年来由政府独任其艰巨。参政会开幕后,参政员诸君,根据组织条例第五条,第六条,第七条的规定,对抗战建国大业,同心同德,缜密商讨,全国民意,由此得反映于政府,政府推动抗战建国大业的力量,从此分外加强。参政会召集的时间,在中华历史上为空前,在国家气运上为生死关头,经过十来天,国民参政会得到伟大的成功。

参政会最大的成就,是切实做到从行动上表示举国一致协助政府抗战事实。古今中外,没有一个国家,在对外作战的时候,政府没有人民的同意和协力,可以得到成功。历史上的英雄,和现代的野心国,注定的命运,只有失败。近代历史,完全是血写成的,每一次战争的原因,和参战的国度,极错综,极复杂,而胜败的枢纽,却极简单,极明了,民主国家必胜!独裁国家必败!近百年的战争,政府作战的意旨,受全民血诚般拥护,宗教般信仰的,再没有这次我们的抗战那样统一、完整,从这里可以证明中华民族是爱国保种,潜在意识最强烈的民族。不过因为这种意识一向潜伏,一向缺乏方法表现,中华民族的爱国心,也最受人漠视。敌人这次发动侵略,宣称以少数兵力,可以征服中国,因为他不知道中华民族有这种潜在意识。抗战开始后,国内和国外常有"没有发动全国政治力量,动员全国民众"的批评,因为他们没有认清这种潜在意识发展的过程。这种意识最单纯,最强韧,潜伏得愈久,发挥的力量愈大。中华民族在历史上受外族蹂躏,而始终维持其光荣的存在,因为我们有这种宝贵的意识。国民参政会开会时情形的热烈、整肃,说明我们这种意识已脱离潜在期而发挥其固有力量,在政治领导下,四万万人的心合并为一颗心!四万万人的体合并为一个体!

抗战到今天,前方战士,流了无尽量的血,后方民众,流了无尽量的汗。抗战还要继续到五年十年,全国军民,还要继续挥洒圣洁的血汗,换取民族的自由,国家的独立,这就是我们血和汗的代价。取得这种神圣代价的方法,在今天只有一个,拥护《抗战建国纲领》!汪议长的开会词说:"有了《抗战建国纲领》,我们的血,方才不致白流,因为照着《抗战建国纲领》做去,抗战必胜,建国必成。"参政会全体的决议是:"深感吾民族存亡,系于目前之奋斗。成则俱生,败则俱亡。吾整个民族,不分党派,不分职业,唯有精诚团结,艰苦奋斗。一面抗战,一面建国"。中华民族解放史上不刊宪典的抗战建国纲领,是在这种庄严肃穆整齐一致的空气中通过的,中外历史上,政府与民众代表的要求,桴鼓相应,哪一次比得上参政会?人民代表,真切认识国家民族需要,并能以宗教的信仰拥戴的,哪一国比得上我们的参政会?

国家民族危难的关头,全国贤豪,相率作政治休战,在西方国家,是通例,是常道。通例和常道只有一个,他的本体,一成不变,他的需要,是迅速统一。而由这本体演变出来的现象,往往不能适合时代的要求。西方国家,不少在生死存亡的关头,闹意气,起纷争,波兰的兴废史,里面就不少供人回忆的事情。大战时的英国战时内阁,是现代文明史上伟大的成功。英国朝野,不分党派,不分职业,都倾吐血诚来共谋把国家渡过难关。美国罗斯福总统上台后,集全国才智,组织智囊团,以大牺牲大改革的计划,应付美国史上空前经济危机,一时美国各党各派,也都本这种伟大的精神来合作。国民参政会的历史条件,物质环境和英美不同,国民参政会的实质表现,同英美恰成鼎足而三。十天来会议经过,全体参政员意见,一致而严肃,讨论的方式,迅速而慎重,成立的议案极简单,也极重要。过去中国政治上的弊端,是会议多,议案更多。这种现象的诟病指为:"议而不决,决而不行。"人家的指摘,我们有什么方法否认? 问题的症结,只在参加会议的人,不肯"说老实话",不肯"负责任"。这次的国民参政会,把这种怪现状,全部廓清,大家都表现出要说的,一定是"老实话",说过了,一定"负责任"的精神。在中国政治史上,有这样重大的收获,证明我们在抗战中的政治进步,一年胜过人家五十年,一百年!

参政会的召集,环境最恶劣,使命最重大,对世界友邦的观感,尤其重要。从今天起,全世界人民,都知道全中国人民有应付环境的准备,有抗战必胜、建国必成的信念和决心。在世界全局杌陧不定的今天,中国可以做唯一的安定力;在侵略国野心国可以横行的今天,中国人的勇气,已经给第一个动手的侵略者一个致命的打击! 国民参政会的经过,在这方面意义最伟大,国民参政会的成就,在中国历史,世界历史上都留下永久不废的光辉!

(原载1938年7月15日汉口《中央日报》)

3. 国民参政会之责任

《中央周刊》短评

避免理论,专就事实需要说,吾人认为此次参政会开幕,即为建立民主政治之基础。专就理论上讲民主政治者,自然不免以此次参政员非出于人民普选,与无最后议决权为理由,而谓此次参政会之召集,未必能满足一般主张民主政治者之要求。但从中央决定各级参政员人选之能罗集全国贤俊,公平分配各地域各职业各团体,以及各参政员均欣然就职,并均恳切表示为民族国家而负责任之事实观之,则此次参政会之召集,不仅表示政府之能采纳民意,急愿建立真正民主政治的基础,更足以证明我全民抗战之口号,已进而至于法律制度之建立,在法律制度上表现出全国力量之统一,表现出全民族意志统一之力量。

参政会开幕,即为全国意志统一之重大表征,盖事实之要求可以消除理论之纷争。吾人本于爱民族国家之至诚,认为此为吾全国人民所推崇敬仰,为吾政府所延揽借重,身负精诚团结,代表民意,完成抗战建国的伟大使命之二百位参政员,必能竭其心思才力,牺牲成见,以运用此机构,共策国家大计之万全。吾人更认为,各参政员之建议、表决与对于政府之询问,必能一以三民主义为依归,而不出于抗战建国纲领范围之外,以增加人民信仰政府之力量。总之,此次参政会之召集,是于事实需要之中,含有政府采纳民意与代表人民要求民主政治者的成功之两要素,合此两者,不仅成为战时政治体制之重大改进,而在我民族革命政治史上,实有划时代的重大意义。吾全国人民,未敢稍微忽视也。

总裁在开幕致词上谓:"在这抗战建国时期,万事莫急于加强团结,巩固统一","要乘此抗战时期,借参政会各位先生的努力,为国家建立一个永久的真正民主政治基础","必须认定国家至上,民族至上,无论提案讨论决议,以及我们个人一切言论行动,都要以国家民族为唯一前提。"各参政员本其服从领袖之真诚,对于总裁所言,自必能深加体会而努力实行之,吾人敢代表全国人民致其最诚恳之敬意。

(原载《中央周刊》1938年第一卷第二期)

4. 国民参政会第一次大会的成功

汉口《新华日报》社论

从七月六日国民参政会开幕以来,在这十天之中,全中国的同胞,所有中国的友人和敌人,都以全副精神注视着国民参政会的工作。全中国的同胞和一切中华民族的友人,切盼着国民参政会的成功;日寇及其走狗们,急等着国民参政会的失败!

昨天下午三时,国民参政会在精诚团结和兴奋庄严情绪中举行了闭幕典礼。十日工作的总结,可以用一句话表明出来,国民参政会第一次大会成功了!

国民参政会第一次大会的成功在什么地方呢?

第一，国民参政会代表四万万五千万同胞又一次确定了"抗战到底，争取国家民族最后胜利"的国策！过去，虽然国民党、共产党及一切抗日的党派，虽然全国各地的工农兵商学各界同胞，都一致拥护和实行抗战到底，争取最后胜利的国策，但从没有一个机会能把各党各派各界及全国各省的代表集于一堂，共同表现出四万万五千万人民坚决抗战到底的公意和决心。于是穷凶隐狠的敌寇和鬼魅无耻的汉奸，到处散布挑拨离间的造谣，不是说抗战到底口号为某党某派的单独主张，便是说抗战到底政策受某地某界同胞的反对。同时，少数患恐日病或对抗战前途缺乏信心的分子们，时常散布些能否或应否抗战到底，能否取得最后胜利的传言，客观上恰恰容易供敌人宣传的材料。现在包括各党各派及全国各地同胞代表的国民参政会，在大会宣言中庄严地宣布了："中国民族必以坚强不屈之意志，动员其一切物力、人力，为自卫，为人道，与此穷凶极恶之侵略者长期抗战，以达到最后胜利之日为止。"从今以后，日寇汉奸诱降中国屈服投降的阴谋更加难于入手了，抗战到底争取国家民族最后胜利的国策，再不容任何人加以曲解或怀疑了！

第二，国民参政会第一次大会代表四万万五千万同胞明白地宣布了"各党各派各界合作的抗日民族统一战线"的方针。过去，虽然国民党共产党于去年九月间即正式宣布合作，虽然国家青年党、国家社会党及第三党事实上都早已共赴国难，虽然各党各派为抗日救国而合作，成为举世皆知的事实；但从没有一个机会能把各党各派代表与无党无派的各地各界集于一堂，共同代表四万万五千万同胞明白宣布和证明各党各派亲密合作的事实，于是鬼计多端的敌寇和阴谋百出的汉奸，到处宣布破坏我国民族团结的谣言。不是说中国各党各派合作没有诚意，便是说中国各党各派合作不能持久。同时，少数不明大义和不顾事实的幼稚朋友们，时常宣布些不承认各党各派存在或不承认各党各派合作的空谈，客观上又恰恰容易被敌寇宣传所利用。现在包括各党各派及全国各地同胞代表的参政会，在其工作中，表示了精诚团结友爱合作的模范，在其大会宣言中明白一再宣布了："不但一般无党派之国民更坚其拥护统一之心，即各党各派亦咸舍小异而趋大同，翊赞统一，共同救国。"各党各派，在《抗战建国纲领》基本方针之下，共同斗争。从今以后，日寇和汉奸挑拨和破坏中国抗日各党各派合作的阴谋更难生效了。各党各派合法存在和携手合作的事实,再不容任何人加以否认或曲解了!

第三,国民参政会第一次大会代表四万万五千万同胞第一次确定了"实行民主政治"的方针。过去,虽然广大人民殷殷希望民主政治的实现,虽然各党各派均指出实行民主政治为争取抗战胜利及有利建国前途之必需,但从没有一个机会能把各党各派及全国各地各界的代表集于一堂,共同表示出四万万五千万人民为民主政治坚决奋斗的意志和行动。于是有些对民主政治成见太深或不了解中华民族自卫抗战须用民主以发动民众赞助政府的朋友们,便时常发表其抗战时期根本不能谈民主政治的有害理论。现在包括各党各派及全国各地同胞代表的参政会在其本身工作中,表现了民主政治,对于抗战建国的有利,在其大会宣言中,明白宣布了:"在政治上,须本《抗战建国纲领》,力求庶政之革新,树立民主政治之基础",在其决议中,明白指出了:省市县均须有民意机关之建立。从今以后,根本反对民主政治或反对战时实行民主政治的理论更失其效能了。中国须逐渐走上民主共和国道路的理论和事实,再不容任何人加以否定或误解了!

第四,国民参政会第一次大会代表四万万五千万同胞正式地宣布了"在抗战时期保障民生"的必要。过去,虽然千百万同胞有啼饥号寒的痛苦,有流离失所的惨痛,有水深火热的情景;同时,虽然事实证明保障民生始能动员广大民众更积极参加抗战的工作,但从没有一个机会能把各党各派及全国各省的代表集于一堂,共同传达出几万万同胞的疾苦。于是少数生活优裕和不知民生疾苦的人们,时常发出抗战时期莫谈民生的有害论调。现在包括各党各派及全国各省同胞代表的参政会,在其大会宣言中正式宣布了:"目前施政中心,尤在救济并组织难民与救济失业失学者,使之贡献于抗战。在经济上,则务须厉行节约运动及劝募公债运动,一面集中一切智力资财,增进生产加速建设,务期巩固金融,开发资源,以求军需之自给,并为民生之保障。"从今以后,否认抗战期间须保障民生的理论当然失其依据了。抗战时期的经济建设,须以军事为中心,同时注意改善人民生活的理论和事实,再不容任何人加以否定或歪曲了!

最后，特别重要的，大会宣言郑重宣布："拥护本年四月中国国民党临时全国代表大会所制定之《抗战建国纲领》，作为国民政府抗战时期的施政方针，共同在最高统帅蒋委员长领导之下，努力奋斗以取得最后之胜利，而达到建国之成功"。过去，虽然国民党临全大会通过抗战建国纲领已经几个月了，虽然全国同胞对实施抗战建国纲领抱有极大的希望和决心；可是，事实证明：《抗战建国纲领》所规定的原则条文，到现在还很少见诸具体的实现。同时，甚至有一部分贪污土劣及冥顽不灵的分子，或明或暗地否认《抗战建国纲领》，有意无意地把《抗战建国纲领》当作具文。现在代表四万万五千万同胞公意的国民参政会，郑重地指出了：国民政府在抗战时期的对内对外重要施政方针，必须根据《抗战建国纲领》，同时，全国军民必须在蒋委员长领导之下，为《抗战建国纲领》——见诸实施而奋斗。这就是四万万五千万同胞要求政府真正实施《抗战建国纲领》的责任，这就是责成各党各派及全国同胞努力帮助国民党和国民政府以求《抗战建国纲领》的实现，这就是表示四万万五千万同胞希望最高统帅领导全体军民为实现《抗战建国纲领》而奋斗！

国民参政会第一次会议工作的成功，不过是抗战建国大业工作中百万分之一的进步，抗战到底争取最后胜利的大业，建立民族独立、民权自由、民生幸福新中华民国的大业，需要参政员及全体同胞长时期的不断的努力和坚持的奋斗！

（原载 1938 年 7 月 16 日汉口《新华日报》）

5. 实施《抗战建国纲领》

汉口《新华日报》社论

目前国民参政会议中，通过了有重要意义的拥护政府实施《抗战建国纲领》的决议案。关于这个问题，会上有陈绍禹同志等六十八人，郑震宇先生等二十八人，和王家桢先生等二十一人的三个内容大致相同的提案。同时，陈绍禹同志代表中国共产党，作了拥护国民政府实施《抗战建国纲领》的热烈的声明；曾琦先生代表国家青年党，表示拥护精诚团结，以求得抗战的最后胜利；蒙古新疆及各省区各党派各方面代表，也都明白的表示。结果参政会综合三种提案,全体一致在数分钟不停的掌声之下,通过了决议:"吾整个民族,不分党派,不分职业,惟有精诚团结,坚苦奋斗,一面抗战,一面建国,始能免沦于奴隶灭亡之境,而跻于自由平等之域。"整个会议充满着兴奋的空气,形成全民族抗日团结精神的表现。

这是参政会开会以来的最重要的收获,这是对于日寇挑拨离间宣传的重大打击,同时,也是全国民众一致的要求和希望。因为:"全国同胞和全世界一切爱好和平及同情中国民族自卫抗战的朋友们,希望参政会的工作,更增强抗日各党派及全中华民族的团结,日本法西斯军阀及其走狗汉奸亲日派分子,希望参政会的工作引起中国抗日力量的分裂,尤其希望我国国民党和共产党两大政党之间的磨擦和分裂。"(见陈绍禹同志在参政会上的演词)但日寇汉奸和亲日派分子都失望了。参政会上所表现的团结精神,证明陈绍禹同志所说的:"参政会工作的结果,中华民族力量的团结,不仅一点不会减弱而且更加坚固,国民党与共产党之间,不仅不会增加磨擦或引起分裂,而且更加亲密团结,更加友好合作。"完全是颠扑不破的真理。

虽然各抗日党派,可以有和国民党《抗战建国纲领》不尽相同的纲领,虽然中国共产党,还有它自己的整个为共产主义而奋斗的纲领,但国民党《抗战建国纲领》所规定的抗战时期的对内对外政策方针,无疑问一般是正确的,它的实现,对于抗战胜利的取得,是有利益的。因为它所规定的主要对内对外政策,是联合一切反侵略,拥护和平的势力,实行对日抗战到底;对内政策的主要方针,是增强军民的战斗力量,推行民主政治,实行民众总动员,巩固各党各派及无党无派的全民族抗日力量的团结。因此,整个民族都拥护政府来实现《抗战建国纲领》,因为这是坚持抗战到底,争取最后胜利的必要道路。

抗战一年来,虽然国内的团结,已有巩固基础,但不可否认,还有许多应该改进的地方。国民参政会会员们,在拥护政府实施《抗战建国纲领》的问题上,已经表示了一致团结精神,这个纲领认真的执行,必能更加提高全国民众的团结,发挥全国民众伟大的积极性,帮助政府和军队,坚持长期的抗战,争取最后胜利。

国民参政会这次决议,将成为促进《抗战建国纲领》实施的一种重要推动力量。需要把参政会的这种精神,传达到各省区去,全国人民中去,并且经过宣传和解释,劝道和说服,把这个决议,变成各级政府机关和全国民众上下一致的决议。

要使《抗战建国纲领》能够真正执行,除了参政会的决议和各级政府的努力之外,还需要全国人民进行坚苦不懈的奋斗。每个民众团体和组织,每个报纸杂志,都要根据参政会的这个决议,把宣传这个纲领,推进这个纲领的实行,变为自己当前的中心任务。全国民众应当帮助并且督促各级政府机关,规定实现各条纲领的详细具体办法,分别缓急轻重,使这纲领能逐步实现起来。全国民众要帮助政府机构的改善,肃清贪污分子,使政府根据这个纲领所颁布的各种法令,不致被贪污昏恶土劣所曲解破坏和阻挠。全国民众应当帮助政府促进党派问题的进一步的正式解决,确定各种党派的合法地位,和合法权利。以便集中全国优秀力量,为抗战建国的事业而共同奋斗。全国民众是真正实现《抗战建国纲领》的最重要的推动力量,民众们应为了这决议的实行,而广泛动员起来。

(原载1938年7月14日汉口《新华日报》)

6. 改善政治机构与政治动员

汉口《新华日报》社论

抗战的胜负,不仅取决于军事,尤须取决于政治。因为抗日战争是全民族的革命战争,它的胜利,离不开坚持统一战线与坚持抗战的总方针,离不开全国人民的动员,离不开官兵一致,军民一致与瓦解敌军等政治原则,离不开统一战线政策的良好执行,离不开文化的动员,离不开争取国际力量与全国人民的援助。一句话,战争一刻也离不了政治。军事与政治的随时改善与进步,在争取抗战最后胜利上不但有同等的重要意义,而且政治的进步有加强军事进步的枢纽作用。然而,一年来的抗战经验证明,我们的军事已有不少的改进,而政治的进步反落在抗战需要的后面,甚至处处发现政治上的某些重大弱点,妨碍并影响抗战的顺利进行,减削了抗战力量。

因之,改革行政机构,促进政治进步,已成为全国人民的普遍要求。国民党临时全国代表大会所通过的《抗战建国纲领》中亦规定:"改善各级行政机构,使之简单化合理化,提高行政效率,以适合战时需要。"证明具体实施改革行政机构已是全国上下一致的迫切任务。这一次,国民参政会有政府交议《改善各级行政机构》一案,孔庚等二十六人提:《改善下级政治机构,加速完成地方自治条件以发动民众当兵志愿》,吴玉章等二十六人提出:《改善县区政治机构与保甲办法》,李中襄等提:《改善保甲制度,树立自治基础》等案,乃系反映全国上下进一步实施改善行政机构的要求与决心的具体表现。

在国民参政会通过之《改善各级行政机构》的决议案中,认为"下属行政机构,宜加充实","下级行政机构应注重人选问题",并规定"乡镇以乡镇民大会为权力机关",都是切中时弊之见。同时,正式通过为适应抗战建国的需要,设立省县临时参议会的民意机关,更是推进政治进步的重要提议。

当然在实施改革过程中,在各项条例规定之外还会有事实上的困难与阻碍,我们希望参政会诸先生、政府当局以及全国人民均应以最大的热诚促使政治机构的最好形式的出现,不达目的不止。改善行政机构是为了抗战动员不得不寻求政治上最合理最有力的政治制度。也就是为了抗战的政治动员的普遍与深入,不得不把机构不灵,甚至束缚人民手足的制度根本地予以清除。

问题的实质在于,我们伟大的民族革命战争,没有普遍与深入的政治动员,是不能胜利的。我们不仅在形式上去求部分的改革,除去一些坏的部分,更应当把握抗战时期的政治基本精神,把握富于积极性革命性的政治基本精神,从根本上打破人民与政府间的隔阂,使人民获得运用智慧发挥才能的最大机会。

机构的改革与人选的调整,均应以真正适应抗战需要为标准。省县民意机关的准备建立是一大进步,但如果不彻底惩治各级政治机构中的贪污腐恶,如果不彻底变革保甲制度,代之一种由民选原则组成而能尽量发挥民众力量的乡村自治制度,则贪污腐化相互为用,包办欺诈,使全国总动员不能收到良好的效果。在这里,我们应当把"乡镇以乡镇民大会为权力机关"真正地做到,把最大限度权力给下级人民,使人民有发表意见提出主张的机会,使人民有罢免违背他们意志的代表及加害人民的官吏的合法权力。

"抗日战争的政治目的是驱逐日本帝国主义,建立自由平等的新中国,必须把这目的告诉一切军民人等,方能造成抗战的热潮,几万万人齐心一致,贡献一切给战争"。(毛泽东)在今日,更应把改善政治机构,广泛作成一个由上而下由下而上的运动,以谋取真能代表广大人民意志与要求为基础的政治制度。

(原载 1938 年 7 月 17 日汉口《新华日报》)

7. 建立地方民意机关

汉口《新华日报》社论

要争取抗战的最后胜利,必须广泛动员全国人民的力量,其基本条件,就是推行民主政治,扩大人民的民主权利,吸收人民大众积极参加抗战建国的事业。国民参政会的召集及其工作的成功,蒋委员长在参政会上的声明:"乘此抗战时期,借参政会各先生的努力,为国家建立一个永久的真正的民主政治的基础。"参政会宣言的明白宣布:"在政治上需本《抗战建国纲领》,力求庶政的革新,树立民主政治的基础。"这一切都严厉驳斥了抗战时期反对民主的谬论,并且给中国的民主政治,开辟了光明的前途。建立地方民意机关是实现民主政治的一个重要组成部分。在国民参政会上,有许多参政员提出关于设立省市县参政会的议案。参政会讨论,通过了这些意见,决定设立各级地方民意机关,并且规定了许多具体实施的办法。因此,设立地方民意机关,建立地方自治的基础,已经有了必要的前提。当现在沿江战局紧张,敌人企图遣调大军进攻武汉的时候,我们应当特别努力民众动员的工作,促成地方各级民意机关的建立。

不可否认的,地方政治机构,是整个政治机构中最薄弱的部分。往往中央政府很好的决议和命令,到了地方就不能执行,甚至得出相反的结果。到现在,各地都有违反着中央政府政令,压迫民众救亡活动,捕杀救亡分子与共产党员的现象。所以,建立地方民意机关,发动各地的民众起来积极执行中央政府的各种正确的决议,对于中国整个的政治生活都有很重要的意义。同时,地方政治机构,是整个政治机构的基础,必须有健全的地方民意机关,才能有健全的民主制度。所以建立省市县的民意机关,建立地方自治的基础,又是推行全国民主制度的必要条件。

各级地方民意机关,应当是发动民众参加抗战的最有力的工具。经过了自己选举的代表,并且直接参加各种政治问题的解决,这样就可以发挥人民对于抗战的积极性,加强他们的民族自觉,巩固他们和政府的关系。只有发动广泛人民的积极性,才能改善征募壮丁的办法,把强迫的征募变为民众自己踊跃热烈的投效;才能在人民大众的监督之下,使一切有钱的同胞,踊跃输捐,并且实行累进税制,实行有钱出钱的正确办法;才能铲除贪污腐恶的分子,改革政府机关中敷衍塞责,等因奉此的积习,使政治机构可以焕然一新;才能发动地方人民的组织,成立各种自卫队、青年队、慰劳队、担架队、运输队,帮助军队作战,并且肃清一切汉奸托匪敌探,巩固抗战的后方;才能清除民众和政府间的一切误会和隔阂,提高政府在人民中的威信,加强人民对于政府的支持和拥护。

但要达到这个目的,有一个必要的条件,就是:各级地方民意机关必须进行选举,而且把这种选举,变成一个广大的运动,表现民众对于抗战建国事业热烈拥护和参加的积极性。欧美资产阶级民主国家的民意机关选举,都是一个很大的政治运动,各阶级各部分的人民,及其政党在选举中,都积极活动,表示自己对于国家问题的意见,表现自己的力量。在社会主义的苏联,选举更是一种广泛深入的民众动员,提高人民的政治觉悟,发挥他们对于社会主义建设,保卫祖国的热忱。这些宝贵的实际经验,我们是应当采纳的。今天,全中国人民总的意志只有一个,就是坚持抗战到底,争取最后胜利,所以在地方民意机关的选举中,全国民众热烈发表他们对于抗战建国的意见,发挥他们的伟大积极性,必然是对于争取抗战胜利的最有力的推动。

国民参政会闭幕已经将近半月了。它所通过的许多良好的决议案,都还没有开始来执行。现在比任何时候更迫切要求执行这些决议,要使这些决议成为抗战时期正确施政方针的抗战建国纲领,需要全国人民的努力,首先是需要全国各地救亡团体,在会议上,在刊物上,在对人民大众的宣传中,在对政府当局的建议中,发起广泛的运动,以促成这些决议的迅速实现。

(原载1938年7月28日汉口《新华日报》)

8. 国民参政会

延安《新中华报》评论

国民参政会已于本月六日在汉口举行第一次集会,这是值得我们百倍庆贺的!到会的参政员有各省区地方,有各党各派,有各文化团体民众团体,有藏蒙和侨胞,虽然参政员还不是直接由人民选举出来的,但他确实是战时相当的民意机关。同时在这一会议的精神中,更充分地表露了在抗战最紧张的时候,全国不分党派,不分阶层,不分民族信仰,已经像一个人样紧紧地团结着,大家聚首一堂,在商讨国事。

我们过去是没有民意机关的,今天国民参政会的召集,不能不说是我国政治上的大进步。因为过去政府与民众间的隔离,使人民的呼声,不能及时反映到政府去,同时政府的一切外交内政设施,亦不能取得人民的彻底了解,以至互相不能充分信任。特别在抗战期间,人民中间宝贵的意见,常常不能包括到政府内政外交的重要施政方针中去,这些缺憾今天是相当地加以补救了。我们希望在开会的国民参政会,能够成为真正建树民主政治的基础。

要达到这一目的,希望政府给予国民参政会真正有代表民意的各种权利,国民参政会的每一有利抗战建国的具体建议与决议,政府应保证其能实现,国民参政会的决议才不成为空论和具文。

在此抗战紧急期间,一方面需要国民参政会能达到真正代表民众意见,同时需要政府对民众的正确意见加以采纳,两者在互相信任帮助的原则上,以达到抗战建国的目的。

(原载1938年7月15日延安《新中华报》)

9. 敬祝国民参政会会议的成功

《解放》周刊时评

全国人民热望的国民参政会会议于七月十五日闭会了。在十天会议中,由于各参政员的共同努力与全国人民热烈的拥护,获得很大的成功。

此次参政会,在二百个参政员中,除了因病因事请假缺席者外,共到会一百六十二人,代表了全国各党派(国民党、共产党、中国青年党、国家社会党等),各民族(汉、满、蒙、回、藏等)、各省区、各界人民共同抗敌救国的意志。在会议中通过了拥护《抗战建国纲领》、拥护政府长期抗战国策、建设国家生产、充实国力、节约运动以及关于保卫武汉问题、军事问题、地方自治问题、民众运动问题、改善民众生活问题等议案一百十六件,发布了国民参政会第一次大会宣言,并选举了驻会委员二十五人,继续进行大会闭会期间的工作。我们虽然还没有全部看到与具体研究这些决议的内容,但根据大会宣言和会议的精神看来,大会是获得了很大的成功,开始实现了蒋委员长在开幕词中"加强团结,巩固统一,建立民主政治基础"的希望。

这次参政会的参政员,虽然还不是由人民直接选举的代表,但其成分已相当的包括了各党派、各民族、各团体、各界民众中有威信的贤才。在会议中各参政员也表现了拥护政府与最高领袖长期抗战的赤忱,进一步的巩固与扩大了抗日民族统一战线的基础,坚强了全民族团结抗战的力量。这是表现我国自民国以来空前未有的民族团结。正如蒋委员长所说:"现在不仅在军事上能够抵抗敌寇的侵略,而且在政治上表现全国一致抗战的组织与行动,使敌人不得不重新认识我国国民的力量已经团结集中于政府指挥之下来排除侵略。这实在是给予敌人以致命的打击。"

现在的国参会虽然还不是完全的民意机关,但也可以说是战时相当的民意机关。这次会议开始表现了民主政治的精神。在会议前,各参政员发表了各自的政见;在会议中,相当采纳了各党派、各团体代表人民的意见,并用民主集中制的精神讨论和通过许多重要的决议,表现了"树立民主政治楷模","建立民主政治基础"的开端。

由于这次会议团结统一与民主精神的表现,兴奋了全中国人民,特别是被占领区域人民争取持久抗战胜利的信心,增强了保卫武汉与三期抗战的力量。在国际上发生了良好的影响,增进了全世界主张和平民主的国家与各国人民对我国抗战建国的同情与援助,坚强了世界和平阵线反法西斯蒂阵线的力量,使世界人民认识中国抗战成为世界反法西斯蒂侵略的急先锋。

由这次参政会会议的成功看来,证明:只有建立真正的民意机关,实现民主制度,才能适合全国抗战的需要,才能真正团结与发挥全民族力量,去战胜全民族的敌人。相反,没有广泛的民主,要团结与发挥全民族抗战的力量是不可能的,要争取持久抗战全面胜利也是不可能的。这就证明那些害怕民主,认为实现民主制度就会破坏抗战团结力量的理由,是完全没有根据的;证明那些用压力控制民众运动的办法对于国家民族都是有害无益的。

此次会议,有中国共产党员毛泽东等七人接受了政府的聘请,参加了这次国民参政会议。他们七人曾经在会议前发表了共同的意见,向大会提出了许多重要的议案,他们在会议中曾经与国民党和其他各党派以及无党派关系的参政员同志们亲密地携手,和睦的商讨了决定了抗战建国的实施方案。今后我们共产党人更愿意本着精诚团结共赴国难的精神,与全国各党派以及无党派关系的人民共同努力,执行这次会议的决议。

我们庆祝这次参政会议的成功,希望我们中国从此能够向着民主政治的方向大踏步的前进!

(原载《解放》周刊 1938 年第四十七期)

10. 给敌人一个答复!

汉口《大公报》社评

昨天,国民参政会通过一个《拥护政府实施抗战建国纲领案》。同性质的提案共有三个,提案者共一百十七人,经将三案合并,另行起草一决议文付表决,全体一致起立通过。共产党代表陈君绍禹及中国青年党代表曾君琦等,均热烈表示拥护政府抗战建国之政策。此决议文略谓:"吾民族存亡,系于目前之奋斗,成则俱生,败则俱亡。吾整个民族,不分党派,不分职业,惟有精诚团结,坚苦奋斗,一面抗战,一面建国,始能免沦于奴隶灭亡之境,而跻于自由平等之域。爰郑重决议,拥护民国二十七年四月中国国民党临时全国代表大会所通过之《抗战建国纲领》。切望国民政府制定实施办法,督促各级政府,切实执行。"此案表决时,全体参政员一致起立,掌声雷动,历数分钟不止。充分表示中国的统一团结已达到了精纯的程度。

这是给敌人的一个答复！敌人说我们的不统一，而我们统一了；敌人最怕我们的团结，而我们团结了。我们相信这个统一团结的表示，在精神上给予敌人的打击，不啻十万大兵！这是国民参政会的最大收获，也是我们国家的极大成功！

试一回顾近数十年来的中日关系史，便知道日本对华的一贯政策，是煽动中国内乱，破坏中国统一，尤其要打击中国的强固政府。辛亥革命时，日本一面援助孙黄革命，一面又帮助满清反抗民国，俾中国长久分裂，自相残杀。当孙黄革命逐渐扩大之时，东京已充满不愉快的空气，朝野盛唱干涉论调。及袁世凯政府成立，二次革命既告失败，乃以二十一条要求直接压迫北京政府。这幕戏刚刚结束，日本又煽动宗社党及蒙匪作乱，拥护善耆，倒袁复清，因而演成郑家屯的日军直接屠杀。旋袁世凯帝制自为，日本一面领导国际干涉，表面上同情西南，讨伐叛国，实际是愿意中国内乱。继起的安福政府，以维持亲日的面目，才得苟安。华盛顿会议以后，在中国不断的内乱之中，几乎每一幕都有日本的阴影。迨十六年北伐军进至黄河流域，日本遂大举出兵山东，演成济南的武装干涉。那个阻挠未成功，东三省反而悬起青天白日旗。民国十七年以后的统一局面，比民之时代更进几步，日本也就更不甘心，这是九一八事变的真正动力。日本以九一八的魔手，拿溥仪当傀儡，来分割中国的版图。谁知九一八事变经过六年多，日本的侵略逐步加剧，而中国政府的地方反日日益强固，出现了空前的统一局面。日阀图穷匕见，乃直接以战争来与统一的中国相拼。大战打了一年，先后又制造王克敏、梁鸿志两个汉奸组织。日阀满拟以武力打击国民政府，同时如近卫在去年所宣扬的制造中国的"佛朗哥政权"，双管齐下的来征服中国。谁知这一年的大战的结果，国民政府的威望愈高，中国的军力愈强，政治愈统一，国民愈团结，而汉奸组织愈暗然无色。这次国民参政会的诞生，全世界人都认为是中国统一团结的象征，敌人偏散播无耻的谣言，挑拨离间，造谣中伤。昨天国民参政会一致热烈通过这个《拥护政府实施抗战建国纲领案》，便是给敌人一个有力的答复，说明全中国已坚定团结，必与我们的敌人抗战到底！

在这抗战的重大阶段,我们中国呈现了坚强的统一,精纯的团结,这是敌人所最怕的,也是敌人所最恨的,它必然更奋全力作最后的挣扎。据敌人广播的消息,它们拟在中国设立总督府或总监府。这是以朝鲜台湾看我们,想直接了当的(把)中国作为它的殖民地。敌人的狂妄,可谓已到极点。至中国儿女们!统一团结,抗战救国,这是我们国家的唯一出路,我们就要在这条出路上,粉碎狂妄的敌人!

(原载 1938 年 7 月 13 日汉口《大公报》)

11. 国民参政会休会

汉口《武汉日报》社论

国民参政会第一次大会,已于昨日庄严隆重典礼中休会。计自集议以来,瞬已十日。此十日中,实无日不有会,而又无会不充满精诚团结之气象,此征诸报章所公布之消息而可知者。原参政员虽来自全国各地、各职业团体、各特殊区域、各不同党派,但皆为深入民间分负实际救亡工作而著有声誉者。平时对于国家民族所处之内外环境,不仅已有详明之观察,且复有长久之体验。忍于性者必动于心,困于心者必衡于内。故集议十日,研讨大计,在国家至上民族至上共信之下,舍小异而趋大同,合众是以为国是,因以加强团结之精神,巩固统一之基础,遂使友邦观感,为之一新,世界论坛,悉予好评。而此种在行动上表示举国一致协助政府抗战之事实,将令倭寇不得不重新认识我国国民排除侵略之力量,尤足予倭寇心理上以致命之打击。是参政会在精神方面收获殊多,而为民族复兴史上所应大书特书者。

此次参政会通过之重要决议凡五,一曰《拥护政府长期抗战国策案》,一曰《拥护〈抗战建国纲领〉案》,一曰《发展内地工农矿生产以充实国力案》,一曰《通过实施节约计划大纲案》,一曰《建设地方参政机关案》。是五者,或有关于抗战,或有关于建国,要皆所以集中全民族之力量,对倭寇侵略之势力,作殊死之斗争,以求得抗战之胜利与建国之成功。此原为参政会成立之意义与目的,并为全国国民所属望者,今已因参政员之努力而具有规模。吾人于敬佩正副议长及参政员诸公硕画尽筹之余,有不得不郑重致其慰劳并祝其健康者。

参政员诸公,今悉将回归所从属之地方或团体,以赓续其救国之任务。对于所通过之各种议案,诸公必能广事宣传。且无疑的,倡导与推行之责,均将落于诸公之肩上。是诸公十日坐言于参政会者,今又将起行于全国各地矣。以诸公十日来精神所表现者,如信仰三民主义之深切,重视抗战建国之要求,努力团结统一之加强,关怀民生疾苦之改善,建设地方自治之基础,拥护最高领袖之真诚,吾人以知诸公回归于所属之地方或团体以后,必能如林主席所希望者:"以非常之精神与毅力,肩荷非常之职责,以为国家民族建立非常之事功"也。

最后,吾人尚有为全国国民告者。今日国难之险,险于覆舟;应战之急,急于救火。参政员诸公,既已为吾人加强团结统一之基础,树立抗战建国之新机;吾人即应以此树立之新机,凭此加强之基础,奋发有为,肆力应战,则排除侵略,挽救国难,有必然者。参政会闭幕宣言有云:"凡我同胞,安危相关,生死与共,惟有尽一切努力,忍一切牺牲,以求贯彻抗战之唯一目的。"尽一切努力,忍一切牺牲,乃为每一国民对于抗战胜利建国成功应有之认识,亦为每一个国民对于排除侵略挽救国难必具之条件,此则吾人于报导国民参政会休会之余,所欲举以为全国国民告者也。

(原载1938年7月16日汉口《武汉日报》)

12. 国民参政会议决拥护《抗战建国纲领》

重庆《新蜀报》社论

国民参政会自七七开幕以来,截至十一日午止,提案计合一百二十五件之多。目前最惹人注意之提案,为郑震宇等二十八人,陈绍禹等六十七人,王家桢等二十七人所提《拥护国民党〈抗战建国纲领〉具体实施案》,当即决议:(一)拥护国民政府以《抗战建国纲领》为根据之对内对外之方针;(二)国民政府须在最短期内制定各种具体实施办法,公布全国;(三)全国军民都应为实现此纲领而奋斗。——《抗战建国纲领》到了现在,算是得了一种民意的补充(要求具体的实施办法)和拥护,以后便是上下一心,按部就班地去实行了。

这补充对这纲领是非常有意义的。因为有这补充，才减少了这纲领的抽象性以及过大的伸缩性，这譬如：

一，纲领中指出实施计划经济，发展农村，开发矿产，提倡工业为改善人民生活之道，但这中间却留了如何实现，实现要几许时间，水深火热中的人民是怎能得此渺茫的期日，用何种人才方能使各方面产业均亦发展，以及仍然让贪污土劣横行，这经济建设亦能进行否等等问题。但若一旦政府有类于其他各国之详示时间速度的计划发表，这情形就完全两样了。

二，纲领上曾规定，言论、出版、集会、结社政府当予以合法的保障，但同时又规定必须不违反三民主义最高原则及法令范围。自然，在战时这规定颇可防止一般不负责任的破坏。但这没详细规定到何种程度方为未违反三民主义及法令，这很大的伸缩性，不独缩小了言论、出版、集会、结社等人民的自由，还可使优秀人才有无从发挥其能力的可能，更难免一部分官吏，会随他个人的好恶与落伍观念而牺牲举国人的自由。若现在能于最短期间规定出一定的对人民言论、出版、集会、结社等自由的保障条例，自然这情形也将与过去完全两样了。

上所举者，不过一二大端，但都赖这次国民参政会的补充而使他疏漏的地方充实起来，空洞的地方补足起来。——这样一来，这复于民族的《抗战建国纲领》必更有它的实行性而为每一个国民所拥护了。

（原载1938年7月14日重庆《新蜀报》）

13. 参政会休会以后

重庆《新民报》社评

国民参政会前天已经休会了，休会后的驻会委员已经选出，大会宣言已于昨日宣布。我们对于这次会议，早已表示过无限的热望，满以为在会议的辩论和决议案中可以得到一些意外的收获，但卒以"所议决之重要案件，关系国家大计，抗战前途者甚多，惜事属机密，未能发表"。因为没有全部发表，所以在各个关心参政会的朋友们都不免怀着一点"不应有"而又"不能不有"之遗憾！

驻会委员会是二十五人，根据该会组织条例第九条之规定，他的任务是"以听取政府各种报告及决议案之实施经过为限"，当然说不上有多大的权力。但他们有权去要求听取政府的报告，有权去察问决议案之实施经过。我想，只要他们真能负责的话，这十日来所通过之"事属机密"的重要案件，也许是不会置诸高阁的。再看这二十五个驻会委员，都是已属于各党各派者为居多，有的是共产党，有的是青年党，有的是国家社会党，有的是过去的改组派，或第三党，还有名流学者及村治派，救国会分子等等。总而言之，在这里不啻表示出精诚团结，大公无私的伟大力量来了！因此，我们对于国民参政会的召集，由开会以至于休会，始终没有减退那种"无限的热望"！

至于大会宣言，由拥护最高统帅，争取最后胜利，申谢友邦同情，否认傀儡组织，以及于敬告全国同胞在军事上、政治上、经济上之诸种努力标准，这可以说是国民参政会最宝贵的文献，也可以说是抗战建国应有之照例文章。关于此点，我们只希望"与其托诸空言，不如见诸实际"。这些实际的内容，当然包括各项议决案的施行在内，但有的是不限于条款之规定的。譬如在会场上一致通过"拥护抗战建国"的决议案中，党派的摩擦似乎是完全没有了；又中央正式通令取消小组织以后，这小组织也似乎不存在了。但考之实际，究竟党派有摩擦否？小组织已取消否？这的确是一个大大的疑问。

国民参政会是无形的民意代表机关，他们既已集思广益，代民立言，并已精诚团结，宣告中外。今日我们所希望者，假使这些代表仍然口是心非，或其议决宣言之结果并没有实际效果，我们只好痛哭流涕而言曰："国事将从此无望"了！（承烈）

（原载 1938 年 7 月 17 日重庆《新民报》）

14. 如何发挥民力？

重庆《时事新报》社论

举世瞩目的国民参政会，目前已经进入于重要讨论的阶段。其所通过的议案，据中央社的公表，至记者执笔属稿之际，共有六件：（一）为拥护政府长期抗战的国策；（二）为调整民众团体以发挥民力；（三）为具体规定检查书报标准并统一执行；(四)为在内地建立工矿基础,增加生产以充实国力；(五)为建设内地农业以促进后方生产；(六)为节约运动计划大纲的通过。这六项议案,在本质上均属切要之图;而于"调整民众团体以发挥民力"一案,尤值得我们的称述。

然而,民众团体究竟如何调整？民众力量究竟如何发挥？我们在尚未获睹决议的原文以前,似乎未便加以推论,但微闻对于此案的讨论,亦为大会辩论最紧张的一幕。原提案人对审查意见中第一项"在确有群众基础及救国工作表现的民众团体"之下增加"而依法组织"五个字,曾有怀疑的争辩,而引起了激烈的舌战。结果,虽然使彼此紧张的情绪,消失于严肃而和谐的决议之中,但问题的本质,依然未获彻底的解决。为什么不能彻底解决呢？因为议案是一事,实际的执行议案又为一事。我们如以既往的教训而论,纸上的议案,来与实际执行的程度对比而观,往往会发生不和谐的矛盾！

过去的民众运动,其先天便有不健全的缺憾,而因得出了"运动民众"的讽刺。有些人们口头上尊民众如神明,实际上视民众为刍狗,不是把民众看成是政治斗争的资本,从而鼓煽拍卖,便是将民众当做毫无抵抗的羔羊,任意驱策鞭挞。于是民众的生活如旧,痛苦依然。我们在今天来谈"民众",真未免有点愧怍！其实,中国民众的本身,并不自视为特殊阶级,依据人们有集会结社的自由,其组织团体,原属司空见惯的现象。但如果不依法令的轨范,那便是无政府主义的观点,那便是特殊阶级的行为。其真正调整之道,端在组织团体的人们能否正心诚意,公忠体国。如果是别怀陈见,自播磨擦的种籽,则所谓调整的结果,真如治丝而愈棼？以调整民众团体为发挥民力的阶梯,在原则上自属无可非难。但往事教训我们,以前的民众团体,多半只求为"民气"的发泄,以通电宣言为工作,在字里行间作工夫,很少注意于"民力"的储集,以致造成我们人民有"气"无"力"的遗憾！今天的当局,能够冶各党于一炉,而积思广益,勤求民隐,诚然使我们欢欣鼓舞；但如何透过党派的团结,在不妨碍国防利益与抗战要求的前提下,消极的制裁贪污,为民除害,积极地改善人民的生活,使人民自动发挥其报国的潜力,这才是抗战建国的正轨！

(原载1938年7月13日重庆《时事新报》)

15. 拥护国民参政会宣言

重庆《国民公报》社论

国民参政会第一期集会,已于七月十五日下午举行休会典礼。集会期间,虽仅旬日,而各党各派团结一致之精神,拥护中国国民党临时全国代表大会颁布《抗战建国纲领》之热诚,及拥护最高领袖蒋委员长之肫挚,实为民国以来民意机关集会所仅见。宜其收获之大,团结之坚,兹读该会第一次大会宣言,诚足代表全国民众之真实态度,及其坚决之意见。此吾人应当竭诚拥护者也。

敌人计划,本想速战速决,轰炸我后方不设防之各城市,残戮我无辜之人民,造成最可恐怖之惨状,胁迫我无条件之屈服,遂其侵略之野心。幸我贤明各党各派之领袖,均能一致参加救亡工作,舍小异而趋大同,宣言云:"中国民族,必以坚强不屈之意志,动员其一切物力人力,为自卫,为人道,与此穷凶极恶之侵略者,长期抗战以达到最后胜利之目的为止……自九一八以来,国难严重,不但一般无党派之国民,更坚其拥护统一之心,既各党各派亦都舍小异而趋大同,翊赞统一,共同救国。一年以来,我全体将士忠勇赴战,壮烈牺牲,我全体国民包含边疆各民族,无分党派宗教职业,一致决心,忍受艰苦,奋斗到底,尽中国于敌寇凭陵之日,反得发扬其整个民族之爱国意识与牺牲精神,故日本军阀,虽恃其海、陆、空之暴力,猛烈进攻,而决不能屈中国民族自卫之意志。"

读此沉痛恳切之宣言,表示坚决抗战之决心,令人发生无穷之兴奋,且增吾人最后胜利之信念。自经此精诚团结以后,则敌人挑拨离间之手段,无所用其技,分化抗战力量之诡谋,亦无所施矣。

此次参政员之总数,共计二百人,出席人数竟达一百六十二人之多。在此全面抗战期中,各种交通工具相当困难之际,而出席人数如此踊跃,并能一致站在抗战建国立场上,尽量发挥有利于国家,或民族之公正主张,如此团结精神,实为我国历来任何集会所未有。所谓国难之险,险于覆舟,应战之急,急于救火。凡我同胞,安危相关,生死与共,唯有尽一切努力,忍一切牺牲,以求贯彻抗战之唯一目的。旨哉斯言!吾人安居后方,尚无若何之牺牲,尤应速进最大之努力,厉行节约运动,增加生产建设,本"有钱出钱","有力出力"之原则,互相鼓励。彼此劝勉,踊跃献金,增加抗战力量,在最高领袖蒋委员长领导之下,继续奋斗。以求贯彻抗战目的。任何一时之牺牲,皆非所计,终能达到抗战必胜,建国必成。

(原载1938年7月17日重庆《国民公报》)

16. 国民参政会第一期集会闭幕

成都《新中国日报》社论

国民参政会在七七纪念前一日开幕,迄昨日午后四时闭幕为止,历时十天,到会参政员凡一百六十五人。其精神始终不懈,一气呵成,开民国以来未有之先例,虽曰外患有以促成全国一致之团结,但国人经此二十七年之教训,对于民主政治之运用,要亦不能不谓为有长足之进步也。

综此次会议之所收获,其最要者凡得数端:

一曰全国之真诚团结。其意义之重大,可于该会闭幕时所通过之宣言见之,整个宣言之精义,在说明抗战建国系中华民国国民一致的要求,为全民族意志之所凝结。抗战非必胜不止,建国非必成不止。既非敌人挑拨离间所得而中伤,更非敌人威迫利诱所得而摧毁。此一坚强有力之表示,不独可以昭告中外,而且可以贻厥子孙,中华民国为一不可征服之国家,中华民族为一不可分散之民族,凡敌人一切阴谋诡计举无所施,吾人今后努力方向,惟有向抗战建国的坦途迈进。

二曰民治基础之奠定。此不独于会场中互尊互让之精神可以见之,而省县民意机关克期成立一案得以通过,尤为奠定民治基础之骨干。盖民治不可徒托空言,必有适当机构以资表现。今日中央当局已深知欲完成抗战建国的大业,决非尊重民意不为功,而各省地方当局以过去廿余年之熏染,不知民意为何物者仍往往有之,其尤甚者,乃至私其军队,私其土地,轻侮人民,厚集资产,虽在国难严重之今日,犹不免焉。自县以下,则腐败黑暗,使各地良善之民无所控诉者,更随处皆是,无可爬梳。令省县民意机关既得克期成立,人民得伸其难言之隐,地方官吏当亦可渐改其武断专横之习。各方民意得有集体之表现,即中央一切惠民用民之政亦决非地方官吏所得横亘于中,脉络贯通,上下呼应,则岂止抗战可收动员一切人力物力之效,即建国亦何尝不可收纲举目张之功。此次参政会能毅然将此案通过,其于代表民意之一义,殆可当之无愧矣。

三曰对国难真切的认识。国难不自今日始,亦决不自今日止,今后将演变至何种程度,殆亦难言。此次参政会代表,来自全国各地,平日各司其事,各专其业,其目光所注,对国难之认识或不免局于一隅,其所得诸新闻纸之报道者,亦未必完全真确。此次集百余人于一堂,穷十日之研讨,一方既得听取政府之报告,一方又可得各地代表之交换与切磋,今日国家的危机究竟已至何种程度,到会各代表殆可得一普通深刻之认识,归而广播于各地民众,其足引起全国国民对国难更进一步的关心,殆为自然之结果。由认识的一致,得精神的一致,更得步调的一致,则发为整个的力量,其大有裨于抗战建国的前途,夫复何疑。

可是,话虽如此,为政毕竟不在多言。此次虽通过要案不少,但见诸实行,则必按一定之程序。吾人默祝三十月后国民参政会第二期集会仍得在汉口举行,届时政府能将此次所通过各案就已见诸实行者择要提出之数件作为详尽之报告,则此会之召集乃为不虚,而政府仍可得全国国民一致之拥护,必更可预卜也。

（原载 1938 年 7 月 16 日成都《新中国日报》）

17. 国民参政会之观感

林祖涵

举行了十天,最近闭幕的国民参政会是近年来一个空前的盛会,也是民国以来中国政治史上最光辉的一页。这个会的举行,时间是在抗战一周年纪念的当儿,地点又在第三期抗战军事中心的武汉,再加上了集中各方知名人士在一堂,讨论的尽是关系整个民族国家前途的抗战建国大业,这确是一个不平凡的,无论在国内、国外都引起了重大影响的大会。关于国民参政会的组织条例及详细经过,报章已发表过,不再重述。在这篇文章内所包括的,是大会召开的意义和经过情形、收获与影响及今后努力的方向。

一　召开的意义

国民参政会的召开，毫无疑义的，是有着历史的意义，也为了适应时代的需求，最重要的，是根据抗战的需要。在抗战进展到第三期的今天，严重的民族危机使政府认识广大抗日民族统一战线来达到全国人士更进一步的合作是目前的要图，国民参政会就成了达到这个目的的工具。同时，抗战建国是需要经过艰苦奋斗才能完成的事业，也决不是少数人所能包办的，只有集思广益和集中人力，才能增强抗战建国的力量。

民主的要求，也是促使国民参政会召开的一个原因。中共早就提出了建立民主共和国的口号，这口号不单成为一个政党的目标，还得到了其他党派的附和。舆论方面，也常常的建议建立民意机关来奠定民主政治的基础。几年来，广大群众要求树立民主政治运动的高涨是以前没有的现象。这一切都说明了今天中国正要求向民主的路上迈进，它不再满足于提出空洞的口号，而需要实际行动的表现。

国际的关系，也成了相当重要的因素。国民参政会的举行，对友邦充分地表现出中国真正地团结起来了，为了把日本帝国主义驱逐出国土以外而抗战到底。这个昭示，可以博得友邦深刻的同情，取得更有效的援助，同时，就是对于平素对中国抗战抱着比较冷淡的态度的国家，也起了一些作用。这个会可以在这些国家中引起好感，帮助中国争取更多的与国。

二　大会的经过情形

这个会已准备了相当的时间，到了七月六日才正式开幕，十五日闭会，一共举行了十天。出席的参政员是根据国民参政会组织条例由政府指派的，全体人数是二百人，除了少数因特殊原因不能到会以外，其余的都踊跃参加。参政员的成分可分四种，即：各省、市代表，少数民族，华侨和各党派、职业团体，以后者所占的人数最多。

在大会中，政府对参政员作了各部门的工作报告，这是在以前政府所召集的大会中所少有的，也可以说是中国政治上的一个大进步。报告的方式，有些采用口头报告，有些是用书面报告。五院中，行政院、监察院是由负责长官报告,其余立法、司法、考试三院采用书面报告的方式。行政院各部门更有极详细的口头报告,何应钦先生报告军事,王宠惠先生报告外交,何键先生报告内政,孔祥熙先生报告财政,翁文灏先生报告经济,张嘉璈先生报告交通,陈立夫先生报告教育,陈诚先生报告民众运动的工作。此外,其他各院的各部还有书面的报告。参政员对于政府各部门工作提出询问时,由负责人员答复。

参政员经过提案来表示他的意见;如果政府有要交议的方案,也可以用提案的方式向大会提出。这次大会收到的提案共一百二十五件,政府交议的案件只占很小的一个数目。所有的提案都先交给审查委员会。大会通过的要案有十余起,其余经审查委员会通过的案件,因时间来不及经大会分别讨论,遂由大会汇集决定送交政府参考采纳。闭幕前,选出二十五人为驻会委员会委员。

审查委员会分军事、国际外交、内政、财政经济,文化教育五门,分别审查提案。出席的参政员被指派在审查委员会中担任一项工作,每个委员会另派定召集三人。重要的提案可以选送大会讨论通过。在会场中,参政员发表意见不能超过限定的时间。

这些提案的内容和大会的影响将在以后提到。以上所说的是大会一般的情形。

三 收获与影响

国民参政会开了许多次,提出了一百以上的提案,引起了全国民众及各国舆论的注意,这确是轰动一时的盛举。无可讳言的,大会还存在着一些缺点,还不过是一个初步的民意机关,可是,它仍然有着珍贵的收获和在客观上发挥了伟大的影响。这些收获表现在什么地方呢?它的影响又是些什么呢?这可以从下面的几点上得到一个答复。

(一)发挥精诚团结的精神。"精诚团结"的呼声已有好几年了,但在这次大会中才具体地表现出来。从出席的参政员的成分说来,有各党各派的,有无党无派的,有来自不同地域的,有各民族的代表,有各职业团体的名流,这中间还有着性别和年龄的差异。然而,在会场中,大家都热烈地、忠实地服从抗战的利益,捐弃成见,来发表意见和商讨国事。尤其是从通过拥护国民政府实施《抗战建国纲领》的提案这件事看来,确实把这种精神发扬到最高峰,也是大会最大的成功。这个提案是合并三个性质相同的提案,经过热烈讨论后通过的,提案署名的人数共一百余人,全体参政员对政府实施《抗战建国纲领》表示热诚的拥护,并愿在最高统帅领导下完成抗战建国的伟大任务。

(二)树立民主政治基础。在大会开幕时,蒋委员长在演讲中曾强调民主政治,说到要把中国建立成一个民主的国家。大会曾通过建立各级的民意机关,准备在各省、各县设立参政会,并限定在规定的时间内完成这项工作。为了要达到实现真正的民主政治的目的,为了针对着目前一些妨碍民主发展的不健全的现象,沈钧儒等提出《切实保障人民权利案》;又有一部分参政员要求政府规定检查书报的标准,统一执行的机关,保障言论、出版的自由;在民众团体方面,注意调整,准予立案,确定统一的领导机关,使民众团体能在抗战的今天成为帮助政府与军队的一股伟大的力量。这些都是实现民主政治不能缺少的条件,只有把它切实地执行,才能保证民治成功和发挥民主精神。在这次大会中,妇女的参加,也是民主政治的一种表现。这现象是过去没有的,但现在却给予妇女参与政治的机会了。她们的人数虽少,但成绩很好,会场中勇于发言,而且能够和当地的妇女团体取得密切的联系。

(三)加强巩固军事力量。在军事方面,最重要的收获是规定了抗战到底的国策。虽然政府与领袖屡次的声明要抗战到底,牺牲到底,在《抗战建国纲领》中也有同样的决定,然而,一部分人还在动摇,还想妥协。但国民参政会更巩固了长期抗战的国策,把这些妥协者的幻梦打破了。大会通过了拥护政府长期抗战国策案,在宣言中也强调长期抗战。

关于军事的提案,较重要的是陈绍禹同志等的《加强保卫大武汉案》。在敌人迫近武汉、准备进攻武汉的今天,这个案的提出是有重大的意义,而且能加强保卫武汉的力量。提案内容分军事、政治、经济三大部门。军事上,要注意军队之调集,新式武装之补给,军队之政训、军训,工事之赶修,防空之增强,人民之武装及军需品之储存;政治方面,设立总动员委员会,吸收各党派各团体参加,来进行组织宣传队,登记抗战团体,组织民众,设立干部训练班,肃清汉奸敌探,疏散难民,帮助政府征募兵役等工作;经济上,提出了储存军粮,增加生产,规定物价的办法。

在长期抗战中,建立新军来支持今后的战争,准备未来的决战,是对最后胜利有着决定作用的。大会中,对于建立新军方面,非常注意,对于编制、兵役法、装备、教育、纪律、军事工业、伤兵处理、军事运输等都有详细的规定。这个提案能执行到什么程度,是和今后的抗战前途有着不可分离的关系的。它的重要性是不必说明,谁也知道的。

(四)推行改善内政建设。大会的许多提案都是关于内政建设的。无疑的,这对于今后国内政治的推进与改善有着很大的影响。提案的建议与办法也很具体明确,针对着实际的需要,可以供给政府参考采纳。大会讨论通过的关于这方面的提案,最主要的是下面的几件:

1. 改善各级行政机构。这提案是由政府交议的,另外有些参政员也有同样的提案,但因内容相同,合并讨论。改善的办法是裁并重复机关,规定行政督署专员权限,调整各级行政机关的关系,改善地方自治和保甲制度。

2. 严惩贪污,秉公任用官吏,选拔技术人才。

3. 通过了教育部的战时各级教育实施方案。这对于一般的学校教育,比以前有了改善。关于青年训练问题,也引起了严重的注意,以致关于战时青年训练的事情,由军委会政治部负责。

4. 在财政方面,规定了维持外汇,巩固法币,整理税制,防止资金外流的办法。内容有关机密,不便对外发表。

5. 国防工业的建设与军运铁路的兴筑,在大会中,也有了决定,咨送政府参考采纳,分别进行。

6. 通过了政府的节约运动大纲。这对于增加抗战力量,平衡对外贸易都有很大的关系。节约的对象分:生产部门、机关、个人几种,并限制某种物品之购用。为了执行推广节约运动,规定采取统制、禁止、劝道、奖励、竞赛的办法。

7. 为了保存抗战实力,提倡移民垦荒,救济难民,保育儿童。

(五)确定今后外交方向。为了使外交能配合抗战,有利于抗战,大会确定了在争取与国(友邦)时坚持和平阵线的立场,促进英、美、法、苏等国的邦交。中国的抗战不单是为了争取民族的独立与生存,也是为了维护世界的和平,因而中国反对日本帝国主义的斗争也该是世界爱好和平与正义的人士的共同事业,而且必能得最大的同情与援助。但目前各国援华的工作显然做得不够,中国应尽最大的努力,来加强各国对中国抗战的援助,获得巨大物力、财力、人力的接济。要达到这个目的,就有统一、加强国际宣传和慎重选派使节的必要。

(六)大会宣言的内容。在闭幕前,大会发表了一个宣言,这宣言将成为重要的历史文献。它向全世界坚决明确地表示中国是为领土、主权、自卫、人道、和平而战,而且今后将继续的抗战到底。它对抗战以来各国的同情与援助表示感谢,并明白地说明了中国将遵循孙中山先生联合全世界以平等待我之民族共同奋斗的遗教,与各国携手合作。它郑重地声明中国否认一切敌人一手造成之傀儡政权,并驳斥敌人诬蔑中国赤化的宣传。它对全国同胞提出了恳切的希望与要求,热望统一团结继续奋斗。它提出了达到这目的办法:在军事上,希望全国民众踊跃从军,发动沦陷区域军民组织;政治上,树立民主政治基础,改革庶政,救济难民、失业、失学;经济上,实行节约,劝募公债,增加生产,巩固金融,开发资源。无疑的,这样的一个宣言是大会许多收获中的不可多得的一个。

四　今后努力的方向

国民参政会的成绩与收获已摆在我们面前了。一般的说来,这次的大会已完成了它的任务,但开会只是工作的开始,一定要加强今后的工作,才能完满地执行这次大会所留给我们的任务,保证下次大会获得更伟大的成功。今后努力的方向,应当循着以下所提出的路线前进,来实现民主政治,达到"抗战必胜,建国必成"的目的。

(一)切实执行通过的提案,以保证第三期作战及长期抗战的最后胜利。大会提案的内容都极丰富充实,切合今天实际的需要。问题只是在能实行到什么程度。为了实现贯彻抗战到底,争取最后胜利的主张,我们不单要推动政府去执行大会所通过的提案,还要保证这些提案能够全部切实地见诸事实。

（二）扩大大会影响，使国民参政会成为更健全的民意机关。目前一部分人漠视国民参政会的心理与他们所采取的冷淡态度，显然是对于目前形势的不了解，对于民主政治的前途没有信心，这是非常有害的事情。我们要用事实来对他们说明国民参政会和从前的各种议而不决、决而不行的大会不同，让他们看到国民参政会对抗战建国确实起着伟大的作用。只有全国民众都密切注意国民参政会，热烈地拥护国民参政会，才能把（使）这个大会成为一个健全的代表大众说话的机关。

（三）与民众团体取得密切联系，经常地征询广大群众的意见。这次的大会，在这方面做得不够，而且没有注意到这一点，只有一部分女参政员在大会前后对妇女群众做了一些工作。今后大会要克服这个缺点，参政员更应接近民众，采纳民众的意见，对民众团体作工作报告。这样，才不会和民众发生隔膜，才能真正的代表民意。

（四）建立各级民意机关，推行民选制度，来健全国民参政会的组织。这次的大会只是一个全国性的相当的民意机关，也可以说只代表了社会上一部分有地位、名望的人士的意见。只靠这样的一个会是不能充分地表现出民意的，一定要在全国各省各县都建立国民参政会，用选举的方法选出参政员，才能奠定民主政治坚固的基础。

（五）在下次大会召开以前，从事充分准备的工作。现在距离下次大会举行的日期还有几个月。在这个期间，各参政员可以搜集材料，听取民众意见，监督提案的执行，计划下次大会进行的工作。每个参政员能够这样干去，一定可以保证第二次大会比第一次大会有着更大的成功与收获。

在中国历史上，也有过民意机关，尤其是在民国初年，议会政治曾在中国政治舞台上发生过波浪。但我们可以说，自民国二年以来，民国政府所召集的各种所谓"民意机关"都是不健全的，没有一个能够和这次的国民参政会比拟。这个大会，在中国树立民主政治的过程中，开辟了新的纪元，成为建设民主共和国的基石，也是创造民族独立、民权自由、民生幸福的新中国的一个途径。

（原载《解放》周刊 1938 年第四十九期）

18. 参政会第一届大会的总结

邹韬奋

这次大会的提案中,有若干提案是有秘密性的,尤其是关于军事、国防、外交、财政等,这些我们当然不能公布。其次,这次一百余件的提案,逐一叙述固然不可能,而且也没有必要,因为我们只要把特别重要的若干提案提出来研究一下,便可以看出大势所趋的倾向了。

一　政府交议的几个提案

政府交议的提案有好些是不应公布的,就其可以公布的说,一个是《节约运动计划大纲》,主要目的为:(一)增加抗战力量;(二)充实建国力量;(三)养成国民俭朴风气。节约运动分为生产节约与消费节约两种:生产节约,以减少生产浪费,增加生产效能为原则;消费节约,以减少物质浪费,充实社会富力为原则。实施方法分为:(一)统制,(二)禁止,(三)劝导,(四)奖励,(五)竞赛等。在抗战期间,前方战士浴血拼命,后方难民忍饥挨苦,仍有许多上层分子过着奢侈放纵的腐化生活,这是很痛心的。所以节约运动的提倡,尤其是关于上层分子的方面,实在是抗战时期一件非常迫切的事情。本案大纲由大会通过,并汇集各参政员的修正意见,提送政府采纳,详订实施方案。

此外,有两案值得特别注意的,一个是《改善各级行政机构》,还有一个是《拟设县参议会,推进行政,完成自治》。关于这两方面,不但政府有提案,参政员中提出的也有多案。例如关于改善政治机构的有:褚辅成等二十二人提:《加速完成地方自治条件案》,孔庚等二十一人提《改善地方下级政治机关,加速完成地方自治条件案》等等。关于地方参议会的有:曾琦等三十二人提《克期设立省县市参政会案》,王造时等二十八人提《设立省以下各级民意机关案》,许德珩等二十四人提《拟请从速设立省县及县以下民意机关案》,程希孟等二十人提《设立各级地方民意机关建设案》等等。

关于这两方面的政府提案及参政员提案,都分别合并审查,修正通过。在国民参政会通过的《改善各级行政机构》的决议案中,指出"下层行政机构宜加充实","下级行政机构应注重人选问题",并指出"乡镇及乡镇民大会为权力机关"。这些都反映着目前的迫切需要。

关于各级民意机关这个问题，在大会中提出的时候，颇有人认为不宜于抗战的时期，他们所举的最主要的理由是，上次世界大战时，各国都注重民权，而且在抗战时期分散力量于选举，亦非所宜。其实这是不正确的。上次大战，是帝国主义国家彼此间的战争，彼此都怕民众，所以都极力压迫民众。我国此次抗战是以半殖民地的国家抵抗帝国主义国家的侵略，正需要大规模的民众动员，因此也特别需要民主政治。况且，民主与集权不但相反而且相成，因为由民主所产生的集权才特别有力。至于选举这件事，外国常利用选举来宣传政见，鼓起人民对于政治的兴趣，我国也尽可把选举加入组织民众、训练民众的工作，作为动员民众的一部分的工具，正可集中力量于抗战建国而不致分散力量到别方面去。

二 拥护长期抗战与《抗战建国纲领》

在这次大会中，有三件事是经过全体参政员一致起立通过的。一件是通过拥护政府长期抗战国策案，一件是通过《实施〈抗战建国纲领〉案》，还有一件是通过《大会宣言》。

《拥护政府长期抗战国策案》，是胡景伊等二十一人提出的，只要看该案所提出的简明扼要的理由，便知道这个提案的重要："现在我们中央政府，以长期抗战定为国策，日本敌人造谣，每每说我们中国是无组织的国家，是不统一的国家，是一盘散沙的国家，这一次的战争完全是国民党造成的。蒋主席主张的，所以要打倒国民党，要打倒蒋政府。我们现在参政会，包括各党各派各区域各民族，无党无派及各界人士，应该协助政府，拥护政府长期抗战的国策，把抗战的事作为全国人民之公意，不单是国民党，亦不单是政府一方面之意思，我们为国家民族之生存及自由，不妥协，不屈服，彻底抗战，必定可以得到最后的胜利。"我们相信，这个提案的得到全场一致的通过，外可以粉碎敌人的造谣诬蔑，内可以粉碎汉奸卖国贼的分化阴谋。

关于《拥护实施〈抗战建国纲领〉案》，提出的共有三件。一为陈绍禹等六十八人提出的，一为郑震宇等二十八人提出的，一为王家桢等二十一人提出的，三案合并讨论。陈绍禹代表中国共产党热烈拥护政府实行抗战建国的政策，曾琦代表国家青年党表示，绝对实现精诚团结，以打破敌人挑拨离间的虚伪宣传。最后,议长以三案合并,另行起草一决议文付表决,全体一致,起立通过。……它至少有三个重要的意义:(一)各党各派共同团结努力;(二)全国正式一致拥护抗战建国纲领;(三)特别注重实施办法,切实执行。

三 关于民众运动及人民权利的保障

关于民众运动,记者曾和其他参政员二十八人提出《调整民众团体以发挥民力案》,其中最重要的一点是对于"调整现有的民众团体",主张"只要不违反三民主义及《抗战建国纲领》,确有群众基础及救国工作表现的民众团体,政府都应该准许他们立案,承认他们合法的地位"。修正案在"救国工作表现"之下加入"而依法组织"字样,在大会中颇引起辩论。我们当然不是主张不必守法,却是重在依法加以调整,《新华日报》记者企程先生说得对(见七月十六日该报):"现在有许多团体不是不想依法组织或依法补行登记手续,而是实在无法可依,或依法而不得的痛苦(就记者个人所知,店员、电信员工,想组织团体就找不到法律根据,而许多团体虽一再要求登记,但始终不获邀准)"。本案终依修正通过,我们希望主持民运的当局,能顾到该案保持已有的民众力量于政府领导之下的意旨,对现有的民众团体加以积极爱护与领导,那就是国家之幸了。

与民运有连带关系的是言论自由的保障,关于这方面,记者也和其他参政员二十七人提出《具体规定检查书报标准并统一执行案》。本案在办法方面要点有三:(一)由政府根据抗战建国纲领第二十六条保障言论的原则,规定检查书报的具体标准,并公开宣布;(二)检查书报必须有统一负责的执行机关,俾免政出多门,流弊繁多;(三)对查禁的书报,须将理由通知,并准许编著人或出版机关向统一负责的检查机关提出解释和申诉。本案修正通过。

此外,沈钧儒等三十八人提出一个《切实保障人民权利案》,审查修正如下:(甲)标题修正为《请中央通令全国军政机关切实保障人民权利案》;(乙)办法修正如下:(一)通令各地军政机关,凡中央颁布全国通用之统一法规,不得变更和违背,致妨害人民之自由权利;(二)除法律赋有权限之机关外,绝对不许拘捕禁押审判处罚人民,以保法权统一;(三)通令各军警机关,除戒严时期外,不得拘禁审判非现役军人,非违犯军事法规之人民。现在拘禁中者,应即解送司法机关;(四)通令各军警机关,拘捕嫌疑之人犯,必须于二十四小时内解送审判机关;(五)凡非法律手续逮捕者,应立即移送审判机关;(六)通令全国,查明现尚羁押之政治犯,予以释放;(七)通令全国严禁刑讯;(八)通令军警机关,凡人民团体及言论出版,非依法律,不得解散封闭扣押没收;(九)通令全国人民得依刑诉法举发公务员及公务机关违法滥权,妨害人民自由权利之行为。然挟嫌诬告者,应坐同等之罪。本案依修正通过,送交政府。

四 结论

上面仅就可以公布者撮加论述,但已可看出,通过备案如能"切实执行",是可以逐渐踏上民主政治的道路,增强抗战建国的力量,这就有待全国上下的共同努力了。

七,十七,汉口。

(原载《全民抗战》三日刊1938年第五号)

19. 所希望于国民参政会驻会委员者

沈钧儒

国民参政会第一期开会虽然业已闭会,但闭会并不就是工作完全停止,在闭会中,它的工作委托在二十五个驻会委员身上,他们的任务在参政会组织条例第九条内,有很明白的规定:"以听取政府各种报告及决议案之实施经过为限。"骤然看了,不免会感到不很满足,因为驻会委员的职权受了这种限制,好像不能发挥什么力量,但仔细加以分析,其实际并不如此,它仍负有相当重大的责任。所谓政府各种报告,实在包含甚为广泛。此次开会中,关于各部院报告及答复之详尽而诚恳,同人均表满意。当然,闭会后,必仍能本此精神与驻会委员愈加接洽。当此前线战事刻刻进展变化,政府施政应付,关于国防、外交、内政、经济、文化各方面,真是日理万机,尤其关于时间性之重要,政府与参政会非有朝夕与从,共同努力,急起直追的不可。是以所谓听取者,决非如阿谀唯诺,仰承意旨,可以断言。至于决议案之实施,本来既经参政会议决送去,行否完全属诸政府,组织条例于此别无规定,几已无权过问。

现在既准许驻会委员听取实施经过,当然不是敷衍的空言,这真是非常可信的事。大会议决各案,有的是政府交议,发端宏大,而具体办法尚待分别规定;有的是参政员所提原则通过,而政府去议定办法的;有的是送请参考。最怕的是延搁起来,或竟如石沉大海一般,到底将来得到怎样结果,全在随时献赞,随时询问,驻会委员的积极不断的努力。为要实践以上任务,驻会参政员至少必须做到:(一)要有共同办事的场所;(二)要有每日办事的时间;(三)要规定每周内部会议及听取政府报告,由议长召集的一定次数;(四)保存第一期开会中所有文件(连秘书处收回各件在内),并设置简单书报室;(五)分组调查与研究。

兹再就上义申述,并从其他方面认参政会在闭会期内尚有特别应加注意之点,略陈如左。

一、督促政府对于决议各案的实施,是闭会后驻会参政员最主要之任务。参政会作出决议,原只完成任务之一部分,其他部分之执行虽属政府,但参政会于规定之权限内,实寓有督促之任务,同时亦即为协助政府施政之义务。驻会参政员在此闭会期间,即对全体参政员负有此项任务。

二、为了巩固国内团结,齐一参政员之意志,沟通和变换各党派与各方面的意见,仍为必要。而此项工作,正好在参政会闭会期间进行之。此亦为驻会参政员之任务。无庸讳言,本届参政会中,尚表现有认识不一致之处,此无他,皆因在平日,各党派间原少接触,在个人甚或平生素无一面之雅者,因为开会迫促,没有充分时间供各方作长时坦白之争辩。更如晚近十年来所造成之社会的成见,尚在影响个人,因此,无形中平添了彼此间一种隔阂。经过本次大会后,虽然彼此间的关系已有改善,但我们不能不更求进步。在此期间中,驻会参政员应在工作中,开诚坦怀,尽量交换各方面的意见,务使彼此只有民族利益,而无个人权利;只有是非之争,而无党派之私,务使这一段短短的闭会期中,造成各党派间真正的了解、团结,为下届大会造成更和睦、统一、巩固的基础。

三、驻会参政员还有一个任务,即利用此闭会期间,尽量设法收受各地方各阶层之意见,广大直接采录民间隐情,代民众传达政府。本次会议,我们未能直接接受民众意见为一件憾事。在此期间,驻会参政员应利用一切机会,接近民众团体,并给民众一种直接传达意见之机会。各参政员回到各地,亦各负起这一任务。驻会参政员则当作全般之筹划,有计划之征集与整理,使下次大会更能作出更实际之决议,而使抗战一步步取得胜利。

(原载《全民抗战》1938年第五号)

20. 参政会旁听散记

企　程

国民参政会昨天在融洽友爱的气氛中宣告休会了。十天来,每天必有记者出席旁听,这里且写下一些旁听所得的印象和感想。

这次参政会给人最深刻的印象是大家共赴国难,精诚团结的精神。在开会以前,据人估计,出席的参政员最多不过一百五十人。但结果却到了一百六十五人,连远在安南的张振帆先生也兼程赶到出席。这种踊跃热烈的情形,可以说开历来会议的新纪录。至于议场中亲爱精诚的空气更使人兴奋。当通过拥护政府长期抗战国策,拥护《抗战建国纲领》两案以及通过《大会宣言》的时候,全体一致起立,并热烈鼓掌达数分钟之久。诚如汪议长在休会词中所说,这次会议充分做到了"捐弃成见,破除畛域"的八个字。

几位妇女参政员争取妇女地位的努力是值得我们钦佩的。在讨论建立省县参议会时,邓颖超女士提出在各省县参议员中,妇女必须占百分之五到百分之十。而在讨论如何选举驻会委员会时,史良女士又提出来,希望有一二位女参政员被选在内。的确,妇女在中国的地位一般的还是很低,这种对妇女参政权的竭力提倡,实在是很必要的。

有一点是难能可贵的,就是这次参政会诸公,绝非为利而来。在献金运动中,女参政员先提出将薪俸奉献抗战,七十共产党员亲自到献金台边奉献参政员的薪俸,后来全体参政员都愿将薪俸作为献金。而胡文虎、张振帆二先生且各献巨金一万元。参政员诸公,在献金运动中,的确做了全国民众的模范。

在出席的一百多位参政员中,长于词令富有辩才的固然不少,但究困中国民主制度的迄未建立，议会政治经验的缺乏，能够议论风生的似乎不很多。发言不是失之没有条理，就是过于啰嗦，而声音不够洪亮更是普遍的缺点。所谓"议会"原是唇枪舌剑之场，要充分表达自己的主张，驳斥别人的意见，每一句话中都要夹上不少"这个，这个"，"我们，我们"，未免令人厌倦，而且浪费宝贵的时间，无形中剥夺了自己说话的权力。不能说普通话的也很吃亏，例如褚辅成先生满口嘉兴土音，说话就引不起人家的注意。在这一点上，北方籍的参政员就占了不少的便利。

我们中国人之所以大都没有辩才与缺乏组织能力，没有团体生活也是个重要的原因。在这一点意义上讲，开放民众运动，扶植民众团体也急不容缓。使一般人民都能受民主政治的锻炼，国家才能真正走上民主的道路。民众对这次参政会所提供的意见实在不够广泛，而舆论界很少传达一般民众的意见也是一个缺点。例如调整民众团体一案，促使民众使各位参政员能够明了现在民众运动的实在情况，使他们知道，现在许多团体不是不想依法组织或依法补行登记手续，而是实在无法可依或欲依法而不得的痛苦；而许多团体虽一再要求登记，但始终不获邀准。所以邹韬奋先生的提案"只要在事实上不违反三民主义及抗战建国工作表现的民众团体，政府都应该准许它们立案，承认它们的合法地位"，确有见地。

引起热烈辩论的议案不多，似只有四个。关于调整民众团体一案，对于依法组织一点辩论很久；胡景伊先生所提的有钱者出钱一案，在实施方法也惹起了很多人的辩论。

大会休会期间设置驻会委员会二十五人；各方面都希望有代表被选在内，原是当然之理。为便利选举起见，大家提出请议长副议长介绍五十人作为参考，但这是不容易讨好的事情，竟使善于应付的汪议长也感到为难。张伯苓副议长也诉说："因为参政员里面不但有党派之分，地域之别，而且还有男女之分，所以很难介绍。"张副议长的幽默引起了大家的哄笑。

因为有这种"笑"的场面，使旁听者也深感浓郁的兴味。例如有人把"熟练"听成"苏联"，而急于起来提出改为"友邦"；某参政员询问于院长为什么监察院只弹劾些芝麻绿豆官；选举驻会委员会时有人问，既然用无记名投票是否可以选举本人等,都使会场上充满了笑声。

不过这次参政会确是值得我们欢欣的! 它的圆满结束,更巩固和扩大了抗日民族统一战线,更坚强了我们抗战必胜建国必成的信念,这正是值得我们全国人民高兴的!

(原载 1938 年 7 月 16 日汉口《新华日报》)

21. 联合抗日的伟大力量
苏联《真理报》述评

苏联《真理报》评论中国国民参政会开幕称:"此事在中国历史上,为一重大之事件,无疑的,对于中国人民反抗日本侵略者之民族解放战争,颇为重要。"该报续谓:"国民参政会乃巩固与扩展统一战线一重要阶段,在进一步团结国内各势力,以武力抵抗日本侵略者上自具有莫大意义。同时,此会召集,即明示联合反日统一阵线之伟大力量业经形成。一年以来,中国在军事方面已获得重大成功,其最显著者如中国已有统一的真正的国家军队,一切听命于中央最高军事首领指挥。加以训练,军队战斗能力及政治觉醒逐渐增高。作战部队,亦能获得有规律的增援。希望速战速决之日本帝国主义计划,已遭受完全失败。日军阀未能摧毁华军力量,而中国人民之潜伏志愿则与日俱增。中国方面,造成有救抵抗力量之基本条件已建立,国民党与共产党联合阵线,虽有一切托派匪徒,汉奸及日本帝国主义间谍阴谋破坏,但此项团结已经强化与长成。此即为最后胜利之最重要的前提。"《真理报》末结称:"中国毋庸讳饰尚有不少困难与重大阻碍,但中国人民对于其能力及最后胜利已有自信。联合抗战统一阵线之巩固与扩张,即为此胜利之保证。国民参政会首次在汉口召集,毫无疑义的,必为此事之一积极要素。"

(塔斯社莫斯科七月九日电,译载 1938 年 7 月 11 日汉口《新华日报》,标题是本书编者加的。)

四 国民参政会第一届第二次会议

（1938年10月28日—11月6日）

（一）国民政府外交部负责人关于召开国民参政会第一届第二次会议的谈话

外交部负责当局今晨（廿七）语外籍往访者云：

一、我国国策，早经决定，决不致中途变更；

二、此次汉口之放弃与广州之沦陷，我国在六个月前，业已料及。但此乃为我国保存实力，以贯彻持久战策略，而消耗敌方人力物力，以此日本军阀终将陷于崩溃；

三、现国民参政会在渝开第二次大会，乃系政府早日所决定，并非因汉口广州事件发生后而临时召集，故此时亦不致讨论国策问题。

（南京通讯社讯，原载1938年10月28日重庆《中央日报》）

(二)团结抗战　警惕妥协

1. 各党派参政员发表谈话

全民通讯社特稿

国民参政会第二次会议之召集,在广州、武汉陷落之后,其意义之重大自不待言。而国人对于此次会议各方面的情势如何,亦莫不万目睽睽,欲先知其一二。记者有鉴于此,特于最近谒见各党派参政员,询以"对于在目前严重情势下,召开第二次参政会的感想"及"二次参政会中所计划讨论的问题"等意见。各参政员先生所答各题,皆颇为梗要而简明。今特录于后,以飨读者:

国民党孔庚先生为国民党前辈,他说:"我们自动撤出武汉,实力保存住,就是有了抗战的本钱。今天(二十七日)报纸上载各项关于武汉撤退的电文,立意很正确,我完全同意。我们本着既定的国策,一直和敌人打下去,是不怕敌人消灭不了的!最后胜利的关键,是决定在敌我国力的比较上,谁能支持得长久,谁就是最后胜利的获得者。别看敌人今日的胜利,那胜利只不过是表面的呢!关于此次召开参政会的意义,我以为是应注意各党各派应如何更加团结的问题。抗战到现在,是根本谈不到和敌人讲和的问题,如果和了,那真不堪设想。我们现在,只有更加团结,长久坚持下去,只有抗战,只有和敌人抗到底。"

共产党秦邦宪先生说:"广州武汉陷落后,抗战到了现阶段,是更艰苦了!无疑地,在这个时期,开第二次参政会,是有绝大的意义的。在目前这个严重时期,我们所应特别注意的,第一要打击一切妥协动摇的错误倾向;第二要研究抗战十五个多月以来的经验与教训,并且要进而实践我们所有宝贵的教训,纠正我们所有不应该犯的错误;第三就是各党各派应该怎样更加紧密地团结的问题。至于这次参政会应该讨论应该研究的问题,我倒以为不是另外提案——上次的议案已经很多了,而是要去检讨上次的议案!我们要看一看,上次的议案到底执行了多少,其不能执行的地方,我们要想办法,研究一下它的毛病究竟是在哪里?……"

国社党罗隆基先生说:"参政会这次开会,我以为应该拿出方法来!第一次的参政会,我们叫它各党各派的大团结的表现,告诉世界,我们已经不是一个乱七八糟的国家,已经一致起来抗战了。到了这次的参政会,我们就应该注重方法的问题了。团结,在目前已成为不成问题的问题。而我们所缺乏的,就是方法,抗战到了现在,政府应该拿出什么方法,来应付这个局面?参政会——人民,又应该拿出什么方法,去帮助政府前进?这些,都是目前最迫切的问题。"

乡村建设学会梁漱溟先生说:"在这次的参政会里,应该确实讨论一下抗战的计划和如何努力前进,必须把过去一切乱七八糟的现象纠正过来!"

救亡先进沈钧儒先生说:"第一次参政会的议案很多,有一百三十案,但所实现的却很少。这主要的原因,还是因为各方面阻碍仍多,在这次参政会上,我们不预备另提很多的提案,第一次会议议案已经很完备了。这次我们主要检讨一下过去的。另外,关于改善兵役法的问题,我想强调一下。现在,我觉得我们应该研究:如何才能使我们举国皆兵?至于积极展开民众运动,行政与军队与民众的配合等问题,我也想提一下。"

妇女界史良先生说:"外传种种谣言,决不可信!妥协讲和是不可能的!这次参政会,我们预备检讨一下第一次会的许多议案,到底实行了多少?已经实行了的,当然没有问题,而其仍旧没有实行的,我们要研究一下它之没能实行的理由。如果是因为第一次的议案太不具体了,或者有什么毛病,我们要设法改良和修正一下。至于妇女界的提案,此次倒没有什么特别提出的,只是要求政府加强妇女的组织工作与更加彻底地开展妇女运动而已。"

第三党章伯钧先生说:"我这次由香港来渝,适当广州失守之日,华南民众在极端悲愤中,切盼中央对收复失土及抵抗暴日有崭新的战略与政略之确定,如西南战区之统帅人选、彻底发动民众武装,及对英法外交等问题,必须及早给以充分的注意。在此届大会中,本人无特殊提案。现各方意见,多注意实际做法问题,把已经公认的抗战建国原则及上届大会通过的议案,能一一见诸实行,即可产生新政治力量。中国政治上最大的缺陷,是传统的东方式官僚主义:法治精神本敌不过人事的压迫。所谓树立战时民主政治机构与实行战时政治纲领,必须全国上下具有真正民主精神,彻底的反省及自我的牺牲。中国民族虽然到了最危难的关头,但抗敌图存的力量和条件,依然具备。惟问题的关键,在如何开发这一伟大的潜伏的民族力量而已。"

中国青年党曾琦先生因病,未发表谈话,故从略。

（原载1938年10月29日重庆《新华日报》）

2. 国民参政会第二次大会的展望

董必武

国民参政会第一次大会是顺利的成功了。全国各党各派及无党无派的知名之士和领导人物,在第一次大会上具体的表现了进一步的精诚团结。参政员全体一致决议:"拥护民国二十七年四月中国国民党临时全国代表大会所通过之《抗战建国纲领》,切望国民政府制定实施办法,督促各级政府,切实施行。"第一次大会通过了许多重要的议案,如整军建军,改善兵役法,保卫大武汉,改进下层行政机构,成立省县地民意机关,保障人民权利,及财政经济文化教育外交上诸问题。在休会时公布了一有历史意义的宣言。参政员虽不是人民选举出来的,然而他们一百二十五个提案被通过了的,都确实能代表人民的公意。这由人民中喊出了实施参政会第一次大会决议的呼声可以看出来。

现在参政会第二次大会已定于十月二十八日开幕了。第二次大会的环境,很显然的与第一次大会有很大的不同。欧洲自慕尼黑四强会议,捷克强被牺牲以后,自然助长了世界侵略者的气焰。虽国联关于日寇侵华战争,通过了盟约十六条,但因支持国联的主要国家,拒绝合力制裁,影响到其他的国家,决议变成了一纸空文。广州的突然陷落,武汉亦终于撤退,第二次大会恰在这个时候开幕,其所负的使命重大,自不待言。国民参政会的决议虽要经国防最高会议通过,才能有效;但在抗战期间,政府对内对外的重要施政方针,于实施前,应交会决议。目前国际国内形势变更,人心惶惶之际,参政会议决政府应付着形势之重要施政方针,可以安定国内的人心,可以端正世界的视听,更可以击破日寇汉奸挑拨离间无稽谰言。持久抗战,全面抗战,争取主动地位,争取抗战最后的胜利,以达建国的成功,这是我国抗战以来久经确定不移的国策。参政会遵照这一国策,议决政府对内对外的施政方针,实是第二次大会的最重要的任务。

第一次大会的决议,既经国防最高会议通过,分别交政府执行和参考,关于执行的部分执行至何程度?执行的成效如何?有无碍障?第二次大会都有检查和检讨之必要。

新的重要的建议,同样是应该详细的商讨,使之成立;但琐屑的局部的问题,最好是少提,以免案子的堆积,而妨碍重要议案之详细研究。我在第一次大会开会前,曾希望提案不至过多。后来竟有一百二十五件提案,在十天会议中,政府报告和开幕休会式占了一半的时间,审查和讨论许多建议,自有不能详尽的地方。第二次大会时间仍很短促,我还是希望我们各参政员同人能在会外多交换一些意见,不重要的不提,重要的可以共同提。这样,提案较少,审查和讨论的工夫,就稍为宽绰,决议也比较郑重些。

抗战的烈火,已把中国从破碎支离的局面,在蒋委员长领导下团结起来。参政会第一次大会已具体的表现了进一步的团结。现在抗战,遇到了新的困难,我们全国人民只有更加团结,团结得像钢铁一般,才是克服新困难的前提条件。参政会第二次大会所反映出来的,一定是这样的团结。

(原载《第二届国民参政会特辑》,新华日报社编)

3. 国民参政会第二次大会——敬陈同会诸君子

黄炎培

在抗战局势更严重,前方将士牺牲更壮烈,全国民众敌忾空气更浓厚,更普遍中间,吾国民参政会第二届会期到临了。在第一次集会筚路蓝缕,负有种种特殊任务,第二次可不同。著者既占本会之一席,考虑所及,条陈意见如左:

一、本届会期一般会员最切之期望,当然是听取政府对第一届议决交议案与建议案实施情况的报告了。第一届案件特别多,其意义特别重大,在驻会委员,既规定以听取上项报告为特定任务,大会中,政府当局自将对全体委员更为郑重的报告。吾人除一般所取外,尚宜权衡轻重,对某项更重要的议案,为特殊的注意。例如《抗战建国纲领》三十二条,为现时一切施政的基础,政府郑重公布于先,本会一致拥护于后,须遂条细按实施到何种程度,有无加功推进之必要。此当为第一要点。

二、最近一个月间,欧洲大局,为德捷问题,掀起轩然大波,几濒破裂,卒仍敷衍和平了事。敌方在政府内幕,发生裂痕,首鼠两端,失却一个趁火打劫的好机会。不得已,只有加紧攻我武汉,同时鉴于德以威胁取胜,不肯抛弃其预定策略,将在华南扩大侵略以威胁英法,种种活动示威,既不顾英法邦交,复以一度扬言中立,冷却对德多少感情,我则始终坚守武汉,再接再厉,更使友邦对我不少同情与重视,邻之薄,我之厚,我国为了趁此时机,根据政府夙定政策,在国际间为自动的,积极的施展活动,更从多方面严密注视情势之变化,为亲切的探询,此亦当为本届会期所应特别注意的重大要点。(写至此,恰得报告,敌军于大鹏湾登陆。)

三、抗战局面演变至此,最后胜败,与其说决于战斗,不如说决于经济。国际间之活动,所以积极的增加我之援助,陷落区域游击队之加强与扩大,所以消极的减少敌之凭借,其中心目标,悉属于经济。今后经济根据,在西南各省。将如何结合,如何组织,切实增加生产,须由政府宣布整个计划,某项规模较大,获利较远,由中央或地方政府举办,某项规模较简,获利较近,劝导并奖助私人投资举办,或中外,或公私合力举办,须放开度量,容纳各方才力与财力,倾心合作,绝不借政权为稳进私人地位与局部利益计,而有利与有财者,亦须放大眼光,太上,大公无私。其次,先公后私,至少,公私兼顾。一年以来,谈西南建设者多矣,为建设而奔走西南者亦多矣。而成就有几!寇深到此,时不我与,除却急起直追,更无生路。此事总须中央与地方政府负发动之责,亦为本届会期所宜特别注意之事。

有一端,差堪自慰,且告慰国人者,自第一届大会闭幕,三个月间,著者旅行了五六省,五千余公里,所至谈国民参政会者,对于各党各派无党无派之倾心合作,精诚团结,莫不交口称颂,引为抗战前途最有希望之一点。深信同人今后必能加倍发挥此精神,予国人以更大之慰藉与期望。

开会匆匆十日间,大会次数不必多,而会外之分别讨论,交换意见,却不可少。议案不必多,惟悉心听取政府报告,而后根据事实为一步之建议,却不可少。发言不必多,一举手,一起立,或赞成否之贡献,未必逊于一幕登坛之放论。"夫人不言,言必有中。""与人一心成大功。"此两语,谈议会政治者,殆不以为何如也。

廿七、十、十三、上午柳州

(原载《国讯》旬刊1938年第187期)

4. 参政员邓颖超、史良、刘蘅静在重庆妇女界欢迎会上的演说

重庆《新华日报》特写

在第二次参政会前夕,渝市妇女界的主干——妇女慰劳会重庆分会,为了更透彻的了解国民参政会的意义,为了听聆参政员关于这次开会的意见,特于昨日(十月二十六日)下午四时,假座本市社交会堂,敦请刚由武汉来渝的女参政员邓颖超、史良、刘蘅静三先生讲演。到会的妇女同胞约五百余人。

史良先生表示,在广州不守,武汉放弃后,有借这个机会向大家表明自己意见的必要。她从三方面说明武汉放弃后,中国抗战在国际与国内的形势:第一,武汉的放弃是有计划的。它是为战略关系,是为了持久战、全面战,为了更有把握的争取最后胜利而进行的。第二,国际的调解中日战争空气并不能使中国屈服,因为中国和捷克的情况绝然相反。中国抗战十五个月有了许多进步,特别是各党各派的益加团结,是中华民族战胜敌人的主要保证。在外交方面,法西斯势力虽然猖狂,但大多数的人民和民主国家是同情中国的,中国的国际地位并不孤立。最后她用有力的语调呼喊每一个同胞来检讨抗战十五个月来的民众动员工作,把抗战利益、民族利益放在第一位,坚决相信政府、拥护政府抗战到底。

刘蘅静先生用蒋委员长的话"建立民主政治基础,加强团结,巩固统一",解释了国民参政会和参政员的职责。讲到广州和武汉的不守,她说:"抗战以

前,我们就预料到中国在开战以后,沿海会被敌人占领。但在抗战上五个月后,广州才失去,这证明我们的消耗战有巨大的成功。武汉在战略上也是敌人必夺之地,所以武汉的放弃,也不是出乎我们的预料之外。"

邓颖超先生在听众几次的热烈掌声中登台了,于是大家顿时表现出期待和兴奋的情绪,都欲知道这位一向为妇女界所景仰的女参政员的见解。

邓先生以热情和有力的声调开始了她的演说:

"首先我向到会的诸位妇女同胞致抗战建国的敬礼!(鼓掌)也感谢慰劳会诸位先生给我们一个机会能和四川重庆的一部分主人相见。我们参政员是抗战建国中全国民众的公仆,我们广泛的征求全国同胞的意见,希望诸位监督我们,使我们随时知道你们的意见。(鼓掌)

"中国抗战十五个月,已到了最危急的时候,第二次参政会不能在武汉开会了,南海的门户广州失去了。全中国同胞此时一定都在关心抗战的前途。但我们不要悲观失望,不要张惶丧气。我们当前的任务是坚持抗战,克服困难,战胜困难,抗战到底!我们今天的工作,应该是怎样动员民众,拥护政府,怎样拥护抗战的领袖,抗战到底!"

群众响起不断的掌声,接着邓先生分析抗战十五个月来中国各方面的进步。她说:"抗战以来,困难自然增加了,但如果把敌我在战争中的对比看一下,我们是有许多胜利的条件的。这些胜利的条件将随抗战的进步而增加,将是克服一切困难的保证。这些胜利的条件:第一,中国抗战是进步的,是为正义为和平的战争,敌人则是侵略的战争。第二,中国抗战在政治上统一了,进步了,各党各派精诚团结了,整个民族觉醒了。(鼓掌)这是敌人所没有的。敌国的人民和政府的矛盾,日益尖锐,内阁和军部中的派别斗争更加激烈。所以,中国是在一天天进步,敌人的势力则一天天的削弱下去(鼓掌);在军事上,我们的军队虽然有很大的消耗,但今天我们的军队数量,仍和抗战以前相等。第三,在敌人后方,我们生长了无数的民众武装,游击队,并建立了坚固的抗日根据地。"

邓先生特别指出:广州武汉的失守,并不会影响抗战的前途。"广州失守了,然而广东三千五百万同胞一定在最近起来给敌人一个严重的回答!(鼓掌)广州是革命策源地,有丰富的革命传统,广东三千五百万同胞,一定可以起来打的!(鼓掌)武汉的放弃是为着保存我们的有生力量更有效的消耗敌人。武汉的放弃,是站在争取胜利的观点,前途是光明的。"

她由抗战十五个月来中国经济的进步与敌人在一年余中的经济困难,比较地证明我们抗战前途的乐观。她更特别指出了我们更好的胜利条件是实行三民主义,和拥护卓绝的抗战领袖蒋委员长。她说:"除了这个胜利条件以外,我们不但有《抗战建国纲领》,我们还有从半殖民地半封建地位走到独立自由幸福的新中国的三民主义,全国同胞要拥护三民主义,实行三民主义,中国才能走上真正独立的国家。(鼓掌)我们还有领导十五个月抗战的民族领袖蒋委员长,他的态度,他的坚持抗战信念,各党各派、全国同胞,都是坚持拥护的。正是因为这样,敌人才造谣说中国的抗战是为了蒋委员长个人的。敌人企图挑拨离间破坏我们坚固的团结,全国的同胞,我们应巩固团结,拥护团结,不仅各党各派紧密的团结,全中国人民应该团结成像钢铁一样,像一个人一样,使敌人的阴谋粉碎在钢铁的团结面前!(热烈鼓掌)这次国民参政会开会,第一要注意这个问题,第二要讨论第四期抗战各方面的问题。"

最后邓先生说:"全国同胞应该注意这个相当民意机关的参政会,特别是重庆的同胞,多多提供意见,使它成为真正的民意机关,使每个同胞成为一个三民主义的执行者!"

(原载1938年10月27日重庆《新华日报》,收入本书时,文字略有删节,题目是编者加的)

5. 希望于第二次参政会者

重庆《新华日报》社论

第一次参政会休会后,瞬将四月。当第一次参政会开会的时候,正是徐州撤退,武汉危急的时候,当时全国人民对于战时相当民意机关——国民参政会的成立,咸抱一致拥护态度,并对首次会议提出了许多意见,交付各参政员提出首次会议议决以便提供政府采纳实行。而当时最中心之问题则为:如何坚持抗战与争取最后胜利,如何具体的进行保卫武汉与争取第三期抗战的胜利,如何巩固和扩大抗日民族统一战线与推进民主政治的发展。首次会议的结果,一般的达到了通过符合民意的决议,这表现在休会宣言和许多重要决议上,如确定了"抗战到底,争取国家民族之最后胜利"的国策,如宣布了"各党各派合作的抗日民族统一战线"的方针,如通过《拥护抗战建国纲领案》、《改善各级行政机构》、《设立省县参政会》、《实行民主政治》、《在抗战时期改善民生》等等议案。

当第二次参政会议开会的时候,正是抗战遭受新的困难的时候,正是民族危机临到更严重的时候。广州虽然失守,武汉虽然撤退,而全国军民在蒋委员长领导之下抗战的决心与胜利的信心,愈益坚固,全国民族团结与统一战线,愈趋巩固。当此第二次参政会议的时候,放在整个的参政会前面与每个参政员身上的任务更加重大。

全国军民对于第二次参政会的希望,不仅希望本着上次会议团结的精神,继续努力完成第二次参政会前面的任务,而且更希望本着奋斗的精神,检讨上次会议的议案实行的程度,今后应采取什么样的步骤才能使议案完满的实行。

在广州失守与武汉撤退的今天,放在第二次参政会议前面的任务,首先是能够经过第二次参政会,使全国军民坚持全面战争,坚持持久战,坚持统一战线的决心和意见能够迅速的表达出来,因此武汉虽然撤退,而日寇挑拨离间的伎俩无法实现,某些悲观失望的心理得以迅速克服,国际友邦对我坚持抗战的决心能够确定了解。

第二,抗战进到目前的阶段,无疑的将要发生某些新的困难,我们固然不应夸大这些新的困难,以免在困难前面而投降和惊惶;但是同时我们也不应忽视这些新困难,以免在困难到来时无所措手足。我们应该预先见到新的困难,正确而恰当的估计新的困难,并找出克服新的困难的步骤。

第三,在推进民主政治,保障人民民主权利上,发动人民参战,应继续努力,使抗战与民主相辅相成,在抗战中促进国家民主化,在推行民主中促进战的胜利,吸引全体人民参加到抗战中,使农工商学兵以及青年妇女文化等各职业各界各个不同性质的人民团体,均应站在自己的岗位上,为国家民族尽自己一切力量,完成自己所应负担的责任。

第四，在动员人力物力上应继续的努力，首先应当帮助政府正确的推行征兵法，使有大批的新战士补充前线，建立新军，以便进行长期的战争和准备反攻的力量。在各省地区推行战时经济建设，首先是军事运输和军需工业以及人民日需品的生产。

放在第二次参政会前面的环境比第一次会议将更严重了，同时放在第二次会议前面的任务也比第一次会议时更重大了。要求我们参政员比上一次会议时更大的团结，更大的努力来襄助政府，克服当前的困难，完成全国人民所付托的重大任务。我们相信为国奔走，为民效劳，久负硕望的诸参政员，定能在此困难关头，本着中华民族儿女素有的毅力向前迈进！预祝第二次参政会议的成功，谨祝诸参政员健康！

（原载1938年10月28日重庆《新华日报》）

6. 对于国民参政会第二次大会的希望

《解放》周刊时评

在三个月前开了国民参政会第一次大会。首次大会得到了很大的成绩。它代表全国四万万五千万同胞明白确定了"抗战到底，争取国家民族最后胜利"的国策。它明白宣布了"各党、各派、各界合作的抗日民族统一战线"的方针。它确定了我国建国的基本方针，不是一党专政或军事独裁，而是民主的政治制度。

自第一次大会后至现在，快三个月了。按照《国民参政会组织条例》第九条的规定，"国民参政会每三个月开会一次"。因此，国民政府已公布在最近将在重庆开国民参政会第二次大会。

第二次大会将根据第一次大会已确定的抗战建国的方针，更加拥护蒋委员长及国民政府去坚持抗战到底，争取国家民族的最后胜利，更加加强国内各抗日党派的精诚团结，更加扩大和巩固以国共两党合作为基础的抗日民族统一战线，更加使我全国中央及地方的政治制度民主化，向着抗战必胜和建国必成的康庄大道前进，这正是第二次大会的中心任务，同时也是全国四万万五千万同胞的期望。

第二次大会的召集与工作,这在目前是非常必要与万分重要的。因为目前正当武汉危急的时候,敌人正在实行挑拨离间的阴谋,企图反对蒋委员长、企图破坏国共两党的亲密合作,企图挑拨地方政府和军队来反对中央政府;并且还企图动摇我国中央政府联合英、美、法、苏等爱好和平国家的外交政策,使我国在国际上陷于孤立无援,以达到它的占领我全中国和奴役我全体同胞之目的。

在第二次大会的工作中,我们更加要加强民族团结,更加要拥护蒋委员长和国民政府,去抗战到底和争取国家民族最后胜利的方针,这将是给民族敌人日寇及其在华走狗——卖国贼、汉奸、托派等一个严重的打击,并且也将更加提高我全国同胞抗战必胜和建国必成的坚决信心。

为着抗战到底争取国家民族的最后胜利;为着更加加强团结,巩固统一;并且,为着使全国的政治更加民主化,以便更加动员全国人力、物力和财力,去争取抗战的最后胜利,我们对于国民参政会第二次大会的希望有:

第一,再一次表示拥护蒋委员长及国民政府"抗战到底,争取国家民族最后胜利"的国策。

第二,拥护国际联盟最近所通过的采用盟约第十六条,在经济上、财政上及其他各方面去制裁侵略者——日寇,同时,给被侵略的我国以经济上、财政上、军火上及其他各方面的更大援助。

第三,否认在中华民国领土内日寇的傀儡政权,开除日本傀儡的国籍,并宣布没收他们的一切财产和土地。

第四,规定在最近时期内各省、县的参政会之迅速召集,以求各地方行政机构之迅速改革,合乎抗战期间的需要。

第五,促进国民政府建立政治坚定和有现代化的新式国防军。

第六,促进政府定期释放各省尚未释放的政治犯。

第七,促进政府统一司法行政机关,保障人权。

第八,修改书报检查法,并由法律明令保障人民集会、结社、言论、出版之民主自由。

(原载《解放》周刊 1938 年第 54 期)

7. 参政会第二届大会的重大使命

《全民抗战》社论

国民参政会第二届大会即将于本月二十八日在重庆开会,这次大会正在武汉战争急迫,日寇侵犯华南的严重时期,在这样重要关头中的第二届大会,其使命格外重大,国民之希望于国民参政会者也格外殷切。

本届大会的重大使命,一方面在检讨十五个月以来的抗战建国中的各方面的重要工作;一方面在力谋展开此后抗战建国的更进步的局面。

我国自抗战以来,在军事政治经济文化等等方面都有很大的进步,这是铁的事实,谁也不能否认的。在军事方面的越打越强,这只要看徐州战事与南京战事的异点,再看武汉沿江战事与徐州战事的异点,一次比一次打得好,敌人的消耗一次比一次严重,在最初十个月内,敌人伤亡四十万,在最近四个月内,敌人伤亡有三十余万。在政治方面,国民参政会便是全国精诚团结共赴困难的重要象征,抗战建国纲领得到全国一致的热烈拥护。在经济方面,限制外汇,维持法币,大规模的工业合作事业亦正在开始实施。在文化方面,关于战区,沦陷区域,以及后方,材料的内容和工作的方式,都有新颖的开展。但是在这十五个月以来,我们的进步还远赶不上抗战的实际需要,以致所产生的新的力量还不能阻挡敌人的继续进攻,虽则已使敌人进攻的速度较前逐步的减低。所以我们一方面承认十五个月来的空前进步,一方面却不能不深刻地探讨为什么我们的进步还远赶不上抗战的实际需要?

我们觉得最大的症结是自从发动抗战以来,有许多人的眼光只注视到军事的胜败消息,而忽略了和军事相配合的各部门的重要工作。在抗战时期,各部门的重要工作应以军事为中心,这是无疑的,但是误会军事第一的真义而忽视了其他部门的重要工作,使军事上因此得不到充分的辅助,这却是一个非常严重的缺憾。例如兵役问题,是当前军事上一个非常重要的问题,可是要适当解决这问题,决不是仅仅注意到军事一方面所能办到的,必须注意下层政治机构的切实改善,军人家属优待的切实执行,壮丁训练方法的切实改善,壮丁待遇问题的适当解决,民众动员的开展扩大与普遍,这都不仅是军事的问题,都同时要牵涉到政治经济民运等等方面去。这有连带关系的种种方面,如果没有同时被注意到,没有迅速而充分的改善,兵役这个问题是很难单独得到适当解决的。这只是举一个例子,其他方面可以类推。所遗憾的是军事的进退胜败是显而易见的,其他种种与军事相配合的各部门工作,往往不甚显而易见,结果往往不免"平时不烧香,临时抱佛脚"。

我们所希望于国民参政会者,对于这十五个月来与抗战建国有关系的各重要部门的工作,——也就是与抗战胜利有关系的各重要部门的工作——作一总检讨,由此总检讨的结果,集中于几个适应当前紧张形势所需要的建议,帮助政府克服困难,促成较前更进步的局面。

坚持抗战不是一句感情的空话,最重要的是一面抗战以争取时间,一面要充分运用所争取的时间,努力于新力量的产生,这新力量的最重要的部分当然是新的军力,可是连带围绕着的是新的政治力、经济力、文化力,乃至国际上可以为我们所运用的新的国际力。我们要消除国内自相猜疑的一切内部摩擦,集中全力于所必要的新力量的产生。这是国民参政会所要领导全国同胞共勉的。

(原载《全民抗战》1938 年第 32 号)

8. 参政会第二次大会

重庆《中央日报》社论

国民参政会将于明日在渝召集第二次大会,参政会的宗旨,照组织条例的规定是"团结全国力量"及"集思广益"。第一次大会很圆满的完成了任务,现在抗战已到一个新阶段,我们当然更热烈更真挚的希望第二次大会有更大的收获与成绩。

第一次大会曾向国内外郑重宣言:"国民参政会成立于抗战周年纪念之日,同人等深知在此国家民族兴亡荣辱之交,惟有整个民族精诚团结,艰苦奋斗。"现在寇患日深,国难益亟,舍全民族团结奋斗外,将何以致最后之胜利!我们深信参政员诸君定能同舟共济,发动向心力,排除离心力,反映民间已具的团结,奔赴国民一致的期望。此其一。

第一次大会又曾剀切声明:"今后愿与全国军民共同誓约:拥护国民政

府,拥护最高统帅,拥护《抗战建国纲领》——见诸实行。"现在敌人正在肆意破坏我政府,诋毁我领袖,离间我军民,我们深信参政员诸君一定能洞烛其奸,力辟其妄,信守誓约,重申立场,粉碎敌人的梦想,巩固抗战的阵容。此其二。

第一次大会提案共有一百三十件之多,举凡内政、外交、军事、国防、财政、经济、教育、文化,无不应有尽有,足见参政员诸君谋国之忠,虑思之深。且以十天时间讨论这许多案件,可以想见参政员诸君的贤劳。这许多提案的决议案,据说都经中央提交最高国防会议,足见中央对于参政会的重视和诚意。现在抗战已到一个新阶段,国策虽已前定,办法容有改进。我们深信参政员诸君定能本"集思广益"的宗旨,提供许多适合时代要求的意见。不尚空谈,无取幻想。不立异以鸣高,不逆情以干誉,把握常识,发挥良知,议论行事,力求有裨于抗战,树立民主政治的模范。此其三。

自从广州陷落以后,一时人心颇为浮动,敌人更乘机造谣,妄图离间我团结,削弱我政府。若干忧时之士,或因不胜刺激,乃至徬徨自扰,甚或怀疑长期抗战的国策,动摇最后胜利的信念。这是很要不得的现象。我们以为愈到严重关头,愈要把握得住,站立得稳,坚强各人平素所自信,发扬由团结而得之共信,一本过去的信念,在最高统帅指导之下,加紧团结,现在与未来一切精神刺激,与身体痛苦,大家应该早准备着。参政员诸君都是社会的领袖,必能领导群伦,振奋人心,纠正民间的错误观念,奔赴抗战的光明大路。这是参政员在现阶段的又一责任,亦是我们所深厚期望的一点。

(原载1938年10月27日重庆《中央日报》)

9. 现阶段参政会之工作

重庆《新民报》社评

今天是国民参政会第二次开大会的第一天,我们有几点简单的希望,愿贡献于大会诸公之前。

第一,广州失陷,武汉自撤,显然在军事、政治、外交、财政诸方面都到了另一个严重阶段。在这个阶段里,有许多对军政内情观察不明,对国是主张徘徊不定的人,自不免怀疑长期抗战的国策,动摇最后胜利的信念;于是和议之说,妥协之论,纷传于时。我们以为,参政会总算是现阶段代表民意的唯一机关,应该本其见地,作为议案,发为宣言,公告中外,表明一种公正严明的态度,借以上而与政府主张相配合,下而昭示全体国民之公意,这是第一点。

第二,对内对外表明对国是的主张,长期抗战的意见,这不过是概括的性质。我们认为在表示整个态度之外,还应该对现局作一种彻底的研究,和提出具体的办法,以上供政府之参考,下促国民之警觉。譬如敌人在今后军事上究止于衡、宝、宜、襄?还须进而进攻川滇黔?南进之余,对陕、甘、宁、青又将如何呢?在外交上,敌人究将排除列强在华之势力?亦将由威胁走到妥助之路以制华?又如第四期抗战的中国,所有内政、外交、军事、财政等紧急措施,改善办法,(过去当然还有许多还说不上是战时机构的组织,并且检讨之余,终不免发现许多错误。)是不是应该有一个具体的批判和建议?这种研究和建议,或者有的是秘密性质,或者有的可以公开,但总须得当成一件有价值,有意义,有结果的工作去做,以便政府有所取舍,国民知所警觉,这是第二点。

第三,在第一次参政会中,曾经正式通过了一个"拥护国民政府,拥护最高统帅,拥护《抗战建国纲领》,一一见诸实行"的决议案。在现刻,这个原则,依然适用,而且尤须加强其拥护之程度。不过关于《抗战建国纲领》之内容,就是数月来检讨之所得,不是尚未"实行",便是实行的程度"不够",或者方法之"未尽善"。而其最主要之原因,乃由于各个纲领底下,并没有规定具体办法,这种只谈"原理原则"不注意内容办法的情形,正是中国政治上之一般缺点,也是行政效率不能增进的最大根源。我们认为这次参政会不妨在实施《抗战建国纲领》里面,来一个不客气的检讨,及有计划地推进工作,这是第三点。

第四,前方抗战,必须后方生产,且在一面抗战,一面建国的原则之下,后方的建设工作,实为必要。中国目前已进入了最严重的阶段,所有西南建设工作更是刻不容缓,这点,虽然政府已在着手,但参政会,对于这方面的推进工作,也须作有计划的努力,这是第四点。

以上我们的简单希望,也是比较最切实的工作,不知贤者以为如何?(承烈)

(原载 1938 年 10 月 28 日重庆《新民报》)

10. 加紧团结——勖国民参政会
重庆《时事新报》社评

国民参政会第二次大会,定于今天集会于本市。在广州不守与武汉撤退的今天,集群贤于一堂,为匡时的讨论,意义深长,毋待赘述;我们当兹集会之始,愿贡一得之愚,以代芹献。

今天的中国,失地日广,国难日深,艰难困苦,原属无可讳言;自目前我们所遭受的挫折,并不是偶然的意外,而是意料之中的可能,故公忠谋国者亦不以此而消极。今后的问题,不在于敌人之如何进攻,而在于同胞之如何团结;假定于"九一八"以前国人能够团结一致,则决不致有"沈阳事变"的爆发,假定于"西安事件"以前国人能够精诚协作,则也许可以减轻以往华北的危机。惩于过去的教训,默察方来的危局,我们如果不能披诚相见,加紧团结,则不仅无以建国,且亦有碍抗战;盖敌人谋我一贯的作风,厥为以华制华,从甲午之战以来,它就觑破我们民族内部的裂缺,从而挑拨离间,分化鼓煽,期在造成我们民族内部的溃乱,以冀实现其对华"不战而胜"的阴谋!既往的团结不够,已使我们受到许多不必要的损失,现在我们如果仍然不能谋彻底的团结,则以敌人的进攻,似乎已不容我们再来谈团结的问题了!

团结不尚空谈,必须求其实际。国内已成的党派问题,一方面是团结的核心,一方面也是协作的障碍;通过党派关系以求团结,固然是团结的捷径,然而保持党派的利益,也是团结途中最大的难关。例如以党派立场的不同,见解的互异,此一是非,彼一是非,此一利害,彼一利害;以彼此是非利害的不同,于是相争哄,相倾轧,聚众纷纭,莫衷一是,这在平时,故可收千崖竞秀万壑争流的效果,但是到了国家存亡绝续之秋,尤其是在对外战争紧急的关头,凡是具有良知的人们,都应该牺牲小己的党派的利益,来争取国家民族的利益,假使将党派的利益置于国家民族利益之上,则充其流弊的极端,以言抗战则不足,以言误国则有余!在上次世界大战中,若干帝国主义的国家,他们国内的党派——特别是一向与其政府处于敌对地位的社会民主党,尚能放弃其手中所持的所谓工人阶级利益的政纲,参加帝国主义分赃的战争;而在被压迫被侵略的民族如中国,我们真不相信于敌人登堂入室的今天,还要斤斤于党派利益的争执!

敌人侵略的对象,是整个的中国,而不是囿于某党或某派;他虽然喊出华北的"防共",好像他的目标只限于共产党,他也曾做过"打倒蒋政权"的狂吠,一若此次的战争,只集中于对蒋委员长的一人,实际上这是敌人分化挑拨的伎俩,麻醉毒螯的烟幕!良以"共"之是否要"防",这是我们的内政问题,而蒋委员长是全国人民所爱戴的唯一的领袖,国民政府也是全国人民所拥护的唯一的政权;只有打退敌人以后,方可以谈得上党派的问题,假定我们亡了国,不管你哪一党哪一派,大家都脱不了"亡国奴"的烙印!对付敌人的分化与挑拨,我们只有更加努力于统一,不仅要驳斥敌人所谓"三分天下"(即共产党在西北,日寇占东南,国府在西南)的荒谬宣传,就是误解统一运动为"消灭运动"的心情,也宜涣然冰释!中国已如处于惊涛骇浪之中的危舟,我们身处舟中的国人,只有一致信任贤明的舵师——蒋委员长的领导,一面要以同舟共济的决心,来贯彻"抗战必胜建国必成"的信念;我们深信:参政员诸君子不会断断于党派的是非利害之争,我们更深信:参政员诸君子会有切实的福国利民的生计!

(原载1938年10月28日重庆《时事新报》)

11. 重庆各青年团体对于第二次国民参政会的建议

第二次国民参政会于本月二十八日在渝开幕,我们重庆市青年团体特于廿三日晚举行座谈会,讨论我们对于参政会的建议,并请参政员刘百闵、江问渔、左舜生、董必武、罗隆基、沈钧儒、邹韬奋等先生指导,我们的共同意见是:

我们以为值此广州失陷,武汉撤退,抗战已至最紧张阶段之际,日寇对我之军事分割与政治分化将益形积极,全国上下必须精诚团结,和衷共济,坚持长期抗战国策,实现《抗战建国纲领》,执行第一次国民参政会一切决议。我们国民更应坚决拥护政府，拥护领袖，以度此艰难困苦之局面，而争取最后胜利之到来。现在我们愿意从我们青年本身的问题上提出意见，以期发挥青年力量来支持抗战，效忠国家。以下便是我们对于第二次国民参政会共同的建议。

建议一、请求党政当局使三民主义青年团成为全国青年的统一组织，加强领导一切青年团体，并对于爱国青年及青年救亡团体加以保障。领袖指示我们："欲完成抗战建国之艰巨事业，自必更有需于全国青年之一致团结共同努力。"可是直到现在，我们青年本身还不曾更坚密的团结一致，我们青年运动，尚不曾统一起来，以致步骤不齐一，力量不集中，民族国家均蒙极大损失。我们的具体意见是：

（一）我们深知三民主义青年团的宗旨是："以团结革命青年，力行三民主义，捍卫国家，复兴民族。"三民主义青年团团长是举世崇敬的全国民族领袖，我们热烈地拥护三民主义青年团，我们希望它能够成为全国的青年统一团体，因此，关于三民主义青年团的团章未能尽美尽善之处，我们希望能够加以斟酌修正，务使全国青年，不分畛域地区都能参加三民主义青年团，集中力量，齐一步骤，为民族国家的独立生存而奋斗。

（二）为了动员广大的青年积极参加抗战，我们认为除开汉奸组织外，任何形式的青年组织，都应该加以扶植，因之，我们掬诚希望党政当局，加强领导所有青年团体，对于原有合法之青年团体，予以充实，对于未立案者，准其依法立案，取得合法保障，使各种青年组织，在党政当局领导下，取得密切联系，组成各种青年团体联合组织，以达到青年运动之统一。

（三）学生运动是青年运动的重要部分，我们希望党政当局对于未建立学生会之各校，未建立学生联合会之各地，立即责成各该当局从速襄助促成，并加强领导中国学生救国联合会等学生组织，期能于最短期间成立全国学生总会，统一学生运动。

（四）中央最近曾对地方当局明令颁布保障人权法令，今后地方当局自应对于努力从事救国工作的青年，对于工作有群众的青年团体，加以保证。

建议二、动员青年踊跃参加兵役。

抗战已至最艰难困苦之阶段,凡我青年,均应献身疆场,为国牺牲,在前线杀敌或担任慰劳、担架、运输等工作,其参加兵役之动员办法如下:

(一)由青年团体组织宣传队,在街市乡村扩大兵役宣传,有计划地发动广大青年参加兵役。

(二)由政府特别发动农村青年组织救亡团体,冀其深入农民群众,解释政府兵役法令,使广大农民自动的加入壮丁训练。

(三)凡在战区附近青年,由政府组成青年战时工作队,经短期训练后,即开赴前线工作。

(四)由政府派遣干员,深入敌人后方,发动沦陷区青年,参加游击战争。

(五)由政府对于全国青年加以军事训练,授以军事教育,在中等学校以上各级学生,除集训外,均列军训为必修科,施以严格军事管理。各青年团体,亦由政府指派军事教官,经常施以军事训练,以期迅速增补兵员数额并提高兵员质素。

(六)由青年团体动员青年大批投考军事学校、航空学校、机械化兵队,并请政府扩充学额,期以造成大批优秀青年指挥员,青年航空员及青年机械化员兵,建新国防军。

(七)由政府制定鼓励青年自动投军办法,并提高士兵生活,优待抗战军人家属。

建议三、请求政府普遍地实施青年战时教育。

《抗战建国纲领》,曾有实施战时教育一项,奈各校仍多未能切实施行,而各地开设青年训练班,仍有少数不尽符合抗战建国纲领者,我们愿贡献施行的具体办法:

(一)由教育部设战时教育委员会,拟定战时教育具体方案及施行具体办法。

(二)由各校当局斟酌增减课程,以符战时教育之旨。

(三)由各师生在课余自动学习有关抗战之课程。

(四)各青年团体中施行战时教育。

(五)请求政府在各地开办各项战时课程短期训练班,期以养成战时各项人才,其内容必须适合于《抗战建国纲领》。

建议四、发扬青年新生活运动,并要求政府救济失学失业青年,注意青年职工及经济生活健康生活。

值此抗战之际,青年生活,即战时生活,故必须革除一切萎靡松懈之习气,而建立富有朝气蓬勃的合理化纪律化之生活。领袖所领导之新生活运动,我们青年应该首先在学校中在青年团体里切实施行,务使新生活运动发扬光大,其具体办法为:

(一)各学校及青年团体成立青年新生活运动促进会,以建立青年的新生活。

(二)由政府通令地方当局及学校当局,襄助青年新生活运动之推行。

(三)由各青年团体联合成立新生活俱乐部,冀以从青年本身生活上将广大青年团结起来。为了实现青年新生活运动,我们要求政府救济失学及失业青年,注意青年农工经济生活及健康生活,其具体办法为:

1. 由政府制定具体办法,有计划的总登记失业失学之青年,如请求政府有计划的遣送流亡青年,往西北西南边地从事垦殖及畜牧等事业。

2. 由政府动员私人资本,开发后方资源,安助失业青年。

3. 由政府普遍设立免费补习学校及免费生,使失业及失学青年,均有求学之机会。

4. 由各同业公会及职业机关团体,成立免费补习学校。

5. 请政府制止借口任何情形裁减小职员、工友、店员,及借故减低小职员、工友、店员之薪资等种种现象发生。

6. 相当提高低级职业青年、工友、小职员、店员之待遇,禁止作坊师傅对学徒施行体罚。

7. 减轻青年农民租息负担,使其能为国家努力增加农业生产。

8. 制定青年职工工作时间标准,请政府对于有害健康之过度劳动时间加以制止。

9. 请政府经常大规模举行体育竞赛,使各界青年参加,期以锻炼青年为身心俱健之国民。

建议五、改善图书审查办法及标准,确立统一查禁书报原则及办法,建立统一书报检查机关,并扶助战时文化事业。

(一)我们文化界书业界青年对于图书审查之办法及标准亟望政府加以改善,我们拥护政府对于一切图书杂志内容依照出版法及其他有关之法规于出版后加以审查,对于违反三民主义,不适于《抗战建国纲领》之言论加以禁止,但如目前审查原稿办法,我们认为未尽妥善,使得一切书报,不仅因送审送核而耗费无穷之人力物力与时间,而且因审查手续之繁复,致使大量出版物,无法在短期内,供应前方后方,以满足迫切之需要,妨碍战时文化之发展,促使出版界和书业界之衰落。

(二)查禁书报应根据《抗战建国纲领》第二十六条"于不违返三民主义最高原则及法令范围,对于言论出版,当予以合法保障"之原则,并加以明确具体之规定,其办法亦须确定详细之条例,设欲查禁其图书杂志时,必须具体指出其中内容之某句某节有违"三民主义最高原则"或"法令范围",并须公布之,俾使出版者贩卖者,有所遵循,同时,亦能作为在抗战中提高人民一般认识水准之教育。

(三)我们以为文化事业——尤其是通俗大众文化运动及国民普及教育运动之开展,前后方书报供应工作之扩大,均为动员民众政治工作之前提,我们希望(1)由党政当局切实辅助从事通俗大众文化运动及国民普及教育运动之团体,俾得尽量开展战时文化,以期从速完成动员民众工作。(2)前方后方之书报供应,预予以交通运输上种种优待及便利,俾文化食粮能尽量满足前方后方之迫切需要。

建议六、加强妇女组训广泛动员青年妇女参加抗战建国工作。

我们青年妇女特提出这项议案,我们以为在抗战发动后,妇女在战地服务,在后方从事救护慰劳等工作,有着极其伟大的成绩,这证明了妇女在抗战中坚强之力量;然而为要使广泛的动员青年妇女,启迪广大落后的妇女参加抗战建国起见,我们的意见是:

(一)加强训练妇女,组织妇女,并扶植充实妇女团体,特别注意农村青年妇女之组织与训练,解除对妇女之种种封建束缚。

(二)给妇女团体以种种便利,俾得积极协助推动及发展后方生产事业;鼓励青年妇女参加生产工作,以增厚抗战力量。

(三)注意女工及一切下层妇女生活,斟酌加以改善,并救济失业妇女。

(四)迅速抢救接近战区之妇孺,以免受敌人蹂躏。

(五)有计划的普遍设立托儿所及保育院等,俾便于发动家庭妇女及流亡少年妇女,参加抗战建国工作。

(六)由各地妇女团体组织大规模的救护队,发动妇女上前线从事救护、慰劳等事宜。

以上是我们重庆市青年的六项建议,正因为我们是青年,意见容有未周,见解不免幼稚,但仍望将此刍荛之议,贡献出来,并望能予以采纳。

重庆基督教青年会各小团体协进会(青年自学读书会、青年歌咏研究社、青年民众歌咏社、青年新闻学会、青年口琴社、青年剧社)

女青年会

青年职业互助会

中国青年记者学会重庆分会

妇女慰劳会重庆分会、江北分会

木刻界抗敌协会

书业界同人联谊会

青年生活社

业余读书会

通俗读物编刊社

战时书报供应所

中国学联西南办事处

中央大学学生自治会

重庆女师校友会

怒吼剧社

一二九剧社

七七剧团

中航歌咏队

醒众歌咏队

课余农村宣传队

华北宣传队　谨启

二十七年十月二十七日

（原载《第二届国民参政会特辑》，新华日报社编）

12. 上海各团体的建议

一、拥护最高领袖，绝对坚持抗战，反对任何调停。

二、巩固统一战线，清除妥协分子。

三、加强对美苏法英之外交活动，促进对日制裁。

四、彻底改善全国民运机构。

五、加强对沦陷区域之工作活动。

（原载 1938 年 10 月 27 日上海《导报》，转引自延安时事问题研究会编《抗战中的中国政治》）

13. 上海市金融界致国民参政会电

重庆各报馆转国民参政会钧鉴：

目前抗战虽入最苦阶段，但胜利不远。切望大会坚持抗战国策，拥护领袖，发动民众，抗战到底，誓死反对妥协和议，肃清汉奸国贼，继续以血肉争取民族解放，同人誓为后盾！

上海市金融业同人叩感

（原载 1938 年 10 月 30 日重庆《新华日报》）

（三）第一届第二次会议在重庆召开

国民参政会第二次大会，于昨（二十八）晨八时举行开会式，礼节隆重庄肃，林主席特躬临致训。

到会各长官：林主席、孔祥熙、居正、孙科、于右任四院长，张群、叶楚伧、钮永键三副院长，何键、王宠惠、陈立夫、张嘉璈、翁文灏、林云陔、谢冠生、陈大齐等部长，吴忠信、陈树人二委员长，魏道明、张知本、梁寒操三秘书长等，及中外记者百余人。参政会方面到有汪张两议长、王彭两秘书长、秘书雷震、谷锡五、孟广厚、吴家录，参政员胡元俶、胡景伊等一百十一人。陈绍禹、吴玉章、林祖涵、马君武等十人，均于午后赶到，当可出席今日首次大会。

大会开幕式于八时正举行。汪议长首先陪随林主席就位，继孔、孙、于、居四院长及张副议长伯苓就位。奏乐、行礼如仪后，为抗战阵亡将士及死难同胞肃立默念三分钟。次为汪议长致词，林主席训词，蒋委员长训词电文由王秘书长世杰朗诵。再次为张副议长致词。词毕，奏乐摄影后散会。

（中央社讯，1938年10月29日重庆《中央日报》）

1. 议长汪兆铭开会词

今天国民参政会第二次大会开会，承蒙国民政府主席林先生亲临指导，参政会同人，实在十分感奋。当中华民国元年孙先生就任大总统的时候，参议院议长，就是林先生，林先生对于缔造中华民国，树立民主政治基础，关系深切。国民参政会此次开会，得到当时中华民国开国第一任的议长，现在中华民国的元首，亲临指导，使我们对抗战建国的前途，更增加无限的勇气，无限的光明希望。国民参政会第一次大会，七月六日在武汉开会，七月十五日闭会，那时候正是徐州陷落之后，武汉保卫之初，参政会同人认定了时代使命，对于抗战建国的工作，以精诚团结奠定了基础。在十天会议里，共议决一百三十多案件,其中最重要的,就是一致热烈拥护《抗战建国纲领》,使全国人民都有一致的趋向和共同奋斗的目标。今天国民参政会第二次大会在此开会,回首武汉,已经陷落了。自从敌人进攻武汉以来,我们忠勇将士,在最高统帅指导之下,竭尽心力,来担负这神圣的职务,前仆后继,奋斗不懈,至于四五月之久,我们对于最高统帅的勤劳,全体将士的忠勇奋发,以及全体人民的艰难困苦死亡流离,以付最后胜利的代价,谨以满腔诚意致其敬仰。现在抗战建国的进行,已踏上了最严重的阶段了,我们在第一次大会之中,更应该认清楚了时代的使命,我们更要精诚,更要团结,更要本第一次大会之旨趣,舍小异趋大同,以期抗战建国纲领的具体实现。总合一句话,第一次大会是我们热烈表示拥护《抗战建国纲领》,第二次大会是我们热烈表示,怎样去使《抗战建国纲领》推行顺利,以至于成功。抗战建国时期,关于对内对外重要施政方针,依据《国民参政会组织条例》第五条、第六条,我们对政府所交议的,应该郑重决议,同时我们如果有所见,也应该郑重的建议。自从抗战开始,大家知道,唯有持久抗战,以消耗敌人的力量,才能达到最后胜利,最高统帅的苦心筹划,全体将士的努力奋斗,全国人民的同心协力,都是持久抗战的最大基础,同时还要从政治方面、经济方面,以及种种方面,尽心筹划,以谋与军事之进行相适应。怎样才能集中全国心力物力呢?怎样才能使全国心力物力用之于最有效呢?怎样才能使全国心力物力不断增长呢?这都是持久胜利的关键!至于外交方面,眼前国际形势,我们是要审慎的观察,然而最要的,还是我们自己。我们自己要继续加倍的努力,则主张正义爱好和平的国家,终必给我们以更进一步的援助,使我们达到抵抗侵略之目的。大概这一次大会,我们一定是认清楚了现时代的严重性,我们的决议,我们的建议,都是以此为主眼,同时这次大会,对于第一次大会的决议案,我们要加以忠实的检查,我们知道政府对于第一次大会所有的决议案,都已有了着落,我们应该细细检查实施经过,详细些说,这些议决案实施没有?实施的情形怎样?实施的时候发现的得失利弊怎样?如果这些议决案是完备的,我们应该严密注视其实施,如果发现有不足的地方,我们应该力求补正,所以我们这次大会,不止要考虑新的议决案,同时对于从前的议决案,还要加以检讨。今天在开会致辞,我们警惕现在,检查过去,策励将来,我们应该竭尽心力,期于这次大会中,为抗战建国的前途,谋更进一步以至于成功。

（原载《国民参政会第二届大会纪要》,抗战文献社编）

2. 国民政府主席林森训词

本日为国民参政会举行第二次大会开会之辰,本席躬与盛会,深为庆幸！前次开幕典礼,在汉口举行时,本席曾以政府人民所希望于诸君者,略举三事,贡献诸君,并以互资勖勉。今时越三月,适在此间开第二次大会,觉有一种亲爱精诚协和团结之精神,弥漫充满于会场之中,本席深感前此所怀之希望,已充分表现于事实,继此以往,益坚抗战必胜建国必成之信心,而诸君同心协力弼成大业,其功将与国民共垂于天壤。虽然,语有云,"行百里者半九十",欲竟有终之美,宜完一篑之功,用再贡陈三端,期共策励。《抗战建国纲领》为我不易之国策,宏纲巨目,炳若日星,中外共仰。然抗战逾年,任重道远,其艰难困苦,虽随岁时以俱增,而全国军民,再接再厉,百折不回,其确信前途光明及争取最后胜利之英勇精神,亦共岁时之推移而益见增进。值此敌人分途犯我武汉,大举侵入广州之时,吾人责任,较之三月前更为重大。此次会期中,应如何集中国力,使更发挥光大,如何团结人心,使更坚固不懈,悉有待于诸君之筹策与翊赞。诸君在前届会议中所建议决议者,皆直接间接有利于国策之施行,今后谅更能以民众之意见,披陈于政府,并以政府之主张,宣布于民众,合四万万五千万人之心以为心,联四万万五千万人之力以为力,使敌人破胆丧气,汉奸愧偭,相率悔罪匿迹,此可预为庆幸者一也。此次会议,在重庆举行,诸君不远千里而来,其踊跃莅会与各个急公赴难所流露之精神,至堪敬佩,由此精神,可预测本届会议所收效果,视前届会议所得之成绩尤为宏大。且诸君均系全国各区域、各职业、各团体,学识最富,才能最优,经验最多之硕彦,对于世界情势及我国处境,早已了若指掌,今得各抒夙抱,集议一堂,一切高言谠论,必悉如前届会议,以"国家至上"、"民族至上"为原则,以三民主义为依归,引救国建国为己任,牺牲小我,争取民族国家之自由,并为中华民国建立永远民主政治之基础。更将由诸君以身作则,导国人重节义、知廉耻、负责任、守纪律、竭忠尽瘁,以博得最后之胜利,此可预为庆幸者二也。抑尤有进者,国于世界,不容孤立自外于国际之群,而和平大业,尤当注意于普遍与永久。非可苟且偷安于一时,各守门户,如封建时代胡越之不相关,亦非不务实际,专尚空言所能奏功。吾人深知国家为国际之一分子,在近代交通发达,万里如户庭之时,其相互关系之密切,有如心腹、唇齿、手足之相联系,牵一发即动全身。语云,"满堂饮酒,一人向隅而泣,则满堂为之不乐。"此言虽浅,可以喻国际之关系。又云:"唇亡齿寒"、"足寒伤心",皆可形容今日国际间连锁之情形。更申言之,国际间国与国各个之分布,譬诸人之一身,其四肢、五官,涉及痛痒之感觉,虽有敏锐迟钝之分,而一遇扑击,其受生命之威胁,与身体之侵凌,则无所异。我国广土众民,在世界文化上有不可磨灭之历史,故我国之自由独立,不仅为东亚和平之因素,亦且为世界和平之砥柱。敌国军阀,不惜倾其国民之生命膏血,以图满足其侵略中国,宰割华夏,并吞亚东,控制世界之野心,可称狂妄已极。今侵略毒焰,正肆虐于中国之各城市,而国际友邦,虽明知星火必至燎原。权衡以利害,揆以道义,均不容袖手。然未及燃眉,尚图幸免,防微杜渐,未尽其最大之能事,纵或稍有助力,亦殊未能切实履行盟约上明定之义务。讵知此毒焰,如不能及时扑灭,一旦因风播扬,终不免有延烧及于全世界之一日。诸君鸿猷早识,当必能如晨钟暮鼓,发聩振聋,针对时弊,赞襄政府,本自力更生之宏旨,扬我国威,培我实力,使国际间踟蹰不前之形势,因我正义之提撕,暨强烈之抗战一致感动,即由道义上之同情,进而为实际上更有效之援助,并相与努力于盟约尊严,人类幸福之维护,借以挽回世界垂毁之和平,人类仅存之正义。诚如是,则诸君之努力,不特有造于我邦家,且更进一步大有裨益于世界,此可预为庆幸者三也。古训有云:"多难兴邦。"吾人既以此身许国家民族,自当冒万难以达抗战必胜,建国必成之志愿。语云:"有志者事竟成",愿与诸君共勉之。

(原载《国民参政会第二届大会纪要》,抗战文献社编)

3. 国民政府军事委员会委员长蒋中正训词

国民参政会汪议长、张副议长转全体参政员诸位先生同鉴:

今日参政会第二届集会开幕,中正因主持军事,不获躬与典礼,翘企巴山,群贤毕集,既深鸡鸣风雨之怀,尤切安危共筹之望。回忆一届集会武汉,诸君皆一本"国家至上"、"民族至上"之精神,集中意志,团结力量,一切提案讨论,莫不开诚心布公道,悉以裨益抗战完成建国为鹄的,以求折衷归于至当。而会毕之后,诸君或连袂赴渝,尽力献赞,或分赴各省,翊赞当局,或躬履战地,协助军事,或遄回本籍,发动民众,虽致力不一其端,而所以竭尽才能,从事抗战实际工作,以表率群伦,则皆无二致。凡此精诚团结,与刻苦奋斗之事实,即为我民族精神至大至刚之表现,亦即我中华民族必能贯彻抗战胜利完成建国大业之明证。参政会成立虽暂,而国家所获之效益已极宏伟。现抗战局势,复由长江而蔓延于粤海,在表面上似敌势愈形猖獗,战线骤扩,吾人之应付益艰,顾究其实际,则敌人南侵,乃计穷力绌,侥幸出奇,以自趋绝地之下策。敌寇自六月以来,沿江进窥,迭遭我军严重打击,五阅月中,增援五六次,死伤三十余万,始终胶着,未遂狡谋,对我持久坚强之力,已不胜惶惧危殆之情,尤深知长此一面相持,彼终必耗尽军力,驯至无援可增,浸渐覆败,于是悉索敝赋,不惜冒险图逞于粤,冀可遮断我海口交通,绝我军实接济之来路,而达其速战速决之迷梦。然在吾人,则正因目前战局趋向之迁移,关于应敌方略,正可谋主动有利之转变,今对全般战局,已有重新部署,再接再厉,必期我抗战国策,克底于成。吾人当去岁抗战发动之先,即以建设西部根据奠定全面战斗实力为一贯之政策,即以加强统一持久奋斗自强自主不挠不懈为应付方针五年以来,一本此旨,策勉军民,共同努力,期于最艰难困绌之中,滋长我民族新生力量,期于战局扩展敌势猖獗之时,为全面彻底之苦战,以打击敌人,预计最后胜利之信念,必待敌人侵及平汉粤汉两路以西,而后凭我整个民族无上奋斗之实力,全国呼应,与作一殊死之决战,乃克有彻底之实现。默察敌人一年来之动作趋势,实已事事应乎吾人之所预计。吾人幸赖全国一心一德,经此最近半年之努力,对于沦陷区域,不特军事部署业已完成,而且政治重心,亦经次第树立,对于平津粤汉两路以西之布置与准备,则更充实而严整。故此半年来无数军民保障江淮之英勇牺牲,已为第二阶段之战斗树立强固之基础。目前一切敌我军事之情势,实与吾人预定决胜之方略愈至接近。

特吾人于此,有应深切警省者,夫人谋之臧,必赖人力以赴,况以敌人之倾国而来,攻略之广,财赋为其摧残,交通为其梗塞,继今以往,抗战前途,既转入新的阶段,愈入于艰难险阻,要亦毋庸讳言。凡我国人,苟不抱定决心,忍受一切痛苦,竭尽全力,不避任何牺牲,则所有预定计划,必因毫厘之失而隳九仞之功。所望诸君本届集会,益阅上届团结黾勉之精神,根据数月来在各方工作实地之观感,一方在会期中尽力发扬,研讨至计,俾作政府之南针。一方在会期后,格外猛进,领导民众,共与敌人作殊死之奋斗。务使在后方各省,一切政治经济暨有关之建设事业,以及兵员补充与民力发展,胥奏兼程急进之成效。在战区各省,我激扬慷慨坚忍刻苦之民族精神,因敌势之深入与扩展而益见其蓬勃。则吾人预定覆灭敌人之计划必可实现于不久之将来,而建国基础,亦即于愈久愈艰之抗战中克以奠立,冲破最后之难关,获得最大之成功,想诸君当所同心也。谨布微诚,并祝努力!

（原载《国民参政会第二届大会纪要》,抗战文献社编）

4. 副议长张伯苓致词

今天国民参政会第二次开会,回想我们第一次在汉口开会时,迄今已历三月,刚才汪议长讲三个月来抗战的经过,我们听了,自然觉得有一种感触,又承林主席、蒋委员长给我们训词,指示许多好的方针,现在伯苓遵照训词,并略陈个人意见,就教于全体参政员。

上次开会时,伯苓曾经说过,我们这个会,不与一般的会相同,会员都是由政府选来的,各党各派,及各职业团体都有,虽非出于民选,而为全国人民的代表,大家都可以承认的。在各参政员之中,当初有与政府以兵戎相见的,或笔战的,或舌战的,政府在这个时候,把这些人都邀来,以国家大事,重相付托。当本会第一次开会,伯苓由重庆赴汉时,非常担心,恐怕这样一个各党各派聚集一堂的会,不知将要出什么花样。岂意事实与想像,竟大不然,我们开会后,大家非常的和衷共济,充分表示开诚布公,团结一致的精神,这一点想为诸位来宾所已经知道的。后来会毕回到重庆,又有许多新闻记者来相探问,他们似乎不信报纸登载本会,在汉开会时一种团结的精神为事实。我说报上所载,是全体开会时之实情,可以说在会里面,大家都说实话、说公话;即使彼此意见稍有参差,大家也很留心。只看在散会之后,没有一个参政员发表过一点不满意的话,就可证明参政员看这个会是整个的,不是代表任何一党一派。所以我们实在团结,已经做到"精神无间"的地步,这尤其可以告慰于今天到会诸位来宾的。

有人说:参政员既由政府选定,或与公务员一样。但是我们参政员,不是各党各派的代表,就是各种职业的代表,虽系选定,都可以代表各部分的人民。所以我们也是代表民意的机关,不过这样的民意机关,完全是中国式的,不是各国式的,从我们上一次的成绩,可以看出来。还有一点,有人以为政府召集国民参政会,是政府应酬我们,这种话大概各参政员都知道是误会,尤其是驻会参政员更知道,因为汪议长常在驻会委员会报告政府对我们第一次大会决议案实施的情形,凡能够施行的,都在进行,一时不能实行的,也有处理的办法来告诉我们,可见政府对于本会实在是诚意,决不是应酬大家。所以政府召集我们这个参政会,不能算是骈枝机关,不是讲应酬,而实是具有诚意!我们参政员,对于议案,都是诚意讨论,政府对于我们决议案,也是诚意施行,这过去的事实是如此。

现在我们开第二次大会,时局更趋严重,会中的讨论,究竟应该怎样进行呢?这我想代表全体参政员说几句话,就是要遵照林主席、蒋委员长刚才对我们的训示,去讨论我们目前要紧的事情。这"要紧"两个字,可以分开来讲,就是要把"要"而"紧"者,尽先讨论。其"要"而"不紧"者后讨论。目前最要而最紧者,当然是军事,及与军事有关的外交、交通、经济各项事情。这几项希望大家贡献意见,其余的事情,可以少讨论或不讨论。并且希望大家精诚团结,比上次更加充分,使各种议案,都能得到很妥当,很圆满的决议。

现在武汉我们自动放弃,广州已陷落,中外观感或不免动摇。但是我们政府固定的国策是绝不动摇,我们第一次大会已经有了一个宣言,我们仍旧要照着这个宣言,鼓励全国全民族一致奋发,向已定的方向走,在最近的将来,要把我们最要而最紧的事情做到。

前天议长说:"这次大会,大家尽量发言,尽量讨论。"我听了很高兴,不过我们要注意,不要因此就把"要而紧"和"要而不紧"的一样的尽量讨论,我们还是把"要而紧",尽先讨论才是。

上次的会议讨论时,大家因为是初次会谈,说话就不免很留神,这次可以尽量发言、辩论,但是我们一定以国家民族为前提,不固执个人的成见,致引起感情的误会,因为这时候,还是要和上次会议一样,和衷共济,开诚布公,尽量表示全体一致的意见。

在十天会议以后,一切议案有共同的宣言,要有圆满的结果,告诉中外人士,说我们政府的国策,是全国国民所拥护的,也是本会代表全国国民所希望的,能够这样,我们才可不致辜负这样的开会,才可不致辜负政府与国民的期望。

(原载《国民参政会第二届大会纪要》,抗战文献社编)

5. 会议日志

国民参政会第一届第二次会议于10月28日在重庆国民政府军事委员会礼堂开幕。

10月29日 上午,举行第一次大会。议长汪兆铭、副议长张伯苓及参政员一百二十五人出席了会议。出席会议的还有国民政府行政院长孔祥熙、司法院长居正、外交部长王宠惠、内政部长何键、经济部长翁文灏等。

会议听取了秘书处关于向国防最高会议报送第一届第一次会议决议案情况的报告和会务报告、驻会委员会工作报告;行政院长孔祥熙的政治报告;外交部长王宠惠的外交报告。

会议讨论通过了各审查委员会委员及召集人名单。

下午,举行第二次大会。议长汪兆铭及参政员一百二十六人出席了会议。出席会议的还有国民政府行政院长孔祥熙、立法院长孙科、监察院长于右任、经济部长翁文灏、国民党中央委员邹鲁、蒋作宾、陈璧君等。

会议听取国民政府军事委员会委员长行营主任张群的军事报告;内政部长何键的内政报告。

10月30日 上午,举行第三次大会。议长汪兆铭、副议长张伯苓及参政员一百三十二人出席了会议。出席会议的还有国民政府行政院长孔祥熙、监察院长于右任、司法院长居正、经济部长翁文灏、国民党中央委员邹鲁、邵力子、陈公博等。

会议宣读了第一、二次大会记录;听取了秘书处会务报告;行政院长兼财政部长孔祥熙的财政报告。会议讨论通过了议长汪兆铭提出的《设置全体审查委员会案》。

10月31日　上午,召开各审查委员会会议,讨论政府报告,审查参政员提案。国民政府外交部长王宠惠、内政部次长凌璋、经济部长翁文灏次长何廉等,分别出席有关会议。

下午,举行第四次大会。议长汪兆铭、副议长张伯苓及参政员一百一十七人出席了会议。出席会议的还有国民政府行政院长孔祥熙、监察院长于右任、国民党中央委员邹鲁等。

会议宣读了第三次大会记录;听取了秘书处会务报告;交通部长张嘉璈的交通报告;教育部长陈立夫的教育报告。

11月1日　上午,继续举行各审查委员会会议。

下午,举行第五次大会。议长汪兆铭、副议长张伯苓及参政员一百二十二人出席了会议。出席会议的还有国民政府行政院长孔祥熙、司法院长居正、监察院长于右任、国民党中央委员邹鲁、陈公博、邵力子、王法勤等。

会议宣读了第四次会议记录;听取了秘书处会务报告;立法、司法、考试、监察四院的书面报告;经济部长翁文灏的经济报告。会议讨论通过了褚辅成等关于严禁壮丁吸食鸦片以利征兵的建议案。

会议并案讨论了陈绍禹、陈嘉庚、王造时、胡景伊、张一麟等,关于拥护蒋委员长和国民政府,加强民族团结,坚持持久战。反对妥协投降的五项提案,提出并通过了《拥护蒋委员长决议案》;通过了胡景伊等关于电慰德安作战部队及坚守牯岭孤军,以励士气的议案。

11月2日　上午,继续举行各审查委员会会议。

下午,举行第六次大会。议长汪兆铭、副议长张伯苓及参政员一百二十六人出席了会议。出席会议的还有国民政府行政院长孔祥熙、立法院长孙科、监察院长于右任、国民党中央委员邹鲁、邵力子、蒋作宾等。

会议宣读了第五次大会记录,听取了秘书处会务报告。

会议通过了对于国民政府财政报告的审查报告;通过了《抗战建国过程中之职业教育实施案》(江恒源等二十一人提)、《为时局危急,请政府更作严明切实之表示,彻底适时之改进,以安人心而振士气案》(张申府等二十八人提)、《拥护〈抗战建国纲领〉,确立战时新闻政策,促进新闻事业发展案》(胡景伊等二十一人提)、《调整中央各机关公务员之待遇,使得安心供职,以增强抗战期中行政效率案》(高惜冰等二十一人提);《调整农业金融机构案》(王世颖等二十四人提)、《广州汉口沦陷后,对我国战时经济政策应重新建立案》(黄元彬等二十二人提)。会议根据钱端升的提议,决定设立特种委员会审查管理外汇与对外贸易。

11月3日 上午,继续举行各审查委员会会议。

下午,举行特种委员会会议,审查关于管理外汇及对外贸易的提案,财政、经济、交通部及贸易委员会代表列席会议,答复有关问题。

11月4日 上午,继续举行各审查委员会会议。

下午,举行第七次大会。议长汪兆铭、副议长张伯苓及参政员一百三十八人出席了会议。出席会议的还有国民政府行政院长孔祥熙、司法院长居正、立法院长孙科、内政部长何键、经济部长翁文灏、国民党中央委员丁惟汾、邹鲁、王法勤等。

会议听取了秘书处会务报告;行政院、教育部、经济部、赈济委员会的代表,分别就参政员对政治、教育、经济等报告的询问,作了答复。

会议通过了刘王立明、邹韬奋、喜饶嘉措、席振铎、陶百川、杭立武、张剑鸣、杨振声等提出的关于内政、财政、经济、教育、文化方面的九项提案。

11月5日 上午,继续举行各审查委员会会议。

下午,举行第八次大会。议长汪兆铭、副议长张伯苓及参政员一百二十六人出席了会议。出席会议的还有国民政府司法院长居正、内政部长何键、经济部长翁文灏、国民党中央委员丁惟汾、邹鲁、邵力子等。

会议通过了史良、钱公来、喜饶嘉措、卢前、孔庚、刘蘅静、欧元怀,胡元佼、张申府、骆力学、梁漱溟、李元鼎、王亚明、吴玉章等关于经济、教育、文化、宗教、军事、国防、外交方面的十六项提案。

晚上，举行第九次大会。

11月6日　上午，举行全体审查委员会会议，审查军事、政治、财政问题。议长汪兆铭主持，参政员一百二十八人出席了会议。国民政府行政院长孔祥熙、副院长张群也出席了会议，并就有关问题作了说明。

下午，举行第十次大会。议长汪兆铭、副议长张伯苓及抵渝的全体参政员（仅曾琦因病请假）一百三十九人出席了会议。国民政府行政院长孔祥熙、监察院长于右任、司法院长居正、内政部长何键、经济部长翁文灏、国民党中央委员邹鲁、邵力子等也出席了会议。

会议听取了秘书处工作报告；讨论通过了李鸿文、孙佩苍、范锐、李洽、马君武、沈钧儒、陶行知、杨子毅、姚仲良、王造时等关于经济、内政、文化、教育、国防方面的十一项提案。

会议选举孔庚、张君劢、左舜生、董必武、吴玉章、秦邦宪等二十五人为驻会委员会委员。

国民参政会第一届第二次会议休会。

（录自重庆《中央日报》、《国民参政会第二届大会纪要》、《近代中国》）

6. 第一届第二次会议闭幕

国民参政会第二次大会，于昨（六）日午后六时举行休会式。

到会长官孔祥熙、于右任、居正三院长，张群、叶楚伧二副院长，中委邹鲁、陈公博、邵力子、梁寒操、蒋作宾，及汪张二议长，参政员张一麐等二百余人。

奏乐后，由汪议长主席，领导行礼如仪，首致休会式词。激昂庄严，会场异常激动，掌声不绝。次由张副议长致词，谦请参政员中年龄最高者张一麐氏致词。词毕，众鼓掌示敬。旋奏乐礼成。

（中央社讯，原载1938年11月7日重庆《中央日报》）

7. 议长汪兆铭休会词

国民参政会第二次大会开会,到现在闭会,同人感觉到时局的严重,同时感觉责任的重大,十天之内,大家聚精会神,打算对于现阶段对内对外施政方针,有所贡献。当广州失守武汉撤退的消息来了之后,抗战进入了新阶段,在新阶段中,最重要的是我们能站定了脚跟,看清楚了我们的前途,集中我们全国心力物力,来继续奋斗。正在这时候,蒋委员长有告国民书,对于全面抗战,持久抗战,争取主动的方针,有很详细的说明,这种说明,就是在这种严重关头,给大家一个重心,这种说明,是非常重要的,参政会同人拿最热烈最诚挚的表示,来拥护这个告国民书,这样以后,对内对外的施政方针,都有了一个重心,这种对国家对时局的贡献,等于第一次大会拥护抗战建国纲领一样重要。

其次,本会同人感于时局重大,大家感到除了每个题每个议案,应该细细讨论之外,还应该有一个整个的讨论,这个整个讨论,在全体审查委员会郑重举行,这里面同人自己有许多意见都发表,同时政府负责任当局,也把许多意见都发表,我们感觉到这是第二次大会的一个特点。固然我们大家有很兴奋的,很激昂的,这总是由于认识时局的严重,认识自己责任的重大,理智感情,两方面都有,也有用理智来探讨时局,也有浓厚感情要来担负责任,因此说的话,也很兴奋,表示也很激昂,政府当局,也是很坦白,很虚心,大家也是很直言,很痛快。在这里面,我们固然不能说得到怎样具体的方案,但是经一回重要的交换意见之后,我们感觉到有全体审查委员会总比没有好,因为整个的方针,整个的讨论,大家有充分发言的机会,这也是这次大会的一个特点。

第三,上次大会有一百三十多件案,这次大会只有八十多件,数目好像少一点,但是如果看到议案的内容,就知道这回议案的内容,比第一次要丰富得多。丰富的原因何在,就是我们这三个月闭会期间,同人有留在政府所在地的,有分散到各处,周历民间,真知灼见,本于自己所闻所见,平常自己理论与经验,配合起来做成方案,我们看到这次几乎每个议案都有这种色彩。举一个例来说,譬如兵役案,兵役案经过了审查会,不知道审查了多少时间,昨天大会对于这案的审查意见,也有两小时以上的讨论,这个原因,就是大家知道兵役对于抗战建国的前途有很大关系，这里面不止是军事上的问题，民众动员等各种问题都在内，我们要达到持久抗战全面抗战，与兵役问题，有很大关系，我们也知道政府当局对于兵役有法规与各种在社会上所得的经验很多，但是我们的意见，也不能不说参政会同人在政府所在地，或者自己到各处周历民间，知道民间对抗战建国情绪浓厚，同时对于兵役法，没有尽善与误会的地方，都能细心考察，才能把议案定得如此详细，才能在审查会在大会有如此长时间的讨论。大会对审查意见讨论到二小时以上的很少，由此一点而论，这回大会中议案虽然少，关乎其中内容，却是很具体、很切实，而且是很紧要的，这也是可与各位同人说的。

本来抗战前途是有困难，我们不讳言，但是这种困难，在我们抗战开始以前已经预料到，并不是抗战之后，才感觉的。我们在抗战开始以前，已经认识这种困难，已经预料到这种困难，所以抗战开始以来，我们不讳言困难，而且正视这困难，而且要忍受这困难，打破这困难。这次我们大家同心同德，在这一点，就是大家认识了这个困难，忍耐这困难，打破这困难，把我们所有的理智，都用在怎样分析，怎样研求，怎样解决，同时用我们热烈的感情来担负起这种困难来。我们知道是一定要历无数困难，才能达到最后成功。我们记得南京失陷以后，蒋委员长告国民书，说的有两句话："我们这次是为国家生存独立而战，为世界正义和平而战。"这两句话是一个重心，因为国家有三要素，人民、土地、主权，我们不只要求生存，而且要求独立，为生存独立而战，这种战要耐得很大很多的困难，才能得到成功。今天早晨大家都说，这次侵略者是日本，不止我们人人认识，全世界人都认识。我们为自己独立生存打仗，所以打到这样久，大家没有叫苦，只有忍受困难，打破困难的勇气。同时世界上的和平机构，他们是爱和平爱正义的。世界上国家民族中，有爱和平爱正义的，我们是为世界正义和平而奋斗，所以世界上国际和平机构，以及爱和平爱正义的国家，他的政府，他的民众，都在这里援助我们，同情我们，这点在这次国联盟约第十七条第十六条的援引，可以看得出，同时开战以来，好几个友邦用力量帮助我们，同情我们。这种患难之交，大家始终一点不忘记，我们只有为世界和平正义而奋斗来答谢他，来与他共同奋斗。我们抗战的目的，已经在这两句话说完的。

同时我们怎样担负这种责任？达到这种目的？就是我们能够精诚团结！我们在十天之内，每天上下午总有一次大会，一次审查会，或者上下午都有大会，夜晚开审查会，还有成天大会延到夜间，每天开会总有十一个钟头以上，我们看到同人之中，最年长的张一麟先生，还有好几位六十岁高龄以上的老先生，须发皓然，而十天开会，时间如此长久，一点疲倦的样子都没有，使一般青年得到这几位老先生做模范，这才真是老先生。我们看见他们白发长须的老先生这样精神，使我们感觉到如同中华民国是万岁万万岁一样。同时我们看见喜饶嘉措大师他是一个说藏文语的，不懂汉文语，虽然带有翻译，每句话都要经过翻译转告，他这样每天坐十一小时以上，他的困难可想而知，而喜饶嘉措大师道貌懔然，没有一点厌烦表示给我们，这就足以证明中华民国的政府，真是五族共同拥护的。我们大家本来已经有抗战建国的共同纲领，有三民主义作共同的信仰，同时我们知道大家还有一点感情上或者意气上的不同，因为大家爱国心切，负责心切，不免有一点激昂，但是我们想一想这般七十岁以上须发皓然的老先生都如此，不懂汉文汉语的先生都如此，我们还有什么感情不可融洽，我们还有什么误会不可消除，我们还有什么小小意气不可完全消散。我们百无所有，所有的就是精诚团结。第二次大会精诚团结，比第一次大会还要坚强。有一句话说是精神胜过物质，不是说精神能代替物质，是精神能创造物质，运用物质，用我们精诚团结的精神，把全国人力集中起来，把全国物力集中起来，继续奋斗，以至于成功。

今天是休会的时候，我们感谢最高统帅蒋委员长的勤劳，政府诸公的勤劳，感谢前方将士的辛苦，感谢后方民众的辛苦，同时祝本会同人健康。本会同人以后有留在这里，有分开到各地的，我们知道驻会委员，固然尽他的责任，同时希望留在这里的同人，也常常交换意见，预备下一次提案，尤其分到各地的，也是本着这意思，虽然离得远，也可用通信方法，能把就历民间所知疾苦，随时转告以备下一届的议案。如今祝各位同人健康，祝国民参政会每次会都有进步，祝中华民族天天有坚固的基础，有广大的民众，有永久的生命，战胜敌人，达到自由平等。

（原载《国民参政会第二届大会纪要》，抗战文献社编）

8. 副议长张伯苓致词

今天是二届大会闭会的一天。过去十天开会情形，议长已经讲过，大家精神很好，个人今天也没有多少话要说。刚才有好几位参政员意思，想请张仲仁先生说几句话，现在就请张先生讲话。

（原载《国民参政会第二届大会纪要》，抗战文献社编）

9. 参政员张一麟答词

议长，副议长，诸位先生：

今天我们第二届国民参政会闭会，刚才听到汪议长许多高论，大家觉得很兴奋，精神很集中。现在我们前方将士，愈战愈强，本会同人，可以说也是愈战愈强。我们是什么战？什么强呢？就是精神奋斗！因为我们这一回开会，如果大家不能精诚奋斗，团结一致，自己争意气，互相攻击，那末我们就要亡国，亡国之后，我们大家同朝鲜人安南人一样受人宰割，做人家的牛马。此次广州失陷，武汉撤退，这原是我们抗战之初，早已预料到的，去年政府迁移，一迁就迁到重庆，可见蒋委员长暨政府当轴，早具远见，早有抗战到底的决心的。此次开会十日，议长副议长处理会务，昕夕勤劳，格外辛劳，这是我们全体参政员应当感谢的。兄弟曾听说英国以前有一个女皇，终身不嫁，有人问她何以不嫁，她说她以英国为夫，我们现在也可以说，我们是以中华民国为党，大家精诚一致，团结无间，除了中华民国之外，没有党也没有派。兄弟记得辛亥革命，南北议和的时候，伍廷芳、唐绍仪两位先生在上海接洽，磋商数度，迄无成议，后来汪先生到沪，和议遂告完成，中华民国因以建立。我们此次抗战建国，犹是完成辛亥年完成和议一样。我们的副议长张伯苓先生，就是今日中国的张伯伦，等到我们打回老家去的时候，就请张伯苓先生到伦敦去开会，与张伯伦先生商议世界的和平。

（原载《国民参政会第二届大会纪要》，抗战文献社编）

10. 休会期间驻会委员会委员名单

周炳琳　孔　庚　喜饶嘉措　张君劢　王家桢　陶希圣　黄炎培
傅斯年　李中襄　许孝炎　陈希豪　范予遂　刘叔模　胡石青
江　庸　刘蘅静　邓飞黄　罗隆基　左舜生　胡景伊　董必武
刘百闵　吴玉章　秦邦宪　李　璜

（原载《国民参政会第二届大会纪要》，抗战文献社编）

（四）严惩汉奸国贼　坚持抗战到底
——会议重要议案

1. 重要提案目录

（一）关于军事及国防事项建议案

1. 改善兵役实施办法建议案　　　　　　　　　　　　　　梁漱溟等
2. 杜绝征兵流弊以结民心而利抗战案　　　　　　　　　　李元鼎等
3. 请优待壮丁以励兵役案　　　　　　　　　　　　　　　刘蘅静等
4. 请奖励闲居都市士绅归去协助征募壮丁并参加或成立后援会进行动员工作案　　　　　　　　　　　　　　　　　　　　　　　　王亚明等
5. 建立志愿兵区以补兵役法之不足案　　　　　　　　　　陶行知等
6. 请政府切实执行优待抗敌军人家属法令以便人民安心服兵役案
　　　　　　　　　　　　　　　　　　　　　　　　　　史　良等
7. 拟请从速加强西北防务建设军事根据地案　　　　　　　周士观等
8. 请加强西北军事力量以固全局案　　　　　　　　　　　茹欲立等
9. 请火速援华南案　　　　　　　　　　　　　　　　　　李仙根等
10. 建议政府注重军事谍报工作案　　　　　　　　　　　　李中襄等
11. 为选派大员招募游兵立赴前线案　　　　　　　　　　　吴绪华等

12. 请政府从速利用地方零星武力案　　　　　　　　左舜生等

13. 再建议政府实行发动广大之民众抗战以救危亡案　　王葆真等

14. 整理游击队案　　　　　　　　　　　　　　　　张一麟等

15. 请政府设法增强东北义勇军以牵制敌人案　　　　王卓然等

16. 练苗兵为预备队案　　　　　　　　　　　　　　张一麟等

17. 积极组训蒙藏骑兵增强抗战力量并充分表现全民族抗战精神案

　　　　　　　　　　　　　　　　　　　　　　　　李永新等

(二)关于外交及国际事项建议案

1. 培养及充实外交人才方案　　　　　　　　　第二审查委员会

2. 调整驻外使馆案　　　　　　　　　　　　　第二审查委员会

3. 改进国际宣传工作案　　　　　　　　　　　第二审查委员会

4. 加强国民外交推动欧美友邦爱好和平的民众敦促各该国政府对日寇实施经济制裁案　　　　　　　　　　　　　　　　吴玉章等

(三)关于内政事项建议案

1. 刷新政本以利抗战案　　　　　　　　　　　　　张君劢等

2. 拥护抗战建国纲领确立战时新闻政策促进新闻事业发展案

　　　　　　　　　　　　　　　　　　　　　　　　胡景伊等

3. 加速完成地方自治条件以利抗战而奠民治之基础案　陶百川等

4. 改善保甲制度案　　　　　　　　　　　　　　　王造时等

5. 严禁壮丁吸食鸦片以利征兵案　　　　　　　　　褚辅成等

6. 迅速制定并实施充实县政府组织法规提高县长任用资格官等待遇切实考察县行政并遴选各项人才酌量资送县政府协助工作案　杭立武等

7. 调整中央机关公务员之待遇使得安心供职以增强抗战期中行政效率案　　　　　　　　　　　　　　　　　　　　　高惜冰等

8. 设立行政研究所搜罗战区落职行政人员分组研究借以增进抗战期间之行政效率并设计抗战胜利后之政治建设案　　　杨子毅等

9. 请团结边民意志以增加抗战力量案　　　　　　喜饶嘉措等

10. 积极改进边疆宣传工作案　　　　　　　　　　席振铎等

11. 请合并绥境察境蒙政会等机关改组为蒙古地方自治委员会俾便集中全蒙人力财力统一事权以增强抗战力量案　　　　　　　　　李永新等

12. 为广州失陷责任建议案　　　　　　　　　　　　　　胡景伊等

13. 为建议政府请速拨巨款以赈济黄灾难民案　　　　　　马乘风等

14. 严惩汉奸傀儡民族叛徒以打击日寇以华制华之诡计而促进抗战胜利案　　　　　　　　　　　　　　　　　　　　　　　　　林祖涵等

15. 拟具陷落区域内政治施行办法请政府采择施行案　　　江恒源等

16. 请肃清乞丐游民增强抗战力量案　　　　　　　　　刘王立明等

17. 全国动员中应改良民众服装以养成尚武精神而提倡国货案

杨子毅等

18. 为时局危急请政府以严明切实之表示彻底适时之改进以安人心而振士气案　　　　　　　　　　　　　　　　　　　　　　　张申府等

19. 拯抚难民办法案　　　　　　　　　　　　　　　　姚仲长等

20. 请撤销战时图书杂志原稿审查办法案　　　　　　　　邹韬奋等

21. 临时动议速设抗战公私损失调查委员会案　　　　　　黄炎培等

22. 对于内政部各报告决议案

23. 动员妇女参加抗战建国案　　　　　　　　　　　　伍智梅等

24. 请行政院拨助经费加添技术人才协助滇省政府改进卫生行政推广卫生事业借便开发滇省丰富资源加强抗战力量案　　　　　陇体要等

25. 拟请中央责令各省区市县救济院实行增设孤儿所加收阵亡军人子女及各地难儿实施教养案　　　　　　　　　　　　　　彭允彝等

26. 抗战建国期间核请由中央政府设立全国难民救济机关以资统筹而固国本案　　　　　　　　　　　　　　　　　　　　　周星棠等

27. 促进公共卫生建设加强救护工作增进抗战效能案　　　伍智梅等

28. 拥护蒋委员长和国民政府加紧民族团结坚持持久战争取最后胜利案

陈绍禹等

29. 拥护蒋委员长持久抗战宣言案　　　　　　　　　　胡景伊等

30. 为抗战到底宜由本会决议宣言请政府明令公布以防反间而定人心案

张一麟等

31. 参政会应发表宣言拥护蒋委员长告全国国民书并号召全国同胞一致奋起继续抗战以争取最后胜利案　　　　　　　　　　　王造时等

32. 关于克服困难渡过难关持久抗战争取胜利问题案　　陈绍禹等

33. 官吏谈和平者,以汉奸论罪案　　　　　　　　陈嘉庚等提

(四)关于财政经济事项建议案

　1. 调整贸易提案　　　　　　　　　　　　　　　胡景伊等

　2. 管理贸易及外汇方法改进案　　　　　　　　　钱端升等

　3. 为发展工商业采用国营商业或官商合营实施合理统制以官商皆利为原则案　　　　　　　　　　　　　　　　　　　　胡景伊等

　4. 为复兴基本化学工业请政府实行维护案　　　　范　锐等

　5. 赶快建筑西北大铁道案　　　　　　　　　　　陶行知等

　6. 整顿西北交通线以便军运而利抗战案　　　　　骆力学等

　7. 为请政府决定采用叙昆路线沿金沙江小江之叙昆干线及沿里水安宁两河之宁冕西会两支线案　　　　　　　　　　　　胡景伊等

　8. 调整农业金融机构案　　　　　　　　　　　　王世颖等

　9. 请速筹设西北经济建设机关发展西北利源以增强抗战建国力量案
　　　　　　　　　　　　　　　　　　　　　　　李鸿文等

　10. 请政府从速发展农村工业以应抗战建国之需要案　史　良等

　11. 请政府在西北西南诸省大规模造林并积极改良西南诸省畜牧事业案
　　　　　　　　　　　　　　　　　　　　　　　马君武等

　12. 筹设西北西南两实业公司作为轻工业生产中心以应军事与民生日用必需案　　　　　　　　　　　　　　　　　　　　高惜冰等

　13. 拟请经济部在青海省会西宁设发电厂案　　　　李　洽等

　14. 拟建议经济部大规模探采青海金矿案　　　　　李　洽等

　15. 请拨外汇以补充高等教育教学上最低限度之设备案　杨振声等

　16. 沦陷区域人民迁居内地其所运来之中西美术品应免征入口税案
　　　　　　　　　　　　　　　　　　　　　　　孙佩苍等

　17. 请政府设法招致沦陷区域内工程技术员工限期归来为国服务以免为

敌利用案 张剑鸣等

18. 广州汉口沦陷后对于我国战时经济政策应重新建立案　　黄元彬等

19. 拟请赶筑广西自宜山通百色到龙州公路以利抗战军事运用案

林　虎等

20. 加紧建筑成渝铁路以利后方运输案　　欧元怀等

21. 请创办工业生产合作机关救济失业民众和供给需求发挥自给力量案

22. 奖励华侨回国投资建设国防经济案　　胡兆祥等

23. 对于财政报告之决议案

24. 对于经济报告之决议案

25. 政府交议推行战时税制案

26. 政府交议巩固法币节制资金外流案

27. 政府交议陷敌区域之金融办法案

（五）关于教育文化事项建议案

1. 请注意佛教文化以增进汉藏感情案　　喜饶嘉措等

2. 为建议推行佛教以加强民族团结开拓国际援助案　　谢　健等

3. 抗战建国过程中之职业教育实施方案　　江恒源等

4. 改善专科以上学校军事训练案　　欧元怀等

5. 改进高中以上学校军事训练案　　胡元倓等

6. 办理西北畜牧事业并设立兽医学校案　　骆力学等

7. 请从速救济鄂境战区失业教员及失业青年案　　孔　庚等

8. 请教育部拨定经费早日设立战区文献征存机关延请耆旧主持并借以表扬义烈振作士气案　　卢　前等

9. 建议设立文化局总司全国战时文化事业案　　张申府等

10. 推行普及教育以增加抗战力量而树立建国基础案　　陶行知等

11. 为持久抗战当注重本国固有之文化提高民族意识案　　钱公来等

12. 请政府从速施行难民教育案　　刘蘅静等

13. 加强战时文化食粮输送工作案　　沈钧儒等

14. 提倡尚武精神以固国基而利抗战案　　沈钧儒等

15. 罗致专门技术人才分任抗战工作案　　　　　　居励今等
16. 政府交议战时各级教育实施方案案

（录自《第二届国民参政会特辑》、《国民参政会第二届大会纪要》、《国民参政会第三次大会记录》）

2. 拥护蒋委员长和国民政府，加紧民族团结，坚持持久战，争取最后胜利案

陈绍禹　秦邦宪　林祖涵　吴玉章　董必武　邓颖超等提

凶残阴险的日寇，在占领广州武汉以后，不仅加紧对我国的军事进攻，而且利用汉奸敌探，进行各种政治阴谋，对蒋委员长和国民政府，尽力造谣侮蔑；对我全民族团结，尽力挑拨离间。同时，到处散布我国妥协投降的无耻谰言，企图动摇我国之人心和混淆国际的视听。因此，同人等特提议国民参政会第二次大会，代表全国同胞，一致通过下列决议。

一、蒋委员长为领导抗战建国的民族领袖，国民政府为领导抗战建国的最高行政机关，我全国军民一致信任和拥护。

二、在抗战严重困难的关头，我国一切抗战的各党派各阶层，更加紧精诚团结，为民族生存和国家独立而亲密友爱的共同奋斗。凡妨碍和危害抗战各党派团结的言论和行动，应受全民族的谴责和纠正。

三、坚持持久抗战争取国家民族最后胜利，为我国政府反对日寇侵略的既定方针。全国军民，一致本此方针，继续努力，以求贯彻驱逐日寇出境的最后胜利，一日不达，则对日抗战的行动，绝不中止。日寇汉奸所散布的一切关于我国妥协投降的造谣，是对我全中华民族的莫大侮蔑。任何人如果有妥协投降的阴谋活动即等于民族的败类和叛徒。全民族应群起而攻之。

四、我国军民，誓在蒋委员长和国民政府领导之下，为彻底实现蒋委员长最近所宣布的"持久抗战全面抗战争取主动"的正确方针而奋斗。任何艰苦，任何牺牲，均在所不辞，以求增加抗战力量，克服各种困难。在持久抗战中，争取驱逐日寇出境和建立三民主义新中国的伟大胜利。

（原载《第二次国民参政会特辑》，新华日报社编）

3. 拥护蒋委员长持久抗战宣言案

胡景伊等提

同人等于参政会开会之日,适读最高领袖告全国国民之重要文书,用意殷恳,以持久抗战相勉,聆诵之下,感奋无极!自抗战开始之初,我最高领袖即以持久抗战全面战主动战三义,告诫国人,一年半以来,敌人以猛烈之炮火,全力攻我,但一加检查,除焦土死城外,敌人所得于我者几何,而我则愈战愈强,愈打愈坚,敌人之军力,被我歼灭者达数十万,其经济资源之耗挫,更难以数计,此皆拽最高领袖用兵神武,坚苦领导之所致。今者羊城虽失,武汉虽陷,而我之长期抗战之人力物力,则犹是充优无比。吾人只须于最高领袖率导之下,勇力以赴,则抗战建国之目的终有达成之一日也。同人等敬念生于忧患死于安乐之教义,除非少数无耻之汉奸外,百分之九十九,决无愿作奴隶牛马者!苟有之,必以死御之。

(原载《国民参政会第二次大会纪要》,抗战文献社编)

4. 为抗战到底,宜由本会决议宣言,请政府明令公布,以防反间而定人心案

张一麟等提

自武汉放弃,广州陷落,敌人大放和议空气,谬称与某要人已有接洽,以摇动人心。此种宣传,无非欲分化吾国人心,以致华侨质问,信以为真。夫东四省与平津青济之陷落,皆由和战不定之故,自中政会议决定抗战断无再行屈膝之理,今已至敌人消耗最大吾国最后牺牲之时期,自非汉奸,谁敢为奴隶牛马?但涓涓不塞,将成江河,使前线将士灰心,全国人民太息痛恨,即友邦亦有违言。应由本会宣示决心,请政府明令公布,以息狡谋而振士气。为此提出紧急动议,由四十名以上之连署,付诸公决。

(原载《国民参政会第二次大会纪要》,抗战文献社编)

5. 官吏谈和平以汉奸论罪案

陈嘉庚提

附:"来宾"放炮

邹韬奋

国民参政员既然好像"来宾",所以我屡次听到他们在私人谈话之间这样说笑着:"我们既然都是请来的客人,大家还是客客气气罢!"话虽然如此说,但是这样的"来宾"和寻常的客人究竟有些不同,有的时候为着国家大事,受着良心的指挥,不但要起来作激烈紧张的辩论,而且要放出大炮,像热诚爱国正直敢言的陈嘉庚先生在第二次大会中,曾经从三千里外的新加坡放出一炮直达重庆!据军事家的估计,现在世界上最新发明的大炮所能达到的最远的射程,大概还不到四十里,而陈先生的这一炮的射程却达到了三千里,而且这个炮里所装的不是实弹而是纸弹,这才真是一个奇迹!

第二次大会已不是在汉口举行,而是在重庆举行了。日期是民国二十七年十月二十八日,当时正在广州失陷(同年十月二十一日)及武汉撤退(同月下旬)的紧张时候,政府仍在坚持抗战,有一部分妥协分子却又在散播毒素,汪精卫和他的虾兵蟹将已在公开讨论"和平"。他们的公开理由是天下没有不结束的战争,战争结束即是和平,中国与日本作战也必有结束的时候,所以"和平"不是不可以谈的。他们还有一种巧妙的烟幕,说"和平"只须看条件,条件如果有利于中国,日本如果允许完全撤兵,允许中国保全主权领土完整,为什么不可以接受"和平"?当时蒋介石在前方,汪以国防最高会议副主席、中国国民党副总裁及国民参政会议长的资格,在临时首都或隐或现地大放"和平"的烟幕,一大篇一大篇的演词和谈话登在党报上,根据官方"批评官吏就是反对政府"的铁的纪律,我们老百姓看了,于疾首痛心之余,无可奈何,比较认识正确的言论界朋友也有奋然执笔为文,想稍稍加以纠正的,但民意在言论不自由的情况下当然敌不过官意,有许多被检查先生扣留,登载不出。

国民参政会第二次大会就在这样乌烟瘴气的气氛中举行,汪"议长"当然是这次大会的主席。开幕之后,霹雳一声,陈嘉庚先生从新加坡来了一个"电报提案"(陈先生也是国民参政员,当时因事未到),内容极简,而意义极大。

这个提案的内容只是这寥寥十一个大字："官吏谈和平者以汉奸论罪！"这寥寥十一个字，却是几万字的提案所不及其分毫，是古今中外最伟大的一个提案！依"请帖"上的规定，任何"来宾"要提案，须有二十位"来宾"的联署，这个"电报提案"一到，在会场上不到几秒钟，联署者已超出二十位。于是名炮手陈嘉庚先生的这一炮，轰咚一声正式发了出去！

依向例，议长将提案付讨论时须将提案的题目向全会朗诵一遍，这次当然也不能例外，所以汪"议长"只得向全会高声朗诵道："官吏谈和平者以汉奸论罪！"于是讨论开始，当时"陪客"中有几位"汪记"朋友当然要起来反对的，就是其他"陪客"居然也有人为"副总裁"起来辩护的，"来宾"中明白实际情形的，受良心的指挥，顾不得"批评官吏就是反对政府"的铁的纪律。奋然起来赞同这个提案的还是不少，结果似乎是加上了"敌人未驱出国土以前"的字样（大意如此，原来字句已记不清），"官吏"二字似乎也省去，终将提案通过。当汪"议长"高声朗诵"官吏谈和平者以汉奸论罪"时，面色突变苍白，在倾听激烈辩论时，神气非常的不安，其所受刺激深矣！

（原载邹韬奋：《抗战以来》，香港华商报出版部1941年7月）

6. 拥护蒋委员长决议案

本会同人读蒋委员长本日《告国民书》，至为感奋，全体一致拥护，并于同时将胡参政员景伊等四十四人所提《拥护蒋委员长持久抗战宣言案》、张参政员一麟等四十一人提《为抗战到底，宜由本会决议宣言，请政府明令公布，以防反间而定人心案》、陈参政员绍禹等七十三人提《拥护蒋委员长和国民政府，加强全民族团结，坚持持久战，争取最后胜利案》、陈参政员嘉庚等二十一人提《在日寇未退出我国土之前，公务员不得言和案》、王参政员造时等六十六人提《参政会应发表宣言，拥护蒋委员长"告国民书"，号召全国同胞一致奋起，继续抗战，以争取最后胜利案》等案，合并讨论，决议：

拥护蒋委员长所宣示全面抗战、持久抗战、争取主动之政府既定方针。今后，全国国民应在蒋委员长领导之下，坚决抗战，决不屈服，共守弗渝，以完成抗战建国之任务。

(原载《国民参政会第二次大会纪要》,抗战文献社编)

7. 关于克服困难,渡过难关,持久抗战,争取胜利问题案

陈绍禹等提

一、目前抗战形势的困难和特点。自广州失陷以来,一方面由于战区扩大和敌军增加,另方面由于沿海沿江的最后的两个最大的中心城市和重要交通线的损失,我国抗战形势已开始进入一个新的严重阶段。此阶段之主要特点,首先在于我国在军事方面(军力不敷分配和应用),物力方面(军火接济,衣食供给,交通运输等),财力方面(收入更减,支出仍增,法币外汇须更加大力维持等)和外交方面(首先是英国在慕尼黑会议时及在远东问题上所采取的对侵略者屈服的政策,及其在国际关系上所生之不良影响),均感受到比前此更大更多的困难;同时,与这些困难相伴而来的一部分人的悲观失望情绪的增长和妥协投降企图的加深,更增重了抗战工作的困难。但是,此阶段之特点,还在于不仅我国抗战形势发生更大的困难,同时,敌寇方面也发生比前此更大的困难,其主要困难为:(一)因战区扩大而更加感兵力不敷分配之苦;(二)因战线延长和军力深入我腹地而更加容易遭受我国军民的随时随地的袭击,打击和消耗;(三)此后敌我作战地区,主要在山岳地带,敌之海军失其配合作用,空军及机械化部队,也相当减少效力;(四)此后敌军进入到现代交通主要工具(轮船铁道)缺乏的地区,对运兵运械运器材(汽油弹药)运粮发生重大的困难,特别在我游击运动在敌后方及战区大规模发展条件之下,敌寇在这方面将受到严重的打击和损失;(五)因战区扩大战事延长,敌国内人民的反战及反法西斯军阀运动,将更高涨;(六)敌国的财政经济将受到莫大消耗;(七)敌在国际上——首先在太平洋上更加孤立而遭受到列强的谴责和敌视。

二、克服困难的主要办法在增加力量。十六个月来我国军民在蒋委员长和国民政府领导之下进行英勇的民族自卫抗战,确实得到了不少的进步和成绩,全国在政治上统一在国民政府领导之下,在军事上建立了统一的国民革命军,各党派各阶层各民族达到空前未有的精诚团结,全国各界人民达到空

前未有的民族觉悟和政治觉醒,民族自觉心和自尊心空前的提高,全民族一切有生力量经受着空前的锻炼而日益强固,民主政治的基础开始建立,政府与人民的关系有所改善,在我全体军民英勇奋斗中,消耗了敌人五十万人以上的兵力,消耗了敌人百万万以上的经费,缩小了敌人的占领区和在敌军后方建立了许多抗日根据地,增加了敌人国内外的困难,提高了中华民族在国际上的威信和博得了一切先进人类对我同情和援助。同时,敌寇在十六个月的侵略战争中,完全揭露了其非人残暴的狰狞面目,暴露了其国内外的严重困难和弱点,但是,应当坦白地承认一件事实,就是直到现在,敌人用来侵略的力量依然大过我国参加抗战的力量,我国抗战目前正遭受着严重的困难,因此,全中华民族今天的中心任务,就在克服困难,而克服困难的主要办法,则在于坚决抗战行动中和在现有力量基础上增加力量,而增加抗战力量的唯一办法,在于认真地实行《抗战建国纲领》的原则规定,以达到军力、物力、财力和外援的增加:

第一,增加军力——其主要办法为:(一)扩充现有军队的数量到适合于各大战区的需要,同时,努力建立三十个到五十个政治坚定武器优良的骨干国防师;(二)改善现行征兵办法,主要地用政治动员和优待抗敌军人家属等办法使广大壮丁自动地应募应征,以提高军队的质量和战斗情绪;(三)在军队中迅速建立起以达到官兵一体,军民一体,争取敌军为目的的抗战政治工作,(四)以相当数量的正规军帮助民众,在敌后方和战区组织包括千百万人民的游击队;(五)采取运动战游击战为主而辅之以必要的阵地战的战略方针,以疲惫敌人打击敌人消耗敌人,使敌人不能继续前进深入。

第二,增加物力——其主要办法为:(一)用一切力量恢复和建立国防工业(从大规模的兵工厂到小手工业的械弹制造和修理等),以保证前线械弹的供给;(二)增加农业生产,提高工业生产,以保护军民的衣食供给;(三)尽一切可能增辟国际交通线及发展国内交通运输事业,首先在便利和保证前线的军火和军需的供给。

第三,增加财力——其主要办法为:(一)增加收入——(甲)认真征收财产累进税和所得累进税,实行按照财产及收入多寡为比例而推销公债的办法,使有钱者出钱的原则,成为实际;(乙)设法使存款外国银行之存户,以一部分资财购买公债或公债金;(丙)设法增加侨胞兑款回国数量及大量劝销公债及公债金;(丁)设法将庙产、祠产及其他公产之一部购销救国公债;(戊)用一切办法奖励国民献金运动;(己)努力进行对外借款和向国际友人方面进行大规模募捐运动。(二)减少支出——(甲)认真推行节约运动,首先须从党政军领导机关及领导人本身做模范;(乙)实行裁并不必要的各种机关,实行按级减俸,逐渐做到衣食住由公家供给,各人只支最低限度的另用费。

第四,增加外援——我国抗战固然主要的以自力更生为原则,同时,国际形势目前亦有相当的困难,但力争外援,仍为增加抗战力量的重要办法之一,目前争取外援之主要办法为:(一)于加紧政府外交活动外,进行广泛有力的国民外交,与各国政府及国际的和各国的劳工团体亲密联络,依据国联最近通过的对日实施盟章第十六条及九国公约规定,对日寇侵略者认真实行经济制裁(不以军火,军事原料供给日寇,抵制日货,拒绝借款给日本政府等),同时,使中国政府得到国际友邦更多的精神同情和物质援助(军火、军事原料、医药卫生材料、专门军事技术人才、借款等)。(二)努力保护和开辟国际交通线,以保证能真正得到国际友人的帮助。

只有增加抗战军力、物力、财力和外援,才能克服困难,渡过难关,进行持久抗战,停止敌之进攻,准备我之反攻,以达到争取最后胜利之目的。

三、增加抗战力量的根本办法在于政治更加进步。增加抗战军力、物力、财力和外援的根本办法,在于我国政治在蒋委员长和国民政府领导之下,求得向前更大的进步,目前政治向前更加进步的具体表现应为:(一)四万万五千万同胞有组织才能有力量——我国为四万万五千万人的伟大民族,客观上的确为世界上最伟大的力量,但是,中外事实证明仅仅人口众多,并不能成为不可征服的力量,只有将广大民众认真地组织和动员起来,才能成为巨大无比取得事业胜利的力量。《抗战建国纲领》早已明白规定须要"发动全国民众,组织农工商学各职业团体,改善而充实之",现在已到了必须认真动员和组织工农商学文化妇女青年儿童等群众的时候了,只有将各界同胞都动员和组织起来,才能增加抗战军力、物力和财力,才是克服抗战的一切困难的根本源泉。而动员和组织千万万民众的主要关键,在于政府真正给民众以言论出版集会结社自由,在于政党及政府真正相信和爱护民众,在于政府能体会民众的疾苦而为民众服务。(二)改善行政机构及改善政府与人民之关系——加强中央政府各部门的工作效能,改革省县两级的政治机构,改革区乡保甲制度,迅速成立省市县的参议会,严厉惩治贪污,实行廉洁政治。(三)实行人才主义——在各种政治工作中政府以大公无私的态度,吸收各党各派的人才去担任工作,对他们加以信任,给他们以真正工作权利,只图与抗战建国有利,不计其他,如能将此点做到,则中国政治上一切症结问题,便皆迎刃而解;而增加抗战力量的艰难事业,便也因之而能顺利完成。只有全国军民在蒋委员长和国民政府领导之下,使政治上能有这些进步,才能使抗战力量增加的问题,得到解决的保证。以上所举三点,为同人等对于目前抗战形势之认识及克服困难渡过难关持久抗战争取胜利之管见,特拟具提案供政府采择参考,是否有当,尚祈公决。

(原载《第二次国民参政会特辑》,新华日报社编)

8. 加强国民外交,推动欧美友邦人士,敦促各该国政府,对日寇侵略者实施经济制裁案

吴玉章等提

理由:

一、国联对日本侵华战争,虽通过了采用盟约第十六条的决议,但决定各国自由采用,结果恐不生实效,其中症结所在,有因为有自己利害关系不愿意制裁日本者。我政府外交当局虽用极大的努力,终未能突破这些难关,使外交上得到欧美友邦更多的帮助。

二、欧美友邦虽无意实施国联盟约第十六条,但各友邦爱好和平的人民,却自动的决议不买日货和不卖货给日本,这是英国的合作社和援华委员会所进行过了的,英国利物浦的码头工人和加拿大的码头工人都曾经拒绝为日本船装卸货物,法国工会联合会为援助我国募捐,美国人民节食援助我国,印度人民组织救护队到我国来服务,世界和平大会和青年大会都决议援助我国抗

战,这些都是我们开展国民外交极好的基础。

三、本会第一次大会对于外交报告的决议案中在第四项曾指出"今后应在政府指导之下,加强国民外交之活动,尤其注重随时资助社会各界适当人物赴国外工作,并由政府令驻外使领人员,切实协助"。国民外交可补政府外交的不足,这是本会第一次大会所确认的。

四、过去我国虽有个人出外作宣传联络工作,但无组织,无计划,收效不宏,所以我们选派民众的代表,分赴欧美各友邦从事联络。

办法:

一、选派农工商学妇女职业民众代表及世界知名的人士若干人分赴欧美与各友邦政党民众团体及国际和平组织国际劳工团体切实联络,实现真正的国民外交。

二、民众代表须搜集日寇暴行和我国英勇抗战的事迹,如电影图书照片、歌曲、文字及胜利品等材料,以供各友邦民众的阅览。

三、我国驻在各友邦的使领人员,应随时予上述代表以实际的援助。如能采取上列办法,一新我国国民外交的阵容,则同情我国抵抗侵略的欧美各国友邦,必能予我国人之更广泛更实际的援助,他们的政党社团可以决定不买日货和不卖货给日本,他的工会可以决定不起卸或装运日货,他们更可以敦促其本国政府实行国际条约上所规定的义务如国联会员国实施盟约第十六条,九国公约关系国实行公约等,这于我国坚持持久战,争取抗战最后胜利有莫大之裨益,至于本会第一次大会议决之推派参政员前往欧美各国访问案及扩大国际宣传办法案,应请政府从速一并执行,是否有当,敬祈公决。

(原载《第二次国民参政会特辑》,新华日报社编)

9. 严惩汉奸傀儡民族叛徒,以打击日寇以华制华之诡计,而促进抗战胜利案

林祖涵等提

理由:

抗战年余,全国军民没不忠勇奋发,前仆后继,为民族之独立生存而奋

斗,不幸有少数丧心病狂之徒,甘为日寇利用,粉墨登场,僭称政府。此辈民族叛徒,本会第一次大会宣言,已明白申斥之为"敌阀之俘囚,民族之败类"。目前因广州武汉相继陷落,日寇阴谋更欲使南北傀儡合流,树立规模更大之傀儡政权,借以蒙蔽世界,并假之以树立其在占领区域之统治,因之,必须对此辈为虎作伥之民族叛徒,加以严惩,此不仅为维持我大中华民族之光荣所必需,抑且为打击敌寇阴谋争取抗战胜利之必要步骤。

办法:

一、国民政府明令宣布一切参加南北及各省傀儡组织之民族败类,削除其国籍,并公告全国人民,人人得诛之。

二、国民政府应明令没收此类傀儡之一切财产,以充抗战经费。

三、对被迫参加伪组织之人员,国民政府应明令劝告限期脱离伪组织,容其自新,否则,即依一、二两项办法严惩之。

(原载《第二次国民参政会特辑》,新华日报社编)

10. 请撤销图书杂志原稿审查办法,以充分反映舆论及保障出版自由案

邹韬奋等提

理由:

中央执行委员会宣传部等,为适应战时需要齐一国民思想起见,订立战时图书杂志原稿审查办法及抗战期间图书杂志审查标准,已于本年七月底公布,九月起执行。查在抗战时期需要审查书报以齐一国民思想,政府的苦心是我们所应谅解的,所以在抗战时期我们不反对审查书报。我们所要提出注意的是现行审查原稿的办法对于充分反映舆论及保障出版自由,影响很大,实有吁请撤销的必要,其理由如下:

一、政府既有明确规定的原则以供出版界的遵循,又有出版法及其他关于言论出版之现行法规,于出版后加以审查禁止或惩罚,对于不正当的言论出版已有制裁的办法。

二、按《抗战建国纲领》第二十六条规定,于不违反三民主义最高原则,及

法令范围内,对言论出版,当予以合法之保障,则在出版后如复有违反原则及法令之处,始得依法惩办,不应在未出版前即加以束缚或增加困难,尤之乎法律对一般合法之行为皆予以合法之充分保障,只应在行为已有之后对违法者予以惩罚,不应在行为未有之前即使其行动受束缚或增加困难。

三、政府对于广开言路,听取公意,原已注重。但为更增效率起见,有使舆论得到充分反映之必要。审查原稿办法,因奉令审查者往往以过于小心拘泥或怕多事,即对于政府原定之许可范围内亦尚须大打折扣,以致舆论得不到充分的反映,减少贤明政府的耳目效用。

四、战时出版事业,因纸张材料的昂贵,运输寄递的困难,本在艰苦支持之中,今图书杂志必需原稿审查,使出版在时间上更感到困难,(虽审查原稿办法在时间上有一定之规定,但此种困难,仍不能免),殊违政府推广文化之本意。目前在中央所在地之审查机关,对于出版界之苦衷深加体谅,对于审查办法力予通融处理,例如审查时不拘泥于"须检同最后之清样三份"而可予分批审阅原稿,但即如此,出版时间上仍感困难,排印及印刷方面仍有许多问题,则其他地方机关不能如中央之通融办理者,所予出版界之困难更可知了。

五、按审查原稿办法规定,在本办法未施行以前所出版之图书杂志,须先检送各地审查委员会经审查发给许可证后,始得发售,违者概予查禁。此在审查机关实为极繁重之工作,而一般出版界时因送审送核而耗费无穷之人力物力与时间。各地方政府如依此办法执行,各处出版业实有不免停顿之虞。

六、有人说事后审查如发现错误而予以处分其于著作者及出版者均有重大之损失,故为便利起见,采用事前审查,可以减少著作者及出版者之损失。审查原稿办法颁布后,武汉出版界商务印书馆、中华书局、开明书店、世界书局等二十余家书店,即联合具呈各有关系机关吁请撤销此种办法。避免损失为出版界之切身问题,出版界知之最深而虑之最熟,苟审查原稿办法而可减少损失,出版界决不愿有此撤消之吁请。其实政府既有原则以资出版界遵循,复有法律以绳其后,出版后之书报,已不致有重大谬误,即有失检之处,亦属少数而可迅速依法加以纠正或禁止者,不宜以极少数之例外,因噎废食,而使整个出版事业增加困难。

办法：

一、实行出版后审查。依原稿审查办法第七条所规定："本党及各级党政机关之出版物得免除原稿审查手续，但出版后，须于二份送中央审查机关备查。"这种办法一面可减少出版困难，一面仍不背政府审查的意旨，宜使出版界都得受此同等待遇。"本党及各级党政机关之出版物"，所以可免除原稿审查手续者，无非因为他们能根据政府所颁布的原则，现在政府对民间亦有公布的原则可资遵循，且同在三民主义和《抗战建国纲领》之下共同努力，因而出版界更有充分的根据可依了。

二、对出版界加紧领导。最近中宣部对于出版界有宣传要点的通告及谈话会的举行，用意很好，希望以后对于这方面的工作更加周密与增多，对于齐一国民思想，收效更可宏大。如发现出版物有失检之处，宜随时召集，或通知有关系之出版家，加以指导纠正或取缔。除中宣部外，各地中心区之政府宣传机关，亦可同样办理。

三、加强思想领导。遇有国内外重要问题发生，宜由中央党部及各地中心区党部随时召集当地编著人开会讨论，予以积极指示与必要的纠正。

窃以出版事业，为文化事业重要部分，而舆论的充分反映与出版自由的合法保障，尤为抗战建国期间动员民众协助政府的重要工作，而图书杂志原稿审查，对于这几方面都有很大的障碍。实有吁请政府撤消的必要，是否有当，尚希公决。

（原载《第二次国民参政会特辑》，新华日报社编）

附：忙得一场空

邹韬奋

在国民参政会第二次大会中，除陈嘉庚先生从三千里外放来一个惊人的大炮外，最惹人注意的事情也许要算"撤销图书杂志原稿审查办法以充分反映舆论及保障出版自由"一案的获得大多数的通过。但是这件事的后果却不是一件喜事，而是一幕悲剧。尤其使人骇异的"来宾"中的"陪客"刘百闵先生在审查本案时宣言"原稿审查"办法的实行是根据我在第一次大会中的提案！这真是天晓得！我真绝对梦想不到我在第一次大会中的那个提案竟会发生这样的反作用！我得郑重声明，我在第一次大会中的那个提案没有一个字提到什么"原稿审查"。我现在还提出这一点来说，是顺便举出证明参政会的决案不但通过是一事，实行是一事，有的时候还可发生反作用的，真是难乎其为"来宾"了！

因为这件事有关舆论的反映和出版自由的保障，与整个文化运动有重要的关系，所以有较详细讨论的必要。我在以前曾经提及过，在第一次会议中曾提出《具体规定检查书报标准并统一执行案》，这并不是无病的呻吟。在当时有许多机关的人员，宪兵也好，警察也好，卫戍司令部的特务人员也好，党部的特务人员也好，军委会的特务人员也好，都可以随便到各书铺里去随便指那几本书是违禁的，随便拿着就走；没有收条可付，也没有理由可讲。有一次我亲眼看见有一位这样的仁兄到一个书铺里去，指着孙夫人所著的《中国不亡论》为禁书，要拿着就走。店铺里的职员对他说这是孙夫人对外国发表的呼吁国际朋友援助中国抗战文章的译文，他说不管内容援助不援助，他是来执行命令的，结果还是被他掠夺而去！这只是一个随手拈来的例子，诸如此类的事情很多。我在第一次大会中，所以有那个提案，就是要想纠正这种混乱的情形，但是据说却成了"原稿审查"的根据，你看冤不冤！

今天并没有人主张言论出版漫无条例的自由（《抗战建国纲领》即为共同遵守的原则）。图书杂志与新闻消息有别，既有政府公布的原则以资遵循，又有法律以绳其后，出版后的图书杂志已不致有重大谬误。即偶有微细失检之处，亦可按现有的出版法及其关于言论出版的现行法规，在出版后加以纠正或禁止，不应因噎废食，使整个出版事业增加困难。

因此图书杂志原稿审查法于二十七年七月底公布以后，即引起全国出版界及编著人的注意，商务、中华、开明、世界、生活等十余家书店联合具文吁请有关当局要求撤销该项决定。记者一方面以编著人的身份，一方面受全国最大出版家的嘱托，在双重感觉与认识下，在参政会第二次大会中提出了《撤销图书杂志原稿审查办法以充分反映舆论及保障出版自由》一案。我在这个时候还未认清"表面骨子脱节"的中国政治，以为提案如得通过，就有希望，所以用尽全副力量促成这种提案的"成功"。每一个提案原来只须二十位"来宾"

联署就够了,我费了几天的工夫奔走接洽,居然得到七十余位"来宾"的联署,其中还有若干"陪客",真够兴奋! 我当时认为肯联署的人,即使有不很热心的,在会场上也应该不致起来反对罢(后来知道联署本案的"陪客"大受"主人"的责备)。这一提案在审查会及大会中都引起非常激烈的辩论,我虽在审查会中费了很大的力气争论,但在审查会中,"撤销"二字终被改为"改善"二字,这和原案的精神完全不符,所以我不得不准备在大会中作最后的力争(因为审查会的修正必须经大会通过)。在审查辩论时,"陪客"刘百闵先生说图书杂志原稿审查办法是王云五先生向政府请求的(刘先生当时系在中央党部主持审查的事)。我不能相信,但觉得这一点太关重要,立刻打电报到香港询问王先生(王先生也是"来宾"之一,惟该次未到)。在最后关头(指大会)的最后几分钟,接到王先生的回电如下:"国民参政会秘书处即转邹韬奋先生:渝冬屯敬悉。图书杂志原稿审查,弟去年绝未向政府请求举办。反之,力子先生初长中宣部时,曾以应否恢复审查见商,弟详举窒碍情形,力劝不可,兹当交通梗滞之时,如欲审查原稿,更无异禁止一切新刊物,或使新刊物绝迹于内地,窒碍尤多,务望先生等坚持撤销。幸甚! 王云五江。"

我得到了这个电报,拍案叫绝,即在大会辩论时公开宣布,又得罗隆基诸先生等桴鼓相应,竟恢复"撤销"字样,得到大多数的通过,震动了全会场。但是如今想来,通过有什么用? 结果还不是忙得一场空!

(原载《韬奋文集》第三卷,生活·读书·新知三联书店)

(五)克服困难　共济时艰

1.最严重阶段中参政会的任务

重庆《中央日报》社论

抗战现正转入新的阶段,汪副总裁在参政会开幕词中,称此阶段为"最严重的阶段"。前天开幕式举行时,林主席及蒋总裁,亦分别致词,都希望参政会完成其现阶段的任务。因为对国事认识最清楚的,莫如当国的领袖;抗战进入新阶段后,对于抗战前途需要上之轻重缓急,知之最切者,亦莫如当国的领袖。政府固然希望参政员研讨至计,做政府的南针,但是领袖的昭示,同时也可作参政员努力的南针。这样才是精诚团结,这样才能集思广益。

查照参政会第一次大会的宣言及各种决议案,全体参政员对于当今国是,国策,已有一致的决议,救国目标亦有同一的观念。其最显著者,如通过《拥护〈抗战建国纲领〉案》,如宣言中所称"国家至上","民族至上"之宗旨,这都是全国共守的最高原则。所以根本国策,参政会在上次大会原已有决定,现在抗战虽入新的阶段,三月前对国策的决议,当然不庸有何改变。当前的问题,恰如汪副总裁所讲:"第二次大会是我们热烈表示怎样去使《抗战建国纲领》进行顺利,以至成功。"至于建国纲领实施的工作,自然要根据各位参政员数月来自身的经验,就是总裁于致词中所云:"或连袂赴渝,尽力献赞,或分赴各省,翊赞当局,或躬履战地,协助军事,或遄回本籍,发动民众。"而全体参政员中,三月来参加上述各项工作的,自必如总裁所分析称道。这许多工作,就是抗战主要的工作。参政员诸君,开会时复尽量听取政府的报告,从许多实验中得到的感想与意见,当然不会距离事实,又当然能针对当前之急需。

当前全国所努力的,是抗战与建国同时并进。现在抗战局势,已有新的发展,军事当局对于全般战局,亦已有重新部署。领袖既对我们有所昭示,军事上的一切布置计划,只有信任最高统帅,以完成胜利之目的。民间所应努力的,就在发动民众,共与敌人作殊死的奋斗。这件事,领袖极希望参政员诸君在会后能分散去领导。其次,兵员补充和民力发展,与现阶段抗战最有直接关系。此一大事,不是仅仅政府力量所能奏效,也必须社会领导者努力发动。再如一切政治经济及有关抗战之建设事业,同时就是建国中的重要工作,参政员中各种专家,必能各因其才识经验,筹思计划。参政会全体参政员,既系全国的英贤,亦是全国心力之中心。惟有效的充分运用心力,然后物力得跟着施展。参政员每次集会,既据会前的经验,提出实际的方案,复照开会时所得的观感,会后分散至各处实行。则坐而言者既为实地所得之经验,起而行者，更为当时迫切之需要，参政员任务的重大，当无过于此。

抗战是最实际的工作，建国亦然。参政会今后的中心工作，便是引进全国心力物力，群向实地的目标迈进。今天政府既供给参政员诸君实地的材料与报告，则参政员对于政府的建议，尤不可须臾忽略这"实地"两字。一切议案之能否实行，实行能否有利于抗战建国，"实地"是一个重要的决定条件。国家民族今天到了最严重关头，兴亡成败，端赖全国精英的心力如何表现，心力如何增长。而领袖所昭示的一切原则等问题，更希望参政员诸君能本此作为今后任务的南针。持久胜利的关键在此，抗战建国的完成亦在此。

（原载 1938 年 10 月 30 日重庆《中央日报》）

2. 向国民参政会第二次大会致敬

重庆《中央日报》社论

国民参政会第二次大会已于昨天休会。这次大会是在广州武汉相继沦陷的严重关头开会，在精神与工作两方面有与这严重关头相随而生的鲜明的花彩。中华民国复兴的朕兆，可以从光彩焕发的里面看得出来。

以大会进行的精神来说，其沉着，其哀戚，其勇敢，其慷慨以赴难，其冷静以论事，最可以令人感动，令人激励。具体的说，大部分参政同人，忧国的心思，至为深切。因此而感怀于经济财政，轸念于军事外交，极恳切，极深远，没有客气，没有高调。大部分参政同人，内心的意见，尽量发抒。因此而不避嫌疑，不恤诽谤，不附和，不诡随。由于这种精神，他们能够与政府共忧虑，同思考，寄谅解于督责，寓同情于论争。由于这种精神，一切宣传口号，一切离间挑拨，都无所施其技。

大会的工作，便是本于上述精神而成就的。其切实，其细密，其平心的论断，其勇猛的改进，真可以贡献政府，裨益国家。具体的说，大部分议案，能触及事实的真际，能深入问题的中心，能接受过去的经验，能应用健全的方法。若综观议案的内容，我们可以看出下面的几个要义。

第一是三民主义的原则，贯注于全部议案之中。日本人诬蔑我们，说我们赤化，说我们共产。试看这个集中全国心思才力的国民参政会议案里面，有哪一点是赤化,有哪一点是共产?每一个议案,都为了民族的独立,国家的完整来打算。每一个议案,都是为了民主政制,计划经济来努力。

第二是独立自主的精神贯注于全部议案之中。在内政方面,中国国民党领导的国民政府,益为全国国民所爱护。而国民的信念尤集中于蒋委员长之一身。在外交方面,中国对于同情于我的国家,期于以德报德而不流于侥幸。对于同情于敌的国家,不恤以怨报怨而不轻于树敌。

第三是一成不变的国策,表现于全部议案之中。中国的抗战方针,早确定于去年七月蒋委员长在庐山的演讲。自此至今,一年又四个月,虽战区日益广大,敌军日益深入,这个方针是不变的。国民参政会第二次大会对于这一成不变的方针,以全体一致的决议,坚决拥护,信守不渝。

总之,在人心动摇之中,国民参政会第二次大会的议案,可以解答国人的疑问,可以解决当前的问题,可以克服今后的困苦艰难,可以巩固国基,可以坚定国策,可以安定国民。在本届休会后的翌日,我们敬向与会诸先生,致无上光荣的敬礼。

(原载1938年11月7日重庆《中央日报》)

3."中华民国万岁万万岁一样"

重庆《中央日报》社论

国民参政会第二次大会闭幕,本报昨已著论综述其成绩,并向大会致敬。意有未尽,再具论之。

此次大会十日中对国家前途之贡献,及会场中精神之表现,汪议长在休会式之演说,已为最详尽之说明。汪议长休会式之演说,等于此次大会之宣言。大会宣言,能以演说之方式,代替诏诰式之文章,此为近时会议运用技术上一种进步。中国过去久病文敝,近年会议,文告浩瀚,遂使读者迷离于章句,文章渐失其效能。此次会议能以语言方式,综合会议经过,阐明将来趋向,正可为未来各种会议,树之风声。庶文章立国之弊可潜移于无形,而平实求效之风,得以奄被于众庶。

汪议长休会式演词中,有一段精警之语:"我们看到同人之中,最年长的张一麟先生,……须发皓然,而十天开会,时间如此长久,一点疲倦的样子都没有,使一般青年得到这几位先生做模范,这才真是老先生做模范,这才真是先生。我们看见他们白发长须的老先生这种精神,使我们感觉到如同中华民国是万岁万万岁一样。"中华民国万岁万万岁,一成不变者为何?为吾民族之精神,为吾立国之主义,三民主义及总理之全部遗教,此为产生中华民国之精神种子。过去二十七年之中华民国,孕育于此精神,未来千百年乃至万万年之中华民国,亦必本此精神之光大以滋荣而光大。过去数十年中,中华民国的建国运动,内遏于满清政府及军阀,外迫于强邻。中华民国成立二十年,乃复遭遇生命史上空前之巨劫,即为九一八事变至今七年来对日本帝国的决斗。今昔革命的对象虽不同,而在当时对我革命运动之威胁则一。吾党昔日所恃以克定大难者,厥为由主义而生之精神力量;今日所恃以宏济艰巨者,亦惟恃此精神之力量。惟吾革命之元气淋漓保持不衰,则吾党之建国事业,亦必能循序以达于成功。

个人之生命至短,谚云,人生长寿不及百年。又云,人生七十古来稀。此次参政会中参政员年高者,有逾七十,而在两次大会中昼夜雄辩精气不衰。此种精神,必有力马,感召激励,使之磅礴充沛。所谓对国家之信仰,对民族之自尊。数十年来,孰使吾民族由无觉而有觉?又孰使吾无国而有国?曰惟此奋斗五十年始终不渝之中国国民党。今日不忘宗国之人民,应不能忘此创造宗国之中国国民党。今日不甘无国之人民,应益坚强其对国民党之信念。前日参政会休会式中参政员张一麟先生之答词:"我们是以中华民国为党,大家精诚一致,团结无间,除了中华民国之外,没有党,也没有派。"中华民国既创造于中国国民党之手,生长于中国国民党领导之下,心中目中只知有中华民国者,自亦只知有中国国民党。精诚一致,团结无间,所为何事?为拥护国家,亦即为拥护国民党完成建国之大业。

中华民国根据立国之精神,对内求平等,对外求独立。过去数十年如此,未来万万年亦如此。中华民国之主权独立,领土完整,不容别国以武力来侵犯,中华民国之政治机构,社会组织,经济生活,必须根据其建国的三民主义原则,不容假借附会,别造格局。前有《建国大纲》,今有《抗战建国纲领》。

形式姿态,尽可千变万化,应时推移,而其精神原则,方向目标,则万年万万年不变。精神团结是运用精神力量,集中全国心力物力,加紧迅速共趋于此一目标。中华民国万岁万万岁是一样,创造民国之主义与党将永远支配神州大陆,万年万万年亦是一样。

(原载1938年11月8日重庆《中央日报》)

4.第二届国民参政会议的总结

重庆《新华日报》社论

国民参政会第二届大会举行之,正我国抗战严重困难发生之时。当广州失陷武汉撤退之后,日寇汉奸大造谣言,谓中国此时定会发生分裂并走上妥协投降的道路。同时,有些亲日的和眼光狭隘的分子,也散布悲观失望无办法的空气,主观上或客观上为日寇助长声势。因此,国内外广大人士都万目睽睽地期待着国民参政会第二届大会对基本国策问题的决议。十天热烈讨论和大会所通过的全部议案,都表示全国人民虽然在武汉广州失陷之后,遭受许多新的困难,但是并没有为这些困难所屈服,相反的,这次会议更表示出了中国人民各党派各阶层的团结,进一步的巩固,抗战到底的意志,进一步的坚决,拥护蒋委员长和国民政府的热忱,更进一步的发扬。我们只要看这次大会所通过的主要议案,就可知道这次大会的成功是什么?

第一,大会最重要的收获,首先就是坚决无情地打击了任何人的对敌妥协投降的企图和恳切热烈地拥护蒋委员长及其宣言所宣布的持久抗战,决不屈服的国策。关于这一点,从大会把参政员陈绍禹等七十三人提:《拥护蒋委员长和国民政府加紧民族团结坚持持久抗战案》,胡景伊等四十四人提:《拥护蒋委员长持久抗战宣言案》,张一麟等四十一人提:《为抗战到底宜由本会决议宣言请政府明令公布以防反间而定人心案》,陈嘉庚等二十一人提:《在日寇未退出我国领土前不得言和案》,王造时等六十六人提:《参政会应发表宣言拥护蒋委员长告国民书号召全国同胞一致奋起继续抗战案》,合并通过了下列决议:"拥护蒋委员长所宣示全面抗战,持久抗战,争取主动之政府既定方针,今后全国国民应在蒋委员长领导之下,坚决抗战,决不屈服,共守弗渝,以完成抗战建国之任务。"这就是国民参政会第二届大会对目前时局问题的庄严宣言。同时,大会热烈讨论中打击了任何方式的主和言论及影响蒋委员长所宣示的抗战国策的企图。这表示全国人民和参政会对于政府的基本国策是坚决拥护的,这表示和平妥协的分子是要遭受全国人民和参政会的坚决反对的,这表示日寇预期的希望完全被打破了。"这表示蒋委员长最近宣布的基本国策已成为全国人民的国策了。"这次会议的第一个成功就是把基本的国策更巩固起来了,不容许任何人对基本国策的动摇怠忽。

第二,大会通过了许多对坚持抗战争取胜利的具体办法的建议,举其要者有参政员林祖涵等二十一人提:《严惩汉奸傀儡案》,吴玉章等三十二人提:《加强国民外交案》,梁漱溟、李元鼎、刘蘅静、王亚明、史良等所提五案合并通过之《改良兵役实施法案》,江恒源等二十一人提:《职业教育实施方案》,胡景伊等二十一人提:《确立战时新闻政策案》,卢前、胡石青、土乂庸等四十八人提:《赈济黄灾难民案》等共二十余案,而其尤要者则为陈绍禹等二十二人提:《关于克服困难,渡过难关,持久抗战,争取最后胜利案》。因为这次会议对政府施政办法的建议,与上次会议的不同,在于武汉广州失陷后发生新的困难,因此指出新的困难的特点,找到克服困难的办法,这是对于实现一切好的建议的先决条件。

第三,大会通过了参政员邹韬奋等七十四人提:《请撤消图书杂志原稿审查办法以充分反映舆论及出版自由案》。这一提案的通过正表示国民参政会诸君对于民主政治的推进与民权自由的保障,是在尽一切最大的努力。参政员之所以能够成为战时相当民意机关而获得人民的赞助,正是因为全体参政员均能从各方面各种不同的程度上相当反应人民的呼声。有个别的书店在通过《撤消图书杂志原稿审查办法案》后,发出荒谬绝伦的言论,说"这会有损书店的营业"。我们只要记起前商务、中华、生活等三十六家书店出版业请求政府撤消原稿审查的意见书,就可想见所谓"有损营业"是如何的荒谬!在言论出版获得保障之下,只有使书店更加旺盛,决不会损害书店的营业。

第四,这次大会的成功不仅表现在通过的这些议案上,不仅表现在讨论和通过议案时的热烈争辩和精诚团结上,不仅表现在参议员积极负责建议质问和政府各院部主管长官诚恳解答问题态度上；而且也表现讨论问题时，绝大多数参政员都能互相捐弃成见，互相尊重人格。虽然有激烈的争辩，很少有无味（谓）的纠纷。争辩是必要的，能够使问题更弄清楚，能够使不同的意见趋于一致。极大多数参政员能够本着"对基本国策不让步，对个别具体问题尽可商讨"的原则，这正是大会成功的主要原因。

能不能够说这次参政会完全一无缺点呢？我们想不能够这样说的。为使参政会能继续改进自己的工作，我们觉得这次参政会工作至少有下列两方面主要缺点，值得提出和注意改正：

一、预先的准备不够。政府不仅对参政会未提交任何议案，而且未考虑到如何使参政员诸公不远万里而来能事先了解和研究问题的机会，以致仍如前次大会一样，参政员都只是在步入参政会会场开始工作之后，才开始收到某些材料而难于认真研究。在政府各部会的报告方面，在会议的日程方面，在提案的研究方面，都是缺乏预先的准备工作。要在短短的十天中，一方面整天开会，另方面研究几百页的几十种提案，能够把基本国策和许多的具体方案都能尽善尽美的做到，这当然是很困难。要能尽善尽美的达到这一切，首先依靠于会前的准备工作。可惜这种准备工作几乎没有。

二、在具体办法上讨论不够。今天中心问题当然是基本国策问题，但当基本国策确定之后，实现基本国策的具体办法就成为中心问题。具体办法的有无，并不表现在议案之多寡上，而表现在议案之精要或不精要或不要。可以有许多零零碎碎问题的议案而仍不能解决基本问题和具体办法，可以只有一个或几个精彩而有内容的议案，能够把国策光大和具体问题基本解决。虽然这次会议八十余提案，比上次一百多提案已经少得多了，但如果能集中几个具体而有内容的议案加以详细的讨论，则其效果当更大。这是以后参政会诸公所必须注意的。

当此第二届参政会议闭幕之时，我们仅供献数言，相信这次会议后，参政员诸君更能本在会议上努力之精神，到前线去视察战况，慰问军队，到后方去考察民情，帮助政府推进各种工作。而尤要者则为推进兵役之征募和民众运动之发展，到沦陷区去安抚人民，帮助坚持反日运动和游击战争。到经济工作上去,到文化工作上,到教育事业上,到一切有利抗战的工作上去,为克服困难坚持抗战而努力奋斗!

(原载1938年11月8日重庆《新华日报》)

5. 对基本国策不容许含糊!

重庆《新华日报》社论

　　从抗战一开始,蒋委员长在庐山讲演中就说明我国抗战的基本国策是坚决抗战到底,他说:"战事既起,唯有拼全民族之生命,牺牲到底,再无中途停顿妥协之理。"在去年双十节告同胞书内,又重申坚决抗战长期抗战之国策,他说:"此次抗战非一年半载可了,必经非常之困苦与艰难,始可获得最后之胜利。"在前几天告国民书中又严重的提出我国抗战的国策:"一曰持久抗战,二曰全面抗战,三曰争取主动。""我国在抗战开始,即决心持久抗战。"由此可见,我国的基本国策是坚持抗战,持久抗战。

　　在这个基本的国策上不容许有丝毫的含糊,全国军民对蒋委员长所历次指示坚决抗战持久抗战的国策,已有明白的表示。这次国民参政会已一致通过拥护蒋委员长和国民政府坚持抗战等各案。放在今天全国军民前面所要讨论的问题,不是"主战"或者"主和"的问题,放在参政会前面所要讨论的问题,也不是"主战"或者"主和"的问题。蒋委员长和国民政府所既定的坚持抗战的国策是不容许有丝毫的含糊,不容许有丝毫的动摇。全国军民,尤其是参政员对于这个既定的国策如有任何含糊和动摇的言论,都是授敌以可乘之机,和为主和者开方便之门。

　　正是全国军民都在蒋委员长和国民政府的坚持抗战的国策领导之下,团结一致,使日寇的阴谋挑拨无法实现,使和平妥协的分子屡次企图抬头而屡次遭受打击。正因为坚持抗战是我国的基本国策,是全国军民一致的要求,和平妥协的分子在公开活动遭受打击之下,不得不采取各种隐蔽的形式,含糊的形式,企图来修改既定的国策。

　　今天识别谁是忠心爱国的朋友,不是别的,就是他对蒋委员长和国民政府持久抗战的国策的态度。今天识别谁是朋友,谁是敌人,就是看他对"主战"或者"主和"的态度怎样？凡是拥护蒋委员长和国民政府对坚决抗战的国策者，凡是主战者都是朋友；凡是对蒋委员长和国民政府坚持抗战的国策的含糊和动摇者，凡是主和者，不管他主观上怎样，客观上都是给敌人以可乘之机。

中国的抗日统一民族战线和各党派长期合作的基础，就是"抗战建国"。如果不抗战，也就谈不到建国。今天国内团结和统一战线的巩固的基础，就是建筑在坚持抗战的国策上。对敌和平妥协论者不仅企图把中国引到亡国的道路上去，而且也企图在国内造成纠纷分歧的局面，这种违反中国民族利益的分子，在今天必然要遭受全国军民的打击。

有人说："'良心的主和'，如果能够说出来，倒是表示他的勇气。"主和者为要隐蔽他的真面目，总是不得不用各种美妙的名词来掩饰自己的罪行。就是明目张胆的汉奸如梁鸿志、王克敏之流，他们也是在"为国家打算"的美名之下为日寇作傀儡。就是日本帝国主义对中国进行侵略，也不得不利用"安定东亚和平"等美名。所以问题并不在于"良心的"或"非良心的"主和，问题在于今天对敌言和，他的实质是对日寇的屈辱投降，使中国亡国。

有人说："历史自有定评。"想在这种推脱之下，来散布言和的空气。"历史"当然有定评，而且已经评过，如秦桧、吴三桂之流，但是个人的定评是小事，而国家的存亡是大事。如果中国因主和者的屈辱投降而灭亡，那时虽然可以去定评主和者的罪行，但已经晚了。何况在日寇的统治之下，恐怕连定评也不许可。

有人说："和平不是妥协投降。"这要看在什么情形下来说。在今天中国的抗战情形下来说，对敌和平就是妥协投降，今天与日本言和，除了亡国外没有别的东西。主和者想在"和平不是妥协投降"的解释之下，来作各种的活动，这也是不能达到目的的。在日寇的刺刀之下，决没有和平可言，只有在"最后胜利之日，即为战争终结之时"，在那时才有真正的和平可言。

由此可见，对于蒋委员长和国民政府坚持抗战的国策有任何含糊，都是企图引上和平妥协的道路。当我们参政会第二次大会的时候，对于基本国策已通过一致拥护的议案，这正是我全国人民巩固团结的证明。

在这种巩固团结坚持抗战的条件之下,在敌寇深入抗战艰苦的环境之下,有敢主张对敌言和者,无论其主观如何想法,即非汉奸国贼,亦等于为汉奸国贼张目,对这类人全民族应群起而攻之。

(原载1938年11月5日重庆《新华日报》)

6. 克服困难,渡过难关

重庆《新华日报》社论

广州失陷,武汉撤退,我国抗战形势,开始转入了一个新的严重的阶段。这一阶段的主要特点,不仅表现我国在军事、物力、财政、外交方面发生了比前此更大更多的困难,以后伴着这些困难而来的一部分人的悲观失望心理的增长与妥协投降企图的活动,而且也表现在敌人方面,因战区的扩大,深入我内地所引起的军事、交通、财政的困难和外交上更加孤立,以及国内人民反战情绪更加高涨的困难。陈绍禹等二十二人在国民参政会所提的关于持久抗战案,曾正确的指出了目前困难的特点,并且提供了克服困难渡过难关的远大方针和具体办法,这是有莫大政治意义的提案。除掉企图妥协投降的少数人外,一直到现在,还有一部分人在主观上是想救国,可是对目前抗战形势、敌我困难的性质内容与克服困难的前途了解的不够,夸大自己的困难而觉得"没有办法"克服,看不见敌人困难的增长比我国更厉害,因而便发生了悲观失望的情绪,"动摇抗战必胜建国必成"的信念。

一个伟大的斗争,在自己胜利的道路上,是不会和不可能不遇到困难的。在日寇进攻我国抗战开始的时候,敌我的困难也随之发生,不过我们困难的性质是与敌人根本不同的。就困难的来源方面讲,我们的困难是由于我国抗战所引起的,而敌人的困难是由于侵略别人土地奴役别国人民所引起的;就困难的性质讲,我们的困难是向上求进步的困难,而敌人的困难是向下的,每况愈下的困难;就困难的内容言,我们的困难本身就包含了可以克服的因素,而敌人的困难本身就包含难于克服的矛盾;就困难的前途言,我们的困难可以找到正确方法去克服,而经过困难达到胜利之路,而敌人的困难却是难于克服而可能使其走到崩溃的道路。

我们认识了敌我困难的来源、内容、性质和前途的根本不同,我们全"中华民族今天的中心任务,就在于克服困难,而克服困难的主要办法,则在于在坚决抗战行动中和现有力量基础上增加力量;而增加抗战力量的唯一办法,在于认真地实行《抗战建国纲领》的原则规定,以达到军力、物力、财力和外援的增加"。(见参政会所通过的陈绍禹等二十二人所提关于持久抗战案。)

该提案中曾经详细的提供了如何达到军力、物力、财力和外援的增加的具体办法。而"增加抗战力量的根本办法",指出"在于政治更加进步","在于我国政治在蒋委员长和国民政府领导之下,求得向前更大的进步"。

十六个月来的抗战,正因为我们在政治上有许多进步和成绩,例如各党派和全民族的精诚团结,全国行政和全国军事的统一,国民参政会建立后民主政治的开始推动等等,所以我们能够使抗战坚持十六个月之久,打破了敌人速战速决的迷梦,敌人遭受到五十万兵力和百万万财力的消耗,而我虽亦有消耗,但换得了愈战愈强的结果。

然而在抗战进到新的更严重困难的今日,现在的政治进步是完全不够的,要坚持抗战必须使政治更加进步,只有政治更加进步,才能坚持抗战,也只有坚持抗战才能达到政治更加进步。

该提案中提供认真动员和组织工、农、商、学、文化、妇女、青年、儿童等群众,改善行政机构及改善政府与人民之关系,实行人才主义三点,为目前政治向前进步的具体意见。

可是这些使政治向前进步所提供的意见的实现前提,必须首先是国共和其他各抗日党派以及全民族进一步的团结和合作,必须是坚持持久抗战的国策,必须是拥护蒋委员长《告全国国民书》中所指出的"持久抗战,全面抗战,争取主动"的不可动摇的立场。

今天全中国人民的中心任务,就是在于毫不动摇的坚持蒋委员长和国民政府持久抗战的国策。就在于毫不调和妥协的打击和消灭那些少数民族败类所正在或明或暗的妥协投降的企图。这是目前时局的中心所在。这是使政治向前更加进步的前提,这是克服困难渡过难关,阻止敌人前进,准备反攻,争取胜利的先决条件。

(原载1938年11月11日重庆《新华日报》)

7. 论国民参政会对于坚持持久战的任务

华西园

在广州失守,武汉撤退,中华民族危机临到更严重,抗日战争遭受新的困难的时候,国民参政会第二次大会仍能如期在重庆开会,而且参政会诸公踊跃赴会的精神不减于往昔,打破了一些悲观者的无根揣测,这一点已经可以证明放在第二次参政会前面的环境虽然比第一次会议时是更严重了,虽然抗战进行到目前的阶段又发生了某些新的困难,然而经过十六个月来抗战烈火锻炼的中华民族是有可能和方法来克服这些困难的,国民参政会第二次会议的举行,正是准备克服这些困难的一个重要步骤。

国民参政会产生于抗战之中,成立于抗战周年之日,是抗战一年全国各抗日党派以及无党派民众团结具体的表现和收获,是全国人民二十七年来热望的民主政治基础的树立,是我国政治生活开始向着民主制度的一大进步。首次大会代表了全国各抗日党派各民族各省区及各界人民共同的抗敌救国的意志,大会通过了拥护《抗战建国纲领》,拥护政府长期抗战的国策,建设国家生产,充实国力,保障人民权利,保障民生等重要决议和宣言,然而不能否认的,这一切都还是属于根本的原则,都还只是纸上的东西,因此正如蒋委员长所说,对于"加强团结,巩固统一,建立民主政治基础"等方面,都还只是一个起点。

第二次大会的形势既然比以前更趋严重。抗战局势既然正处于由"敌之战略进攻,我之战略防御"的第一阶段争取过渡到"我之战略反攻,敌之战略保守"的第二阶段开始的严重关头,而中国抗日战争从种种方面又规定着是特久战。因此目前摆在国民参政会面前的基本任务即在于动员全国民众,齐心一致,不动摇地坚持战争,把抗日民族统一战线扩大与巩固起来。排除一切悲观主义与妥协论,提倡艰苦斗争,实行新的战时政策,号召全国军民坚决地维持统一政府,反对纷歧与分裂,有计划地增强技术,改善军队,动员人民,阻止敌寇深入并准备反攻。更具体的说,国民参政会目前应该进行以下的工作：

第一，再一次表示拥护蒋委员长及国民政府"抗战到底争取国家民族最后胜利"的国策。

第二，拥护国际联盟最近所通过的采用盟约第十六条，在经济上、财政上及其他各方面去制裁侵略者——日寇；同时，给被侵略的我国以经济上、财政上、军火上及其他各方面的更大援助。

第三，否认在中华民国领土内日寇的傀儡政权，开除充当日本傀儡的汉奸国贼的国籍，并宣布没收他们底一切财产和土地。

第四，规定在最近时期各省、市、县的参政会之迅速召集，以求各地方行政机构之迅速改革，使合乎抗战期间的需要。

第五，促进国民政府建立政治坚定和有现代化的新式国防军。

第六，促进政府定期释放各省尚未释放的政治犯。

第七，促进政府统一司法行政机关，保障人民权利。

第八，修改书报检查法，并由法律明令保障人民集会、结社、言论、出版之民主自由。

在抗战的烈火中，旧的数千百年来的分裂国家的屏障是被破坏着，结合四万万人民成为一个统一力量，成为一个真正的统一民族之伟大过程是在完成着，这正是中国人民之不可战胜的基本保证。然而我们不能否认：虽然抗战的经验已经证明，十六个月来的进步抵得过去多少年的进步，但是党、政、军、民各方面的许多不良现象还是严重地存在着，由于一些阻碍进步的因素即腐败现象之存在，于是便妨碍着并延迟着中国人民反日斗争之一切力量的动员事业，与神圣抗战的迫切要求不相称，这种现象必须改变，而且我们相信是会改变的，因为我们是在战争中，战争的力量是很大的，它能改造一切东西，它不但排除敌人的毒焰，也将清洗自己的污浊，然而一切事情是要人做的，持久战与最后胜利没有人做就不会实现。要胜利，就要坚持统一战线，坚持抗战，坚持持久战。然而一切这些，离不开动员民众，动员了全国的民众，就造成了陷敌于灭顶之灾的汪洋大海，造成了弹药武器等等缺陷的补救条件，造成了克服一切战争困难的前提，这就是蒋委员长对国民参政会第二次大会致词所说:"人谋之臧必赖人力以赴"的真意义。因此国民参政会对于坚持持久战所负任务的中心环节,就是督促并切实帮助政府立即采取有效方法对于上述建议迅于实施。因为上述建议不仅是打开目前抗战难关,领导神圣抗战胜利地进入抗战第二阶段的重要步骤,而且也是改变妨碍动员的不良现象,加速洗清污浊,加强团结,坚持持久抗战的实际方法。

国内政治改变,是与抗战的坚持不能分离的。政治越改进,抗战就越能坚持;而抗战越坚持,政治也就越能改进,但基本上依赖于坚持抗战。同时只有坚持抗战,才能增强战斗力,生长出新的力量,保证我们前仆后继愈战愈强的去打败敌人,以争取抗战最后之胜利和达到建国之成功。国民参政会要想把自己发展成为抗战建国中一个坚固不拔的堡垒,唯有艰苦地执行并完成伟大历史所付与的紧急任务。

(原载1938年11月1日重庆《新华日报》)

8. 参政会第二届大会的检讨

邹韬奋

国民参政会第二届大会自十月廿八日开幕至十一月六日闭幕,共计十天,在这十天里面,除第一日下午应林主席的茶话会外,有两天半是听取各部院负责长官关于政治、外交、军事、内政、财政、经济、交通、教育各部门的报告。其余几天,大概上午开各组审查会,下午开全体大会,有一次全天开大会,晚间开审查会至午夜,最后两日的上午都开"全体审查委员会"。此外还有一个特别委员会,是专为审查国际贸易委员会而成立的,屡在夜里开会,有一次开至深夜三时。全体参政员在这十天里都在很紧张的生活中过去。记者草此文时,正在闭幕后的当夜,我认为有将此次大会的经过情形告诉读者的责任,但是和在第一届大会一样,大会所讨论的内容有些部分是不能公开的,对于这些不能公开的部分,记者和其他参政员同样地负有严守秘密的责任,这一点是要请读者原谅的。

上届大会提案有一百三十余件,本届大会只有八十余件,而内容却较上届更为充实,每案内容的讨论非本文篇幅所许可,但就其荦荦大端的要案,可窥见注意点所在及其大势所趋,所以我们现在只撮取在各重要方面可作代表型的要案,作为研究的材料。

一、重申持久抗战的国策

如说《拥护政府长期抗战国策案》及《实施〈抗战建国纲领〉案》是上届大会的最重要的总的提案;那末可以说《拥护蒋委员长持久抗战宣言案》是本届大会的最重要的总的提案。上届大会刚在徐州陷落之后举行,人心惶惶的时候,参政会一致通过拥护长期抗战国策与《抗战建国纲领》,对于坚定抗战信念与打破妥协幻想是有着很大效用的;本届大会的举行是刚在广州陷落与武汉撤退之后,又是人心惶惶的时候,参政会一致通过《拥护蒋委员长持久抗战宣言案》,对于再度坚定抗战信念与打破妥协幻想,因时局的愈益危迫,它的效用较上次实在更为重要。

本届大会的这个决议案,是合并讨论左列五案而得来的结果:

(一)《拥护蒋委员长持久抗战宣言案》(胡景伊等四十四人提);

(二)《为抗战胜利宜由本会决议宣言请政府明令公布以防反间而定人心案》(张一麐等四十一人提);

(三)《拥护蒋委员长和国民政府加紧全民族团结坚持持久抗战争取最后胜利案》(陈绍禹等七十三人提);

(四)《日寇未退出我国土前不得言和案》(陈嘉庚等二十一人提);

(五)《参政会应发表宣言拥护蒋委员长告国民书号召全国同胞一致奋起继续抗战案》(王造时等六十六人提)。

这五案合并讨论后的决议如下:拥护蒋委员长所宣示全面抗战,持久抗战,争取主动之政府既定方针;今后全国国民应在蒋委员长领导之下,坚决抗战,决不屈服,共守弗谕,以完成抗战建国之任务。

这决议的通过是经过一番激烈辩论的,这并不是对于抗战国策还有什么怀疑,却是对于上列五案中对陈嘉庚先生一案的措辞有着不同的意见。陈先生这次因交通阻滞而未能到,仅用电报很简单地打来他的提案,原来的全文仅仅这几个怪有趣而刺眼的字:"日寇未退出我国土之前凡公务员对任何人谈和平概以汉奸国贼论!"于是有人抹煞了这全案的精神而对于"为什么不能谈和平"大发议论,他们忘却开头有"日寇未退出我国土之前"的这项帽子,在日寇未停止侵略以前而谈和平,显然有主张妥协的嫌疑,于是引起别些人的愤慨,便闹做一团了!可是在这种激烈辩论的后面却伏着一种很可宝贵的心理,那就是绝对不愿和日寇妥协。

和这个总的要案有联系关系而值得一提的是:《关于克服困难,渡过难关,持久抗战,争取胜利问题案》(陈绍禹等二十二人提)。这提案主张"克服困难的主要办法在增加力量",对于增加军力,增加物力,增加外援,都有主要办法的建议,最后指出"增加抗战力量的根本办法在于政治更加进步"。该案由大会通过送政府参考。

二、审查施政报告

决议政府在抗战期间对外的重要施政方针,是参政会的重要职权之一。本届大会,政府认为重要施政方针已于上届大会中说过,所以只报告三月来各部施政概况,而且认为在报告中即含有施政方针,各部长官的报告都很诚恳而详尽,足见他们的慎重,但是却有两个缺点:一个是偏于过去而对于将来的方策太少;还有一个是偏于各个零星事实的叙述而忽于综合的报告。本届各参政员对于报告后的询问,非常踊跃,比上届更热烈,大有一点不肯放松之慨,所以各部长官答复时跑上台跑下台,有多至数十次的,这也可以说是民主精神的一种表现。

参政会对于各部门的施政报告,不但有很踊跃热烈的询问,并且先由各组审查委员会对各项报告加以郑重的审查与严格的决议。试举一个例子,对于内政报告的审查,在决议中有这样的一段:"政府对于改善内政,似未能迅赴事机。在内政部报告中,改善行政机构完成地方自治各项,既称为目前最迫切之问题,而又有'拟办如何,未奉核定,故尚未实施'之语。此其责任,因不在内政部一部,本会应促请政府切实注意。"

我们希望这类审查报告能促进政府施政效率。

三、几个要案

对于抗战最有直接关系的要案,要推《改善兵役实施办法案》(梁漱溟等二十二人提)。征调壮丁,补充兵员,是抗战中最大问题之一,而目前流弊之多,亟待改善,也是各方面所共同感到的。关于这件事,政府原已颁布相当完善的法规,最大弊病在各地未能切实施行。该案认为兵役办得不好,可分为两阶段:第一阶段是自壮丁征起,送往验收机关;在这前一阶段中,种种弊端大抵出于保甲长、联保主任、区署、县政府以及乡村奸民。第二阶段是自壮丁的验收,以至入伍受训;在这后一阶段中,种种弊端则尽属军事机关的事情。在这两阶段中,问题都很简单,都有迅速改善的必要。

和这个提案合并讨论的有六案,可见大家对于这个问题的重视。

我们知道兵役问题所牵连到的有下层政治机构及人事的改善,民众运动的广大开展等等问题。所以关于这方面也有好几案,例如切实改善保甲制度,加速完成地方自治,再建议政府实行广大民众抗战等等。沈钧儒先生等所提《提倡尚武精神以固国基而利抗战案》,主张切实武装民众,积极训练尚武的能力,也很重要。

关于文化事业方面,有关于改善教育的提案多起,较重要的有陶行知先生等所提的《推行普及教育以增加抗战力量而树立建国基础案》,和江恒源先生等所提的《抗战建国过程中之职业教育实施方案》,都是根据他们多年的经验与当前的需要而提出的建议,内容非常丰富,这里不能详述了。

集中军事训练,在办法上有种令人不满意之处,这是最近有关青年训练的一个重要问题,本届大会关于这方面也有个重要的提案:一个是《改进高中以上学校军事训练案》(胡元倓等二十一人提),和《改善专科以上学校军事训练案》(欧元怀等二十一人提)。在审查的时候,政治部和教育部都有代表出席说明,并坦白承认有许多缺点,我们希望这件事经此一番检讨后,有彻底改善的可能。

此外与新闻事业及著作出版事业有重要关系的有两案:一个是胡景伊先生等所提出的《拥护〈抗战建国纲领〉确立战时新闻政策等促进新闻事业发展案》,还有一个是记者等所提的《请撤销图书杂志原稿审查办法以充分反映舆论及保障出版自由案》。前一案比较顺利地通过,后一案在审查会开会时已经过一番热烈的讨论,后来由审查会提出大会时又经过一番激烈的辩论,结果以七十五票对五十五票通过原案。这案是由第三审查委员会审查的(审查关于内政事项的议案),记者所参加的却是第五审查委员会(审查关于教育文化事项的议案),但在第三审查委员会开始审查本案时,记者即临时赶往出席说明,参加讨论,(没有表决权)结果"撤销"被改为"改善",等于推翻整个提案,于是不得不在大会中作最后的努力。现在虽得在大会中通过原案;但最后还须经过最高国防会议的核准,才能有效。

记者在开会前得到不少著作界和出版界的朋友写信督促提出这个议案,提时得到参政员七十四人的联署,所以深信不仅是个人的意思。在说明时并指出,所要求考虑的是"原稿审查"的办法,而且指出在中央地点所已成立的审查机关,对于爱护文化事业及极力通融的可感态度,实无闲言,所以不是机关和人的问题,却是这种办法的本身问题。

(原载《全民抗战》五日刊1938年第35号)

五　国民参政会第一届第三次会议

（1939年2月12日—2月21日）

（一）蒋中正任国民参政会议长

1. 国民政府文官处关于蒋中正任国民参政会议长的通知

迳启者：

中央执行委员会二十八年一月二十日渝俭字一三一号函，为国民参政会议长汪兆铭业经撤职，所有议长一职，前经本会常务委员会第一一一次会议决议，推蒋总裁中正担任，函达查照办理一案，奉国民政府批录案通知等因，除函复外，相应函达查照。

（原载1939年1月22日重庆《新华日报》）

2. 在渝参政员欢迎蒋议长电

蒋委员长暨全国公民公鉴：

本会于去年七月及十一月集会汉渝，伸国民之公意，先后通过拥护《抗战建国纲领》案，及蒋委员长十月三十一日告国民书案，为中外人士所公鉴。不幸汪前议长离渝主和，与全会同人意见完全相反，同人等无不引为遗憾。兹者中央议决任命蒋委员长中正兼任本会议长,以执行国策之统帅,为民意机关之领袖。同人闻讯之余,不胜感奋,特电欢迎,伏希公鉴。

(原载1939年1月23日重庆《中央日报》)

3. 国民参政会副议长张伯苓欢迎蒋议长电

本日接到国民政府文官处致本会公函,诸谂中央业已推定我公为本会议长,闻讯之余,莫名欢忭,伯苓谨代表本会全体同人,虔致欢迎之忱,特电布臆,敬祈鉴察。

(原载1939年1月23日重庆《中央日报》)

附:汪兆铭投敌"艳电"

〔国民党〕中央党部蒋总裁暨中执监委员诸同志钧鉴:

今年四月,临时全国代表大会宣言说明此次抗战之原因,曰:"自塘沽协定以来,吾人所以忍辱负重,以与日本周旋,无非欲停止军事行动,采取和平方法,先谋北方各省之保全,再进而谋东北四省问题之合理解决,在政治上以保持主权及行政之完整为最低限度,在经济上以互惠平等为合作原则。"自去岁七月卢沟桥事变突发,中国认为此种希望不能实现,始迫而出于抗战。

顷读日本政府本月二十二日关于调整中日邦交根本方针之阐明:

第一点,为善邻友好,并郑重声明日本对于中国无领土之要求,无赔偿军费之要求,日本不但尊重中国之主权,且将仿照明治维新前例,以允许内地居住营业之自由为条件,交还租界,废除治外法权,俾中国能完成其独立。日本政府既有此郑重声明,则吾人依于和平方法,不但北方各省可以保全,即抗战以来陷沦各地亦可收复,而主权及行政之独立完整亦得以保持;如此则吾人遵照[临时代表大会]宣言,谋东北四省问题之合理解决,实为应有之决心与步骤。

第二点,为共同防共。前此数年日本政府屡曾提议,吾人顾虑以此之故,干涉及于吾国之军事及内政。今日本政府既已阐明,当以日、德、意防共协定之精神缔结中日防共协定,则此种顾虑可以消除。防共目的在防止共产国际之扰乱的阴谋,对苏邦交不生影响。中国共产党人既声明愿为三民主义之实现而奋斗,则应即彻底抛弃其组织及宣传,并取消其边区政府及军队之特殊组织,完全遵守中华民国之法律限度。三民主义为中华民国立国之最高原则,一切违背此最高原则之组织与宣传,吾人必自动的积极的加以制裁,以尽其维护中华民国之责任。

　　第三点,为经济提携。此亦数年以来,日本政府屡曾提议者,吾人以政治纠纷尚未解决,则经济提携无从说起。今者日本政府既已郑重阐明尊重中国之主权及行政之独立完整,并阐明非欲在中国实行经济上之独占,亦非欲要求中国限制第三国之利益,惟欲按照中日平等之原则,以谋经济提携之实现;则对此主张应在原则上予以赞同,并应本此原则,以商订各种具体方案。

　　以上三点,兆铭经熟悉之后,以为国民政府应即以此为根据,与日本政府交换诚意,以期恢复和平。日本政府十一月三日之声明已改变一月十六日声明之态度,如国民政府根据以上三点,为和平之谈判,则交涉之途径已开。

　　中国抗战之目的在求国家之生存独立。抗战年余,创巨痛深,倘犹能以合于正义之和平而结束战事,则国家之生存独立可保,即抗战之目的已达。

　　以上三点为和平之原则,至其条理不可不悉心商榷,求其适当。其尤要者,日本军队全部由中国撤去,必须普遍而迅速,所谓在防共协定期间内在特定地点允许驻兵,至多以内蒙附近之地点为限。此为中国主权及行政之独立完整所关,必须如此,中国始能努力于战后之休养,努力于现代国家之建设。中、日两国壤地相接,善邻友好有其自然与必要,历年以来所以背道而驰,不可不深求其故,而各自明了其责任。今后中国固应以善邻友好为教育方针,日本尤应令其国民放弃侵华侮华之传统思想,而在教育上确立亲华之方针,以奠定两国永久和平之基础,此为吾人对于东亚幸福应有之努力。同时吾人对于太平洋之安宁秩序及世界之和平保障,亦必须与关系各国一致努力,以维持增进其友谊及共同利益也。谨此提议,伏盼采纳。

汪兆铭　二十九日电

(原载1939年1月1日上海《新闻报》)

（二）谴责汪逆叛国实施各项决议

1. 应该检讨决议案的实施如何

邹韬奋

自国民参政会两届大会闭幕以后，国人所最注意的一件事是决议案的实行情形怎样？第二届大会决议案的实行情形，要在即将举行的第三届大会中揭晓，现尚无从讨论，现在所要研究的是第一届大会决议案的实行情形如何。根据《国民参政会组织条例》所规定，关于该会决议案的处置方法如下："经国防最高会议通过后，依其性质交主管机关制定法律或颁布命令行之。"所以要知道国民参政会决议案的实行情形如何，不得不注意国防最高会议对于国民参政会所移送各案的决议和实施的情形如何。关于第一届大会的决议案，国防最高会议已有负责的报告，其中除报少数只备参考的案件外，大多数都经国防最高会议通过，通令主管机关遵行。但是有一点值得我们注意的，就是实际上"遵行"到什么程度，得到了什么结果，都有切实检查的必要。"依其性质交主管机关"，这在国防会议的职责当是已尽，但是实行的状况和成绩如何，却仍需要有切实的督察办法。这一点是值得第三届大会特别注意的。例如关于《节约运动计划大纲案》，实行上的报告说是已由国防最高会议"函国民政府及中央执行委员会通令遵行"，至于各处接到"通令"后怎样"遵行"及"遵行"的结果如何，有待于进一步的检查。又如《改善各级行政机构案》，实行上的报告说"已尽量采纳于《抗战建国纲领实施方案》之内政部分"，并"经交国民政府转饬教育部、财政部分别采纳施行"。采入方案，采纳施行，在事实上该方案已施行到怎样情形，采纳施行又已施行到什么地步，也尚有待于进一步的检查。此外还有若干案件是注明交某某机关"审核"、"商办"、"审议"、"通饬遵照在案"，实施的情形如何，也当有待于进一步的检查。有若干案件批明交某某机关"切实办理"、"从速实施"，这是比较慎重的了，但

"办理"和"实施"究竟如何,也当有待于进一步的检查。总之,仅仅看了这种书面的简单报告,决议案在事实上的实施情形,还是很难断定的。当然,实施是需要时间的,不是一蹴可及,这一点是可以谅解的,但是决议案的效力全在实行,全在"切实"的实行,分段分期,详细而具体的事实保证,是督促"切实办理"必要的手续。

(摘自《参政会工作的回顾与教训》,原载《全民抗战》第五十三号,1939年2月)

2. 对于第三届参政会的希望(节录)

于炳然

第一,一般的说来,过去参政会开会时,都因时间仓促,以致事前的准备不充分,于是,各项提案均不能周密的考虑和尽量的讨论。我们知道,国家大事,民族前途,所关至重,断不容含混,而必须持以极端谨慎的态度。我们希望,第三届参政会对于每一提案,能有不惮"呕心绞脑"的精神,而切实收到"集思广益"的效果。

第二,在现实情形下,参政会应极力避免不疼不痒可有可无的决议,而应当更深刻地思索和计划,想出些确实有效的办法。更要注意,参政会虽非执行机关,但实有辅助行政的义务,所以每一提案或决议,希望不仅是原则的提出和通过,而更要有些具体的方法。

第三,我们内部的精诚团结,是最后胜利的基本保障,能团结,才能得到最后胜利,团结越坚固,最后胜利到来得才越快,这个铁则是绝对不能动摇的;同时,这种道理,已为我朝野人士所共认,而且几乎是人人必说的口头语了。但是,我们现在团结的程度,还远落于我们所应当团结的程度之后,这是毋庸讳言的事实。我们不但希望第三届参政会每个参政员能够以身作则表现出精诚团结的至诚,而且希望第三届参政会能产生对于促进团结加强团结的良策,或是针对着问题的症结,铲除不能极度团结的一切阻碍,而激发人们的民族天良,在"抗战第一"的原则下,牺牲历史的成见,抛除局部的利益,扫净各式各样的私心和偏见,大家一个意志,一个目标,真正的牢实的建立起铜墙铁壁样的民族阵地。果能如此,我们不但很快的可以阻止敌人的进袭,而且很快的便可以实行我们的反攻了;不但我们可以严重的打击敌人,而且我们可以彻底的消灭敌人了。希望,而且是迫切的希望第三届参政会能够抓紧这个问题,解决这个问题。

第四,我们知道,当前的敌人,是很顽强的,若想彻底消灭他,最主要的,固然在于依靠我们自己的力量,但同时,必须配合国际间反侵略的力量,还有敌国内被压迫大众的革命力量。

第五,我们不但要充分注意军事,而且要充分注意政治和其他。假使政治不能与军事配合,那么抗战的前途是渺茫的!我们希望第三届参政会,认识政治的重要性,透视我国政治的真实,对症下药,使我国政治走上开明的大道,实现人才政治和精廉政治。

第六,参政员虽非人民所公举,然其职权确系人民的代表。所以,应当而且必须代表人民的意志;同时,还要洞悉人民的疾苦,而要求政府予以解除。过去的事实证明,凡参政会的决议案,政府均已接受,或已经施行或在准备着施行。第三届参政会如能在改善人民生活,保障人民自由各方面,提出有价值的建议,必得政府的采纳,这样,使政府和人民融成一片,对于抗战建国将有显著的裨益。

第七,当汪逆兆铭公然发出叛国媚敌的谬论的时候,声讨的电文,雪片飞来,可是曾在汪领导下的参政会或是参政员们,却始终未见表态,这是一件憾事!因为很容易引起"同流合污"的嫌疑,想当时因在开会期间,事实有所不能,那么,迟些表明态度还强似终不表明态度。希望参政会这次集会中能有痛斥汪兆铭的决议。

(原载《反攻》第四卷第五期)

3. 第三届国民参政会该怎样

黄炎培

第三届国民参政会快要举行了。我们该用冷静的头脑先来细细想一下,第三届比较第一、二届,有没有特殊的要求和使命?有。至少有两点须郑重提醒一下：

其一，国民参政会议长，经政府选定由军事委员会蒋委员长兼任了。在这长期抗战中间，"以执行国策之统帅，为民意机关之领袖"。（《在渝参政员欢迎公电》）此何等使人感发兴奋事！不惟参与该会者唤起一时间精神上极度的感发兴奋，且将在中华民国复兴史上，尤其是在新中华民主政治史上，占最光荣、最庄严的开卷第一页。虽然，后人读史，必将进而考查自最高统帅兼任议长以后，当时政府按照组织条例第五条所提出对外对内的重要施政方针之建议案为何种议案，一般参政员按照同条例第六条所以赞助对内对外施政重要方针之建议案为何种议案，是否其重要性与最高统帅亲临议坛的庄严性相称。参政会第一届提案得一百三十，第二届得八十九，第三届如果在质量互变之下，因量之由少而变多，促成质之由纯而变杂，提案本身并没有搔着痒处，甚至沉酣于糟粕中间，反把精华完全抛弃，使旁人发生时间和价值成反比的叹惜，岂不大大的辜负了这空前盛典。以吾人说来，议案简直是贵精不贵多。

其二，参政会之设，重在集思广益，团结抗战时期的全国力量，载明在组织条例第一条。就为全国思想集中，力量集中，才能负荷这空前严重的抗战使命。而实一齐归纳在最高统帅指挥之下。整个说来，因最高统帅之指挥于上，而全国思想和力量团结一致，从结晶处说来，因最高统帅之亲为国民参政会议长，而二百参政员思想和力量愈见团结一致。这是不可否认的事实，而吾所提出进一步的期望，乃在会前的提案，与会场的发言，最好悉熔化于有计划有组织的空气之下。原来抗战期间，国家对参政会之要求，乃在参政会整个力量的表现，而不是每一参政员，或某一参政员能力的表现。参政员之所以报国家，乃在将身投入群众中间，以其思想和能力，与一般参政员凝合而为整个的贡献，而不在个人孤独的贡献。我常说，议员在议场一举手，一起立，或赞或否的贡献，他的价值，绝不能认为不及提出若干大议案、发表若干次大议论的多。今参政员大部分，既各有其党籍，由每一集团各把他们讨论以后的结果，或联合本集团参政员提出，或与若干集团与无所属者联合提出，出席会场，亦须由预先推定者发言，除非临时发生问题，得各就所知答复，否则不必人云亦云,反因量的增益变无,问题也颇"应有尽有",削除枝叶,畅发精要。一切皆根据事前计划。这样才表现真正的思想集中和力量团结。故我以为提案发言,皆须有组织有计划。

因此,开会次数却也不在乎多,宜在会外尽量交换意见,会商妥洽。一案的建议在提出之先,早已博考法令与事实,经多数人多数次的商讨,斟酌允当而后提出,政府报告仍须特别重视,奉以为提案发言的根据。至于提案内容,我以为以前两届提及者,自然无再提之必要。但有两大问题,抗战到今日,愈增加了他的重要性。(一)如何继续增进全国总动员的效能。(二)如何增厚沦陷区域游击队的实际力量。

(原载《国讯》旬刊第一九五期)

4. 所望于国民参政会第三届会议者

周鲠生

国民参政会系抗战时期特设之政治机构,属于审议及建议之机关,其目的是为集思广益,团结全国力量。国民参政会之职权共有四项:(一)议决政府对内对外之重要施政方针,(二)提出建议案于政府,(三)听取政府施政报告,(四)向政府提出询问案。第一届会议充分履行上述四项职权。在第二届会议中,则参政会只有(二)(三)(四)之三项工作;至于(一)项,则因为政府及其各部分均无提案,无从进行。其实(一)项工作,在参政会职权中,最关重要。第二届政府不提案之理由,也许是因为第一届会议已经提出,刚过三个月,自无重新提案的必要。可是现在我国抗战时期的事实并不如此。施政方针之意义很广泛,小之如地方行政的改进,大之如兵役制度的推进,对外关系的调整,皆可属于重要施政方针,而亦都不是一成不变的事项。说一次提出施政方针后,在短时期内即再无施政方针可议,亦未必尽然。所以希望第三届会议开会时,政府及其各部分,仍然如在第一届会议时候一样,尽量提出关于内外施政方针之议案,不但因此可收集思广益之功,亦且可使全国各界充分谅解政府之政策而给予热诚的赞助。我们所希望于第三届会议的是进一步的提出比较多点建设性之议案。

无论政府有无重要提案,在参政会方面,总不妨自动的提出有建设性的建议。在政府方面,不可因为这类的提案涉及更改现行制度而有所疑虑与阻碍。

至于听取政府施政报告及向政府提出询问,则是参政员与政府负责人员发生接触,交换意见之最重要的机会。在参政员方面,自不妨本知无不言,有疑必问之宗旨,以履行其使命。政府方面,则亦应当以开诚相见之精神,虚心大度的接受一切的问难,而于不背国家利益之限度内尽量说明。

最后,参政会之决议或建议,在原则上总是准备由政府实施的。不必要或根本不能实行的主张,宁肯在参政会中打消或否决。一经通过之议案,则政府应当诚意的设法实行。如果因为真有重大的困难,不能及早采行或根本不能施行的,应于下届会议开会时,由各部分负责人员切实说明。在第三届会议开会时,政府对于第一、第二两届会议通过之案,应当由主管人员,就其已经实施与否,分别给予详细而确切的报告。否则决议者尽管决议,执行者尽管不执行,谅亦不合于国民政府召集参政会之本旨。

(原载《中央周刊》第一卷第二十六、七合期)

5. 汪精卫叛国

重庆《新华日报》社论

近卫声明之狠毒和恶辣,就如蒋委员长所指明,是"敌人整个的吞灭中国,独霸东亚进而企图征服世界的一切妄想阴谋之总自白,也是敌人整个灭亡我国家灭亡我民族的一切计划内容的总暴露",我全国国民对近卫声明之认识和决意亦诚如蒋委员长所示:"凡明大义,认识事势之国民断无一人再存与日本妥协和平之想。"因而本报去年十二月二十八日社论认为:"如果在近卫这种无耻的声明发表之后,凡是一个中国的国民,对于近卫声明存在丝毫幻想者,必为全国人民所唾弃;只有伪满及南北傀儡——今天的小秦桧小吴三桂之流的无耻叛徒才会替近卫声明作可怜与卑鄙的应声虫。"

文后一日,汪精卫居然通电叛国。在替近卫声明作可怜与卑鄙的应声虫中,在今日小秦桧小吴三桂的名单中,竟赫然有汪精卫三字在矣!汪精卫竟然配上了李完用郑孝胥而成了东亚的第三"杰"了。

在对于日寇灭我国家亡我民族的总暴露的声明之后,汪精卫竟大胆无耻的响应,公然通电,向敌求和,要求以近卫声明为"和平谈判之根据",欣欣然以为"和平谈判之门已开",肆意咒骂抗战为"创巨痛深",而对占领我土地,破坏我主权,屠戮我同胞,淫污我妇女之万恶日寇,则倡言"睦邻善友",腼颜无耻,恬不为羞。尤可恨者,电文之中任意颠倒是非造谣惑众,且丧心病狂,竟在睦邻善友之名词下,承认割让满洲内蒙,允许在一切重要都市中寇兵常驻,将神圣伟大之中华民国沦于日寇殖民地之地位;在共同防共名词之下,挑拨内争为敌人以华制华之鬼计作先导;在经济提携的名词下,将中华民国沦为日本经济上之奴隶牛马。总观其电文内容,诚如中监委决议所云:"处处为敌人要求曲意文饰,不惜颠倒是非为敌张目,更复变本加厉其欺蒙,就其行为而言,实为通敌求降,充其影响所及,直欲撼动国本。"其自绝于中国民族,自绝于黄帝子孙,其甘心事仇,其甘心卖国,已无容置疑。因之,中执委与中监委决议,"汪兆铭此种行动,其为违反纪律,危害党国,实已昭然若揭,大义所在,断难姑息,即予永远开除党籍,并撤除一切职务,借肃党纪,以正视听"。实为惩处叛逆应有之初步步骤,为全国人民所极端拥护的。

汪兆铭之叛国,他的堕落到民族叛贼的地位,当然是有来由的,他从抗战开始起就充满着妄自菲薄的民族失败主义,他看到的只是敌人的武力比我们强,敌人目前的政治力量经济力量比我们占优势,对于其他决定胜负的因素特别是敌人正在削弱,我军正在增强的因素,弃而不谈。因此,对抗战的前途,丧失信心,以为中国抗战会亡,再战必亡;以为中国的抗战地必焦光,人必死尽。在这种结论之下,他便不相信中华民族有着光明的前途,因而或明或暗时隐时现的破坏国策,阻碍抗战,一遇机会,就响应诱降,侈言和平,尤其在武汉广州弃守之后,竟倡言无忌,攻讦国策,到如今,就公开的背叛民族国家,公然地与傀儡合流。

像这种分子之被淘汰,我们不必为抗战前途作任何杞忧。因为这种人之淘汰,可以减少坚持抗战的障碍,可以开展一切有利于抗战的工作,可以减少敌人挑拨造谣的机会。伟大的抗战,已经大大地锻炼了我们民族,广大的民众的民族觉醒,已经有充分的雄伟的力量,可以保证坚持着抗战的光荣旗帜,而达到最后的胜利;任何个别的叛贼,通敌投降,固无损于抗战营垒之毫发。我们深信:无耻叛逆之肃清,只会使抗战营垒阵容日坚,团结益固,力量更增,而使我们能够更加迅速地把叛贼汪兆铭之流及其提线人——日本帝国主义驱逐出中国去!

(原载1939年1月2日重庆《新华日报》)

6. 应该重申抗战国策保障人权等方针

重庆《新华日报》社论

我们希望这次参政会能够对下列几点有所讨论:

第一,"近卫声明"发表后,蒋委员长指出日寇的所谓建立"东亚新秩序",无非企图整个的吞并中国,独霸东亚,所谓"共同防共",无非是借此名义以亡华。这种伟大而坚强的指示,在第二期抗战中,参政会应共同接受这一训词为国策之标准。

第二,从第一次参政会参政员所提切实保障人民权利案,及第二次参政会参政员所提保障出版自由案通过后,在国内政治生活上这两个很好的提案尚未付诸实行,人民抗日的言论、出版、集会、结社的权利,和抗日党派之合法地位,尚未予以充分的保障,而非法查禁书报之事,在各地到处发生,因此代表战时民意机关之国民参政会,在此次会议中仍须力争人民抗日的民主权利和抗日党派的合法地位,应由政府予以充分的保障。

第三,后方经济建设,为保障长期抗战之物质基础。上次参政会以及国民党五中全会中均有提案和讨论,这次参政会应当更加研讨,协助政府推进后方生产事业之发展,国防经济之建设,交通运输之改良。

第四,在第二期抗战中,敌后工作之发展,是占着非常重要之地位。协助敌后民众运动之组织,游击战争之发展,抗日根据地之建立,破坏伪组织、伪军队,及抵制敌人在占领区内之经济侵略等等均为目前之急务,亦为此次参政会所应详加研究的。

(原载1939年2月22日重庆《新华日报》)

7. 全国人民对于国民参政会第三次会议的希望

《解放》周刊评论

国民参政会第三次会议将于最近开幕的消息,引起全中国人民的注意。

参政会的主要责任,在于加强各抗日党派和全民族的团结,在于推进中国政治走上民主的大道,在于帮助和监督政府实行一切有利于国计民生的政策,使抗战必胜建国必成的希望变成事实。

国民参政会第三次会议,举行于中国抗战正进入新阶段之时,举行于日寇于军事进攻之外加紧以华制华阴谋之日,举行于汪精卫等公开通敌求和叛党卖国之际,全国同胞当然对之抱无限的希望。

全国人民希望:国民参政会第三次会议,不仅继续贯彻反对汪精卫等汉奸降敌反蒋反共的阴谋,正式通过要求国民政府明令通缉汪逆等归案法办的决议;不仅一致拥护蒋委员长去年十二月二十六日驳斥近卫声明的演讲所昭示的抗战到底的国策,动员全民族有生力量为贯彻此国策而努力奋斗;同时,更提出实行民权主义和民生主义的具体办法,以推进和保证抗日民族自卫战争的胜利。十九个月的抗战经验证明:仅靠抗战到底决心和抗战军队的英勇,不能战胜武装优良的敌寇;而要达到驱逐日寇出境和建立三民主义新中国的目的,必须动员和组织四万万五千万的广大民众;同时,要动员和组织几万万人民参加抗战建国的大业,必须切实实行孙中山先生的民权主义和民生主义——首先是使全国人民真正有言论出版集会结社的自由,使抗日各党派都有合法活动和发展的权利,使广大饥寒交迫的同胞的生活有最低限度的保障和改善,使抗战军人家属及广大难民同胞免于冻馁的苦境;只有如此,才能造成人人敌忾步步设防军民合作战胜强寇的力量。否则只有抗战到底的民族主义决心,没有保障民族主义胜利的民权主义和民生主义的实行,则抗战必胜建国必成的伟大口号,终于不能由希望变成实际。

蒋委员长现在自兼国民参政会的议长,国民参政会大多数参政员同志不仅均对国家民族具无限的忠诚,而且已有了两次会议的丰富经验,抗战形势和民族命运迫切要求国民参政会尽其应尽的使命,我们希望国民参政会第三次会议,不仅在决议方面能够满足全国人民的希望,而且能在会后真正求得决议的实行,避免前两次会议"决而不行"的缺点。

(原载《解放》周刊第四卷第六十三、六十四合期)

(三)第一届第三次会议开幕

国民参政会第三次大会,于二月十二日晨八时在渝举行开幕式。礼堂台上悬"亲爱精诚"匾额,中悬党国旗、总理遗像,内外布置朴素庄严。到有政府长官孔祥熙、于右任、孙科三院长,张群、叶楚伧、覃振三副院长,何应钦、翁文灏、何键、张家璈各部长,中委丁惟芬、邹鲁、李文范、何成浚、邵力子等。列席秘书长王世杰、副秘书长周炳琳、秘书雷震、谷锡五等。奏乐后,主席蒋议长领导行礼如仪,首为全国阵亡将士、死难同胞,默念三分钟;次由秘书长王世杰宣布第三次大会迄开会时止,到有一百一十六人,已过法定人数;继由蒋议长致开会词,开会词毕,由秘书长王世杰代读林主席训词,蒋议长领导全场肃立恭听,词毕就座,全场鼓掌。次由参政员胡元倓代表全体参政员致词欢迎新议长,蒋议长遥望胡参政员离开席次,即起立示敬,静聆欢迎词。胡参政员高声朗诵既毕,全场参政员应以热烈之掌声。再次为副议长张伯苓致词,历述国家遭遇艰难而终于克服之事实,谓深信国家民族必可转危为安。张副议长反复申说,其议论足以提高国人抗战信念。词毕,全场兴奋。旋摄影后散会,时已九时又半矣。

(中央社讯,原载1939年2月20日《中央日报》)

1. 议长蒋中正开幕词

张副议长及各位参政员诸先生:

国民参政会今天举行第三次大会,中正谨承政府之命,来担任本议长职务,在全国贤达和老成硕德之前,自问浅陋,殊觉惶恐万分。但是国家艰危至此,诸位先生披沥精诚,不远千里而来共赴国家民族大难的精神,实在使中正非常感动。诸位既本着负责尽职安危共仗的精神而来,中正更不敢不以一心一德必信必忠自勉,希望在本届会议之中,多多倾听各位的伟论,愿与诸位先生共同努力以完成抗战建国的使命。

本会虽然成立不过八个月,对于国家已经有很大的贡献。在两次大会期间,诸位对于当前许多内政外交问题,均已提出不少的富有建设性的建议。其中有两件事,尤为中正所不能忘者。第一是本会两次大会所通过的维护国策的决议。本会在第一次大会中,通过了拥护"抗战建国纲领"的决议案。在第二次大会中,通过了"维护持久抗战的国策案"。这两件决议,不只统一了全国人心,团结了全国意志,增强了政府和人民的力量,并且无形中澄清了国际视听,消灭了敌人的一切造谣离间以精神压迫我们的阴谋与毒计,这是很可欣慰的。第二件是本会参政员,除努力参加会议外,还有许多位在会外从事于抗战建国的实际工作。不论在战区、在后方,都有我们参政员冒险犯难,艰苦卓绝的努力的成绩,使全国国民得到有力的启示,知道我们不仅贡献意见而且勇于力行。尤其是有好多位参政员,不辞辛劳,亲赴前方视察军风纪,慰劳作战将士,身体虽然受伤,精神始终不懈,更觉可以钦佩。

现在抗战已经转入第二期了,我们全国政府人民的责任,格外艰巨,本会的责任格外的加重。第一期的抗战奠定了胜利的基础。第二期抗战的任务,就要集中发挥我们前后方乃至被占地区内的一切力量,争取最后的胜利与建国的成功。第一期抗战是精神与物质并重,第二期抗战中,精神的重要,更过于物质。要发挥抗战的力量,不仅要振作精神、集中精神,而且要以精神为主,物质为用。必先提高全国人民坚强奋发的精神,然后方能克服艰难,打破敌人,完成抗战的使命。抗战转入第二期以后,敌人在军事上,已经是进退维谷,一天天的窘迫,一天天的徬徨了。最近敌人侧重政治的舞弄,捏造事实,离间国人,无非先要制服我们的精神,分解我们的精神,然后来征服我们整个民族。要打破这种阴谋,我们除了继续注重军事和物质以外,更要特别注重精神的抵抗力,不仅应该动员国内的一切物质和人力,而且要动员全国的精神和意志。不仅发动全国的精神,而且要组织起已经发动的精神,以有组织的精神,发挥有组织的人力,利用有组织的物质,然后可以扫荡侵略的暴敌,树立战后建国的永久基础。这种任务,这种使命,无疑的是中国有史以来最艰巨最伟大的。去年临时全国代表大会决议召集国民参政会,目的是在集中全国的力量,以排除空前的国难,集合全国的意志,以树立建国的基础。我们可以说:国民参政会对国家最大的贡献,就在于发扬我们全国一致的民族精神,提高我们固有的民族道德,这种精神和道德的感应力,直达到各省各县,直达到文化经济每一职业每一部门的国民,就可以鼓舞起同仇敌忾、不屈不挠的精神,启示全国国民对于国家民族光明前途的自信。临到这个抗战进入第二期的时候,我以为强化精神,集中精神,以我们的言论行动,领导全国精神总动员,应该是本届大会的工作中心所在。

我们要集中国民的精神,就必须使全国国民对于自身都确立共同的道德,对于国家民族坚定共同的信仰,而每一分子能够根据这个共同的道德观念,共同的建国信仰而努力而奋斗而牺牲。这个共同的道德是什么?就是舍小我为大我。我们的共同信仰是什么?就是三民主义。根据这个信仰去实现的目的是什么?就是我们中国政治最高理想——大同世界。礼运说:

"大道之行也,天下为公,选贤与能,讲信修睦,故人不独亲其亲,不独子其子,使老有所终,壮有所用,幼有所长,矜寡孤独废疾者皆有所养,男有分,女有归,货恶其弃于地也,不必藏于己,力恶其不出于身也,不必为己,是故谋闭而不兴,盗窃乱贼而不作。"

这真是我们建国的目的。达到了这个目的,才是全国人民共同享到了幸福。才是三民主义真正的实现。诸位先生:我们今天一方面是流血流汗在抗战,一方面是殚精竭虑在建国,我们总理孙先生所要建立的新国家,就是要做到《礼记·礼运》所说的大同之治。这一次五中全会宣言中所说的三点:"(一)真诚纯一,加强团结;(二)贡献能力、自由、生命于国家,积极奋斗;(三)集中一切时间精力,以实行心理建设、政治建设与经济建设。"这固然为抗战,同时也为建国。我们所着眼的不仅在目前,更在永远的将来。我们中国建国的理想,既然是"人人不私其力,不私其身,勤劳互助,和平康乐"的境界,因此我们的出发点必然要真诚纯一,声气相通,利害相共,真正做到天下为公。我们的努力,必须是积极的,而不是消极的。同时我们为增强力量,更必须加紧实行一切有关建国的建设。五中全会的宣言,不仅希望全党党员如此做,尤其希望全国同胞特别是全国社会领袖一致接受来实行。我们参政员各位先生,都是富有学问经验的社会领袖,政府一方面以"选贤与能"的诚意,集中全国才智来共负国家的责任,同时更希望以"讲信修睦"四个字作为团结全国力量的基准。因此我们所诚恳希望于各位参政员同人的:就是大家首先确立互信与共信,一切都开诚相与,肝胆相见,造成了和谐亲睦有如一家兄弟手足的态度,无事不可直言,无时不可共谅。一方面要各位尽量的征取民意,切实的代表民意,充分的发扬民意,知无不言,无言不尽,使政府社会之间完全相互了解,融洽贯通,没有一丝一毫的阻滞;一方面更希望各位以宏博悲悯之胸怀,实行我们先哲所谓"不独亲其亲,不独子其子"的教条,将一人、一家、一乡、一地方的利益,融汇到全国与整个民族的利益,我们要推亲亲之心以及于敬老恤贫,扶助痛苦的同胞,解救国家的危难,我们要推慈爱自家子弟之心来爱护全国青年,保育全国青年,给他们以良好的模范,导引他们到真诚纯一共同为国奋斗的途径,以巩固我民族久远的生命。我们参政员同人能以此精神领导全国,我敢说"抗战必胜,建国必成!"三民主义最终目的大同世界也必能实现。

为要具体说明我个人的希望,我不惮反复的再要提出两点意见。我以为这个点完全做到了以后,我们参政会对于目前抗战建国的贡献将更伟大,我们共赴国难的精神将更显著而光明。我们全国贤者能者领袖人士的精神能提振起来,打通政府和人民的意志,集中政府和人民的力量,这一种效力,较之提高前线上官兵勇敢牺牲的精神还要大过十倍,我所说的两点希望是什么呢?

第一,本届大会要充分表现积极的精神。我们参政会的产生,不同于通常国家的议会,我们的组织精神,我们成立的环境和经过,都是在世界政治史上没有先例的,而我们过去两届大会中的成绩,尽量避免了普通议会的积习,更是我们足以自豪于世界的。现在抗战建国的工作,更是迫切,为节省时间,增进效能起见,我以为我们要更进一步,尽量减少不重要的提案,而多多致力于积极的富有建设性的实际的建议与讨论。记得上届大会为了原稿审查办法一案,讨论许久,消耗了抗战时期的宝贵光阴。到今天诸位一定很明白,我们政府是革命的政府,是具有责任心的政府,而且完全是以民意与公理为依归的政府。只要不违反抗战建国的利益,政府决没有理由限制人民的权利。因之我们参政员同人也不必过分为个人的便利与自由着想,反致忽略了国家整个的利害。我们到了今天,必须尽量发扬我们的积极性,而避免我们过去几千年来习染很深的消极性。我们过去的国民性,例如怀疑、磨擦、防止、对抗,都是偏于消极方面的,不但不能促进一切事业,反而消耗了许多有用的精力,阻碍不少的进步,甚至耽误了国家的大事。我们只看宋明两代的灭亡,并不是由于军事的无办法。也不是绝对没有爱国爱民的贤者,只是大家互矜意气,各立门户,私心自用,主张分歧,遂使精神不能统一,意志力量因此分散,看局部的利益高于国家的利益,为个人的自由牺牲了国家的自由,所以最后造成了"议论未竟兵已渡河"的惨象。我们今日要为全国国民与千秋后世立一个好榜样,就必须以积极性来代替消极性,以建设性来代替破坏性,以互助团结来代替怀疑和排拒。所以我们这一届的工作,要多多集中于抗战后期一切实际方案办法的建议,要特别提高公忠体国共御外侮的精神,一切讨论和建议,都要贯注以积极性!

第二,本届大会要充分发扬真诚纯一互信共信的精神。国家到今天这样地步,我们坐视不救将待谁来救?国家民族的利益,我们不爱重拥护,将待谁来爱护?我们必须使个人和国家融合为一,个人的力量要使成为国家的力量,个人的意志,要服从国家的意志,必先国家获得自由而后个人才真能享有自由。我们每个人都以国家民族的利益放在第一位,更要推己及人,相信中华民国的国民都有爱国的良知。有了共信,就必有互信。我们要怎样做到真诚纯一呢?能为国家民族利益而牺牲,才是真诚。国家民族以外无其他杂念,才是纯一。我们为了国家,死且不惜,遑论其他!我们全体一致站在国家民族的利益上,宣传要为国家民族而宣传,行动要为国家民族而行动,乃至思想也要为国家民族而思想,我们在已固要竭诚努力,然而是要纯粹的为国努力,对人对事要绝对的彼此相信,然后才能发生共同的力量,来对付共同的敌人,完成我们共同的志愿。现在政府中负责的人员,如果不是为了国家民族的前途,决不会这样任劳任怨的负责下去,诸位如果不为了国家民族的前途,也不会这样辛辛苦苦来共赴国难。所以政府和我们参政员的认识是一致的,目标也是一致的。彼此对国家民族的前途,抱有共信,彼此之间,抱有互信,这就可以打破一切的隔阂,屏绝一切的成见,亲爱精诚,实事求是,做到和衷共济颠危相扶的程度,只要凭这一段精诚,任何困难都可克服,任何事业必能成功!

以上所贡献的两点,意思很平凡,但希望却甚真挚。中正自抗战以来身负重托,精神意志,无时无刻不与我全体同人相感通。现在担任了本会议长,和诸位接触的机会更多,彼此之间更可以进一步的同心戮力互相切磋。在这个抗战建国的重大使命中,得与诸位共同负责,实在觉得感奋而欣幸。只是自问愚拙,恐不足以副同人之望,以后中正个人如有见不到的地方,或有什么差误过失,或言行不一,或有不诚不实,不能尽忠职守之时,务望诸位不吝教益,随时纠正,以期毋负斯职。中正只凭着这一片为国为民之愚忠与赤忱,愿与各位患难与同,荣辱与共,一心一德,贯彻始终,以尽到我们对抗战建国所负的使命,以答政府和全国同胞的期望。

(原载《国民参政会第三次大会记录》,国民参政会秘书处编 1939 年 4 月)

2. 国民政府主席林森致词

共和建国,所贵惟民,矧兹贤杰,识越群伦!抒志达情,民之喉舌,大难当前,尤资匡益。一堂会合,领导得人,相孚共济,端恃精诚。抗战图强,义动瀛海,翊助中兴,昌言是赖。千钧共举,大厦同支,凛兹来轸,任此艰危。斡运启元,歼彼穷房,同德同心,神州永固。

(原载《国民参政会第三次大会记录》,国民参政会秘书处编 1939 年 4 月)

3. 参政员胡元倓欢迎蒋议长词

国民参政会第三届集会之前,欣承军事委员会委员长蒋公,受任为本会议长。同人相聚而言,以为此举实涵至深厚之意义。试加寻绎,盖有多端:本会之设,政府在抗战期间,所以集思广益,团结全国力量,此旨经规定于组织条例第一条。犹忆第一届集会,我公莅会赐词,以团结全国精神,统一全国意志相勖。兹者亲临议坛,同人所愿因之加勉者,握定国家至上民族至上的真义,根据各个的认识,凝合而为整个的贡献,开诚心则无隐,布公道则不私,百家腾跃,而定于一尊,万派朝宗,而归于大海。此其一也。同人来自四方,或且远从海外,凡旅途之所接触,或职守之所寄托,一篑或当于为山,寸心敢辞于献曝。夙仰我公平日勤求民隐,至虚至周。当第一届集会在邸舍召集茶话,谆谆以尽贡所知,口头而外,可用书面陈述相属。兹者亲临议坛,同人除具体主张制为提案以外,敢不各就所闻所见民间事实,掬以上陈,会毕以后,其或分赴各地,于前方战事上,于后方政治上有所见及,尤愿见书以闻,为当局壤流之助。此其二也。抗战入第二时期,于人心上物力上,敌以寡助而渐战渐支绌,我以多助而愈战愈坚强。公以勤劳之身,荷艰巨之任,当抗战之初,以极端审慎之精神,决定国策;抗战以来,以坚忍不拔之精神,执行国策,屡承昭示,耳熟能详,凡属国民,敢忘天职!今者我公亲临议坛,同人惟有竭尽知能,翊赞政府,翊赞我公,务规取最后胜利,以完成此神圣使命。此其三也。而犹有陈者:吾国政制,即确定为民主政治,当第一届集会,我公赐训,以建立永久的真正的民主政治基础相勉,大哉斯言,同人永志之矣。今我公亲临议坛,必且亲切领导我同人,我同人亦当相提相携以步上至高理想的区域,一念以为国,一念以为民,在艰苦抗战中,为中华树万年不拔之基,兼为东亚确立自由独立之矩范。而由我公守奠此础石,不惟在吾国抗战建国史上,乃至在世界民主政治上,亲笔写定此最庄严最光荣之一页。同人敢不本无上崇高的信念,与无上兴奋的精神,在我公亲临议坛第一日,贡其一致之敬意。谨此陈词,惟希垂鉴。

(原载《国民参政会第三次大会记录》,国民参政会秘书处编 1939 年 4 月)

4. 国民政府考试院院长戴传贤祝词

本日为国民参政会第三次大会开会之吉辰,传贤敬以至诚,为本会前途,亦即中国国民所共有共治共享之中华民国抗战胜利建国成功之前途,致其无穷之希望,与无疆之庆幸。谨贡所夙抱之怀如下:

第一,中国立国于世界,其有文字可纪,事实可征之历史,虽仅数千年,而其在有史以前之存在,则更不知其几千万岁。吾人生兹艰苦之时代,负承先启后之大任,惟一要事,厥在合数万万人之心为一心,合数万万人之体为一体。前者所赖,在于共信共行之三民主义,后者所赖,在于实行主义之一切制度规章,与遵奉制度规章,实施一切政教之人事。国事愈艰,民生愈苦,则吾人之责任愈重大。此所切祷于本会者一也。

第二,人尽其才,地尽其利,物尽其用,货畅其流,为利用厚生之纲要,而恢复固有道德智能,迎头赶上世界科学文化,更为实现上述四纲之原则。此所切祷于本会者二也。

第三,教养有道,鼓励以方,任使得法,此用人行政之大经,亦即救国建国之大本。本会于此诸事,必有尽筹,以襄国政。此所切祷于本会者三也。

本会有立言之责,政府当立功之任,而立德之事,则所以互勉之要义。谨以此祝本届大会之成功,与一切兴复事业之成功。

(原载《国民参政会第三次大会记录》,国民参政会秘书处编1939年4月)

5. 会议日志

国民参政会第一届第三次会议于二月十二日上午在重庆国民政府军事委员会礼堂开幕。

2月13日 下午,举行第一次大会。副议长张伯苓及参政员一百二十九人出席了会议。出席会议的还有国民政府监察院院长于右任、行政院院长孔祥熙、立法院院长孙科、外交部长王宠惠等。

会议听取了秘书处会务报告和关于国防最高会议对本会第一届第二次

会议各案议决办理情形的报告;听取了驻会委员会报告;行政院院长孔祥熙的政治报告;军政部长何应钦的军事报告和外交部长王宠惠的外交报告。

2月14日 上午,举行第二次大会。副议长张伯苓及参政员一百二十三人出席了会议。出席会议的还有国民政府行政院院长孔祥熙、监察院院长于右任等。

会议宣读了第一次大会记录;听取了秘书处会务报告;内政部长何键的内政报告;经济部长翁文灏的经济报告和教育部次长顾毓琇的教育报告。

会议讨论并通过了各组审查委员会审查委员及召集人名单。

2月15日 下午,举行第三次大会。议长蒋中正、副议长张伯苓及参政员一百三十六人出席了会议。出席会议的还有国民政府监察院院长于右任、行政院院长孔祥熙、考试院院长戴传贤等。

会议宣读了第二次大会记录;听取了秘书处会务报告;立法院工作报告;司法院工作报告;考试院工作报告;监察院及审计部施政概要;财政部兼部长孔祥熙的财政报告和交通部长张嘉璈的交通报告。

会议讨论了财政、军政、外交、经济、交通、内政、教育七部和侨务、赈济、蒙藏三委员会第二期战时行政计划案,还讨论了参政员杭立武等四十人"拟请组织特种委员会将本会一、二两届会议决议各案实施情形加以检讨"的临时动议。

2月17日 下午,举行第四次大会。议长蒋中正、副议长张伯苓及参政员一百三十三人出席了会议。出席会议的还有国民政府行政院院长孔祥熙、监察院院长于右任、外交部长王宠惠等。

会议宣读了第三次大会记录;听取了秘书处会务报告和外交部长王宠惠、经济部长翁文灏、交通部长张嘉璈对参政员询问所作的口头答复。

会议讨论了各审查委员会审查报告;参政员褚辅成等二十四人所提:"第二期抗战开始本会应郑重宣言重申拥护抗战国策案"和议长蒋中正关于组织川康建设期成会及视察团的提议。

2月18日 下午,举行第五次大会。副议长张伯苓及参政员一百三十一人出席了会议。出席会议的还有国民政府行政院院长孔祥熙、监察院院长于右任、外交部长王宠惠等。

会议宣读了第四次大会记录;听取了秘书处会务报告;行政院对参政员黄建中等询问崇安等县容纳难民各部会报告数字何以互有出入一案的口头答复;秘书长王世杰关于参政员傅斯年等六人对于赈济及捐款事项所提询问的报告。

2月19日　下午,举行第六次大会。议长蒋中正、副议长张伯苓及参政员一百三十六人出席了会议。出席会议的还有国民政府监察院院长于右任、行政院院长孔祥熙、司法院院长居正等。

会议宣读了第五次大会记录;听取了秘书处会务报告和议长蒋中正代表政府说明抗战国策的报告。

会议讨论了参政员褚辅成等二十四人所提"第二期抗战开始本会应郑重宣言重申拥护抗战国策案";参政员王卓然等二十五人所提"切实拥护蒋委员长驳斥近卫宣言案":参政员林祖涵等二十一人提"拥护蒋委员长严斥近卫声明并以此作为今后抗战国策之唯一标准案"。以上三案,经大会一致通过后,合并作了决议案。会议还讨论了各审查委员会审查报告和参政员张君劢等二十二人所提"切实统筹第二期战时行政计划之实施条件以争取胜利案"。

2月20日　上午,举行第七次大会。副议长张伯苓及参政员一百二十二人出席了会议。出席会议的还有国民政府监察院院长于右任、内政部长何键等。

会议宣读了第六次大会记录,听取了秘书处会务报告,选举了休会期间驻会委员会委员。

会议还讨论了各审查委员会审查报告,对"请撤销增加书籍印刷品寄费以便普及教育增进抗战力量"等八项提案作了决议案。

下午,举行第八次大会。议长蒋中正、副议长张伯苓及参政员一百三十二人出席了会议。出席会议的还有国民政府考试院院长戴传贤、监察院院长于右任、行政院院长孔祥熙、司法院院长居正等。

会议听取了议长蒋中正所作政府对国民精神总动员纲领及其实施办法的报告。

会议讨论了各审查委员会审查报告和若干临时动议。

讨论结束后,议长蒋中正宣读第三次会议休会期间驻会委员会委员选举结果。

2月21日 上午,举行第九次大会。副议长张伯苓及参政员一百三十四人出席了会议。出席会议的还有国民政府监察院院长于右任、司法院院长居正、内政部长何键等。

会议讨论了各审查委员会审查报告。

会后,举行了第一届第三次会议休会式。

(摘自《国民参政会第三次大会记录》)

6. 第一届第三次会议闭幕

昨(二十一日)晨十时九次会议后继开休会式,到有居正、于右任两院长,张群副院长等,中委叶楚伧、吴铁城等,及参政员钟荣光、胡元倓等一百三十三人。蒋议长领导行礼如仪后,致休会词,词毕全场热烈鼓掌。次由张副议长暨参政员代表张一麟致词,众均鼓掌欢迎,旋即散会。仪节肃穆隆重。

(中央社讯,原载1939年2月22日重庆《中央日报》)

7. 议长蒋中正闭幕词

张副议长,参政员各位同人:

国民参政会第三次大会,举行于第二期抗战开始的时候,国内国外都非常注意我们会内的进行。这十天以来,我们大家本着积极的精神,共同讨论国家民族的大计,中正在开会时对于本届会议所致恳切的期望,幸承各位接纳,本届会议中精诚团结,和衷共济的精神,唯有用"济济一堂"与"雍雍穆穆"两句成语,可以表示其大概。中正睹此景象,更增加了对于我民族前途与抗战必胜的信心,实觉无限欣慰!这次会议中,一方面政府各院部会负责当局都能坦直详尽的报告施政实况,获得了我们的信赖。同时我们对于一切决议和建议,都能注重到抗战第二期急切的需要,集中到几个具体而有建设性的要点,议案的数量不多,而内容很是充实,尤其是许多同人本于实际参加抗战工作的经验,贡献许多亲历所得的甘苦,提出许多切合实际的意见,足以裨益政府的实施。我们政府与本会之间,如此声息相通,患难相共,自信必能负起抗战建国的重任,完成我们抗战建国的使命。现在第三届大会闭会了。大会虽然闭会,我们同人为国尽瘁的工作,是不会一天休止的。我相信只要本会继续发挥此种积极的互信的精神,开诚布公的辅助政府,踏踏实实的去做我们应做的事,不但政府可以获得不少的助力,同时必能使全国同胞接受了这种的感动,一致起来,努力奋斗,使我们克敌制胜的力量格外加强,战后建国的基础,由此树立,在中国的政治制度史上,本会一定可以占得很重要的光荣的地位。

本会的历史的使命,是要建立民主政治的基础,尤其是建立永久的真正的民主政治基础,这一点中正在第一次开会的演词中已经提到了。总理倡导三民主义,其民权主义的最终目的,就是民主政治。一国的人民如果不能关切他们自身的幸福,管理他们自己共同的事物,就是说,如果人民不能积极参加政治的话,他们就不能造成强固的国家,所以世界上最有力最巩固的政治,一定是建筑在民意之上,一定是以人民之利害为利害,人民的视听为视听。总理的民权理想,是造成一个民有民治民享的国家,古今中外,理无二致。

我们现在是一面抗战,一面建国,要得到抗战胜利,建国成功,绝不能专赖兵力,必须动员民众的精神,组织民众已发动的精神,以全国的精神、意志、力量的总和,来做前方将士的后盾,来做后方开发的原动力,所以充实军力以外,必得动员民力,更必集合民意。去年临时代表大会,所以决议召集国民参政会,就是一方面希望全国的真正民意,能够借我们参政员而具体表现,使政府可以了解人民的痛苦,知道人民的希望,作为施政的依据。同时也希望我们参政员以其地位、资望、经验,代表了人民,参与抗战建国的大计,积极的贡献我们才力和经验,来辅助政府,来指导人民,然后政府的一举一动,都能应乎民心,人民的一言一行都能翊赞政府,政府的成败荣辱,就是人民的成败荣辱,政府人民打成一片,通力合作,抗战乃有力量,建国乃有实效。由于本会产生的经过,就可以知道我们中国能不能击破敌人。求得国家的独立自由,固然是本会同人的责任,而在另一方面,我们中国能不能在这一个抗战艰苦的时期，造成真正的民主政治的规模，为国家奠立长治久安的基础，更是我们参政员同人的责任。

　　我们怎么样来尽到我们确立民主政治基础的责任呢？中正今天得与各位以参政员同人的地位互相砥砺，要讲明我们中华民国所要造成的真正民主政治是什么，以及我们所必须遵循的方法和步骤是什么。总理贯通中西学理，深知世界潮流和国内的现状，本其四十年革命的经验，手创三民主义，期致中华民族于富强康乐的境界。总理对于民主的理想，是要实行比并世各国更彻底、更切实的民主政治。在民权主义中，一则批评天赋民权的学说，而主张革命的民权；二则要使人民完全享有选举、罢免、创制、复决的四种直接民权，这是总理以后来居上的精神，着眼于最高远的所在。但是总理不仅是一个理想家，而且是一个革命的实行家，他的理想越是高远步骤越是切实。总理以为必须人民能誓行革命主义，完毕革命义务，才可授与以初步的民权。又以为人民必须经过行使四权的训练，才可以充分的使用民权。总理所欲造成的民主政治，是不着一毫虚伪，不带一些牵强的民主政治。但是中国人民承累代专制的弊习，民智民力，异常薄弱，人民习于散漫和自私，国内又有不少的障碍，以如此的背景，要达到如此的理想，当然要从辛苦而切近处下手，断不能一蹴而几，因之总理对于完成革命工作的实施步骤，定为军政、训政、宪政的三个时期。

　　国民政府成立以后，遵奉总理遗教，先求全国之统一，接着开始训政，原希望积极的促成宪政的实现，早达革命建国的目的，不幸统一未成，而障碍复起，经五六年之久，倾国家人民财力的一大半，都用于军政时期之工作。喘息甫定，敌寇侵略，愈入愈深，政府为保障国家的主权，民族的生命，起而应战。苦战十九个月，我国土地的沦陷人民的损失，实不可以道里数量计。就目前事实而论，不仅训政时期的工作受到阻碍，而军政时期应做的工作，且须从头再做一遍。换句话说，必须首先扫荡侵略者的武力，消灭汉奸傀儡，破坏国家毒害民族的反革命势力，待河山恢复国内澄清以后，才谈得到训政，进而预备宪政。因此，严格的说来，我们目前远在军政时期之中，这时期的工作，按建国大纲的第六条，应该是："一切制度悉隶于军政之下，政府一方面用兵力扫除国内之障碍,一面宣传主义,以开化全国之人心。"

但是上面已经说过,我们国家民族当前的需要,是抗战建国,同时进行。我们必须集中民意,发动民力,积极准备战后建国的完成。同时我们在抗战之中,人民对于国家的责任观念,与三民主义的认识,也必须使之提高。因之虽在扫荡障碍的军政时期而训政工作仍然要同时进行,为了迅速完成革命的大业,不仅应该在不妨碍军政的范围内积极推动训政,同时更希望由训政之进行可以辅助军政。所以我们必须明了,在抗战没有结束以前,当然是"军事第一","胜利第一",要以军政时期的工作为主,而一面积极进行训政的工作,这个认识是万不可少,否则一切工作,就失了重心。

因为我们所要造成的是彻底的民主政治,所以断不能忽略程序和步骤,同时因为我们国家数千年来习于专制政治,人民的心理习惯,没有过问政治的素养和训练,要施行民主政治,前途障碍,既须铲除,一切根基,均待确立,所以又必须经过革命的建设。总理当时除划分革命过程为三个时期之外,并且沉痛的警戒我们说:"辛亥之后,数月以内,即推倒四千余年之君主专制政体,暨二百六十余年之满洲征服阶级,其破坏之力,不可谓不巨。然至今日,三民主义之实行,犹茫乎未有端绪者,则以破坏之后,初未尝依预定之程序以为建设也。"

因为当时一般人,忽略一定的自然程序,而侈谈民治,以致辛亥以来,约法等于具文,而祸乱相寻,以致国家的法律,变成政客军阀作恶活动的工具;不特民主政治未能实现,而且为民主政治造了多少障碍和罪孽,正如法国大革命时有一位革命家的名言:"自由,自由,天下多少罪恶,假汝之名以行。"

我们现在要矫正这个错误,必须从头做起,而且必须建立我国家民族整个的自由,使国家民族获得真正的自由。本会成立以来,我们同人都能牺牲个人的自由与小我的成见,来奠立真正民主的基础,实为民国成立以来,尤其在抗战期间最足快慰的一事。深信同人以后必更能服膺总理的遗教,提倡全国同胞,努力于训政时期的工作,以负责力行相倡导,而防止再蹈不负责任,蔑视事实的弊病。要使一般同胞知道:民主政治不能当作无法纪、无制度、无政府的状况来看。民主政治所依据的民意,必须是健全的、集体的,而且能代表大多数的意志。民主政治所赋予人民的自由，必须是不妨害公共利益，不违背国家法律的自由。尤其我们国家现在处于外患严重的时期，我们更要训迪人民尊重国家法令权力的绝对性，政府是国家权力之寄托者，是法律的执行者，也就是全体人民的保护者，为了切实保护全体人民与整个民族的利益，对于破坏法纪，破坏制度者，就不能不依法制裁——凡依据法律的制裁，断不能与压迫混为一谈。无论在什么民主政治的国家，都有政府制度和法律，民主政治下的制度和法律，尤其是要受人民尊重，而不能容许少数人的破坏。我们要在抗战之中，奠立民主基础，不但要使人民切实养成行使政权的能力，更必须使人民了解民主的真谛，我们参政员是人民的领导者，要负起训迪的责任，要保护国家的利益和全体人民的利益，对于借口自由民主而破坏国家法令制度减弱整个抗战力量的行为，要一致发挥公正的权威而加以制止。我们要使一般同胞都明了现在为抗战要实行军政，为建国要实行训政，这中间着不得一些虚伪，容不得有几微障碍，我们必须借鉴已往的覆辙，切实遵循总理遗教所订的步骤，为真正的民主政治奠立永久而良好的基础。

  总理一生在政治上的奋斗目的，是要实现三民主义而归政于民。但是不经过训练的人民，是决不能主政的。总理生前勉励我们知识阶级与革命同志，要做民众的保姆，要以公仆的地位，实行师保的责任，这一个教训，实在是建国成功必循之大道。中国历史上有两段故事，很可以说明训政的精神，一是伊尹训太甲，二是周公训成王。太甲即位，年龄尚幼，伊尹殷切告诫，后人辑为伊训篇；太甲不能听纳，习于不义，伊尹使他住在桐宫，一方面替他执行政事，一方面苦心设法，不避嫌怨的管教他。《商书·太甲》上中下三篇，反复训导，何等忠诚切至！后来太甲悔悟了，负责了，施政的本领具备了，伊尹归政于太甲，自己退休，临去之时，还述了《咸有一德》一篇施政的要义，以训勉太甲。周公受武王之托，辅翼成王，那时成王还小，不辨是非真伪，周公一方面防止武庚的反叛，一方面忍受管叔蔡叔的流言。周公的处境十二分的困难，但是，他任劳任怨，忍辱负重，虽然经过无数艰难与苦痛弄得憔悴不堪，终是一心一意的要安定国家辅教成王成立，绝不辞劳苦、避责任。《诗经》上《鸱鸮》四章，描写周公爱国爱民，苦苦训导成王的忠心，百世之下，读之还令人感动。看他原文上所说："鸱鸮鸱鸮,既取我子,无毁我室,恩斯勤斯,鬻子之闵斯。迨天下未阴雨,彻彼桑土,绸缪牖户,矜此下民,或敢侮予。予手拮据,予所捋荼,予所蓄租,予口卒瘏,曰予未有室家。予羽谯谯,予尾翛翛,予室翘翘,风雨所漂摇,予惟音哓哓"。最后两段,形容周公的苦痛和疲惫,到极点了,虽然拮据辛苦,国基还没有安定,虽然羽毛凋敝,而室家还不免风雨漂摇,由于负责之热情所激发,托之于急切之悲鸣,这真值得后代无限的同情和钦敬。后来叛乱平定,成王也被他训导成功了,他和伊尹一样归政成王。他还不放心,又述了一篇《无逸》的教训,要成王知道前人创业艰难,兢兢业业,不可荒怠。我们生逢空前国难,又当建国未成,读《鸱鸮》之诗,能不与周公有同样感觉。总理常以伊尹、周公自待,是我们国民惟一负责的革命导师,他手创军政、训政、宪政三个时期的政治革命,也是要先把人民训练成熟,然后才还政于民,这种尽瘁负责的精神,古今辉映,是何等的伟大。伊尹在《咸有一德》上说:"非天私我有商,惟天佑于一德,非商求于万民,惟民归于一德。"我中华民国推翻专制以后,也有共同遵循的一德,这就是总理的三民主义。目前我们同人的工作,是要近继总理远绍伊尹周公的志向,真正的实行三民主义,使全国同胞正心诚意"归于一德"。要实行三民主义,建立民主政治的真正基础,就必须我们参政会的同人一齐肩荷起这个艰巨的责任。我们是社会人民的领导者,应该首先树立国民的楷模,尽忠竭诚的教育民众,领导民众,使他们知道自己的责任,了解如何负责任的方法,我们就是伊尹和周公,民众就是太甲和成王,我们要视民众为国家的主体,我们的主人,我们要教他、训他、保育他,最后还政于他,等待他们都成立了,民主政治也实现了。我们要尽到这个使命,必须我们同人在会内会外,以身作则,尊重法令,遵守纪律,竭尽忠诚,负起责任。古人说"其身正,不令而行",又说"以身教者从",我们要作民众的楷模,就必须躬行实践,负责任、守纪律。我们发表言论,一字一句,都要对国家对人民负责。我们的一举一动,都要遵守法令和纪律,以此精神作民众表率,民众自然接受我们的训导,而后我们所训迪感化的民众,才能实行真正的民主政治。政府召集参政会的目的,就是要我们共同负责做伊尹、做周公。政府希望在军事结束的时候,训政的工作已经同时完成,换句话说,就是希望抗战胜利之日，即是建国基础大定之时。政府对我们如此企望，人民对我们期待得很殷切，我们应该如何努力才能无负呢？民主政治是否能建立，责任完全在我们，国家民族是否能复兴，责任亦完全在我们。三民主义最终的目的，大同世界所由实现的节目——亦即礼运上所载的纲要——要由我们参政员同心一致的来提倡，才造成国民的勤劳生产，和睦互助的风气。五中全会希望全国致力的加强团结、积极奋斗，与加紧建设的三点，由这次会议中许多议案而更具体化，也要我们参政员同人积极宣传，率先力行，以风动社会，才能推进实施的功效。我们参政会不是一个平常时代的议事机关，我们是同患难、共甘苦、同心戮力、安危共济的抗战御侮的领导机关，不仅为民意所赖以表现，实在是民力所赖以集中。我们参政员同人，不仅坐而言，而且个个人都能起而行，这一种不避艰危，不辞劳苦的实行精神，已经著有很大的令誉。现在抗战第二期开始，成败所关，更见重要，各位会毕之后，分赴各地，务望秉着本届大会的共同意志和决议，贡献精诚，贡献能力，提高我民族精神，发扬我固有道德，对于这一次大会几个最重要的议案，如加强兵役制度、实行精神动员、推进经济建设、整顿各地保甲，尤其希望各位同人负起倡导推动的责任，各就担任工作的所在，分头努力，一一见之于实行，不但政府可以得到不少的帮助，实在是国家民族与全体同胞所利赖。当此大会闭幕的时候，我瞻念未来艰巨的工作，对于同舟风雨的各位同人，实在不胜其企望，敬祝诸位共同努力，使抗战胜利建国成功。

（原载《国民参政会第三次大会记录》，国民参政会秘书处编1939年4月）

8. 参政员张一麐演词

第三届参政会开会，欣逢我主持抗战到底之全国最高领袖为议长，本会同人引为无上之光荣，尤其在艰难困苦时期，前方将士浴血牺牲，全国同胞受敌人种种蹂躏摧残，本会同人正热血忿涌，常听我议长说明抗战必胜之国策，是对我全国人民之一帖良剂，畏葸心理，一扫而空。本会同人，经闻政后长期之研究考察，觉此次会议中重要议案，如修正兵役法案、战区金融财政经济方案,督促省县市参议会案,整理后方人民自卫案,调整行政机构案,开发边疆文化案等,较上两届已由空泛的进为现实的,散漫的进为集中的。对于政府提出计划,悉心考虑,不厌为合理的辩证,矫正吾国传统的唯阿苟且之颓风,尤以抗战高于一切,力避国内派别摩擦,渐渐养成同舟共济和而不同的良好风气,使四万万五千万的伟大民族,精诚团结,抵抗暴敌侵略,创造世界和平,在最高领袖指导之下,同人等窃引为己任。吾国四千余年的文化,为各国所认识,日本受承一部分唐风,加以西洋文明洗礼,恃其武力,乃欲以远交近攻,以华治华之谬说,征服世界,吾国抗战不独关系吾国之存亡绝续,亦为世界公理人道成败之枢机,彼以暴,我以仁,彼以诈,我以义,彼泥足愈深入,我之抵抗力愈坚强,彼所得者为点线,我所争者在面积,旷观第二期形势已达消耗战、持久战之目的。对于沦陷区域,同人渴望政府统一权责,安定人心,对于政府不无过为督促,综核名实,仰副政府集思广益之盛意,尤其于全国总动员之训练组织,十分注意,使三民主义,普及于全国男女老幼,深入人心,同人等敢以十二分之诚意,尽民一分子之力量,始终不渝,庶几抗战必胜,建国必成,有以对先烈,有以对国民,有以对同情维护之友邦,完成国民参政之责任,方为革命成功之日。谨此致词。

(原载《国民参政会第三次大会记录》,国民参政会秘书处编1939年4月)

9.休会期间驻会委员会委员名单

孔　庚　喜饶嘉措　张君劢　李中襄　卢　前　黄炎培　许孝炎
陶百川　马　亮　范予遂　左舜生　王家祯　邓飞黄　张　澜
刘蘅静　刘叔模　王世颖　胡石青　董必武　李　璜　江　庸
傅斯年　沈钧儒　许德珩　秦邦宪

(原载1939年2月22日《中央日报》)

（四）开展国民精神总动员组织川康建设期成会
——会议报告和议案

1. 提案目录

一、关于一般者

1. 第二期抗战开始本会应郑重宣言重申拥护抗战国策案　　褚辅成等
2. 切实拥护蒋委员长驳斥近卫宣言案　　王卓然等
3. 拥护蒋委员长严斥近卫声明并以此作为今后抗战国策之唯一标准案

　　林祖涵等

4. 拟由大会推选熟悉川康情形，即对各项建设有特殊学识经验之参政员同人，于本会此次大会休会后，立即组织国民参政会川康建设期成会，由期成会组成川康建设访视团，分赴川康各地视察，并根据视察实况拟定川康建设方案，建议政府采纳施行案　　议长提议
5. 切实统筹第二期战时行政计划之实施条件以争取胜利案　　张君劢等

二、关于军事及国防者

1. 对于政府交议《军政部第二期战时行政计划》之决议
2. 修改兵役法施行暂行条例案　　政府交议
3. 推进纳金缓役办法普遍施行以利兵役案　　政府交议
4. 办理兵役及应改善各点分别提出建议案　　梁漱溟等
5. 加紧扩大空军建设以资规取最后胜利案　　黄建中等
6. 加强敌后工作以充实长期抗战力量案　　陈石泉等
7. 游击战区施政纲要建议案　　褚辅成等
8. 普遍推行敌后抗敌工作案　　骆力学等
9. 请政府迅速加强各战地（即以前所谓沦陷区域）游击力量案　　王冠英等
10. 加紧推进"游击区域"抗敌工作案　　马乘风等

11. 迅速援助游击队并普遍加强战地民众之军事训练案　　　王葆真等

12. 加紧后方重要城市及工业文化区域之防空设备,减少牺牲增强抗战建国之基本力量案　　　许德珩等

13. 为推广医疗伤兵伤民加设中医医院以广救济而加强抗战力量案

　　　郭英夫等

14. 协助改善兵役建议案　　　黄炎培等

三、关于外交及国际事项者

1. 对于政府交议"外交部第二期战时行政计划"之决议

2. 对于政府交议"侨务委员会第二期战时行政计划"之决议

3. 请政府注重暹罗安南缅甸各地外交宣传工作案　　　李中襄等

4. 请政府通令驻外使领馆对于各该地华侨尽力予以便利案　　　伍智梅等

5. 请中央广印外国文宣传品以利海外宣传案　　　陈守明等

四、关于内政事项者

1. 对于政府交议"内政部第二期战时行政计划"之决议

2. 对于政府交议"蒙藏委员会第二期战时行政计划"之决议

3. 对于政府交议"赈济委员会第二期战时行政计划"之决议

4. 请确立民主法治制度以奠定建国基础案　　　周　览等

5. 克期成立县参议会案　　　曾　琦等

6. 调整政治机关之职权与工作以增加行政效能案　　　罗隆基等

7. 为发挥行政之效力应注重行政之联系案　　　张元夫等

8. 请政府实行选贤与能以澄清吏治案　　　罗文千等

9. 请政府制定"公务员回避"案　　　傅斯年等

10. 抗战建国之后方政治必须选任人才案　　　张　澜等

11. 请建议政府领导民众举行"国民抗敌公约"宣誓运动以培养抗战精神发挥抗战力量案　　　陶百川等

12. 充实司法机构案　　　周　览等

13. 减轻人民诉讼负担案　　　沈钧儒等

14. 变通战时监犯调服军役限制办法增强抗战力量案　　　沈钧儒等

15. 建议团结民心以期取得抗战必胜建国必成之美果案　　　　黄炎培等
16. 提议从速编纂抗战史以重战时文献案　　　　　　　　　　高惜冰等
17. 编撰战史体例意见提请公决案　　　　　　　　　　　　　张一麟等
18. 请加紧边民团结增强抗战力量案　　　　　　　　　　　　李永新等
19. 组织大规模的边疆服务团以考察边情，团结边民，开发边地增加抗战力量案　　　　　　　　　　　　　　　　　　　　　　　　　　王葆真等
20. 请政府对于县长慎重人选并提高待遇，确定任期严厉监察以修明县政而利抗战建国案　　　　　　　　　　　　　　　　　　　　　李元鼎等
21. 抗战时期卫生行政及医药管理案　　　　　　　　　　　　李中襄等
22. 从速广设制药厂以应抗战需要案　　　　　　　　　　　　沈钧儒等
23. 集中全国医药卫生专门人才加强军医力量以适应战时军队卫生及救护工作之需要案　　　　　　　　　　　　　　　　　　　　　　史　良等
24. 请速拨巨款赈济苏北黄水泛滥区域案　　　　　　　　　　张君劢等
25. 加强民权主义的实施，发扬民气以利抗战案　　　　　　　董必武等
26. 请严惩公务人员领受借款购物佣钱案　　　　　　　　　　王立明等
27. 请政府速颁疏散人口办法以资救济案　　　　　　　　　　杨子毅等
28. 请举办全国人口总登记实行"居留证"、"生庚证"制度以彻底整顿全国治安而利长期抗战案　　　　　　　　　　　　　　　　　罗　衡等
29. 为克服后方文化水准下社会群众幼稚的神权迷信与劫数命运的宣传请实施战时教育文化法令案　　　　　　　　　　　　　　　钱公来等
30. 请政府从速重订颁行服制礼制乐制并设辅导民俗机关以敦风尚案
　　　　　　　　　　　　　　　　　　　　　　　　　　　卢　前等
31. 开发西北与西南先应团结蒙藏回苗各族案　　　　　　　　居励今等
32. 遴选富有军事知识人员充任战地专员县长以利抗战案　　　王仲裕等
33. 改善司法制度方案　　　　　　　　　　　　　　　　　　司法院提
　　附：改良司法制度案补充意见说明书　　　　　　　　　　孔　庚

五、关于财政经济事项者

1. 对于政府交议"财政部第二期战时行政计划"之决议

2. 对于政府交议"经济部第二期战时行政计划"之决议

3. 对于政府交议"抗战第二期交通计划纲要"之决议

4. 战区财政金融及经济处理方法案 　　　　　　　　　　政府交议

5. 为应付持久战政府极应以最大努力制止敌人利用沦陷区域经济资源案 　　　　　　　　　　　　　　　　　　　　　　　陶孟和等

6. 健全战区经济机构以充实全面抗战之力量案 　　　　王世颖等

7. 树立战地经济政策以利抗战而维民生案 　　　　　　陈希豪等

8. 发动战地经济战以苏我民而制敌死命案 　　　　　　王葆真等

9. 安辑侨汇区域调整侨汇机构案 　　　　　　　　　　陶孟和等

10. 应请转饬邮局在可能范围内尽量通汇以利抗战而资救济案 杨端六等

11. 滇缅铁路西面应采用北线案 　　　　　　　　　　　奚　伦等

12. 为积极推进西南建设建议四点请政府采择施行案 　　张剑鸣等

13. 调节粮食以安定民生巩固抗战基础案 　　　　　　　李中襄等

14. 请注意后方物价及粮食等问题以防危机案 　　　　　喜饶嘉措等

15. 请撤销增加书籍印刷品寄费以便普及教育增强抗战力量案 邹韬奋等

16. 提议合并所有关于研究经济建设各机关以便集中各方调查资料拟具战时与战后整个国民经济建设之设计案 　　　　　　高惜冰等

17. 中央及各省县市农业机关应尽量辅导农村妇女发展生产事业案
　　　　　　　　　　　　　　　　　　　　　　　　伍智梅等

18. 沦陷区域工矿应从缓复工以免资敌案 　　　　　　　周星堂等

19. 扩张货币大量生产以利抗战案 　　　　　　　　　　杨子毅等

六、关于教育文化事项者

1. 对于政府交议"抗战第二期教育计划纲要"之决议

2. 拟具敌后方教育实施办法建议采择施行案 　　　　　江恒源等

3. 改进学生军训案 　　　　　　　　　　　　　　　　欧元怀等

4. 减少假期缩短与增加教育效能案 　　　　　　　　　欧元怀等

5. 请培植边务人才以固国防案 　　　　　　　　　　　罗　衡等

6. 请中央于编造下年度国家岁出总预算时增加普通教育文化经费以便

积极推进国民教育案　　　　　　　　　　　　　　　刘蘅静等

　　7. 中央义务教育经费应照原定计划逐年加倍增拨以推进战区及后方各省义务教育案　　　　　　　　　　　　　　　　　　　刘蘅静等

　　8. 建立全民文化工作以适应第二期全面抗战方针案　　王造时等

　　9. 动员全国知识分子扫除文盲普及民族意识以利抗战建国案　邹韬奋等

　　10. 为沟通各民族间情感积极开发边疆富利加速完成抗战建国大业应广泛建设蒙回特殊教育及训练大量内地人士娴熟各民族语言文字案　马　亮等

　　11. 推进西北各省畜牧兽医案　　　　　　　　　　　　骆力学等

　　12. 高级中学分文实两科文科分甲乙两组以期提高学生程度案
　　　　　　　　　　　　　　　　　　　　　　　　　　　黄建中等

　　13. 请政府增拨专款维持并扩充特种教育发挥教育效能增强抗战力量案
　　　　　　　　　　　　　　　　　　　　　　　　　　　胡石青等

　　14. 急救沦陷区青年免资敌用案　　　　　　　　　　　陈　时等

　　15. 实施中国新教学法专设全国义务教育督办处延聘专家改编书籍养成师资以奠定民族复兴基础案　　　　　　　　　　　　　胡元倓等

　　16. 请救济河北流亡难民及失业失学青年案　　　　　　王葆真等

　　17. 请铲除汉奸文字加强民众对抗战胜利信念案　　　刘王立明等

　　（原载《国民参政会第三次大会记录》，国民参政会秘书处编1939年4月）

2. 国民精神总动员纲领[①]

一、绪论

　　抗战迄今，时逾半年，赖我全国团结之固，将士牺牲之勇，摧挫敌寇之势焰，消耗敌军之力量，国誉增高，世誉刮目。然二期抗战今已开始，来日方长，所需于吾国民之淬砺奋斗以期克服之艰难，较之前期亦日见其扩大，敌人今日，已知军事力量不足以屈服吾人而达其速决之目的，故其最近计划，乃欲以

―――――――――
　　① 本纲领系由国民政府提出，由国民参政会议长蒋中正于1939年2月20日在该会第一届第三次会议上代表政府宣读纲目。全文于1939年3月12日公布。

种种方法摇撼吾人之意志,威胁吾人之精神。吾人熟察吾国历史上外患之深,皆坐朝野士大夫精神上为敌人所慑服,致不能发挥吾民族雄厚之力量,如宋如明,皆为殷鉴。则今日之所宜致力者,尤当重于精神之振作与集中。质言之,前期抗战,军事与精神并重;而第二期即后起之抗战,则精神尤重于军事。非提高吾全国国民坚强不屈之精神,不足以克服艰危而打破敌人精神制胜之毒计。吾人回抚十八阅月以来奋斗之经过,而检讨其缺失,则物质条件之欠缺固甚明显,而精神条件之未备尤难讳言。现代战争为全民动员之战争,故不仅应动员国内一切物资与人力,亦必动员全国国民之精神,欲动员全国国民之精神以充实抗战之国力,不仅在于发动而尤贵于组织,必以有组织之精神,发挥有组织之人力,利用有组织之物质,方足以适应国家当前之需要,且此次抗战之意义,不仅限于排除暴敌之侵略,而尤在于努力抗战之中树立战后建国之永久基础,其任务之重,使命之大,在吾国历史上将为空前绝后之无上艰辛的一役,反观今日社会,则基础之团结虽立,而精神之统一未臻,忠勇奋发之表现虽所在多有,而颓废散漫之状态亦同时并存,组织之懈弛,基础之薄弱,如是之国民精神,何堪负荷国族兴亡之巨任,鉴往察来,不能不认国民精神总动员之实施,为今日当务之急也。

所谓国民精神总动员者,自其字义言之,则在个人为集中其一切意识思维、智慧与精神力量于一个方向而提高使用之,在国民全体为集中一切年龄职业思想生活各各不同之国民的精神力量于一个目标而共同鼓舞以增进之,整齐调节以发挥之,确定组织之中心,以增强发挥之效率者也。精神力量之所由表现为道德,而其所由发挥则必归着于信仰,古人有言:"成于一败于二三",凡事皆然,况在军事?况在吾国民处此存亡绝续争死生于呼吸之战时?是以就今日中国而言国民精神总动员,则其涵意应为集结全国国民之精神于简单共同之目标,使全国国民对自身皆确立同一的救国道德,对国家皆坚定同一的建国信仰,而国民每一分子皆能根据同一的道德观念为同一的信仰而奋斗牺牲是也。此所陈述,似极平凡。然中华民族之起死回生必由斯道,吾人如能举国一致,实施国民精神总动员,则任何艰巨皆可负担,任何困难皆可克服,而最后胜利亦事属必然,反之,若国民对此不能体会而力行,或体会不真切,力行不一致,则国族危机必将增重,制胜克敌将益艰难,故抗战前途,国族命运,成败安危,实均系于国民精神总动员之一举。兹特阐其要义,分节论列,愿吾国民一致接受而力行之。

二、共同目标

国民精神总动员,有国民人人所易知易行之简单而明显之三个共同目标,为国民精神所当集结者,当首先标揭之,即(一)国家至上、民族至上,(二)军事第一、胜利第一,与(三)意志集中力量集中是也。

(一)国家至上民族至上

吾国民今日无问智愚,应皆以痛切感觉在民族生存受尽威胁之情形下,任何个人与其事业均未由保其安全,敌人之欲消灭我民族意识,拆散我民族团结,始则必切而分割之,继必奴辱而撕灭之,其野心毒计,已日益明显,故巩固民族生存应先于一切,然民族生活之最高体系为国家,无国家则民族生活不能维持与发展,失国之民族如犹太人受人宰割,何等悲惨,则巩固国家尤应先于一切,是以吾人今日必须认定国家至上民族至上,国家民族之利益应高于一切,在国家民族之前,应牺牲一切私见私心私利私益,乃至于牺牲个人之自由与生命亦非所恤。

(二)军事第一胜利第一

在此解决国族存亡之军事期中,国家民族之最大利益为军事利益,是以国民一切之思想行动,均应绝对受国家民族军事利益之支配。为达成军事之利益,为增进军事之利益,国家民族得要求国民为一切之牺牲,而为国民自亦必自动踊跃而贡献一切之所有,故曰军事第一;军事之唯一目的在求得胜利,则国民务须确立必胜之信念,达成最后胜利之目的,且竭其全部之知能与全部之时间精力,以求取军事之胜利,在此时期,应无所谓个人得失、个人利害与个人之屈伸与荣辱,唯求得军事之胜利乃为吾国民人人共享之光荣,唯不能获得胜利为人人最大之耻辱,一切功罪,一切是非,胥当以此为标准,故又曰胜利第一。

(三)意志集中力量集中

吾国今当国家民族紧急自卫之时,凡为国民所有意志均当集中,所有力量均当集中,有理智有良心之国民,此时除殚思竭虑于如何巩护国家求取胜利以外,应无暇有其他思维,亦必不暇有其他行动,而就国家民族以言,则亦必要求国民全体的思想,绝对统一集中于国家至上民族至上与军事第一胜利第一两义之下,不用其分歧及怀疑,不用作其他之空想空论,更必须动员一切职业一切部门之国民,均专心一志为国家民族军事利益而奋斗,于艰苦之中各竭其能各尽其职,以改进一切创造一切,以贯彻长期的军事计划,同时达到吾建国工作之完成,故曰意志集中力量集中。

如上三意,意至简明,事极易举,国民对此必乐于接受,必一致接受,请进而论述吾人所要求确立之同一道德及坚定之同一信仰的内容。

三、救国之道德

今日中国之需要,为振衰起敝,攘寇患以救国家,故今日所需于吾国民全体力求实践之同一道德,厥为救国之道德,而此救国之道德,实为吾先民所固有,亦即总理所倡导之忠孝仁爱信义和平之八德。国民对此八德,认识或有浅深,但中国民族之昔日绵延光大,实赖有此道德,今日之衰弱式微,实由丧此道德,故非要求吾国民一致确立此救国道德不可。八德之中,最根本者为忠孝,唯忠与孝实中华民族立国之大本,五千年来先民所留遗于后代子孙之至宝,今当国家民族危急之时,全国同胞务必竭忠尽孝,对国家尽其至忠,对民族行其大孝。请先言孝道,中国社会数千年来之所谓孝,不唯尽孝于其亲,亦重在尽孝于其祖,故以不祀无后为最大之罪恶,此就人人之直系祖先而言之也。至总理讲民族主义,更将中国固有之孝道阐扬光大而极于国族。由亲亲之义而推及于同国同族之相保,由追远之义而晓然于同国同族之相关。是以吾人今日行孝之对象,应为整个之民族。应求不辱吾民族共同之祖先,吾人应时刻自念吾人数百代共同祖先所辛苦经营而遗留于吾人之锦绣河山。如竟丧失于吾人之手,则吾人上何以对先民,下何以对共同之种姓,他罪有可赎,不孝无可赎,吾同胞明乎此义,则牺牲一己以维护民族之生存,自必引为人人最高之责任。其次所谓忠者,第一须忠于国家,忠于国家,实即所以保我民族之生存与发展,就中国今日而言,必须人人以拥护国家独立为神圣的责任,而后国家乃有救,国家者有其绝对性者也,欲卫护国家之自由与独立,其先决条件则为军令政令之绝对统一,今当暴敌以绝大武力摧毁我国家,并于各占领区域制造伪组织,企图分割我国家之时,凡我国民,尤必一致忠于国家,以加强国家自卫之力量,忠于职分,忠于纪律,忠于法令,万不可稍萌涣散或违背法纪,以减弱国家之权威。吾国民诚能人人对民族尽孝,对国家尽忠,则抗战救国之使命即有确实负荷之人,至于仁爱信义和平诸德皆由忠孝二义演进而来,仁爱为孝道之扩展,信义为忠道之延长,和平实出于同源,仁爱则不致相残而和平实由于信义,吾人今日能推仁爱之心,则必不坐视同胞之被戮辱被残害,而必有同仇敌忾之勇,推信义之心则必能负责尽职不欺不贰以造成一致赴难之团结,推吾数千年爱好和平之固有理想,则必乐于为抵抗暴力与求取永久和平而奋斗,且必率先为勇厉无前之奋斗,凡此救国道德,当其发挥功用,即无异于坚甲利兵,质言之,此实民族精神的武器,而国民人人当以之武装自身,以驱除暴敌,开创吾国家光辉之新历史者也。

四、建国之信仰

夫吾人今日所以要求我国民趋集同一之方向确立同一之道德不辞艰苦而奋斗者,其最后目的为何?曰:在完成建设三民主义的国家,前已言之。此次抗战意义,不仅在却敌,而尤在确立建国之基础,故虽在战时,必当一刻不忘建国,盖唯具有一致确立的建国方针,而以全力推进之,始能充分发挥御侮之力量,以求取胜利,亦必国民全体皆确立建国之信仰,而后国民之精神力量与救国道德乃有确实之寄托以为积极之发挥,故救国与建国,义本一贯,事无二致。中国建国之最高原则,厥为总理孙先生所手创之三民主义,此固为全国同胞所公认,今日国家存亡,所争一问,抗战而胜,则建国必成,民族即得永久之乐利。故吾国民对吾建国原则之三民主义,必须更巩固其信仰,共同奋斗以求其实现,尽三民主义之目的,在促成中国之国际地位平等、政治地位平等、经济地位平等。吾人理想中所欲建设之国家,外则为独立自由平等,内则为民有民治民享,此人人心理之所同,而三民主义即为达成此国家建设唯一无二之法门。今当之时,人心振奋,趣向更见一致,救国建国,正宜兼程并进,以言乎民族主义,则抵抗外力侵略,以求得民族之独立自由与平等,故为今日抗战唯一之目的。而国内各民族携手共肩抗敌之事业,更足以增进整个民族之团结。为博大的中华民国奠其坚实之基础。以言乎民权主义,则战时国民政治意识之普及,既然以加速培养真正之民权,而战时政府职权之集中调整,更足以造成高度效率之政治。以言乎民生主义,则战时增加生产管制消费之努力,即所以树立民生均给之基础,而国家根据民生主义以实施战时经济政策之结果,必使战后公私产业均有平衡合理之发展,而最大多数人民必以战时之生活,战时之行动,战时之精神,努力生产,努力创造。因以获得进步与繁荣,循此以进,三民主义的新国家之建立,即在抗战获得光荣的胜利之时,而中国永远安乐之国基亦将于是乎克奠。前途光明,历历在望,此正吾国民所宜应为鹄的一致兴奋共同努力以赴之,而其道则自吾国民一致坚定同一的建国信仰始。

五、精神之改造

国民所必需确立之同一道德与同一信仰即已阐明矣,于是吾人乃进而探讨何者为适合于今日国家民族军事利益而足以达成抗战建国目的之健全的精神,何者为违反此义之不健全的精神,从而分别扶植或淘汰之,以造成共同一致之良好环境,而彻底改造我国民之精神,类而举之则下列之数项:

(甲)醉生梦死之生活必须改正

生活者,精神之根本,无合理之生活,即无健全之精神。是以沉溺于声色货利之醉生梦死的生活,必须加以彻底之改正,而实行新生活之信条,否则不仅个人之精耗神散,自误误国且必致相习成风,使整个社会顿呈亡国之现象,而招致世界之鄙视与寇仇之深入,不唯有损于国家,尤必影响于军事。

(乙)奋发蓬勃之朝气必须养成

次于醉生梦死之生活,而为国民精神之蟊贼者厥为消沉颓废之风气,此风气之存在,实由于心理与生理两方面之原因所造成。在心理方面:由于民族自信心与国人自强心之缺乏,不谓民族无复兴之望,即视民族复兴之事业与己无关。此两种心理若不纠正,国民奋发蓬勃之朝气即无法养成。在生理方面:则运动、卫生、整齐、清洁,乃至早起之习惯,均须提倡与实行,然后能使国民精神充实,朝气焕发。以担当非常之革命事业。

(丙)苟且偷生之习性必须革除

抗战中有一不可不注意之精神现象焉,即在前方之民众欠缺誓死复仇之决心,而后方之人员,多有避难就易之私图也。前一现象,促使敌人之顺民增多,而寇气其张,后一现象,促使民族之战士减少,战意薄弱,究其动机,则皆由民族至上之观念不固,苟且偷生之习性犹存。欲纠正前一现象,在于阐明春秋大复仇主义。所谓"为国复仇虽百世可也"。使沦于失地之国民,永不忘国家至上民族至上之观念。纠正后一现象,在提倡纲纪,昌明正义,使人人咸视规避职守,潜国安全,为莫大之耻辱,而后革命之精神乃能树立。

(丁)自私自利之企图必须打破

只图保全个人之生命财产,增长个人之名位与权利,而不顾民族全体之利害与存亡者,亦犹有兵权者之欲保存其实力与地盘,同一私的动机也。充此自私之心理必至私见高于一切,乃至于个人名誉地位与权利欲望之扩张与满足,必先于一切,推衍所极,必至牺牲民族利益,破坏抗战计划而后已。今当抗战剧烈,存亡呼吸之际,而犹不自觉悟,岂唯不智,实亦不仁,在国民精神总动员之目的下,此种痼习,必须排除,所当发扬与论之权威,加以尽量之指正,务使尽袪私见,共输肝胆,而归于至公与至诚。

(戊)分歧错杂之思想必须纠正

抗战以来,全国之思想与言论,在根本上虽已形成统一,而枝叶上之分歧,仍所在多有,若任其杂然并存,势必导民志于分散,贻战事以不利,故必于吾人上述国家民族至上,军事胜利第一,意志力量集中之原则下,确立标准,分别纠正,俾统一之基础获得进一步之巩固,尤必积极疏导,造成共同之国论,俾告吾国民与青年,在认识上对国家前途怀抱同一之理想,在行动上趋赴同一之目标,既以万众一心而克敌制胜,亦所以造成战后全国永久之团结而免于分歧与牴牾,此之标准,当根据当前事实需要与民族利益,为全国国民所义当接受亦乐于接受者,约而举之,则为(一)不违反国民革命最高原则之三民主义,(二)不鼓吹越逾民族之理想与损害国家绝对性之言论,(三)不破坏军政军令及行政系统之统一,(四)不利用抗战形势以达成国家民族利益以外之任何企图。一切思想言论,悉以此为准绳,有违此义,则一体纠绳,共同摈绝,合乎此义,则多方奖进,务使由此基础,充实发展,蔚为风气。

如上五者,仅略举其大端,吾人欲达到国民精神之彻底改造,更须推而广之,首求国民精神之充实,次求国民精神之集中,而更求国民精神之革命化,所谓充实者,即使其蓬勃焕发,坚强贞固,有克服环境抵抗艰难之力量;所谓集中者,即求其密合团结,万众一心,众志成城,以达于休戚利害绝对相共及永不离散之境地;所谓革命化,即本于爱民族爱国家至高无上的观念以献身于革命之事业,对内则矢忠于政府与主义,对外则抵抗民族之敌人,必也富贵不能淫,贫贱不能移,威武不能屈,进而以此精神感化同胞,更进而以此精神战胜敌国,吾国民精神之改造,诚能达此三者之标准,则国民精神总动员之目的,始可谓为完成。

六、动员领导

精神总动员之对象,虽为全体之国民,而率先负有倡导实行之责者,则为下述各类之人员:

(一)党员与公务人员

本党继承总理遗志,实行国民革命。在革命未成时期,本党负政府实施之责。今多少省区,陷于敌手,千万民众,备受摧残。本党党员如何自责自勉,切实省察其公私行动,是否足为一般国民之模范,在实施一般国民精神总动员之始,首先须由党员精神总动员,每一党员,必须其道德的实践,无愧于非常时期之天职,较之一般国民,必须更刻苦精勤,更节约廉洁,亦更能勇敢牺牲,此就党员言之也。至于公务人员特别为各级行政官吏与地方自治人员,负有施行政令,协合军民,充实军事准备之重责,其精神行动更须足以取得国民之信仰,堪为国民之表率。故精神总动员之实施,党员以外,即须由公务人员首先实行,以倡导一般之国民。

(二)全体军人

吾全体军人一致认识军人之本分,不仅在于对敌军之战斗,更应知军队代表国家威权,军人应代表国民精神,且中国在一切民众组织尚未完备之今日,国军即为国家实力之中心,今日救国家救民族之重责大任,全在我军人肩上,故我全军将士,必须首先实行全军精神总动员。凡我军人,绝对应具有救国道德与建国信仰,具备抗战复兴所必需之健全精神,尽忠尽孝,时刻不忘,且须对同胞尽仁爱,对长官袍泽与部下尽信义,而最后则尤必重人道,重纪律,以发扬吾民族固有崇高之和平理想。诚使全国军人一致力行精神总动员,发扬中国固有道德的光辉,则此种伟力,其表现之于军事者,将无可计量,而全国同胞必一致感动,一致响应,更无疑义矣。

(三)全国各界领袖

吾人在实施精神总动员于一般国民之前,更热望全国文化界、实业界、宗教界,与各职业团体的领袖,以及社会中坚分子,与各地之耆贤父老,均同情于国民精神动员之旨趣而躬为之倡率。抗战以来,全国贤达,尽力为国家军事之后盾,其贡献甚大,而诸战区各种文化事业与产业之被摧残,其所受牺牲亦至巨,但今后国家之艰难困苦,益将加深,迄今为止,全国各界在精神上所表现之力量,尚不足以应国家当前之需要,深望更进一步,率先实行精神总动员,一心一德,贡献全部力量于国家民族。各界领袖与中坚人士能躬行实践以为之倡,则各地方各职业部门之国民,益有以景从而风起,至于文化界、言论界、著作家之人士,更望省察国家安危民族盛衰之责任,飞世祸福,千载兴亡,均视各界领袖于此时机能否接受精神总动员之要旨,而为共同之奋斗以为于断。

(四)全国青年

青年为国家之命脉,吾人对于全国曾受、现受教育之青年,无论是否失学或失业,均时致其深切之期望,国家民族之命运,在将来固全赖青年担负,而此日亦赖青年之尽瘁与努力,日本欲征服我中国,其最所仇视者,即为中国之青年。是以在敌寇占领地区,无数青年,殒身受祸,而军兴以来,前线后方,均有不少青年忍饥耐寒,勤奋工作,此实国家所宣特别爱护与督导者。今日实施国民精神总动员,切盼全国青年,均一致参加,先于一般国民,而为热烈之倡导。吾人特别属望于吾全国青年,一致实践中国固有之救国道德,一致信仰三民主义,勿分歧,勿疑惑,勿颓废,勿暴弃,一致笃信国家至上民族至上,与军事第一胜利第一之至理,而共同努力,以从事于抗战复兴之奋斗。

七、动员实施

精神动员之实施,大部分有赖于每个国民良知之自觉,而相互之勉励与启发,则为助成其自觉之手段,至于法律纠绳,仅当以之辅佐启发与勉励之所不及,故主要工作,重在倡导与宣传教化之合宜,至实施之际,必先测度每一工作效果如何,是否能如吾人所预期,然后悬的以求,悉力以赴,选择经济之办法,以求简单迅速与确实,力避官样文章与繁庞之手续,运用现成之组织与自然方式因势利导,以免扰民耗时与妨碍群众,兹特其实施办法,分为实施之主体、实施之步骤、实施之方法,与实施之事项,分别叙述之。

(甲)实施之主体

精神总动员之工作,应由党政军民全体一致共同努力,联合进行,以期贯彻。

一、党部方面

一面督促所属之党员一致实行精神总动员,而加以考核与训练;一面领导各级党部与党员,且联络文化机关,利用种种宣传方法,向全体国民宣传精神总动员之要义,积极地纠正国民思想言论上之歧误,积极的供给推动精神总动员之理论。

二、政府方面

一致改革社会上颓废弛懈之恶习,取缔醉生梦死之生活;一面督饬所属公务人员与地方自治人员,实施精神总动员而普及于全体国民,同时指导各级学校实施精神总动员之教育。

三、军事方面

一面由各级政治部规定精神总动员为军人精神教育之主要科目,并兼负民众精神总动员之推行;一面由各级部队长官逐级贯彻精神总动员之实施,以及于全体之士兵。

四、社会方面

各种文化团体、民众团体、职业团体,以及各种杂志与报馆等,应一致以精神总动员之要领协助党政军精神总动员之工作,俾能普遍彻底做有效之施行。

五、家庭方面

一面造成推行精神总动员要项之环境(如励行节约勤劳与卫生早起等);

一面以父诏兄勉互相鼓励之方法，促使家庭内各分子为抗战复兴之一大目的而努力，并须普遍养成民族利益高于家庭利益之观念。

六、负责主干

精神总动员之推行，其负责主干之人物，在政府与部队应为各级之长官，在家庭则为家长，在学校则为校长与教员，在团体则为会长，在报馆杂志则为主笔，在县区与乡村则为县长与保甲长。此皆群体之首脑，事业之主干，一方面必须要求其以身作则，化导风动，同时亦必朝斯夕斯，视精神总动员为其必要之职务，而贯彻于其全部之事业。

(乙)实施之步骤

除关于整个精神总动员工作之策动考核，及纲领之解释，办法之补□等，应设置精神总动员指导政策机关，以利实施外，所有党政军民各机关团体，应分别依照下列之步骤切实进行：

一、拟定具体计划

党政军民机关团体之主管与负责者，宜各依照精神总动员纲领之所示，按其所学各事项之性质，属于本身职权或事业范围以内者，分别拟就有系统有秩序之具体计划，切实执行。

二、贯彻所属分子

党政军民各高级机关团体，一方面应首先督促其直接隶属之人员一致实行，一面即发动所有下级机关利用小组会议等之机会，各依实际环境，制定适宜方法，切实执行，务使逐层督促，用竞赛与检查等方法互相观摩，实实贯彻与所属于之每一分子以普及于一般之国民。

三、利用固有团体

除党政机关直接领导或管辖之人民团体与文化机关等外，对于其他社会上固有之团体，同乡团体、同业团体等，亦宜尽量利用，使协助促进精神总动员之工作。

四、注意联络进行

各地精神总动员之推进，以由党政军民各机关团体分别依照既定计划尽力推行为原则，其有依事项性质涉及一般或多方面者，则应互相联系协力进行。

(丙)实施之工作

精神总动员实施之工作,按其性质,可分下列四种:

一、宣传与创导

例如精神总动员要旨之提示、国家观念之树立、民族道德之倡行、必赖信心之建立、错误言论之驳斥、悖谬心理之改造,以及关于精神总动员理论与实际之阐发与说明等属之。此项工作宜由党部宣传部、军队政治部,及各报馆、各校、各文化机关团体等负责进行。

二、训练与改进

宣传与创导,仅属于精神总动员第一步之工作,继之者则为训练与改进。例如国民思想之错误,既以宣传之方法加以启示,必进而利用集会等训练方法,以互相砥砺革命人格,确立抗战意识,讨论世界大势,研究国家与民族亡盛与敌国外患之史实,以共进于精神之充实与统一。又如国民意志之颓废,既以宣传指明其缺点,又必进而推广军事训练,以及讲求卫生推行新生活等改进国民身心之工作。此项工作宜由党部社会部、军队政治部、教育机关学校等负责实施。

三、督促与规劝

精神总动员之推行,虽发端于由上而下,然欲其效果之真实不欺,尤必有赖于国人之互相督促与规勉。在家庭则家人兄弟应互相申儆与鼓励,在机关与团体则各分子应共同砥砺与切磋,在社会则无论身份相侔者,应以同志同胞之关系相互督促与劝勉,即对身份较尊者,遇有违反精神之思想言论与行动,亦宜本国家民族之立场,恳切规劝,促其改革。

四、研究与推行

凡精神总动员之工作,既非虚应故事,亦非徒循平时常识进行即为满足,必期有研究与创导之精神。盖今日为非常时期,故必有非常之工作,以资适应,而欲有非常之工作,尤非有非常之研究与设计不可。故欲精神总动员各项工作长足进展,端赖党政军民各界一致尽心研究与竭力推行。

(丁)实施之事项

精神总动员实施之事项,自以前述之精神改进各节为依据,而以下列事项示其略例,以资触类旁通详细子目有待补充,兹分别陈述如次:

一、关于改正生活者

①整饬国民之日常生活,取缔一切不当娱乐;②禁绝奢侈虚糜及一切无谓浪费;③限制消费减少奢侈品之输入;④劝导国民减低生活水准,实行普遍的紧缩。

二、关于养成朝气者

①爱惜光阴,爱惜人力、物力;②扩大战时生产,增进全国的工作时间与效率;③组织与训练民众。予以适当的战时工作之分配。

三、关于革除恶习者

①宣传敌人政略战略失败,与我军愈战愈强之实情;②检举一切游闲怠惰分子,强制战时服役;③肃清对国际上之依赖心及侥幸心,中途妥协之幻想。

四、关于打破不良之企图者

①切实肃清贪污;②鼓励国民毁家纾难,以个人财产捐助战费;③收集一切军需物资,贡献国家政府;④切实推行以精神或物资贡献国家之各种运动。

五、关于纠正思想者

①整饬民众团体之组织,及其训练;②统一文化团体之组织及工作方针;③取缔有碍抗战之论争,及非法活动;④纠正各种报章刊物之言论倾向。

八、结论

如上所述精神总动员之内容与实施纲要,已略具于斯,最后尚有三义,须为负责实施精神总动员之人士告者:即(一)精神总动员之实施,必求其表里贯彻,整个革新,勿以细故末节而任及滋长,以为害于国民之精神。故吾人检点身心锐意克治,必于错误习惯之初萌时着眼,亦必于生活之小节逾闲上着手。(二)必求其效果之持久不渝,盖精神总动员绝非仅凭一时气血热情之鼓励,发生五分钟之救国热度而已。必须将国家民族至高之观念,深植于国民之脑中,尤必事事验之日常生活与行为,使内心无丝毫之疚愧,而后临事能不越于准绳。(三)民族精神之建立,必求其坚忍不拔贞固不移,苟一遇外来之压迫与诱惑即行动摇,则此精神仍不足以完成非常之事业,是以一切革命的人生观之理论,必须彻底提倡,此又实施时所宜注意者也。

总之,国民精神总动员实抗战制胜之主要条件,亦救国建国之最新武器。今日中国国民自非感情绝对麻木,未有不对危殆之国情与痛苦之民众而切其悲愤之念者。是则认定目标一致奋进,不惟自尽其国民之天职,亦正所以觅取人生最高之安慰,而国家民族千秋万世未来光辉灿烂之命运,必肇于此,望吾同胞,一致奋斗。

(原载1939年3月12日《新华日报》)

3. 请举行国民抗敌公约宣誓运动案

陶百川等提

一、旨趣

本案的旨趣,就是在设法集中民众的精神于若干重要之点,而以宣誓的方式,振作和坚定其精神,使能发生伟大而恒久的效力。

二、办法

(一)由国民政府制定"国民抗敌公约"的约文誓词和宣誓的办法,通令全国,一体举行宣誓仪式。

(二)在举行宣誓之前,应由政府发动民众团体和学校等,先作普遍深入的宣传,务使家喻户晓。

(三)宣誓日期由中央规定,全国一律在是日宣誓。

(四)举行宣誓以乡镇(联保)或保为单位,由乡镇长(联保主任)或保长,在规定日期召集户长,举行宣誓大会,由户长代表全家老幼宣誓,并在誓约上签名画押。此项誓约由乡镇长送县政府备案。

(五)誓词和誓约全文,应由县政府翻印,分发住户,贴于墙上,父诫其子,兄诫其弟,妇诫其夫,亲戚朋友,互相告诫,切实遵守。

(六)宣誓后如有背誓行为,得由人民检举,呈请政府,依法治罪。

三、誓词和誓约

试拟誓词和誓约如下,以备政府采择。

"我们多本良心宣誓,遵守'国民抗敌公约',绝对拥护国民政府,服从蒋委员长的领导,尽心竭力,报效国家,倘有背誓行为,愿受政府的处分。×××谨誓。

附誓约如下:

(一)不违背三民主义;

(二)不违背政府法令;

(三)不违背国家民族的利益;

(四)不做汉奸和敌国的顺民;

(五)不参加汉奸组织;

(六)不做敌军和汉奸的官兵;

(七)不替敌人和汉奸带路;

(八)不替敌人和汉奸探听消息;

(九)不替敌人和汉奸做工;

(十)不用敌人和汉奸银行的钞票;

(十一)不买敌人的货物;

(十二)不卖粮食和一切物品给敌人和汉奸。"

(原载1939年2月24日重庆《新华日报》)

4. 拟组织国民参政会川康建设期成会并组成川康建设访视团案

蒋中正提

拟由大会推选熟悉川康情形,即对各项建设有特殊学识经验之参政员同人,于本会此次大会休会后,立即组织国民参政会川康建设期成会,由期成会组成川康建设访视团,分赴川康各地视察,并根据视察实况拟定川康建设方案,建议政府,采纳施行。

(原载《国民参政会第三次大会记录》,国民参政会秘书处编1939年4月)

附：国民参政会川康建设期成会及视察团组织大要[①]

一、川康建设期成会由议长指定参政员十一人至十五人组织之。

二、期成会以议长为会长。

三、期成会之任务为督促政府推进川康建设，以增强抗战及建国之力量。

四、视察团由议长指定参政员十五人至二十一人组成之。期成会会员得被指定为团员，但团员不以期成会会员为限。

五、视察团设团长、副团长各一人，由议长就团员中指定之。

六、视察团之任务为赴川康各地视察实况，将视察所得制成报告，并拟具川康建设具体意见书送期成会，由期成会根据此项报告及意见书拟定建设方案，建议采纳施行。

七、视察团之视察应注重吏治、兵役、治安，及民生四大类，各类之细目，由期成会拟定之。

八、视察团得由期成会酌分数组，每一组视察一个特定地域。

九、视察团得由议长请政府机关指派人员参加协助，其人数以十人为限。

十、视察团出发前，由议长商请政府令饬地方政府对视察工作随时予以协助。

十一、视察团之视察期间，定为两个月。

十二、视察团在视察期间，得随时将沿途视察所得，以函电陈议长转达政府。

十三、视察团工作计划，由期成会会同视察团团长、副团长拟订之。

十四、视察经费，由议长商请政府拨发。

（原载《国民参政会第三次大会记录》，国民参政会秘书处编）

[①] 本"组织大要"于1939年3月2日经议长蒋中正核定。川康建设期成会会员为：邵从恩、张澜、李璜、曾琦、黄炎培、晏阳初、吴玉章、陈豹隐、胡景伊、范锐、梁漱溟、杨端六、高惜冰、许孝炎、褚辅成、光开、张剑鸣、冷遹、林虎、余家菊、杨子毅、马亮、章伯钧、莫德惠、吴伦、王近信、姚仲良、沈钧儒、王造时。

5. 拥护政府抗战国策决议案

本会在第一次大会中,通过了拥护《抗战建国纲领》的决议案,在第二次大会中,通过了《拥护持久抗战的国策案》,此为全国意志团结全国人心统一之有力的表示,其必矢志共守,固早已为中外所共晓。去年十二月二十二日,敌前首相近卫文麿发表了一篇声明,企图实现其宰制全中国与独霸东亚之野心,我蒋委员长洞烛其奸险,遂有同月二十六日驳斥该声明之宣言,昭示我政府与人民必须维护既定国策之决心,义正辞严,举国同钦。本会同人当时散处各地,聆诵此英明伟大之宣言后,尤大为感奋。此次集会有褚参政员辅成等二十四人提议:本会应郑重表示,重申维护抗战国策;有王参政员卓然等二十五人暨林参政员祖涵等二十一人提议:拥护蒋委员长驳近卫声明之宣言各案,旨趣相同。经合并讨论,兹特郑重决议:抗战既定方针,必须坚持到底,我全国国民,应竭诚拥护政府,执行第二期抗战国策。我政府通令全国军民,服膺蒋委员长在去年十二月二十六日宣言中所宣示之大义,坚其信心,齐其步伐,一心一德,彻始彻终,以复我领土主权与行政之完整,而完成抗战建国之大业。

(原载1939年2月22日重庆《新华日报》)

6. 加强民权主义的实施发扬民气以利抗战案

董必武等提

十九个月的抗战,证明我国军队愈打愈强,日寇泥足越陷越深,只要我们毫不动摇地坚持持久战的国策,我们有把握把日寇驱逐出中国去,以恢复我领土主权行政之完整。在刚要转入第二期抗战的时候,最高统帅手定第二期抗战旨要,首列"政治重于军事"和"民众重于士兵"两项,这自然是检讨第一期抗战的经验和教训所得出的结论,以指示今后工作的途径。无可讳言的,抗战以来,我国政治上的进步,赶不及军事上的进步,更远远地落后于抗战的需要。民众是我国能够战胜日寇的基本条件之一,却没有全部动员起来,政治和民众息息相关,民众是否发动起来,一依政治的良窳以为断。政治千头万绪。目前最与民众有关的,是民主自由,民众没有参与政治的机会,没有抗战的言论出版集会结社的自由，永不能提高其积极性，卢沟桥事变之后，三民主义一般的有普遍的宣传。民族主义，国人在抗日战争中，正竭其全力以求他的实现，而对民权民生两主义往往不能给以应有的重视，这是很可惜的。抗战时期民生主义如何实施，当另成议案。国民参政会之召集，虽是民权主义实施之一个重要步骤，然聚会两次，议决的案子实行了多少？实行了的效果如何？恐怕参政员中没一个人能够知道，更没有一个人能够讲演出来。省参议会组织条例公布了半年，至今仍没有一省成立。县参议会则组织条例尚付阙如。关于民众运动，在《抗战建国纲领》中第二十五项已清清楚楚地规定了，"发动全国民众，组织农工商学各团体，改善而充实之。"纲领公布几及一年，除某一部分游击区外，没有看见有一职业团体新被组织，或某一种职业团体，被改善或充实过，反而有许多抗日团体被取消了。又《抗战建国纲领》二十六项规定"在抗战期间于不违反三民主义最高原则及法律范围内，对于言论出版集会结社，当于合法之充分保障"，但在实行的时候，却常常不能和纲领原旨相符。至于各党派之团结，既已承认其存在，但还没有予以法律上之保障，以至摩擦时生莫由解决。上述这些缺点，都不应当听其继续存在和发展，弥补的法子，只有加强民权主义的实施。假使民主政治能迈步前进，则广大民众耳目一新，将争自奋发，引抗战为他们本身应尽的责任，为战胜日寇而增大无限力量的源泉，这对于争取抗战最后的胜利，是有决定的意义，因此特提议下列各点，请求讨论。

一、国民参政会议决之案，经最高国防会议通过者，政府应立予实行。实行之效果如何，政府应考查后报告于参政会。

二、省参议会应赶即成立，期定后，决不再延。

三、县参议会组织条例，政府应限期公布，组织条例中不应呆仿国民参政会和省参议会之例，应多有民主性，以便依《抗战建国纲领》早日完成地方自治。

四、遵照《抗战建国纲领》，从速组织农工商学各职业团体。

五、本会第一届大会议决请中央通令全国军政机关切实保障人民权利案，经最高国防会议通过，政府通令未生实效者，应请政府重申前令，令各军政机关切实执行,并限期呈报执行情况。

六、政府应给各党派以法律上之保障。

(原载《国民参政会第三次大会记录》,国民参政会秘书处编1939年4月)

7.请确立民主法治制度以奠定建国基础案

周览等提

我国政治之应以民主及法治为基础,允成建国之原则,亦为国人所共晓。值此抗战日益有利,建国正在开始之际,我人尤宜淬砺民主法治之精神,确立民主法治之制度,以期训政早有实质的成就,而为宪政预立稳固的基础。兹谨举理由如左:

一、我国政治习惯,凡改进之事类,皆自上而下。现在不但国家有空前之统一,而且全国有共戴之领袖,苟能乘此时机,由领袖奠定民主法治之基础,树立国家恒久之制度,其事甚易,其效亦宏,机不可失,此其一。

二、民主及法治基础之树立,至少须有十年乃至二十年之功夫。国人提倡民主及法治,虽已有四五十年之历史,但从无五年不断之推行。我人此时既有共戴之领袖,则正应赶速为最大之努力,于此后一二十年中,使中国得有民主及法治之稳固基础,并进而成为一理想的近代自由国家,时不可缓,此其二。

三、我国过去十年来,举凡政治、军事,皆有显著之进步。但此进步实为少数人之毅力所造成;无论在政治上或经济上,应有之制度既从未确立,守法之精神亦至不普遍。为国家之永久计,一切设施,必须早日使之制度化,此其三。

四、我国年来国家日趋统一,政府之权力亦日益扩大,凡向日属私人活动范围以内之事,而今归政府处理者,不知凡几。如人民参政之权力,不能与政府权力之扩张,亦步亦趋,势必造成一个极权国家,于整个民族之前途,有异常不良之影响。故此时不能不急求逐渐增加人民参政之权力。此其四。

五、世界各大国,正在形成民主与反民主两大集团,即英相张伯伦,似亦无力阻止此两大集团之形成。我人此时如能努力树立民主法治之初步基础,则同气相求,同声相应,近之可以增加民主集团对我抗战之同情协助,远之可以为世界和平谋共同之奋斗,此其五。

六、各级公务人员之责任心,须经启导培养,方能自动发挥。故如何使公务员能负责任,系于政治之风气,尤关于居上位者如何使其能负责任。至于法治,须先以守法之精神立其根,守法固应为上下一致之习惯,而在位者之大员,尤应以身作则。负责为民治之根本,守法为法治之前提,此二者,盖皆待早日培植者也,此其六。

基于上述种种理由,同人谨为下列建议：

一、政府行动应法律化。我国既以法治为理想之目标,政府今后一切行动,须绝对以现行有效法律为根据。若行动自行动,而法律自法律,则法律既不足以示信上下,即不能养成守法之习惯。此后一切法律,一经由合法机关与合法手续订立公布后,在该法未经正式修改前,政府行动之有关者,应以之为准绳,而不可以一时人事之方便,颇所违反之,忽略之,或曲解之。

二、政府设施应制度化。我国现值改革时期,政治经济各方面之一切制度,实质上多未具备。过去一切设施,诸如用人等等,多随主其事之长官为转移,以致事无定轨,官无定职,职责不分,系统不明；长官对之信任,则可任其越权,长官与之无旧,则求食粟而已。此乃旧时国家之幕府制,非近代国家之文官制也；此乃一时集合之人治,非国家久远之法治也。此风足以长逢迎,不足以培植责任心也。故今后政府一切设施,务须求其制度化,务使政府之整个组织成为一健全之机能,一经发动,则各部门均能尽其最大最善之效能,使此整个之机能,合乎近代政府行政之原则。兹择其有关制度应行之重要改革,述之如下：

(甲)吏治制度必须建立。国家用人必须以才能为标准,然后始能贤者在位,能者在职。历史上我国官场中用人每每非亲即故,以长官之好恶亲疏,为进退人员之标准。此故数千年之积习,今已颇有改正,惜其去清除犹远也。除此之外,似莫要于在一部分中,均实施吏治制度(又名文职服务制),此制普遍推行后,在消极方面,既可以限制滥私,则在积极方面,自可以发挥公正,鼓励贤才。此纳民轨物之大道也。

(乙)公务人员权责必须分明。在今日我国政界中,公务人员或者有权无责,或者有责无权,结果所届,往往一事无人负责,亦无法责某人负责。此后应划清权责,使有责者必须其权足以相称,然后人人皆能尽心力而为之,而成败之责任,亦有攸归。

(丙)机关系统必须清楚。一事决不宜交若干机关执行,否则将无一机关肯负全责,能负全责,甚至彼此冲突,一事不成。且中国政府机关多各自为政,彼此甚少联系,如遇某事必须与其他机关合作者,亦往往不能获得应有之合作。是以各机关间之关系,必须划清,以收分工合作之效。

三、政府体制应民主化。我国政治之应以民主为目的,本为上下一致的要求。故目下所讨论者,不在此目的,而在以如何办法使此目的得渐进的、稳妥的达到也。兹谨拟办法如下:

在我国未实行宪政以前,政治之应受中国国民党指导,与夫政府之应由中国国民党组织,已为全国人民所公认,当然不应求其变更。然由党所组织,且受党所指导之政府,仍应向国民负责;国民如依法对政府表示不满后,政府仍不能设法满人意时,党应分别轻重,加以改正或改组。

党应以现有之国民参政会,或改善加强后,更有代表人民性之参政会为民意机关,并用渐进的方式,使之具有依法监督行政之权力。以上建议,是否有当,敬候公决。

(原载1939年2月24日重庆《中央日报》)

(五)评国民精神总动员

1. 国民精神总动员

重庆《中央日报》社论

战争是物质与精神的比赛,在同样的物质条件之下,要靠精神力量决胜,在不同的物质条件之下,尤恃精神力量来转危为安。古人所谓"攻心为上,攻城次之",就是侧重于精神力量的比赛。现代所谓思想战,宣传战,都是以国民精神为根据的。在未开战之先,到战事结束,都是时时刻刻在互相对比的战斗着。稍有一点破绽,战事就会失败。我们这次抗日战争,武器虽稍逊于敌人,所以,最高统帅的指示说:我们的精神重于物质,就是这个道理。最近在国民参政会第三次会议席上,总裁特别提出国民精神总动员纲领及其实施办法,就是这个意思。我们要保证第二期抗战的胜利,就要努力以求这个纲领的实现。

战场上的武器固然重要,但是使用这种武器的兵员的精神,或者叫做士气,更为重要,这种士气是由各方面的力量培养得来的;要前方有英勇的抗战,就要后方有抗战必胜的信念与工作,然后可以使前方有视死如归的精神,然后不为敌人的精神所慑服。故主持后方的人物,其精神的振作与集中,实为抗战胜败的一种主要因素,正如,总裁所谓"敌人今日,已知军事力量不足以屈服吾人而达其速决之目的,故其最近计划,乃欲以种种方法摇撼吾人之意志,威胁吾人之精神。吾人熟察吾国历史上外患之深,皆坐朝野士大夫精神上为敌人所慑服,致不能发挥吾民族雄厚之力量,如宋如明,皆可为殷鉴。"这就是说明宋明两朝之所以灭亡:(一)因朝野士大夫精神为敌人所慑服,及一切败北的心理。(二)因不能发挥我民族雄厚的力量,即不知道国民精神总动员的方法。现在经过十九个月的抗战,敌人已经疲惫不堪,敌人厌战的心理,已经蔓延与扩大。敌人就想利用这个时机,以求速和速结。我们的朝野人士,并不因此苟且偷安,自乱阵线。在这个战事快要结束的时候,我们更要发动全体国民的精神,以支持这次末期的战争,以争取最后的胜利。所以,总裁才有这个精神总动员纲领的提出,我们全体国民,要热烈地接受,要热烈地一致奉行。

这个纲领有三个共同的目标:(一)国家至上,民族至上;(二)军事第一,胜利第一;(三)意志集中,力量集中。这就是国民精神总动员的三个最高原则。至于精神改造方面,还有五大纲领:(甲)醉生梦死之生活必须改正;(乙)奋发蓬勃之朝气必须养成;(丙)苟且偷生之习惯必须革除;(丁)自私自利之企图必须打破;(戊)纷歧错杂之思想必须纠正。在戊项中,还有四个小目:(1)不违反国民革命最高原则之三民主义;(2)不鼓吹超越民族之理想与损害国家绝对性之言论;(3)不破坏军政军令及行政系统之统一;(4)不利用抗战形势以达成国家民族利益以外之任何企图。在作战的时候,目标要统一,信仰要坚定,精神要发奋,思想更不可杂乱。因为分歧错杂的思想,若不予以纠正,则必至分裂自己的阵线,即所以减低抗战的力量。全体国民要深切了解在这个兴亡续绝的关头,所谓精神总动员的重大意义,就是要大家朝着一个方向,共同动员起来。

至于这个办法的实施,当然要靠领导各阶层的分子,公私的机关团体,全体动员。根据这个纲领,详拟办法,表里贯彻,体会要真切,力行要一致。抗战的效力,一方面改造国家,一方面改造人生。然后抗战胜利,即是建国基础稳定。

(原载1939年2月25日重庆《中央日报》)

2. 两点意见

重庆《中央日报》社论

总裁在第三次参政会开会词中,最后特别提出两点意见真挚希望参政员全体躬行实践。这两点意见是:第一要表现积极的精神,第二是充分发扬真诚纯一,互信共信的精神。这两点意见,性质都着重于精神,第二期抗战中的精神抵抗力怎样能产生?大家能切实发挥总裁提出的两点意见,实做两点意见中所说,精神力量自然能大量的发动。"第二期抗战中,精神的重要,更过于物质。要发挥抗战力量,不仅要振作精神,集中精神,而且要以精神为主,物质为用。"因为第二期抗战的艰难,不亚于第一期;又因为第二期抗战敌人对我的阴谋,武力以外,尚有种种政治外交的手段。要达到抗战的胜利,精神抵抗力比军事力量还重要,精神抵抗力譬如一切抵抗力量的主帅,各种抵抗力量,都是跟着精神力量走,又都听精神力量的指挥。过去敌人的不能成功,因为我们的主帅精神力量强,将来我们的胜利,便在全国人的精神力量,都能像主帅一样坚强。

现在第三次参政会正于抗战转入新阶段时开会,要应付新阶段中预想到的困难,以达到最后的胜利,我们对于现有的精神力量不能认为满足,所以充实和增强现有的精神力量的办法,就是实行总裁指示的两点。先就第一点言,全国人民今日对政府应有最高的信任,信任政府有力量去抗敌,同时还有力量去建国,政府建国的理想,便是建立三民主义的国家。大家只须信任政府现在确是抗战建国并行,虽然在军事忙迫之中,决不敢疏忽人民应享的权利。大家必须承受这一个前提,然后心思才力,可以多多致力于积极的富有建设性实际的建议与设施。因为当前的时势,大家发挥力量,积极向前去苦干,还恐力量不够,贤豪才智的行为言论,都是全国人民的模范,贤豪才智能信任政府,政府的威信自然无形中增强,贤豪才智现今辅助抗战的力量,就在由自己的言论行为,去增加人民对政府信仰,革命的政府,建筑于三民主义理论上的政府,奋斗抗战之目的,就是为谋人民权利的保障与福利的增加。本党第一次代表大会宣言不赞成古典派的人权理论,而主张革命民权。凡是不违背三民主义而从事革命的人,政府对他们的权利过去已有深切的保障,今后更当有进一步积极的筹谋。总裁开会词中既明白提出这一点,今后就不应再有人对这一问题发生怀疑与猜测。

其次,"真诚纯一"是"互信共信"的基础,"互信共信"又是积极精神的前提。总裁说:"我们要集中国民的精神,就必须使全国国民对于自身都确立共同的道德。……这个共同的道德……就是舍小我为大我。""能为国家民族利益而牺牲,才是真诚,国家民族以外无他杂念,才是统一。""大我"就是国家民族,"大我"的利益,便是国家民族的利益。今日爱国的人革命的人与不爱国不革命者之区别,就在所怀抱"大我"的意想,也就看他真诚纯一的程度如何。在今日各种环境形势之下,凡是真诚纯一之人,除了国家民族而外,决没有第二个杂念如党派等等问题。凡是能互信共信之人,决不会想象现政府与现政府的首脑,会漠视人民权利。有此"杂念"之人,他心中盖尚未能真正舍弃其"小我","杂念"之为害,必将阻碍精神抵抗力量而影响于抗战。

大家今日思想中心,只应该有一个问题,便是国家民族的存亡,这个大问题得着圆满的解决,其余小问题都迎刃而解。

(原载1939年2月21日重庆《(中央日报》)

3. 国民精神总动员的政治方向[①]

毛泽东

同志们：今天延安各界为实行国民精神总动员，开了这样一个盛大的会，同时，今天又是"五一"劳动节，我们开了这样伟大的纪念会，这是有重大意义的。

今天是五月一日。在今天，全世界所有无产阶级，劳动人民，只要有可能，统统举行示威。同志们：向哪个示威？向法西斯示威！向侵略者示威！在今天，全世界一切受压迫的人们，全世界一切受压迫的民族，在各个地方举行游行示威，开大会，反对法西斯！反对侵略强盗！

我们中国在今天这一天，所有工人阶级，劳动人民，只要有可能，都在开纪念"五一"的大会，反对日本帝国主义的侵略。同时，在全国各地，全国人民，工、农、商、学、兵、党、政、军、民，各党各派，在蒋委员长号召之下，开始举行国民精神总动员，大家宣誓：反对汉奸，拥护抗战，集中力量，集中意志！干什么呢？打倒日本帝国主义，（全场鼓掌）要把我们中国在危难之中挽救过来，改造过来，变成一个新中国。（全场鼓掌，接着高呼：打倒日本帝国主义！创造新中国！）这就是今天开会的意义，我讲的第一点。

第二点，为什么要举行全国国民精神总动员呢？蒋委员长为什么要发起国民精神总动员呢？因为，我们的敌人，要达到他们的目的，要贯彻他的主张，他要灭亡全中国，日本法西斯军阀，正在那里进行动员日本全国的力量，来继续进行法西斯的侵略战争，来继续这个屠杀中国人民的强盗战争。还有，中国的坏蛋，汪精卫、汪精卫的徒子徒孙们，这些坏东西，又正在那里进行帮助日本帝国主义，不利于抗战不利于国家民族的活动，他们在进行"倒蒋反共"的活动，他们在香港、上海一带，组织什么"反共救国同盟"，汪精卫做头子，并要建立一个投降日本帝国主义的傀儡政府。因为日本同汉奸这样猖獗，所以我们要在全国进行国民精神总动员，号召四万万五千万人大家团结起来，振奋抗战到底的精神，反对日本帝国主义，反对汉奸，反对汪精卫，反对

[①] 这是毛泽东同志在延安各界"国民精神总动员"及"五·一"劳动节大会上的演讲。

托派,反对一切狐群狗党,拥护蒋委员长,拥护国民政府,拥护国民党与共产党的合作,要把我们的战争打到底,动员一切力量,争取最后胜利!我们要打到什么程度呢?要打到鸭绿江边!(全场鼓掌)要收复一切失地!(全场鼓掌)不达到目的,决不停止。所以蒋委员长就发起国民精神总动员,中国共产党就拥护蒋委员长的号召,拥护国民精神总动员。今天,延安各界,党、政、军、民、各机关、各学校,在这里开会,举行宣誓,实行国民精神总动员的纲领,就是为了这个目的,一定要打倒我们的敌人,一定要建设我们的新中国!(全场鼓掌,接着高呼:全国人民团结起来!拥护蒋委员长!实行国民精神总动员!拥护国民党!拥护共产党!拥护国共长期合作!打倒汉奸汪精卫!打倒托派!打倒日本帝国主义!中华民族解放万岁!)

第三点,讲到国家民族的问题。我们的国家,是全国人民的国家,全国工、农、军、学、商、一切爱国人民的国家,不是日寇、汉奸、汪派、托派的国家。我们的国家是要把汪精卫这一类汉奸除外的。还有一些不明大义之徒,他们准备做汉奸,或者精神上被汉奸俘虏的人,如果他们一定要跟汪精卫跑,也要把他们除外的。我们的民族,是数千年来独立自尊的民族,是与日本帝国主义势不两立的民族。我们的国家民族中,只容许抗日政府存在,决不容许任何的汉奸政府存在。我们要保卫自己的祖国,我们要彻底解放中华民族。日本帝国主义侵犯我们国家的独立,妨害我们民族的生存,我们要打倒它。一切汉奸卖国贼,出卖国家民族的利益,我们也要打倒它。这就是"国家至上,民族至上"。(全场高呼:保卫祖国!为保卫祖国流最后一滴血!中华民族解放万岁!打倒汉奸卖国贼!)

第四点,为了达到保卫祖国,为了达到中华民族的解放,就要使抗战得到胜利。中国共产党历来主张:"抗日高于一切,一切服从于抗日,动员一切力量,争取最后胜利。"这是什么意思呢?这就是"军事第一,胜利第一"。打胜仗,这就是我们唯一标准。凡能使我们打胜仗的,凡利于抗战的,我们就要做,就要拥护;凡属妨碍打胜仗的,妨碍抗战的,就不要做,就要反对。汪派、托派、捣乱分子的活动,顽固分子与阴谋家的活动,我们统统要反对。任何破坏抗战的人,我们统统要打倒!(全场鼓掌,高呼:抗日高于一切!动员一切力量！反对妥协投降！反对汉奸卖国贼！）

　　第五点，要到达最后胜利的目的，要达到打到鸭绿江边，收复一切失地的目的，就要把全国人民的思想、意志、力量统一起来，集中起来，这就要实行巩固扩大抗日民族统一战线，这就是蒋委员长所号召的"意志集中，力量集中"。一切意志都要集中到最后胜利这一点上，能不能够集中到别一点上去呢？能不能够同日本和平妥协呢？决不能够！一定要争取最后胜利，一定要达到这一点！一切力量要集中到抗日阵线这一方面。能不能够集中到别的方面去呢？决不能够！汪精卫要把力量集中到他的汉奸阵线上去，集中到降日阵线上去，行不行呢？万万不行的！有些捣乱分子，磨擦专家，不是把力量集中而是把力量分散，对不对呢？完全不对的。所以一切意志要完全集中在最后胜利一点，一切力量要完全集中在抗日民族统一战线一处，决不能够违反；有违反的就要反对，就要打倒，就把他当汉奸打！（全场高呼：一切意志集中在最后胜利！一切力量集中在抗日阵线！）

　　第六点，为了争取最后胜利，为了巩固扩大抗日民族统一战线，就要改造全国国民的精神，把一切不好的东西，错误的东西统统去掉。自私自利，贪生怕死，贪污腐化，萎靡不振……这些东西好不好呢？（台下高呼：不好！）这些东西要统统去掉。我们历来提倡艰苦奋斗的工作作风，就是这个意思。我们民族历来有一种艰苦奋斗的作风，我们要把它发扬起来。要把现在许多人中间流行的那种自私自利，贪生怕死，贪污腐化，萎靡不振的风气，根本改变过来。共产党历来更提倡坚定正确的政治方向，在抗战中间，就是要纠正一切不利于抗战的错误思想。首先是汪派托派的汉奸思想，反国家反民族的思想，一定要纠正。其他一切不利于抗战的思想，也要纠正，例如有些人说："马克思主义不是三民主义的好朋友。"这种话对不对呢？完全不对的。孙中山先生明明白白的指示过："马克思主义是三民主义的好朋友。"现在这些人违背孙先生的指示，说两个主义不是好朋友，这是反对统一战线的思想，这是反对全国占百分之九十以上的劳动人民的思想，也就是反民族的思想。所有这些错误思想，统统要纠正，统统要取消，才能使我们有坚定正确的政治方向。这种坚定正确的政治方向，是与艰苦奋斗的工作作风不能脱离的，没有坚定正确的政治方向,就不能激发艰苦奋斗的工作作风;没有艰苦奋斗的工作作风,也就不能执行坚定正确的政治方向。(全场鼓掌,接着高呼:反对自私自利!反对贪生怕死!反对贪污腐化!反对错误思想!坚持坚定正确的政治方向!厉行艰苦奋斗的工作作风!)

第七点,最后一点,讲到我们现在的总方针,抗战建国的总方针,这就是三民主义。三民主义是抗日民族统一战线的政治基础,是要在抗日建国的斗争中全部实行的。民族主义,就要打倒日本帝国主义;民权主义,就要全国人民有自由;民生主义,就要全国人民有衣穿,有饭吃,有事做。这些都是很好的,必要的,我们要举决实行。从今天起,全国国民都要真正实行三民主义!不但要口里讲,而且要动手做。只有抗战到底,打到鸭绿江边,收复一切失地,始终不投降,不叛国,才叫做真正信仰民族主义,才算是孙中山先生民族主义的忠实信徒。只有给老百姓以民主权利,给老百姓以言论、出版、集会、结社等自由,不压迫老百姓,而且遵照孙中山先生的遗嘱,实行"唤起民众",才叫真正信仰民权主义,才算是孙中山先生民权主义的忠实信徒。只有努力于解除大多数人民的生活痛苦,譬如实行孙中山先生的"耕者有其田",实行生产运动,使大家有衣穿,有饭吃,有事做,才叫做真正信仰民生主义,才算是孙中山先生民生主义的忠实信徒。同志们!我们大家要做三民主义的忠实信徒,要做孙中山先生的好学生,决不可做一个假信徒,决不可做一个坏学生。不要光是嘴上讲三民主义,而要全部的实际的做起来。那些口讲而手不做的叫做什么?我叫他们做假信仰三民主义者。我们号召全国国民大家动手实行三民主义,大家都做真正信仰三民主义者。我希望全国国民大家实行打倒日本帝国主义解放中华民族的民族主义;大家实行帮助老百姓,唤起老百姓,给老百姓以民主权利的民权主义;大家实行使老百姓有衣穿,有饭吃,有事做的民生主义。现在全国要求真正实行三民主义,我们要为真正的出现三民主义而奋斗到底!(全场鼓掌,高呼:全国实行三民主义!)

今天我们开会,就是为了这些事情,全国国民精神总动员也是为了这些事情。总而言之,要彻底的实行三民主义,要真正实行三民主义!要动员一切力量,争取最后胜利,打到鸭绿江边,收复一切失地,我们一定要把日本帝

国主义赶出中国去，我们一定要建立一个崭新的中华民国！（热烈而长时间的鼓掌）

（原载《群众》周刊第三卷第三期）

4. 国民参政会第三届大会

重庆《新华日报》社论

本届大会的重要和进步不仅在于通过了拥护国策的决议，而且在于审议了实行国策的具体计划，就是政府提出的第二期抗战的各种施政计划。虽然，这个计划还仅是大纲要目，缺乏具体的数字与进展，但是还不失为第二期抗战中重大的进步的表现。为着争取第二期抗战的胜利，我们需要有各方面配合和联系的，以军事第一胜利第一为依据的计划，这计划已于本届大会中见其发端。今后政府一方面需要参照参政会的决议而使计划具体化实际化，另一方面需要切切实实地执行计划。只有实行才能使计划有真正的价值和效果。

大会更本着政治重于军事的大原则，通过了争取政治上不断进步的决议案多起。董参政员必武等提，加强民权主义的实施，发挥民气以利抗战案等，是最值得欢迎的。正像蒋议长在闭幕词中所说："一国的人民，如果不能关切他们自身的幸福，管理他们自己共同的事务，就是说，如果人民不能积极参加政治的话，他们就不能造成强固的国家。"而且抗战建国，在充实军力之外，"必得动员民力，更必集合民意"，"政府人民打成一片，通力合作，抗战乃有力量，建国乃有实效。"除此而外，还通过了罗参政员文干等提：《请政府实行选贤与能以澄清吏治案》；李参政员元鼎等提：《拟请政府对于县长慎重人选，并提高待遇，确定任期，严厉监察，以修明县政而利抗战建国案》等，更是关于改善政治的具体提案。

大会更在培养新生力量，建设军事力量方面，通过了黄建中等提《加紧扩大空军建设案》，及改善兵役实施，加强敌后工作等等重要决议。这些提案和决议无疑都是抗战军事上所必须，而为今日急需实行者。

大会在经济建设文化教育方面，亦均有重大的贡献，特别是对于川康建设大会通过了组织川康建设期成会和视察团,这将对于我们抗战后方的建设有大推动。

总之,这次大会,是以加强团结,坚持抗战,动员更多的人力物力财力,以支持长期抗战,争取最后胜利为中心的。是以西南西北为着重点的。这,不容否认的,都是现今全国上下一致努力以赴的。虽然大会或因时间短促对于许多问题未能详加讨论,不无缺点,可是,大会已在奠定了的继续坚决抗战的基础上通过了若干有重大意义的决议,将抗战军事、政治、经济、文化推到更进步的路上去。

(原载1939年2月24日重庆《新华日报)》)

5. 民主政治问题

重庆《新华日报》社论

最近闭幕的国民参政会第三次大会,有几个很重要的议案,就是对于推进民主政治,有董参政员必武等提出:《加强民权主义的实施,发挥民气以利抗战案》,罗参政员文干等提出:《实行选贤与能以澄清吏治案》,周参政员览等提出:《确立民主法治制度以奠定建国基础案》。此外,关于改善政治的提案,还有多起。蒋议长在闭幕词中亦说:"本会的历史的使命,是要建立民主政治的基础。""世界上最有力,最巩固的政治,一定是建立在民意之上,一定是以人民的利害为利害,人民的视听为视听。"

国民参政会成立之目的,原在逐渐推进民主政治,否则国民参政会亦将失去它的原意。抗战时期反民主政治的人,那些提出"军事与民主不能相容","民主妨害民众动员"等谬论的人,不仅是有意的把孙中山先生的三民主义分裂,而且显然会妨害抗战的进行。

国民参政会第三次大会,注意民主政治问题,自然不是偶然的。在蒋委员长和全国民众热烈支持之下,抗战到底,争取最后胜利的国策,已经成了我国现阶段政治中不可动摇的总路线。凡是离开这个总路线,企图破坏抗战,对敌投降的分子,都要受到全国上下的唾弃,而不能见容于国人。伟大的中华民族,在坚持持久抗战的方针下,得到了空前未有的团结和进步。因此,当近卫的诱降的声明已受到坚决打击，民族叛徒汪精卫之流已受到严厉制裁之后，目前的中心问题，就是如何加强全国民众的动员，以争取抗战建国的最后胜利。因此动员的方法，就成了目前主要的任务。因此，民主政治问题，发动全民族一切生活力量的推进问题，就受到全国上下很大的注意。

目前再来公然反对民主政治，似乎是不可能了。目前再来企图根本否认民主政治对于抗战的重要，似乎是不可能了。于是反民主政治论者就来一套新的法宝。他们说，民主政治是好的，但是我们的国民不好，不能实行。他们说，我国人民素来缺少教育和自治的训练，如果贸然实行，就要产生不好的结果。所以现在实现民主政治是不可能的。

他们以为中国实现民主政治，不是今天的事，而是若干年以后的事，他们希望中国人民知识与教育程度提高到欧美资产阶级民主国家那样，再来实现民主政治。他们好像忘记了中国今天是处在艰苦的抗战中，忘记了中国今天来实现民主政治，不仅是历史发展普通的一般的要求，而且是抗战特殊的迫不容缓的要求。

至于民众教育程度和自治能力的培养，这自然是一个非常重要的问题。但要知道，民众的参加抗战动员，民众自身的民主生活，是他们受到训练和教育的最好、最迅速的方式。正是在民主制度之下更容易教育和训练民众。在这种方式下，群众可以充分发挥其积极性和创造性，把他们自身的教育和抗战事业，同时推向前进。

中国正开始向着民主政治的道路前进，这是抗战的需要。在这方面，我们的成绩虽还不大，但在全国上下共同努力之下必能更加进步。今后的努力方针在于：第一，加强民意机关的发展，把现在的国民参政会和各省正筹备中的参议会，逐渐变为真正代表人民的机关；第二，切实执行《抗战建国纲领》所规定的"于抗战期间不违反三民主义最高原则及法令范围内，对于言论出版集会结社予以合法之充分保障"。这是提高民众教育程度和自治能力的有效方法，也是实现民主政治，加强民众动员争取抗战建国最后胜利的重要任务。

（原载 1939 年 2 月 25 日重庆《新华日报》）

6.国民参政会第三次大会

重庆《大公报》社评

蒋议长开会词中,有一段话:"第二期抗战中,精神的重要,更过于物质。""必先提高全国国民坚强奋发的精神,然后方能克服艰难,打破敌人,完成抗战的使命。"从这一点说,本届大会,业已十分成功,而这个成功,就是蒋先生以身示范得来的。一般参政员对于新议长非常同情。因为蒋先生执掌全军,并指导全国政务,责任那样重,心身那样劳,凡我国民,本来十分钦佩和系念,而此次又慨然兼任参政会议长的繁剧职务,这十日会议中对于过半的会,亲自主席,指导议事之进行。一般参政员,亲见国家领袖这种不辞劳瘁坚强奋发的精神,自然是十分感动。而大家想到蒋先生为什么这样不辞劳,也不知劳,简单说,只是如开会辞所云,为取求国家的自由,为国家民族的利益而牺牲一切。开会辞不说吗?"我们为了国家,死且不惜,遑论其他。"这就是领袖的真正精神,而全体参政员,必然共同领会和接受。第八次大会,政府提出国民精神总动员纲领与实施办法的报告,由蒋议长亲自朗读其纲目。这一案,是政府报告中最要亦最后之案,大概不久就要颁布出来。我们认为蒋先生所十分重视的国民精神总动员,在本届参政会业已发动了。蒋先生以身示范的精神,不但使全体参政员成为真诚统一,互信共信之一团,并且必然能使全体国民共同提高坚强奋发的精神,以克服艰难,打破敌人了。

关于议事内容,简单批评一下。此次查明前两届议决的要案共一百四十余件,其大半已在开始实施着。本届提案共八十余件,以提案数量论,比一二届大会都少,但差不多都议决通过了,那么,与过去合计将不下二百余件。同时政府各部又提出了今后的施政计划,其范围尤为广泛。此次张参政员君劢提有一案,特注意于政府各部施政计划之实施方法,这一点确乎甚为重要。简单言之,各参政员提案之热心,与政府各部规划之繁重,都令人十分可钦,然而以量论,却不能不认为过多。譬喻言之,菜单太多了,是否都做得出来,怎样做得出来。国家今日,既饥且渴,需食需饮,而不需多读菜单。参政会隔三月一开,议员忙提案,而院部忙答复,假若不更为统一的确实的规划与调整,则若干议案,必然陷于纸上文章。参政会以菜单去,各院部又以菜单来,而依然不能使国家充饥止渴,这一点,是切需注意的。因此,我们希望国防最高委员会,要将各部的计划与参政会建议各案,切实地通盘检讨一下。根据财政经济的实情,决定一个统一的必行的计划,尤其要分别轻重缓急,善用人力财力,以应国家的急需。至于不关用钱,而只限于行政人事范围的问题,则自当尽力改进,不可敷衍搪塞。因此我们又希望参政会驻会委员会,要负责辅助并催促国防最高委员会,做这个调整与考察的工作。

最后说到民主精神。此次周参政员览等有一个培植民主制度的案,又董参政员必武等有一个加强民权主义的实施案。而蒋议长于昨天闭会词中,阐扬总理遗教,解释民主政治,尤为诚挚而详明。我们对此点,略说些感想与希望。国家今天的绝对需要,即为国民精神总动员纲领中所揭之共同目标:"国家至上,民族至上。""军事第一,胜利第一。"所以现在的政治,诚如蒋议长所云,是在军政时期。今天国家为着抗战,而需要全体同胞为国家民族的自由而牺牲个人的一切。所以中国今天讲民主,是与欧美普通国家不同的。但有一要点,真正的民主精神,却实在为求取国家胜利所必需。我所说的,不是制度的形式,而是政治的精神。什么是民主精神,就是反官僚化,是行法治,是叫一切人都能达到自发的践责尽职,为国牺牲。这全是政治上的指导精神的问题。譬如本届的参政会就完全表示了民主政治的精神。政府报告,是知无不言,言无不尽,而蒋议长更特别代表政府,说明国策,其态度那样诚挚而光明,这就是民主精神。自今而往,我们当然盼望全国各界,尤其有党派组织者,更要共同体会国家民族的绝对需要,遵重领袖指示,以加强全国意志之统一与集中,而同时也当然盼望蒋先生的民主精神,贯彻到全国各地各级党政军人事。对于人民各界执行政令之时,务必同样地发扬民主精神,随时随地,启发民意,保障民权。我们祈视并信仰凭"亲爱精诚"四个字,就必然使得全中国民族永远坚牢团结在三民主义大旗之下,共同接受领袖指导的精神总动员,一致为国奋斗,不达最后胜利不止!

(原载 1939 年 2 月 20 日重庆《大公报》)

7. 军事第一！胜利第一！

重庆《时事新报》社评

国民参政会第三届会议，自本月十二日开幕以来，先后历时一旬，举行大会凡九次，通过议案达八十余件，业于昨日圆满休会。当大会休会之际，蒋议长有极重要的致词，全文长数千言，见刊于今日之新闻栏；这不仅是抗战建国过程中最宝贵的文献，同时也是政治科学中极正确的诠释，所以我们于循诵之余，尤愿一掬所感，以勖国人！

国民参政会第三次大会的召集，正值第一期抗战结束第二期抗战开始之时，一面承广州陷落与武汉的撤退，一面又逢敌人诱和劝降的狂吠，情势险恶，迥非昔比；然而自总裁兼议长以后，使参政会获得更健全的领导。良以就中国国民党来说，总裁是全党最高的负责人，就国民革命军来说，委员长又是全军最高的统帅，就民族国家的现状来说，委员长更是世所公认的中华民族最高的领袖；今天以中国国民党全党最高负责人，全军最高的统帅，全民族最高的领袖来兼参政会的议长，不仅反映领袖于宵旰勤劳之中如何翕受舆情，且复表现其虽然日理万机，而尤勤求民隐，宜乎举世欣然，全国腾欢！参政会是适应我国客观环境的民意机关，而初非如欧美的议会；其主要的目的，在于谋国内人民的精诚团结，从而协助政府实施抗战建国的纲领，而且不是徒袭议会制度的皮毛，来对政府作消极的讥弹与削弱。参政会诸君子，俱为国内耆硕，关于这一点，均有明显而深刻的认识，因而这几届的大会，没有水火之争，更没有左右之袒；大家相亲相爱，融融洽洽，懔于覆巢之下无完卵，悉奉民族国家为至上，或则远赴前方，或则深入内地，这种精神，真是值得我们的感奋！

蒋议长在休会词中对于今后的抗战明白的昭示我们："绝不能专赖兵力，必须动员民众的精神，组织民众已发动的精神，以全国的精神意志力量的总和，来做前方将士的后盾。"由此可以看出，全军的统帅不仅尊重民意，而且还大声疾呼要以全国人民的精神意志力量的总和，来做前方将士的后盾；其语重心长，真是发人深省！惟尊重民意是一回事，推行宪政又是一回事，两者之间，不容相提并论；故而蒋议长更特别阐明抗战建国的顺序："就目前事实而论,不仅训政时期的工作受到阻碍,而军政时期应做的工作,且须从头再做一遍";"在抗战没有结束以前,当然是'军事第一,''胜利第一',要以军政时期的工作为主,而一方面积极推行训政工作",而严肃地要求每一个国民"必须从头做起"!这与一八六二年九月三十日毕斯麦向德国议会作第一次演说:"近代之重大问题,非演说及多数通过之决议案所可解决,必赖铁与血,方有解决之望",在历史上有相同的意义,同是永垂不朽的灿烂光辉!盖今天抗战建国的根本问题,不在于单纯的发泄民气,而在于活泼的发挥民力,投票甄吓不退敌人,只有以近代的战具,才可打退敌人的侵略;因此之故,在战时不能以抽象的"民主",来对抗国家民族的利益,而必须"尊重国家法令权力的绝对性"。且民主并不是无法纪无制度的无政府主义思想的掩盖物,而必须与集权相辅而行,世界上最民主的国家,现在都是没有放弃集权;凡是毁法乱纪的现象,都要受它们法律的制裁,而这种捍卫国家民族利益的制裁,在客观上也就是真正的民主。我们殷愿全国的同胞,认清楚当前的危机,奠定了民族的自信,牺牲小己的一时的自由,来争取国家民族亿万斯年的永生!

(原载1939年2月22日重庆《时事新报》)

8. 增强精神抵抗力

重庆《新蜀报》社论

  国民参政会第三次大会,十二日起在渝正式开幕,本报于开幕之翌日,即已在社论栏内列举三点,敬致诚恳及期望。今日获读蒋议长开会词全文,词意恳切,指示周密,其中对于全国精神动员一点,阐述尤详,我们于获读之后,愿对此一问题,再述感怀。

  我们知道:自广州武汉失守后,敌人在军事上鉴于速战速决之不逞,而速和速结之阴谋,又为我抗战到底的意志粉碎无余,于是,敌人为企图加紧进攻,便特别侧重于精神上的"制服",他既已知道长期战争之不可免,故他不能不设法改变过去横冲直闯的战略,因而,目前的战争中,敌人的进攻,早已政治重于军事,他亟图将政治与战略联系,于军事之外更注意傀儡组织的策动,于战争之外更注意经济财富的搜括,于加紧进攻之外,更注意加强法西斯国家的联系。他的作用,是在欺骗麻醉,分化离间,妄图使我们动摇瓦解,"先要制服我们的精神,分解我们的精神,然后来征服我们整个民族",其阴险毒辣,达于极点。

试以近几月中敌人的动向来观察,就可以看出:无论是近卫的宣言,有田的狂吠,或平沼的谬论,都于恫吓之外,继之以"投降",威胁之外,继之以"诱惑",而对于伪组织的策动,法币的破坏,经济的榨取,都在积极进行。一部分人,就因为精神被他所制服,被他所分解,被他所欺骗,所以变为民族失败主义者,走上了背叛党国的道路。

鉴于客观的需要与事实的教训,所以蒋议长以军政领袖的地位,特昭告全国军民及参政员,"我们要发动前方后方及被占区内一切力量","必先提高全国国民坚强奋发的精神","除军事物质之外,更当注意精神的抵抗力"。这一号召,在目前阶段中,实在具有重大意义。因为,目前既是艰苦抗战的时期,我们要抵抗敌人精神上的进攻,亦不能不同时加强精神上的抵抗。

何谓精神上的抵抗?简言之,所谓精神上的抵抗,也就是全国民众,具有深刻正确的认识。第一,要使每个人都有民族的自尊心与自信心,使他们了解民族至上国家至上的意义,使每个人的行动,为了国家民族而行动,每个人的思想,为了国家民族而思想,并充分发扬我们民族抵御外侮,不屈不挠,奋斗到底的精神。第二,要使每个人都具有抗战必胜建国必胜的信念,粉碎失败情绪,扫荡悲观失望心理,发挥积极奋斗的精神。第三,要使每个人做到新生活上礼义廉耻的道德标准,这正如蒋委员长所说,在此抗战期中,所谓礼,乃是严严整整的纪律,义是慷慷慨慨的牺牲,廉是实实在在的节约,不避牺牲,守纪律,负责任,明公私,尚力行,才能完成抗战建国的工作。

参政会为我国唯一民意机关,其目的又在集中全国力量,排除空前困难,集合全国意志,树立建国基础,前两届大会,参政会在拥护抗战到底国策,坚持必胜信念,协助政府,集思广益等各种工作上,均已有重要建树,目前时期,全国精神动员既为大会之主要任务,则我们希望,全体参政员更当在会内会外,充分发挥精神的抵抗力,大会不仅应发表宣言,拥护长期抗战国策,尤应在会毕以后,将精神的动员,贯彻于经济文化政治教育诸部门,动员全国民众,一致奋起,渡过难关,争取胜利。

(原载1939年2月20日重庆《新蜀报》)

9. 发挥"精神抵抗力"

重庆《新民报》社评

这次参政会第三次大会开幕,我最高领袖以议长之资格,亲临致词,最主要的意义,是希望大家领导全国精神总动员,作为本届大会之中心工作。中间有一段话说:"第一期抗战是精神与物质并重,第二期抗战中,精神的重要更过于物质。要发挥抗战的力量,不仅要振作精神,集中精神,而且要以精神为主,物质为用。必先提高全国国民坚强奋发的精神,然后方能克服艰难,打破敌人,完成抗战的使命。……最近敌人侧重政治的舞弄,捏造事实,离间国人,无非先要制服我们的精神,然后来征服我们的整个民族。要打破这种阴谋,我们除了继续注重军事和物质以外,更要特别注重精神的抵抗力。……"

这所谓"精神的重要更过于物质",这所谓"要特别注意精神的抵抗力"云云,我们认为绝不是什么玄虚之论,而是千真万确的唯一的救亡图存之路。

在不久以前,我们记得有一股人,高唱"科学抗战论",以抵制"反对唯武器论"者,理由又何尝不冠冕堂皇,然而就中国现状说:假使真要把科学研究好了,专靠拿物质去战胜敌人,那就有如"俟河之清",只有赶快准备投降之一途。并且支配物质,使用武器,也是贵在先有坚强奋发之精神。中国数千年来之立国根本,即注重在精神两个字,然而其缺点亦在此种精神,或被误解,或被滥用,未能发挥其"积极性能"所致。现在救国图存之道,即为如何使这种"精神的抵抗能力"得以发挥光大起来!如富贵不能淫,贫贱不能移,威武不能屈,这"不能淫","不能移","不能屈",便是精神的抵抗能力。我们要不妥协,不投降,不受离间,不被分解,除了先加强精神上的抵抗能力而外,别无他图。

有人说:中国对日作战的前途,要定三年计划,准备打一年半的仗;有人说:一九三九年是英美法对日经济报复时期,一九四〇年是经济制裁时期,一九四一至一九四二年,不是日本知难而退,便是列强实行以武力干涉日本时期。又有人说：外强中干，色厉内荏的日本，今年即其最后挣扎的时期。……我们且不管这些推测是否正确，但有一点是大家公认的，即彼此都在做"拖"的工作是也。打一年仗是"拖"，打一年半仗也是"拖"，再打二年三年也还是"拖"，谁能够"拖"到最后五分钟，便是谁的胜利。

这个"拖"的工夫，即是所谓"精神抵抗力"。最高领袖说：在第二期抗战中，精神的重要更过于物质。请大家积极发挥这种拖字的精神抵抗能力！

（原载1939年2月21日重庆《新民报》）

10. 参政会之决议及实践

重庆《国民公报》社论

关于议案本身之性质。在原则上，第二期抗战任务，在发挥全国力量与敌寇作决定之斗争，故首要条件为政府与民间更加接近，俾实践各项非常之措施。其次为加强兵役实施，加紧后方建设，使前线战斗力得源源接济，使整个战时社会机构安稳强固，备与敌作长期之周旋。本届参政会第四、五两次大会所通过之各项决议案：（一）《组织川康建设视察团案》，经全场一致通过。此案与政府交议案件中，"第二期战时行政计划，包括未来两年间的军事，外交，财政，内政，经济，交通，教育等部门与抗战建国有关之一切规划"一案，互为表里，非常重要。我们特别提出，在视察的进行中，应普遍欢迎有经验之专家参加，并继之以努力之实践。（二）《组织兵役实施巡察团案》，及《组织特种委员会检讨第一、二两届会议决议案实施情形案》。此两案目的重在检讨，而其实际仍有显著之积极性，而其前案，与政府交议之兵役法修正案有密切关联，抗战以来，兵役推行，各方均尽最大之努力，成绩亦殊昭著，然各项缺点，未必全无，政府大员，亦未必尽知其要害之所在，故必须一面改革，一面巡检，俾以其结果再作彻底之改进。至于前两届参政会，决议案共达两百零八件，大部分均提交政府作为建议案请加实施，现在实施情况如何？有无困难？困难何在？自愿加以严格之检讨，以其结果公诸于国民，俾便推进未来之工作，故此项案件含有积极意义。此外，军事国防案五案，内政问题五案，经济财政问题二案，文化教育四案，均有其不可轻忽的目的，应加重视。

议案实施及精神总动员。国民参政会各项议案之价值,不在其提出讨论及通过,而在其实行。全国国民对于参政会及政府当局之全部希望即在此点!战争的猛烈进展,本来已经打破过去那种议而不决,决而不行的恶例,我们希望此次参政会更应将其遗留之部分全予去除,使一切议案均能交付政府当局审核商酌,付诸实施。此种实践之精神,为当前最宝贵,而不可或缺之精神。蒋议长在开幕词中曾说:"强化精神,集中精神,以我们(指参政员)的言论行动,领导全国精神总动员,应该是本届大会的工作中心所在。"此语何等重要!蒋议长特别强调"积极的精神",亦即干的精神,而抨击一般的消极性及退缩性。"我们过去的国民性,例如怀疑、磨擦、防止、对抗,都是偏于消极的方面,不但不能促进一切的事业,甚至耽误了国家的大事。"(蒋议长语)这又是何等宝贵的警语!有政治头脑之同胞,尤应三复斯言,作为警惕,以推动抗战建国之伟业,而去除"互矜意气,各立门户,私心自用"之积习。此种精神总动员,为抗战建国之根本,与实施参政会历届各项决议案不可分离,愿政府当局,参政员,及全国同胞共勉之!

(原载1939年2月22日重庆《国民公报》)

六　国民参政会第一届第四次会议

(1939年9月9日—9月18日)

(一)反对妥协投降加强党派合作

1. 我们对于过去参政会工作和目前时局的意见

毛泽东　陈绍禹　秦邦宪　林祖涵　吴玉章　董必武　邓颖超

(1939年9月8日)

国民参政会成立于抗战周年纪念之日,迄今已逾一年。

当我们接受聘请而加入参政会时,曾经发表了《我们对于国民参政会的意见》声明。我们指出:"在目前抗战剧烈的环境中,国民参政会之召开,显然表示着我国政治生活向着民主制度的一个进步,显然表示着我国各党派各民族各阶层各地域的团结统一的一个进展。虽然,在其产生的方法上,在其职权的规定上,国民参政会还不是尽如人意的全权的人民代表机关,但是并不因此而失掉国民参政会在今天的作用与意义——进一步团结全国各种力量为抗战救国而努力的作用,企图使全国政治生活走向真正民主化的初步开端的意义。所以我们共产党人除继续地努力于促进普选的全权的人民代表机关在将来能以建立外,将以最积极最热忱最诚挚的态度去参加国民参政会的工作。"

一年来,国民参政会已经集会三次。总观国民参政会既往之工作,其最大的成就,就在于今日中国的最迫切最中心的政治问题上——在坚持民族自卫抗战争取最后胜利及打击各种中途妥协的倾向与罪恶活动上——能够真实地反映全中国最广大人民的要求。第一次大会宣言中,曾经郑重地宣告:"本会兹特代表全体国民庄严宣布:中国民族必以坚强不屈之意志,动员其一切物力、人力,为自卫、为人道,与此穷凶极恶之侵略者长期抗战,以达最后胜利之日为止。"第二次大会又一致决议"拥护蒋委员长所宣示全面抗战持久抗战争取主动之政府既定方针",并号召全国国民"坚决抗战,决不屈服,共守弗渝,以完成抗战建国之任务"。第三次大会又决议"抗战既定国策必须坚持到底",号召国民"坚其信心,齐其步伐,一心一德,彻始彻终,以复我领土主权与行政之完整,而完成抗战建国之大业"。除此以外,三次大会对于抗战建国之各种具体问题,参政会同人曾有提案三百余件;虽容或事有缓急之分,案有精疏之别,但莫不竭其思虑,以期有益于抗战建国。值得惋惜的是,政府对参政会之决议,绝大多数尚不能确切与有效地见诸实施,以致减少了参政会工作应有之成效,同时也就不能满足全国同胞对参政会之热切希望。

我们共产党参政员在参政会的一年工作中,根据着去年七月五日我们声明之立场,遵循中共中央之"明确的政治立场和诚挚的团结精神"的指示,在全国先进人士之指教和督励之下,与参政会同人共同地为着中国人民意志和要求的实现而奋斗。我们确信今日人民之最高愿望、意志和要求,是争取抗战的胜利,以及巩固和扩大为达到和保障抗战胜利所必需的全民族的团结和进步。因之,在过去三次参政会中,我们曾再三提出《拥护政府实行抗战建国纲领案》,《拥护蒋委员长及国民政府加紧全民族团结坚持持久抗战争取最后胜利案》,《拥护蒋委员长严斥近卫声明并以此作为今后抗战国策之唯一标准案》。幸获全体同人之赞助,通过专案。此外对于抗战有关之各项基本问题如建军、征兵,发展敌后游击战,实施民主政治,保障人民权利等,我们均以专案提供意见。在一年来的工作中,我们坚定地遵守着我们的立场:"我们代表着中国共产党参加国民参政会,诚恳地愿意在参政会内与国民党和其他党派以及无党派关系的国民参政员同志们,亲密的携手和共同的努力,以期能友好和睦地商讨和决定一切有利抗战必胜建国必成的具体办法与实施方案"。而同时对于一切有害抗战及主和投降谬论,我们曾坚决地加以揭露和无情地加以抨击。在一、二两次大会中,汪逆及其党羽李圣五等的卖国狂论,虽在隐秘的形式之中,就受到了我们及大多数参政员同人的打击和驳斥。一年以来,我们在国民参政会内之工作,虽自愧无多建树,但所敢自信者,乃是我们谨守着明确的团结抗战的原则立场,遵循着人民的意志与愿望,而未尝稍有逾越。

现在政府已明令延长参政员之任期一年,我们愿就参政员地位将我们对目前时局之观感及今后抗战如何争取胜利之方针,向参政员同人及全国人民申述之。

目前抗战形势的特点,一方面是敌人经过两年的侵略战争之后,困难日益增长,我们抗战前途日益呈现出胜利的远景。但另一方面,日寇非但没有改变其亡华灭华的方针,而且更加阴险,更加凶残,更加恶辣地实行他的一贯的灭亡我国的既定方针,更加狡诈地实行着以华制华以战养战的政策。在军事上,正面停顿着大举进攻而集其全力扫荡敌后游击区域,借以一方面麻痹我们抗战的意志,另一方面巩固其在占领区域之根基;在政治上,则努力扶助和利用汪逆,大唱其反蒋反共降日之谬论,加紧进行制造伪党伪府伪军的活动,同时更嗾使汪逆余党及其他心怀贰志之分子,在抗战营垒内来阴谋挑拨离间进行反蒋反共活动,企图造成迫使中国投降之局势;在经济上,则实行掠夺榨取倾销开发,以实现以战养战用中国之资源屠杀中国人民之毒计。同时,在抗战营垒之内,又确有一部分人对于时局作不正确之认识;或以为敌寇已和缓灭华政策;或以为用某种国际会议方式即可解决中日问题。于是放弃自力更生之正确信心,不作准备反攻之实际工作。甚至有人居然忽视亡国危险,以为主要精力应用以对内。对反共及破坏国共团结阴谋,尽力策动;对一切进步力量,时加打击;对许多有为青年,横施压迫。煮豆与燃萁之痛,阋墙当御侮之时。影响所及,不仅动摇举国同胞对抗战胜利的信念,而且降低国际舆论对中华民族之同情。而兵役困难,法币跌价等困难增加,尤使一部分人士发生抗战有心，胜敌乏术之感。凡此种种，均使中国的民族危机更加深刻与严重。而目前国际形势之发展，对我国抗战环境发生极大之变化。由于苏德互不侵犯协定之签订，使防共轴心消散，使日寇在外交上更加孤立，在内政上引起震动，这一点当对我国抗战局面发生有利之影响。同时，因德国法西斯侵略波兰而引起的欧洲大战，使日寇将利用欧洲紧张局势以加紧进行全力灭亡中国的政策，使英国妥协派更加企图在牺牲中国的条件下求得英日等国妥协的可能。这一切对我国抗战局面将增加许多新的困难。因之，目前我国抗战的国内外环境，均是处在一个新的急剧变化的时期。在这一新的国内外局面之下，全中国人民的当前严重任务，就是明确认清新的国内外情势之各种特点及其各种可能的发展趋势，坚持抗战到底国策，反对中途妥协危险；力求全国团结加强，反对各种分裂阴谋；力求全国向前进步，反对一切反动倒退现象。同时，努力争取剧烈变化的国际形势中每一有利于我的事变和因素，以增强我国的外援，以便克服一切危险，冲破一切困难，增加力量，准备反攻。

为克服目前的困难与危险，为认真准备我国反攻的力量，我们认为目前应从下列各方面努力：

甲　在政治方面：

一、动员全国力量反对妥协投降，扩大反汪运动，肃清抗战营垒中的暗藏汪系余孽及一切妥协投降分子。

二、加强战时政府，统一军政领导，容纳各党各派人才，提高战时行政机构效能。

三、实行战时民主，严惩对民众和青年的非法压迫行为，切实保障人民有言论出版集会结社及武装抗敌之权利。

四、认真惩撤贪官污吏，实行地方自治。

五、成立各地方劳资与佃主纠纷仲裁机关，使贫苦工农生活得到相当改善，以增加民众抗战热忱和便利兵役动员。

乙　在军事方面：

一、发展敌后游击战争——要做到变敌后为前线，积小胜成大胜。为此必须：

（一）根据《抗战建国纲领》原则及当地特殊情况，规定和实行游击根据地的施政纲领。

（二）将游击根据地的军政权统一于该地区抗战勤劳卓著经验丰富之主力指挥之下。

（三）由中央政府经常给游击根据地抗战部队以必要的武装补充和必需的经济帮助。

（四）派有坚持敌后的游击战争的决心与能力且具备坚强政治工作与良好纪律的部队到敌后去扩展游击战争。

（五）一切派往敌后之人员部队，均能以团结胜敌为重，均能忠诚执行抗日民族统一战线政策，不去制造内部磨擦以害己助敌。

（六）派往敌后之人员部队，能实行民主政策，建立真正人民自己选举而由上级政府批准之抗战政权。同时实行改善民生政策，以团结广大人民借以摧毁伪政权，瓦解伪军，使我之人力物力不为敌用而为我用。

二、培养新的国防军——为的坚持抗战，特别是为的准备在有利形势下，真能实行反攻以驱逐敌寇出境，必须培养新的国防军，作为将来反攻的中坚。为此必须：

（一）从前线选拔有历史有战功的部队××师，不分党派畛域，作为建军基础。

（二）规定国防师的统一的编制。

（三）国防师的干部应依照各该挑选部队的原有系统，给以近代化的军事训练与坚强的政治教育，同时并使之仍保存各该部队的优良传统。

（四）国防师的一切装备待遇和补给应一律平等，而较普通部队为高。

（五）国防师之训练，有一定的时期和一定计划，由有战功有能力之大员担任，分区实行，集团训练。

（六）建立国防工业，加紧对外购置，期于两年内完成××个国防师的现代化装备。

丙　在经济方面：

要破坏敌之建设和开发而实现我之生产和节约。为此必须：

一、破坏敌在占领区域之经济建设和物质开发，发动民众彻底抵制仇货，禁止可资敌用的土产资敌；如某些特殊军需品，必需利用仇货者，由国家统制购置。

二、由国家资助并奖励私人投资以扩大工农业合作运动，广泛地发展各种实用工业，尽力提高农业生产。

三、励行军政机关和私人节约运动。

丁　在财政方面：

坚决改变以前的作风，彻底实行战时财政政策。为此必须：

一、法币的发行与资本的流通必须有适当的配合，使之避免法币与内地价格不平衡的现象。

二、严格彻底统制外汇，并由国民参政会成立外汇委员会按期审查财政部对于外汇批准与使用是否适当，以杜绝一切舞弊营私。

三、严格检查和禁止私人操纵金融，捣乱法币，特别是居官者之营利图私投机操纵，犯者重惩。

四、在战区，尤其是沦陷区的省份允其发行一定额数的地方纸币和流通券。

五、国家的金公债，必须在海外侨胞国内银行界中广为劝募，并给以确实基金的保障，与国内投资的便利。

六、国家的赋税政策，必须依照各地的环境可能，分别实行营业税、所得税、遗产税之累进率，并逐渐改良田赋，豁免苛杂。

七、汉奸的财产必须严格实行没收；逃亡到敌日区的地主，国家应代其征收较原来为少之钱粮，暂作国家的直接收入。

八、国家预算，由中央到地方均应重新规定。与抗战有关者应按需要增加，与抗战无关者，应尽量减少，可省者应削除。

九、国家行政人员特别是高级官吏之待遇，应一律减低，并须低于同级军官的待遇，取消特费与兼薪，废除公家借款或购置中的回扣。

戊　在外交方面：

要尽量孤立日寇和努力增强外援。为此必须：

一、认真联合一切援助和同情我国抗战之人民和政府，力求其对我增加物质上和精神上之援助。

二、坚决反对任何国家政府牺牲中国以与日寇妥协的阴谋，坚持外交独立自主之方针。

三、协助国民参政会，各党各派及各界群众团体派遣各种代表团赴各国进行广大国民外交活动，以增强民主及和平力量对我之援助。

己　在党派合作方面：

加强各抗战党派之精诚团结，尤其是国共两党之友爱合作，实为实施上述各项办法，克服时局危险，战胜日寇汪逆的基本保证。为此必须：

一、明令保障各抗日党派之合法权利，认真取消各种所谓防制异党活动办法。

二、严令禁止对共产党及其他抗战党派之歧视压迫行为，严禁因所谓党籍及思想问题而妨害到工、农、军、学、商各界人民及青年之职业及人权之保障，以便造成举国一致精诚团结现象。

三、在抗战各种工作中，广泛地容纳备党派人才参加，不以党派私见摒弃国家有用人才。

当此寇深祸急，世界风云急剧演变之时，坚持抗战到底，巩固国内团结，力求全国进步，以便切实增加抗战力量，准备对敌反攻，是全国人民的要求和愿望，作为人民代表和人民使者的国民参政员的我们，谨于四次大会之前，作此共同之声明，希望全国人民及参政员同人能给予指教鼓励督促和批评，同时作为同人等在会内外与全国同胞共同奋斗的方向。

（原载1939年9月9日重庆《新华日报》）

2. 中国新形势与国民参政会

邹韬奋

中国的新形势中有什么重要的特点呢？

第一，中国需要更巩固的全国的团结，在领袖领导之下，集中全部力量于抗战建国的工作。中国抗战二年多,愈战愈强,敌人由企图"速战速决"失败而企图"速和速结",由企图"速和速结"又失败而正在企图"以战养战"。中国在这二年来所收到的成果,最主要的基本条件,谁都不能否认是全国的精诚团结,敌人也知道我们这一个基本条件的重要,所以在政治进攻的阴谋中,极力利用汪逆精卫之流,挑拨离间,制造摩擦,企图由此增加中国内部的纠纷,分散中国一致对外的力量,尤其可痛惜的是有些顽固短视的人们也无意中为虎作伥,在这方面间接推波助澜,使中国的抗战工作受到多少的障碍。为加速抗战最后胜利的到来,加强建设工作的效率,这个缺点是有坚决补救的必要。国民参政会在实际上是包罗各党派的人物(无党无派的人当然也有),这是事实,我们不能自欺。国民参政会是全国及各党派精诚团结的象征,对这个问题应该有具体而明确的解决办法。这不仅仅有关党派团结的问题,这个问题如不能得到具体而明确的解决办法,在各方面的工作都要受到无辜的牵累。在另一方面,抗战阵营里必须尽力精诚团结,然后才能使敌人和汉奸的政治进攻阴谋无隙可乘。

第二,我们二年多对敌的消耗战(消耗敌人力量的战争),已使敌人捉襟见肘,进退维谷,于是为最后的挣扎计,不得不企图"以战养战",即企图以中国的人力物力财力来征服中国,由此弥补敌人自身的穷途末路。我们的政策是要加强在沦陷区域中的抗战工作,使敌人得不到苟延残喘的安定秩序,使敌人得不到利用中国资源的机会,使敌人得不到用奴化教育及宣传来麻醉中国民众的效力。历届参政会大会对于这方面虽也有若干重要的决议案,但是在这样严重的关头,我们对于以往决议案的实行情形,及实行后对于沦陷区所能收到的效果,同时针对沦陷区最近发生问题及困难,更应该根据事实,作成切实的具体方案,交由政府负责执行,以粉碎敌人"以战养战"的毒计。

第三,政治机构的改善与充实。这问题听来似乎怪耳熟的,但在今日还是一个严重的问题。试举兵役问题而言,政府所定的兵役法不是不周到,历届参政会大会对于这件事也有若干相当细密的提案,但据川康视察团视察的结果,认为在下层政治机构中全不是这回事,条文自条文,事实自事实,彼此不相干,有许多联保长根本就连条文都看不懂!又例如人权保障案,曾由参政会郑重提出,郑重通过,并由政府郑重通令在案,而在事实上各地方政府仍有违反人权保障的不幸事件发生,这都出于中枢意旨之外。所以政治机构的改善与充实,实有迫切的需要,否则一切法令,即属良善,亦难下达。

此外如战时财政政策及经济政策,尤其是在外汇问题一度发生混乱及国内物价突增人民生活更为艰难之后,有积极布置的必要;又如当国际风云紧急,苏德互不侵犯条约订立之后,有人竟把和缓侵略战争以为帮助侵略战争的时候,我们反侵略的外交有更切实进行的必要。又如在三民主义大原则下的抗战文化工作,必须爱护支持,加强努力,而不应彼此猜疑,减损效率。凡此种种,都是当前的急务,希望国人多多提供材料,以促国民参政会本届大会的注意,并希望国民参政会对这种种当前的急务加以严重的注意与考虑。

（节录。原载《全民抗战》第八十六号 1939 年 9 月）

3. 参政员董必武、吴玉章发表谈话

董必武 历届参政会,对政府既定抗战之国策均有拥护的宣言和决议,本届参政会的任务,应为如何充实既定的抗战国策之真能贯注到每一工作,每一国民的脑筋中,因为从上届参政会到现在这一时期中仍有许多在抗战中不应有的现象存在与发展着。还有些人没有了解政府既定抗战的国策,并且不但没有为推进抗战的国策努力,反而进行着妨害抗战的不应有的勾当。

充实抗战国策首先要加强内部团结,要使每一个工作人员,每一行政机构都了解到加强团结的重要。这一点在目前是远未作到的。抗日党派间的摩擦,个别地方,部队间的摩擦都在妨害着抗战事业的顺利进行。特别是从第三届参政会到目前这一时期中,由于敌人对我正面进攻的较缓和而主要注意在"扫荡"游击区,加强政治上的挑拨诱降,使得国内某部分顽固分子对抗战发生动摇,甚或加深着摩擦。这种因团结不够而产生的现象均严重地影响着抗战工作。因此,这一时期中国国内团结不够,实是急待补救的。

其次,应严格采用战时财政金融办法。目前外汇的变动,影响到法币,更对人民实际生活发生影响,这说明我们还没有彻底采用战时财政金融办法。政府已决定继续维持法币的政策是很好的,而更进一步坚决地执行战时财政

金融办法则更加需要。

此外，敌后工作的加强也是迫不及待的。前面已说过敌人正在以主要力量企图巩固其侵占区，利用我广大人力物力以达其"以战养战"的目的，我们游击部队英勇艰苦的斗争已使敌人阴谋无法得逞。但是，仍然痛心的是政治上应给予游击战争的帮助太少了，甚至有时妨害了他们的奋斗，在山东、河北均有此等现象。为了争取真正相持阶段到来，必须加强敌后工作，采取适合敌后游击战的政治机构，尽可能的民主化，容纳、团结抗日党派，广泛地组织民众及武装民众等等，使敌后工作迅速配合战争形势的需要。

最后则是反对汪逆精卫的问题。上届参政会惜未能讨论通缉汪精卫之提案。从上次参政会后，汪逆卖国行为已完全公开，其汉奸机关报在香港、上海等地大肆狂吠，诬蔑国民政府，公开反对最高统帅蒋委员长及坚决抗战的中国共产党。虽我政府宽大为怀，迟迟且久始下令通缉，而汪逆气焰仍张，最近更企图组织华南伪政权欺骗两广民众，幸华南军政领袖，先进人士予之以坚决打击。然而潜伏于各方面的汪逆爪牙并未因此敛迹，常常抓住我抗战阵营中某些困难与弱点进行造谣挑拨的阴谋，以响应日寇，我们要根绝此等毒害分子，是亦从消极方面充实抗战国策的要务。

至于补整军队，训练新兵，加强军队政治教育等，争取迅速过渡到相持阶段，以及川康建设等问题均为第四届参政会必须注重的问题。

吴玉章 第四届国民参政会，举行于抗战最艰苦困难的，走上相持阶段的过渡阶段，有许多重要的问题，有关争取胜利迅速达到的问题，是必须讨论和解决的。

加强团结，是极端重要的问题。这已经不是原则的讨论和决议所能解决，必须有切实的具体办法才行。最中心的，当然是认真肃清"反共"的言行，肃清汪派托派和一切公开暗藏的挑拨离间国共关系，制造和扩大摩擦的阴谋诡计。只有这样，才能巩固团结，坚持抗战。

关于民众运动，也要认真努力开展。到了今天，不容否认的，还有不少人，不相信四万万五千万同胞有其不可侮，不能克的伟大力量，可是，要使这个力量能尽情发挥，就非有民众组织不可！扫除民运发展的阻碍，使民众有组织地参加抗战,与巩固团结,保证胜利,是分不开的。

(录自 1939 年 8 月 23、24 日重庆《新华日报》)

4. 参政员李璜发表谈话

目前川康建设已成为全国建设,尤其是大后方建设的中心,由于它具有如此重要的意义,我政府则应集中使用人力物力。因为,有好的计划方案,没有优秀的人才执行,没有计划的分配资力,工作仍难达到完满的地步。就以往川康建设工作者看,尚存在着因缺乏"统筹规划"而形成的人手不够,资力分配不合理的现象。常常有的事情,同时几个机关在进行,有的事情则无人注意及之。没有统一的指挥,人力物力始终难得合理使用,这次讨论以后,盼能切实"统筹规划",以利建设工作之推进。

谈到参政会本身,参政会成立的意义在于能团结全国各方人士,收集思广益之效。本应每开一次会,则团结愈坚,集思广益,收效则更大,而事实上朝野一致的态度,尚无长足进步。原因何在呢?坦白地指出,就是党派间的团结还存在一些问题,这个问题,我们想朝野党派总当有个很好商量,以免影响到参政会的精神而有负蒋议长在第一次大会中指出参政会应为"奠定民主基础"的意思。

(原载 1939 年 9 月 7 日重庆《新华日报》)

5. 参政员章伯钧发表谈话

我个人认为,这次参政会的主要议题,仍以加强各党各派团结为首要,应尽力消除党派间的摩擦,我们既然已经承认抗战建国是需要精诚团结共同努力才可以成功,我希望在这次参政会里能够得到更进步的结果,确定各党各派的法定地位。因为在抗战当中,事实需要各党各派合作,才能战胜敌人。

其次,关于改良政治机构问题,过去许多人曾注意到改革政治机构的下层,譬如对保甲长问题就曾经很讨论过一番。不管下层究竟改革了没有,但我认为改革上层也很重要,要真正做到利用人才,革除旧习,就非要从两方面改起,组织与人事要双管齐下,痛痛快快的彻底治理一下才是。

再次，关于经济问题，我希望这次参政会讨论的不仅是如何稳定法币，争取外援，并且希望能够讨论出具体开发富源的办法，以及怎样进行敌后的经济斗争等都要详细讨论，而改善人民生活，也是迫切需要的问题。

（节录。原载1939年9月2日重庆《新华日报》）

6. 参政员陶行知、史良、张申府发表谈话

陶行知 在抗战处于困难的现阶段，精诚团结应成为一个更重要的课题。但有少数人还不懂这是国家民族存亡的关键。因此抗战已两年多了，还有人喊着反共或排除异己。要知道反共是世界侵略者的口号，是敌寇惯喊的口号，同时是汪逆叛徒正在用的口号。在我们则精诚团结，和衷共济，应是救中国的最紧要的口号，所以现在应特别强调精诚团结，打碎敌寇和汪逆分裂我们的阴谋进攻！

有人说，汪逆已经掉下毛厕坑，遗臭万年，无甚作用了。我觉得不能这样看。就因为他掉下毛坑，播下一坑蛆，变成一群红头大蝇，到处播霍乱病菌，我们不但要讨汪，而且要彻底肃清苍蝇和虎列拉——汉奸。

精神总动员的有效办法，应该是这样：实行民族、民权、民生整个三民主义来动员人民的精神。如果单单实行一两样是不够的。三民主义是不可分离的，不能像点菜一样分开来点，要用整个的三民主义来动员人民，这样人民才自然愿意把一切贡献出来。川康考察团同志们考察归来，感到建设各级民意机关的必要。我觉得建立各级真正民意机关不但重要，而且也是精神总动员的一个最具体而最有效的方法。

（节录。原载1939年9月10日重庆《新华日报》）

史 良 优待出征军人家属的法令，早已于民国二十七年（即1938年）二月初公布，可是今日检讨一下，尚未达到预期成绩。在第二届参政会上，我就提出过要切实执行此项优待法令。现在从重庆各妇女团体的工作中以及其他各地工作的通讯中，可以看出除广西省及四川的北碚等地对抗属工作有些实际成绩，及重庆本地作了一些外，别的地方仍未切实进行。我想，这种现象的存在，大致由于各地的优待抗属机关不健全，如省县优待委员会自身经

费尚无着落,自然谈不上再向抗属进行优待工作。同时,这些机关多与实际参加抗属工作的团体没有联系,形成脱离群众的空组织。他们间或做些工作,也全靠保甲制度的不良,影响到优待工作弊端百出。

关于今后的优待工作,我打算在本届参政会上有些具体提案,如像提议由教育部通令各级学校对抗属子弟无条件免收一切费用。对于青年抗属安置他们到战时生产工作中,至于老弱残废无力自己谋生的,应尽最大可能保障他们的生活。这样对兵役工作的进行影响是很大的。

谈到妇女工作,目前所感到最大的困难就是民众团体往往从政府取得帮助太少。像经费的困难,领导的不够,都加重妇女工作及民众运动的困难。民众动员的口号早随抗战而提出,而已动员的民众离应有的程度还是有相当的距离。这次参政会应给以更多的注意。此外,工作干部的大量培养也是决定工作开展的因素之一。

最后,我有这样的感觉,似乎目前各方面工作及国内政治的进步还不到应有的紧张程度,甚至有人以为敌人已无能为力而松懈自己的努力,这些现像都应在精神总动员的推行中消除才好,要知道团结才能保障抗战的胜利,稍一松懈团结,即胜利的取得将成空话。这里又必须加强肃清汪逆余孽及汉奸分子的工作。

(节录。原载1939年8月25日重庆《新华日报》)

张申府 我近来最感觉得不为政不再多言,而且关于抗战建国许多方面的计划方略等等,实在也用不着再言。但把已言的都实行出来,也就够了。至少,还是现在最必要的一端。现在最需要的是实在,是实践,而不是虚文,而不是空言。因此我在所鼓吹的新启蒙运动或理性运动上,第一点就是鼓吹实,也就是这个意思。

关于参政会的提案,我也有这样感觉。当然有许多提案,还应该提,但是过去三次通过的提案,究竟实行的效果如何,似乎更值得切实检讨一番,似乎比多提新案更要紧。尚实重行的风气,无论如何是今日最应该提倡的。

关于抗战建国的一般问题,我最近的感想有两点。

第一,我近来很觉着,建国比抗战更要紧。抗战是暂时的,建国是永久的,建国实在比抗战更根本;而建国的基础,要在抗战过程中树立起来。但可惜,在抗战军事方面,两年多以来,虽很有成绩了,而且日有进步,建国方面,似乎还未如此,至少也未象抗战军事的成就那样显著。所以有人常说,政治经济的进步赶不上军事。恐怕事实上确实如此。

第二,就消极方面说,我近来很相信,应该把反汉奸与铲除贪污,作为一个主要中心工作。汉奸这种内患不除,抗战前途必不免增加许多困难。我所谓汉奸,比平常多少广泛,除卖国投敌之徒外,举凡有妥协态度,怯敌心理,以及奴性的人都包括在内。所有这些,不在为抗战胜利起见,便为建国成功起见,都应该在扫除之列。至现在的贪污成风与汉奸之多,是有联带关系的。贪污不肃清,不但使建国困难,在抗战上也同样会增加许多困难。如何肃清贪污,我很希望负监察之责的多发挥些力量。贪污与汉奸都出于自私自利之心,与苟且偷生的恶习。因此要铲除肃清之。除政治上的实质改进外,鼓吹国家思想,激发民族意识,增强民族气节;提倡理性,造成新风气,都是必要的。同时后方风纪的整顿,也是我近来感觉必要的一件事。

关于团结,我的意思也许与大家不同一点儿。必须团结,这不待说。但我近来极感觉着,中国如要立国,必须发挥无党派者的作用。现在有党有派是事实,现有的党与派不能解散,也是无可如何的事实。但要得到各党各派精诚的团结,而不至于总有些摩擦分离,以至分散国力,那必须大家都站在民族至上的立场。国家民族,危急至此,再不容得内部摩擦了。

关于民众运动,我再补充两个原则。第一,我相信,以官来发动民众是不会收到有效的结果的,尤其是根据中国历来的习惯。第二,民众运动与政治机构,有必然的联带关系,不一并解决,必什么也不会解决。

(节录。原载1939年8月26日重庆《新华日报》)

7. 参政员黄炎培、江恒源发表谈话

黄炎培 我深感抗战建国大业的完成,两部分工作特别重要。一要切实做到军民的真正合作,保证抗战的军事胜利,这是前方的任务。一则为使生产与抗战紧相配合,这是后方的任务。我们的工作就是针对后者而发。在大

后方巡视,可以看到,我国天赋之厚及民众勤俭的精神都是过于我们的期望的,一般民众,只要知道某项工作对抗战的关联,对抗战的意义,无不热烈参加。尤其可贵的是一般知识青年,由于受过相当文化教育,他们的接受性强,能写一些文章,还能切实执行工作,热情青年结伙效国的例子到处皆可见到。现在我们要切实考虑到如何将这群爱国热情丰富的青年和淳厚纯良的民众组织起来,成为一个集体的力量来帮助政府完成抗战建国大业,这是值得特别注意的。

青年时期,思想多是热烈前进的。他们思想的趋向固应重视,但我认为今天只要他们愿为抗战努力,在为抗战努力,我们对这些行动是应该切实扶持,辅助他们完成志愿的。青年人这种热烈前进的精神,现在贡献于抗战,将来亦为国家民族精神的基础。我很愿看见全国上下一致精诚团结,完成非常时期死里求生的使命。同时也更愿看见政府亦以不从局部不同主张着眼,为国家民族利益努力的崇高精神,领导大家完成神圣抗战使命并在可能范围内先定下民治基础,以建立中华民国千年不拔的根基。我在参政会里重要主张及对国家重要方针的意见即这一点。

(原载1939年9月7日重庆《新华日报》)

江恒源 前几届参政会上,我个人所提出的提案多偏重在两方面。第一为教育方面,我认为从职业教育乃及一般的教育,过去多半离开了中国社会的实际情况,不适合于客观的实际要求。目前,在政府的努力改进中已渐渐克服着这种趋势,然而尚须付以更大的注意与努力。第二是关于敌后区域的工作,敌后军事组织,经济建设,以及政治文化教育等工作的开展,都是重要的,个人认为尤应大量注意文化教育工作,如果一般民众文化教育水准低落,对于政治工作的进行实有莫大影响。上届参政会我对此有提案。政府也在努力进行,惟会后尚待更切实地将一切工作照规定步骤执行。

关于省以下的行政机构问题,我正在研究中。不过我总感到省县行政有头重尾轻之概,往往一切人力财力与权力,都集中于省府,县府无人无财又无权,使作为下层的基本的行政机构的县政,毫不能起其民治的作用。今后应充实县政力量,改进县政制度,来培养良好的民治精神。

至于全国政治要有显著的进步,即是需要全国上下更加努力,团结一致,克服困难来达到的。

(节录。原载1939年9月4日重庆《新华日报》)

8. 参政员王卓然发表谈话

国民参政会,是政府为应付国难想要集中全国意志收集思广益之效而召集的。在过去三次会议,民主的精神,已有相当具体的表现,本次会议,我主张要更加强这种民主精神,简单说,对于抗战建国有利的议案,要于提出之前,经过详密考虑,必须基于客观条件,与慎重的研究,提出时应有大无畏的精神,不要顾虑,不要怕舌战,不要怕意见不同,因为对于一个问题,因意义不同而产生激烈的辩论,不但使真理愈辩愈明,且足以表示民族精神之前进,与民主精神之发挥。所以出席会议的人,应当见得到,说得出,方不负代表人民的责任。

关于参政会的决议案,政府应当尽量实施,例如第一次参政会决议案中有重建东北行政机构一案,蒋先生曾说于军事战外,有政治经济外交各战,同样重要,日本利用汪精卫一派汉奸,是一个重大的政治攻势,我感觉重建东北行政机构,是我们政治战中一个重要的反攻。……东北行政机构,在九一八后消灭,一任伪满发号施令,这确实是便宜了敌人,恢复行政机构,第一可以激动东北人心,加强其内向之诚,鼓励其抗敌势力,第二可以制敌人兵力,并使其对强迫东北人当兵,有所顾忌,第三不啻昭告世界,中国在进行民族革命战中,国家一尺一寸领土,一夫一妇国民,皆是神圣不可侵犯,不达目的不止,所以政府应将恢复东北行政机构一案,从速施行,这不是说把辽吉黑热各省政府设在重庆,委一批有名无实的官,主张政府简任接近东北地区的抗战将领,为各省长官,例如在河北省有吕正操等等,在晋绥的有马占山、何柱国等等,皆有相当兵力,如给他们加一职衔,令他们"打回老家",他们还不拼死吗?他们的地方,接近伪满士兵,还不怕伪满士兵望风反正吗?对于这个政治战略上的有力反攻,我希望政府赶快实行。

政府对于汪精卫一派汉奸以往确失之宽大,现在纵狼归山,他们有日人作保镖,拿治他们,在现在情形下不大容易,我想在本届参政会提案,请政府从速制定奖励人民诛奸办法,即凡经政府明令通缉的汉奸,皆定出赏格,如铲除一个汉奸,政府即赏若干。国民公约十二条有九条是不当汉奸或不参加汉奸勾当,全是消极,全是独善其身办法,太不够,如今之计,政府应公布一详细汉奸名单,奖励人人诛奸,这样汉奸可以丧胆,这是我自己想向政府提出的建议。

(节录。原载1939年9月1日重庆《新华日报》)

9. 参政员张澜、褚辅成、张一麟发表谈话

张　澜　我觉得对第四届参政会首先一个重要的问题,就是到底历届参政会所通过的提案实行了多少? 是怎样实行的? 检查提案的实行,现在应该重视。我个人对参政会有一种见解,我想开会时间是那样短,需要解决的问题又那样繁杂,因此,提案和讨论应该着重当时几个与民族国家最有关的中心问题,不要把注意分散在零零碎碎,无关大局的问题上去。至于这一届参政会,正当国际上处于动荡局面,国内政治财政都发生着许多亟待解决的问题。我们可以说,这时正是中国需要艰苦奋斗的时候。

抗战必胜这估计,我们在军事上已完全相信,但在政治方面,总觉尚未达到应有的配合。首先,我觉得各级政治机构,应适应抗战需要,愈简单愈好,这样才能增加工作效率。其次,一般工作人员,必须严厉革除过去的贪污腐化与敷衍塞责的不良现象。我们只有毫不讲情,选用真正人才来负起非常时期的任务。在选用人才上,又必须大公无私,不存党派成见,这样才能广揽全国人才,拯救国家与民族于危急关头。

汪逆本身已经是臭得令人作呕了,还有什么值得谈呢? 我们除了用电报去打击他外,重要的是另外两个问题:第一,要展开反对妥协投降的谬论,要和受了汪逆影响的分子,作思想上的斗争;第二,我们还要同汪逆作政治上的斗争,要用国内的政治改进,来粉碎汪逆造谣离间的政治欺骗。说到民众运动首先要解决民主问题。人民有了充分的民主自由,政府有了巩固的民主力量,民众不动是不可能的。再进一步,就是巩固团结,消除派别的成见,相信

民众的伟大力量,不是惧怕群众运动,而是大胆的积极的开展民众运动,造成全国四万万五千万人民的、无比巨大的反对日寇侵略的力量,来置敌寇于死地。

(原载1939年9月3日重庆《新华日报》)

褚辅成 目前最主要的是怎样加强各党各派的团结,开诚布公,避免一切摩擦,加紧动员民众,争取与我国有利的时机,达到相持的阶段。在国际方面,利用外交,努力争得苏联、美国所有同情我国抗战国家的各种援助,在这样的条件之下,一切民族败类将被打击得体无完肤,一切妥协投降的阴谋诡计将被揭穿粉碎,最后胜利就有保证了。

新的世界战争,日益扩大了,过去我们虽得到英法的各种援助,但即使因世界大战而减弱援助力,也决不会影响我国抗战的。因为我们从苏联,从美国,从一切同情我们的国家,还可以继续获得援助。只要我们一天坚持抗战,援助是一天都不怕没有的。

(节录。原载1939年9月8日重庆《新华日报》)

张一麟 最近汪精卫这小子在上海一带大肆活动,沦陷区之不肖分子向膻趋集者颇不乏人。尤可痛恨者,汪逆竟假借国民党名义召开伪代表大会,对我政府大肆攻击,使一般无知之徒被其欺骗蒙蔽因而动摇了抗战信念,好让日寇汉奸们利用。所以我以为目前要图:第一要肃清汪逆余毒,使汪逆爪牙不能存在抗战阵营中。第二要发动沦陷区的民众,给已经逃亡沦陷区之汉奸以打击。第三中央要派大员至沦陷之区宣抚于敌寇麻醉下的民众,使民心内向。

说到政治,我记起一位外国人说过的话,中国好像倒树在地上的宝塔,形成头重脚轻的缺点,这就是说民众组织没有基础,人民没有应享的民主权利。苏联之所以能够顺利地完成五年计划,就是因为民众组织有了基础,民众懂得参预政治,所以才能一致响应政府的每一个号召,所以我说什么事都要先把民众基础弄好才行。

(节录。原载1939年9月11日重庆《新华日报》)

10. 迎接第四次国民参政会

重庆《新华日报》社论

据昨天中央社讯,第四次国民参政会会期行将到来,许多抗战重要问题,将在本届国民参政会讨论。在抗战现阶段,第四次国民参政会的开会,自应有其严重的意义与作用。

自第三次国民参政会闭幕,半年以来,无论在国内和国外,都充满了许多与我们抗战息息相关的重大事变,急待全国人民表示自己的真实意见,急待战时民意机关予以正确的回答,并督促和帮助政府实行到实际生活中去。

行将开会之第四次国民参政会,是正当着我们的抗战,遭受敌人千方百计的诱降的威胁,我们敌后的抗日根据地,遭受敌人残酷恶毒的"扫荡"。而我国内部公开的投降派汉奸汪精卫等,在敌人指挥下,积极进行和平卖国的勾当,进行反蒋、反共、反国民政府挑动内哄的罪行。暗藏的少数投降派,则又鼓吹反共,策动和平妥协,阻碍进步设施。国际间的反动派所企图的远东慕尼黑会议,亦随英日初步协定的签订而渐趋表面化。虽然在抗战两周年纪念日,蒋委员长指斥所谓和平运动,即是亡国运动。再一次宣布坚持抗战的国策;中共中央发表对时局主张,坚决反对中途妥协,号召全国坚持抗战到底。全国将领之反对汪逆通电,全国人民之要求坚持抗战争取胜利,给了日寇、汉奸、投降派以严重打击;然而,目前时局中之和平妥协与内部分裂危险,并未因此而消声匿迹,争取军事上的相持反攻与政治上进步的具体设施,亦未因此而达到预期目的。所以,摆在这次国民参政会面前的使命,是如何巩固已确定之精诚团结坚持抗战的国策,如何督促帮助政府采取革命的实际办法,保证对日抗战的胜利。

我们希望这次参政会,能真正代表全国民意,对下列主要问题,不仅有原则的确定,而且有实现原则的具体办法和步骤。

第一,坚持持久抗战的国策,虽然经过抗战初起时政府的宣布,一、二、三次国民参政会的通过议案,蒋委员长几次的郑重昭示,全国人民的英勇奋斗,中国共产党不屈不挠的坚持,但是,一方面这一国策每每在战争的严重困难关头,和平妥协空气和活动,亦每每及时表面化,摇动人心,影响抗战,关系至巨。另一方面,此种抗战到底国策之误解曲解者亦不一而足。解释不一,目标自殊,影响行动,关系尤巨。全国人民意志,认为我们的抗战目的,在于把日寇完全驱逐出鸭绿江对岸之中国领土以外,目的不达,抗战不止。断不容中途妥协言和。言和即汉奸。希望这次参政会接受全国人民这一殷切期望,对坚持抗战到底的国策有坚决明确的解释,和制裁企图中途妥协动摇国策者的具体办法。

第二,国内团结为抗战之先决条件,为争取胜利之决定保障。在这一时期内,国共间的合作,在日寇汉奸投降派进攻之下,破坏两党关系,破坏共产党言论活动与日俱增,长此下去,必致造成内部分裂,使抗战受到失败之民族严重危机。全国人民正期待不是空喊精诚团结,而是在具体的国共合作关系上,有正确而明确的办法,保证国共两党亲密合作,予共产党以法律保障,予挑拨破坏两党关系少数分子以应有制裁。否则,侈言精诚团结,而讳言国共合作,不采取积极办法以巩固这一合作,则精诚团结之义,将失去其主要内容,抗战建国大业,将蒙受无可补偿之损失,而日寇汉奸却乘隙而入,以遂其以华制华灭亡中国之阴谋。希望此次参政会,接受全国人民之这一公意,接受抗战两年来用血肉所换来之这一宝贵教训,而有以慰全国人民和世界和平人士喁喁之望。

第三,政治进步为生长有生力量与争取战争胜利之主要保障。两年来政治固有明显进步,然而这些进步赶不上抗战需要,这是不容讳言的。而自上届参政会迄今,某些少数人,竟企图将历史车轮拉向后转,因而影响团结,影响内政设施,影响外交关系,至深且巨,而最主要的使有生力量不能按照战争客观环境所需要而生长,致使整个抗战形势蒙受重大损失。因此,全国人民亦正希望上届参政会所通过之政府体制民主化之真正实现,国民党临时全代会通过之《抗战建国纲领》之真正实行,贪污腐化之切实铲除,兵役制度之正确执行,人民生活之相当改善,抗战人才之引进等进步办法,全国人民亦正在引领而望,希望这次参政会接受全国人民这些正确意见,而采取适当办法,有以满足全国人民愿望。

在大敌当前,抗战进入最严重的困难阶段的今天,广大人民对集全国先进之参政会,希望真正做到代表全国民意,和衷共济,讨论并通过符合抗战利益,符合全国人民利益之要求。

(原载 1939 年 8 月 22 日重庆《新华日报》)

11. 四届参政会的历史任务

钱俊瑞

我们希望本届参政会对下列基本问题能够详尽地提出询问和讨论。

第一,我们估量我们的国际关系,最近可能有大的变化。这里必须重新检讨我们的外交政策,而最中心的问题就是对英的关系。对美国和苏联的外交要切实加强。对美国尤其要着重国民外交。

第二,关于对敌政策,我们的原则已经全部确立,办法也已大部分具备,目前的问题是真正照既定原则和办法干去。

第三,关于国内的团结统一的问题。这个问题是目前中国一切问题之中心。我们要宝贵我们之团结统一,犹如宝贵我们的生命。这点至今所以还成为问题,而且依然是严重的问题,当然有客观的社会的根据,我们不应认为偶然。抗战以来,一部分买办资本的动摇,和一部分封建落后势力的顽强,再加上敌人汉奸的阴谋,我们的团结统一当然要时时蒙其影响。尤其从敌人着重政治的进攻,和汪逆公开叛变以后,这种情势更带着严重的性质。本届参政会开会,各位参政员似乎应该把解决这个问题看作一项基本的事情,其他问题在今天只能带着附属的性质。关于这,我们提出下面几点:

(一)在敌人占领并统治的区域内,一切矛盾(社会的、地域的、宗教的、民族的)必然尖锐化,在我们自己统治的区域以内,一切矛盾应该缓和或消灭。这是敌我政策完全相反的结果。这是目前中国领土内政治关系的铁则。但事实上在我们内部至今还存在着相当大的矛盾,这就应该反求诸己,问问自己:我们和敌人根本相反的政策是否已行得够?因为我们相信,这种民族革命的政策如果执行得够,上述问题就决不至成为问题。

(二)团结统一的问题目前表现得最显明的当然是所谓党派问题。本届参政会似乎必须解决这样的问题:

甲、中国究竟是否是个民主国家，或准备做个真正的民主国家？这实在已不成问题。蒋委员长在上届参政会闭会时，就明明白白说："本会的历史的使命是要建立民主政治的基础，尤其要建立永久的真正的民主政治基础。总理倡导三民主义，其民权主义的最终目的就是民主政治。"现在要研究的是民主国家的条件是哪一些？一个民主国家究竟应该怎么做，这一点我们希望参政员诸先生，凭着责无旁贷的义务感，根据中山先生的民权主义，彻底研究一番，然后做出有力的建议来。

乙、中国既不是法西斯专政的国家如德意，又不是无产阶级专政的国家如苏联，而是普通的民主国家，那末各党各派之公开和合法的存在，决不能再成问题。事实上，各位参政员在参政会上多数公开地代表各党派的立场，但谁都知道，目前党派问题，不仅成为问题，而且成为非常严重的问题，这对于抗战的军事、政治、经济、民运都有着决定的影响。这个问题不能圆满解决，其他一切恐怕都是空谈，而参政员在参政会上的发言，恐怕更成空谈之空谈了。我们希望本届参政会能够按照眼前国内各方实际的力量，把国民党的领导地位，和其他各党派的辅助地位，合法地确定起来，使得各方面都能合法地说话，合法地做事，免得人们寸步难行，动辄得咎。这对抗战建国的损失太大了。

此外，还有许多重要问题，如财政金融，军队政治工作，真正发展民运，改善兵役等等，当然都须参政员诸先生充分讨论的。但凡此一切都须以上述基本问题为依归。

最后，我们希望本届参政会能够对前三届会议的决议作切实的检讨，并向当局提出诚挚坦白的询问。我们觉得上届会议特别委员会的检讨工作做得还很不够。

（节录。原载《全民抗战》1939 年第 85 号）

12. 所望于第四届国民参政会者

于炳然

一、在外交方面，我们应当采行有效的抗战外交。我们的外交政策应该坚定的建立在抗战的基础上。更明显地说，就是应该确认：凡赞助我们抗战的,都是友邦和盟国;凡妨害我们抗战的,或站在敌人背后帮凶的,都是我们应该坚决反对的。我们如果采行有效的抗战外交,就必须联合英、美、法、苏等国,同时也必须彰明反对侵略的德意集团。我们必须知道,世界上的所有弱小民族的国家,在原则上,都是同情我们民族解放战争的,我们决不可因其"弱小"而忽视,必须努力争取。另外,我们必须认识到,世界上任何国家的民众,都是我们抗战的同情者,甚至就是我们敌国的民众,也不例外。所以,除了政府外交外,我们必须注意国民外交。

二、关于抗战诸问题。当前最严重的当然要首推团结问题。我们要知道,能否团结的问题,就是能否继续抗战的问题,也就是能否得到最后胜利的问题,可以说,又是能否达成民族解放的问题。这是我们全国民众的迫切要求,深望在这届国民参政会中,每个贤明的参政员,要多费几滴心血,尽更大的努力。

敌人始终未放弃其"以华制华"的阴谋,不但未放弃,反而变本加厉。最近利用他们的新工具——无耻的汪精卫,跑到华南来蠢动,因而更引起我全国同胞普遍而深刻的憎恨,独国民参政会,自汪逆弃职潜逃以来,始终未伸声讨,这是不无遗憾的!我们希望第四届国民参政会,能够郑重表示其严正的态度,而且应当产生具体的锄奸方案,把一切汪精卫的党徒,从抗战的营垒中扬弃出来,同时吸收抗战的新血液。

动员全国民众,是保证最后胜利的基本条件。但毋庸讳言的,自武汉撤退以后,民众运动,反形沉寂,民众的救亡团体,确不如过去活跃,这是抗战的损失,而且这种损失是无法计算的。我们希望这届国民参政会对于民众力量,对于民众救亡团体的力量,重新予以估价,并重新向政府提出发展民众运动的建议。

三、关于推进民主政治,我们觉得,虽然各省的参议会都先后成立了,但这还远远不够。因为仅仅是建议,而无其他更有力的权能,这样的参议会,差不多等于一个设计委员会。我们希望第四届国民参政会为民主政治的前途着想,能把提高参政会的权能一案——由国民参政会起至最低一级的参议会止——列在议事日程内,而且应有详尽的计划和建议。

此外，保障人民的自由，尤其是保障人民的言论自由，亦为当务一急。在我国的历史上，曾有"偶语弃市"的严法，曾有限制"腹议"的苛政，然而，那是专制时代的陈迹，而且，即使在专制时代，也曾引起强烈的反抗。现代的中国，尤其是在抗战时期的中国，想用民众的力量，反而束缚人民的自由，在任何方面说这都是不合理的。

四、关于经济问题，我们觉得，虽然政府已有很多的完善政策，虽然听说我们的友邦将有切实的援助，然而我们如果真能做到"有钱出钱"的地步，我们如果真能厉行节约，也未尝不是"开源节流"的有效办法。真正有钱的人，到今天尚未切实地出钱，这是有目共睹的事实。那么，本届国民参政会就应该决定一种带有强制性的救国公债，并明定财产一千万元以上者，应买救国公债若干，财产在五百万元以上者，应买救国公债若干，按比例详确规定。这还不够，必须动员舆论和宣传的力量，唤起有钱人们自发自觉的精神，并且从党国要人们做起，以为国民的榜样。

（摘录，原载《反攻》1939年第6卷第4期）

13. 工人们的呼声

现在第四届参政会即将开会，诸位参政员先生过去代表了我们人民向政府作了许多有效的建议，在这次大会开幕以前，我们因为身受痛苦，深感要做到大家抗日，合作生产，当局似有赶紧确定战时工人政策的必要。我们愿意把浅薄的见解提出，请贵报转达参政员诸先生，作为参考。

第一，后方的生活程度正在急剧高涨，工人生活的指数却不见增加，纵有增加的数目也太小，无补实际。我们以为正确的战时工人政策，首先要把工人生活重新作一番通盘的估计，改良工人物质待遇。

第二，要确定合理的工作制度，使生产方法适于战时标准。这里须注意防止资方假借国家、国防等好听口号来无限制地剥削工人。特别要明令禁止资方私自胁迫工人签订各种不公允的契约、合同、志愿书，肃清存在工厂中的奴隶制度的余毒。

第三，为了提高工人生产热情，改进工人生产技术，我们要求实施工人的技术教育及政治教育。

第四，最要紧的，是实现总理扶助工农的政策，把工人运动开展起来，给工人们以言论、出版、集会、结社的充分自由。只有这样，才能提高工人的地位，才能使工人在抗战时期更能多贡献出自己的力量来。

最后，我们更希望政府用更大力量，来保障工人的职业，不准厂方随便开除工人，不使一个人受失业的痛苦。尤其是从战区里出来的工人，更应给予特别保障，使他们能安心生产，帮助前方抗战。

（原载1939年8月27日重庆《新华日报》）

14. 青年群众的愿望

当着国民参政会第四届会议行将开幕的时候，我们除了表示热烈欢迎之外，在这里希望这次参政会能正确的确定青年政策。希望这次参政会能讨论下列问题。

第一，开展青年运动。无疑的，在这时期内，青年运动是很沉静的，在抗战进入第三年的时候，我们应该动员和组织广大的青年群众，尤其是农村青年，积极参加抗战工作，打击妥协投降的思想，争取抗战最后的胜利，为了加速完成抗战胜利的任务，不发挥青年的天才和长处贡献国家民族，抗战胜利是不可想象的。

第二，加强教育青年的工作。应该在抗战建国的原则下，改善青年的学校教育，技术教育，和在抗战的实际行动中来教育青年，肃清欺骗与麻醉青年的汪逆、托派的汉奸言论。

第三，解决目前的青年职业问题。在今天还有许多失学失业的青年，尤其是沦陷区的青年，他们流亡失所，无家可归，在敌人的统治压迫下，过着非人的生活，我们应该吸收他们到抗战队伍里来，分配以适当的工作，来帮助抗战。

（原载1939年8月24日重庆《新华日报》）

15. 重庆妇女团体的意见

重庆市十余妇女团体,昨日(七日)下午,举行茶会,招待女参政员。计到妇女指委会、妇女慰劳分会等十余妇女团体,及东北救亡总会等民众团体妇女工作部门之代表约四十余人。女参政员均于百忙中参加,以备听取妇女群众之意见,转向参政会提出。会中除各参政员讲演说明在国际形势激变中,我国抗战工作,尤以民众动员,及妇女动员等应切实加强外,尚有妇女慰劳分会、陕甘宁边区各界妇女联合会驻渝代表团等十团体联名提出:(一)请政府切实协助全国妇女动员及加强妇女工作,以利抗战建国工作;(二)为帮助妇女解决生活问题,提倡集中育儿制度,以便全国妇女共同参加抗战建国大业,并请求政府普遍设立托儿所;(三)切实加紧优待抗属工作,以利兵役进行等意见及办法。茶会上除一致同意上项建议外,尚多发言讨论。发言中尤着重期望政府保障妇女之抗战建国工作,切实防止及取缔非法解雇或逮捕妇女工作者等意见,请参政员忠实地将妇女群众各方意见,向参政会提出。

(原载1939年9月8日重庆《新华日报》)

(二)第一届第四次会议开幕

国民参政会第四次大会,于九月九日上午十时在渝举行开会式。出席者有议长蒋中正,副议长张伯苓,秘书长王世杰,副秘书长周炳琳,秘书雷震、谷锡五、孟广厚等,及李鸿文、张元夫等一百二十二参政员。各院部会长官到有:行政院院长孔祥熙、监察院院长于右任、军事委员会副委员长冯玉祥、军政部部长何应钦、政治部部长陈诚、经济部部长翁文灏、内政部部长周钟岳、教育部部长陈立夫、交通部部长张嘉璈、行政院副院长张群及特别来宾王用宾、谢冠生、徐堪、何廉、陈树人、甘乃光、林云陔、白崇禧、李宗仁、张治中、孙连仲、吴敬恒、陈绍宽、吴忠信、蒋作宾、邵力子、俞飞鹏、邹琳、魏道明、杨虎、洪兰友、刘峙、彭学沛、周启刚、李文范、刘纪文、钮永建、肖忠贞、张维翰等甚众，旁听席上也无虚位。大会门首悬有"精诚团结"横匾，会场空气极为融洽。十时正，蒋议长偕同张副议长登主席台，仪式开始。首由秘书长王世杰报告出席大会参政员人数，谓截至开会时止，参政员报到者有一百三十四人，出府者有一百二十二人，已足法定人数。报告毕，当即宣布开会，由蒋议长主席，行礼如仪，并为抗战阵亡将士及死难同胞默念三分钟。默念毕，由蒋议长致开会词，全场肃然恭聆，达三十余分钟。继由秘书长王世杰宣读林森主席训词，次由张副议长及参政员张一麐相继致词后，摄影礼成。正午十二时，蒋议长设宴招待全体参政员（中央社讯）

（原载1939年9月18日重庆《中央日报》）

1. 议长蒋中正开幕词

张副议长，各位参政员同人：

自从本会第三次大会闭幕以后，这半年中间，抗战建国的工作，皆有很大进步，而国际形势的急剧变化，于我们抗战建国的进行，更有非常的发展。今天本会举行第四次大会，正值欧战发生的时候，各位同人所最关心的，当然是如何适应这个新局势，来执行我们抗战国策的问题。中正特将我们此次会议所最应注意的几个要点，简单的向各位陈述。

我认为欧洲发生战事以后，我们对于抗战建国的工作，更可以进一层加强我们全国奋斗的精神。我们要自信中国抗战胜利，对今后这个大时代和新世界将有更伟大的贡献；同时要认识当此重大关头，真要格外谨慎，格外努力，把握重点，奠定根基，集中力量，使时间精力没有一丝一毫的浪费，使国家在抗战中一切设施都能迎头赶上，和最后胜利的目的相配合。因此我认为当前最切要的几件事是：（一）集中人才，建设后方；（二）加强军事，争取胜利；（三）注意国际形势，推进战时外交。

先从第一点集中人才建设后方来说：我们要达成抗战目的，必须巩固我们抗战的根据地，必须完成后方各种经济、产业、政治、文化，尤其是地方自治等等的建设，以加强我们抗战的本身，健全我们建国的基础，无论国际变化和时代演进如何迅速,而这是我们唯一的根本问题。我们中国无论在任何情况之下,深信必能贯彻抗战国策,粉碎敌人侵略野心,得到最后胜利。但是唯一的要件,就非得从速充实我们自立奋斗的国力不可。讲到后方建设,当然任何省份都是同样的重要,但凡事应有一个重点,我们开始建设的区域,应该是在西北与西南各省,而川康为西北和西南的中心地区,更为重要。我们在上一次开会的时候,决定设立川康建设期成会,同时组织川康建设视察团。这几个月来,各位参政员同人不惮溽暑,不辞跋涉,遍历川康各地,一面考察,一面宣传,对地方政府和民众给予以莫大的鼓舞,同时搜集了许多很切实丰富的材料,怎么样利用这个宝贵的收获来推进我们后方的建设,是这一次大会所要特别讨论的一个主题。诸位要尽量贡献,我相信政府必能充分采纳。谈到建设,首先要有适当的人才,我们参政会是集合全国优秀贤智之士的总机关,以各位参政员作中心,我们一定能将全国的人才集中一起,来推进一切的建设。目前真是中国争存亡决生死的关头,凡我国人有一分心,一分力,都要为国家来贡献。我盼望各位同人不但在开会期间,做成良好的决议案,还要在开会以后,竭尽心力号召国人,声应气求;推举贤能,协助政府,来完成抗战建国必需的一切建设,这是第一点。

其次,就加强军事来说:自从上一次大会闭幕以后的军事经过,另有详细报告,现在简单扼要的说,这六个月中间,除了我们在南昌阵地撤退以外,敌人不但毫无所得,而且他连续受到很大的打击,敌寇不但没有进展,而且比之半年以前还要后退,例如在山西,敌人以八个师团先后攻我们太行山和中条山脉,但自晋城被我军克服以后,他的计划就完全粉碎了。在鄂北,他企图攻我南阳襄樊,想消灭我们第五战区的军队,结果反被我军消灭,只可退守到信阳至汉口的铁路线上,不敢再越雷池一步。在长江以南,敌军本想从南昌直取长沙,结果他不但不能进取,而最重要的高安重镇,也反被我军克服了。其他在广东从化、新会、潮安等地,他也是屡得屡失,消耗了极大的兵力。总之,无论在北战场、东战场与南战场都证明了敌人的兵力愈用愈绌。可以说我们从汉口撤退以后,我方军事更形稳固。我在去年曾经预告国人,我们以后持久抗战的战场,要在平汉、粤汉路线以西地区,更有胜利的把握,这半年来已有事实的证明了。我今天可以实在报告大会,我们的军事力量,不但已经恢复到开战以来的程度,而且比之开战时要增加了一倍以上。至于军需军实也早经有了充分的准备。但这并不是说我们以后对于抗战再没有顾虑或毫无缺点,更不能说是以后决无艰险的话。反之,为要打破敌人的最后挣扎,我们以后抗战的环境,必有更艰更险的遭遇。所以我们为要进行我军有利的反攻,达到最后的胜利,我们必须不失时机,尽量加强我们的军事以及政治、经济的力量。我们更要加紧训练,加紧补充,加紧努力,更要使各地兵役办有成绩,更要使军民密切联系,更要使地方自治发达,关于这种种问题,我们参政员同人来自各地,见闻较切,希望在会期中尽量提出意见和报告,更希望在会期以后,就壮丁组织、地方自治和兵员训练等等的事项,努力进行,尽量协助,这是第二点。

最后要说到外交,这就是说欧洲战事发生以后,我们将怎样来适应这个新的局势,以贯彻我们的抗战国策,这个问题最为重大,特别要慎重的研讨。我们都知道,中日战争问题,就是世界问题,而且是世界最大的问题,须知今日世界的战乱,完全是由日本侵略中国,破坏国际公约,扰乱世界和平的强暴行为所引起来的。我们中国的抗战,一方面固然是为保障本国的独立生存,而一方面实在为要制裁这个世界侵略战争的祸首——日本,维护世界的正义和平。因为如果中日战争一日不了,世界和平亦就永久不能恢复。简单说,中日战争就是世界战争的起点,亦就是世界战局的重心,这是各位应特别注意的。何况我们中国是拥有全世界四分之一人口的国家,对于奠定世界永远的和平秩序,当然要负有重大的义务和责任。

自九一八以来,我们的一贯国策,是建立在下列几个原则之上的:(一)抵抗日本侵略,以保障我国主权与领土行政的完整;(二)遵守国际公约尤其是国际盟约九国公约与非战公约,以与世界爱好正义和平之国家共同维护世界秩序;(三)拒绝参加防共协定;(四)外交在自立自主,完全以本国立场与抗战利益为前提,不受任何拘束,以求得中国之自由平等,实现三民主义,重奠世界永久的和平。八年以来,国民政府秉此奋斗,始终不渝。现在欧战既起,我们更要固守既定的方针,不计前途的险易和利害,亦不计国际形势变化到如何程度，而必求我们一贯的方针贯彻到底。

在欧战既起以后，敌国的表示是不干涉欧洲战事，自称要专力解决"中日战争"。他所谓不干涉欧洲战事，换句话说，就是不许欧美干与中日战事，让他可以独霸东亚，建立他所谓"东亚新秩序"，这就是我平时所说的敌人要在现在世界之外，另造一个世界，这岂不是要使他日本这一个国家的名称，不再存在于现世界之上一样么？除非世界上以后没有日本这一个国名，否则无论东亚的中国或日本，皆不能脱离现在世界和国际关系而能孤立独存的。然而敌人至今还在那里说这些"东亚新秩序"的梦话，于此更可见敌人趁火打劫的心理，是分外明显了。但是我们中国却是国策早经决定，立场始终一贯，我们早从最艰难的情况作打算，无论过去现在和将来，从不存在丝毫侥幸心理。敌人如要想全力来解决中国战事，我们就可集中全力，来消灭敌人这种野心，使之粉碎无余。实在说，敌人到今天还说要以全力来"赶快结束中日战事"这一类的话，实在是等于痴人说梦，他不想想他在两年以前，集中全力来侵略中国，尚不能达到速战速决的目的，而在今日，其势已成为强弩之末的时候，还要说这些狂呓，这就是问他日本人自己，恐怕亦不能相信吧？！敌人现在的兵力早已疲惫，内部尤为空虚，若在军事方面说，敌人早已失败，而且已陷于不能自拔的绝境。以后除了军事以外，他自然要加紧进行他所谓政治进攻和经济进攻，实行他所谓"助长支那新政权"和造成其所谓"更生的支那"的汉奸傀儡，奴隶中国的丑剧，除此以外，更没有第二个办法了。但是这半年以来，汉奸卖国的罪恶，更是暴露无遗，他们的毒计诡谋，和卑劣无耻的行动，不但为国民所共弃，亦已为世界所不齿。我们中国认定凡是在敌军卵翼之下所产生的组织，皆是敌人所谓"兴亚院"的"联络部"所组织的军事机关，无论他假借任何名义，而我们抗战唯一的敌人，只是对日本，凡受敌军命令，或受其指使，我们只认他是日本的奴隶，而决不认他是一个中国人。所以以后即使有十个百个汉奸的伪政府出现，甚至任何伪中央与敌人订立几百几千种伪条约，决不会发生丝毫的效力，而对于我们抗战更不能发生任何影响，而且相反的，更可加深我们全国军民的敌忾，增强我们抗战的精神。所以我们现在的问题已不在敌人的强弱，或敌人何时失败的问题，实际上敌人是早已失败了。

我们以后只在专心一志来充实我们建国的准备,健全我们抗战的本身,从种种方面奠立我们胜利的基础,这就是我们目前唯一的根本问题。

各位同人更要知道目前是我们国家安危最重要的关键,国际形势瞬息万变,我们今天的决策,实在有关于抗战成败,乃至于民族的百世祸福,我们所定的方针,若能正确无误,不仅军事的胜利更有把握,而抗战既定的目的,亦必可更快的达成。因此中正十分希望本会同人于讨论决策之时,更要谨慎将事,不厌求详,一切都要依据我们根本的国策,从真正是非和国家百年的利害上贡献有效的方策,以定今后努力的途径。

本会会期不过十天,时限很短,中正认为最紧要的就是上面所说的几件急切的大事,甚望各位集中心力和时间,充分讨论,务使得有完湛的结果。这是本席对大会所恳切期望的。

(原载《国民参政会第四次大会纪录》,1939年11月国民参政会秘书处编印)

2.国民政府主席林森训词

抗战争存	瞬逾两载	盛会宏开	四期爰届	数月以来
险阻备经	端资筹策	宏济艰辛	敌悉精锐	迂回汴邓
大战随枣	凶暴歼灭	敌窥汾晋	诸道肆扰	赖我雄师
摧枯振槁	敌人至此	智索形僵	我气方新	愈战愈强
坚持国策	团结精诚	得道多助	国际同情	事患纷繁
正谊无敌	我守其常	不矜不惑	盱衡全局	来轸方遒
绸缪翊赞	尚待嘉谋	任重千钧	功成众志	巩固中枢
新邦共济

(原载《国民参政会第四次大会纪录》,1939年11月国民参政会秘书处编印)

3.副议长张伯苓演词

各位来宾,各位同人:

今天是国民参政会第四次开会的日期，记得去年在汉口第一次开会之日，正是抗战周年，徐州失守之时，大家受政府召集，代表各区域各职业各党派欢聚一堂，讨论国是，一种精诚团结，共赴国难的精神，可以说是空前未有，这次会议最重要的议案，就是共同拥护政府既定的国策——抗战建国国策，当时许多同人曾提出几个议案，以后归并成一个议案《拥护抗战建国纲领》，全场一致通过。这个议决案，大足以表示我们举国一致团结的精神，拥护领袖的热忱，以及政府及人民抗战的决心。第二次开会是在重庆，当时正是武汉撤退，广州失陷以后，国内人心颇觉摇动，此时领袖正发表告全国国民书，坚决的表示政府既定国策，并无变更。同人等在开会时读此，莫不兴奋，乃全体通过拥护领袖告国民书的议案，维护持久抗战国策，坚决抵抗，决不屈服。在这两次大会中，本会同人，都充分表示出拥护政府拥护领袖拥护国策的决心，这于统一全国意志，增强抗战力量，是很有关系的。到第三次大会开会时，抗战入了第二阶段，军事正于我有利，敌人知进攻不易，企图用政治手段，诱我投降，乃有近卫的宣言，而前议长汪精卫心怀叵测，妄主和议，未免淆乱听闻。幸赖领袖对于近卫宣言，痛加驳斥，揭穿他诱降毒计。安定全国人心，澄清国际视听，端赖此举。同人于是亦有拥护领袖驳斥近卫宣言的议案。这也正是表示全体同人拥护政府执行第二期抗战的决心。综观三次来的大会，同人提案虽多，而精神表示完全一致，即对坚持抗战的决心，与夫抗战必胜的信念，毫不动摇，虽然有前议长的弃职潜逃，但于全会并无影响。现在参政会第四次又开会了，同人踊跃赴会精神，与前几次大会一样，而本次开会，时局形势，觉得更为复杂，更为严重，以内部言，有汪逆之叛党叛国，以国际言，欧战爆发，国际动荡不可捉摸，我们在这时开会，觉得我们的责任亦更加重大。第一，敌人因军事上进展不易，改用经济的政治的手段来进攻，我们要研究什么方法来粉碎敌人的阴谋。第二，近来国际形势突变，外交应付急需熟筹，同人中对外交问题有研究者颇多，应多多研讨，把所得结果，贡献于政府，用作政府决定对外方针之助。第三，在抗战建国同时进行中，后方建设非常重要，尤以川康建设关系最大，根据第三次大会决议，第三次休会期间，组成川康视察团，分组视察，借以明了后方实际情况，现考察已毕，各组报告甚为详尽，中有许多相同之点，正是后方普遍存在的事实，与必须解决的问题，现在这种报告，业经付印，经川康建设期成会根据报告，作成议案，希望在大会中详细研究，得到一些结果，贡献政府，作为实施川康建设的根据。上列三项，是我们在这次会议中，必须注意的几点。此外我以为我们应该根据历次大会的宣言，针对目前敌人的阴谋，作一项严正表示，给国民一种正确的启示，使全国信任政府，信赖领袖，必能获得最后胜利，求得国家之自由与独立。苟全国人均能认定这一点，抱坚定不移的信心，努力于抗战建国国策的推行，则敌人一切政治经济的阴谋皆无法得售，任何难关皆可渡过。这是伯苓在开会的今天，所想说的几句话，用以贡献于同人。

（原载《国民参政会第四次大会纪录》，1939年11月国民参政会秘书处编印）

4. 参政员张一麟演词

第四届参政会召集，适在美国废止美日公约，德俄订互不侵犯条约，英法德波宣战，三大变动时期。议长前以保约与正义，昭告友邦，得世界各民主国之同情，使敌人日益孤立；而又集思广益，征询本会同人意见。同人等仰见议长坚苦焦劳，敢不竭诚贡献。外交形势，瞬息千变，与军事机动相似，运用之妙，存乎一心。上次欧洲大战时间，因吾国内战不已，参战着着落后，华府会议，使亚洲大势，处处受日人钳制，酿成此后视我国如附属局面，可为前鉴。自七七卢沟桥事变以后，始定抗战到底国策，虽沦陷区域受敌人惨无人道之蹂躏，中华性命财产，损失不可胜计。幸天相吾国，西南西北各省，连岁丰年，军事由被动而进于主动，此皆由议长苦心指导，及前方忠勇将士之功。同人等深为全国人民表示敬礼。但政府所望于参政会者，要在抗战建国之根本大计，凡为此国策之阻碍者，必消患于未萌，以免百密一疏，而效千虑之得，约略计之，盖有数端：自敌人"以华制华"之毒计，使我自相残杀，乃有无耻小人，公然做背叛党国出卖民族之荒谬行为，诚可痛恨。虽首要诸逆，已受国法制裁，而余孽尚多漏网。在政府罪拟惟轻，对于胁从力求宽大，然人民受其蛊惑，则此种"汉奸的和平，奴隶的和平，灭亡的和平"，易为摇动。即如上海市党部执委七人,已裹协而去其大半。彼以敌人所扣存庚子赔款,文化基金千六百万,利诱威胁。意志薄弱之徒,靡然从之,其他各地类是。似宜将已有附逆实据者,查究主名,宣示全国,以明是非黑白,庶纲纪肃然,此其一。精神集中,力量集中,除少数丧尽天良之汉奸外,必须以"汉贼不两立"为唯一目标,断不容于同受三民主义洗礼中,自相违反。全国中拥护中央,出钱出力,厥功不小,但默察各地党政军各级人员,对于民众运动,往往有所歧视,道路相传,尚有假借取缔与指导名义,摧残合法组织,钳制正当言论,拘捕热血青年,致为亲者所痛,而为仇者所快。若任其摩擦,勇于私斗,必怯于公战,敌人与汉奸之所喜,即仁人志士之所忧。应由政府审慎全国。同人等所鳃鳃过虑者,此其二。中华民国主权在人民全体,但全国人民不识字者尚居百分之八十左右,致使仅有七千万人之敌国,侵略我四万万五千万人之文明大国,其故安在?人民常识,如三民主义,如新生活运动,如全国精神总动员,如兵役法种种,此百分之八十之文盲,安得以言语使之人家喻户晓。义务教育提倡数十年,何以劳苦大众不能入校?何以贪污土劣,利用文盲之不识字,使常在黑暗地狱之中?周时王畿二百里内,有学三百七十有奇,今英、美、法、德各国,识字人民百分之九十以外,苏俄、土耳其昔日文盲之数,与吾国相等,今不及数年,皆已扫除,故能隆隆直上,此与建国大计有绝大关系。远溯成周,近鉴列强,似应明定期限,于两年以内,完成教育普及之工具,使劳苦大众不费时、不费财、不费力,而皆有读书阅报之机会。国民知识如水平线,然后下令如流水之行,此其三。同人等欣逢议长博采群言,未敢毛举细故以列明问,冀于人人所欲言而人人所不敢言,实关抗战建国之大计者,以为刍荛之献。其他歌功颂德之词,不敢以进。谨此答问。

(原载《国民参政会第四次大会纪录》,1939年11月国民参政会秘书处编印)

5. 会议日志

9月9日　国民参政会第一届第四次会议于9月9日上午,在重庆大学礼堂开幕。

9月10　上午举行第一次大会。议长蒋中正、副议长张伯苓及参政员一百二十六人出席了会议。出席会议的还有国民政府行政院院长孔祥熙、内政部长周钟岳、经济部长翁文灏等。

会议听取了秘书处会务报告;秘书处关于国防最高委员会对本会第一、二、三次会议各案决议办理情形的报告;驻会委员会报告;驻会委员会检讨大会决议案实施情形的报告;行政院院长孔祥熙的政治报告和军政部长何应钦的军事报告。

9月11日　上午,举行第二次大会。副议长张伯苓及参政员一百二十八人出席了会议。出席会议的还有国民政府行政院院长孔祥熙、经济部长翁文灏、内政部长周钟岳。

会议宣读了第一次大会纪录;听取了秘书处会务报告;本会川康建设视察团报告;经济部长翁文灏的经济报告和财政部兼部长孔祥熙的财政报告。

会议讨论了议长蒋中正交议的川康建设方案,通过了各组审查委员会审查委员及召集人名单。

9月12日　下午,举行第三次大会。副议长张伯苓及参政员一百一十八人出席了会议。出席会议的还有国民政府交通部长张嘉璈、外交部长王宠惠、经济部长翁文灏。

会议听取了秘书处会务报告;行政院对于本会历次大会决议各案办理情形的书面报告;立法院工作报告;司法院最近工作概况报告;考试院工作报告;监察院施政概要及审计部工作报告;交通部长张嘉璈的交通报告和外交部长王宠惠的外交报告。

9月13日　下午,举行第四次大会。副议长张伯苓及参政员一百一十二人出席了会议。出席会议的还有国民政府监察院院长于右任、内政部长周钟岳。

会议宣读了第二、第三两次大会纪录;听取了秘书处会务报告;内政部长周钟岳的内政报告和教育部长陈立夫的教育报告。

9月14日　下午,举行第五次大会。议长蒋中正、副议长张伯苓及参政员一百二十四人出席了会议。出席会议的还有国民政府监察院院长于右任,教育部长陈立夫。

会议宣读了第四次大会纪录,听取了秘书处会务报告。秘书长王世杰宣读了参政员对财政报告询问各案;讨论通过了川康建设方案审查报告。

9月15日 下午,举行第六次大会。副议长张伯苓及参政员一百一十四人出席了会议。出席会议的还有国民政府监察院院长于右任、经济部长翁文灏。

会议宣读了第五次大会纪录,听取了秘书处会务报告,行政院、军政部、经济部、外交部、教育部、交通部口头等复了参政员对各部报告的询问事项。

会议讨论了各组审查委员会审查报告。

9月16日 下午,举行第七次大会。议长蒋中正、副议长张伯苓及参政员一百二十七人出席了会议。出席会议的还有国民政府监察院院长于右任、外交部长王宠惠、内政部长周钟岳、经济部长翁文灏。

会议宣读了第六次大会纪录,听取了秘书处会务报告;内政部、外交部口头答复了参政员对两部的询问事项。

会议讨论了第三审查委员会对于要求民主实施宪政七项提案的审查报告,对七项提案合并作了决议案。

9月16日 上午,举行第八次大会。议长蒋中正及参政员一百二十五人出席了会议。出席会议的还有国民政府监察院院长于右任、外交部长王宠惠、经济部长翁文灏、内政部长周钟岳。

会议宣读了第七次大会纪录、财政部口头答复了参政员询问事项;议长蒋中正报告了最近外交和内政情况。

会议讨论通过了第四审查委员会关于经济报告的审查意见。

9月17日 下午,举行第九次大会。议长蒋中正及参政员一百一十六人出席了会议。出席会议的还有国民政府经济部长翁文灏。

会议选举了休会期间驻会委员会委员。

会议讨论了第一审查委员会对军事报告的审查意见;第四审查委员会对交通、财政报告的审查意见;第三审查委员会对政治、内政报告的审查意见;第五审查委员会对教育报告的审查意见;"特种委员会"对改善司法制度各案的审查报告。会议还讨论了各审查委员会对部分参政员提案的审查报告。

9月18日 下午,国民参政会第一届第四次会议休会。

(根据《国民参政会第四次大会纪录》整理)

6. 第一届第四次会议闭幕

国民参政会第四次大会,于九月十八日下午三时举行休会式。到蒋议长、张副议长、王秘书长暨参政员一四一人及各机关长官孔院长、陈部长等。由蒋议长主席,行礼如仪后,即席代表致休会词,词毕,大会于热烈掌声中圆满闭幕。(中央社讯)

(原载1939年9月20日重庆《中央日报》)

7. 议长蒋中正闭幕词

国民参政会第四次大会,以孙中山先生广州起义纪念之日,开会于重庆行都。与会参政员一百四十一人,议事十日。聆听政府施政报告,检查历次决议案实施成绩,深庆政府主持抗战大计之坚强,感佩抗战将士民众之劳苦。而本届开会之时,适当欧战爆发之后,本会同人以为寇焰就衰,胜利接近,凡我政治、军事、经济、外交各方面,更须积极努力,以为适应,故除对于政府施政报告,分别审查,详切建议之外,计各参政员之提案,共为八十九件,决议通过者八十二件,其中尤关重要者,有《请政府定期召集国民大会,实行宪政案》《否认伪组织及通电声讨汪逆兆铭案》《川康建设方案案》《组织慰劳前方将士视察团案》,及关于稳定金融救灾恤民各案。议事既毕,遵章休会,而闭会式之举行,适当沈阳事变之第八周,痛定思痛,益深奋勉。兹本全体同人之公意,根据一贯国策,详察当前需要,谨于闭会之日,特综举数义,由本会议长代表全体同人,宣告中外。

一、我国在对日抗战之始,即有绝对必要之作战目的,目的不达,战斗不止,本会第一次大会宣言曾声明:"中国必须恢复其领土主权,行政完整,此乃任何国家立国自存之最小限度立场,中国全体国民,誓以一切牺牲达此目的","中国民族,必以坚强不屈之意志,动员其一切物力人力,为自卫、为人道，与此穷凶极恶之侵略者长期抗战，以达到最后胜利之日为止。"此即阐明我国作战目的之所在，而夙为我全体军民所共守。暴邻日本，两年以来，恃其物质的武力，妄欲征服我国家，奴隶我人民，经我坚强抵抗之结果，凡其企图无不失败。中国今日之作战力量，不独远优于一年以前，且超过前年抗战之始。本会同人，多亲历前线，或视察后方，深感军心振奋，民气发扬，去冬以来，各方进步，尤为显著。同人欣慰感激之余，更望我全体将士及各界工作人员，各地忠勇民众，皆深切认识我敌形势之变迁，抗战胜利之日近。须知我为神圣自卫之战，敌则无道侵略之师，我有道德权威，所以愈战愈强，敌犯侵略罪行，所以愈久愈弱。凡我军民，必须把握此大势，洞晓此机微，无论南北前线，及游击战区，更须再接再厉，努力挫敌。后方各省，对于动员人力物力之更应加强推动，亦不待论。本会同人，在职责上不能宣泄军机，侈言方略，惟愿同胞记取，中国确有最后胜利之把握，但正须经过长期艰难之奋斗。同心同德，必慎必勇，是所望于同胞之共同自励。

二、日本近知武力征服中国之不可能，故兼重政治上经济上之进攻，其狡可恨，而其愚亦可嗤。中华民国，为有神圣不可侵犯的主权之独立国家，中国民族，为一历史悠久，富有文化思想之独立民族，此种事实，乃以四万万五千万中国民族之精神与血汗，共同保卫而存在，而为两年以来我全体军民英勇抗战所证明。侵略者不能以武力摧毁，乃妄欲以奸谋狡计盗窃之乎？本会第一次大会宣言早已声明："南北傀儡组织，乃敌阀之俘囚，吾族之败类，虽僭称政府，而无任何政权，仅供敌阀名义上之利用。此在国际法上，且远逊于丧失独立后之被保护国之地位。"又云："神圣不可侵犯之统治大权，既以国民公意托之国民政府，故否认国民政府，即否认中国国家。"最近日本与汪逆兆铭勾结，将使该逆新组一伪机关，而欲借此以达其消灭中国独立之阴谋，此愈足证明敌人之伎俩已穷，百无聊赖。汪逆兆铭，在过去固曾任国府要职，然自经叛国降敌，则一叛国罪犯而已。汪逆今日，目投降为合作，以亡国为和平，为敌效忠，进攻祖国，以献媚敌伐，我海内外各界同胞，既已纷电锄奸，本会亦已专案声讨。更望全国同胞，永念主权不可侵犯之至理，共抱忠奸不两立之决心，否认敌奸一切行为，拒绝敌奸一切欺骗，以事实粉碎敌人之愚妄，以行动扑灭叛逆之鬼蜮。同时请我政府采纳本会决议,预告全国,勿中敌谋。深信世界公论,必能一致认清事实无疑也。

三、欧战爆发,为人类又一不幸,而追原祸始,则日本自八年前之今日,破坏公约,侵略中国,实为其罪魁焉。我国本三民主义以建国,其一贯之外交方针,为尊公约、守信义、反侵略、爱和平,故尤重视对于国际联盟约、九国公约、非战公约等之义务。自九一八以来,不幸各友邦未能充分发扬各国际公约之实效,以制止日本之侵略,以致在东亚则侵略战争日益扩大,在欧洲则受东亚之波动而崇尚武力,侵略之风,遂亦大起。今日欧战之发生,其受东亚之影响者,盖甚大也。本会同人,此次集议,对于外交局势,更加检讨,佥以为我国过去方针,甚为适当。兹愿我全国军民,特加注意者:利害与是非,实际必归一致。我国以道德为立国之本,而三民主义,则我国道德精华之表现,所以民族主义之原则,为自求中国之自由平等,而尊重其他国家民族之自由平等,因而反对一切侵略战争,拥护一切为奠定世界和平之努力。此人类是非之公,即我国立国之利。自抗战以来,我国深得世界之同情,本会第一次大会宣言,业已表其感慰。去冬迄今,九国公约主要签字国,多已声明坚决护约之立场,而在国联会议,担任援助大国者,亦颇能实践其诺言。欧战虽起,此种形势毫未变更。中国对于欧洲问题,当恪尽其国联会员国一分子之义务,而其尤显负责者,则为加强抵抗东亚侵略国之阴谋暴行,不但击破其侵略中国之计划,并阻塞其操纵国际压迫各国之野心。我军民须知中国之国际地位与信用,已因两年英勇自卫之结果而不断提高,而中国具有世界四分之一人口,实为世界和平之一大柱石,尤其东亚未来之治乱兴衰,全以中国为其枢纽。同时深望英、美、法、苏各国,当认识中日问题,实为世界之中心问题,而中国国民深信中国抗战建国之完成,乃世界和平与进步之最重要因素也。无论国际情势如何转变,我中华民国所努力负荷道德上之责任,始终不易其趋,此则可以公告于世界者。

四、更有不能已于言者:敌阀末路虽临,而野心不戢,加以国际之变动,愈启其投机之欲念,故中国欲贯彻其绝对必要之作战目的,更须动员全民,加强长期抗战之一切设施。查中国国民党第五次全国代表大会,本已决议定期召集国民大会,实施宪政。继以抗战军兴,宣布展缓。今抗战两年,我全国忠勇军民,莫不拥护三民主义,努力抗战工作,国家统一之凝固,国民意志之团结,深为世界所同情称许。虽然,敌阀正百计进攻,我自不容丝毫自满,一切力量,皆须发扬,一切缺陷,皆须填补。本会同人,详加审议之结果,以为提高民权,加强国本,应为最要之务,用是决议请政府依照中国国民党过去之决议,召开国民大会,建立宪政规模。同人以为中山先生之三民主义,本为我抗战建国之共同信仰,而三民主义之实践,亟宜制为宪典,垂诸永久,则凡今日忠于抗战之全国国民,即为拥护宪法实践三民主义之共同保障。从此国基大定,永久治安,岂仅收鼓舞民心之明效已哉。本会同人,深信本届会议以此案为最重大之贡献,除已郑重建议政府之外,望我全国同胞,更一致坚定对于三民主义之信仰,各以亲爱精诚团结守纪尽其扶翼宪政之责任。其次,本会同人深佩政府注重后方建设之政策,本届决议之川康建设方案,即为促成此政策实现之中心问题。总之,今后抗战工作,仍以加强精神的及物质的抗战力量为其重点,我军充分加强之日,即敌阀侵略崩溃之时。本届决议各案,皆为积极的达到加强抗战力量之唯一目标,除希望政府尽量采择施行之外,尤不得不勉励各界同胞之一致赞助也。最后,愿更贡数言:本会同人,衡量敌我,熟察前途,以为我同胞首须永久敬礼为国牺牲之将士,及直接间接尽忠抗战劳苦工作之各项员工与各地同胞。盖两年以来,在前方后方所流之每一滴血,及每一滴汗,皆已取得最高之代价,即事实上业已表明我国家独立之不可侵,民族自由之不可毁。强暴如日本,倾其全国之师,而不能摇撼我意志,摧毁我精神,计无复之,仍沿用其平日威胁利诱一贯之故技,勾结我族极少数败类,而企图巧取,是敌人气衰力竭之证,亦即我国在精神上业已取得胜利之证也。全国同胞,只须认识一要点:即今日之中国,其力量在历史上实为空前之坚强,虽尚未能即时驱出侵略者于境外,然我国之人力物力,方日进而未已,而敌力则已就衰。凡我同胞,负此重任,当此危机,其努力也,定完成民族之复兴,其懈弛也,即沦为敌阀之奴隶,一荣一枯,一生一死,天渊之别,而我自操之。今当本会休会之日,深愿我全国同胞,除深切体会前述诸义共同致力之外,务须认识我最后胜利之真正把握所在而奋斗焉,将见其成功之日,不独领土主权行政完整,使国家永不再受外患之侵略,一将进而解放日本盲从军阀之民众,以建立东亚之真正和平!(1939年9月18日)

(原载《国民参政会第四次大会纪录》,1939年11月国民参政会秘书处编印)

8.休会期间驻会委员会委员名单

孔　庚　张　澜　李中襄　高惜冰　张君劢　许孝炎　左舜生
陈博生　褚辅成　杭立武　喜饶嘉措　林　虎　范予遂　胡石青
邓飞黄　刘叔模　冷　遹　黄炎培　许德珩　卢　前　李　璜
史　良　董必武　江　庸　秦邦宪

(原载1939年9月19日重庆《中央日报》)

(三)声讨汪逆实施宪政
——会议重要议案

1.提案目录

一　关于一般者

1. 川康建设方案案　　　　　　　　　　　　　　　　议长提
2. 请政府昭告中外凡叛徒汉奸集团僭发之文告概无效力与任何国家订立之文件概不承认案　　　　　　胡元倓等临时动议
3. 发电慰劳前方将士暨战区同胞案　　　　　　　　　黄建中等
4. 拟以大会名义推派代表慰问梁参政员上栋案　　　　胡石青等
5. 致东北同胞慰问书并派员广播案　　　　　　　　　徐傅霖等
6. 本次大会休会词拟请推举数人先行拟稿案　　江　庸等临时动议

二　关于军事及国防者

1. 依据各地兵役实施之流弊建议应行改进诸端以利兵役之推进案

胡景伊等

2. 扩大壮丁志愿应征入伍运动以增加抗战力量案　　　　陶行知等

3. 请政府从速集中闽省壮丁编成国军以加强抗战力量案　秦望山等

4. 各沦陷区域内拟请赶速建立普遍而巩固的游击根据地区以图摧毁敌伪政权增加抗战力量案　　　　　　　　　　　　　　李鸿文等

5. 加强敌后游击活动以粉粹敌寇以战养战之阴谋案　　　秦邦宪等

6. 加强敌后工作案　　　　　　　　　　　　　　　　　张申府等

7. 请划分游击战区建立"游击准备区"并加强战地各种抗战建国工作案

程希孟等

8. 请切实实施反正条例为多吸收伪军反正而加强抗战力量案　于明洲等

9. 为请组织外蒙抗倭将士宣慰团提请公决案　　　　　　荣　照等

10. 预筹抗战胜利后安置士兵案　　　　　　　　　　　　喻育之等

11. 设置伤兵教育设计委员会案　　　　　　　　　　　　胡元倓等

三　关于外交及国际事项者

1. 为鼓励华侨继续捐输拟请政府应依侨情先予划期给奖案　秦望山等

2. 确立外交中心加强外交活动案　　　　　　　　　　　沈钧儒等

四　关于内政事项者

1. 请政府遵照中国国民党第五次全国代表大会决议案定期召集国民大会制定宪法开始宪政案　　　　　　　　　　　　　　孔　庚等

2. 请政府明令保障各抗日党派合法地位案　　　　　　　陈绍禹等

3. 请结束党治立施宪政以安定人心发扬民力而利抗战案　左舜生等

4. 为决定立国大计解除根本纠纷谨提具五项意见建议政府请求采纳施行案

江恒源等

5. 建议集中人才办法案　　　　　　　　　　　　　　　张申府等

6. 为加紧精诚团结以增强抗战力量而保证最后胜利案　　王造时等

7. 改革政治以应付非常局面案　　　　　　　　　　　　张君劢等

8. 拟请政府设立中央政治机构调查委员会案　　　　　　范予遂等

9. 拟请调整机构提高职权以专责成案　　　　　　　　周士观等
10. 提议积极刷新地方政治恢宏建国基础以利抗战而达必胜目的案

　　　　　　　　　　　　　　　　　　　　　　　　王幼侨等
11. 订立专法限制官吏私有财产以杜官邪案　　　　　褚辅成等
12. 握住敌后方三大要点以立收复失地之基础案　　　钱永铭等
13. 建议修改民刑法、民刑诉讼法及改订任用法官标准法以改良司法案

　　　　　　　　　　　　　　　　　　　　　　　　吴绪华等
14. 加紧组织县乡农会俾利动员民众增进农产促进兵役借以增强抗战力量奠定自治基础案　　　　　　　　　　　　　李中襄等
15. 改善审查搜查书报办法及施行撤销增加书报寄费以解救出版界困难而加强抗战文化事业案　　　　　　　　　　　邹韬奋等
16. 宥释人犯以重生命案　　　　　　　　　　　　　吴绪华等
17. 请政府严禁各下级军事及行政机关滥施非法手段侵害人民生命财产等之自由以增进巩固全体国民之团结向心力案　　光　升等
18. 请政府重申前令切实保障人民权利案　　　　　　沈钧儒等
19. 建议加紧救济河北灾民案　　　　　　　　　　　张申府等
20. 请政府设法从速救济河北水灾以安民生以慰民心以利抗战案

　　　　　　　　　　　　　　　　　　　　　　　　吴玉章等
21. 为黄灾惨重赈济未周拟请指拨巨款彻底救济案　　王幼侨等
22. 请政府速拨巨款救济淮北水灾以拯战区遗黎案　　光　升等
23. 请政府从速救济抗敌军人家属以励兵役案　　　　史　良等
24. 废止西康乌拉制度以除秕政而苏边民困苦案　　　莫德惠等
25. 请严令陕西省政府停征旧欠田赋并指欠借款用苏民困以安后方案

　　　　　　　　　　　　　　　　　　　　　　　　郭英夫等
26. 请政府增强宣抚东北工作以扩大政治战争反攻案　王卓然等
27. 尽量设法将沦陷区域壮丁难童救出后方以利抗战建国案　李培炎等
28. 请政府普遍设立托儿所以便利全国妇女参加抗战建国大业案

　　　　　　　　　　　　　　　　　　　　　　　　刘王立明等

29. 奖励生育确立人口政策以维国本案　　　　　　　　　　李培炎等
30. 利用西南药材制造特效药品以救护士兵之伤病而增加抗战力量案
　　　　　　　　　　　　　　　　　　　　　　　　　　喻育之等
31. 关于改善司法制度各案
甲、用虚三级吸集主义废弃专设检察制以改良司法制度案　孔　庚等
乙、改善司法制度方案　　　　　　　　　　　　　　　司法院提
丙、改良司法制度案补充意见书　　　　　　　　　　　孔　庚等
丁、改善司法制度方案补充意见　　　　　　　　　　　司法院提
附：关于改善司法制度各案审查意见书　　　　　　　　罗文干提
关于改善司法制度各案审查意见书　　　　　　　　　　周　览
32. 请用大会名义通电全国声讨汪逆兆铭及附逆诸汉奸以示坚持抗战国策案　　　　　　　　　　　　　　　　　　　　　　　张一麟等
33. 拟用本会同人全体名义通电声讨汪逆兆铭以正视听而利抗战建国案
　　　　　　　　　　　　　　　　　　　　　　　　　　郭英夫等
34. 请声讨汪精卫并否认其一切伪组织与行动以彰民意案　　王卓然等
35. 拥护抗战到底反对妥协投降声讨汪逆肃清汪派活动以巩固团结争取最后胜利案　　　　　　　　　　　　　　　　　　　　　董必武等
36. 严加肃清汪派卖国活动与汉奸言论案　　　　　　　　邹韬奋等
37. 充实下级行政机构以养廉耻而挽风俗案　　　　　　　张一麟等
38. 请成立工役队以利建设并期不杀一人而达清乡目的案　张竹溪等
39. 为巩固滇省边防及发展生产事业请速筹增加滇省人口案　秦望山等
40. 请用重典惩治汉奸以利抗战建国案　　　　　　　　　谭文彬等
41. 请政府制定奖励人民锄奸条例以绝乱源案　　　　　　王卓然等
42. 请昭雪汪案孙烈士凤鸣冤抑并开释在案各犯以伸义愤而慰忠魂案
　　　　　　　　　　　　　　　　　　　　　　　　　　王葆真等

五　关于财政经济事项者
1. 改善现行贸易制度促进出口节制入口以苏民困而固金融案　李培炎等
2. 关于土货之收买价格及外汇之售结办法妨害国民之生产拟请改善案
　　　　　　　　　　　　　　　　　　　　　　　　　　马君武等

3. 加严外汇管制并从速发行战地流通券收回法币以抵制敌人经济侵略维持外汇法定比率建议案 　　　　　　　　　　　褚辅成等

4. 拟请裁撤南宁海关以节公帑而除商困案　　　　　　马君武等

5. 拟请政府向英法交涉侨胞向国内汇款案　　　　　　周士观等

6. 请倡献锡器补助外汇案　　　　　　　　　　　　　秦望山等

7. 拟请改善各海关转口税以免苛扰而符税制案　　　　马君武等

8. 增进南洋华侨之战时筹款与投资案　　　　　　　　宋渊源等

9. 平抑物价调剂供求以维社会生活基础案　　　　　　陈石泉等

10. 提议调协农业行政及农业教育机构以厚民生而利抗战案　王幼侨等

11. 请政府速定食粮政策以安农事而利民食案　　　　　卢　前等

12. 关于衣食住之必需品如纱布靛青食粮盐燃料及铁钉六项拟请政府节制其消耗并格外努力增加其生产量案　　　　　　　　　　高惜冰等

13. 强化合作运动案　　　　　　　　　　　　　　　　王世颖等

14. 请政府另定一种法价借给外汇于特定之工业案　　　王云五等

15. 振兴甘肃水利案　　　　　　　　　　　　　　　　骆力学等

16. 宁羌成都重庆段路政应由国营以一事权而利运输案　骆力学等

17. 改进邮政提案　　　　　　　　　　　　　　　　　胡元倓等

18. 发动内地生产总动员以充实抗战资源建国基础案　　陈石泉等

19. 拟请另定遗产制度增加国家收入以励节约之风而祛依赖之习案
　　　　　　　　　　　　　　　　　　　　　　　　周士观等

20. 为增强法币之信用必须扩大货运应集中全力不惜任何代价即日完成各铁路交通案　　　　　　　　　　　　　　　　　　张元夫等

六　关于教育文化事项者

1. 拟请添设特种研究机关以增工业产品而利抗战建国案　任鸿隽等

2. 为增加生产改进职业请政府规定办法劝令国内公立私立各工厂农场尽力所能及利用设备供给实习以期增设职业教育机关养成大量技术人员适应国家需要案　　　　　　　　　　　　　　　　　　江恒源等

3. 小学经费应由中央及省库补助以奠国民基础教育案　欧元怀等

4. 请中央切实改进女子教育以适应抗战建国之需要案　　　　史　良等

5. 考送工科学生分赴欧美专习制造机械化军器并在国内筹办该项学校及工厂案　　　　杨子毅等

6. 请中央通令各省切实推行成人教育案　　　　沈钧儒等

七　关于会务者

1. 组织华北视察团案　　　　沈钧儒等

2. 请政府组织华侨访问团案　　　　刘王立明等

3. 由国民参政会酌派国际观光团以加强国民外交案　　　　陶行知等

（原载《国民参政会第四次大会纪录》，1939年11月国民参政会秘书处编印）

2. 声讨汪逆兆铭电

全国同胞公鉴：

汪逆兆铭，身负国家重寄，于去年十二月出走后，匿迹越南，发表艳电，响应敌前首相近卫文麿之声明，违反国策，逆迹已露，初尚止于言论，国人已见其精神屈服于暴日，而哀其自毁革命人格。初不料其由越南潜至上海东京，觍颜事仇，并与南北诸丑逆，勾结为奸。近复啸集败类，在敌人卵翼之下，开伪代表大会，丧尽天良，不知羞耻。本会顷开第四次大会，经全体一致决议声讨，并以二义昭告全国：一、忠奸不两立，汪兆铭及附逆诸奸，卖国求荣，宜膺显戮，以彰国法。二、汪兆铭等出卖祖国，已自绝于人类，凡其所言所行，悉为无耻罔义之言行，凡其所组织之机关，全为敌人所制造之傀儡，我全国国民应洞察奸隐，一致斥伐，以昭大义。

（原载《国民参政会第四次大会纪录》，1939年11月国民参政会秘书处编印）

3. 请政府明令保障各抗日党派合法地位案

陈绍禹等提

案由：

在大敌当前之际,我国各抗日党派,秉承"兄弟阋墙外御其侮"的伟大民族传统,抛弃内争,共抗外敌。继国民党与共产党恢复合作之后,国家青年党,和国家社会党,表示团结。国民参政会选聘各党各派领导人物,充任参政员。而此抗日各党派之精诚团结,实为全民族力量统一团结之坚强基础,同时全民族力量之统一团结,实为坚持抗战和复兴民族的基本保证,正因为如此,所以全中华民族及其忠诚友人,莫不珍贵我国各抗日党派的团结事业,而日寇汉奸及一切中华民族的死敌,莫不尽力破坏我各抗日党派的合作。国民参政会第一次大会宣言,庄严的宣称:"各党各派,亦咸舍小异而趋大同,翊赞统一,共同救国。"蒋委员长在抗战二周年纪念日告日本民众书中,更明白的宣告:"凡不违背三民主义的动作,都为合法,凡合法行动的人民,都一律受到法律的保障,而中国今天无论何党派,都受着中国国民党领导,服从法纪,效忠抗战。"均为珍贵我抗日各党精诚团结,及确定各抗日党派合法地位之具体表现。同时日寇汉奸,尤其是汪逆精卫高举反蒋反共降日之旗帜,尽挑拨离间破坏团结之能事,尤足证敌寇汉奸所努力的,所谓以华制华毒计之中心关键,便在于破坏我国各抗日党派之团结事业。近半年来,同为抗战最高国策而努力奋斗之我国各党派间,疑虑增多,纠纷时起。因所谓"异党"党籍及思想问题之关系,若干积极抗日分子,受排斥者有之,被屠杀遭暗害者有之,被拘禁或被开除职业或学籍者有之,影响所及,不仅使抗日各党派间,关系日益恶化,而且引起举国同胞对团结抗战之国策,发生动摇,使全民族团结胜敌之保证,发生疑问。如果长此下去,势将动摇国本,破坏抗战。而此类不幸现象发生之主要原因,一方面固于日寇汉奸之阴谋挑拨离间,另方面实由于我政府对于保障各抗日党派合法权利一层,迄今尚无明文发表,因而使敌寇汉奸,易售其奸,妥协投降分子,易逞其技。为巩固民族团结,以利坚持抗战国策,惟须使抗日各党派间之关系,得到公平合理之解决。

办法:

(一)由国民政府明令保障各抗战党派之合法权利。

(二)由国民政府明令取消各种所谓防制异党活动办法,严令禁止借口所谓"异党"党籍或思想问题,而对人民和青年,施行非法压迫之行为。(如拘

捕杀害,开除职业或学籍等)

（三）在各种抗战工作中,各抗日党派之党员,一律有服务之权利,严禁因党派私见,而摒弃国家有用之人才。

（原载《国民参政会第四次大会纪录》,1939年11月国民参政会秘书处编印）

4. 请政府遵照中国国民党第五次全国代表大会决议案定期召集国民大会制定宪法开始宪政案

孔庚等提

谨按政府遵照中国国民党第五次全国代表大会决议,原已定期召集国民大会,并经积极筹备。嗣以抗战军兴,致陷停顿。惟抗战军事,攸赖长期努力,建国工作,必须同时进展,爰提请大会建议政府,召开国民大会,制定宪法,开始宪政。

（原载《国民参政会第四次大会纪录》,1939年11月国民参政会秘书处编印）

5. 请结束党治立施宪政以安定人心发扬民力而利抗战案

左舜生等提

理由：

（一）抗战已逾两年,就军事论,确有取得最后胜利之希望。但敌人多方误我最近已移侧重军事之力量,从我经济上、政治上加紧进攻,返观我国,此两年以来之政治,虽不一枝一节之改观,但规模终未树立,人心终有未安,殊无以奠定抗战建国之基础。欲完成此基本工作,要以结束党治立施宪政为第一义。

（二）以敌人挑拨摇煽之故,汪逆精卫等,复假借名义,有伪党部之产生,如不毅然结束党治,则汪逆以伪扰真,内以淆乱国人之视听,外以供残暴敌人之驱使,前途演变,至堪忧虑。

（三）吾人抗战,已届第二阶段,而世界大战适于此时爆发。环顾当世各国,并无借口战争而脱离宪政常规者,即敌人亦莫不然;甚且变更政党政治之常态,其加入政治以效忠国家者,初不限于在朝之一党。可见借口抗战而谓宪政未可立即施行者,其理由自不成立。

(四)抗战两年,所流者全国国民之赤血,所竭者全国国民之脂膏,在现行党治之下,政府仅能对党负责,对全国国民几无责任之可言。名不正,则言不顺,以此而求国民之效死恐后,于义终有未安。

(五)自抗战军兴,国民党不胜其嘤鸣求友之心,党外人心,亦同深兄弟阋墙之惧,以此乃得勉告统一,团结对外。然而藩篱未撤,门户犹存,生于其心,害于其政,平日之防闲既严,随时随地之摩擦不免,履霜坚冰,不仅为抗战时期之损失,实亦建国前途之隐忧。

办法:

(一)由政府授权国民参政会本届大会,推选若干人,组织宪法起草委员会,以制定一可使全国共同遵守之宪法。

(二)在国民大会未召集以前,行政院暂对国民参政会负责,省县市政府,分别暂对各级临时民意机关负责。

(三)于最短期内,颁布宪法,结束党治,全国各党各派,一律公开活动,平流并进,永杜纠纷,共维国命。

(原载《国民参政会第四次大会纪录》,1939年11月国民参政会秘书处编印)

6. 改革政治以应付非常局面案

张君劢等提

国家抗战,今日已至一特殊严重关头,乃不可掩饰之事实。目前环境,有三种重大难关:欧战发生,英法在远东有不得不向日寇暂时退让之势,此其一。法币跌落,国家财政,与人民生计,陷入极端困难之境,此其二。汉奸猖獗,汪精卫等加紧扩大傀儡组织,予敌人以政治进攻之机会,以达其:"以华制华"之目的,此其三。此三者,吾国今日外交经济政治上三种重大难关也。处此非常局面之中,唯有非常之步骤,方足以资应付。同人等以为今日扶危救急之道,厥为两端:第一,立即结束党治,实行宪政,以求全国政治上之彻底开发。第二,立即成立举国一致之战时行政院,以求全国行政上之全盘改革。二者缺一,窃恐民众与国家之前途,有不堪设想者矣。谨就所见,略加说明如次。

　　国家应付此非常局面,首在收拾人心,与集中人才。今日唯一收拾人心之道,即在明示国人"国家为公"。所谓国家为公者,即明示国人,国家者,全国国民之国家,而非一党一派之国家,政府者,全国国民之政府,而非一党一派之政府。国家政权,国人能共有共享而后国事危急,国人当更感休戚相关。中国今日,应结束党治,实现民主,其理由万端,国人稔矣,今非从容论道之时,实无重复叙述之必要。惟在此非常局面之中,千言万语,综为一点,即扶危救急之道,在明示国人"国家为公"。如此方能收拾人心。人心果收拾矣,人才不能集中,依然不能挽救危亡。以今日之严重局面,虽全国人群策群力,犹恐未必有济。而政府对于人才,目前犹复以党派而划分畛域,因畛域而加歧视,其或投闲置散,其或相抵相消,此其减削抗战建国之力量多多矣。故今日中国唯政治上彻底开放,人人为国,胜于为党,人人爱国,胜于爱党,而后国家各真才始能真为国用,同人等主张立即结束党治,实施宪政者,此也。

　　人心收拾矣,人才集中矣,尚未尽扶危救急之道,尚未能应付非常之局面。国家在对外作战时期,政府行政机构,必需运用灵敏,人事必须才职相称,而后前方军事,后方政治,始可相辅而行,相得益彰。征诸世界各强国历史,国家每遇对外作战,辄成立举国一致之战时内阁,此无他,必如此始能提高政治效率,发挥整个国力。英国内阁历史,即为具体例证。英国通常时期,均为政党内阁,十九世纪初年,拿破仑战争,十九世纪中叶,英俄战争,一九一四年之世界大战,英国均成立混合内阁,以应付非常局面。即以此次英德作战而论,战事一旦爆发,英国即积极在内阁上为人事与机构之调整。凡此实例,举不胜举,即在日寇,亦复如是,两年战争,内阁三易,此正足以证明敌人重视战时政治之点,在行政之人举与机构上,敌人实能因时制宜,因事制宜,认清环境,随机应变,此固不可因其出诸敌人,而即加以忽视也。我国行政院两年来在战事上之成绩如何,国人自有公论。社会各方传言,谓抗战两年,机关化简单为复杂,人才变有用为无用。诚如此言,则人民对后方政治,愤懑哀痛之情,可见一斑矣。言调整机构,叠床架屋,依然如故。言调整人事,滥竽充数,依然如故。事权不统一,职责不分明,兼差累累,包而不办,会议重重,决而不行,如此行政,以应付二十世纪之现代战争,实戛戛乎难矣。然行政之缺憾,果又限于制度而已哉,中国古训,贤者在位,能者在职,是今日之政治,果欲振刷精神,一新耳目,恢复民信,矫正风气,则人事之更张,实为刻不容缓。同人等主张成立举国一致之战时行政院者,此也。

依据上列理由,同人等谨提议政府采取下列两非常步骤,以应付今日之非常局面。

第一,立即结束党治,实行宪政。

第二,立即成立举国一致之战时行政院。

上列两项,由本会建议政府,以供采择。至于实施两项原则之详细办法,自可由政府斟酌裁夺。

(原载《国民参政会第四次大会纪录》,1939年11月国民参政会秘书处编印)

7. 为加强精诚团结以增强抗战力量而保证最后胜利案

王造时等提

抗战以来,全国人民,不分党派,以民族国家利益为前提,三民主义为依归,在蒋委员长领导之下,竭诚尽忠,艰苦奋斗,以尽其自卫生存,反抗侵略,扶持正义之神圣义务。是以能愈战愈强,再接再厉,陷敌人于进退维谷之境。

敌人利我之分裂,而不利我之统一,利我之摩擦,而不利我之团结,乃利用"以华制华"之阴谋,肆其挑拨离间之毒计,冀我内部发生问题,以便利其侵略野心之实现。汉奸傀儡,奉承主人意旨,又从而推其波而扬其澜,乘间抵隙,无所不至,是皆惟恐我抗战之不失败也。

我全国人民,深知非团结不足以抗战,非抗战不足以图存,自不至堕入敌人之奸计。惟杜渐防微,不可不慎。同人等本国民之立场,念时局之日棘,风雨同舟,惟协乃济,兄弟阋墙,有侮共御。谨提出下列加强精诚团结,以增强抗战力量,而保障最后胜利之办法。

（一）本国家至上,民族至上之原则,由各党分别告诫地方各级党员,不得有摩擦行动,以免增加抗战建国前途之障碍。

（二）为集中人才起见,政府用人行政,不宜因党派关系而有所歧视。

（三）从速完成地方自治,实行宪政,纳政党政治于民主法治之常轨。

（原载《国民参政会第四次大会纪录》,1939年11月国民参政会秘书处编印）

8. 建议集中人才办法案

张申府等提

国家遭遇大难,必须集中人才,团结一致,合力对外,此乃天经地义,为免覆败,必须遵行。

反之,敌人为挫败我,必尽情挑拨离间,拆散我内部,使我自起纠纷,而彼乃收事半功倍之效。

倭寇侵我二年,以彼新兴之势,我积老弱之弊,而我非特不为气馁,而且愈打愈强,愈战愈坚,敌计实已几于穷,敌力实已几于尽。处此局面,敌之必诱我不肖,制造汉奸,施行离间,利我自乱。显然,我之宜更加团结,更加坚决,集中人才,肃清汉奸,以便抗战早日胜利,更便建国顺利成功,亦显然。

如何办法,谨陈以下数端：

一、用人但问其才不才,不问其党不党。切戒以党之不同,即外视之,或歧视之,或防范之。并戒以是否亲故,为进退人之标准。

二、表扬大公无私之立场。当此国家民族危急非常,急须全国团结一致之局面,急宜使有党派者,均能人人站在国家民族之立场,切认国家民族之利益,为最高之利益。

三、承认各党派之合法存在。今日有党派是事实。事实上已承认各党派之存在,而详订合力之办法。如此既免纠纷,又减疑猜,如有越轨行动,亦自便于制裁。党派纠纷既除,人才集中自易。

四、限制兼差,使人当其职。使人无过忙,亦无过闲。免废人,亦免废事。

五、推进民权主义,实施民主制度。凡百机关,尽力发扬民主精神,使人人均得贡献其意见,发挥其才能,而集中于一个领导之下。当此大敌侵迫,国际剧变,莫不思贡献其能力,莫不愿听从政府之命令。在三民主义最高原则之下,凡政府今日所愿,盖亦莫不可达之。而最要者,厥在利用一切力量,团结一切力量,为一个力量,以是有集中人才之必要。依据议长开幕致辞之旨意,爰拟以上办法数项。

(原载《国民参政会第四次大会纪录》,1939年11月国民参政会秘书处编印)

9. 召集国民大会实行宪政决议案

关于请政府定期召集国民大会制定宪法实行宪政案,系由孔参政员庚等五十九人,陈参政员绍禹等二十六人,左参政员舜生等三十六人,江参政员恒源等四十人,张参政员申府等二十一人,王参政员造时等三十七人及张参政员君劢等五十五人所提七项案件,合并审查,详加讨论之结果,决议治本治标办法两项,经大会一致通过。兹志该案如左:

甲、治本办法:

(一)请政府明令定期召集国民大会,制定宪法,实行宪政;

(二)由议长指定参政员若干人,组织国民参政会宪政期成会,协助政府,促成宪政。

乙、治标办法:

(一)请政府明令宣布全国人民除汉奸外,在法律上其政治地位一律平等;

(二)为因应战时需要,政府行政机构应加充实并改进,借以集中全国各方人才,从事抗战建国工作,争取最后胜利。

(原载1939年9月19日重庆《中央日报》)

附：关于宪政提案的一场舌战

邹韬奋

国民参政会第四次大会中关于宪政的提案共有七个，原由审查内政提案的第三审查委员会合并审查。我们知道国民参政会里的审查委员会原分五个，各有专司，在每次大会开幕后由各位"来宾"及"陪客"根据自己的兴趣认定加入哪一个审查委员会，名单在大会中公布。这次宪政提案既归第三审查会审查，第一个可以看出的特征，是第三审查会除原由自己选定加入该审查会的审查委员外，临时"陪客"人数大增，是由别个审查会中纷纷"转移阵地"到第三审查会中去的。

依"来宾""议事规则"所规定，除上述五个审查委员会外，得设特种委员会，审查特种事项的提案。于是"来宾"中有人要求宪政提案应开"扩大会议"，除第三审查会的审查委员参加外，全体"来宾"都可以自动参加讨论。后来这个要求实现了，不过审查案的表决权仍属第三审查委员会。

我记得这个"扩大会议"是在一个晚间在重庆大学大礼堂举行的。晚餐后即开始（大约七八点钟）。你起我立，火并似的舌战，没有一分一秒的停止，一直开到深夜三点钟模样，那热烈的情况虽不敢说是绝后，恐怕总可算是空前的。在白天，"来宾"们已经被大会啦，各组审查会啦，开得头昏脑涨，但是在那天夜里，大家却不放松。负有特殊任务"转移阵地"的"陪客"先生们，固然不得不硬着头皮到会；积极提出宪政提案的各抗日党派的"来宾"以及热烈拥护宪政无党无派的"来宾"先生们，也都如潮水般地涌进来。那夜的主席是职业教育派的"来宾"黄炎培先生。国民党的"陪客"方面出马"参战"的有李中襄、许孝炎、陶百川、刘百闵诸先生。共产党的"来宾"方面出马"参战"的有陈绍禹、董必武、林祖涵诸先生。青年党的"来宾"方面出马"参战"的有"曾左李"诸公。国社党的"来宾"方面出马"参战"的有罗隆基、徐傅霖诸先生。第三党临阵的有章伯老的"匹马当先"。此外如救国会派、职教派、村治派、教授派、东北派等等，都有大将出来"交战数十合"！

抗日各党派，无论是在朝在野，对于要求实施宪政，都各有其提案。照理想来，大家的目标既然相同，似乎不会发生什么相差太远的意见，但在事实上这夜的辩论,在"来宾"和"陪客"之间显然分成了两个阵营。例如关于抗日各党派的合法保障问题,"来宾"们一致认为有必要,"陪客"们却一致大发挥其"不必要论",辩论得异常尖锐化。"陪客"的衮衮诸公本身已得到充分的保障,所以感觉到"不必要",但在事实上,中国并不止"一个党",现在只有"一个党"得到保障,这问题便不像"陪客"先生们所想像的那样简单了!记者那天夜里也在"战线"上。我看到济济一堂有着各党派的许多领袖们,同时想到许多为着《防制异党活动办法》而被关在牢狱里或集中营里受罪的无辜青年,悲痛已极。我不禁立起痛陈一番。我说:"我有一个诚恳的要求,要求今夜在这里相聚讨论的各党派的领袖们,勿忘正在此时有着无数的无辜青年正在牢狱里在集中营里宛转呻吟哀号着呵!"我当时又不禁提出这样的严厉的质问:"我今夜张眼四望,明明看见在座的确有各党派的许多领袖,被允许开口共产党,闭口青年党,似乎是允许党派公开存在似的,但同时何以又有许多青年仅仅因党派嫌疑,甚至仅仅因被人陷害,随便被戴上一顶不相干的帽子,就身陷囹圄,呼吁无门。敢问这究竟是怎么一回事?承认有党派就老实承认有党派,要消灭一切党派就明说要消灭一切党派,否则尽这样扭扭捏捏,真是误尽苍生!"这番话在"陪客"先生们听来,即使心中明知是根据事实,不胜同情,在表面上也不得不悻悻然,很不高兴。可是我受良心的督促,却不能不说。随着最爱护青年的教育家陶行知先生立起来举出许多事实,证明我的呼吁的正确。

尖锐达到最高峰的辩论,当然要推"结束党治"的这一点了。"来宾"们一致认为有此必要,一定要把这几个字加入决议案。"陪客"们却又一致大发挥其"不必要论",一定不要把这几个字加入决议案:罗隆基和李璜两先生发言最多最激昂,老将徐傅霖先生也挺身而出,大呼"一党专政不取消,一切都是空谈!"当时空气已紧张到一百二十分。唇枪舌剑,各显身手,好像刀光闪烁,电掣雷鸣。我在上面说过,保留对于这个提案表决权的第三审查会添了不少临时"转移阵地"的"陪客",如付表决,"陪客"是占绝对多数的,所以当时"陪客"有恃无恐,大呼"付表决!付表决!"主席势将付表决,大将李璜跳脚突立,大喊"'表决'是你们的事,毫不相干,敝党要找贵党领袖说话!"于是不敢付表决。

时近深夜三点钟,大家好像还不想睡觉,最后由主席宣布,当将当夜各人意见的记录,汇交第二天第三审查会再行开会时慎重考虑,务使得到合理的结果。于是关于宪政提案的一场舌战,才告结束。

(原载邹韬奋:《抗战以来》,香港华商报出版部)

(四)实行民主　各抒己见

1. 今日之宪政问题

重庆《中央日报》社论

今天有人谈宪政问题,不论它影响怎样,他们的动机应该是很好的。因为他们关心国事,求治心切,所以在今天还不忘这一个政治大问题。他们用意应该是纯善的。因为他们要加强政府的力量,集中全国的意志,所以他们在今天又提出这一个政治方案。这一个政治上的问题与方案,性质不是新鲜,历史已经很长久。旧事重提并没有害处,我们在这一个前提下面,来谈谈抗战时期的宪政问题。

世界各国今天谈宪政问题的已经很少了,这一个问题是纯粹一个政治问题。现在问题,早已不在政治,就谈政治,亦不是一个宪政问题。宪政问题在欧洲至少是一世纪以前的问题,在东方也是半世纪以前的问题。在这个时期谈宪政问题,欧洲人觉到诧异,东方人也感到陈旧。当然问题的中心,只在问题之有无,并不在于时间之前后,如果在某一国家,今天国事的问题,恰与其他国家数十年前的问题一样,理论逻辑上,不应该为着避免陈旧而根本不谈。就中国本身而论,今天的问题是不是还在宪政问题,这个问题不易肯定地答复。近五十年的变化,再加近两年的抗战,中国国内的问题,当然与其他各国一样,不单是一个政治问题,更不是一个宪政问题。今天喜欢谈谈这个问题固无妨,但时局的重心,国事的中心,是不是在这个问题,已是一个疑问,就假定问题中心在此,我们要实现宪政,应该用什么方法？这或是最吃紧的一点。宪政是一个方法问题,不是一个原则问题,今天再谈宪法的原则,未免头巾气太重了。

中国革新运动史中,宪政运动当然占居重要的一页,宪政运动的历史甚早,但是对宪政认识最清,对宪政拥护最力,对宪政实施最有办法的,便是本党。总理遗教中对宪政学理原则的发明,今兹固不具论,就民国建树后本党对宪政的努力,是有确实的事实。本党过去对于宪政,不但有认识,而且有真切的办法。在北伐以前中国宪政之未能树立主因在于国内未能遵奉本党所定的办法。总理在《五权宪法》里面讲："南京所订民国约法,内中只有'中华民国主权属于国民全体'一条,是兄弟所主张的,其余都不是兄弟的意思,兄弟不负这个责任。"中国的宪法,当然要推临时约法为鼻祖,但当时订立约法的情形,本党总理参加意见的地方甚少,换句话说,当时大家只知争宪政,而不知如何实施宪政的方法,所以结果没有成功。后来的北京政府几次的起草宪法,更是具文,没有讨论的价值。本党建国大纲规定的军政训政宪政三个办法,是总理实施宪政的真切具体办法。本党自北伐以来,恪守遗教,以谋实施宪政,可以从各种政治趋向上来证明。

十九年北伐完成以后,本党施政之方针,即在加紧训政,以达于宪政,二十年国民会议的召集,及训政时期约法的公布,目的在实施宪政,其后国民大会之筹备,与立法院的起草宪法,都是向着同一目标迈进,假使没有暴日的侵略,国民大会早已可以如期召集,宪法早已可以公布。抗战开始后,全国集中力量抵御侵略,然在去年四月临全代表大会中,通过《抗战建国纲领》,在此纲领中,首先规定："确定三民主义,即总理遗教为一般抗战行动及建国之最高准绳","全国力量应在本党及蒋委员长领导之下集中全力,奋励迈进。"国民参政会根据这个纲领召集于汉口,《抗战建国纲领》在第一次参政会中,经参政员一致的通过。讲法律,训政时期约法至今是国家最高的宪典,讲事实,国民参政会是团结全国力量集中全国意志的民意机关,宪政所能产生的效果,一为法治,二为团结人民意志,政府对此二者都有完善的措置,所以今日若欲恢弘上述二者惟有拥护约法,与国民参政会益尽其贡献之能。宪政之实质,在这两个方向一定充实完美,实施宪政决不是公布一部宪典所能了事,实施宪政的实质何在,国民能崇法守法,国民的代表能扶助政府推行法令,这就是实施宪政。

况且国民大会选举事务所仍旧存在,我们想国民政府可以定期召集国民大会来通过宪法,国民政府对于宪政的忠诚,各种事实可以证明。今天喜谈宪政之人,都是热心爱国之士,这是我们首先认识的前提,我们并不反对人们现在来谈宪政,但希望大家从事实上来实现宪政。我们最需要的是宪政实质而不是宪政的条文,在抗战建国过程中,《抗战建国纲领》就是国家一个宪典,这个宪典,是今日最高民意机关一致通过的,大家不忘宪政,应该全力实施这一个纲领。

(原载 1939 年 9 月 14 日重庆《中央日报》)

2. 抗战时期的宪政

重庆《中央日报》社论

自从国民参政会第四次大会决议,请政府定期召集国民大会,制定宪法以后,宪政期成会跟着即已成立。最近中国国民党六中全会又复议决,定于二十九年十一月十二日召集国民大会,并限于同年六月底以前办完选举未竣手续,可见召集国民大会制定宪法已成为全国上下一致之主张。在抗战二十八个月以后的今日,国人对于宪政有这般积极迈进的精神,这是中华民族蓬勃生机的透露,亦即是抗战建国必胜必成的气象。今后当是讨论宪政更趋热烈的时期,愿贡数言,以供爱国人士的参考。

第一,须知宪法与宪政并非一体的东西。宪法是形式而宪政是实质,前者是表而后者是里。现代宪政的国家固然大都有宪法,但依然没有成文宪法的国家亦不失其为自由民主的宪政。至如只有宪法而早已不成其为宪政,更是所在多有。暴日的国情,就是一个代表的例证。我们现在需要的究竟是宪法呢?还是宪政呢?如果要实际上步步推进的宪政,而不仅是表面上一种冠冕堂皇的宪法,则必须于注意宪法草案之外,多多注意并努力于地方自治。

第二，须知促成宪政，应从多方面各种具体的建设事业着手，而决不是举行座谈会，发议论写文章可以达成任务。例如：普及教育，完成自治，开发经济，富裕民生等事，没有一件不是实行的前提，也没有一件不是要使人民能够拥护宪法的先决条件。总理在第一次全国代表大会宣言里曾说："宪法之所以能有效力，全恃民众之拥护。"事实上，我们如果要使宪法真能成为"全民宪法"，而不落少数人争工具的窠臼里去，自必首先要使全国的国民大多数识最低限度的文字，受国民应有的基本教育，尤其是要有运用四权的政治训练。否则人民对于公布的宪法，漠然不知其与切身有何关系，也不知道怎样去行使宪法上的权力，试问怎么可以希望他们来热烈拥护宪法？故目前谈宪政的人们，与其坐而"清谈"，不如加倍努力于民众教育运动，为国家服"智役"，以与"兵役""工役"相媲美。

第三，任何政治问题，都不能超越时间而徒尚空论。宪法本来是处常的法，不是处变的法，是百年的根本大法，不是一时的救急灵丹。当国家对外战争正在紧急的时期，最紧要的是如何战胜敌人的问题。"凡参加战争之国家，无论共和君主，皆一律停止宪政，行军政，向来人民之行动自由，言论自由，集会自由，皆剥夺之。甚至饮食营业，皆归政府支配，而举国无有异议，俱献其身命为国家作牺牲，以其目的在战胜而图存也。"这是总理指上次欧洲大战的情况而言，然而此次又何尝不然？"战胜图存"，就是我们精神总动员共同目标中的国家至上，民族至上，军事第一，胜利第一。我们必须毫无保留的集中我们的意志和力量，以争取抗战最后的胜利，保全国家民族的精神，然后宪法方有托命之基，宪政才有促进之路。这是"时间"安排的步骤。我们固然希望早日公布宪法，提前实行宪政，但无论如何尽先要打击敌人，逐驱敌人，以扫除这宪政大道上唯一的障碍——暴日对于我国的侵略。张君劢先生在参政会席上说的不差："宪政不是一张纸，也不是说各党派从此可以自由活动，而且也不能当着普通的争自由，而是说由此得到团结与和衷共济。使人民和宪政发生关系。"然则中国目前还有比抗战更需要团结的吗？还有比胜利更需要和衷共济的吗？人人努力抗战以求胜利，就是人人都和宪政发生关系。所以目前鼓吹宪政则可，因只顾鼓吹宪政，而忘记了当前敌人犹在国境以内，忘了必须精诚团结以争取抗战最后胜利的重大任务,那是最危险的事情!

(原载1939年11月25日重庆《中央日报》)

3. 新民主主义的宪政①

毛泽东

(1940年2月20日)

今天延安各界人民的代表人物在这里开宪政促进会的成立大会,大家关心宪政,这是很有意义的。我们的这个会为了什么呢?是为了发扬民意,战胜日本,建立新中国。

抗日,大家赞成,这件事已经做了,问题只在于坚持。但是,还有一件事,叫做民主,这件事现在还没有做。这两件事,是目前中国的头等大事。中国缺少的东西固然很多,但是主要的就是少了两件东西:一件是独立,一件是民主。这两件东西少了一件,中国的事情就办不好。一面少了两件,另一面却多了两件。多了两件什么东西呢?一件是帝国主义的压迫,一件是封建主义的压迫。由于多了这两件东西,所以中国就变成了殖民地半殖民地半封建的国家。现在我们全国人民所要的东西,主要的是独立和民主,因此,我们要破坏帝国主义,要破坏封建主义。要坚决地彻底地破坏这些东西,而决不能丝毫留情。有人说,只要建设,不要破坏。那末,请问:汪精卫要不要破坏?日本帝国主义要不要破坏?封建制度要不要破坏?不去破坏这些坏东西,你就休想建设。只有把这些东西破坏了,中国才有救,中国才能着手建设,否则不过是讲梦话而已。只有破坏旧的腐朽的东西,才能建设新的健全的东西。把独立和民主合起来,就是民主的抗日,或叫抗日的民主。没有民主,抗日是要失败的。没有民主,抗日就抗不下去。有了民主,则抗他十年八年,我们也一定会胜利。

宪政是什么呢?就是民主的政治。刚才吴老同志的话,我是赞成的。但是我们现在要的民主政治,是什么民主政治呢?是新民主主义的政治,是新

---

① 这是毛泽东同志在延安宪政促进会的演说。

民主主义的宪政。它不是旧的、过了时的、欧美式的、资产阶级专政的所谓民主政治；同时，也还不是苏联式的、无产阶级专政的民主政治。

那种旧式的民主，在外国行过，现在已经没落，变成反动的东西了。这种反动的东西，我们万万不能要。中国的顽固派所说的宪政，就是外国的旧式的资产阶级的民主政治。他们口里说要这种宪政，并不是真正要这种宪政，而是借此欺骗人民。他们实际上要的是法西斯主义的一党专政。中国的民族资产阶级则确实想要这种宪政，想要在中国实行资产阶级的专政，但是他们是要不来的。因为中国人民大家不要这种东西，中国人民不欢迎资产阶级一个阶级来专政。中国的事情是一定要由中国的大多数人作主，资产阶级一个阶级来包办政治，是断乎不许可的。社会主义的民主怎么样呢？这自然是很好的，全世界将来都要实行社会主义的民主。但是这种民主，在现在的中国，还行不通，因此我们也只得暂时不要它。到了将来，有了一定的条件之后，才能实行社会主义的民主。现在，我们中国需要的民主政治，既非旧式的民主，又还非社会主义的民主，而是合乎现在中国国情的新民主主义。目前准备实行的宪政，应该是新民主主义的宪政。

什么是新民主主义的宪政呢？就是几个革命阶级联合起来对于汉奸反动派的专政。从前有人说过一句话，说是"有饭大家吃"。我想这可以比喻新民主主义。既然有饭大家吃，就不能由一党一派一阶级来专政。讲得最好的是孙中山先生在《中国国民党第一次全国代表大会宣言》里的话。那个宣言说："近世各国所谓民权制度，往往为资产阶级所专有，适成为压迫平民之工具。若国民党之民权主义，则为一般平民所共有，非少数人所得而私也。"同志们，我们研究宪政，各种书都要看，但是尤其要看的，是这篇宣言，这篇宣言中的上述几句话，应该熟读而牢记之。"为一般平民所共有，非少数人所得而私"，就是我们所说的新民主主义宪政的具体内容，就是几个革命阶级联合起来对于汉奸反动派的民主专政，就是今天我们所要的宪政。这样的宪政也就是抗日统一战线的宪政。

我们今天开的这个会，叫做宪政促进会。为什么要"促进"呢？如果大家都在进，就用不着促了。我们辛辛苦苦地来开会，是为了什么呢？就是因为有些人,他们不进,躺着不动,不肯进步。他们不但不进,而且要向后倒退。你叫他进,他就死也不肯进,这些人叫做顽固分子。顽固到没有办法,所以我们就要开大会,"促"他一番。这个"促"字是哪里来的呢?是谁发明的呢?这不是我们发明的。是一个伟大人物发明的,就是那位讲"余致力国民革命凡四十年"的老先生发明的,是孙中山先生发明的。你们看,在他的那个遗嘱上面,不是写着"最近主张开国民会议,……尤须于最短期间'促'其实现,是所至嘱"吗?同志们,这个"嘱"不是普通的"嘱",而是"至嘱"。"至嘱"者,非常之嘱也,岂容随随便便,置之不顾!说的是"最短期间",一不是最长,二不是较长,三也不是普通的短,而是"最短"。要使国民会议在最短期间实现,就要"促"。孙先生死了十五年了,他主张的国民会议至今没有开。天天闹训政,把时间糊里糊涂地闹掉了,把一个最短期间,变成了最长期间,还口口声声假托孙先生。孙先生在天之灵,真不知怎样责备这些不肖子孙呢!现在的事情很明白,不促是一定不会进的,很多的人在倒退,很多的人还不觉悟,所以要"促"。

因为不进,就要促。因为进得慢,就要促。于是乎我们就大开促进会。青年宪政促进会呀,妇女宪政促进会呀,工人宪政促进会呀,各学校各机关各部队的宪政促进会呀,蓬蓬勃勃,办得很好。今天我们再开一个总促进会,群起而促之,为的是要使宪政快些实行,为的是要快些实行孙先生的遗教。

有人说,他们在各地,你们在延安,你们要促,他们不听,有什么作用呢?有作用的。因为事情在发展,他们不得不听。我们多开会,多写文章,多做演说,多打电报,人家不听也不行。我以为我们延安的许多促进会,有两个意义。一是研究,二是推动。为什么要研究呢?他们不进,你就促他,他若问你:为什么促我呀?这样,我们就得答复问题。为了答复问题,就得好好研究一下宪政的道理。刚才吴老同志讲了许多,这些就是道理。各学校,各机关,各部队,各界人民,都要研究当前的宪政问题。

我们有了研究,就好推动人家。推动就是"促进",向各方面都推他一下,各方面就会逐渐地动起来。然后汇合很多小流,成一条大河,把一切腐朽黑暗的东西都冲洗干净,新民主主义的宪政就出来了。这种推动作用,将是很大的。延安的举动,不能不影响全国。

同志们,你们以为会一开,电报一打,顽固分子就不得了了吗?他们就向前进步了吗?他们就服从我们的命令了吗?不,他们不会那么容易听话的。有很多的顽固分子,他们是顽固专门学校毕业的。他们今天顽固,明天顽固,后天还是顽固。什么叫顽固?固者硬也,顽者,今天、明天,后天都不进步之谓也。这样的人,就叫做顽固分子。要使这样的顽固分子听我们的话,不是一件容易的事情。

世界上历来的宪政,不论是英国、法国、美国,或者是苏联,都是在革命成功有了民主事实之后,颁布一个根本大法,去承认它,这就是宪法。中国则不然。中国是革命尚未成功,国内除我们边区等地而外,尚无民主政治的事实。中国现在的事实是半殖民地半封建的政治,即使颁布一种好宪法,也必然被封建势力所阻挠,被顽固分子所障碍,要想顺畅实行,是不可能的。所以现在的宪政运动是争取尚未取得的民主,不是承认已经民主化的事实。这是一个大斗争,决不是一件轻松容易的事。

现在有些历来反对宪政的人,也在口谈宪政了。他们为什么谈宪政呢?因为被抗日的人民逼得没有办法,只好应付一下。而且他们还提高嗓子在叫:"我们是一贯主张宪政的呀!"吹吹打打,好不热闹。多年以前,我们就听到过宪政的名词,但是至今不见宪政的影子。他们是嘴里一套,手里又是一套,这个叫做宪政的两面派。这种两面派,就是所谓"一贯主张"的真面目。现在的顽固分子,就是这种两面派。他们的宪政,是骗人的东西。你们可以看得见,在不久的将来,也许会来一个宪法,再来一个大总统。但是民主自由呢?那就不知道何年何月才给你。宪法,中国已有过了,曹锟不是颁布过宪法吗?但是民主自由在何处呢?大总统,那就更多,第一个是孙中山,他是好的,但是袁世凯取消了。第二个是袁世凯,第三个是黎元洪,第四个是冯国璋,第五个是徐世昌,可谓多矣,但是他们和专制皇帝有什么分别呢?他们的宪法也好,总统也好,都是假东西。像现在的英、法、美等国,所谓宪政,所谓民主政治,实际上都是吃人政治。这样的情形,在中美洲、南美洲,我们也可以看到,许多国家都挂起了共和国的招牌,实际上却是一点民主也没有。中国现在的顽固派,正是这样。他们口里的宪政,不过是"挂羊头卖狗肉"。他们是在挂宪政的羊头,卖一党专政的狗肉。我并不是随便骂他们,我的话是有根据的,这根据就在于他们一面谈宪政,一面却不给人民以丝毫的自由。

同志们,真正的宪政决不是容易到手的,是要经过艰苦斗争才能取得的。因此,你们决不可相信,我们的会一开,电报一拍,文章一写,宪政就有了。你们也决不可相信,国民参政会做了决议案,国民政府发了命令,十一月十二日召集了国民大会,颁布了宪法,甚至选举了大总统,就是百事大吉,天下太平了。这是没有的事,不要把你们的脑筋闹昏了。这种情形,还要对老百姓讲清楚,不要把他们弄糊涂了。事情决不是这么容易的。

这样讲来,岂不是"呜呼哀哉"了吗?事情是这样的困难,宪政是没有希望的了。那也不然。宪政仍然是有希望的,而且大有希望,中国一定要变为新民主主义的国家。为什么?宪政的困难,就是因为顽固分子作怪;但是顽固分子是不能永远地顽固下去的,所以我们还是大有希望。天下的顽固分子,他们虽然今天顽固,明天顽固,后天也顽固,但是不能永远地顽固下去,到了后来,他们就要变了。比方汪精卫,他顽固了许多时候,就不能再在抗日地盘上逞顽固,只好跑到日本怀里去了。比方张国焘,他也顽固了许多时候,我们就开了几次斗争会,七斗八斗,他也溜了。顽固分子,实际上是顽而不固,顽到后来,就要变,变为不齿于人类的狗屎堆。也有变好了的,也是由于斗,七斗八斗,他认错了,就变好了。总之顽固派是要起变化的。顽固派,他们总有一套计划,其计划是如何损人利己以及如何装两面派之类。但是从来的顽固派,所得的结果,总是和他们的愿望相反。他们总是以损人开始,以害己告终。我们曾说张伯伦"搬起石头打自己的脚",现在已经应验了。张伯伦过去一心一意想的是搬起希特勒这块石头,去打苏联人民的脚,但是,从去年九月德国和英法的战争爆发的一天起,张伯伦手上的石头却打到张伯伦自己的脚上了。一直到现在,这块石头,还是继续在打张伯伦哩。中国的故事也很多。袁世凯想打老百姓的脚,结果打了他自己,做了几个月的皇帝就死了。段祺瑞、徐世昌、曹锟、吴佩孚等等,他们都想镇压人民,但是结果都被人民推翻。凡有损人利己之心的人,其结果都不妙。

现在的反共顽固派,如果他们不进步,我看也不能逃此公例。他们想借统一的美名,取消进步的陕甘宁边区,取消进步的八路军新四军,取消进步的共产党,取消进步的人民团体。这一大套计划,都是有的。但是我看将来的结果,决不是顽固取消进步,倒是进步要取消顽固。顽固分子要不被取消,除非他们自己进步才行。所以我们常劝那些顽固分子,不要进攻八路军,不要反共反边区。如果他们一定要的话,那他们就应该做好一个决议案,在这个决议案的第一条上写道:"为了决心消灭我们顽固分子自己和使共产党获得广大发展的机会起见,我们有反共反边区的任务。"顽固分子的"剿共"经验是相当丰富的,如果他们现在又想"剿共",那也有他们的自由。因为他们吃了自己的饭,又睡足了觉,他们要"剿",那也只好随他们的便。不过,他们就得准备实行这样的决议,这是不可移易的。过去的十年"剿共",都是照此决议行事的。今后如再要"剿",又得重复这个决议。因此,我劝他们还是不"剿"为妙。因为全国人民所要的是抗日,是团结,是进步,不是"剿共"。因此,凡"剿共"的,就一定失败。

总之,凡属倒退行为,结果都和主持者的原来的愿望相反。古今中外,没有例外。

现在的宪政,也是这样。要是顽固派仍然反对宪政,那结果一定和他们的愿望相反。这个宪政运动的方向,决不会依照顽固派所规定的路线走去,一定和他们的愿望背道而驰,它必然是依照人民所规定的路线走去的。这是一定的,因为全国人民要这样做,中国的历史发展要这样做,整个世界的趋势要我们这样做,谁能违拗这个方向呢?历史的巨轮是拖不回来的。但是,这件事要办好,却需要时间,不是一朝一夕所能成就;需要努力,不是随随便便所能办到;需要动员人民大众,不是一手一足的力量所能收效。我们今天开这个会,很好,会后还要写文章,发通电,并且要在五台山、太行山、华北、华中、全国各地,到处去开这样的会。这样地做下去,做他几年,也就差不多了。我们一定要把事情办好,一定要争取民主和自由,一定要实行新民主主义的宪政。如果不是这样做,照顽固派的做法,那就会亡国。为了避免亡国,就一定要这样做。为了这个目的,就要大家努力。只要努力,我们的事业是大有希望的。还要懂得,顽固派到底是少数,大多数人都不是顽固派,他们是可以进步的。以多数对少数,再加上努力,这种希望就更大了。所以我说,事情虽然困难,却是大有希望。

（原载《毛泽东选集》一卷本,第689—698页。人民出版社出版）

4. 实行民主政治是必要的

重庆《新华日报》社论

中国抗战的性质就决定了它和动员全民族的人民参加抗战是不可分离的。这就是说,它决定了民主政治是不可分离的。没有民主权利,就失去了动员广大人民参加抗战的必要条件,就使全民族全面的抗战失去了偌大的力量。总括一句话,人民没有言论出版集会结社武装抗敌的权利,就不能动员全国人民参加抗战,就不能使民主政治逐步地全部实现。

抗战以来,我国政治生活已向民主制度进了一步,国民参政会的成立显然是初步的开端。如果我们问,在这一步开端之后,继续进展的程度怎样,全国上下一定会不隐讳地说:在某些地方,显然没有继续努力将政治生活推向进一步的民主道路上去。这的确是值得我们反省的事。

毛泽东、陈绍禹等七同志在《我们对于过去参政会工作和目前时局的意见》中明确提出:在政治方面的五大任务,中心目的,正在于实现战时民主。从这一意见中,可以看到,共产党的根本主张,是一贯坚决地把全国政治生活逐步推向民主政治。共产党反对一切政治上向后倒退的言行,因为这是对抗战有害的,对民族不利的。同时,我们必须了解,共产党在抗战这一个历史时期,所主张所坚持的民主政治,不是资本主义国家的资产阶级民主,也不是社会主义国家苏联的完满的民主,而是我们解放战争中所必需的民主政治。其前提是全民族的命运,决定于全民族每个人的意志和力量。所谓意志集中和力量集中,又必须以发动和坚强每个人的坚持抗战的意志,培养和组织每个人坚决抗战的力量为前提。而这一切都以民主权利为起点,民主政治为归宿。

有些人认为:抗战时期民主是不必要的,并以资本主义国家的战时政府为例,这是根本错误的。在资本主义国家进行帝国主义的侵略掠夺战争,亦即为人民反对的战争时,它们是不愿意有民主的,是要大大限制民主的。而在中国进行全民族的反侵略战争,这一战争为全民所拥护,更非有全民参加,不能获得胜利,因此,在抗战时期我们就应该实施民主政治。

有些人认为:抗战时期,无谈民主宪政的必要,仅有约法可遵循,有《抗战建国纲领》可遵循。但是,抗战所需要的民主,应随抗战之坚持而充实内容,在保障民权(就这一项,也需要最大的努力去切实实行)外,还要注意到政治制度的民主化,只有整个政治制度的民主化,才能使政治有认真的进步,才能适应抗战的发展。

民主政治的主要内容,在于"加强战时政府,统一军政领导,容纳各党派人才,提高战时行政机构效能",在于允许人民言论出版集会结社的自由和各抗日党派合法存在的保证。

在抗战的现阶段,敌寇正尽全力进行政治诱降,挑拨离间,破坏我国抗战。我们一定要加紧团结,加强抗战力量,为了这个目的,除实施民主政治,力求政治进步,反对一切倒退,别无他径可循!汪逆精卫正在高喊虚伪的"民主政治",在日寇刺刀下的"民主政治",我们要实现战时的民主揭破汪逆的虚伪面孔。这时候既不是空谈无民主政治之必要所可逃避,也不是斤斤于参加政府所可解决。唯一的道路,就是集中全国各党各派的力量,将政治认真地推向民主。

(原载 1939 年 9 月 16 日重庆《新华日报》)

5. 坚持团结抗战力求进步

重庆《新华日报》社论

在新的国际环境之中,在日寇更加困难和我国越战越强的条件之下,全国人民当前的严重任务,是在明确认清新的国内外情势之各种特点及其各种可能发展的趋势,坚持抗战到底国策,反对中途妥协危险;力求全国团结加强,反对各种分裂阴谋;力求全国向前进步,反对一切反动倒退的现象。为了中华民族之光明前途,每一个爱国同胞,每一个爱国党派是应当紧紧地握住这些任务的。正在这个时候开会的第四届国民参政会之应负起推动这三项主要任务的使命,更是责无旁贷之事。

在这次国民参政会开会的过程中,对于这些主要任务之指示与推动,是有相当的成绩的。蒋议长在其恳切的开会词中,很明白地指出:"当前最切要的几件事是:(一)集中人才,建设后方;(二)加强军事,争取胜利;(三)注意国际形势,推进战时外交。"关于第一点,蒋议长更进而指出"参政会是集合全国优秀贤智之士的总机关,以各位参政员作中心,我们一定能将全国的人才集中一起,来推进一切的建设。"关于第二点,指出:"我们必须不失时机,尽量加强我们的军事,以及政治经济的力量,我们更要加紧训练,加紧补充,加紧努力,更加使各地兵役办有成绩,更要使军民密切联系,更要使地方自治发达。"关于第三点,则指出坚决贯彻反抗日寇侵略,遵守国际公约,拒绝参加防共协定和争取外交之自立自主。这一切的指示,都是与当前三个主要的任务有密切联系的。我们晓得:只有加强团结,才能很广泛地集中人才;只有肃清一切动摇妥协分子,才能坚持抗战到底的国策;只有在各方面力求进步,才能加强军事争取胜利。

但是,我们主观的成就,有的地方未能适合于客观之要求,有的地方甚且与客观的要求背道而驰。张参政员一麟在其对议长的答词中,就很沉痛地指出:"敌人以华制华之毒计,使我自相残杀,乃有无耻小人,公然作背叛党国出卖民族之荒谬行为,诚可痛恨!虽首要诸逆,已受国法制裁,而余孽尚多漏网;在政府罪拟惟轻,对于胁从,力求宽大,然人民受其蛊惑,则此种汉奸的和平,奴隶的和平,灭亡的和平,易为动摇。"其次,"精神集中,力量集中,除少数丧尽天良之汉奸外,必须以'汉贼不两立'为唯一目标。但默察各地党政军各级人员,对于民众运动,往往有所歧视。道路传闻,尚有假借取缔与指导名义,摧毁合法组织,钳制正当言论,拘捕热血青年,致为亲者所痛,而为仇者所快!若任其摩擦,勇于私斗,必怯于公敌。敌人与汉奸之所喜,即仁人志士之所忧"。这种现象,显然是在阻碍抗战,破坏团结,妨碍进步的。为了争取最后之胜利,这种现象,是不能令其发展下去的。

我们共产党人,是一定要抗战下去团结下去的。共产党参政员一年来的工作,处处在证明他们是忠实地遵循中共中央之"明确的政治立场和诚挚的团结精神"的指示,与参政会同人共同地为中国人民意志和要求的实现而奋斗着。在过去三次参政会中,他们曾再三提出《拥护政府实行抗战建国纲领案》,《拥护蒋委员长及国民政府加紧全民族团结坚持持久抗战争取最后胜利案》,《拥护蒋委员长严斥近卫声明并以此作为今后抗战国策之唯一标准案》。在这一次会议的前夕,他们更明确地提出切中时弊的主张。为了加强团结,各抗日党派应明白地予以合法权利,对共产党及其他抗战党派之歧视行为应严格地予以制止;同时,更应容纳各党各派人才,提高战时行政机构;容纳各党各派人才,参加各种抗战工作。为了坚持抗战国策,应当动员全国力量反对妥协投降,扩大反汪运动,肃清一切尚未公开叛变的汪系余孽及一切妥协投降分子。为了加强军事行动,我们应发展敌后游击战争和培养抗战的国防军。为了争取进步,在各方面他们又提出种种的具体办法。这一切,对于当前的时局,显然是有很大贡献的。

在战略退却阶段已告完结,战略相持阶段已经到来的今日,客观的局势,需要我们加倍努力。代表民意的参政员诸君,不但在开会期间而且在开会以后,是应当为坚持团结抗战和力争进步而努力的!

(原载 1939 年 9 月 19 日重庆《新华日报》)

6. 拥护第四届国民参政会的正确决议[①]

延安《新中华报》社论

第四次国民参政会于本月九日开幕,于十八日闭幕。根据我们所得到的不很完全的消息,这届参政会所通过的决议中有两个决议是特别重要的。

第一个是《否认伪组织及通电声讨汪逆案》;第二个是《请政府定期召集国民大会实行宪政案》。

这两个决议,显然的,反映出了全国人民的共同要求,因此也是全国人民所一致拥护的。

---

① 实为第一届第四次会议。

自日寇平沼内阁倒后,阿部内阁的对华政策,是在加强支持汉奸汪精卫的"投降反共",建立伪中央政府的活动。最近汪逆在上海所召开的伪国民党中央执行委员会,以及在南京同王逆克敏与梁逆鸿志等的会商,都是成立这一伪中央政府的实际准备步骤。由于日寇与汪逆的这种活动,国内各地投降反共的空气,仍然非常严重。因此,国民参政会"否认伪组织及声讨汪逆"的决议,是完全正确的。

我们号召全国人民积极的起来拥护国民参政会的这一正确决议,到处去开展反汪的斗争。而且这种斗争决不能以仅仅反对汪精卫个人为满足,还要反对像汪精卫这类的汉奸群,像汪精卫这类的汉奸主张,及今天还混在抗战阵线内部以投降反共的活动响应汪逆的民族害虫。这种斗争决不能仅仅以某些名人的通电为满足,而且还要把这种斗争发展到全国广大的群众中去,使之成为全国各地的反汉奸的群众运动。没有这样的反汪斗争,反汪斗争就不能成为克服目前时局的主要危险——投降妥协的危险的有力武器,使抗战坚持到最后胜利。

同时,为了坚持抗战到最后胜利,除坚决开展反汪斗争外,必须即刻实行民主政治。只有民主政治,真正能够动员全国人民参加抗战建国的伟大事业,克服目前时局的各种严重困难。只有民主政治,真正能够实现全国各党各派的精诚团结,集中全国的英才,为实现三民主义的新中国而共同奋斗。也只有民主政治,真正能够改革现在的陈旧的、不适合于战时的政治机构,把贪官污吏顽固腐化的分子洗刷干净。因此,国民参政会"请政府定期召开国民大会实行宪政"的决议,是完全正确的。

我们号召全国人民积极的起来拥护国民参政会这一正确的决议,开展实施民主政治的全国的运动。民主政治决不能限于纸上的空谈或漂亮的决议,而必须是实际的行动。为了实现民主政治,今天必须首先保障人民的言论、集会、结社、出版、信仰的自由,及一切抗日党派的合法权利与活动,必须认真取消野蛮专制暴横独裁的旧政治,改革政治机构,实行民主制度的新政治。为了实现民主政治,国民大会必须迅速召集,而且它必须是真正由人民选举出来的最高权力机关,它所通过的宪法,必须是全国上下共同遵守的民主政治的经典。所以为了使国民参政会的决议,真正能够见诸实施,全国人民必须向这个方向加倍努力。每个爱国的人民,应该以中华民国国民一分子的资格,积极参加一切为民主政治的认真实施,为国民大会的迅速召集,为新宪法的制定而奋斗的活动。没有全国人民的参加,任何好听的决议,都会变成毫无内容的空谈!

当然,国民参政会除了上述两个决议外,还有其他可以称道的决议。但是我们认为决议不在多,而在见诸实行。如果隔几个月把全国各地参政员召集起来,使他们发表发表意见,通过通过决议,然后一切都照旧,或甚至愈弄愈坏,即决议虽多,又有何用。这不但使国民参政会成为装饰品,而且将会使民族国家均蒙重大不利。所以我们认为,实行良好决议,是今天政府当局及全国人民第一等的共同任务!

(原载1939年9月26日延安《新中华报》)

7. 实行宪政之时

重庆《大公报》社评

现在正是实行宪政之时。有人或以为当国家抗战之际,似乎不适于宪政的实行。其实,现在才正是实行宪政之时。宪法是国家的根本大法,为奠定国本,而实行宪政,已不待论。但"徒法不足以自行",中国的宪政运动已有四、五十年的历史,从清末康梁变法、《民元约法》、曹锟伪宪等等,为什么皆无好果与实效?其原因虽有种种,而最大的原因,在于国家的意识形态皆有缺憾,国家的力量不充实之故。现当抗战之际,因为全国民众的民族国家意识的燃着,国民团结,国家统一,正是国家最有力量的时候。抗战与建国,是同时并行的。这两年多的抗战,同时也实际开始了建国。这就是因为国家确因抗战而增生了强力之故。人力的组织,物力的运用,能抗战,能建国;而组织人力,实以根本大法为其总纲。沙上不能累塔,打坚基础才好盖房。现当国家基础因抗战而坚固之时,有"亿万一心"的意志,有坚强统一的国力,恰正是我们最有效实行宪政之时。

在目前施政中,要以实践三民主义为唯一准衡,时时要问民权、民生究竟实践了多少？在今后制宪时，更要以实践三民主义的精神，把三民主义的精髓使之法律化；则从此三民主义不再是国民党一党的主义，而成为全国共守之法律。这由国民党的立场说来，也是最忠于三民主义了。

(录自1939年9月20日重庆《大公报》)

8. 能抗战的民众就必能实行宪政

香港《大公报》社评

前方拼命流血之数百万士兵，后方拼命流汗之数千万民众，大半属于教育幼稚生计艰难之流，然而未尝负国家，未尝负民族，未尝不尽其有钱出钱、有力出力之义务，又焉得谓为不够公民资格，不配运用四权乎？

但令领导者诚意以知，诚意以行，毋虑多数国民之不追随其后，亦毋虑从行者之不由行而更臻于知也。焉有能追随抗战而不能追随建国实行宪政者乎？如其有之，必不在大多数之公民，而仍在少数操纵政权，愚弄公民之辈。何以言之？抗战乃四亿七千万民众之公共利害，国之不存，民将焉托？此显而易见者也，然而犹且有若干顺民，意存观望；犹且有若干汉奸，甘受羁縻，至于建国更难言矣。见小利而忘大同，各具是非，各具利害，此时是否犹能精诚团结，继续抗战之精神，以从事于建国？直不得不使杞人漆女，引为隐忧。

如我国今日，并未施行宪政，国民只有奉令承教，并无责难违言，然而行政恒患其效率不高，政府恒苦于调度不灵，日言调整，而机构之恶劣也如故。表面虽似权力集中，实际只是劳责归一，而享权利，避义务，满口唱诺，两肩不负丝毫责任者，乃若满坑满谷，此其中牵制破坏，贻误政事，败害国家者，为官吏乎？抑为大多数之国民耶？此辈敢于阳奉阴违，以误国害国于无形者，为有宪法使然欤？抑为无宪法而致此欤？是又不得不仰望于上自各级领袖，下至各个国民，各率公诚，自行检讨者矣。

今全国一心，共起抗战，此真所谓非常时期也，然则宪政之非常事业，不于此际行之，又将何时？今之热忱抗战者，犹多出于外患之刺激使然，如其乘此人心振奋，启发其内在之自觉，使之了然于作人立国之根本要道，由抗战而建国，由救亡而自强，而毋效吴夫差、李存勖之与敌国外患相终始，是又千载一时之会,万不可失。吾人甚望政府一面厉行地方自治,建立宪政基础,一面善导宪政运动,优容各方意见,使人民对宪政有兴趣,对政府有信心,则一旦大宪宣布,便如水到渠成,此今日最大之亟务也。

(原载1939年12月11日香港《大公报》)

9. 恭读蒋议长开幕词以后

重庆《时事新报》社评

国民参政会第四次大会九日开幕,蒋议长亲临主席并致开幕词。在开幕词中,不但指示了现阶段我们所应当努力的途径,而且还强毅地坚决地再一度表示我们的国策,是确固而不动的,无论国际形势如何演变,汉奸敌伪如何诱胁。这使目下一般倚赖外援和信念动摇的分子,受一当头棒喝,其意义之重大,我们敢就所见,略加引申。

自从苏德订缔互不侵犯条约以来,国际间的形势,的确是转变得太快了。于是有一部分的人士,惴惴然的忧虑,不是说欧战对我有如何的不利,便是就苏联的态度,对我抗战有怎样的影响。这完全把我们的抗战,放在以外援为唯一条件的基础上,前提自己陷于错误,当然判断也不会正确。开会词中特别把这一点指出,重申了我国自"九一八"以来的一贯国策,是建立在(一)反抗日本侵略;(二)遵守国际公约;(三)拒绝参加防共协定;(四)外交在自主自立,以本国立场与抗战利益为前提,不受任何拘束,以求得中国之自由平等,实现三民主义,重奠世界永久和平的几个重要原则之上。并且还强调地声明:"现在欧战既起,我们更要固守既定的方针,不计前途险易和利害,亦不计国际形势变化到如何程度,而必求我们一贯的方针贯彻到底。"像这样有力的表示,自然会使意志坚强的更决意地去尽他所应尽之责,同时也会使意志薄弱的,和服了一帖兴奋剂,定心丸一般,纠正了他过去的错误。

开幕词中更指出在敌人卵翼下的傀儡,对我抗战,丝毫也不会发生影响。"我们认定凡是在敌人卵翼之下所产生的组织,皆是敌人所谓'兴亚院'的'联络部'所组织的所谓军用机关。无论他假借任何名义,而我们抗战唯一的敌人,只是对日本。凡受敌军命令,或受其指使的,我们只认他是日本的奴隶，而决不认他是一个中国人。所以以后即使有十个百个汉奸的伪政府出现，甚至任何伪中央与敌人订立几千几百几十种伪条约，决不会发生丝毫的效力，而对于我们抗战，更不能发生任何影响。"这真是对汉奸叛逆和掩藏在各方面的动摇分子，给他一个掌心雷，使他无所逃避，无所遁隐，更不必弹冠相庆，窃号自娱。

（摘自1939年9月19日重庆《时事新报》）

10. 四届参政会的收获

重庆《新蜀报》社论

国民参政会四届大会，本月九日起在渝正式举行。此次大会开幕，正当欧战火连天，远东大局异常动荡之际，以民意机关之立场，集全国硕彦名流，共谋坚持抗战国策，应付当前局势。十日以来，竭诚研讨，热烈争辩，对外交内政各重要问题，均已成立详尽决议，大会文件亦已陆续发表，我们站在国民立场，对于大会之伟大成就深致庆慰，对于大会重要议案更深表拥护！

一、此次大会开幕，正当欧战爆发，国际大局已展开一崭新局面，敌人在此时期，表示不干涉欧洲战争，期以全力解决"中日战争"，实现其独霸东亚的企图。故欧战一起，敌阁即积极图调整英美法苏关系，并加紧策动傀儡汉奸政权，故在此时期，适应新的局势，推进战时外交，以贯彻我们抗战国策，实为当前最迫切问题。大会对此曾有重要决议，而蒋委员长更以议长资格，对我国外交方针，有明白剀切的说明，申述我国外交原则：第一是反抗日寇侵略；第二是遵守国际公约；第三是拒绝防共协定；第四是始终自立自主。换言之，我们要以本国立场与抗战利益为前提，加紧推进战时外交，"我们不计国际形势变化到如何程度，而必求我们一贯方针贯彻到底，"我们要以不变应万变，以抗战到底的既定国策，去争取外交上的主动。凡此一切，经过此次参政会的讨论，自将更为明朗，经过此次的决议，也必更为确定。这可说是四届参政会的收获之一，也是此次大会我们所必须注意的一点。

二、此次大会，对于国贼汉奸更严词声讨。蒋议长开会致词，及大会宣言，对此固有明白表示，而参政员代表答词中，更明白指出，狂逆汉奸之"和平"，乃奴隶的和平，灭亡的和平，凡附逆之徒，均当执行民族纪律，严加惩处。这可说是全国民众的公意，参政会所代表的这种精神，正是中华儿女正义凛然的精神。

三、实施宪政，为全国民众一致之呼声。中国在此抗战建国大时代中，要争取最后胜利，必须要实现欧战时应有的民主精神，因为只有在民主精神之下，才能动员更广大的群众，才能使人人感到自发的救国的责任。此次参政会已经决议，请政府明令定期召开国民大会，制定宪政。几年来各党各派，及全国民众所热烈注意的问题，在此次大会，得到一个合理的解决，今后政府付诸实施，必能使中国政治走上一新的阶段。这是令我们感到无限兴奋的事情！

四、本届参政会特别注意到川康建设问题。自上届参政会闭幕后，川康建设期成会与川康建设视察团，艰辛工作，巡视各地，目前更根据客观需要及视察所得，成立川康建设方案，对于军事，政治，经济，文化诸端，均有具体方案。川康两省，据长江之上游，居目前后方之中心，蕴藏丰富，人物荟萃，实为抗战期中，全国建设之重点，经此参政会之具体建议，影响所及，必能使全国人士对于川康，更加重视，对于大后方的建设和抗战力量的充实，也必能有所促进。我们对此，实感到非常的兴奋。

以上四者，我们以为是此次参政会主要的内容，也是今天全中国民众所热切注视的中心问题，参政员诸君，竭其思力，奋其热诚，既已对上述诸点，有伟（大）之贡献，今后尤望再进一步，促进各种议案之具体实行，盖全国民众之所期望于参政会者，决不仅在一纸空洞的决议，而实在决议之真正实行也。

（原载1939年9月19日重庆《新蜀报》）

11. 参政会第四次大会的成绩和意义

陈绍禹

参政会第四次大会于九月九日开幕，十八日闭幕。在短短十天工作中，听取了政府各院部的报告，讨论了由政府各院部及参政员同人提出的九十余提案，通过了八十三件提案。同时，并通过了些重要文件。如果我们把蒋议长的开幕词,政府各院部报告,参政员各提案,通过的各种文件以及参政会四次大会闭幕词综合看一下,我们就可以看出此次参政会工作表现出下列重要的成绩。

一、参政会第四次大会的第一个重要的成绩就是又一次明白确定坚持抗战到底,反对任何妥协投降的国策。整个四次大会的工作,充满了这种精神。举几个例来看:首先,从蒋议长宣读四次大会的闭幕词当中,就可看出抗战到底国策的壮伟精神。闭幕词代表参政会和全国同胞公意正式宣称:"我国在对日抗战之始,即有绝对必要之作战目的。目的不达,战斗不止。本会第一次大会宣言曾声明'中国必须恢复国土主权行政完整,此乃任何国家立国自存之最小限度立场,中国全体国民誓以一切牺牲达此目的'。'中国民族必以坚强不屈之意志,动员其一切人力物力为自卫、为人道,与此穷凶极恶之侵略者长期作战,以达到最后胜利之日为止'。"其次,从四次大会一致通过的声讨汪逆兆铭之通电中,更可看出反对叛逆罪魁及一切妥协投降分子的严正精神。声讨汪逆通电代表参政会和全体同胞公意郑重宣称:"汪逆兆铭,身负国家重寄,于去年十二月出走后,匿迹越南,发表艳电,响应敌前首相近卫文麿之声明,违反国策,逆迹已露,初尚止于言论,人民已见其精神屈服于暴日,而哀其自毁革命人格。初不料其由越南潜到上海、东京,觍颜事仇,并与南北诸丑逆勾结为奸。近复啸集败类,在敌人卵翼之下,开伪代表大会,丑态百出,丧尽天良,不复知人间有羞耻事矣。本会顷开第四次大会,经全体一致决议声讨,并以二义昭告全国:(一)忠奸不两立。汪兆铭及附逆诸奸,卖国求荣,宜膺显戮,以彰国法。(二)汪兆铭等出卖祖国,已自绝于人类,其所言所行,悉为无耻罔义之言行;凡其所组织之机关,全为敌人所制造之傀儡。我全国国民,应洞察奸隐,一致斥伐,以昭大义。"

参政会四次大会,根据张参政员一麟等五十六人,董参政员必武等二十三人,邹参政员韬奋等二十九人,王参政员卓然等卅五人,郭参政员英夫等二十六人的五件讨汪和反投降分子的提案,根据参政会和全国同胞的公意,再一次正式昭告抗战到底的国策,一致通过声讨汪逆兆铭的通电,对于目前严重的时局,确有非常重要的政治意义。因为,第一,这些文件正式明白地回绝了敌寇和汪逆的招降阴谋,拒绝了国际上某些企图逼诱中国对日妥协投降分子的妄念,澄清了敌寇汉奸和暗藏投降分子所散布的妥协投降的妖氛。第二,这是国民参政会第一次公开声讨汪逆兆铭的举动。当参政会第一、二次大会时,汪逆虽已暗中活动妥协投降,但出面用各种方式活动者,还不过李圣五、陶希圣等的汪逆走卒。所以虽然我们一部分参政员曾经用努力反汪走卒的方法来揭露汪逆假面具,但当时因汪逆罪迹未显,参政会全体尚难于公然进行反汪的斗争。当第三次大会时,虽然汪逆之叛迹昭然,而因某种关系,参政会竟未能通过我们公然反汪之提案,至今同人尤认为遗憾。四次大会能一致通过讨汪通电,这不仅能提高参政会在全国人民中的威信,并且能加强全国人民反汪逆及一切汉奸的斗争。第三,讨汪通电的意义,绝不限于声讨汪逆兆铭及附逆诸奸,其意义应该是声讨和打击一切暗藏的汪系余孽及所有的主张对敌妥协投降的分子,其意义即是说,不管何人只要他与汪逆有同样的言论与行动,他都是"自绝于人类的人",他都是"不知人间有羞耻事"的人,他的言行都是"无耻罔义的言行",他都是叛国罪犯民族叛徒,对于他,人人得而诛之。

二、参政会第四次大会第二个重要成绩,就是在通过了许多巩固团结推动进步加强抗战力量的决议。这些决议当中,第一个意义最重大的,当然是关于定期召集国民大会,实行宪政,保障各抗日党派合法权利及集中人才改革行政机构的这一决议。这个决议案是根据七个提案合并讨论结果通过的。决议原文是:"(甲)治本办法:(一)请政府明令定期召开国民大会,制定宪法,实行宪政。(二)由议长指定参政员若干,组织国民参政会宪政期成会,协助政府,促成宪政。(乙)治标办法:(一)请政府明令宣布全国人民除汉奸外在法律上其政治地位一律平等。(二)为适应战时需要,政府机构应加充实并改进,借以集中全国各方人才,从事抗战建国工作,争取最后胜利。"这一决议的每一条文,特别是治本第一条,治标两条,均有严重的政治意义。

治本办法第一条请政府明令定期召集国民大会,制定宪法实行宪政的意义是什么呢?其主要意义是:第一,国民党一党专政的时期,应该结束,代之而起的应该是民主政治。第二,人民没有民主权利的时期,应成过去,代之而起的应该是认真的实行民权主义的政治。第三,没有人民选举代表成立民意机关的时代,应成过去,以后最高民意机关应该是由全体人民用普选权选举出来的国民代表大会。第四,各抗日党派权利(除当政的国民党外)无合法保障的时代,应成过去,代之而起的应该是各抗日党派在国家中的政治地位一律平等。治本办法第二条成立国民参政会宪政期成会协助政府实行宪政的意义是什么呢?其主要意义是表示参政会不仅向政府建议定期实行宪政,而且自己还须负帮助政府促成宪政的责任。治标办法第一条全国人民除汉奸外其政治地位一律平等的意义是什么呢?其主要意义是:第一,政府对全国人民,除汉奸外,应该不问其党派关系如何,一律保障其权利,应该严禁因党籍或思想问题而对任何人民有压迫歧视的行为(如开除职业、开除学籍、逮捕、杀害等);第二,政府应该承认各抗日党派的政治地位一律平等,不能将任何抗战党派认为所谓"异党",因而应该严禁实行所谓"防制异党活动办法",以减免抗战各党派间的摩擦,而增强民族团结的力量。治标办法第二条的意义是什么呢?其主要意义是:第一,现有行政机构不能适应抗战的需要,为适应抗战的需要,行政机构必须加以改革;第二,现在抗战建国工作中,未能集中各方的人才,为适应抗战需要,必需集中各党各派及无党无派的真正才智之士,使他们参加抗战建国工作,才能取得最后胜利。

参政会第四次大会之所以通过这一件有历史意义的政治决议,并不是偶然的。这一决议通过的意义,绝不限于在对抗和揭露敌寇汪逆正在进行的政治欺骗和阴谋。这一决议的通过,首先是反映出全国人民的公意。这一决议产生的根据,是各党各派及无党无派参政员七种名义各殊而实质相同的提案。从有党派关系的提案人来讲,不仅有共产党参政员陈绍禹等,国家青年党参政员左舜生等,国家社会党参政员张君劢等,第三党参政员章伯钧;而且有国民党参政员孔庚等。同时,无党派关系的参政员江恒源、张申府、王造时等,都有大同小异的提案。各种提案的内容归纳起来为下列主要各点:(一)结束党治,实行宪政;(二)保障各抗日党派合法权利;(三)不分党派,集中人才参加抗战建国工作;(四)改革战时行政机构。当这决议一致通过时,蒋议长曾郑重地说:"交政府切实施行。"所有这一切,都表示出这些治标治本的办法,确是今天抗战建国工作迫切需要的东西。确是全国各抗日党派及无党派人士一致要求一致拥护的东西。如果将它们认真实行起来,确能加强抗战建国的力量。这一议案的通过,对于促进中国政治民主化,增强各抗日党派团结,加强全民族力量的团结和动员,都有重要的意义。在讨论这一议案时,表现出参政员的知无不言言无不尽的负责精神,同时,也表现了当权的国民党同志及政府负责人员的倾听民意的开诚风度,在参政会内空前未有的民主讨论和善意批评精神。此议案通过和见诸实行时,全国民主精神定有一个很广泛的发扬。所以这次决议案的通过和实行,应该看作中国政治生活转化的主要起点,应该成为中国政治民主化的严重开端。此议案的通过和实行,更加证明中国政治必须走上民主共和国的道路。正因为如此,所以参政会同人及全国同胞认此决议为参政会第四次大会工作的最重大的成绩。

关于加强抗战力量各种决议中的第二个重要决议,当推川康建设方案。这一方案系根据川康建设视察团二十余参政员一百余天努力视察川康各地所得的结果。诚如方案总说明中所说:"凡所提出之问题,悉由实地视察所发见,凡所主张之方法,悉本事实所要求。"提案内容计分:(一)行政组织,(二)兵役,(三)财政民生,(四)治安,(五)经济建设,(六)禁烟,(七)教育,(八)夷务,(九)边疆司法九部分。由议长名义提请大会讨论,经各审查委员会审查之结果,虽略有修改,然基本上一致通过原提案的各项办法,虽即实行方案列举各办法,也还不能根本改造川康的政治经济民生各问题,但如能将方案中列举重要的各点,一一见诸实行,则对于建设抗战后方,和减轻川康人民痛苦方面,必有极大的成效。川康是我国抗战的重要后方,能规定出详明的建设方案,确有三四两次参政会工作的重要成绩之一。

关于增强抗战力量各种决议中的第三类重要决议,即为注意敌后工作,加强敌后游击战争,以粉碎敌寇以战养战阴谋等案。敌寇正努力于以军力扫荡敌后游击运动,企图巩固其占领区域,作为向前灭亡全中国的基础。我们的责任,就在加紧注意敌后工作,变敌后为前线。关于这一类问题,在此次参政会大会上,有许多重要而正确的提案。例如:秦参政员邦宪等一十三人提:《加强敌后游击活动以粉碎敌寇以战养战的阴谋案》。李参政员鸿文等二十八人提:《各沦陷区域内拟请赶速建立普遍而巩固的游击根据地区,增加抗战力量案》。张参政员申府等二十一人提:《加强敌后工作案》。程参政员希孟等三十五人提:《请划分游击区域,建立游击准备区,并加强战地各种抗战建国工作案》。钱参政员永铭等二十六人提:《握住敌后方三大要点,以立收复失地的基础案》等。综合各案内容,其提出问题之主要中心,有下列各点:

(一)要在敌后加强与敌伪进行争民心、争舆论、争经济权的斗争。

(二)扩大战地党政委员会之权限,增加其经费,以便其职权之行使。同时,速在敌后分区成立党政委员会分会,以对国事热诚素著及在各战区抗战有功之人员组织之,作为加强敌后工作领导及增进各区与中央联系之机关。

(三)在敌后适宜地带建立许多巩固之游击根据地。

(四)游击区的施政纲领应依据抗战建国纲领及各游击区的具体情况规定。

(五)游击区域之军政权力,必须求得统一于该地区内抗战勋劳卓著之部队长官。

(六)游击区之正规军游击队与民众武装,均须由政府经常给以武装和经济之帮助。

(七)游击区域内必须认真实行民主政治,努力组织民众,改善人民生活,以求得军政民之亲密合作。

(八)派往或已在游击区之部队及工作人员,必须以抗战第一团结第一为最高原则,必须专心对敌不事内部摩擦,凡违反这种原则而在敌后专门制造内部摩擦的分子,应该革职惩办。

以上所举各点,如政府能一一切实施行,对于加强敌后游击运动,摧毁敌后政权,打击敌寇以战养战恶毒手段等,必有极大之效果。

关于增强抗战力量各种决议中的第四类决议,便是救济灾区同胞的各种提案,本年水灾,以河北为最大。其所以成灾的原因,半由于天灾,半由于日寇掘堤所至。吴参政员玉章、林参政员祖涵等二十八人关于《请政府从速救济河北水灾案的说明》中,对此点有明确动人的呼吁。他们指出:"当日寇军事'扫荡'华北遭受失败,经济'开发'无法遂行之时,于是敌企图摧毁我华北坚持抗战的人力物力,动摇我华北抗战的人心。在烧杀掠劫之余,复继之以掘堤决水,洪水泛滥,尽成泽国。安国以南之猪龙河、安平以北之滹沱河,以及北运河、龙凤河、枢马河、沙河、卫河等,均先后次第被敌掘堤,一片汪洋,数十县尽成泽国,一泻千里,数十万灾民啼饥号寒。河北省我抗战驻军和游击部队及各地方政府,虽再三努力救济灾黎,而苦于物资缺乏,杯水车薪,无济于事。"因此,提案人等要求"我国民政府为俯念灾情急重,民生疾苦,应设法从速救济河北水灾,以安民生,以慰民心,以利军民合作,以利坚持华北抗战";同时,张参政员申府等二十八人也提一《加急救济河北灾民案》。此外,胡参政员石青等二十人曾提《救挤河南黄灾案》。光参政员升等三十二人曾提《请政府速拨巨款救济淮北水灾以拯战区遗黎案》。

关于救灾办法,除通过请政府拨款及发行水灾公债外,还决定向国内外慈善团体及各界热心公益人士募捐。现政府对于河北等地,虽已决定拨付一笔救济款项,但是数目太小,无济于事。且办事迟缓,更令人不胜焦急,我们希望政府速拨较大数量救灾公债,并认真从速将款项拨到灾区军政负责机关去加紧救济工作,因为这是关系于几千万同胞生死存亡而迫不及待的大事。

关于增强抗战力量的各种重要议案中,还有一些特别表示参政会关心前线将士及战区同胞的文件,例如:《慰劳前方将士电》,《慰劳战区被难同胞电》,《组织战区慰劳视察团——尽先赴北战区慰劳视察案》,《慰问东北同胞电》。此文件中,尤以慰问东北同胞电的政治意义重大。在这一电文中说:"东北四省同胞公鉴:溯自东北沦陷,我国同胞呻吟于暴敌蹂躏之下,忍辱于傀儡虐政之中者,八年于兹矣。在此八年中,我政府及各地人民,无一日一时忘我东北同胞,亦无一日一时不思恢复我东北领土。爰有抗战之师,全民一力,屡挫暴敌,胜利可期。恢复失土,成算在握。我东北同胞渴望雪耻之师久矣。青年之效力内地者日众,义军之蜂起敌后者云兴。今者敌氛衰颓,势同落日,我军英勇,气贯长虹。尤望我四省同胞以再接再厉之精神,响应全国抗战之壮举。内外合力,歼灭暴房。复我失地,重见青天。兹际本会四届大会闭幕之日,适当九一八纪念之典。抚今思昔,感奋有加,特慰问,共勉前途。"这一电文的特殊政治意义就在于:不仅再一次打碎敌寇东北非中国领土的谰言,而且粉碎了有些人以为抗战到恢复卢沟桥事变前情形即止(换言之就是不收复东北四省)的错误观念。国民参政会代表全国人民又一次正式宣告:"我政府及各地人民,无一时一日敢忘我东北同胞,亦无一日一时不思恢复我东北领土。"这不仅慰勉了我东北三千五百万水深火热急待援救的同胞,而且激励了全国同胞抗战雪耻打到鸭绿江边的勇气。

最后应当说明,此次参政会与前几次一样,各参政员所提各种提案,最大多数均系与抗战建国有利的方案。除上述各重要议案外,本届参政会还讨论和通过了不少有利抗战建国工作的提案。例如:关于保障人民权利者则有:沈参政员钧儒等五十四人提:《请政府重申前令,切实保障人民权利案》。吴参政员绪华等二十一人提:《宥释人犯以重生命案》。光参政员升等三十二人提:《请政府严禁各下级军事及行政机关滥施非法手段,侵害人民生命财产之自由,以巩固全体国民之团结向心力案》。莫参政员德惠二十三人提:《废止西康乌拉制度(即对一部分人民的徭役制度——陈注)以除稗政,而苏边民困苦案》等。

关于改革下级行政机构及斥杜官邪者则有:张参政员一麟等二十七人提;《充实下级行政机构,以养廉耻而挽颓风案》。褚参政员辅成等三十二人提:《订立专法限制官吏私有财产以杜官邪案》。王参教员幼侨等二十四人提:《积极刷新地方政治,恢宏建国基础,以利抗战而达必胜目的案》。周参政员士观等二十二人提:《拟请调整机构提高职权以专责成案》等。有关人民生计者则有:李参政员元鼎等四十四人提:《拟请中央政府明令豁免备省地方二十七年以前旧赋以纾民力而利抗战案》。郭参政员英夫等四十四人提:《请严令陕西省政府停征旧欠田赋并指欠借款用苏民困而安后方案》。陈参政员石泉等三十二人提:《平抑物价,调剂供求,以维护社会生活基础案》。卢参政员前等三十人提:《请政府速定食粮政策,以安农事,以利民食案》等。关于改善兵役者则有:陶参政员行知等二十一人提:《扩大壮丁志愿应征入伍运动,以增加抗战力量案》。胡参政员景伊等二十五人提:《依据各地兵役实施之流弊,建议应行改进诸端,以利兵役之推进案》。秦参政员望山等二十七人提:《拟请数府从速集中闽省壮丁,编成国军,以加强抗战力量案》等。关于文化教育者则有：邹参政员韬奋等二十二人提：《改善审查检查书报办法，及实行撤销增加书报寄费，以解救出版界困难，而加强抗战文化事业案》。杨参政员子毅等二十一人提：《考送工科学生分赴欧美专习制造机械军器并在国内筹办该理学校及工厂案》。沈参政员钧儒等二十五人提：《请中央通令各省切实施行成人教育案》。欧参政员元怀等二十六人提：《小学经费应由中央及各省辅助以奠国民基础教育案》等。关于外交问题者则有：沈参政员钧儒等二十六人提：《确立外交中心加强外交活动案》。陶参政员行知等二十六人提：《拟由国民参政会酌派友邦观光团，以加强国民外交案》等。关于财政金融者则有：褚参政员辅成等四十四人提：《加严外汇管制并从速发行战地流通券，收回法币以抵制敌人经济侵略维持外汇法定比率建议案》。张参政员元夫等二十五人提：《拟为增强法币信用必需扩大货运应集中全力不惜任何代价即日完成各铁路交通案》。马参政员君武等二十三人提：《拟请改善各海关转口税以免苛扰而符税制案》。王参政员云五等二十八人提：《请政府另定一种法价供给外汇于特定之工业案》等。关于增加工农业生产者则有：陈参政员石泉等三十二人提：《发动内地生产总动员，以充实抗战资源建国基础案》。王参政员世颖等三十二人提：《强化合作运动案》。高参政员惜冰等二十一人提：《关于衣食住之必需品，如纱布、靛青、食粮、盐、燃料及铁钉等六项，拟请政府节制其消耗，并格外努力增加其产量案》等。关于侨务者则有：宋参政员渊源等二十一人提：《增进南洋华侨之战时筹款与投资案》。刘王参政员立明等二十人提：《请政府组织华侨访问团案》等。关于保护妇女儿童利益者则有：刘王参政员立明等二十人提：《请政府普遍设立托儿所，以便利全国妇女参加抗战建国大业案》。史参政员良等二十二人提：《请中央切实改进女子教育以适应抗战建国之需要案》。

此外，还有几个关于个别问题而有重要意义的提案。例如：李参政员中襄等三十六人提：《加紧组织县乡农会俾利动员民众，增进农产，促进兵役，借以增强抗战力量，奠定自治基础案》。于参政员明洲等二十四人提：《请切实实施反正条例，以多吸收伪军反正而加强抗战力量案》。李参政员培炎等二十一人提：《奖励生育，确立人口政策，以维国本案》。王参政员卓然等三十二人提:《请政府增强宣抚东北工作以扩大政治战争反攻案》。史参政员良等二十一人提:《请政府从速救济抗战军人家属,以利兵役案》。喻参政员育之等二十一人提:《利用西南药材制造特效药以救护士兵之伤病而增加抗战之力量案》等。

三、参政会第四次大会的第三个成绩,就是确定了正确的外交政策。当此欧战爆发和国际风云瞬息万变之际,参政会第四次大会当然不能不热切注意于中国外交政策的问题。蒋议长在开幕词中说明了中国外交的方针是:"(一)反抗日本侵略以保障我国主权与领土行政完整。(二)遵守国际公约,尤其是国联盟约、九国公约与非战公约,以与世界爱好正义和平之国家共同维持世界秩序。(三)拒绝参加防共协定。(四)外交是自立自主,完全以本国立场与抗战利益为前提,不受任何拘束,以求得中国之自由平等,实现三民主义,重奠世界永久之和平。"外交部的外交报告的方针,与蒋议长所说明者正相同。此次参政会同人在讨论外交问题时,紧握国际局势新变化对于远东及我国之影响,其基本立场为:凡助我者友之,凡仇我者敌之,凡能利用者利用之,以期尽力孤立日寇而增强我抗战的外援。这一基本立场无疑义地是正确的。

综合看来,参政会第四次大会工作获有重大的成绩。其主要成绩为:又一次昭示抗战到底绝不中途屈服的国策;一致声讨汪逆兆铭及附逆诸奸,同时,严厉斥伐了一切暗藏的汪逆余孽,及所有的主张对敌妥协投降的分子;通过了实行民主政治的召集国民大会,实行宪政的决议;通过了各抗日党派及全国人民在法律上政治地位一律平等的决议,通过了改善战时行政机构及集中全国各方人才参加抗战建国工作的决议;通过了建设抗战后方和加强敌后工作的方案;研讨了正确的外交政策。此次参政会通过的这些重要决议有非常重大的政治意义。其主要意义是:第一,本届参政会的这些决议,比起第三次参政会以来的过去一个时期的中国政局现实来,显然地是一个进步的表示。第二,本届参政会工作于国内外时局异常严重之时,这些决议如能认真实行,可能推进时局走向部分的好转。第三,尤其重要的是,如政府能认真地施行这些决议,则不仅抗战得以坚持,而且民主政治的实现,党派及全民族团结的增进,均将收到显著的效果。因而也就是在实际上能增强抗战建国的力量。从以上这些意义看来,参政会第四次大会是获得了前此没有的成绩。当然,第一,这并不是说,这次参政会工作样样都好,或者没有缺点了。事实证明:此次参政会所表现的缺点也还不少。例如:一部分人坚持只承认各抗日党派存在的事实,但不承认他们的合法地位。少数人还有挑拨国共两党关系及离间各党派的企图等,都不能不是美中不足和深为遗憾的事。第二,这并不是说,只要政府施行了这次参政会的决议,便可解决抗战建国的一切困难和增加抗战力量到足以胜敌的程度。事实证明:要克服抗战建国中一切困难和加强抗战力量到足以对敌反攻的程度,则必须要认真施行参政会各次大会的重要提案及全部中山先生的三民主义和《抗战建国纲领》。第三,这并不是说,只要决议通过了,时局就会开始好转了,抗战建国工作便有进步了。事实证明:通过决议,不过是事情的开端,不过只是表示了愿望和立定了方针。决议的能否有裨于时局和抗战建国的事业,一切决定于这些决议是否真能见诸实行,换句话说,即是看负责执行这些决议的政府及其各部门有否决心有否办法来把这些决议变成活生生的事实。如果决而不行,那么,决议本身仍等于一纸空文而毫无裨于实际。因此,此次参政会闭幕词中,对于此点特加以郑重的说明:"本届决议皆为积极的达到加强抗战力量之唯一目标,除希望政府尽量采择施行之外,尤不得不勉励各界同胞之一致赞助也。"闭幕词这一段话的意思就是说:参政员同人不仅在开去时通过决议送交政府,便算尽了自己的责任,而最主要的,还须与全国各界同胞一致起来赞助和督促政府将这些决议认真实行。这些决议实行的程度和效果如何,不仅要靠政府的诚意和决心,而且要靠参政员同人及全国同胞不懈的努力!

(摘自《解放》周刊第八十九期。本文原名:《目前国内外形势与参政会第四次大会的成绩》,是陈绍禹1939年9月20日在重庆新华日报社工作人员会上的报告)

12. 国民参政会第四届大会的贡献

邹韬奋

国民参政会第四届大会自九月九日开幕至九月十八日闭幕,共为十日。

在此十日中,除对政府施政报告分别审查,详切建议外,提案共八十九件,决议通过的八十二件。其中尤关重要的有三类:

第一类是关于实行宪政及巩固党派团结。关于这一类的提案有七件之多。其中有由参政员中的国民党同志提出的,有由参政员中其他党派提出的,有由参政员中无党无派者提出的,可说所有党派对于这件事都有提案,可见这件事所引起的特殊注意。

第二类是关于川康建设方案。川康建设视察团成立之后,由几十位参政员的参加及几个月的辛勤视察调查,成一(册)五六百页的川康视察报告,为民间实况的忠实反映,内容充实丰富,为近代中国文献中一个很有价值的可贵文件,根据这实际调查所成立的方案,关于各重要部门都有着切实的改革建议。川康既为民族复兴的重要根据地,川康的积极建设,其意义的重大并不限于川康,而实与整个中华民国有极密切的关系,是不待言的。

第三类是关于声讨汪逆兆铭及制裁汉奸活动及汉奸言论。关于这一类的提案共有五件之多,足见国民参政会对于汪逆兆铭及其狐群狗党祸国的愤怒。各案合并审查的结果,用国民参政会名义,通电声讨,并将各案所列制裁汉奸活动及汉奸言论办法交政府参考酌行。这一决议的全场一致通过,不仅在消极方面再度严厉声讨汉奸卖国贼的罪恶,而且在积极方面也再度表示中国抗战国策的坚决执行到底,非达到驱除敌寇及恢复中国的主权土地完整,决不中途妥协。

以上三大类的提案,是国民参政会第四次大会比较重要的贡献。第一件事是政治好转以及抗战建国更积极迈进的基本条件;第二件事是改善民生努力建设的枢机;第三件事是肃清奸伪,坚持抗战国策的重要表示及行动。

综观本届大会所得,似乎不无相当的进步,但是我们决不能以此为满足,尤其是督促实行方面,有待于加倍的努力。据在本届大会中驻会委员会检讨以往大会决议案实施情形报告,离可满意的程度尚远,这是我们今后所应特别提高警惕的。这不仅是国民参政会的职责,也是全国舆论与全国关心国事的爱国同胞所应共同加以严格注意的。

(原载《全民抗战》1939 年 9 月第八十九号)

七　国民参政会第一届第五次会议

（1940年4月1日—4月10日）

（一）粉碎敌伪阴谋　积极促成宪政

1. 在第五次参政会的前面

重庆《新华日报》社论

当着第四次参政会闭幕的时候,正是在国际上发生重大事变的时候,这就是第二次帝国主义大战由于英法对德国的宣战而正式展开了。英法与苏联之间谈判破裂,苏联与德国之间互不侵犯条约订立,在国际政治上发生了严重的影响。一方面帝国主义各国公开的摒弃和平政策,尽量的扩大帝国主义战争,尽量的拉拢小国,尽量的企图把战争的烽火转向反对苏联;另一方面社会主义国家——苏联,既已看到帝国主义战争成为不可避免了,于是努力缩小战争的范围,坚持和平政策,巩固自己国家的安全,使不卷入帝国主义战争的漩涡。在这半年多的时间中,我们看到帝国主义战争的范围仍在继续扩大,而苏联的和平政策则达到了不少的成功。在帝国主义战争中由于交战各国争夺同盟国,由于帝国主义策动反苏联战争,不能不影响我国抗战外交的某种困难。虽然帝国主义战争直接的或间接的影响到我们中国的抗战,但是我们全国人民和政府当局在这种国际风云激变的时候,仍然坚定不移地坚持抗战的国策,誓以驱逐日寇出中国为我们抗战到底的目标。

当四次参政会闭幕的时候,那时我们也已看到日寇灭亡中国的野心正在加紧,正在企图用政治的阴谋,用扶持汪逆傀儡政权的阴谋,来达到日寇军事上所不能达到的目的。这中间经过"汪日协定"的暴露,以至最近汪逆傀儡政权的出现,汪逆这群卖国汉奸,虽然给了中国抗战不少的困难,但是在全国人民一致的反对之下,显然没有能够达到为日寇服务的目的。在这个期间内,全国上下一致的展开了强烈的反汪运动,这正表明汪逆傀儡政权的末路。

同时,在第四次参政会闭幕的前后,我们也看到了国内团结,虽然总的方向,还是继续保持,但由于各种的原因,在全国团结的上面,留下了不少的阴影。虽然这些阴影还是局部的,但是,是严重的,足以影响全国总的团结,足以影响全国的抗战。忧时之士,爱国之士,从中呼吁奔走,以冀全国团结之能继续加强。

在四次参政会所通过的有重大意义的实施宪政的决议,在四次参政会闭幕之后,全国努力于实施宪政的各界人士,确实尽了最大的责任,展开了宪政的讨论运动,努力于从事发动民众注意和参加宪政运动。虽然由于种种原因,宪政运动没有收到尽善尽美的结果,但是这种运动之展开,已经充分表现只要参政会之决议能符合于人民的要求,是足以取得广大人民的支持的。

由上所说,我们可以看到由第四次参政会到第五次参政会,时间虽然不算长,但是在国际上和国内确是发生了许多的重大问题,值得在第五次参政会中更加加以详细的讨论的。由此可见放在第五次参政会前面的任务是很重大的,而急待讨论和解决的问题实在不少。五次参政会开幕于这样的国际和国内的环境之下,以诸位参政员的努力,及全国人民之监督和帮助,当可达到五次参政会所应达到的任务。

我们爰就放在五次参政会前面最基本的任务提供意见:

第一,放在五次参政会前首要的任务,就是彻底的反对汪逆傀儡政权,拥护国民政府,拥护蒋委员长。这个任务,比与前几次参政会上所提出的完全不同。那时汪逆政权还未出现,现在汪逆政权已在日寇刺刀支持之下登台了。因此这次参政会对于反对汪逆的问题必须更加具体提出,对内必须号召全国人民誓死不承认汪逆政权,号召全国人民用争取抗战的胜利来消灭汪逆政权,同时发动人民的反汪运动,铸逆、锄奸、民众大会、宣传讲演等等,用全国人民的力量,用一切能够动员人民的方法,进行反对汪逆政权的运动。对外必须警告世界各国的政府,如有承认汪逆政权者,不论其在何种形式之下,中国人民都认为这种国家的政府是中国人民的敌人。同时加强对各国人民的联系,要是他们的政府要承认汪逆政权时,各国人民应给以反对和抗议。

第二,放在第五次参政会前面的同样重要的任务,就是在总的团结的基础上,加强国内的团结,帮助政府采取其体的步骤使今天不应有的现象能够在最短期内廓清。这种种事实在这里不便说,参政员来自各方面,有听到各种传闻的,有知道事实内幕的,有对事实内幕不完全清楚的,但是不管如何,在我们面前放着的任务,只有推进全国的团结,才能加强我们的抗战力量。

我们共产党人始终一再宣布坚持抗日民族统一战线的政策,加强全国的团结,加强各抗日党派的团结,首先是加强国共两党的团结。只要有利于抗战有利于团结,我们总是愿意出以诚心诚意来商讨,求得圆满的解决,求得全国团结的加强,求得全国政治的前进。

第三,宪政问题仍然是五次参政会的重要任务。宪法之如何修改,国民大会代表之如何产生,国民大会有何权利等等问题,都是急待五次参政会提出讨论。关于这些问题的意见我们在本报上或非在本报上曾发表过不少,这里不来重述。但是参政会在讨论有关宪政问题的这些问题时,必须以大多数的民意为本,因此参政员诸君想在报端杂志言论各方面也看到也听到各方面的各种不同的意见,希望第五次参政会能反映各方面各种不同的关于宪政问题的意见,详加研究制成提案,提交政府。假若在讨论有关宪政问题时,不能反映各方面各种不同的意见,那末,即使第五次参政会对宪政问题有所决定,必违背民意自不待言,因此也就必会失去宪政的本来意义。

在抗战中产生的参政会,已有过四次的集会。虽然这些集会的成果,还有许多不能完全满足人民的要求,但是参政会确是在坚持抗战,坚持团结,帮助政府上做了不少工作。我们希望第五次参政会在国际国内非常紧张的情况下举行,能够作出比前几次参政会更大的贡献,更能满足人民的要求。

(原载 1940 年 4 月 2 日重庆《新华日报》)

2. 必要加速向民主宪政之途猛进

香港《大公报》社评

在积极方面,我们要使宪政的基础健全巩固,避免使宪政流为一种点缀或虚应故事;在消极方面,要廓清实行宪政的一切障碍,这不仅要肃清一切贪污土劣及封建制度,同时要消除一切思想上、人事上的封建积习。我们知道:宪政与封建是绝对矛盾而不相容的。宪政的目的,是要集中人才、集中力量、集中意志,以赴民有、民治、民享的理想鹄的,而封建的痼疾,足以分散力量,分散意志。因为门户之见不除,则一切有能力操守的人,必然无法发挥其才智,而流为洁身自爱;把持控制的积习不去,则民众必将变成机械化、麻痹化,而无法鼓励其对政治发生兴趣,所有行使四权之基本能力,势将无由培成。希望大家能仰体此大公无私之精神,认定建国大业是超党派的民族神圣工作,而实行宪政又是建国大业的基本前提,应如何泯除私见,集中全力,以达领袖所期望"共同负责"之目的,实为当前之亟务。相信这次参政会议,对此定有可贵的贡献。

(原载 1940 年 4 月 3 日香港《大公报》)

3. 所望于本届参政会者

重庆《新蜀报》社论

抗战到今天,军事外交,已趋稳定。当前的主要工作,是如何改善政治,推进建设,充实抗战力量,抵抗敌人的政治与经济进攻。抗战以来,国家各方面都有进步,但应兴应革的地方仍然很多,有待参政会协助政府,积极规划。尤其在汪逆伪组织出现后,敌人在政治经济各方面的进攻将更加紧,我们必须彻底了解当前的新形势,详拟计划,妥定办法,以粉碎敌人的毒计阴谋。

第一,应积极促成宪政,以粉碎敌人的政治进攻。敌人当前的政治阴谋,是分化我内部,破坏我团结。我们应迅速实施宪政,建立民主政治,团结全国抗日力量,以粉碎敌人的政治阴谋。在参政会上届大会中,已通过要求政府实行宪政的议案,政府已接受了这种要求,定期召集国民大会颁布宪法。参政会宪政期成会在过去数月中对促进宪政工作,已多所努力,我们希望本届参政会能对促进宪政拟定更积极的办法,协助政府,推进宪政工作。今日之谈宪政者,多注意宪法问题,我们以为良好的宪法固为实施宪政的必要条件,而从各方面推进宪政准备工作,尤为实施宪政的切要步骤。我们希望本届参政会,能于研究宪草之外,详察当前需要,拟定切实的计划。在消极方面,扫除一切推进宪政的阻碍;在积极方面,督促政府,协助政府,奠定实施宪政的基础。现在汪逆正在以实施宪政为口号,淆惑视听,我们必须积极推进宪政工作,早日实施真正的宪政,以打破汪逆实施伪宪政的阴谋。

第二,推进经济建设,改进人民生活。所谓经济建设,并不只限于修几条公路,设几个工厂,主要的必须有周密完善的经济建设计划,从各方面发展国民经济,充实抗战力量,增进人民幸福。抗战以来,国人对经济建设,更加注意,但很少有人能全面地考虑经济建设问题,故则经济建设与金融财政的稳定、农田水利的发展、矿产资源的开发,以及交通、贸易、物价等等都有密切的联系。要推进经济建设,必须从多方面着眼。现在一般人看到人民生活的痛苦,就主张扩大农村放款,推广小本借贷,实际上这些消极的办法,并不能根本谋人民生活之改善。我们以为欲改进人民生活,必须积极地从推进经济建设着手,确立合理的战时经济政策,拟定以充实国防实力、增进人民幸福为中心的建设计划,才是正当的办法。参政会在短短的会期中,虽然不能拟定详细的经济建设计划,但可以拟定几个主要的原则,提供政府参考采纳。

第三,增进行政效率,推进政治建设。抗战以来,我国行政已有进步,不过为积极推进政治建设,行政机构,仍须调整;行政效率,仍须增进。尤其是县以下行政机构的确立,行政人员的培植,更直接影响到战时政治之推进。我们希望本届参政会,能就各参政员在各地见闻所及,详察利弊,对各级行政之推进,拟定具体的计划,供政府采纳。

抗战到今天,大家不但应当竭尽赤忱去支撑当前的困难局面,而且应当大彻大悟,痛切反省,检讨过去的错误,补救过去的缺陷。而全国各方更应本精诚团结之存(诚),事事以诚相见,共奋共勉。参政会包罗国内各方贤达,在此抗战步入新阶段之际,大家相聚一堂,共商国是,当能各竭所能,各展所怀,相见以诚,共谋打开当前的困难。参政员诸君共勉,全国人民有厚望焉。

(原载1940年4月2日重庆《新蜀报》)

4. 对参政会的期望

重庆《国民公报》社论

我们听了蒋议长的开幕词,实在是无限感奋。尤其当汪逆盗窃名器降敌卖国之时,全国各方优秀贤名之士聚集一堂,代表全国民意,给汪逆伪组织以有力的否认和打击,而益增我们的兴奋。蒋议长报告现阶段的军事外交,使我们确信抗战最后胜利愈有把握,前途无限光明。惟是越接近胜利,愈需要全国上下一致本着领袖艰苦卓绝百折不回的精神共同戮力共同奋斗。国民参政会不但是一个代表全国的民意机构,而且是抗战御侮集中民力的领导机关。参政员两年来对抗战的贡献,已有不可泯灭的功劳,但是抗战胜利愈接近,未来的工作愈艰巨,我们对于参政员诸君,实不胜其企望。在这次会上,我们希望参政会应本着蒋议长之指示,对三年来的抗战,作一个总检讨。

三年来抗战教训是"敌我不两立,忠奸不并存"。无论前方后方,无一人不恪遵此血肉换来的宝贵教训,是故将士忠勇杀敌,民众热烈捐输,造成中国历史上的光荣记录。但是我(们)觉着最后胜利愈接近,越要淬砺奋发。抗战到了今天,军事上已不成问题,唯一要务,在如何奠定建国的基础。过去各方面的建国工作,虽有进步,但嫌不够,更须加紧努力。尤其是阻碍建国工作的渣滓,势非彻底肃清不可,这些渣滓之尤者,就是贪污。现在我们倒不怕外来的敌人的进攻,只怕内在的贪污风气来破坏我们正在发扬的抗战精神,希望借这次集会期间,彻底检讨一下。抗战三年来,各方面的进步,不容否认,但进步的程度,在争取国家民族独立自由的紧要关头,实在是平时努力一分,战时非努力十分不可。无论政治、军事、财政、经济、教育、文化种种部门,非一致加紧努力,不足以负荷未来之艰巨工作。当此快到胜利的时候,我们的环境必更艰难更困苦更危险,我们检讨过去的工作成绩,真是栗怵危惧。时至今日,若不格外警惕,格外振作,前途实不堪设想。深望这次参政会能够有一切实而具体的方案,以推动国民精神总动员。

最后论到建设,川康建设方案上次大会通过后,经这半年的推进,实行的程度怎样? 有无实际的困难? 原因何在? 这次当能有一具体的补救办法。我们一再大声疾呼,建设西南要以建设川康为中心,要集中全国力量来推动之。深信在这次会后必能如我们的期望。

总括言之,从国际形势及军事形势看来,抗战确已接近胜利阶段。汪逆伪组织不足为祟,日寇阴谋不足为虑。所当加紧注意者,在如何铲除政治上、社会上各方面的贪污,在如何推动精神总动员,在如何充实建国准备,在如何健全我们的抗战本身,在巩固我们的抗战阵容,奠定我们抗战胜利的基础。

这是我们诚恳希望于这次参政会的。

(原载1940年4月2日重庆《国民公报》)

5. 参政会第五届大会

重庆《益世报》社论

国民参政会第五届大会日内即将在行都举行。据闻,此次参政员来渝出席者,人数将超过前数届。有以往数次会议从未参加者,此次亦已抵渝报到。海外华侨陈嘉庚先生,此次亦已赶来参加。沪港方面之参政员,几已全数齐集行都。际此国民参政会第五届大会行将举行之日,社会对此次会议之数点希望,亦愿列举于后,以供采择。

第一,声讨奸逆。国民参政会第五届大会开幕之日,适值汪逆伪组织傀儡登台之时。汪逆伪组织之无前途,汉奸集团之自掘坟墓,本报已有论断。不过国民参政会为代表全国国民之民意机关,对此伪组织仍应词严义正加以声讨,俾全世界人士明了我全体国民之立场。

第二,促进宪政。我们预测此届大会中,宪政期成会之报告,必为重要议题之一。第四届大会时,参政会决议请求政府实施宪政。此种决议,已取得人民之赞誉。此次讨论宪政,实为将前此工作补充完满之意。我们以为此次参政员诸君所应注意者,不在宪草条文之如何修改,而在宪政实施日期如何不再延缓,真正宪政精神如何培养。公开来说,有美满之宪法未必即有美满之宪政,而美满之宪政又未必专靠美满之宪法。英国为不成文宪法。法国一八七五年宪法成于仓卒,拼合数种法律而成。但英法宪政仍不失为有比较优良成绩之国家。故我们希望此次参政会关于宪法之讨论,不为咬文嚼字支支节节之争辩,应在宪政之大处远远着眼,以促进宪政之及早实现。

第三,救济民生。依我们看来,国民经济实应为此届参政会之第一重要问题。此半年来,后方人民生活(费用)已猛烈提高,此为不可掩饰之事实,后方人民生活相当困难,亦为可隐讳之事实。此不只为单纯之民生问题,此于抗战胜利前途所关甚大。国民参政会既为代表人民之机构,对人民生活不能不尽心关切,对抗战基础更不能不力求巩固。如何平抑物价,如何解救人民生活之痛苦,实应为此次参政会之重要议题。

第四,调整行政。抗战以来,我国行政有相当进步,此为举世公见之事实,但行政进步程度尚未能达到期望点亦为事实。据各方报告,行政效率仍未完全改进。财力之空费、人力之虚耗,此种缺点,仍应急求整理补救。提高行政效率,即所以增强抗战力量,即所以奠定胜利基础。

(原载1940年4月1日重庆《益世报》)

(二)第一届第五次会议开幕

国民参政会第五次大会于昨日上午十时举行开会式。除报到参政员145人外,各机关长官到有立法院院长孙科、司法院院长居正、考试院院长戴传贤、监察院院长于右任、行政院院长孔祥熙、军委会委员冯玉祥、赈委会代委员长许世英、内政部部长周钟岳、经济部部长翁文灏、军政部部长何应钦、教育部部长陈立夫、外交部部长王宠惠、农林部部长陈济棠、司法行政部部长谢冠生、中央组织部部长朱家骅、侨委会委员长陈树人、后方勤务部部长俞飞鹏、重庆卫成总司令刘峙,及中委邹鲁、何键、刘纪文、洪兰友、杨虎等三十余人。由蒋议长主席,领导行礼如仪后,全体参政员肃立向抗战阵亡将士及死难同胞默念三分钟,全场空气顿呈肃穆沉痛之状。默念毕,即由蒋议长致词,报告半年来全国军事、外交、政治设施、敌寇窘况及汪傀儡之末路,并对此次大会表示热烈之希望。全体参政员情绪异常兴奋,倾聆约四十分钟。次为国民政府林主席训词,由秘书长王世杰代读,全体肃立静听。次由张副议长及参政员代表梁上栋致词。十一时十五分礼成。

(中央社讯,原载1940年4月2日重庆《中央日报》)

1. 议长蒋中正开幕词

张副议长,各位参政员同人:

今天是本会第五次大会的开幕日,到会出席的人数比上几届特别增多,即远在国外或过去在各地养病而不能到会的同人此次也都不辞跋涉,力疾参加。这种蓬勃热烈的景象,反映出全国一致同甘苦共患难的精神,实在使我们非常感奋,非常欣慰。尤其本会同人在闭会期内的工作,充分表示我们对抗战建国工作实际负责的决心。我们川康建设期成会成立了五个办事处。各位负责同人,经常的分往各地视察,报告政府,作一切改进的根据。我们宪政期成会,对于宪政的种种问题,迭次开会,详密研究。我们组织华北慰劳视察团,遍历陕、豫、晋、冀各省,慰劳当地军民。我们同人更参加军委会军纪视察团,出发前方,协助军风纪的整饬。参加上述工作的同人,都能不辞劳苦,不避艰险,完成任务。本席对于参加工作的同人,尤其表示敬意。

自从本会第四次大会闭幕到现在,整整的有六个月,国际形势因欧洲战事趋于紧张,我们抗战也踏入更艰巨的阶段,但我们秉既定国策,前方后方,一致努力,加紧奋斗,已使抗战基础,更臻强固,建国工作,已具规模。本席现在先将这半年来军事外交和政治设施,向各位提出概略报告。

第一,先说军事。在第四次大会闭幕时,我曾说:"中国今日之作战力量,不独远优于一年以前,且超过前年抗战之始"。检讨半年来的经过,我可说今天我们抗战军事力量,比前半年更见充实,一切技术与组织更有进步。所以胜利基础，至今可说是完全奠定了。在这半年以来，敌人在湘北、在粤北、在桂南、在鄂北、在晋南，每一次的蠢动，没有一次不遭受我们致命的打击。最近五原的反攻，桂南灵山、扶南的克复，更证明敌人已经是强弩之末。敌人在湘北、粤北的溃退，证明他攻则必败。我军的克复昆仑关，证明他守则必灭。综合这三个月来，敌人伤亡的总数，又增加了二十三万人之多，以后他只有日趋没落，无法挽救。而我们的战略，必能随时随地予以致命的打击，使其各个拴死在我国广大领土之内，而隔绝、而孤立，以至于全部歼灭为止。

第二，讲到外交。我们这半年以来，就是照着我们在上次大会所报告的"以不变应万变"的要点，固守既定的方针，一贯进行。虽在国际形势复杂紧张之中，而我们的立场很简单、很明确，世界友邦不独对我有清楚的认识，而且一致的与以同情。欧洲虽然发生战事，而欧美各国道义上、物质上的援助，在这半年来只有增加。美国二千万贷款的成立，使我们觉得无限感奋。拿一般的国际形势来说，苏芬战事发生的时候，似乎国际局势更加复杂，现在苏芬恢复和平，欧战范围之缩小，苏联与英、美、法诸国的关系，不难日趋接近。我相信苏联与世界爱好和平的各国，以后必能站在维护国际正义的同一观点上共同合作，以贯彻他一贯的和平主张，恢复世界与东亚的和平。

第三，讲到我们的政治设施，关于这半年来的行政工作的详细经过，各部会当向本会提出个别的报告。现在要向各位说明的，就是我们半年来的行政规划和实际的中心所在。我们除消极的禁烟、禁赌、清除匪盗、救济疾苦，更努力于策近卫生，提倡体育。凡此种种，已有相当成绩而外，我们积极方面的工作，则是置重于内政与经济两点：（甲）关于内政方面，特别注重于促进地方自治，充实基层政治，以立宪政基础。去年九月政府公布了《县各级组织纲要》，一方面规划自治人员的训练，一方面制定各种实施的法规，筹措必要的经费，决定本年起全国一律开始实行。这一个工作，当然是艰难巨大的工作，但是我们为增加抗战力量，促进建国成功，必须以最大的决心和努力，迅速完成。我们要使人民获得行使四权的实际训练，要使人民有组织，兵役更健全，要使地方力量充实，国民教育普及，都非推行此制不可。希望各位同人一致尽力，共同策进。（乙）关于经济方面，特别注重经济建设的发展，和财政金融力量的充实。对于经济的建设,是要使工矿生产有增加,也要使农业生产能扩充。在工业和矿产方面,除已按照既定计划,积极进行以外,最近更制订进一步的扩充计划,增拨资金,限期推进。同时觉得抗战资源与民生日用品的充实,根本上必须从发展农业入手,因此今后的设施,要尽力发展农业经济,充裕农村金融,增进农民生产。农林部的独立设置,就是要使农林垦殖有专管的机关。此后必当本此方针,积极推进,务期以国民经济的充实,减少我民众在战时不必要的负担和痛苦,增进劳苦人民一般的福利。至于财政金融方面,要特别提及的,就是四行联合总处的成立。因为我们这两年多来财政基础日臻巩固,国家收支也不感到短绌,一大半是得力于战前财政金融政策的准备完善,实施有效。现在我们要加紧经济建设,就必须更进一步,集中金融机构的力量,来推行我们整个的经济政策。四行联合总处成立以来,对于金融的推广设置、外汇基础的稳定以及生产资金的吸收和贷放,都是尽力进行。回溯过去半年之中,四行的贡献及其成绩,已极显著。此后更当逐渐推进,使我们经济建设,因金融力量的增加而更能加速的完成。

以上是说明我们半年来军事、外交,和政治设施的概要。我们再来看一看敌人的情形。敌人军事力量的衰竭,我前面已经说过,不待再言。就是他国(指日本——编者注)国内政治经济方面,他今年的总预算达一百六十万万元,公债无法销行,纸币不断滥发,农村劳力日见缺乏,煤荒电荒使工业无法维持,人民生活极度不安,社会基础到处摇动,火灾迭起,损失重大,人祸天灾,不胜枚举。而政治方面,军人专横,日甚一日。只看这几个月以来阿部下台,米内登场,接着斋藤开除,以至他七十五届会议内种种经过,都可以见得敌国现在只有几个狂妄军人在支配着一切。这样黑暗暴乱的政治,并世诸国中实在找不出第二个例子。因此反映于敌国外交的更是张惶凌乱,矛盾百出。他一心一意的想扰乱东亚,反而自称"建立东亚新秩序",蓄意排除各国在远东的合法权益,反而自欺欺人的高唱"合作"。一面瞧着欧战的机会,妄想投机取巧,同时又自作聪明,想要玩弄列强各个击破,如此存心险诈,谁不洞烛其奸。我们姑且举一两个例来说,敌寇最初以反对苏联引诱欧美,但欧美诸国不受其欺,继而想以接近苏联威胁欧美,又为苏联所鄙弃,而欧美诸国也并未为所胁制。现在他又想用反苏的伪装绥和欧美诸国,这种愚拙狂妄的鄙态,有不为列强所一致吐(唾)弃的么。他对于美国,始而以强硬激烈的姿态相威吓,美国不为所动,于是转过头来以暗偿损失与尊重其在华权益来利诱,美国又不为所动,美日商约终于实行废止。道义禁运着着实施。现在他使节四出,又作出联合中南各国以包围美国的姿态来威胁美国。但是美国何曾受他丝毫的威胁。美国制裁暴日的舆论和决心,只有因格外痛愤而格外坚强。老实说,敌国经过我们三年的抗战,他实力的疲竭空虚,是已举世皆知,任何国家,无不洞若观火,而敌阀到了今天,还要大言欺世,妄肆威胁。这完全是买空卖空,自己表示其极端的愚昧。他这种狂妄卑劣的举动,无非是自取灭亡。举此两端来说,就可见他的外交,正如我前年所说"根本既错,枝叶就一无是处",当然要到处碰壁,非走到绝路不可了。

正因为敌人对内对外,在军事、政治、经济、外交各方面处处都是绝路,所以他在迟回却顾以后,终于叫汪兆铭继续王克敏、梁鸿志之后,在南京组织傀儡政府,于三月三十日粉墨登场了。汪逆他们丧尽廉耻,甘作奴隶,出卖祖国,自然是我们中华民族的千古罪人,是我们抗战过程中的莫大污点,是我们国法所必惩,民众所必诛。但是这种伪组织,何尝能对我国抗战发生丝毫的影响。我早就说过"无论敌人制造几十个伪组织,无论这种伪组织假借什么名义,我们只认为(是)日本的奴隶,其对内对外决不发生丝毫效用,亦不能损害我党国于毫末"。这个丑恶昭彰被国人唾弃的汉奸卖国贼,已经不成为中国人,又何能欺骗世界任何的友邦。

敌国的这种举动,无非是想对国际行使其自欺欺人的一套幻术。对他自己的民众,也想借此自掩失败,勉强作一个交代,这不仅是无聊,简直是无耻。敌阀所以要使奸伪冒窃了中国国民党和国民政府一切的名义而登场,就是他们想借此一着,作为"日汪密约"的实现,作为"建设东亚新秩序"的实现,就是说"新中央政权"成立了,"东亚新秩序"和"调整日支新关系"的亡华幻梦,也已经同时实现了。大家都了然的,汪逆一度出现,必然幻灭,这是汪逆伪组织注定的命运。汪逆既然必归于幻灭,那么汪逆的出现,岂不就是敌国整个侵略幻梦成为泡影的一天。老实说,汪逆伪组织的出现,就是日本宣告末路的丧钟,就是整个日本随汪逆而入于坟墓。从敌国国内来说,敌阀嗾使汪逆登场,就是说明他们用尽全力也无法征服中国,也就是敌阀自知没法挽救这个侵华的危机,所以要铸造一个最后的冒险,以便用"既成事实"挟持他的国论,叫他的民众们纳更多的税,送更多的命,来供他们的驱使。其实他国内反战反军阀的怒潮,只有因此一天天的增加,敌阀这一着,无异在他民众面前自己供认其失败,结果必然会引起他国内民众更大的怨望,和最大的觉悟。至于国际上的影响,敌阀促汪逆登台,又无异宣告全世界,说他的野心是一不做二不休,定要灭亡中国,驱逐列强,独占东亚,进而宰割全世界。过去他在朝鲜和西伯利亚所用的伎俩,现在他又要想在中国从新施用起来了,谁能再相信他,谁能再放过他。所以汪逆伪组织丑剧的出演,是日本最后一着棋子。也就是加速日本崩溃最重要的一着棋子,我常说"敌阀只会做对他本国有害的事,绝不会做对他本国任何有利的事"。伪组织的出现,更是一个有力的证明。

在我们方面,正因为敌阀已经上了绝路,已经预备进入坟墓,我们更要格外努力抗战。我们已确立了一个第二次的三年抗战计划,所以我们要格外奋斗,格外努力,格外要共同负责,加紧充实我们政治、经济、军事各种的力量。更要知道敌阀之所以有今天日暮途穷的一日,就是因为我们在过去两年九个月中共同一致,努力奋斗,不怕困难,不惜牺牲,使他们终于再衰三竭,根本失败。现在敌阀搬出汪逆来污辱我们整个的民族,全世界的目光都向着我们四万万五千万同胞身上,他们所注重的不是我们如何处置这些卖国汉奸的罪犯,因为他们知道这一班狐群狗党,本是行尸走肉,不值一顾的东西。美国国务卿赫尔,三月三十一日的声明,就是主持国际正义,世界公论的代表,然而他们都要看看我们中华民族如何来对付制造这幕傀儡丑剧的敌人——日本军阀。我们在这个时候,更应该竭尽全力,用我们英勇抗战的革命精神,来洗刷这个奇耻大辱。详尽一些说,敌伪要用彻底灭亡我们国家民族的阴谋,来倡他们所谓"恢复和平"的无耻妖言,妄想挽救其命运。我们就要用全力来积极的进攻反击,誓必驱逐敌军于我们国境以外,来创造东亚真正的永久和平。敌伪要用"日汪卖国密约"来演出他所谓"调整国交"的无耻骗局,想由此并吞我们中国，我们就要彻底消灭敌人，来争回我国家地方生存与自由。敌伪鬼祟勾结，要唱他所委"共同建设东亚新秩序"，我们就必须发挥整个民族的力量，用事实来粉碎敌寇独霸东亚的野心。非至敌寇最后的失败，我们的抗战永不停止。我们必要恢复我们国家领土主权行政的完整，必要恢复九国公约和其他国际条约的尊严，为世界除此祸首，为东亚消此毒害，发挥我们三民主义的光辉，扫荡弥漫充塞的寇氛。这是我们今天应有的决心，也是我们对确定世界和平应尽的天职。

所以我们以后更不可以为敌人疲惫而自己或可以懒怠，更不可以为敌人无法进攻而自己就可以散漫。我们胜利是确有把握的，但是必须我们不断的努力，再接再厉的奋斗，才能期其实现。唯其敌人愈疲乏，我们就应该奋发自强。我们从抗战开始以来，决定我们要一面抗战一面建国。抗战是我们当前急要的任务，建国是我们最后的目的。现在国际形势无论如何变化，都是有利于我们抗战的，敌人的自寻绝路，更是有利于我们建国的。汉奸丑剧的扮演，已达于顶点，我们最后胜利的基础，也因此而更见强固。所以这时候，从局势上说，正是我们专心一志来努力抗战的时候。从责任上说，也更是我们积极奋斗来努力建国的时候。我们不但在军事方面要努力，而在政治经济一切的建设更要同时来努力。我们为什么要促成地方自治，充实基层政治，为什么要厉行经济建设，开发西南西北，为什么要决定召集国民大会，颁布宪法，确立民治基础，又为什么要全国上下尊重国家的制度和法令，严守纪律和奉行《抗战建国纲领》，为的是要增强抗战的力量，也为的是要完成建国的大业。

我要奉告我们参政会各位同人，我们在抗战初期或者可以说军事决定一切，但抗战已到二年九个月以后的今日，军事方面胜利的基础已奠定了。我们今后要完成抗战使命，得到最后胜利，不只在军事的胜负，而是以政治、经济的建设工作如何来决定我们抗战的前途。所以从今天起，我们同人更应该从积极方面使精神物质都集中充实，政治、经济和社会一切建设都能迅速发展。我们国民参政会的成立，到现在将近两年，参政会虽有法定的任期，而我们同人救国建国的宣言，却是无穷尽。与其说参政会两年来的任务已将完满,不说我们任重致远的工作,从今天起真正开始。这一次大会中,本席希望各位格外发抒精诚,贡献能力,首先对于本席所报告的行政设施的中心项目,充分检讨,提供意见,以促成我们地方自治和经济建设的猛进。

同时请注意到下面三点:第一,我们两年前颁布的《抗战建国纲领》,经过本会决议,是我们全国一致遵守的信条。我们同人要根据这个共同信条开诚布公的来检讨一下我们以往实行的成绩。不论对于政府,对于地方,对于社会,乃至对于各种团体和个人,都要考查一下是否忠实履行了这一个纲领,以我们的热诚和公意,来督促这个纲领的实现。第二,川康建设期成会,是本会实际贡献国家的一种重要工作。对于川康建设方案的实行,和期成会已得的成绩,要请郑重审察,加紧督促,来完成我们抗战重要根据地的建设,以为一切建设的示范。第三,对于确立宪政基础,要有精详的讨论,做切合实际的贡献。我们不仅要注重制宪,还要特别注意到行宪。我们不求条文的华美,而在求宪法的可行。要使行之有利于抗战,更有利与国家的久远大计。我们国父孙先生在民国十年,曾经着手著作一部十年国防计划,首尾六十余节,把目录都规定了,其中第六节就是《国防与宪法》。这一部著作可惜没有写成功。但我们国父的用意可以发我们的深思。我们讨论到制定中华民国的宪法,不仅要遵照三民主义与五权制度的遗教,更要顾到国防。因为没有健全的国防,就没有行宪立国的基础。所以我们今日的宪法,更要注意国防,才能成为长治久安的宪典。

各位同人们!两年九个月来,全国一致奋斗,将士民众的英勇牺牲,好容易建立了我们胜利的基础。这个基础,须要我们大家来爱护他、巩固他。这一次大会举行于敌伪猖狂挣扎的时候,我们要鼓励国民从今天起,格外努力,给敌人汉奸们一个有力的打击,切勿使有利的形势轻轻放过,以致功亏一篑。希望大家发挥我们忠诚尽瘁的一贯精神,辅助政府,领导社会,把国力充实起来,一切意志力量集中起来,使我们政治、军事更进一步,经济建设更猛进,胜利基础更确实,以尽到我们对全民所负的责任,达到抗战建国的历史使命。

(原载《国民参政会第五次大会纪录》,国民参政会秘书处 1940 年 8 月编印)

2. 国民政府主席林森训词

奋勇抗战　倏近三年　盛会屡开　筹策万全　英彦一堂　绸缪政要
薄海欢欣　成功已兆　敌利速决　困于久持　狡谋尽沮　势绌情虚
战略日精　奇勋待建　我得人和　敌忧众叛　建设孰急　进取孰先
葆兹国策　轻重是权　决胜之枢　争之微秒　广益集思　嘉谟是宝

（原载《国民参政会第五次大会纪录》，国民参政会秘书处1940年8月编印）

3. 副议长张伯苓演词

议长、诸位长官、诸位同人：

今天是国民参政会第五次大会开会的日子，回想本会在汉口组织成立以来，已经开了四次大会。每次大会的议案，多的有一百三十余件，少的有八十余件，其中还有性质相同合并讨论的。通过的议案，合计不到四百件。这些议案经大会决议后，送国防最高委员会分别转交有关各院部会施行或采择。关于政府的实施情形，驻会委员会另有详细报告，现我不再赘述。不过有一点现在可以简单说明的，过去四次大会，情势容有不同，我们拥护政府，拥护国策，拥护领袖的精神，是一致的。刚才又听到议长对我们同人有许多指示，深信在此次大会中，我们一定更能发扬一贯的精神，完成本会应负的使命。

（原载《国民参政会第五次大会纪录》，国民参政会秘书处1940年8月编印）

4. 参政员梁上栋演词

议长、副议长、诸位先生：

今天国民参政会举行第五次大会开幕典礼，承各位嘱托本席讲几句话，本席觉得十分荣幸。

国民参政会系适应抗战建国的时代要求而产生的。我们同人或来自各省市，或来自蒙古、西藏，或来自海外各地，或来自全国文化经济各界。因为深知各地人民的痛苦和他们的希望，所以过去两年之中，在四次大会之中间，我们无不竭诚尽智地将全国民意表现出来,而政府方面,也能诚意的接受,并斟酌缓急,分别实行。我们虽然来自国内外不同的社会,但是我们都能处处捐除成见,向着"国家至上"、"民族至上"的共同目标前进。我们知道,自全国抗战以来,全国所迫切期待的是"精诚团结共赴国难",所以我们不论在会内会外,都充分表现着这种精神,使全国全世界甚至我们的敌人,都知道我们神圣的抗战,是我们四万万五千万同胞一心一德,不惜任何牺牲所拥护的,不达独立生存的目标誓不中止的,这都是以往的事实。

自本会第四次大会以后,迄今六个月,这六个月中间:

在军事上是敌人在湘北、粤北、桂南、绥西、浙东,各方面前线的进扰,和他的处处失败。敌人陷入泥淖越来越深,所以做进一步的试探,以图挽回其颓势,并欲以军事上些小的虚伪胜利,消弭其全国国民厌战的心理和运动。我们的最高统帅,及各方前线将士,照着预定的计划,机敏的动作,或诱其深入聚而歼之,或出奇制胜予以痛击。尤其在以上各战场,敌人的伤亡,较以前任何时期更为惨重,同时我们的士气,都愈战愈强。现在我们一方面应对最高统帅蒋委员长及各战区全体将士致感谢及慰劳的敬礼,一方面并正告敌阀:"你们已经消耗的人力、财力、物力,早已超过你们所有的一切力量的半数以上了,赶快的把你们残余的力量都拿出来做孤注的一掷吧。"

在政治上,我们有一个弥漫全国的宪政运动。自本会第四次大会通过促成宪政议案之后,议长指定二十五人组织宪政期成会,政府亦同时宣布国民大会选举,应于本年六月底以前办理完竣,并定于本年十一月十二日总理诞辰召集国民大会。于是全国到处都有研究讨论宪政的人,研究的情绪,极其浓厚热烈。本会的宪政期成会,总集各方的意见,开会多次,其工作的经过及结果,不必详述。我们所希望的是这种关系人民全体权利及国家前途的根本大法,能以顺利的产生,以至于实行,从此奠定了现代法治国家的基础。

关于汉奸傀儡者,是汪汉奸在沪与日本军阀订了密约,最近又跑到南京居然袍笏登场,实行搬演傀儡的戏剧。南宋秦桧主和,并未投降金人,犹受千载的唾骂。如汪逆者,其行径乃在秦桧之下,直是石敬瑭、刘豫之徒。此等历史上少有之大汉奸,当然为全国国民所共弃。汪汉奸自弃行都以后,一年的工夫，不但宣布号召毫无力量，而高（宗武）、陶（希圣）的脱离，更表现其众叛亲离的窘态。敌人一面欺骗世界，一面利用汉奸，以图圆成其以华制华的迷梦，终归失败，这是可以断言的。

傀儡必倒，敌人必溃，是势有必至的。我们要紧是时时检讨自己，策励自己。自中国国民党临时全国代表大会所决定的《抗战建国纲领》公布以后，国民参政会首次大会，即全体一致的表示拥护。以后各省市临时参议会成立，亦莫不表示拥护。这可以证明《抗战建国纲领》是抗战时期全国所拥护的唯一国策，举国上下，唯有竭尽全力，促其实现。但是我们拥护这个纲领的意义是积极的。试看两年以来，纲领中所列举的事项，是否完全做到。如以外交而论，国际形势瞬息万变，我们的情报，能否于事先得到一些确实的消息。我们的宣传，能否收到预期的效果。我们的整个外交，是否处于主动地位，迎头赶上。以政治而论，已否做到吏治澄清、贪污绝迹的地步。以经济而论，对于产销的调整、物价的平抑、金融的调剂，以及节约运动的推行，是否已有圆满有效的办法，这都是抗战建国前途最有关系的问题。我们天职所在，不得不请政府特别予以注意的。

还有全国精神总动员运动，也是本会及全国人民认为是抗战期内最重要的工作。纲领内揭示各则，尤为详尽。但是实行已有一年，其功效及成绩，远不如预期之大，是无可讳言的事实。全国各界，尤其是第六节动员领导下所特别指出的各类人员，应该各自反省，加紧努力，以求其彻底实现。

最后，今天我们可以讲，我们本来是来自各地方、各社会阶层的。未到参政会以前，我们早在那里分途努力于抗建的工作。我们在参政会里，虽然又尽了些力量，并不敢以此自满。抗建前途，更艰巨的工作，仍须要我们更坚苦卓绝的去负担。从今以后，不论在会内会外，或是在各地方及各级社会里，我们仍必本着"精诚团结共赴国难"的精神，在政府领导之下，加倍的努力，加倍的奋斗，以完成三民主义革命的使命和抗战建国历史的大业。

（原载《国民参政会第五次大会纪录》，国民参政会秘书处 1940 年 8 月编印）

5. 会议日志

国民参政会第一届第五次会议于4月1日上午,在重庆国民政府军事委员会礼堂开幕。

4月2日　上午,举行第一次大会。议长蒋中正、副议长张伯苓及参政员一百三十八人出席了会议。出席会议的还有国民政府司法院院长居正、立法院院长孙科、军政部部长何应钦、经济部部长翁文灏。

会议听取了秘书处会务报告、秘书处关于国防最高委员会对本会第一届第四次会议决议各案实施情形的报告、驻会委员会报告、驻会委员会检讨第四次会议决议案实施情形的报告以及军政部部长何应钦的军事报告。

会议讨论了参政员胡景伊等一百〇五人"声讨汪逆兆铭南京伪组织"的临时动议。

下午,举行第二次大会。副议长张伯苓及参政员一百三十五人出席了会议。出席会议的还有国民政府监察院院长于右任、行政院院长孔祥熙、军政部部长何应钦、外交部部长王宠惠。

会议宣读了第一次大会纪录,听取了秘书处会务报告,秘书长关于参政员董必武询问关于冀察战区冲突事件的报告和外交部长王宠惠的外交报告以及财政部兼部长孔祥熙的财政报告。

4月3日　上午,举行第三次大会。副议长张伯苓及参政员一百二十九人出席了会议。出席会议的还有国民政府司法院院长居正、经济部部长翁文灏,交通部部长张嘉璈。

会议宣读了第二次大会纪录,听取了秘书处会务报告、立法院工作报告、司法院关于最近工作概况的报告、考试院工作报告、审计部工作报告、交通部部长张嘉璈的交通报告和经济部部长翁文灏的经济报告。

会议讨论并通过了各组审查委员会审查委员及召集人名单。

4月4日　下午,举行第四次大会。副议长张伯苓及参政员一百三十人出席了会议。出席会议的还有国民政府内政部长周钟岳、教育部长陈立夫、经济部长翁文灏。

会议宣读了第三次大会纪录,听取了秘书处会务报告、内政部部长周钟岳的内政报告和教育部部长陈立夫的教育报告。

4月5日　下午,举行第五次大会。议长蒋中正、副议长张伯苓及参政员一百四十七人出席了会议。出席会议的还有国民政府立法院院长孙科、军政部部长何应钦、内政部部长周钟岳。

会议宣读了第四次大会纪录,听取了秘书处会务报告和监察院施政概要的报告。会上立法院院长孙科作了中华民国宪法草案起草经过和内容说明的报告。

会议讨论了第三审查委员会审查报告和议长蒋中正《本会宪政期成会草拟中华民国宪法草案修正案和建议案》的提议。

4月6日　第六次大会于下午三时举行。议长蒋中正、副议长张伯苓及参政员一百四十二人出席了会议。出席会议的还有国民政府监察院院长于右任。

会议宣读了第五次大会纪录,听取了秘书处会务报告和军政部、交通部、经济部、外交部就参政员对各部报告的询问所作的口头答复、川康建设期成会报告和本会华北慰劳视察团报告。

会议讨论了《中华民国宪法草案修正案及建议案》。

4月8日　下午,举行第七次大会。副议长张伯苓及参政员一百四十人出席了会议。出席会议的还有国民政府行政院院长孔祥熙、监察院院长于右任、教育部部长陈立夫、经济部部长翁文灏、内政部部长周钟岳。

会议宣读了第六次大会纪录,听取了秘书处会务报告、财政部、外交部、司法行政部、赈济委员会、内政部对参政员询问所作的口头答复。

会议讨论了备审查委员会审查报告和参政员韩克温等关于"此次绥西胜利,请以大会名义致电祝捷,并慰勉傅副司令长官及将士"的临时动议。

4月9日　下午,举行第八次大会。议长蒋中正、副议长张伯苓及参政员一百三十四人出席了会议。出席会议的还有国民政府立法院院长孙科、教育部部长陈立夫。

会议宣读了第七次大会纪录,听取了军政部、教育部、赈济委员会对参政员询问所作的口头答复。

会议讨论了第一审查委员会对军事报告的审查意见、第二审查委员会对外交报告的审查意见、第三审查委员会对内政报告的审查意见、第四审查委员会对财政、经济和交通报告的审查意见以及第五审查委员会的若干审查报告。

大会选举了本次会议休会期间驻会委员会委员。

4月10日　上午,举行第九次大会。副议长张伯苓及参政员一百一十七人出席了会议。出席会议的还有国民政府教育部部长陈立夫。

会议宣读了第八次大会纪录,讨论了各审查委员会审查报告和检讨物价问题特种委员会的审查报告。

下午,第一届第五次会议休会。

(根据1940年8月国民参政会秘书处编印:《国民参政会第五次大会纪录》综合整理)

6. 第一届第五次会议闭幕

国民参政会第五次大会,于昨日下午三时举行休会式。到议长蒋中正、副议长张伯苓、秘书长王世杰、副秘书长周炳琳及参政员卢前等一百三十七人,各机关长官到于院长右任、居院长正、孔副院长祥熙、张秘书长群、叶秘书长楚伧、许代委员长世英、周部长钟岳、陈部长立夫、何部长应钦、俞部长飞鹏、刘总司令峙、朱部长家骅、吴部长铁城、陈委员布雷、邵委员力子、潘委员公展、肖委员同兹等三十余人。由蒋议长主席,领导行礼并致词。次为张副议长致词,末由庄参政员西言致词。至四时五十分散会。

(中央社讯,原载1940年4月11日重庆《中央日报》)

7. 议长蒋中正闭幕词

张副议长、各位同人:

本会第五次大会今天结束。这一次大会开了十天,我们参政员同人,不分昼夜的辛勤工作。政府向本会提出报告,是言无不尽。本会同人检讨政府设施,贡献办法,提供意见,是知无不言。彼此和衷共济,大公无私,可以说这次大会,比之前四次精神格外充实,成绩亦格外圆满。而且大会所有议案,件件针对实际,没有一件空洞难行的,这是本会最大的进步,给与全国苦难同胞以很大的安慰,更令全国军民无限感奋。本会是集合全国耆贤英俊之士而成的,可以说,就是代表我们全国国民的公意。大会愈开愈盛,正像我们军队愈战愈强。大会的审查报告和议案,政府一定能充分接受,切实施行。也希望大会督促国民一致努力来实行。

回溯本会的成立,将近二年。我们对国家的贡献,实在是很大。举其最重要的:(一)是精诚团结的实现。自从本会成立以来,全国上下都能真诚团结,确实做到集中意志,统一行动,同生死,共患难,政府和民间的意见,已密切贯通,全国的贤能才俊,都能一心一德,共同为抗战建国而奋斗。(二)是抗战国策的贯彻。本会历次开会,都有拥护抗战的郑重表示,使全国人民有一致的目标,世界各国,有明确的认识。我们两年来无论抗战环境如何艰苦,而抗战国策始终坚定,绝不动摇,本会的一贯拥护,实有很大的力量。(三)是民治楷模的树立。这是本席在第一次开会时所贡献的希望,而我们两年来完全做到了。我们已完全摒除了过去议会种种的缺点,一切都开诚布公,绝没有意气用事。我们中国从汉唐以至于宋明,士大夫最大的恶习,就是各逞意气,不惜以国家民族利益为牺牲。唐之牛李,宋之洛蜀,明之东林、几社、复社,都是相轻相排,固执成见,置国家民族利害于不顾,结果意志力量不能集中,国家民族就要纷乱危亡。然而我们现在的情形是完全不同了。我们只要一提到国家民族和抗战,所有个人或少数人的意见,就完全可以化除,彼此谅解,求得合理的解决。这充分证明了中华民族是已成为一个近代进步的民族,而且我相信我们中国进步,如最近数十年来之速,将来对于世界地位,亦必能后来居上。今天本席以议长地位检讨我们过去成绩,觉得有无限的光荣,也确信是我们民族前途光明的象征。综合观察这一次大会议决的案件很多,而全体所集中注意的不外三大要点,一是诛斥敌伪,二是发展经济,三是实施宪政。这都是我们当前的要计,也是人民所关切的问题,现在本席逐次加以叙述和说明。

第一,诛斥敌伪。当本会举行的第二日,全场一致通过发表讨伐汉奸汪兆铭伪组织的通电,是我们整个民族公意最严正的表现。通电中所斥责的"目降敌为救国,称亡国为和平"。这就是奸逆的丑恶尽情的揭破了。"世界岂有以亡国为目的之宪政",这就更把我们全中国有血气有才智人士的坚强决心明白宣告了。这一点于我们抗战的前途,实在是有极重大的关系。拿我们中国从前历史来说,每逢国家外寇侵凌,大难当前的时候,最要紧的是在彰明是非,辨别邪正。我们不怕国家衰弱,不怕外患严重,只怕邪正不分,是非不明。历代亡国,不但是士大夫竞尚意气,以私害公,或是丧尽廉耻,不重气节,而一般社会也是邪正混淆,黑白不分,以至人心麻木,不知不觉的陷于覆亡。各位看宋史,当金兵渡河南侵的时候,曾说"南朝诚无人矣"。这句话我们至今读之,犹觉痛愤惭惶。当时宋末南渡后的人口,现在虽没有正确的统计,但至少当在一万万人以上。金人所以说南朝没有人,就是因为当时民族正气消沉,廉耻道丧,张邦昌、秦桧诸奸,只知降敌以求和,不知抗战以求存,因之人既不成其为人,而国亦不成其为国,所以很小很小的金人,亦敢来侵凌我们堂堂中华,甚至被他灭亡。由此可知,现时我们抗战所最紧要的是在发扬民族正气,明春秋之义,严夷夏之分。现在汉奸汪逆伪组织,假"和平"的名义来卖国,假"救国"的名义来降敌,亦就是他妄想颠倒黑白,淆乱人心。本会在这个紧要关头,全体一致的来声讨,就是尽到了明是非别邪正的责任。这种正气的力量,使全国国民认识忠奸不两立、敌我不并存的意义,加强我们抗敌锄奸的决心,比之一百万军队的力量还要伟大。只要我们全国人民知道奸邪乱贼在所必诛,华夏尊严在所必保,使正气常存,正义彰明,任何强暴的敌人,决计亡不了中国。所以本会这一次正言诛斥,实足以使敌寇丧胆,奸邪落魂。但在敌人一方面说,对于我们中国现在民众精神力量的伟大,敌国军阀是永远不会认识的。敌阀始终是不认识时代,更不认识我们中国。他不仅是处心积虑,而是塞耳敝目的,只妄想灭亡我国。他只知道我国宋明末季的历史,对于元清两代如何灭亡宋明的方法,研究得特别精详,但他全未研究到最后中华民国成立前后的历史,他更不知道满清是怎样覆亡的,民国是怎样建立的,以至于我们国民革命军如何北伐,如何抗战。这一段最重要的历史,敌阀竟是完全忽略,毫不了解,更不会想到我们建国最高原则的三民主义,和三十年来国民革命伟大的力量。各位近日看报,不是敌国大吹大擂的要派阿部信行来做变相的朝鲜总监吗?他们为什么这样装模作样铺张扬厉,就是他自己知道这完全是"掩耳盗铃"的所为,所以他特别要粉饰张惶以为自欺欺人之计。殊不知他使我们中国受到这样的侵凌侮辱,只有格外激动我们同胞的民族意识,提高我们抗战精神,加深中日两国世世代代无可解除的仇恨。我们中国今日不但不像南宋时代要被敌人轻视为"没有人",我们现在集中全国贤才英俊,积极负责,一致抗敌,只就我们今日参政会同人同仇敌忾的精神来说,已是表示中国不但是有人,而且除极少数的汉奸败类以外,全国四万万五千万同胞,都是受民族意识陶冶的三民主义实行者,都是复兴民族的徐锡麟、温生才、李沛基、彭家珍诸先烈的化身。谁要灭亡我们中国,谁先就要被我们所灭亡。我可以大胆说一句,中国现在全是三民主义的信徒,有主义、有决心、有计划,中国现在实在是不怕没有人。反观今日敌国的情形,有人常说:"日本诚无人矣!"这句话,不止是外国人所常说的,就是他们日本人自己,亦早已公开无忌的说他"日本真是无人"。但是我以为我们只可以说,他现在的政治家,皆是没有骨格、没有识见。他的军人,更没有武德、没有人格。各位只要看他自九一八以来及前年近卫文麿"东亚新秩序"的声明,乃至去年年底影佐祯昭与汪逆兆铭所订"日支新关系"密约,到了此次派遣阿部信行来华所想重温他亡韩的旧梦为止,就可以知道敌国的政治家和军人,实在是贪残狂妄,自欺欺人,既无脑筋,又无人格。这种无脑筋无人格的人,支配着一切,也就等于没有人一样了。各位且看阿部的命运将来究竟如何结果。我以为他来中国,当然比不上他们从前第一任朝鲜总监在哈尔滨被刺毙命的伊藤博文。但是他一定会做我们民国成立前夕之广东孚琦凤山、北京的良弼、四川的端方,与安徽的恩铭一样的结果。即是他本身侥幸不惨死在中国,而他们整个国家的命运,亦必由阿部这次来华,而葬送在我们中国手里。所以阿部此次来到中国,不但证明敌国"无人",而且根本上日本整个的国家,完全失败了。因此可以反证我们中国已由此次抗战,完全奠定了复兴的基础,而东亚民族整个解放的保障,亦全在于此。

第二,发展经济。本会同人这次最注重的抗战中的经济。无论审案报告、讨论提案,对经济方面,特别的周详。有许多问题是政府已在注意而希望集思广益得到解决的。各位这样热心贡献,本席深为欣慰。但我有几点意见要顺便说一下:我认为我们中国的经济性质和各国不同,不能和别国一样看法。战时经济愈久愈困难,本来是一定的事理,中国当然也不能例外。但现在中国抗战已近三年,我们过去经济情形,和别的国家在战时所遭遇的不同,可以说两年多来的经过,大体上都比其他战争国家良好。因为我们在战前经济机构没有健全,经济基础亦未臻充实,而能够支持到现在这个样子,这实在是不容易的事。而最主要的原因,则因为中国的经济是天然的适合于持久抗战的战时经济,和其他工业国不相同。各位对当前物价高涨问题很关心,然而我的看法和各位有些不同。我认为我们民生日用必需的物价,当然要竭力设法平抑,囤积居奇必须严禁,交通供给必须改善,但对于整个经济的前途,丝毫不必忧虑,这和我在开战以前对军事的看法一样。我们经济不是没有办法,乃是现在还没有尽到人事,否则决不会有什么困难。各位须知,我国现在所有的是地大、物博与人众三个要件。我们任在何处都可以得食得衣,至于住的问题,更容易解决了。衣食住是国民经济主要的三大需要,这三件事只要我们调剂管理得宜,交通运输得法,都不会有何问题的。所以我们战时经济前途认为只要我们能努力生产,实在是毫不足虑的。而且抗战是有益于我们整个经济计划之发展与完成的,我们的抗战愈久,我们的经济愈有办法。何况我们经济此次已经确立了一个第二次"三年抗战经济计划"。我可以说我们战时经济绝对无问题。要知道勤苦本来是我们民族的特性,只要政府、人民以战时的精神来共同尽力,不但绝无问题,而且还能格外进步。现在就要照着我们既定的经济计划和大会的建议案切实努力求其实现。不但政府要特别努力,我们国民也要共同一致,督责自身,督促政府,协力合作,求生产增加,管理的得当。我们可以说这样不独能持久抗战,也格外能得到友邦的同情。假使以后情况再困难几倍,我们也一定能自主自给,必可使经济力愈战愈强。这里特别要求提醒大家和一般国民的,就是要大家能特别的忍痛特别的吃苦。我们切不可以平时的标准来过现在战时的生活,切不可以稍微吃一些苦,就要叫苦。我们要预想今后比现在或将有十倍二十倍的困难日子,所以我们此时要立定吃苦忍痛的决心来担当这个苦痛，克服这个困难。我们要尽量增加生产，要极端节约消费，也要随时改善一切经济方面的办法。政府要格外负责，人民也要格外勤奋坚忍。我们要以宋末南渡以后宴安怠惰、苟且偷生为鉴戒。要知道当时朝野如果能吃苦忍痛，能努力奋斗，决不至于灭亡。何况我们现在胜利基础已立，我敢断言，以后敌人决不能灭亡我国，只怕我们自身懈怠散漫，乃至于自己灭亡自己。所以我们要特别的负责任、重气节，勿使将士流血、同胞受苦所造成的功绩，前功尽弃。以后对于经济，在办法一方面，要适应事势，逐步改善。发现了缺点，就立刻改正。贪污在所必惩，怠惰在所必弃。总之，只要我们能忍痛、能吃苦，就必能达到抗战胜利的目的。

第三，关于实施宪政。我们这一次会议对于宪法草案，大家都开诚布公，尽量发表意见，讨论十分热烈。虽因时间所限，未曾得到一个结论，但我们同人在会后一样的可以继续研究，以底于成。本会当将期成会草案和各人意见并送政府，待国民大会来采择，来做最后的决定。本人前两天在会议中间曾简单发表所见，现在再要申述几句话。我认为宪法本身是否完美，是一个问题，而能否实行，又是一个问题，而且行宪的人，亦是一个问题。各位须知我今日所谓行宪的人，并不是指政府单方面而言。我对于行宪的意见，一方面政府固要负起行宪的责任和能力，而一方面人民本身更要有行宪的责任和能力。本人现在兼理行政，我前天所发表的意见，并不是站在行政当局地位，怕政府为了宪法而受到束缚。这与诸位大家对宪法意见，发挥各自主张，热烈的讨论，是一样的。这并不是为我们现在自身所打算，我们完全是为将来的国民福利所打算。我个人盼望宪法成立，不是一年两年的。上年以来，一贯的主张，就是盼望着宪法能及早颁布实施。但我的衷心，完全是一张白纸，绝没有一些成见，我唯一的希望，就是希望宪法颁布以后，尤其是开始的十年二十年之间，要它能行得确实，行得顺利，没有障碍，也没有纠纷。我们民国成立快要三十年了，我们国家不能踏上民治的政轨，而且颁法毁法，起了无数的纠纷。我们今天在场的，有许多同人都是亲历其境，而且亲受这个痛苦的。我们大家都负有行宪的责任，我们不能忘却过去三十年的痛苦经验和教训，更不能忘却全国人民为宪法问题所受无穷的痛苦,和我们国家所受无限的损失。因此我们今天决不能随随便便的订一个宪法,使国家再受损失,人民再受痛苦。所以本席要诚恳贡献两点:(一)制宪一事,要完全替国家人民真正利害做打算。我们不独应注意过去,还要顾及现在和将来。对于过去,我们要注重我们国家的历史和一贯的国情,借鉴于民国以来痛苦的教训。对于现在,我们要顾到抗战建国的实际环境,而同时对于将来,我们更顾到宪法颁布后,十年二十年内未来情况与国家民族百年久远的大计,为宪法立定良好的基础。对于如何充实民族自行力量,如何发展人民全体幸福,如何巩固人民真实权利,都要很周详的考虑之。我常说行的意义,最要紧的是笃实,总要使没有一个行不通,才能立宪政不拔的基础。(二)我们既要造成中国为三民主义共和国,对于我们国父孙先生的民权主义和五权宪法的精神,是绝对不可违反的。我们既然一致拥护我们国父的遗教,就要体察到"权"与"能"分别的精义和五权制度创作的真意,绝不可以有抵触五权宪法的规定。如果有认为事实不能做到而要待逐渐充实和逐渐改进的,那我们当然有暂时变通的权宜,但切不可以对三民主义有附带条件,也不可以有违反五权宪法精神的条款,规定于宪法本身之内。因之我认为宪法的规定,要尽量适应事实,要注重我们不成文的许多事例,所以条款不宜过于紧密,而且要富于弹性,更要条条都能实行。

以上已把我们这一次会议最紧要的问题,加以检讨,并贡献个人的意见。现在我们第五次大会是闭幕了。在半年以内,我们就要召集国民大会。我们抗战建国工作日益紧张,就在闭会以后,要期待各位同人共同努力的事项很多。各位同人过去同舟风雨,不避劳怨,一心一德,共济艰危。岂但个人之感激,也给予全国军民最大的鼓励。今天本席奉赠大家一句话,我们要完成抗战建国大业,救起我们的国家,最紧要的要重视实际,一切不能离开现实,这是本席所时刻警惕,也希望与各位同人相共勉的一句话。因为救国的工作,一定是艰难的、辛苦的,我们不独是体力上的劳苦,而我们的心神上实是更苦。我们要注意实际,要不避劳怨更要操心虑危,同舟共济,不可有丝毫的大意。我个人生平所始终自戒的,就是不敢好高骛远。要知道我们最大的任务,是求得中国的独立自由和平等。现在敌寇尚未驱逐,建国还未成功,人民还受痛苦,在外人的心目中,实在看我们中国人比亡国奴还不如。所以我们切不可以忘却,我们国家现时的痛苦和耻辱。历代朋党误国,就是忽视国家艰危,忘其所以,因之互逞意气,今日敌国日本所希望我们造成的就是这样散漫怠弛的国家。而这一次本会所表现的精神,就完全和他们的恶意猜测的完全相反,这对于敌伪是有力气反击。希望我们同人,以后无论对于制宪行宪或是抗战建国,都要脚踏实地,以实事求是的精神,来领导民众,坚苦奋斗。总之,我们要忠实估计目前的实在环境,要挺身担当一切应有艰危的任务。我们固不妄自夸大,我们也决不妄自菲薄,希望各位同人本着两年来休戚与共的一贯精神,以后更要为国家尽辛劳,为个人做诤友,共同一致,来贯彻我们神圣的使命。

(原载《国民参政会第五次大会纪录》,国民参政会秘书处 1940 年 8 月编印)

8. 副议长张伯苓演词

今天是国民参政会第五次大会举行休会式。本会成立以来,差不多有两年。诸位还记得在汉口第一次大会的时候,本人曾有"在这抗战的时候,要聚集这么多思想不同的人在一堂,怎样来讨论国事呢"的怀疑。可是经过这两年来的五次大会,证明我的怀疑是完全错误了。在西洋各国,固然到了战争时期,政府要集中权力,我们中国的事情,却不能把着西洋书的观念运用到中国来看。事实告诉我们,政府召集国民参政会,的确得到很好的结果。本会在五次大会之中,所讨论的议案共有四百五六十件之多。政府接到我们每次所议决的案件,并且很认真的把各案分送各主管机关切实研究,有些施行,有些采择,有些参考,并没有敷衍的地方。同时本会同人一致的表示拥护《抗战建国纲领》,拥护领袖抗战到底。第一次大会如此,每次大会如此,到现在第五次大会还是如此。本会人数虽多,这种精神可以说始终未改。本人认为这一点,对于国内一般民众抗战建国的精神,对于国际上主张正义的舆论,确有相当的贡献,尤其是打破敌人在他国内的虚伪宣传,使日本国民明了中国的真相,更有很大的力量。

此次大会除了通过讨汪通电以外,重要的提案有二项。第一,关于宪政问题。议长已经说过,虽然我们对于宪政的意见,尚有若干没有完全相同的地方,但是有一点是完全相同的,就是大家认定中华民国是三民主义共和国,中华民国的宪政,是五权宪法。因为在大原则上没有问题,那些小的不同,无关重要。中国能够在抗战的环境中,有这样一个大原则的确定,在历史上是前所未有的,当然使我们对于中华民国的前途很抱乐观。

第二,同人对于经济问题,非常关心。本会此次所通过的,关于平定物价各项办法,大家希望政府赶快实行。刚才又听到议长说这些办法,只要尽量做去,都可以办得到,他并以行政院长的资格要各部会迅即实施。由此看来,我们今后对于物价问题不必过于担心。以后的困难,固然不能说没有,而一般衣食住行,大概不致成为严重问题。抗战将近三年,我们的困难,并不如何严重,这也是很可乐观的一件事。

总之,就开会以来经过的情形来看,本会对国家的贡献虽然不敢说怎样大,确实也有相当的成绩。闭会以后,同人回到各方必更能发扬本会精诚团结的精神,表现我们在开国时代的朝气与努力,完成我们建设国家的伟大事业,敬祝各位同人的成功。

(原载《国民参政会第五次大会纪录》,国民参政会秘书处 1940 年 8 月编印)

9. 参政员庄西言演词

今天大会闭幕,诸位同人以本人系从海外远道而来,要我说几句话,不胜荣幸。关于海外侨胞种种情形,在大会开会前二天,茶会席上,已由陈嘉庚先生很详细的报告了,今天不必再说。现在只说个人回国以来,对国内及本会的观感。此次回国,使我最感动的事情很多,简单说来,有下列几件:

一　是我们政府的努力。从抗战开始,我们政府即定下了抗战建国同时并进的国策,就是一面抗战,一面建国。一般人觉得抗战与建国难得同时并进的,但是我们这个国家,是有特殊情形的,敌人想一口吞噬我们,我们非抗战不能图存,但是我们地大、物博、人众,一切物力人力财力,未能开发,未能组织,未能集中之处甚多,非建国即无以抗战,所以抗建并进是必须的。因为我们政府这个政策,很对的,所以作战将近三年,我们愈打愈强。我们的军备在抗战开始之时,原未完备,但是抗战将到了三年,我们可以同敌人准备了五六十年的军队相战,处处打得敌人走投无路。试看半年以来,湘北、粤北、桂南、绥西各战役,打得顽强的敌人黔驴技穷,这不是明显的事实吗?再看财政,抗战以前,大家都以为我们的财政怕要最先无办法,但是直到现在,抗战将三年的今天,我们还是有办法,使数百万军队,资用无缺。这不又是很明显的事实吗?再看经济,我们抗战以前,工矿等事业,并未发达,但是自抗战以后,后方经济建设,经政府努力之设施,百废俱兴。民间生产,亦蒸蒸日上,进步反比战前加速。这亦是人所共见的事实。此外,内政教育也复如此。我们看了这些事实,均已证实我们抗战建国的国策,实在是持久抗战的良策,这都是我们政府的努力之所致。

二 是军民合作的精神。以前军队和人民,往往是不能合作的。现在我们的军人,前面拼命杀敌,对战区的人民,不但不肯骚扰,而且处处爱护人民,助他们耕种,助他们收获。而人民则为军队运输筑路,为向导及种种协助。城市的人民,则自认为伤兵之友,救护伤病兵士,周济抗战军人的家属,捐募前线将士的衣服及医药用品。因此,军民相助,联成一气。我们看了这种军民合作的精神,我们实在确信抗战最后的胜利,一定属于我们的。

三 是本会同人的精诚团结。本会适应于抗战建国的需要而成立。我们同人都以国家为前提,大家都能捐除前嫌,抛开一切党派关系,集思广益,共谋国是,专力对外,这实在是我们中国空前未有的一种好现象。我们开了五次大会,我们团结一致的精神,一次比一次加强,这可说是过去二年我们最大的成功。现在敌寇穷蹙,即将崩溃,我们国家的将来一切更伟大的事业,更待我们加倍地团结共同努力,以收最大的效果。

四 是这次大会的成绩。我们在十天大会之中,所听的政府各项报告及同人种种咨询,处处都表现政府及人民忠诚谋国真挚精神。我们同人的建议也都能扼要切实,深务当今之急。比如宪政案是关系百年立国大计,物价案是关系抗战前途的，统一军事案更是目前最急切而必须的，我们把这些都贡献于政府，希望政府一一切实考虑，措之实施。

至于我们声讨汪逆伪组织，是表示我们对这种民族败类，当与天下共弃之大义。此贼出卖祖国，甘作傀儡，为举世所不齿，其伪组织为古往今来最滑稽无耻之集团，我们希望政府领导全国一致努力，驱逐敌寇，粉碎汪逆及其伪组织，以涤除我民族此一污点。

至于本人，大会毕后，不久回到海外，必尽量将在国内所见，政府及同胞们努力抗战情形，以及本会精诚团结抵御外侮之精神，及协助政府抗战建国种种事实，向侨胞详细报告，并向邻邦宣传。大家齐心协力，分头并进，共纾国难。并望今后国内同人时赐教言，使本人对国内一切情形，更加明了。

（原载《国民参政会第五次会议纪录》，国民参政会秘书处1940年8月编印）

10. 休会期间驻会委员会委员名单

孔　庚　陈博生　李中襄　邓飞黄　许孝炎　林　虎　杭立武
陶　玄　高惜冰　范予遂　董必武　左舜生　张君劢　刘叔模
黄炎培　莫德惠　卢　前　胡石青　张　澜　秦邦宪　章伯钧
许德珩　李　璜　褚辅成　王造时

（原载1940年4月10日重庆《新华日报》）

（三）大会通电声讨南京伪组织

1. 提案目录

一　关于一般者

1.声讨汪逆兆铭南京伪组织案　　　　　　　　　胡景伊等

2. 提请以大会名义为湘北粤北大会战及桂南绥西各战役祝捷并向最高统帅暨各司令长官全体将士助战民众致敬并慰劳案　　　　　　李仙根等

3. 请以大会名义电祝并慰问傅副司令暨诸将士案　韩克温等临时动议

二　关于宪政者

1. 本会宪政期成会草拟"中华民国宪法草案修正案"及建议案

议长交议

2. 修正宪法草案第七章第一三一条所定教育宗旨案　　黄建中等

3. 请保存宪法草案第七章关于教育之规定案　　　　　陶　玄等

三　关于军事及国防者

1. 改善兵役法规及办法案　　　　　　　　　　　　　梁上栋等

2. 拟请政府改善陕西各县关于代购军粮及运输办法以轻民累而利抗战案　　　　　　　　　　　　　　　　　　　　　　　　郭英夫等

3. 请严令各战区军队防制仇货入后方纵容者应以通敌论处案　孔　庚等

4. 请建议政府举行民族誓师以固民心而励士气案　　　郑震宇等

5. 请筹设残废军人教养院及工厂并通令各公私机关团体在可能范围内雇用残废军人案　　　　　　　　　　　　　　　　　　张伯谨等

6. 策进台湾朝鲜革命使敌益速崩溃案　　　　　　　　宋渊源等

四　关于外交及国际事项者

1. 请政府严格限制出席国际性会议代表案　　　　　　胡景伊等

2. 请政府明确宣释"领土完整"之意义以励民心而利抗战案　王幼侨等

3. 请政府规订优待努力救国工作而被迫回国之华侨案

秦望山等临时动议

五　关于内政事项者

1. 消灭三种不应有之现象以加强抗战建国案　　　　　黄炎培等

2. 请确立调整行政组织系统及人事行政制度之规则以增进行政效果案

王云五等

3. 加强推行新县制办法案　　　　　　　　　　　　　王亚明等

4. 请严禁邪教以免动摇抗战心理案　　　　　　　　　傅斯年等

5. 请中央迅速调整沦陷区及接近沦陷区省县军事与行政增加抗战力量案　　　　　　　　　　　　　　　　　　　　　　　　　　　　　冷　遹等
6. 请政府从速成立县参议会案　　　　　　　　　　　李元鼎等
7. 改进蒙旗民众生活案　　　　　　　　　　　　　　何永信等
8. 请援川康建设视察团成例组织贵州建设视察团以期推进贵州建设巩固抗战后方案　　　　　　　　　　　　　　　　　　　　王亚明等
9. 严惩贪污案　　　　　　　　　　　　　　　　　　梁上栋等
10. 严禁违法拘捕迅速实行提审法以保障人民言论自由案　邹韬奋等
11. 请政府于指定之国民大会代表名额中多指定女代表以弥补区域选举之缺点案　　　　　　　　　　　　　　　　　　　　　　　刘蘅静等
12. 请政府从速建立民治及法治信条以为施行宪政进备案　光　升等
13. 拟请筹拨巨款多设难童救济院收容战区难童教养兼施以固国脉案　　　　　　　　　　　　　　　　　　　　　　　　　　　　李鸿文等
14. 请政府加紧禁烟并统一全国禁政机关以宏实效案　　褚辅成等
15. 请将广东博罗县捕押华侨回乡服务团二十三人依法办理案　徐傅霖等
16. 请政府于各级政府预算中规定妇女工作经费以利妇运案　史　良等
17. 请政府通令全国各机关不得禁用女职员案　　　　　史　良等
18. 请政府在实施宪政之前切实执行训政时期约法《抗战建国纲领》及本会第四次大会决议之人民政治地位与集中各方人才两条治标办法案　　　　　　　　　　　　　　　　　　　　　　　　　　　　张申府等
19. 请严惩前驻藏参议蒋致余以肃边政而收人心案　　　奚　伦等
20. 请组织蒙旗慰劳视察团以益激发其民气而增强抗战案　　　　　　　　　　　　　　　　　　　　　　　　　　　　　　　　李永新等
21. 为鲁省去岁迭遭水旱风雹蝗螟之害灾情惨重民不聊生拟请政府速拨巨款从事赈济案　　　　　　　　　　　　　　　　　　　傅斯年等
22. 拟请中央速拨巨款赈济晋省灾民以利抗战案　　　　李鸿文等
23. 请政府速拨巨款救济兰灾案　　　　　　　　骆力学等临时动议
24. 湖北灾情惨重拟请政府迅拨巨款赈济案　　　　　　黄建中等

六　关于财政经济事项者

1. 后方物资生产正在积极促进应如何集中资金及经营能力以期益早恢宏请讨论商榷案　　　　　　　　　　　　　　　　　　政府交议

2. 关于平衡物价工作正在分别推进列举各项重要问题请讨论商榷案　　　　　　　　　　　　　　　　　　　　　　　　　　政府交议

3. 请政府迅速采取有效办法调节粮食供求藉以平衡物价而安定人心案　　　　　　　　　　　　　　　　　　　　　　　　　罗　衡等

4. 请政府严格取缔投机垄断并抛售屯积米谷平衡物价以救民困而固后方案　　　　　　　　　　　　　　　　　　　　　　　沈钧儒等

5. 拟请维持民食案　　　　　　　　　　　　　　　　　胡景伊等

6. 抑平物价政府应采紧急处置案　　　　　　　　　　　王世颖等

7. 请政府从速确定平抑物价计划改进统制物价方法并调整主管物价机构案　　　　　　　　　　　　　　　　　　　　　　　　胡景伊等

8. 请政府速筹平准物价妥善办法以维持生产建设案　　　褚辅成等

9. 调整物价应先着重最低限度之国民生活案　　　　　　黄元彬等

10. 请政府迅速采行流通平价办法以安定抗战后方案　　光　升等

11. 请政府速作经济财政通盘之筹划确定充实经济力量办法付诸实施以利长期抗战案　　　　　　　　　　　　　　　　　　　　陶孟和等

12. 请改善经济统制政策以固抗战基础案　　　　　　　胡石青等

13. 调整运输机构提高运输效率以利货运而平物价案　　钱端升等

14. 提议救济棉纱恐慌之紧急对策八项拟请政府严厉迅速施行以苏民困案　　　　　　　　　　　　　　　　　　　　　　　　　高惜冰等

15. 设法利用国人存放国外之资金以增厚金融力量而平抑物价案　　　　　　　　　　　　　　　　　　　　　　　　　　　　钱端升等

16. 请厉行战地对敌经济封锁案　　　　　　　　　　　程希孟等

17. 请囤积二年用之汽油并购备汽车零件以维交通及军运案　　傅斯年等

18. 陕西省政府举办"统筹战时用款"既不顾体恤民难又不尊重民意机关意见拟请政府制止并予查办案　　　　　　　　　　　　　　郭英夫等

19. 请政府通令各省切实推广妇女纺织业以利战时生产案　　　伍智梅等
20. 请确定农民政策并先着手准备工作以实现民生主义案　　　孔　庚等
21. 巩固地方金融与中央互相统筹案　　　彭允彝等
22. 请中央速组妇女生产事业推动委员会加强战时经济案　　　刘王立明等
23. 请政府推进妇女代耕以增战时粮食生产案　　　伍智梅等
24. 请改善棉纱统制办法以免资敌而恤商艰案　　　孔　庚等临时动议
25. 为发展全国公路起见建议政府迅速规定全国应有之国道省道及县道并按其国省县道之性质划分中央与省及地方之修筑管理权责分期实施以利交通案　　　张剑鸣等

七　关于教育文化等事项者

1. 实施国民教育五年计划大纲草案　　　政府交议
2. 为从速普及国民教育请中央筹拨巨款并组织委员会筹划其事以期完成五年实施计划案　　　江恒源等
3. 为助成国民教育普及特拟定设校造产运动办法提请公决案　　　江恒源等
4. 请政府提高中小学教员待遇以维教育事业案　　　刘蘅静等
5. 教科书价格激增来源匮乏急应筹谋救济案　　　江恒源等
6. 拟订游击战区教育设施改进方案提请公决案　　　江恒源等
7. 请设立西南技艺专科学校以利建设案　　　欧元怀等
8. 保障讲学自由以便学术开展而促社会进步案　　　张申府等
9. 普及建墓铸逆运动以利国民教育及精神总动员案　　　胡景伊等
10. 请政府设立国立社会教育学院以养成社会教育专门人才而利抗战建国案　　　卢　前等
11. 请中央从速推进边疆教育以利抗建案　　　卢　前等
12. 改良国语教育案　　　陆费伯鸿等
13. 建议另定国民教育制度以普及教育案　　　李中襄等
14. 请中央设立中央国学研究院发扬我国固有文化以促进民族复兴案　　　陈其业等

（原载《国民参政会第五次大会纪录》，国民参政会秘书处1940年8月编印）

2. 声讨汪逆兆铭南京伪组织通电

全国同胞公鉴：

汪逆兆铭,叛国降敌,为虎作伥,早经政府明令通缉,本会亦于第四届大会通电声讨。讵该逆天良泯丧,毫无愧悔,竟与敌阀订立卖国密约,由敌阀庇护指使,在南京设立伪组织,盗称中央,其各项伪机关,悉盗用国府原有名义,将欲以伪乱真,实行卖国密约,以亡中国。明明消灭独立也,而曰此即独立;明明丧失自由也,而曰此即自由。事实上举政治军事经济资源,凡国家主权民族命脉所寄托之一切有形无形之权利,完全归诸敌人之手,而汪逆及其同伙群奸,反扬言为和平救国。充其极,盖欲全中国民族虽亡国而不知其亡,且使其逐渐忘却一独立国家必须具备之一切条件,千秋万世安作于日本武力支配下之奴隶顺民,而徒见伪衙林立,伪官扰攘,尚以为国家与政府如故也。回顾五千年来历史,虽偶有叛国降人通敌事仇之事,然从无目降敌为救国,称亡国为和平,助敌进攻而有理论,代敌招降而讲主义,颠倒黑白,丧尽羞耻,如汪逆兆铭其人者。本会同人,自民国二十七年膺选集会以来,在《抗战建国纲领》之下,代表全国公意,翊赞政府,共当国难,兹对于汪叛兆铭之叛国卖国行为,一致深表愤恨,用激励军民,同申诛讨。惟须注意者:汪逆仅敌阀之奴隶;敌阀则策动之本源。故望全国同胞,因逆奸之污行,更悟敌阀之狡计。日本三年来经我英勇抗战之结果,国基摇动,人民惶惑,侵华敌阀,虽野心未死而自信已亡,其扶立汪逆之鄙行,实际乃其最后无聊之一试。故我军民,务须保重过去之成绩,加强胜利之自信,自今以往,更一德一心,努力奋斗,予敌人以最后之打击,抗战成功之日,即逆奸伏法之时。抑我前后方及游击区同胞务须时刻记忆国家主权神圣不可侵犯之大义,及我抗战必胜、建国必成之至理。夫敌军占领地,安能有政府降人订伪约,安能有效力。四万万五千万同胞,以血汗保障之国家主权,安能容敌伪盗窃。无数量忠勇将士及各项辛勤工作人员,血战三年所取得之国际信誉,安能被敌伪动摇。尤可笑者,敌伪更僭言宪政,并称包含各党,世界安有以亡国为目的之宪政,又安有以降敌为主义之政党。是以凡敌阀指使汪逆之一切罪行,惟加强中国民族抗战之决心,以尽速求取最后之胜利。至于世界各友邦早有正确认识,断不为敌伪宣传所惑,更不待论。而荡涤污秽,光复河山,惟赖全国同胞,加紧努力焉耳。谨电沥陈,即希公鉴。

国民参政会第五届大会

(原载1940年4月3日重庆《新华日报》)

3. 消灭三种不应有之现象以加强抗战建国案

黄炎培等提

抗战以来,一般国人心理,(一)深切了解敌人之凶暴残忍,蓄志灭亡我中华国族,舍死里求生,必无他道。(二)感于领袖之握定政策,艰苦勤劳于上,前方将士,舍身卫国,前赴后继于下,虽抗战将即三年,只有越战越兴奋,越战越热烈,此诚我中华民国复兴好气象也。但就广大之社会,为实际之视察,随时随地从兴奋热烈空气中,发现数种不应有之现象。深信此数种现象,若不迅速扑灭,必将使抗战建国前途,在人力物力上减削一部分必要之供给,在精神上亦将蒙受至不利之影响。吾人既察见及此,而或隐忍或顾忌而不敢明言,使当局不予以严切注视,不为迅速设法扑灭,此岂吾人为国服务的天良与天职所许。苟其无之,虽一分不应虚构,苟其有之,虽一分不应抹杀。基此认职,掬陈所见,并提消灭方法如下:

其一,大多数民众的痛苦。中山先生有感于民生问题之严重,列为三民主义之一。今过去一切,姑不具论,只就抗战以来言之。一般民众之痛苦,莫大于兵役及工役,尤苦在诸役并举。政府对于役政,定有法规,未尝不体恤周至。但任何良法美意,下达基层,往往因办理不善,成为病民虐民之具。办理兵役之急须改善,言者已多。试言工役。但见成群结队,来自田间,绳缚鞭扑,其人大都无告穷民也。病夫稚子,掺杂其中,随众疾走。虽道远力疲,不敢或后。终乃病仆路旁,宛转呼号。扑有倒毙路旁,无人埋骨。提案人皆尝亲见之。此岂在上者梦想所及耶。如果承办者恪遵法令规定,本无多大问题。今民众不苦法令以内之严,而苦法令以外之暴,不亦冤乎!例如筑路,米价飞涨,而工价不随之增加,已苦不支矣。路线屡改,出之官方,而已废之路,不给工资,宁为合理？略述一二,以见公务人员,知用民而不知爱民,类此者岂胜枚举?!

抗战不能不取用民与民财,乃至不得不牺牲民命。惟其如此,对一般民众之性命身家,愈须珍重爱惜。犹忆第三次大会闭幕,议长演词,宣读《诗经·鸱鸮》四章"鸱鸮鸱鸮,既取我子,无毁我室","绸缪牖户,矜此下民,或敢侮予。"议长称述周公之爱国爱民,不啻自写其爱国爱民之衷曲也。今下民之受侮,亦已极矣。暴敌正百般摧残我民力民财民命,我宜如何滋培而长养之？暴敌正多方笼络要结我民心,我宜如何团结而保有之？我民爱国忠诚,根于天赋。任何痛苦,从不闻对抗战有何怨悔。惟其如此,我更宜如何安慰而爱护之耶？恐抗战最后之胜利,其事属于前方,其根本系于后方民力与民心耳。

拟请国防最高委员会委员长特令全国文武官吏,切实珍护民力民财民命,更多方采取其他有效方法,以求实际收效。

其二,一部分官吏之腐化。抗战以来,全国上下,在领袖领导之下,振奋精神,努力工作,加以新生活运动,改革不少骄奢淫逸之恶习。此诚良好现象。然尚有一部分文武官吏,未除旧染,其行为有非战时所宜者：一为奢侈。奢以长贪,俭以养廉。在平时属于个人道德,而亦影响于风俗人心。今在长期抗战时间,领袖亲倡节约运动之际,凡为长官者,尤宜如何躬行节俭,以为僚属表率,盖此举不惟整饬官常,重在使后方物力减少无谓的消耗,借以增厚抗战力量,此其意义至为重大。今即以行都言。餐馆剧场,几于无日不告客满。当新生活始倡食品限制之时,有明八元暗八元之称,今则并此而无闻。故因物价高涨,过低之限制,有所难行,然亦见奢侈之风,有加而无减。而考其来由,盖一部分高级官吏实倡之。与之为缘者则有赌博焉。彼官吏之嗜此者,初不以文武而别,亦不以官之大小而殊。或以为训练可以矫正不良风气,然提案人固曾亲见赴渝受训而回者,在轮船中,即穿制服而聚赌。闻一二处战区高级将校,生活亦不免奢侈放纵,则其下更何足责。此中公私浪费,至为可惊,虽仅一部分为然,然抗战时终不宜有此也。一为贪污。奢侈放纵之结果,必至有权势者,一涉贪污,即被弹劾,付惩戒。官大有权势者,虽贪污显著,莫敢问也。此为官场通病。抗战以来,经领袖之恳切训诫,严励惩治,此风稍戢。然一部分犹未悛改。古人有言,大臣法,小臣廉。窃以为严禁奢侈,同时严惩贪污,皆须从高级官吏下手。其有证据确凿者,应勿宽宥。又其一为迷信。行都重地设置乩坛,高级官员,争趋膜拜。民间诧为异闻。原来挟乩之举,心理学者,谓为潜在意识作用,实无神秘之可言。借此劝善惩恶,虽亦苦心,究非正轨。乃闻以公币充乩坛经费,人员之进退,决于乩坛,未免有伤政体。尤恐在抗战时摇惑人心,关系非细,应请查明禁止。

其三,多数青年的苦闷。在此抗战大时代,青年学子迭闻领袖谆切训示,无不兴奋热烈,愿为国家效命,为领袖效忠。青年思想单纯,而富于情绪,其脑海别无所有,有之唯求知欲,惟正义感。闻敌人之企图灭亡我国也,则投袂而起,不共戴天。苟不为之说明理由,指示正确途径而强遏之,则始而蓄怒,继而灰心,弱者消极而流为腐化,强者不顾一切而流为恶化。同时又无以满足其求知欲,精神苦闷,殆为必至之势。盖其厌故由于喜新,必使心悦而后诚也。令各地学校的青年,自空袭疏散后,乡居偏僻,读物本已甚少,间有学校当局,虑青年思想突变,禁止课外阅书阅报。稍稍活动,立受嫌疑,即加禁止。强令其趋向某方,而未能使之感觉某方之可乐。禁止其趋向某方,而未与之言明某方不可去之故。苦闷之极,若不设法解除,将使在精神界戕贼不少有志有为之青年,酿成国家一大损失。窃以为政府对青年宜采积极的指导,勿专用消极的限制。所谓积极指导者,青年好动,即顺其好动心理而导之以正。青年好新奇,虽旧籍,亦须创为层出不穷之理解,开其意境,而引之入胜。同时对于其精神食粮,从速设法,使获大量的供给。

此三大现象消灭,必可加强抗战救国的力量,并加速必胜与必成境地之到临。

决议:

一、请政府明令全国文武官吏,切实珍护民力民财民命。

二、请政府切实注意严惩贪污,并于执行时特别注意高级官吏。

三、请政府查明在职官吏,设坛挟乩,予以惩处。

四、请政府令饬各级教育机关,对青年予以切实积极之指导,勿专用消极之限制。

（原载《国民参政会第五次大会纪录》，国民参政会秘书处 1940 年 8 月编印）

4. 保障讲学自由以便学术开展而促社会进步案

张申府等提

国家社会之进步，必赖学术文化之开展，必赖新异思想学术之产生。新异思想学术之产生，必赖思想之自由与讲学之自由。

因此，凡近代进步国家罕有不崇尚思想自由与讲学自由者。

不幸国内近年情形，竟有与此相反之处。或则对于大学教授，因思想学术之疏异，而漫加猜疑；或则对于大学教授，因讲学治学余暇从事社会事业或救国工作，而横予解聘。对于好学爱国学生，或则因其读及课外读物，遂加干涉，或则因其思想不同或参加课外活动，即予开除。

似此情形，足闭进步之门，实非国家之福。

为此，拟请政府通令全国，保障讲学或学术研究之自由。

一、各级学校教员，不得因其思想不同或学术研究有所立异，或于教课余暇参加社会活动，即予解聘或猜疑。

二、对于学术研究已有成效者，不得因其思想不同或立说特异，即再不予以讲学之地。

三、对于学生，不得因其思想不同或好读课外读物，即予干涉或开除学籍。

今年即将制定宪法，在宪法中，并请明定保障讲学治学或学术研究自由之条文。

附：修正全文如下

国家社会之进步，必赖学术文化之开展，必赖新异思想学术之产生。新异思想学术之产生，必赖思想之自由与讲学之自由。因此，凡近代进步国家，罕有不崇尚思想自由与讲学自由。拟请政府通令全国，在三民主义及《抗战建国纲领》最高原则下，保障讲学及学术研究之自由。

（原载《国民参政会第五次大会纪录》，国民参政会秘书处1940年8月编印）

（四）加强团结　制止摩擦

1. 冬季攻势开始以来晋冀鲁各省所发生之不幸事件——何应钦在国民参政会第五次会议上的军事报告

国军自去年冬季攻势开始后，北方各战区连续发生不幸事件，自行对消抗战力量，并给敌军以抽调转用之自由。其谁是谁非，中央自须切实调查，平情处理。惟此种情形，若不纠正消弭，则抗战前途，将受甚大影响。关于各种不幸事件，有在参政会驻会委员开会时业已报告者，亦有尚未报告者，兹再摘报如下：

一、山西方面

（一）二十八年十二月接卫长官转据晋西第六集团军总司令陈长捷删电称："国军冬季攻势，关于二战区西路军之作战计划，经电呈，限各部于十二月十日以前完成一切准备，十五日肃清汾河右岸之敌，而后向汾河左岸进击，嗣后奉钧座支酉天电指示，须将据点南移，向汾河左岸进击等因，正在督饬各部积极准备如期进攻间，乃奉阎长官电示，六区专员张文昂，独立第一旅政治部主任韩钧，使独二旅，一六九旅，二六九旅，及六区保安队第十一、十二两团等部叛变，着指挥十九军、六十一军、警卫军、七三师、暂一旅，并三四军、八三军各一部，迅速集结兵力，讨伐叛逆，等因，为变出非常，急需肃清后患，遂将彭吕两军各以一部对河津，稷山，新绛，襄陵，临汾，黑龙关警戒外，本路主力于十二月十日左右集结蒲县、午城、大宁、隰县、永和、石楼间地区，十二日分路向石口，川口，双池，大麦郊一带叛逆盘踞地区进剿"，等语。

同时接二战区参谋长楚溪春电称："韩钧叛变，原驻孝义之一一五师（师长林彪)独立支队陈支队全部三千余,闻亦改配二旅徽章,秘密参加。此事发生后,各地别有组织者,均伺隙而动。昨接报,独七旅及第三游击纵队政治主任李力果,刘玑,当太武敌进攻峪口之际,在十八集团军(总司令朱德)一部之支持下,率部哗变,卢旅长宪高率一部冲出,刘纵队长武铭被扣,该哗变部队窜往岚县。此事自叛变迄今,悉由第一二〇师贺龙部之三五八旅严密掩护,刻下赤尖岭尚驻有该旅之七一四团,对我军威胁牵制;我若进剿,势必与该军冲突",等语。

继又接楚参谋敬电称:"刘玑,李力果本无叛变能力,因十八集团军朱德部摘取臂章,协助叛变,现在十八集团军掩护叛变军北窜岚县",等语。

(二)本年一月接程主任转晋西北第七集团军总司令赵承绶佳电称:"(1)职部自奉令实施冬季攻势,即以李庆绊旅袭击偏关清水河一带之敌,杜文若旅破坏阳曲以北之同蒲路,郭宗汾军及乔清夫、周原健等师形成重点,向汾离公路各据点之敌进攻。不意正在敌人动作之际,十八集团军朱德部及叛军约万余人,乘我不备,由岚县、赤地壑、娄烦、米峪、横尖等处向我侧背猛力进袭。(2)同时太武镇敌乘隙向我反击以致腹背受敌,后方辎重及小部队并押机枪等队,半被十八集团军解决。冬日以来,更明目张胆,公然向我压迫,并秘密由各方抽调有力部队,向临县大行包围,企图一鼓歼灭晋西北我军,以达劫夺政权之目的。(3)据俘获文件及俘虏传,晋西北为中共根据地之一,决以武力袭取,由彭德怀负责指挥,短期内完成。最近张贴中共山西省执行委员会宣传诋毁政府、侮辱领袖、破坏抗战、挑拨阶级斗争,并大肆造谣,全国各战场停战,准备与日寇妥协等等荒谬言论",等语。一月接胡宗南筱电称:"(1)晋西北临县于文日被叛军侵入,赵承绶部损失甚大。同日赵部及郭宗汾部向汾离公路撤退,现晋西北除保德尚有张砺生一部外,余均为八路军及叛军占领,陷入混乱状态。(2)晋东三区薄一波自称抗日铁血总司令后,所属各县署通电脱离山西省政府。(3)赵戴文向人表示,此次事件,为中共有计划行动"等语。

(三)本会以晋省叛军,既牵涉十八集团军,曾屡电该集团不得支援叛军。一月二十九日接程主任转据朱彭宥电称:"据报,晋省旧军私通敌寇,对坚决抗战之新军武装火并,此实晋省严重问题,亦抗战之大不幸。此问题不求合理适当解决,而一意以新军作叛军讨伐,将使全国抗战者闻而愤怒,前途危险,不堪设想。职部驻晋日久,对晋问题痛切相关,惟坚持团结抗战正义,希望双方弃嫌修好,共御外敌,从未挑战以扩大事态也。再者职等认为今日晋省新的力量,决非旧的力量所能摧毁,不求合理适当解决,结果使晋局糜烂,抗战力量抵消,而遭亲痛仇快之惨局,仍恳钧座径电阎长官,重加考虑为祷。"等语。

二、河北方面

(一)本年元月按程主任转据鹿总司令铣巧雨电称:"顷据军委会校阅第五组服务员马克勤自元氏县孟府村逃回职部声称,本组主任徐佛观、委员陈庆善、徐竹齐、黎惠孚、朱荣,暨总部陪同校阅之张课长桐岗、高参□英等一行十余人,于本月真日抵孟府村第四纵队十支队于珩部。初拟文晨开始□阅,不料当晚子时,突被十八集团军之部队约四千余人围袭。一时枪炮齐发,军民混乱,马服务员仓皇出走,徐主任及各委员均失联络,迄文晚至赞皇县境,始遇于珩支队长,又元氏县西台城侯如墉司令部,亦同时遭十八集团军之部队袭击。至包围于支队之部队番号,系刘伯承之二八五旅。徐主任佛观于删日始逃回本部。据称,除委员陈庆善、朱荣外,其余均失联络,不知下落",等语。

(二)二月接鹿总司令支电称:"据本□押运印刷机器之服务员葛建堂报称,职于一月三十日随张局长茂才、贾营长梦麟、贾队长玉田、并服务员谷锡命等廿一员,步兵三连,护运印刷机及纸张等件,由刑□路罗南运,卅日到石岭,翌晨行抵沙河渡口北半里挹泌滩时,突被十八集团军一二九师李团包围,当以机步枪手榴弹猛烈进攻。我以事出意外,且众寡悬殊,全部缴械。职混入民伕中逃免,其他张局长、贾营长、贾队长各员,均下落不明,存亡未卜。据逃回之副官面称,被俘人员及印刷机器纸张,现已押至渡口,我官兵及民夫伤亡甚众,等情,此明目张胆,杀人劫货,尚何有团结抗战之可言。"等语。

(三)二月接程主任转鹿总司令冬电称:"仅综合十八集团军最近显著暴行如次,(1)我故城县城府,于元月真夜被八路军所□□县长派队包围解决。

县长朱凝志当场被害。(2)八路军青纵队于元月文夜向我新河县政府进攻。我方抵抗失利,部队二百五十余人,大部被解决,县长武恒勖,被俘枪杀。(3)元月真夜袭击我曲周县政府。该县长常荣德,事先发觉,移驻临清境内。迫删暮,仍被十八集团军包围,常县长率队冲出,会计李保善等六员被害。(4)我方谍报员梁俊保、程春台,先后被十八集团军青纵队捕去,交涉无效,惨遭活埋,等情。又元月文晨袭击侯如墉纵队肘,杀害省党部驻区委员朱玉清,军委会视察第五组适逢其会,委员四人失踪,传闻被害。(5)查某方向我压迫,系有计划之整个行动。比来愈演愈烈,时有所闻。陈督率军政所部,严密防范,所有死难人员另案呈请抚恤,并电十八集团军朱总司令制止外,谨复奉闻,敬乞迅筹有效制止办法,以利政权,而安地方"等语。

(四)元月接鹿总司令养电称:"查冀西18AG军,自解决侯乔两部后,大部集艳山川区,一面威胁我军,一面加紧食粮封锁。连日大雪,购运极感困难。在此情形下,已陷于绝粮被困之境。为避免将士枵腹,人民饥困计,职部及九七军(朱怀冰)暂向冀豫边区之磁、邯、林等县移动,企于友军军政夹攻处处受动不利之环境下,立定脚根。谨闻。"

(五)二月接程主任元月勘日代电转据石友三宥电称:"八路军所属游击队、冀南行政公署所派非法各县县长,近在冀南各县,毁法乱纪,自成系统,私擅逮捕公务人员,公然抢劫国军给养,滥杀无辜,为敌张目,种种罪恶,事实俱在,均可复按。"(中略)"余九十二人均为活埋"等语。同月又接石友三鱼酉电称,"职军米旅宋西蛰营,奉令去平汉路西路给省政府送物品。任务完毕,即与驻路西之两个营一同东返。支戌时行抵前后少辛,威县北四十里,十八集团军一二九师三个基干团,突向之袭击,并施行重层包围,企图解决,战况惨烈异常。十八集团军不打敌人,为寇张焰,专打自己,企图赤化全冀。"等语。

二月接鹿总司令转石友三真亥电称:"(1)十八集团军集冀中、冀南、鲁西、北各军,全数开至职军防区四围。佳日起,开始总攻,至真晚我各部仍与该军鏖战中。(2)职部伤亡尚在清查,孙良诚之谢团全数牺牲。查该军现已揭开团结抗战假面具,明目张胆,先后消灭我军。职区兵力有限,若中央不予实力制裁,则河北军民将无噍类矣,"等语。

二月十九日接程主任转据朱总司令(德)彭副总司令(德怀)寒电称:"查石友三豺狼成性,反复无常,信义毫无,人所不齿。彼在冀与敌伪串通一气,肆无忌惮。两月以来,瓦解逮捕与惨杀职部之工作人员,群情悲愤,誓与偕亡,曾迭电呈报在案。旋奉令听候和平解决,迄未有效制止办法。乃石又掩饰其丑计,妄称抗敌,捏造危害奉电前因,实不胜愤慨之至。钧座对石之一切暴行,仍无有效制止办法,则职等实难过抑部下之激愤,被迫自卫,责不在我。"等语。

二月接程主任转石友三巧电称:"职军与十八集团军血战已历旬日现被迫退至大名以南地区。"等语。

二月接石友三有电称:"职部转移到濮大后,连日第十八集团军在冀鲁豫边区各游击部队,麇集内黄及清丰、濮阳以西地区者约八九千人,每日全力向职部攻击。迄至现在,其坚强部队,仍在清丰旧城永固集张村西岚城之线与职部对峙中。其三八五旅已由南管渡河,现到观城东北马集附近。"等语。

二月接鹿总司令钟麟俭电称:"涉县附近驻有十八集团军千余名,内黄境内原驻有十八集团军四千余名,现又由各方面开至清丰永固集者,约五千余,联合向石友三部进犯"等。

三月按卫长官电称:"(1)丁树本部集结濮阳附近后,十八集团军已取包围姿势。(2)石(友三)高(树勋)孙(良诚)乔(明礼)等部移至东明东南地区十八集团军分路南迫。佳(三月九日)在东明附近,发生战斗。石等刻已退至菏泽考域曹县边境,与丁树本部已失联络"等语。

二月接程主任转据朱军长(怀冰)敬酉电称:"(1)皓日起,十八集团军部队继续向武安属冶陶,徘徊一带地区集结约三千余名。(2)□夜十八集团军三八六旅全部及吕正操一部在武安境内阳邑柏林、东西杜庄南北部郭口,十里店一带集结二万余,刘伯承并亲临指挥,有向我进击企图"等语。

二月接鹿总司令齐电称:"鱼晚与朱军长先后由潮河突围,部队一面血战,一面突围。惟十八集团以一一五师一二九师之精锐及吕正操宋任穷等部,数倍于我之众,分由磁、邯、漳河南北两岸及林县东南地区同时围攻夹击,现与朱军已失联络,彼此正在被困苦战中。伏祈速颁有力制止办法"等语。

查河北方面之不幸事件,鹿总司令于元月即有电报(文电)请示略称:"连日十八集团军向大战区各部挑衅,显系有计划之行动。倘彼方再向我进攻,或各个吞噬,为自卫计,势难免流血惨剧。究应如何应付,乞密令示遵"等语。"本会为顾全大局计,应约束所部,不可挑衅"等语。故三月支日鹿总司令竟向本会来电,略称:"窃职自元日以来,目击身受十八集团军之迫胁,曾先后以世戌、元辰、寒辰、删酉二、皓午、帑酉、养午、漾戌二、敬午、敬戌、有未、有酉、感午、感未、感戌、艳午、冬午、酉戌共廿电,总约万余言,痛陈十八集团军今后必然叛篡、华北危机、及本战区交通被截、弹绝款尽之险状,与夫调整冀南、豫北、晋东南指挥部署之意见,奈中央视为局部之事,甚且斥为胆小示弱,危言耸听,推延迂缓,致有令月绞□破之局面,然能及早为谋,尚有挽救之机。若犹如以往视为无关痛痒,拖延推容,则冀察一隅军队,被十八集团军全力围困,弹尽粮绝不能立足之日,职何敢再负失机贻误之罪。职两年来忍辱含垢,心力交亏。伤臂之后,本已不能亲理公务,惟不忍坐视华北沦亡,官兵受困。良心驱使,不敢不作最后之恳陈。总之,冀察之利弊兴革职已说尽,艰险困苦职已受尽,奋斗苦撑职已力尽,今后病痛余生,惟待准辞之命令,涉?谕枕禀陈,恭候垂察"等语,现鹿总司令于沿途遭袭击之后,业已脱险到达晋城,朱怀冰军长受伤,正在收容残部中。

此外尚有孙魁元亦被攻击。该军师长康翔亦受伤。

据报近日晋冀豫边境十八集团军部队,已遵照蒋委员长命令北撤。

三、山东方面

三月接沈主席齐电称:"十八集团军围攻鲁西行署情形,迭经电陈,谅邀洞鉴。又据该行署主任李树春副主任廖安邦微电称,此次围攻濮县之十八集团军,系陈光、杨勇等部精锐万余人。江晚迫近城关,与我守卫部队肉搏激战。迄至支辰,该军竟攻入城内。高军宋旅长率兵数日掩护职等突出重围,退守三里庄。城内仍有宋旅两连、省保安二营一连、朱世勤旅一排,攀登房楼,坚持抗拒。至支未,因弹尽援绝,均作壮烈牺牲。是时三里庄亦被包围,我宋旅拼命抵御。终以敌众我寡,难资固守,万不得已,转移阵地。我守城部队伤亡殆尽,又濮县城北大云集文昌寨一带与观城附近,近有该军张维翰、何光宇、李聚奎,及由冀省与陇海路开来之赵成全、刘伯承等部共三万余人,亦向我高树勋及省保安旅袁聘之等六区专员王金祥等部分路围攻,自江戌至支西均有激战,迄未停止。以消息隔绝,详情难知。鲁西经此巨变,抗战局势已被其摧残无余。现仍丧心病狂,节节进逼,实欲根本消灭我冀鲁两省抗战部队,夺取我革命政权等情。职未能防患未然,致令该军趁机横行,生灵涂炭,恳祈严加处分,以谢国人"等语。

(原载《国民参政会第五次大会》,1940年5月中央训练团翻印)

附:何应钦对参政员董必武、梁漱溟询问的答复

董必武问:前在三月一日常驻委员会上,听了何总长的军事报告,关于山西河北近状,本席曾与秦参政员邦宪声明:总长所举电文,多与事实不符,请政府秉公查明办理,谅蒙忆及。本日上午又听了总长的军事报告,其中关于山西河北最近发生不幸事件,报告中列举电文,多属楚溪春、赵承绶、鹿钟麟、石友三、朱怀冰等报告;而对十八集团军则仅举程主任所转朱彭二电。查近月来,十八集团军与石友三部不和,朱彭曾有二月鱼电及微、佳、删、巧、养等电报告。与朱怀冰部摩擦,朱彭曾有二月江电、三月微西电、三月灰电报告。至于与鹿主席争端之电,多至不胜枚举。此等电文,均经该集团军总司令参谋长叶剑英先后呈报在案。总长对此等电文,曾否阅过,请于解决这些不幸事件时,加以注意。

何应钦答:

军委曾所报告之文电,在河北及山东方面,仅提出鹿、石、孙、朱、高、乔、夏、孙等部,及鲁西行署,先后具报被攻经过情形;在山西方面,仅提出十八集团军因支援叛军以致破坏冬季攻势之情形;至于其他报告十八集团军杀害党政军人员、围缴民团枪械、霸占地方、破坏地方行政系统等等文电,指不胜屈,并未提出报告。董参政员所问朱、彭总副司令之来电,对河北方面申述冲突原因,或谓友军先向该军攻击,或谓友军杀害该军人员,或谓友军有意制造摩擦;对山西方面,则为叛军辩护。查鹿总司令为冀察战区最高长官,在该战区

内任何部队,均应听受其指挥。阎长官为第二战区最高长官,在该战区内之任何部队,亦应绝对服从其命令。万无可以进攻友军或支援叛军,而擅自脱离战区长官指挥或违抗上级长官命令之理。军委会为全国军事最高统帅部,在抗战期中,凡有军队自由行动,不服指挥,并以军队攻击友军及支援叛军破坏作战计划,甚至直接向战区总司令部进攻,当然不能认为有理由。本会在军事立场上,只知军队应首重军纪,一切行动,必须层层节制,服从指挥调遣。一切争执,惟有报告上官听候命令解决,绝无自由可言,亦绝无理由可辩。今河北方面,鹿、石、孙、朱、高、乔、夏、孙等部,实际上系被十八集团军压迫离开其规定之作战区域外。山东方面,鲁西行署事实上亦系由濮县城被压迫离开其驻在地。山西方面,事实上系破坏我全面冬季攻势,而且赵承绶集团实被十八集团军联合叛军,乘赵部与敌人作战之际,加以袭击,而压迫至汾离公路以南,且沿途被其袭击。朱、彭总副司令无论具备何种理由,本会基于要求军队严守军纪服从命令之见地,当然不能认其此种不法行为为正当。且朱总司令等电称各节,均经转电各该战区长官查报。据复称朱、彭总副司令所称纯系颠倒是非,又据与该军冲突之各部队长官报告,均系该军先行攻击故未提出报告。

梁漱溟问:迭闻各战区各地有我军自相火并之事,是以敌人残我而不足,而又自相残也。灭弱抗战力量,援敌人以可乘之隙,天下可痛之事孰逾于此。前者何参谋总长在本会驻会委员会上,一度报告,顾尚未悉政府对于此事,眼前作何处置,及如何求其根本解决永久消弭之道,拟请派员出席,明示方针,讲求至计,国家幸甚。依据《国民参政会组织条例》第七条提出询问案如上,请求主席通知政府,定期答复。

何应钦答:

应钦兹代表政府、答复本问题如下:

为使全国团结一致共赴国难起见,全国上下均应遵守《抗战建国纲领》。无论为维持国家之统一,及抗战之胜利,皆不应有下列行为:

一、破坏行政系统,建立特殊名称。

二、违背现行法令,建立特殊组织。

三、利用军队，造成割据。

四、利用抗战形势，达成国家民族利益以外之任何企图。

至于军事方面无论政治上如何宽大，均严格要求下列各点：

（一）军令统一、（二）军政统一、（三）军训统一、（四）政训统一。

军令不统一，则军队之行动不一致。军政不统一，则军队之建设与保育不一致。军训不统一，则军队之教育训练不一致；政训不统一，则战斗员之思想不一致。凡此种种均于作战之胜败，有莫大影响。任何国家，一到战时，其一切武装部队，均应脱离党团支配，而绝对接受最高统帅部之整训与指挥。至于编成国军之后，无论平时战时，均以抵御外侮为唯一任务，不应再由党团操纵，以免影响国防，危害国家民族之安全。

十八集团军在各战区战地与各友军所发生之冲突，是否另有企图，虽不能遽下判断，惟该军在抗战期中之一切行动，尚未脱离中共党团支配，亦未绝对服从最高统帅部，及所属战区长官之指挥则业由事实证明。

十八集团军在陕北造成一种特殊组织，即所谓"陕甘宁边区政府"。继又造成"晋察边区政府"，"冀中冀南行政主任公署"。均自委官吏，自成风气，自行征收粮税，此外，并擅设银行，发行纸币，至数千万元以上。似此破坏行政系统，违背现行法令，利用军队，造成割据，企图达成国家民族以外之利益，实属非是。至于军队方面，十八集团军原三个师，共规定四万五千人，每月经费已陆续增至六十七万五千元。但据报该军不用以关饷，而用以扩军，其士兵月给一元，排连长二元，营团长三元，旅长四元，师长五元。给养金由地方摊排，名为救国公粮。朱总司令德等删电谓其全军有二十三万之众，在中央机关从来无案可稽。据调查该集团不但自由扩军，而且自由行动。去年120D之359B不奉命令，由晋省五台开过河西，强占绥米葭吴清各县。蒋委员长前于二十七年曾有命令，晋省作战部队不准一兵一卒渡河，该旅西渡后，军委会又严令克日开回河东原防，但迄今并未遵令。

至于陕北行政管区问题，政府为顾全团结，抗战，曾有如下之拟议：

名称　行政督察专员区。

隶属　陕西省政府。

政令　区内政令，一律遵照中央现行法令办理。

人员　区内专员县长暂由十八集团军保请政府任命。

驻军　专员区发表后，十八集团军，在陕甘宁各边区留守部队，一律撤至专员区内。

区域　由中央规定。

关于军队问题又有如下拟议：

一、绝对服从军令（军队行动，绝无自由，军队之驻地与行动，必须服从军令）。

二、其在各地所有纵队支队，应一律收束编军之后，不得再委其他一切名义，或自由成立部队。

三、人事经理应依照陆军法规办理。

四、该集团官兵之待遇，必须遵照中央规定之饷章，不得再将军饷挪为别用。

以上两项问题，自本年一月四日起由应钦名义召叶参谋长剑英，屡次商议，但均无结果，而十八集团军在各地方之不法事件，反连续发生。

目前政府对于各地不幸事件，在政治上，仍抱宽大态度，希望十八集团军懔于国难之严重，一致团结抗战，但在军事上必须严格要求。任何军队，均应严守军纪，绝对服从军令，如再有轨外行动，必照军纪，予以严厉之制裁。

（原载《国民参政会第五次大会》，中央训练团1940年5月翻印）

2. 毛泽东等参政员为华北视察团事致参政会秘书处电

重庆国民参政会秘书处诸先生勋鉴：

近顷以来，此间选据报告，陕甘晋冀豫等省特务机关通令所属，略谓国民参政会华北视察团行将莅临，主要任务在于搜集材料，证明此数省磨擦事件之发生，其咎均于共产党八路军陕甘宁边区。然后携返后方，向当局建议处理办法，并在下届参政会中提出议案，实行取消边区与八路军之特殊化，并乘机打击共产党。着各地特工人员注意搜集资料，并配合党、政、军各机关，准备欢迎视察团，务达上项目的等情。鄙人等以事属离奇，未敢置信。顷接尊处电示,始知果有视察团之组织。复查此视察团之团长成员,不仅无一共产党参政员被邀请参加,且连第四次参政会中提出组织此类视察团之原提案人沈钧儒、邹韬奋、陶行知诸先生,以及素以老成硕望公正无私著称之张一麟、黄任之、江恒源、张表方等诸先生,亦无一参加;在全体团长团员中,除在二届参政会中,因发拥汪主和谬论而与共产党参政员及坚主抗战诸参政员发生剧烈冲突之国社党员梁实秋及国家青年党员余家菊两君外,余皆国民党一党之参政员同志。由此等人选所组成之视察团,对于视察事项所搜材料及所作结论,必属偏私害公,殆无疑义。该团之与特务机关配合行动,尤属事有必至。犹忆前年十二月间,张君劢即曾著论主张取消所谓边区与八路军特殊化及取消共产主义。未几,汪精卫发表艳电,竟倡言反共。设该视察团之目的与汪、张无殊,尽可以汪、张文件为蓝本,在渝作出大文,撰成提案,何必当此朔风凛冽之际,冒此严寒,多劳往返。如以为非有实地视察之名不足以收牢笼社会视听之效,即以此等有特殊关系之人物从特务机关手里收集向壁虚造之材料,写成一本二三十万字之视察报告书,痛骂共产党一顿,谓即足为反共限共溶共之法律根据,则亦仍属可笑之事。盖国内政治问题,原只能从合理之政治原则获得解决,岂有卖弄玄虚,而能真正解决问题者乎!或曰:你们共产党所云,未免估计不当。该视察团此行,盖十分正大光明,毫无腌臜龌龊之心理,其任务在于维系两党合作,立于团结与进步基础上,共谋边区等事之合理解决也。若然,则鄙人等所言幸而不中,而国事实获进步之益,鄙人等当于该团来延安时,准备以陕北特产之小米饭、高粱酒接待诸参政员同人,与之对雪举杯,畅论团结救国之大计,决不至慢待嘉宾也。敬祈贵处代为转达为荷。

敬颂

勋祺

国民参政会参政员毛泽东、陈绍禹、林祖涵、吴玉章叩江

(原载1940年2月3日延安《新中华报》)

3. 朱彭总副司令等通电全国反对枪口对内进攻边区

重庆：八路军办事处转蒋委员长、林主席、国民政府各院部长、中央党部、国民参政会战区党政委员会、中央社、《大公报》、《新华日报》、《中央日报》。

西安：八路军办事处转天水行营程主任、第十战区蒋长官、陕西省政府蒋主席、胡总司令宗南。

兰州：朱长官。

各战区各省司令长官、总司令、省政府、省党部、省参议会、抗敌后援会、新闻学会及各民众团体各报馆公鉴：

陕甘宁边区二十三县，尚是二十五年十二月西安事变和平解决后，蒋委员长早已承认之区域，其中包括陇东之庆阳、合水、正宁、宁县、环县、镇原，陕西之淳化、栒邑、鄜县、洛川、安定、清涧、绥德、米脂、吴堡、葭县、靖边、定边及宁夏之盐池。三年以来，均属八路军后方。军民协作，相安无事。前线之军心赖以维持，后方之团结赖以树立。当此在我则抗日第一，团结为先，在敌则政治诱降，反共为亟之际，稍有人心，诚不应挑拨事端，制造磨擦，更不应枪口对内，遗笑友邦。乃自本年三月流行所谓防制异党活动办法以来，压迫之风，起于国内。湖南有平江惨案，河北有张荫梧事件，山东有秦启荣之进攻，河南有确山县之流血。而在西北，则高呼消灭边区，打倒共产党。环边区之四周，处处进攻，迄无宁日。以正规之国军，行对内之战斗。于是宁县、镇原则被围两月，栒邑则杀人夺城，鄜县则重兵压境，靖边则扰乱无已，安定则两攻袭击，而绥米河防区域之专员何绍南则日谋何以破坏防军，暗杀八路人员。然自七月蒋委员长派周副部长恩来到西北调停后，一时平静，方期磨擦从此消弭，阴霾为之净扫。不意近月以来，情势逆转，且复变本加厉。所谓处理共产党实施方案，乃从新发现于各方，而调兵遣将，攻池略地之消息，又不绝于耳矣。蒸日九十七师千余人及保安队袭攻宁县，我驻军罗营长受伤，兵士死伤过半。寒日九十七师二千余人袭攻镇原，我驻军王营死伤百余，两城均被九十七师夺据。现复集中大军准备向庆、台进攻。陕西方面则闻正在计划夺取淳化、鄜县，准备进攻延安。而其欺骗群众动员士兵之口号，则为共产党扰乱后方。夫共产党则亦何负于国，何损于民，深入敌后流血苦战者，非共产党领导之八路军新四军乎？力持抗战团结进步，反对投降分裂倒退者，非共产党之一切党员乎？以边区论，共产党几曾越过二十三县以外之寸土尺地乎？攻栒邑，夺宁县，占镇原，而执行其所谓"消灭边区"，"打倒共产党"之任务者究何人乎？大好河山，半沦敌手，而唯此区区二十三县是争，清夜扪心，能不为之汗颜乎？所望我蒋委员长国民政府维护法纪于上，全国党政军领袖与各界人士主持公道于下，痛国亡之无日，念团结之重要，执行国家法纪，惩办肇事祸首，取缔反共邪说，明令取消防制异党活动办法及处理共党实施方案，制止军事行动，勿使局部事件日益扩大。语曰："其亡其亡，系于苞桑"，国事至此，唯有精诚团结，消弭内争之一法，否则影响前线军心，动摇抗战之国本，敌攻于外，而自坏其长城，国脉虚危，而自伐其腑脏，我四亿黄帝子孙，真不知其死所矣！迫切陈辞，敬候明教。

　　　　　　国民革命军第十八集团军

　　　　　　　　　总　司　令　朱　德
　　　　　　　　　副　司　令　彭德怀
　　　　　　　　　第一一五师师长　林　彪
　　　　　　　　　第一二〇师师长　贺　龙
　　　　　　　　　第一二九师师长　刘伯承
　　　　　　　　　后方留守处主任　肖劲光

　　　　　　陕甘宁边区

　　　　　　　　　政府主席　　林伯渠
　　　　　　　　　参议会议长　　高　岗

（原载1940年2月《解放》周刊第九十六期）

4. 八路军致林主席、蒋委员长、国民参政会诸参政员等电

重庆国民政府林主席、军事委员会蒋委员长、行政院蒋院长、孔副院长、监察院于院长、立法院孙院长、考试院戴院长、司法院居院长、覃副院长、国民参政会诸参政员先生、中央党部各委员、战地党政委员会、西安军事委员会委员长行营程主任钧鉴：

据报，政治部陈诚主任在韶关演说，有谓八路军游而不击，延安无一伤兵就是证据等语，事之真实与否未可知；然自汪精卫倡言八路军游而不击以来，奸人四方传谣，竟以此为破坏职军信誉，破坏国共团结之口号。陈主任贤者，可信其不作此不负责任毫无常识之谰言。然职军将士闻之，未免寒心，愤慨之情，殊难禁遏。且以八路军抗敌所及，东至于海，北至于沙漠，可谓处在国防之最前线。敌国来华四十个师团中，与八路军新四军作战者十七十师团，占全数五分之二以上。两年半中，八路军、新四军所有防线，未尝后退一步。归绥、大同、张家口、古北口、北平、天津、烟台、青岛、徐州、浦口、南京、镇江、无锡、芜湖、离城十里八里即飘扬我祖国国旗者，始终是八路军新四军。两年半中，我八路伤亡达十万，而敌伪伤亡则达二十余万。我俘虏敌伪达二万，缴获敌伪枪支达四万。全军二十二万人，月饷不过六十万元，平均每人每月不过二元七角二分。而币价跌落，实值十五万元，则平均每人每月不过六角七分，全国无此待遇菲薄之军。有二三千人而升级为军者，有七八千人而升级为集团军者。我八路则至今三个师，始终不予升级。八路对于国家民族亦可谓无负矣。而毁谤之来，则谓游而不击，谓发动民众为非，谓实行三民主义与抗建纲领为非，谓恢复失地建立抗日政权为非，谓培植民众武装巩固抗日根据地为非，事之可怪，未有过于此者也。冰天雪地，衣单食薄，弹药不继，医疗不备。然而奋战未尝少懈，执行上峰之命令未尝少懈，遵循人民之指导未尝少懈，八路之于国家民族，亦可谓无负矣。而一切怨毒之矢，不入耳之言，则集中于八路，奇冤大辱，又有过于此者乎？我八路在晋绥、在河北、在察热、在山东，收复沦陷区，建立根据地，屏障中原，保卫西北，天经地义，至迫切、至正当也，而论者谓为非是，必欲破坏之。昨日败军之将，丧地之官，望风而逃，惟恐不及者，今日貌堂皇，声馨款，戟指而骂，挥军而进，从八路军阵后打入，亦滑之"收复失地"，摧毁我根据地，消灭我游击队，取消我民众团体，杀戮我工作人员，百端摩擦，必欲同归于尽而后快，古今之奇事怪事，又有奇怪于此者乎？陕甘宁边区乃八路之后方也，区区二十三县，至今不予法律上之承认。且点线工作布于内，大军包围发于外，今日袭一城，明日夺一县，亦谓之"收复失地"，更谓之"打倒伪边区"、"消灭伪八路"。警报纷传，后方不固，摩擦事件，百次千回。而我前线犹死撑硬打，一步不退，八路亦可谓无负国家民族矣。咸榆公路、陇海铁路，八路必经之交通线也。三民主义青年团拦路劫人，特务机关，关卡林立。凡赴八路军之青年，一概阻拦，设立招待所，谓之"唤醒盲从八路者"。抗大学生，无走路之自由权，一经被劫，再无从□。勒写悔过书，绑入干训团。青年何辜，遭此荼毒。甚且盗窃八路军车，伪造八路军护照，物证具在，可以覆按，以此例他，他可知矣。此等行为，伤国家之体制，毁中央之尊严，法纪坠地，遗笑万邦，其不可为训，亦彰彰明矣。特务机关，恣意横行，勾引八路与共产党人员，立有赏格。上级二百元至三百元，中级一百五十元至二百元，下级四十元至一百元。造作谣言，则有千百件之情报，厉行破坏，则用无数万之金钱。在湖南则有平江惨案，在河南则有确山惨案。一个《限制异党活动办法》犹嫌不足，继之以《对于异党问题处理办法》，又不足，再继之以《处理异党问题实施方案》。开训练班，上摩擦课，"限共"、"溶共"、"反共"之声，甚嚣尘上。山雨欲来风满楼，意者又将重演十年前之惨祸乎？然而我八路历千辛，冒万苦，忍辱负重，不敢告劳者，大敌当前，抗日第一，为国家民族负责，寄希望于光明之前途也。抗战两年半，全国事实昭示，军事有进步，政治无进步。贪官污吏，到处横行，土豪劣绅，作恶无尽，彼辈发国难财，吃摩擦饭，黑暗重重，屈指难数。而官官相卫，壅于上闻，此亡国之气象也。古人有言："大官不言，则小官言之。"今且污辱及于苦战之军，纷扰及于后方之地，阻挠及于交通之途，此而隐忍，则国家民族危矣。凡此将士之呼声，德等未敢充耳不闻，默然不告，诚以如此下去，绝不利于抗战，绝不利于团结。再四思维，惟有请求钧座派遣陈主任诚，亲临前线，实地考察，究竟伤亡几人，俘获几事，复地几里，攻战几回，后方之纷扰几端，道路之阻挠几次，俱可一览了然。陈主任贤者，维护前线将士之心，至深且切，必不惮于一行。德等恭候莅临，如旱望云，如饥望岁。钧座一纸遣派之令，陈主任欣然命驾必矣。如此则流言可销，诬谤可止，纷扰可靖，阻抗可息，奸人可以敛迹，正气可以伸张，而前线与后方团结一致，抗战之胜利可期矣。所有请派陈主任诚到前线考查职军情形，以雪冤诬、杜摩擦，固团结而利抗战一节，敬谨上呈。是否有当，敬祈裁决示遵，不胜屏营待命之至。

国民革命军第十八集团军

总司令　朱　德

副总司令　彭德怀

政治部主任　王稼祥等

叩删

（原载《解放》周刊第九十七期）

5. 参政员邓颖超、许德珩、陶行知、莫德惠、陈嘉庚、张一麟、仇鳌、刘王立明、晏阳初、宋渊源、梁上栋就加强团结，停止摩擦发表谈话

邓颖超： 正在汪逆等汉奸猖獗的时候，正在伪组织在南京成立的时候，国内却发生了不少不幸的事件。摩擦增多了，挑拨增多了，这是非常痛心的事情。团结要真正互相忍让，要为国家民族利益着想，不是口头上讲着而实际上却枪口朝自己兄弟头上打。在今天，谁是内战的挑拨者，谁就要遭到全国人民的唾弃！谁就是全国人民的罪人！妇女们是爱好和平与正义的，因此，我们希望全国的姐妹们主张正义。我们要反对分裂、反对挑拨、反对破坏，只有全中国的人民团结起来，汪精卫以及一切隐藏在抗战中的汉奸们是不能得到胜利的！否则的话，国亡家灭！

（摘自1940年4月7日重庆《新华日报》）

许德珩： 团结与抗战，这是不可分离的问题。蒋委员长在第三次参政会会议时曾提出了精神总动员，提出国家至上、民族至上、意志集中、力量集中等口号，这就是说明要抗战必须团结，只有团结，才能有力地打击日寇与汪逆等汉奸，才能获得最后胜利。因此，大家希望最近发生的某些摩擦问题，能够早日获得圆满的解决。

（摘自1940年4月9日重庆《新华日报》）

陶行知： 国内摩擦，这是很不幸的。目前必须立即停止摩擦，不使它再发生。希望社会上进步人士，德高望重的参政员来调解这个问题。敌伪怕我们干的事，我们偏要干，敌伪要我们干的，我们偏不干。

（摘自1940年4月9日重庆《新华日报》）

莫德惠：汪逆精卫所组织的傀儡政府，虽是日寇以华制华的工具，然而只要我对内精诚团结，对外坚持抵抗，敌人的阴谋毒计一定破灭无余，最后胜利一定属于我据有五千年历史之中华民族。

（摘自1940年4月6日重庆《新华日报》）

陈嘉庚：兄弟个人完全没有党派关系，总理革命的时候曾经加入过同盟会，以后就没有政党关系。侨胞们亦大多没有党派。我们是以国民的立场，认为举国一致，应该加紧团结。除了汪派汉奸，大家都是必须团结的，也是可能团结的。各党派的领袖们都应该负起这个责任。这不仅仅是国家一时的安危，而且关系民族永久的存亡。

（摘自1940年7月26日重庆《新华日报》）

张一麐：关于团结问题，有几个原则应该遵守，就是：中国人不打中国人，除了汉奸，内部要团结一致。是和非的问题，最可靠的是老百姓的意见。不管任何军队，老百姓说他们好，那就是好的，反之老百姓说他坏就是坏的。对外战争时绝对不能有内战，务须同舟共济。记得从前英国有个女皇，不嫁丈夫，人家问她为什么不嫁，她说以国为夫。我们也要有这种精神，大家要以国家民族为重。

（原载1940年4月5日重庆《新华日报》）

仇　鳌：个人认为抗战营垒内部之摩擦实为互相消耗力量而予敌以可乘之机。深望在此大敌当前之时，此种摩擦问题能得一适当解决办法。

（摘自1940年4月7日重庆《新华日报》）

刘王立明：敌人正利用政治阴谋，组织伪傀儡政府，以图破坏我团结抗战。凡我国人均应向心御侮，而不应枪口对内，朝自己人头上打。摩擦问题，应以武力以外的办法来解决。

（摘自1940年4月6日重庆《新华日报》）

晏阳初：精诚团结为当前最重要之问题。在这一次的参政会上，各方面已有五六个提案，正是大家对这个问题所表示的注意。总之站在国民立场，希望大家对不了解者加以了解，不调协之处设法调协，以顾全大局为前提。

（摘自 1940 年 4 月 10 日重庆《新华日报》）

宋渊源：团结问题，全国一致渴望能有更好的发展，对外抗战，内部决不好再有摩擦。

（摘自 1940 年 4 月 10 日重庆《新华日报》）

梁上栋：我们有抗战到底的决心，有必胜的信念。团结，这是与抗战和胜利不可分的东西，全国人民都是在抗战建国的旗帜下团结起来的，在艰苦的抗战工作中团结起来的。如今抗战的路途只走了一半，建国的大业还未完成，若分离，必然同归于尽，要共存只有坚持团结。

（摘自 1940 年 4 月 8 日重庆《新华日报》）

（五）第一届参政会结束　各界发表意见

1. 祝参政会第五次大会

重庆《中央日报》社论

参政会第五次大会，昨天在重庆开幕了。这一次大会开会之前，大家对这次会议，似乎特别重视。会议开幕后，大家对这次会议，也感着特殊的兴奋。因此按照去年夏天中央的决定，这次会议是参政员任期延期后届满之日，因为这一次开会，在抗战延续到三十三个月，敌人在南京再度搬演大傀儡戏之时，参政会第五次大会，适于此时开会，国内一般人的重视是当然的。

昨天开会时，会场以内和会场以外，大家对这次会议是感着特殊的兴奋。我们在会场听到秘书长的报告。截至昨晨，报到的会员，已有一百四十五人。因交通关系已出发而尚在途中者，又十余人。历次到会参政员，这次会议是人数最多。在到会的参政员中，有好几位是第一次出席，好几位是扶病或带着医生伴坐飞机而来。这许多事实，使全国人民感到极大的兴奋。兴奋的总因，就是在这次大会中表现的精神，处处显示我们愈战愈强的事实。参政会的参政员,都是全国的菁英,也是民意的代表。在抗战三十三个月后,参政会的气象,愈开愈热烈,这无异说明抗战整个的形势,逐渐明朗化,胜利的迹象,愈益清明了。

参政会从召集到现在,已快到两年。这两年中间,在中国历史上是最险恶的时期,在我们抗战过程中,也是虽危困的阶段。在这一险恶危困的阶段中,参政会的意见,可以说始终是坚韧一致的。在今日回想中,过去虽有奸人想利用这个机关去实现自己的阴谋,终因慑于参政员全数的正气,不敢有所尝试。在积极方面,从第三次大会起,参政会对于国贼汉奸的声讨,使全国的正气,更益发扬。这种功绩,今天国民应当特别提出褒奖。褒奖五次的参政会议都能代表民意,跟着领袖去抗战救国,褒奖全体参政员都能在三民主义下面,实地去研究与改进各种国家的问题。

我们抗战的胜利,今天更有确实的把握,敌人在不久的将来,必定势穷力蹙,悉数退出国境。依附敌人的大小国贼汉奸,必然烟消云散。全中国的人民,全体有这一个自信,全体有这个把握。过去我们如此想法、看法,到现在,不是想与看而是事实。在抗战胜利日近的今日,全国的心思才力,不必空费在如何消灭汉奸,亦不必忧伤焦思何时胜利,因为这许多都是已定的事实。我们应当注重的就是国家如何加速胜利之实现,尤其是胜利以后如何建设新国家。在我们上次会议后,宪政期成与川康建设的工作,各位参政员已有良好成绩表现。尤其关于川康的建设,川康人民讴歌载道,不庸我们多加表扬。我们根据这许多成绩,特别要鼓舞全体参政员今后更应以全力做实际的事,说实际的话。中华民国自有新天地,独立自由的中国就是我们全民族精神物质上的新天地。大家要自命新天地创造者之一分子,参政员更须自任新天地创造者之领队人物。自由的新中国每天在滋长中。自由的新国家不能自天而降,亦不能在空疏原则中创造,大家的心思才力,集中在积极的实际的问题。

从去年九月第四次会议到今天,又阅六个月,抗战又延长六个月了。我们今天所愿向参政员诸君报告的,便是六个月抗战的延长,就是政府极大的功绩。抗战延长一天,抗战的结果便有利一分。这次参政会的贡献,首先要在扶助政府延长抗战。延长抗战,当然包括许多军事政治经济财政诸问题。参政员诸君听取各项报告以后,大众欢迎各位提出问题,更欢迎各位辅助各种问题的解决。我们对各位参政员表示敬慰,对各位参政员预祝成功。

(原载1940年4月2日重庆《中央日报》)

2. 祝国民参政会第五次大会

重庆《扫荡报》社论

国民参政会第五次大会,已在全国人民一致声讨汪逆伪组织及积极促成宪政之空气中开始举行。昨为开会第一日,即有两种现象极令人乐观。第一,历次到会参政员以此次为最多,因工作或健康关系从未能到会的如陈嘉庚、庄西言、陆费逵、刘哲等,均特远道来渝出席,这是充分证明来自国内外各界的参政员"精诚团结,共赴国难"之精神,历时愈久而愈发扬。第二,蒋议长于报告半年来全国军事外交政治设施,敌寇窘况及汪傀儡的末路时,即对此次大会表示热烈的希望,被公推代表致词的梁参政员上栋,又从国民参政会以往拥护政府《抗战建国纲领》及协助抗战建国进行的功绩,说到傀儡必倒敌人必溃抗战必胜建国必成的现势,而竭诚披沥各参政员今后将更艰苦卓绝的努力奋斗的意志。蒋议长的报告暨梁参政员的演说,均感人极深,所以全场充满紧张兴奋之情绪。这是充分证明此次大会必将获得更美满的更伟大的收获。正如张副议长所说:"一定更能发扬一贯的精神,完成其应负的使命。"

国民参政会自前年七月成立以来,已经开了四次大会。每次大会的议案,多的有一百三十余件,少的有八十余件,其中还有性质相同合并讨论的。这些议案业经大会通过的虽然合计不到四百件,但没有一件不是各参政员竭诚尽智将全国民意表现出来的结晶,亦没有一件未得政府诚意的采择或施行。我们抗战建国期间,朝野各方所以能合作无间,实以此为轴心。而我们抗战建国的进行,在艰难的环境中所以能著著成功,亦以此为原动力之一。

我们回溯,参政会的第一、二两次大会,一举行于徐州危急之际,一举行于武汉撤退之时,当日汪逆兆铭叛党卖国的劣迹虽尚未露,而获踞议长之席,但因各参政员一致拥护政府,拥护国策,拥护领袖,汪逆纵有暗中降敌求和之意,而无法稍逞,所以其后,他要干出卖国家民族的勾当,唯有自行逃出我们抗战的营垒。由此一端,更足证明我们抗战到底的全国一致信念,是如何的强固,如何的有力,汪逆此日在敌人指挥刀下成立伪组织,决不能对我们抗战发行(生)丝毫的影响。反之,因为人面兽心的汪逆没有继续留存在我们抗战的营垒之内,所以我们抗战的阵容愈趋坚定,抗战建国的意志更为集中,行动更有步骤。试观国民参政会第三、四次大会,在蒋议长主持之下,先后通过促进川康建设暨促成宪政的议案,并先后成立川康建设期成会暨宪政期成会,以协助政府推动朝野各方共同致力这种完成抗战建国大业的工作,这就是我们抗战的阵容愈趋坚固后抗战建国更为积极的具体证明。

蒋议长在昨日第五次大会开幕时致词说,自从第四次大会闭幕到现在,我们抗战军事的力量,比前半年更见充实,完全奠定了胜利的基础。这半年来南北各战场的战绩,业已证明敌人攻则必败而守则必灭,今后如不退出我们的国土,终必全部歼灭。敌国经过我们三年的抗战,他实力的疲竭空虚,是已举世皆知。敌阀唆使汪逆登场,就是说明他们用尽全力也无法征服中国。也就是敌阀已经走了绝路,预备进入坟墓的一个有力的证明。我们的胜利是确有把握的,但是必须我们不断的努力,再接再厉的奋斗,才能期其实现。唯其敌人愈疲乏,我们就应该愈振作,敌人愈近于没落,我们就应该愈奋发自强。蒋议长又说,我们为了要格外努力抗战,现在已确立了一个第二次的三年抗战计划。这个第二次三年抗战亦就是积极的建国计划。吾人相信,这个计划的实行,必能增强抗战的力量,必能完成建国的大业。国民参政会此次大会对于这个计划的实行,定将集思广益以完成其表现民意协助政府当局的使命。

(原载 1940 年 4 月 2 日重庆《扫荡报》)

3. 参政会闭幕

重庆《中央日报》社论

参政会第五次大会将于今日闭幕。这次大会恰巧十天。十天功夫的大会,各种结果是圆满的。在开幕那一天,会外的人感觉这次大会的气象比以前各届特别好。经过十天的会期,这一次大会不仅是气象好,大会所得的实质收获亦好。在开幕以前,大家对这次参政会有很大的希望。经过十天的开会至于今日闭幕,我们检讨十天大会的经过,大会的结果没有辜负一般人民的期望。

蒋议长在开幕辞中,曾指出三点希望:第一,希望参政会同人开诚布公来检讨一下《抗战建国纲领》,大家对于政府、地方、社会是否忠实履行这一个纲领。第二,对于川康建设方案的实行,和期成会已得的成绩,要郑重审察,加紧督促,来完成我们抗战重要根据地的建设。第三,对于确立宪政基础,要有精详的讨论,作切合实际的贡献。不仅应注重制宪,还要特别注意到行宪,要使行之有利于抗战,更有利于国家久远的大计。这三个要点是蒋议长在这次大会开幕辞中所特别指出的希望。现在大会闭幕了。对于这三个希望的检讨,参政会当然有圆满的答案。譬如宪政问题,在十天会期中占了两天的讨论。宪政期成会的建议案,现在并将汇集各种意见送达政府,以便提出本年冬间举行之国民大会。在中国制宪历史上,对宪法草案过去从没有像这一次的公开讨论。立法院的"五五宪草",经过四年的岁月,且经过三次的公开征求意见;现在参政会更将那个宪草,详细检讨。检讨的过程中,不但人民有意见,政府亦同样提出意见。我们相信用这样的精神来制宪,将来的宪法,必是可行,行之亦必有利于抗战。

前几天在参政会开会时,我们曾注意参政会的几个特点。这几个特点:第一是政府对于参政会的报告;第二是参政员对于政府的询问案。政府各部的报告,这次交通、经济、内政、教育,除了书面,还有详细的口头报告;报告的内容,不仅对过去有详细的数字统计,对未来也有精确的数字估计。至于参政员对政府的询问,性质不仅在当前的问题,还有涉及根本的大计。譬如平定物价的问题,提案特别多,审查会举行的次数亦多。这许多方面,人民与政府的意见,处处是衔接符合的。蒋议长在开幕词中曾经报告,半年来我们的政治设施,在内政方面,特别注重于促进地方自治,充实基层政治,以立宪政基础。关于经济方面,特别注重经济建设的发展,和财政金融力量的充实。对于经济的建设,是要使工矿生产有增加,也要使农业生产能扩充。经过十天的参政会开会,我们知道参政会各种意见与建议,都能促进政治经济的各种建设。参政会的设立,本是辅助政府。怎样辅助政府?就在辅助政府能以建设去延续抗战。

参政会本次大会仅有十天,十天的光阴匆匆过去了。参政会的任期,亦有规定,规定的任期,亦快匆匆期满了。蒋议长在开幕辞中说:"参政会虽有法定的任期,而我们同人救国建国的责任,却是无穷尽。"我们要把这两句话来慰勉参政会各位。凡是国民,对救国建国的责任是无穷尽。参政员是国民的俊秀,对于救国建国的责任,更外加重,更外无尽。现在参政会虽然闭幕,参政员任期虽将尽,但是参政会对于蒋议长这一次开幕时三点希望,对于全国人民无限的期待,仍应时时继续表现。"我们任重致远的工作,从今天才真正开始。"

(原载 1940 年 4 月 10 日重庆《中央日报》)

4.读蒋议长参政会开幕词以后

重庆《新华日报》社论

国民参政会第五次大会已于前日开幕,这次大会到会的代表,比过去任何一次要多,这正反映出在大敌当前的今天,全国有识之士精诚团结共赴国难的精神。这是值得我们欣慰的。

蒋委员长在大会上所致的开幕词,总结了第四次大会六个月以来的工作,并指出了今后努力的方向。

在今天敌我相持的阶段中,敌人虽已遭受了重大的困难,可是敌人灭亡中国的阴谋,是随着其困难增长而加紧。寇奸的"日汪密约",就已足够显示出日寇亡华的坚决立场和汉奸出卖的助桀为虐。这次汪逆精卫在敌人刺刀下的傀儡登台,更足以证明敌寇汉奸这一政策的确定不移,所以蒋委员长在其开幕词中,特别肯定的指出:"敌阀促汪逆登台,又无异告世界说,他的野心是一不做二不休,定要灭亡中国,驱逐列强,独霸东亚,进而宰割全世界。"蒋委员长这一指示,我全国人民必须充分的估计到。从这里引伸出来的唯一正确的结论,就是我们只有坚持抗战到底,用我们的军事反攻,把日本侵略军打出中国去,在我们的领土上消灭它,才能挽救我们民族国家的危亡。第二条出路是没有的,而且也是不可能有的。所以蒋委员长清楚的指出:"敌伪要用彻底灭亡我们国家民族的阴谋,来倡他们所谓'恢复和平'的无耻妖言,妄冀挽救其命运。我们就要用全力来积极的进攻反击,誓必驱逐敌军于我们国境以外……非至敌寇最后失败,我们的抗战永不停止。我们必要恢复我们国家领土主权行政的完整……这是我们今天应有的决心,也是我们对确定世界和平应尽的天职。"因此,幻想日寇的让步和自动崩溃,幻想国际上某种的调整和干涉,妥协和平以求偏安的心理,不专心对外积极从事抗战工作的不应有现象,都是违反今天客观事实的要求,违反蒋委员长的坚持抗战到底不动摇不妥协决心的指示,违反全国人民的真诚意志,违反全世界和平人士的热烈愿望,而为中华民族独立自由的千古罪人!

汪精卫等汉奸,正是这样的千古罪人。正如蒋委员长所说:"汪逆他们丧尽廉耻,甘作奴隶,出卖祖国,自然是我们中华民族的千古罪人,是我们国法所必惩,民众所必诛","这种丑恶昭彰被国人唾弃的汉奸国贼,早已不成为中国人"了!因此,我们全国人民应抱忠奸不两立的决心,誓死反对汪精卫及其他汉奸,是坚持团结抗战的最重要工作。

然而,仅仅反对汪逆的投降卖国,仅仅是有决心抗战到底,有信心获得最后胜利是完全不够的。必须具有许多争取抗战胜利的必要条件。根据九一八事变以来和七七抗战以来的经验,没有抗战党派和全国人民的精诚团结,要战胜强大的敌人和取得最后的胜利,是不可能的。我们之所以能够发动抗战,能够支持抗战至将近三年之久,能够内获全国人民之忠诚拥护,外获友邦人士之热烈帮助,正是我们的抗战,建立了这种团结。团结已被现实证明它是抗战的标志,它是抗战的旗帜,它是胜利的基础。所以全国人民不惜用血肉,来爱护和珍贵这一团结,敌人汉奸不惜卑鄙恶浊来挑拨和破坏这一团结,友邦人士密切注视和关心这一团结,都不是偶然的。这难道还不明显吗?所以蒋委员长在这次集全国抗战党派无党无派有志之士的参政大会上,亲切的指出:"各位同人们,两年九个月来全国一致奋斗,将士民众的英勇牺牲,好容易建立了我们胜利的基础,这个基础需要我们大家来爱护它,巩固它",需要

"我们格外奋斗,格外努力,格外要共同负责,加紧充实我们政治经济军事各种的力量",来战胜敌人。

怎么才能充实我们政治经济军事各种的力量呢?除了我们爱护和巩固全国的团结局面外,就是要认真的实行国民党临时大会所通过的《抗战建国纲领》。因为这一纲领的真正实行,可以而且一定能够增强我们的力量,造成反攻的必要条件。可是两年以来,这个纲领实行了没有?实行了多少?为什么原因没有好好地实现,决而不行,行而不力?是很严重的问题,所以蒋委员长又号召说:

"我们两年前颁布的《抗战建国纲领》经过本会决议,是我们全国一致遵守的信条,我们同人要根据这个共同信条,开诚布公的来检讨一下,我们已经实行的成绩,不论对于政府,对于地方,对于社会,乃至对于各个团体和个人,都要考查一下,是否忠实履行了这一个纲领,以我们的热忱和公意,来督促这个纲领的实现。"不仅参政会本身,而且全国人民各个地方都应在蒋委员长这一号召下,用各种形式认真的来检查一下这一纲领是否实行到实际生活中去?应该以这一纲领的是否执行,来测量每一个抗战党派、政府机关、群众团体乃至个人是否忠实于抗战工作,忠实于民族国家,忠实于中国人民解放事业。

在国民参政会第五次大会开会的今天,正当国际形势紧张的局面,正当敌寇加紧亡华灭华的阴谋,正当汉奸汪精卫傀儡登场的时候,只要我们爱护团结,抗战到底,加紧反对汪派,真正实行宪政,那么,正如蒋委员长所说,"几个狂妄军人在支配着一切"的日寇,必"自取灭亡";而"汪逆一度出现,必然幻灭"。这是无可疑义的事。

(原载1940年4月3日重庆《新华日报》)

5. 如何满足民众的热望

重庆《新华日报》社论

今日我国政治生活中的实际状况是:汪逆精卫已袍笏登场,正式宣布自绝于我国人民及我国民政府,日寇已再三声明只承认汪逆伪组织为"唯一对手"，并决心以全力支持它。在日寇亡华、汉奸出卖这一坚决不变的政策下，不坚决抗战到底，则民族无以生存。然而不加紧改善抗日党派间关系和真正动员广大人民参战，则抗战反攻力量无以增长，也无法争取最后胜利。然而不认真实行符合人民利益的宪政，就无以加紧各抗日党派的精诚团结和真正动员最广大的人民参战。因此，今日我国政治实际生活所迫切要求解决的问题，是如何满足民众的热望，使国家政治生活走上完全民主化的康庄大路。

去秋国民参政会第四次大会，通过请政府明令定期召集国民大会实行宪政的决议后，接着国民党的六中全会，接受了这一决议，决定本年十一月十二日召开国民大会。而参政会第四次大会，估计到这一决议的真正执行到实际生活中，不是一件很容易的事，需要经过许多艰苦的奋斗，所以参政会第四次大会同时又通过成立国民参政会宪政期成会，协助政府促成宪政的议案与通过治标办法两项，以便在真正民主宪法未产生以前，保障抗日党派及全国人民有参加国民大会和制定宪法一切工作和自由的权利。接着全国各地的许多老前辈、青年、妇女及其他同胞，都积极从事促进宪政运动的工作，对国民大会召集和其选举法组织法，对"五五宪草"，对实施宪政以前保障人民民主权利的先决条件等问题，都直接和间接发表了许多宝贵的意见，表示了广大人民对于认真实行宪政所抱的热烈希望。

广大人民对实施宪政有哪些最基本的要求呢？如何满足广大人民的热烈希望呢？

广大人民热烈希望真正实行孙中山先生的民权主义遗教，即是实行孙中山先生所规定的"直接民权"。"直接民权"的第一个是"选举权"。人民得到了直接选举权，还要有"罢免权"，凡一切重要官吏，要人民有权可以选举，官吏不好的，人民有权可以罢免。次重要的是法律，人民要有权可以自己订立一种法律，如果法律有不便的时候，也要自己可以修改废止，这种修改废止法律的权，叫做"复决权"。人民订立法律的权，叫做"创制权"。所以"直接民权"一共是四种：就是选举权、罢免权、复决权和创制权，这四种权便是具体的民权。像这样具体的民权，方是真正的"民权主义"。因此，每一个忠实于孙中山先生民权主义的人，就必须把孙先生这些具体的东西，反映到国民大会和制定宪法与实行宪政等问题上去。反映到国民大会的是:(一)选举法要做到年满十八岁之中华民国国民,除汉奸及患精神病者外,无任何限制,一律有选举和被选举为国民大会代表之权。(二)选举机关不是指定和包办的机关,而是由各党各派、无党无派及各种职业、各种群众团体协同政府派出的代表组织之。(三)全国党派和同胞都有竞选的完全自由。(四)国民大会职权不只限于制定和通过宪法,而且要予以决定国家一切大政方针、产生、监督和改组政府(的)权利。(五)国民大会要有一定任期,有监督政府执行大会决议之机关与工作。

制定宪法,尤其是宪法内容,不是三言两语可以概括的。广大人民热烈希望参加制宪的人,主要应包括全国各方的人才,而不仅是几个法律专家,而使其内容真正是全国人民的公意和共同要求,经过宪法立法手续确定起来,使宪法真正成为保障全国人民利益的公约,而不是像孙中山先生所谓"为资产阶级所专有,适成为压迫平民的工具",使宪法真正成为争取抗战胜利成为建国的始基,而不蹈民国以来制宪失败的覆辙。

根据历史的教训和这半年来促进宪政运动的经验,在实施宪政前,必须真正名符其实地实行上次参政会大会所通过的实行宪政的两项治标办法,即是:"(一)请政府明令宣布,全国人民除汉奸外,在法律上其政治地位一律平等。(二)为适应战时需要,政府机构应加充实并改进,借以集中全国各方人才,从事抗战建国工作,争取最后胜利。"假使由国民参政会所公意通过、由政府公开接受的办法不见诸实行,甚至与此背道而行,则徒使广大人民失望而已!

蒋委员长在参政会开幕词中指出:"要确立宪政基础,我们不仅要注重制宪,还要特别注重到立宪,要使行之有利于抗战,更利于国家之久远大计……更要顾到有利于国防。"

所以,召集国民大会和制宪,这不过是表示要实行宪政的愿望与开始,而重要在于"行宪"。而行宪即是实行民主政治。

实行宪政与民主政治的主要标志,是全国人民有民主的自由,抗战党派有合法存在的活动权利,全国存在由人民选举出来的民意机关。全国人民将以这个最低限度的标尺,来测量今日的政治是否将实现宪政,是否使中国政治生活走上民主政治的道路。

第五次国民参政会大会,正值国际国内政治情况严重之时。救国之道,经纬万端,而采取一切办法,如何保障实行历届进步决议与实行符合中国人民利益和抗战建国需要的宪政,实是全国人民今日热切的希望。满足全国人民这种希望,是目前政治生活中的首要任务之一。

(原载1940年4月4日重庆《新华日报》)

6. 第五届国民参政会的成绩及全国今后努力的方向

延安《新中华报》社论

第五届国民参政会于四月一日在重庆开幕,经过十日的热烈讨论,已于十日宣告闭幕了。这次参政会最显著的成绩:第一,是坚持抗战国策的贯彻;第二,是一致通过发表讨伐汪逆伪组织的通电。这是全国军民所最热烈拥护的正确决议。

溯自抗战以来,全国各抗日党派、团体、抗战军民,皆能团结一致,为争取民族解放,达成抗战建国之伟大事业而奋斗。然而国内还有不少汉奸及妥协投降派在暗中,甚至公开活动,散布妥协投降空气,破坏抗战团结,企图动摇国本,达到其出卖祖国民族的目的。虽然现在一部分大汉奸如汪逆精卫等,已揭破面具,变成敌人公开的鹰犬,但潜伏在抗战阵营中的汪逆子孙,汉奸余孽在暗中活动,推行其阴谋诡计者仍不在少。因此,每次参政会"都有拥护抗战的郑重表示,使全国人民有一致的目标,世界各国有明确之认识"。这是必要的。

大会之前夕,适值汪逆汉奸伪组织在敌人刺刀支持下登台。在全国人民坚决反对之下,汪逆显然无甚活动能力;而此次参政会全场一致通过讨伐汪逆伪组织之通电,更使全国人民能"彰明是非,辨别邪正"。使汪逆汉奸的鬼蜮伎俩无可复施,予汉奸败类以有力的打击。这种表示,正"是我们整个民族公意严正的表现"。

此次到会代表,比以前四届任何一次都多。这种现象正表现全国各抗日党派及爱国人士团结一致,共赴国难的精神。这是值得重视的。因为历史教训了我们,只有加强国内团结,力求进步,才能取得抗战的最后胜利。但是,我们深深引为痛心的事,就是现在无耻奸人仍在全国各地进行"反共"、"反八路军"、"进攻边区"、"反进步"的破坏团结、破坏抗战的阴谋活动与摩擦行为。这种为亲者痛、仇者快的无耻行为,违背了蒋委员长"全国上下真诚团结,同生死共患难"的指示;违背了全国人民要求团结进步的意愿。然而这种现象并未受到大会的斥责。

大会决议中,最引为遗憾的是对宪法草案的讨论尚未得出唯一正确的结论,致真正符合人民利益的宪法不能完成,行宪亦不知何时。自第四次国民参政会通过具有重大意义的实施宪法决议后,全国各地宪政运动汹涌澎湃,广大人民均参加宪政运动,要求政府实行民主,发扬民意,以彻底战胜日本帝国主义。一时全国气象,焕然一新。此种呼声为全国人民之公意,政府当局亦应倾听采纳,照民意所指,具体实施,因为"制宪一事要完全为国家人民利益作打算"。(蒋议长在本届参政会的休会词)"非少数人所得而私。"(国民党第一次代表大会宣言)。二月十一日国民党中央关于目前宪法运动诸问题向国民党各级党部的指示,是完全与孙中山及全国人民的意见相违背的。我们诚恳希望国民党当局必须把这个指示立即收回,而为人民利益作打算,顺时势之所趋,以民意为归依,召集真能代表民意的国民大会,彻底实行真正的民主宪政。

我们坚决反对一切对宪政的曲解,把宪政当作涂饰耳目的工具。要求根据孙中山先生的北上宣言及其遗嘱制定新宪法;要求彻底实现孙中山革命的三民主义,以别于"一民主义"及汉奸汪精卫的假三民主义;要求确定国民大会为最高权力机关,实行孙中山先生"还政于民"的遗教;要求修改选举法,重新由人民选举真能代表民意的公正爱国人士与会。只有这样的彻底实施真正民主的宪政,才能发扬民意,战胜日本,建立新中国。

第五届国民参政会已结束了。它完成了坚持抗战国策,发展经济,讨伐汪逆汉奸伪组织的伟大工作。但是,它还有遗留给全国人民的,就是制止摩擦,加强团结,争取宪政的彻底实施。这就是参政会诸君及全国人民今后共同努力的方向。

（原载 1940 年 4 月 26 日延安《新中华报》）

7. 国民参政会的贡献

重庆《大公报》社评

国民参政会的第五次大会，业于昨天圆满闭幕。今年十一月，国民大会将要举行，国家将正式踏入宪政的轨辙，则国民参政会这个过渡性质的咨询建议机关，届时将告终了，其集会或将以此次大会而止。参政会于前年七月六日宣告成立于武汉，正当抗战大局危疑震撼之际，集全国贤俊，坚决拥护《抗战建国纲领》，宣言拥护抗战到底的国策，使全国意志归于齐一。这两年来，随抗建大业之进展，随时对政府作知无不言，言无不尽的献赞。在国家危难中，充分表现操心虑患同舟共济的精神，可说是参政会最宝贵的贡献。蒋议长昨天在闭会词中曾列举参政会的三大贡献：（一）实现精诚团结；（二）支持抗战国策；（三）确立民治楷模。实已包括无遗。参政员虽仅二百名，却代表全国各个省区、各党各派以及无党无派的贤俊，聚首一堂，从容论辩，于国家大政，其认识与结论无不一致。这种精诚团结的精神，真是向所罕见的。参政会为国家凝结了一致的意志，替国民表现了支持国策的纯诚，更为政治确定了前进的趋向。去年九月，参政会第四次大会决议请政府召开国民大会，实施宪政，即经政府采纳施行，这更是参政会辉耀史册的贡献。

国民参政会的诞生，是应抗战的需要。国家正当大战之际，政府特征拔全国的贤英，以问计决策，这已足见政府之重视民意；更由国民参政会的建议，而确定宪政之路，更足见政府建国之诚。参政会的历史已近两载，抗战大局已由危疑震撼而奠定胜利基础。参政会的第一个贡献即在于团结，到今天就不应该再使团结留有些微的余憾。蒋议长的闭幕词中曾有两句极痛切的话："敌人已没有灭亡我国的力量，最怕是我们自己灭亡！"愿全国有血有泪的同胞，共记领袖此言，莫做自趋灭亡的愚人。蒋议长特别引证南宋的历史，金兵渡河之时，说"南朝无人矣！"要大家对这句话特别加以警惕，不要叫日寇说："中国无人矣！"

这次大会所集中注意的三大要点:诛斥敌伪,发展经济,实施宪政,固然是目前的要务,实际也是抗战前途成败所系的大工作。要国家民族永生,首须人心不死。明是非,辨邪正,发扬正气,振作人心。在抗战中,刻刻要防心理麻痹与精神萎靡。人人都要效忠,奸伪在所必诛!关于经济问题,大战三年,国家当然有困难,人民当然要吃苦,但必须善尽人事。全国同胞都准备特别忍痛,特别吃苦;但是,法要随时改善,人要随时创新。蒋议长说:"贪污在所必惩,怠惰在所必弃。"愿全国官吏及一般同胞时时加以警惕遵行!

记者属文至此,天已破晓,雄鸡在啼,这正象征我们的抗战已渡过最黑暗的一段行程。到现在,唱晓的鸡声正在振奋我们的心情,熹微的晨光正在指示我们的行程。总之一句话,现在已不是我们蒙头盖脸摸索鬼趣的时候,我们应该睁开双眼,挺起腰骨,放弃一切怠惰秽杂的念头,以蓬蓬勃勃的朝气,迎接胜利的光明。

(原载1940年4月11日重庆《大公报》)

8. 第二次的三年抗战计划

重庆《时事新报》社评

国民参政会第五次大会开幕,蒋议长致开幕词中曾说:"我们已确立了一个第二次的三年抗战计划。各位须知,这第二次三年抗战计划亦就是积极的建国计划,所以我们要格外奋斗,格外努力,格外要共同负责,加紧充实我们政治经济军事各种的力量。"现在我们愿就这几句话,略加诠释。

许多人对于三十三个月的抗战,似乎都有不耐烦的样子。尤其因战时关系而物价高涨,生活艰难,大家都很殷切盼望最后胜利早日实现。其实,这种观感,是大大的错误,必须首先纠正。因为,我们的抗战是只许胜利不许失败。这一前提,在抗战之前,已经早就决定了,并且也是四万万五千万人所同具的心理。不过,以我们简陋的军备,落后的建设,来和敌人现代化的军队作战,究竟有什么把握来获得胜利呢?这就不能不需要一种计划了。

这计划便是持久和消耗,拿空间来争取时间,利用着时间去消耗它的人力和资源。这在过去三十三个月中,我们的领土固然失陷得不少,但是敌人已经被我们拖入泥淖，陷于进既不能退又不舍的艰窘苦闷的环境，就是抗战计划所起的作用。现在，敌人的军事侵略，是已经气衰力竭了，政治侵略，是已经图穷匕见了，经济侵略，是已经走投无路了。然而，我们不能因为这样，便忽视了他的残余力量，弛懈了我们的阵营。古言有云："百足之虫，死而不僵。"我们必须警戒着这一点，因此，就不能不需要一个第二次的三年抗战计划。

其次，我们的抗战，是与建国并重的，这点，亦必须首先认识清楚。因为，单单建国而不抗战，国固然无法可建，反之单单抗战而不建国，则战亦终有不能抗的一日。而且，抗战不建国，纵使胜利，亦无法足以确保。这例子并不在远，民国成立以后的前车，最足以资鉴戒的。所以，抗战与建国，是一刀的两面，并没有轩轾轻重之分。说到建国，决不是一蹴可及，而必须要相当时间的，也决不是散乱无章，而必须有精密计划的，而且计划还必须一一与抗战相互配合，方能有所收获。在过去三十三个月中，其前期是抗战重于建国，那时只能在消极的方面设法保存国力，而未能积极地有所建设。但自抗战转入第二阶段以后，建国的工作，便跟着开始。现在，关于建国，我们虽然不能列举数字来证明，但是两年来政治和经济的进步，是不可抹杀的事实。不过，我们不但不能以此自满，而且还要加紧加强其工作，在最后胜利未获得以前要如此，在最后胜利获得以后更要如此，所以，我们为了要完成建国的任务，更不能不需要一个第二次的三年抗战计划。

现在，蒋议长已经告诉我们，第二次的三年抗战计划已经确立了，这是我们应该欢欣和感谢的。虽然，这一个计划的内容，我们还没有看见，但是我们可以预测的。第一，这一个计划虽然已经明定为三年，但是未尝不能因为我们的努力而提前，和苏联的几个五年计划一样，同时亦未尝不会因为我们的弛懈而需要展期的。第二，这一个计划，虽然名为抗战计划，而其实是和建国并重的，甚而至建国尤重于抗战。有人说，如果抗战再要三年，恐怕那时艰苦困难的情形，非一般人所能忍受的了。这话实不尽然。因为我们的抗战，是与建国并存的，只要于政治经济方面，都能配合着军事而进步，则一方面固然因抗战会消耗我们的力量，但同时新的力量也在增长着，相互抵对，决有盈余,何至于一般人不能忍受。其次,我们如果各各站在岗位上,比赛竞争,努力于各自之职责,那么,三年计划,于二年乃至一年完成,亦非不是不可能的,更说不上不能忍受。所以我们读了蒋议长这几句话,只有一方面更加增强其必胜必成的信念,一方面更加紧其应负应尽之职责,把政治经济军事力量充实起来,便是抗战计划完成之日。

(原载1940年4月3日重庆《时事新报》)

9. 国民参政会之收获

重庆《国民公报》社论

国民参政会今日闭幕。大会表现较历次会均有进步,到会人数踊跃,辩论议案热烈,精诚团结精神的凝固,抗战意志的坚定,在此短短十天的大会场中,表现无遗。

我们检讨参政会的总收获,有下列三点。

第一,加强团结巩固统一。参政会第一次大会通过《拥护抗战建国纲领案》,一本"国家至上","民族至上"之精神,集中意志团结力量,悉以裨益抗战建国为唯一鹄的。每开一次会,而此精诚团结的精神更益凝固。

第二,建立民主政治的基础。参政会的第二个总收获为建立民主政治的基础,以历次会讨论的议案的精神看来,对于军事外交财政经济各案,参政员均能尽量抒发意见,不避嫌,不怕谤,不附和,不诡随,因而获得全国人民的信任,完成其历史的任务,为民主政治建立基础。

第三,奠定建国的基础。依据各次政府交议案件及参政员提案,表现在着重建国的工作,例如《川康建设方案》之制成,以及各项关于经济建设的决议案,均属切合实际,故能支持长期抗战的国策。其他关于政治建设各案的决议,实足以增加我们抗战的力量,健全我们的建国基础。

总之,参政会的总收获,确能使我们自力奋斗的整个力量充实起来,深信必能贯彻抗战国策,粉碎敌寇汉奸的阴谋,获得最后胜利。

(原载1940年4月10日重庆《国民公报》)

10. 参政会闭幕后的感想

重庆《益世报》社论

参政会第五届大会,已于本月十日闭幕,这是参政会第五届大会的闭幕,亦是抗战期间过渡民意机关的小结束。参政会两年任期,将于本年六月底完满。事实上参政会第五届大会,亦即参政会末届大会。故认第五届大会的闭幕,亦无不可,因此,我们今日的感想,亦可分成两段:(一)对第五届大会闭幕的感想;(二)对整个参政会闭幕的感想。

第五届大会通过议案共有七十余件。议案中比较重要者,蒋议长于闭幕词中,已列举三项:(一)诛斥敌伪;(二)发展经济;(三)实施宪政。今仅依秩述其所感。所谓诛斥敌伪,指本届大会第一次通过之讨汪通电而言。社会或以为通电乃纸上文章而已,果足以置敌伪于死地,彻底消除其祸害?关于此点,蒋议长所言,实为真知灼言。通电之最大效用,即在"发扬民族正气,昌明国家正义,明春秋之意,严夷夏之判"。盖敌人之所以利用汪逆辈,而汪逆者流之所以成立伪组织,其目的即在颠倒黑白,混淆是非,以求动摇人心。是非不明,邪正不分,则国家虽有无限量人力财力,恐仍不足以挽救危亡。文天祥之从容就义,史可法之慨慷殉国,即明是非别邪正一点,今参政会聚全国贤俊于一堂,依据全国民意,为此发扬正气、诛斥叛逆之壮举,使全世界了然于是非邪正之辨,其对当前时局,所生之重大影响,实不可估量。此种严正民意之表现,敌人汉奸必胆寒而魄落矣。

至于战时经济,本届大会极端重视平抑物价。对平抑物价,参政会建议"成立有力之统驭机关,选公正严明之大员,赋以全权,为之主持"。进行办法,大意分治本治标。治本方面,注重集中资本增加生产。治标方面,则注重励行节约运动。裁撤骈枝机关,停止与抗战无关之建设事业。此外,在讨论席上,各参政员对囤积居奇之官商,尤主张严重惩办。此诚能言人民所不敢言者。此项决议今后之效力如何,此则不在负言责者,而在有官守者。然对此项重要问题,参政员诸君丝毫不肯放松,实不愧"言责"二字之意义矣。

关于实施宪政,此次期成会提出之宪法修正草案,因会期时间所限,大会未有详尽之讨论与确定之决定。此亦本届大会之遗憾。盖立法院本已制定宪法草案。参政会本非制宪机关,对宪草自不能做最后之决定。参政会为过渡民意机关,对宪草本限于贡献意见。今参政会既决定将期成会及一般参政员对宪草之意见,一齐汇集转交政府,以备国民大会之参考,此已收集思广益之效,此亦为当然合理之处置。惟宪政问题经第四与第五两届大会之一再讨论,一再促成,俾政府知民间政治思想之趋向,而宪政将来得以如期实现,则参政员诸公之贡献,又有足多者矣!

一言蔽之,我们对参政会本届大会之结果,表示满意。今日之重大问题,参政会均未忽视,且均能针对问题,一一有所建议,参政员诸君不愧其言责矣!

至于两年参政会,今日告一小结束,我们对国家政治,亦殊为乐观。参政会之闭幕,乃半民意机关之结束,而真宪政行将开始之预告。参政会两年来之完满成绩,使国人对宪政之优良前途,更有把握。惟两年参政会有此成绩,其功绩当归之于政府与参政员双方。惟其双方能推诚相与,能坦白相处,始有此和衷共济、精诚团结之良好现象。真宪政实施之日,中山先生所谓"人民有权,政府有能"之界限必更分明。经过两年参政会之试验与实行,将来权者必不至妄用其权,而能者必不至过信其能,权与能必可相辅平衡,相得益彰,此实可预断。从此国家走上制度法治之正轨。此在参政会闭幕结束之今日,令人对国家政治前途,有无限兴奋,感无限慰快也。

(原载1940年4月12日重庆《益世报》)